말산업 국가자격시험 교재
재활승마

말산업 국가자격시험 교재

재활승마

개정판 집필자 | 정태운(전주기전대) 외

개정판 발행 | 2023년 10월 10일

저작권자 | 한국마사회
발행인 | 한국마사회
편집 · 디자인 · 제작 | 대한미디어
등록번호 | 제2-4035호
전화 | (02)2267-9731 팩스 / (02)2271-1469
홈페이지 | www.daehanmedia.com
ISBN 978-89-5654-466-3

※ 본 교재의 저작권은 한국마사회에 있으며, 저작권법에 의하여 보호받는 저작물이므로 무단전재와 무단복제를 금합니다.
※ 본 교재는 농림축산식품부 축산발전기금사업으로 발간되었습니다.
※ 검정교재 구성상 문헌이 인용되는 부분마다 각주를 달지 못하고, 책 말미에 참고문헌으로 일괄 게재하였습니다.
  참고문헌 편저자 여러분의 양해를 구합니다.
※ 잘못 만들어진 책은 구입처 및 본사에서 교환해 드립니다.

재활승마

한국마사회

머리말

「말산업육성법」에 재활승마지도사가 국가 자격으로 인정되고 두 번째 발간되는 이 책의 집필을 맡게 되어 영광입니다. 여러 분야의 전문가들이 모여서 많은 시간을 투자하여 집필하였지만, 책을 출간하는 시점에서 아쉬움이 많이 남는 것 또한 사실입니다.

재활승마지도사는 승마 기술을 기본으로 해서 말에 관한 마학과 말조련, 그리고 인체해부학, 운동역학, 생리학, 특수체육, 발육발달, 교육학, 심리학 등 인간의 신체와 정신에 대한 기본 지식은 물론 그들의 장애, 정서 그리고 행동에 대해 이해하고 지도할 수 있는 능력이 필요합니다. 더 나아가 즐거운 강습을 이끌어가기 위해서는 레크리에이션 강사 같은 능력을, 원활한 승마장 운영을 위해서는 경영에 대한 능력을, 법률적인 불이익을 면하기 위해서는 행정에 관한 지식도 갖추어야 합니다.

이와 같이 재활승마는 다양한 학문 분야가 복합적으로 필요하지만, 개정판에서는 각 분야에 가장 기본이 되는 내용만을 서술하였습니다. 공부하는 입장에서는 늘어난 분량에 부담을 느낄 수도 있고, 한 가지 전문 학문 분야의 시선으로 본다면 빈약한 내용에 실망할 수도 있습니다. 재활승마지도사라고 해서 앞서 열거한 모든 학문 분야에 대해 매우 깊이 있는 지식을 가질 수도 없지만, 반대로 그 분야들에 대해 기본적인 지식이 없어서도 안 됩니다. 더 깊이 있는 내용은 각 분야의 전문 서적을 찾아 필요한 지식을 습득하고 응용할 수 있는 능력을 키워야 합니다.

이 책은 장애인에 국한했던 재활승마 대상자의 범위를 정서와 행동에 어려움을 겪는 사람들에게까지 넓히고, 지도사들이 다양한 장애에 대해 알 수 있도록 하였습니다. 말과 함께하는 비기승활동을 소개하고 강습 운영에 대한 내용을 대폭 보강하였으며 안전한 관리, 시설과 도구 등에 관한 내용들도 추가하였습니다. 지면 제한과 점진적으로 늘려가야 한다는 의견에 따라 간략하게 다룬 내용이지만, 일선 현장에서 적절하게 적용되고 활용되길 바랍니다. 추후에 발간되는 교재에서는 더 넓고 깊이 있는 내용을 담도록 하겠습니다.

이 책이 나오기까지 한국의 재활승마 발전을 위해 노력하고 멘토 역할을 해주시는 미국 Heritage Christian Stables의 로리 랭커(Lorrie Ranker), 세 권의 책을 무상으로 번역하고 사용하게 해주신 바버라 엥겔(Barbara T. Engel), 그리고 한국을 방문해주신 High Hopes의 키티 스텔스버그(Kitty Stalsburg), Cheff Center의 킴 버그렌(Kim Berggren) 등 미국을 비롯한 해외의 많은 재활승마지도사, 장애인 선수 여러분께도 감사드립니다. 또한 우리나라의 재활승마가 발전되어 패럴림픽에 참여하는 수준이 되길 기대하고, 대한민국 장애청소년들에게 꿈과 희망의 메시지를 전하고자 직접 이 책에 자신의 사진과 글을 보내주신 독일의 안겔리카 트라베르트(Angelika Trabert)에게 감사한 마음을 전합니다.

우리나라 재활승마 현장에서 노력하시는 (사)한국재활승마학회, 대한장애인승마협회, 힐링승마협동조합의 단체 관계자들, 그리고 삼성전자승마단, 대구힐링센터를 비롯한 승마장들과 재활승마의 많은 내용을 공유하게 해주신 용운고등학교 선생님들께도 깊은 감사의 말씀을 드립니다.

많은 분들이 말산업의 발전을 위해 노력하고 계시지만, 말산업이 아닌 다른 산업이나 정책 분야와 접목하여 가장 보람 있는 분야가 재활승마일 것입니다. 이런 점을 충분히 이해하고 물심양면으로 지원해주시는 농림축산식품부와 한국마사회 관계자분들께도 심심한 감사의 말씀을 전해드리며, 조만간 더 나은 관련 서적이 나올 수 있도록 더 많은 지원을 당부 드립니다.

마지막으로 이 책을 읽는 독자분들께도 감사드리면서 조만간에 더욱 양질의 서적으로 찾아뵙겠습니다.

2016년 12월
정태운, 김태수, 심다혜, 고유빈, 박영재, 박금란, 백승익

재활승마   **목차**

말산업 국가자격시험 교재

Ⅰ. 재활승마의 정의 및 현황

1장. 재활승마의 개념 _ 10
1. 재활승마의 개념
2. 재활승마의 의미
3. 재활승마의 분류
4. 재활승마의 효과

2장. 재활승마 현황 _ 28
1. 재활승마의 역사
2. 국내외 현황

Ⅱ. 인체 및 장애의 이해

1장. 인체의 이해 _ 50
1. 해부학적 인체 구조의 이해
2. 운동 및 인체 기능의 이해

2장. 장애의 이해 _ 100
1. 차이 vs. 차별
2. 장애의 개념
3. 장애의 분류
4. 장애인과 같이 생활하기

3장. 신체적 장애 _ 126
1. 외부 신체 기능의 장애
2. 내부 신체 기능의 장애

4장. 정신적 장애 _ 164
1. 발달장애
2. 정신장애

5장. 정서와 행동 문제들 _ 174
1. 정서·행동 문제
2. 주의력결핍 과잉행동장애(ADHD)
3. 우울장애
4. 적대적 반항장애
5. 품행장애
6. 인터넷 게임 사용장애

6장. 기승활동의 주의 및 금기 사항 _ 216

Ⅲ. 재활승마 운영

1장. 재활승마 팀 _ 228
1. 재활승마 팀
2. 재활승마지도사
3. 자원봉사자
4. 직원

2장. 말 운영 _ 258
1. 재활승마용 말
2. 말 선정과 평가
3. 말 선택
4. 재활승마용 말의 훈련
5. 말의 건강

3장. 시설 _ 292
1. 재활승마장 관계 법률
2. 승마장 시설 구분

4장. 마장구 및 교구 _ 310
1. 마장구
2. 교구 및 소품

Ⅳ. 재활승마 강습

1장. 대상자 관리 _ 330
1. 대상자 평가
2. 대상자 선정 및 배정
3. 강습 목표 설정
4. 대상자 관련 문서

2장. 강습계획 _ 338
1. 중·장기 강습계획
2. 단기 강습계획

3장. 기승과 하마 _ 348
1. 기승 전 확인사항
2. 기승 전 운동
3. 기승 장소 구분
4. 기승
5. 하마
6. 강습 종료(하마) 후

4장. 준비 운동과 마무리 운동 _ 372
1. 준비(warm-up) 및 마무리(cool down) 운동
2. 기승자의 준비·마무리 운동(예시)

5장. 본 운동(과제수행) _ 380
1. 기승활동 시 고려사항
2. 기승술 교육
3. 마장의 이용

6장. 교감활동 _ 406
1. 기승 시 교감활동
2. 기승 외 교감활동
3. 교감활동의 적용

7장. 교수법과 지도 원리 _ 416
1. 교수법
2. 지도 원리
3. 안전과 응급처치

용어정리 _ 436
참고문헌 _ 438

재활승마

PART I
재활승마의 정의 및 현황

1장. 재활승마의 개념
2장. 재활승마 현황

재활승마의 정의와 국내외에서 재활승마의 발달과정 및 현황에 대해 살펴본다.

1장. 재활승마의 개념

국내에서 '재활승마'라고 하는 용어는 해외에서 'Riding for the Disabled(장애인을 위한 승마)' 혹은 'Therapeutic Riding(치료적인/치료에 도움이 되는 승마)'라는 용어로 사용되고 있다. 국내에서는 삼성전자승마단이 처음으로 장애인에 대한 사회적 편견과 거부감을 완화하기 위해 '재활승마'라는 용어를 사용하며 프로그램을 도입하게 되었다.

재활승마의 국제단체인 '국제재활승마연맹'은 'Federation of Riding for the Disabled International(이하 FRDI)'에서 2011년 공식단체명을 'Horses in Education and Therapy International(이하 HETI)'로 변경했고, 미국의 재활승마단체인 북미재활승마협회(North American Riding for the Handicapped Association, 이하 NARHA)도 같은 해인 2011년에 단체명을 'Professional Association of Therapeutic Horsemanship International(이하 PATH Intl.)'로 변경하여 그 대상을 '장애인'에 국한하지 않고 포괄적으로 확대해나가는 것을 알 수 있다. 이런 의미에서 '재활승마'라는 용어는 최근 추세에 맞게 이미 발전된 개념이 충분히 적용되어 있다고 할 수 있다.

1. 재활승마의 개념

1) 정의

재활승마는 "신체 및 정신장애인은 물론 정서와 행동의 문제로 어려움을 겪는 사람들에게 인지적·신체적·감성적·사회적 안녕을 주기 위해 인간과 말이 함께하는 모든 활동"을 말한다. 여기서 말하는 '모든 활동'에는 기승활동만이 아니라 말을 쓰다듬고, 씻겨주고, 장구를 얹고, 말을 이끄는 것, 마차, 마상체조 등의 활동도 포함된다.

2) 재활승마 정의에 대한 고찰

(1) 재활승마의 대상

지금까지 재활승마에 대한 정의는 장애인만을 대상자로 국한하여 고려되어 왔다. 「말산업육성법」에도 재활승마지도사를 "승마를 통하여 신체적·정신적 장애를 치료하도록 지도하는 업무를 수행하는 사람"이라고 했으며, 개정 전의 재활승마 국가교재에서도 "장애를 가진 사람들에게 인지적·신체적·감성적·사회적 안녕을 주기 위해 인간과 말이 함께하는 모든 활동"이라고 정의했다.

장애인의 범주가 의학적 측면에서 장애의 개념을 규정했으나 시대가 변화하면서 의학적 개념과 함께 사회적·법률적 개념 등이 도입되고 있다. 이러한 다양한 측면에서 개념 정립은 서로 비슷하기도 하지만 오히려 다르게 사용되기도 하여 일반인들에게 혼동을 주기도 한다. 예를 들면 교육학적인 측면에서는 학습 가능 여부에 따라 '학습장애'라는 말이 사용되고 모두가 공감하는 장애이지만, 법률에서는 장애로 인정되지 않는다. ADHD의 경우도 의학적인 측면에는 치료의 필요성 여부에 따라 '장애'라는 말이 인정되지만 역시 국내의 법률적인 면에서는 인정되지 않는다.

같은 법률적인 측면이라도 국가 간에 인정되는 장애의 범위는 달라지기도 한다. 우리나라는 신체장애와 일부 정신장애만이 법률로 '장애'라고 인정받는 반면, 미국과 유럽 등 선진국은 장애인의 범위가 우리나라보다 더 포괄적이다. 다음과 같은 내용을 포함하여 장애의 범위로 채택하기도 한다.

- 신체나 정신의 기능적인 장애
- 특정한 일을 어느 정도 수행할 수 있는지의 여부에 의한 노동능력 측면에서의 장애
- 위의 개인적인 요인뿐만 아니라 환경적인 요인에 의해 불이익을 받는 조건과 같은 사회적인 측면에서의 장애

예를 들면 고도비만의 경우 미국에서는 장애로 분류되어 장애연금을 받고 EU(유럽연합)에서는 유럽재판소가 장애로 분류되도록 권고하기도 했으나 국내에서는 장애로 인정되지 않는다.

특히 일부 국가에서는 암이나 AIDS 같은 난치병 환자를 장애인으로 구분하기도 하고 타인 의존자와 의사소통이 어려운 이민자를 장애인으로 인정하기도 한다. 이와 같은 이유로 우리나라에서의 장애인 비율은 약 5% 정도이지만, 미국은 약 20%이고, WHO(2011)의 "World report on disability"에 따르면, 전 세계 인구(2010년 기준)의 15%인 약 1억 만 명 정도가 장애를 가지고 있는 것으로 추정된다. 또한 평균적으로 OECD 회원국의 근로연령대인구

Tip

학습장애
(learning disorder, 學習障碍)
지능은 정상이지만 듣기, 말하기, 읽기, 쓰기, 추리 또는 계산 능력에 심각한 문제가 나타나는 장애. 처칠, 톰 크루즈, 성룡 같은 유명인도 학습장애가 있었다고 함

ADHD
(Attention Deficit Hyperactivity Disorder, 주의력결핍 과잉행동장애)
주의력결핍 및 과잉행동, 공격적 행동 등의 의미 있는 특성을 보이는 질환으로 학령기 및 학령 전기 아동에게 매우 흔하게 나타나며, 이로 인해 정상적인 학교생활 및 가정생활에 지장을 받는 장애. 에디슨도 ADHD였다고 함

Tip

WHO
(World Health Organization, 세계보건기구)
보건 분야의 유엔전문기구

(20~64세) 7명 중 1명(14.3%)은 일상생활에 어려움을 초래하는 만성질환이나 장애를 갖고 있는 것으로 파악되고 있다. 한편, 2014년 장애인 실태조사 결과, 우리나라도 장애인 비율이 2000년 약 145만 명에서 2014년 273만 명으로 크게 증가했는데, 이는 인정되는 장애의 유형이 증가하고 장애인에 대한 인식이 개선되어 등록장애인이 증가한 것으로 확인되고 있다.

앞서 HETI와 PATH Intl.의 예와 같이 재활승마의 대상이 신체장애에서 시작하여 정신장애가 포함되었고, 최근에는 정서적인 문제를 가진 사람까지 확대되고 있는 것이 세계적인 추세다. 세계적으로 재활승마가 가장 발달했다고 할 수 있는 미국에서는 ADHD, 우울, 약물남용, 학교부적응, 분노조절 문제, 낮은 자존심과 비행청소년을 위한 프로그램은 물론 언어와 문화의 차이로 인해 갈등 완화를 목적으로 시행하기도 하고, 전쟁에 참여한 퇴역군인들을 위한 프로그램 등도 시행되고 있다.

국내에서도 현재와 같이 장애인은 물론 인터넷중독, ADHD, 학교부적응 같은 다양한 문제를 가진 청소년 및 성인들도 대상자의 범위에 포함되어 재활승마의 영역을 넓힐 수 있도록 재활승마에 대한 새로운 정의가 필요하다.

(2) 재활승마 관련 용어

국내에서 재활승마는 재활승마치료, 장애인승마, 승마요법, 승마치료, 치료승마, 말매개치유, 말매개치료, 힐링승마, 승마힐링 등으로도 불린다.

해외에서는 Riding for the Disabled(장애인승마), Therapeutic Riding(Therapeutic Horse Riding, Therapeutic Horse Back Riding, 재활승마), Horse Therapy(말치료), Hippotherapy(치료승마), Equine Assisted Activity(말매개활동), Equine-Assisted Learning(말매개학습, EAL), Equine-Assisted Psychotherapy(말매개심리치료), Equine-Facilitated Psychotherapy(말촉진심리치료, EFP), Equine-Assisted Therapy(말매개치료, EAT), Equine Facilitated Wellness(말촉진건강요법, EFW), Equine Facilitated Counselling(말촉진상담요법, EFC), Equine Facilitated Mental Health(말촉진정신건강요법, EFMH)와 함께 Horse Riding for the Healing(힐링승마) 등의 용어가 사용되며, 드물게 rehabilitation riding(재활승마)라는 단어도 사용된다.

Riding for the Disabled(이하 RD)는 재활승마의 최초 어원으로 활용한 용어로 영국에서 사용했으며, 현재도 영국을 비롯한 호주, 뉴질랜드에서는 협회의 명칭을 Riding for the Disabled Association(이하 RDA)이라고 하고, 각각 RDA-UK, RDA-AU[최근에는 RDAA로 표기하고 주(州)의 협회를 표시할 때 RDA NSW로 표기함], RDA-NZ라는 사용국가 표기를 뒤에 붙여 구분한다.

Tip

OECD
(Organization for Economic Cooperation and Development, 경제협력개발기구)
경제발전과 세계무역 촉진을 위해 발족한 국제기구로 우리나라를 비롯한 유럽, 미국, 캐나다, 일본, 호주 등이 가입

Tip

therapeutic
1. 치료상의
2. 치료의
3. 치료의 힘이 있는

therapy
1. 치료
2. 요법
3. 상담
4. 처방

healing
(몸과 마음의) 치유[치료]

facilitate
(사정이) [일을] 용이하게 하다; 쉽게 하다; (행동·과정 등을) 촉진[조장]하다

Riding for the Handicapped는 미국에서 최초로 사용되었는데, 영국에서 미국으로 도입될 당시 'disabled'라는 단어 사용을 피하기 위한 것으로 판단된다.

Therapeutic Riding(이하 TR)은 미국을 필두로 유럽과 아시아를 비롯한 우리나라 등에서 재활승마 활동을 통칭하는 용어로 사용되고 있다. 그러나 최근 'Therapeutic'이라는 용어가 'Therapy(치료)'라는 어원을 활용한 것이라는 혼란이 야기되고 대상자의 범위와 활동을 확대한다는 의미에서 'Equine Assisted Activities(EAA)'가 사용되기도 한다.

hippotherapy는 '치료승마'라고 번역할 수 있는데, 물리치료사, 작업치료사, 언어치료사가 말을 매개로 하여 치료를 목적으로 하는 활동에 국한하여 사용된다. 미국에는 미국치료승마협회(American Hippotherapy Association, Inc. 이하 AHA)가 치료사를 대상으로 hippotherapy에 대해 교육하고 치료승마지도사로 활동하도록 지원하고 있다. Equine-Assisted Therapy(말매개치료, EAT)도 같은 의미로 해석할 수 있다.

Equine-Assisted Learning(말매개학습, EAL)은 말의 보조 활동을 통한 대상자의 생활기술의 개발을 촉진하는 체험학습 방법이다.

Equine-Assisted Psychotherapy(말매개심리치료, EAP)는 반드시 말에 기승하는 것을 포함하지 않으며 또한 말 손질, 건초 먹이기와 지상운동 등을 포함할 수 있다. 정신건강전문가(임상심리치료사 등)들은 대상자의 감정, 행동과 양식을 지켜보고 논의하면서 대상자가 자신과 다른 사람에게 배울 수 있도록 체험 방식으로 한 명 이상의 대상자와 한 마리 이상의 말과 함께 일한다. 목표는 사회적 정서, 인지, 행동적 방식으로 대상자를 돕기 위함이다. EAP는 Equine-Facilitated Psychotherapy(말촉진심리치료, EFP), Equine-Assisted Therapy(말매개치료, EAT), Equine Facilitated Wellness(말촉진건강요법, EFW) 등을 포함한다.

Equine Assisted Activities and Therapies(EAAT)는 앞서 설명한 모든 것과 마상체조(vaulting) 및 마차운전(driving), 그리고 말의 손질, 말의 관리 및 퍼레이드 등까지 포함하는데 우리가 궁극적으로 추구하는 '말과 함께하는 모든 활동을 포함'하는 재활승마라고 할 수 있다.

힐링승마는 최근 들어 국내에서 재활승마를 대신하거나 더 큰 범위를 포함하는 의미로 사용되고 있다. 2010년 이후 경기부진이 장기화되고 사회도 각박해지면서 '잘 먹고 잘사는 웰빙' 이전에 공감, 위로, 치유에 대한 수요가 급증하게 되어 '웰빙'을 제치고 '힐링'이 주요 사회문화코드로 부상하게 되었다. 이러한 트렌드를 반영하여 TV에도 「힐링캠프」라는 프로그램이 있으며 명상, 멘탈케어, 요가, 필라테스, 스파 및 건강 관련 식음료와 관광 등 힐링 비즈니스가 활발하게 이루어지고 있는데 이러한 사회적 현상을 반영한 것으로 생각된다.

힐링(healing, 치유)은 "마음과 정신의 상처를 치유"한다는 의미로 2010년부터 사용이

NSW
뉴사우스웨일스(New South Wales) 주(州). 호주 남동부에 있는 주로 주도는 시드니다. 동쪽으로는 태평양, 남쪽으로는 빅토리아 주, 서쪽으로는 사우스오스트레일리아 주, 북쪽으로는 퀸즐랜드 주와 접한다. 1788년 영국이 유형수들을 시드니에 상륙시킴으로써 이민의 역사가 시작되었다.

트렌드 (trend)
사상이나 행동 또는 어떤 현상에서 나타나는 일정한 방향

멘탈케어 (mental care)
정신건강을 돌봄

Tip

trekking
hiking과 등산의 중간 형태. 정상 등정을 목적으로 하지 않고 험한 산악길이나 산 주변을 걷는 것

hiking
잘 닦인 길을 걷는 야외 나들이

등산 (mountaineering)
특정 산을 목표로 걷고 오르는 것

늘어난 용어다. 힐링과 웰빙은 공통적으로 행복을 추구하는 개념이지만 웰빙(well being)은 "신체적 건강과 삶의 만족도 제고"를 의미한다. 이러한 의미에서 보면 힐링승마는 "승마를 통해 마음과 정신의 상처를 치유"하는 것으로 '승마'는 '웰빙'에 해당한다고 볼 수 있고, '힐링승마'는 '힐링'에 속한다고 생각해볼 수 있다. 미국에서는 말을 타고 자연으로 나가는 horse trekking을 하는데, 말 타는 것 자체를 위해 목표를 정하고 다니면 horse trekking, 목표 없이 자연을 즐기면서 마음을 편안하게 하는 것은 healing이라고 한다. 일각에서는 힐링이 '치유'라는 뜻으로 번역되기 때문에 재활승마를 '힐링승마'로 대체해서 사용하자는 주장도 나오기도 하지만, 치유의 사전적 의미가 "치료하여 병을 낫게 함"이라는 뜻이 있어 용어로서 재활승마를 대체할 수 있을지 의문이다.

(3) 재활과 치료 그리고 재활승마

재활(rehabilitation)이라는 용어는 1943년 미국재활회의(미국 샌프란시스코에서 개최)에서 처음 사용되었으며, 재활을 "신체적 장애를 가진 사람에게 그가 가지고 있는 잔존기능을 최대한으로 발휘하게 함으로써 신체적, 정신적, 사회적, 직업적 그리고 경제적 능력을 회복시키는 것"이라고 정의했다. UN은 장애인기회평등표준규칙(1993년)에서 "장애인이 최적의 신체적, 감각적, 지적, 정신적 및 사회적 기능 수준에 도달하도록 하며 이들이 자립을 달성할 수 있도록 생활을 변화시킬 수 있는 도구를 제공하는 것에 목적을 두는 과정"이라고 했다. 또한 세계보건기구(WHO)는 "재활은 재활자로 하여금 자력으로 활동할 능력을 주고 가능한 한 사회에서 정상적 위치를 되찾고 이를 통해 적극적이고 생산적인 삶을 영위하는 것으로 신체적·정신적·사회적으로 좋은 조건을 달성하기 위해 필요한 모든 조치의 종합이다"라고 정의하고 있다. 이처럼 재활은 "장애 확인과 동시에 장애인이 갖고 있는 잔존능력을 최대한 발휘할 수 있도록 신체적·교육적·직업적·심리적·사회환경적으로 지원하는 것"이라고 할 수 있다.

치료의 사전적 의미는 "병이나 상처를 다스려서 낫게 함"이라고 정의되며, 영영사전에서는 "건강 문제를 수정하거나 바꾸는 과정"을 의미하고 있다. 치료는 변화를 전제하며, 원상으로의 회복을 의미한다고 할 수 있다.

치료는 "원상으로 회복될 수 있다"는 가능성을 전제로 하는 반면, 재활은 "신체적·정신적·사회적 요인에 의해 장애라고 확정되고 변화되지 않은 상태에서의 잔존능력회복"이라는 전제를 두고 있다. 다시 말해 치료는 변화를 전제하고 있는 반면 재활은 변화라는 측면보다는 현 상태의 유지와 악화를 예방하기 위한 수단과 방법으로서 활용되며, 두 용어 모두 보건의료분야에서 사용되는 단어로 이외의 분야에서 사용하기는 적합하지 않다.

국내에서 사용하는 '재활승마'라는 용어는 영어로 TR이라고 하는데, 이때 Therapeutic은 Therapy와 같은 것이라고 생각하기 쉽지만 의미는 상당히 다르다. 굳이 우리말로 번역하자면 각각 '대체요법'과 '치료'로 구분할 수 있을 것이다. 재활승마를 보급하기 위해 우리나라를 방문한 미국 전문가는 해외에서도 Therapeutic과 Therapy를 혼동하는 사람들이 있다고 설명하고, '재활(rehabilitation)'이라는 용어도 바른 표현이 아니라고 지적한다.

이는 Therapeutic이라는 말을 우리말로 바꾸어 의미를 정확하게 전달할 수 없기 때문이다. 수년 전 일부에서 '재활(rehabilitation)'이라는 용어가 보건의료분야에서 사용되기 때문에 재활승마(TR)의 대상을 장애인으로 제한하여 '장애인승마(RD)'로 이름을 바꾸어야 한다는 주장도 있었으나 순수한 스포츠로서의 장애인승마와 구분할 수 없고, 대상자를 장애인으로 한정하여 재활승마의 발전에 저해된다는 문제점이 밝혀진 바 있다.

> **Tip**
> 대한장애인체육회 내에 대한장애인승마협회가 소속되어 있고, 생활 및 전문 스포츠로서의 승마를 지향한다.

전문용어는 학문분야나 전문분야에서 사용되고 있는 개념들을 언어나 상징을 통해 표현하는 것으로, 철학을 반영하여 만들어져야 한다. 그러나 그 분야에 일하는 사람들이 서로 정보를 교환하기 위해 합의한 용어를 사용하기도 한다. 영어의 경우 'disabled individual'보다 'individual with a disability'라고 하여 장애보다는 사람이라는 단어를 앞에 위치시켜 인간의 존엄성을 알리고 존경을 나타내는 것 같이 위치를 바꾸거나 단어를 덧붙여 새로운 의미를 나타내는 용어를 만들 수 있다. 반면 우리나라의 말은 단어 자체에서 의미를 찾고 간결성과 단축성을 요구하고 있는 듯하다.

이런 의미에서 더 적합한 용어를 찾기 위한 노력은 계속되어야 하겠지만 현재까지 '재활승마(TR)'를 대신하여 대중적으로 쉽게 전파될 수 있는 우리말 용어를 찾기는 쉽지 않다. 또한 2011년 농촌경제 활성화와 국민 삶의 질 향상을 목적으로 「말산업육성법」의 시행과 함께 '재활승마지도사'가 국가자격으로 지정되어 많은 자격자가 배출되고 있다. 따라서 '재활'이라는 용어 사용이 적합하지 않더라도 앞서 적합한 용어를 찾기 전까지 합성어로서 '재활+승마(rehabilitation+riding)'가 아닌 고유명사로서 '재활승마(TR)'라는 의미를 정확히 인식하여 말산업 육성을 위한 사회적 합의로 생각하고 사용함이 바람직할 것이다.

과거 미국에서도 '치료승마(hippotherapy)' 관련 단체와 '재활승마(TR)' 관련 단체가 용어의 정의, 업무 영역 설정 등으로 서로 반목하고 배타적인 환경이었던 시기가 있었지만, 지금은 서로가 상대방의 전문성을 인정하고 상호 보완적인 관계를 유지하고 있다. 우리나라도 「말산업육성법」의 취지를 올바로 인식하고 재활승마가 시작 단계임을 고려하여 바른 용어 사용으로 시장에 혼선을 주지 말아야 한다. 특히 의료보험으로의 편입이나 재활승마치료사 양성 등은 우리나라 재활승마(TR)와 국민소득이 선진국 수준 정도의 고도화를 이룬 다음에 논의할 문제일 것이다.

2. 재활승마의 의미

재활승마는 신체 및 정신장애인은 물론 정서와 행동의 문제로 어려움을 겪는 사람들을 대상으로 하는 활동이지만, 강습에 참여하는 전문가들은 비장애인들에게 승마를 가르친다는 생각으로 임해야 한다. 왜냐하면 기승자들이 재활승마를 통해 치료를 받는다는 느낌보다는 스스로 즐기고 운동을 하고 있다는 인식을 갖게끔 해주어야 하기 때문이다.

재활승마는 신체적 측면에서 테니스, 골프, 조깅, 수영과 같이 전신을 건강하게 하는 활동이다. 심혈관계를 활성화하고 모든 근육을 사용하게 하여 근력을 키우는 신체 강화 운동으로 기승자 스스로 체중을 지지하고, 신체 균형을 유지할 수 있는 능력을 향상하게 한다. 그뿐만 아니라 말을 쓰다듬기 위해서나 장구를 얹기 위해 팔을 뻗고, 몸통을 늘리는 등 일상생활에서 필요한 신체 활동을 유도해낼 수 있다. 정신적 측면의 재활승마는 대상자에게 동물과 교감을 나눌 수 있는 기회를 준다. 말에게 말 걸기, 신체 접촉, 애착 반응 등을 통해 생명의 존귀함을 배움으로써 긍정적이고 적극적인 삶을 영위할 수 있게 한다. 또한 새로운 도전으로 자신감을 키울 수 있다. 재활승마는 단체 활동으로서 말과 기승자가 한 팀이 되어 다른 팀과의 선의의 경쟁을 통해 자립심, 협동심, 리더십 등을 키우는 사회화 활동이다. 또한 대상자는 강습에 참여하는 전문가·봉사자와의 대화와 협동, 동료 기승자들에 대한 관심 등을 통해 사회의 구성원으로 활동할 수 있는 사회적 역량을 키울 수 있게 된다.

3. 재활승마의 분류

재활승마 활동은 도입 국가의 특성에 따라 오랜 기간 동안 변화해 왔으며, 기승자의 참여 목적이 무엇인지에 따라 크게 몇 가지 범주로 구분해볼 수 있다. 앞서 언급한 것처럼 미국에서는 TR과 치료승마가 명확하게 구분되지만, 아직 재활승마가 시작 단계인 우리나라에서는 모호한 상황으로 우리의 사정에 맞게 다음과 같이 구분하고자 한다.

말의 움직임을 통해 재활을 돕는 기승활동으로 기승자들을 위한 승마강습을 하는 '레크리에이션 승마(Recreational Riding)', 승마경기 등의 참가를 목적으로 하는 '스포츠 승마(Sports Riding)', 전문 의료진과 치료승마 전문가 등의 지도하에 실시되는 '치료승마(Hippotherapy)' 및 기타 분야로 나눌 수 있다.

1) 레크리에이션 승마

레크리에이션 승마는 '강습승마'라고도 하는데, 기승자가 승마 환경을 이용하여 기승술은 물론 집중력 향상이나 문제해결 방법 등을 배우는 등 기술과 지식을 습득한다. 신체적 상태나 일상 행동을 호전시키고 기승술을 익혀 독립 기승을 최종 목표로 한다. 레크리에이션 승마는 승마 기승술을 익히는 것 외에도 기분전환, 사교적 기술, 스트레스 해소, 자신감 향상 등의 효과가 있다. 참여자의 문제가 다양할 수 있기 때문에 같은 목적을 가진 참여자들, 비슷한 유형의 장애와 기승술을 가진 참여자들로 강습 그룹을 설정하는 것이 효과적인 강습을 위한 요건이다. 레크리에이션 승마에서는 비장애인에게 강습하듯이 진행하면 되지만, 강습에 참가 중인 장애인의 학습능력이나 인지능력을 감안해야 한다. 쉬운 기승술도 여러 단계로 세분화(과제분석)하여 설명하고, 지속적인 설명과 확인 그리고 모델링 등이 필요할 수도 있다. 이러한 이유 때문에 기승자가 가진 문제에 대한 지도사들의 이해가 반드시 필요하다.

2) 스포츠 승마

스포츠 승마는 교육, 레저 등을 떠나 승마경기 참가를 목적으로 고난이도의 기승술 연마를 요구하며, 기승자들에게 진정한 도전정신을 유도해낼 수 있다. 국제승마연맹(International Equestrian Federation, 이하 FEI)에서는 비장애인 선수 대회와 구분하기 위해 Para-Equestrian(장애인스포츠승마, 이하 PE) Dressage와 PE Driving(장애인승마 마차운전)으

> **참고**
> - **피아페(Piaffe):** 제자리에서 약간씩 전진하는 최대 수축운동
> - **파사지(Passage):** 최대의 수축속보로 말 무릎의 위치가 거의 직각을 이룰 정도로 올라오도록 유도하는 운동
> - **피루엣(Pirouette):** 말의 뒷다리는 제자리걸음이고 앞다리로는 원을 그리며 방향을 바꾸는 운동
> - **lateral movement(측방운동):** 측방운동(사횡보 제외)의 목적은 후구의 맞물림을 개선·증대하여 수축을 함께 증대하기 위함이다. 측방운동으로는 '숄더-인(shoulder-in: 어깨를 안으로)', '트래버스(travers: 허리를 안으로)', '렌버스(renvers; 허리를 밖으로)' 그리고 '하프패스(half-pass)'가 있는데, 모든 경우에서 말은 약간 구부린 상태에서 움직인다.
> - **답보변환(Flying change):** 구보에서 행해지는 동작으로, 말의 구보는 회전 방향에 따라 맨 마지막으로 착지하는 앞발이 달라지는데, 이러한 좌우 앞발을 바꾸어주는 동작을 말한다.
> - **Para~:** '패럴림픽(Paralympic)'이라는 명칭은 제2회인 1964년 일본 도쿄 대회부터 사용했다. 이 대회가 처음에는 척수장애인(양하지마비장애인)의 경기로 시작되었기 때문에 패럴림픽도 원래는 '하반신 마비'를 뜻하는 '패러플리지아(paraplegia)'와 '올림픽(Olympic)'의 합성어로 사용되기 시작했다. 그러나 이후 하반신 마비 이외의 다른 장애가 있는 선수들도 장애인올림픽에 참여함에 따라 지금은 '옆의' 또는 '나란히'를 뜻하는 그리스어의 전치사에서 유래된 '패러(para~)'와 올림픽이 결합하여 "올림픽과 나란히 열린다"는 것을 의미한다. 이런 의미에서 Para Equestrian도 비장애인 경기와 구분하기 위해 'Para~'를 사용한다.
> - ※ **패러플리지아(paraplegia):** 척추의 질환이나 상해에 의한 양하지의 마비

로 표기하고 대회를 주관한다. 2006년 이후 FEI가 관리단체인데, 세계적으로는 유일하게 비장애인 경기와 장애인 경기를 공동으로 주관하고 있다.

PE Dressage 분야는 1996년 애틀랜타 패럴림픽에서 정식 종목으로 정해졌으며, 지체장애인이나 시각장애인이 참여할 수 있다. 선수들은 규정된 내용의 Championship Test와 음악을 이용한 Freestyle Test 마장마술 경기를 실시하며 3~4명의 선수가 한 팀을 이루는 Team Test가 있다.

Freestyle의 20m×40m 경기장에서는 4분~4분 30초, 20m×60m 경기장에서는 4분 30초~5분 길이의 음악을 사용한다. 선수들은 말을 탈 때 평보, 속보 및 구보를 위한 일련의 명령을 사용하여 마술 기술을 보여주며, 심판은 장애인의 움직임은 보지 않고 말의 움직임만 보고 심사한다. 모든 선수는 반드시 안전모를 착용해야 하고 마장마술용 채찍, 고삐연결 막대, 고무줄 또는 기타 부조와 같이 허용한 보조 장치를 사용할 수 있다. 또한 등급 Ⅰa/b, Ⅱ 선수는 너무 심하지 않은 정도에서 음성부조를 사용할 수 있고, 등급 Ⅲ, Ⅳ 선수는 음성부조를 사용할 수 없지만 등급분류사(classifier)가 특별히 표기한 경우에 한해 예외로 사용이 허용된다.

말의 복지(horse welfare)를 위해 등급 Ⅰa/b, Ⅱ에 한해 트레이너가 경기 시작 15분 전까지 선수를 대신해서 말에 기승해줄 수 있다. 시합 당일에는 30분만 허용되는데, 마장뿐만 아

그림 1-1 Para-Equestrian 마장마술

> **참고** **앵겔리카 트라베르트 박사의 편지**
>
> 나는 두 다리가 없고 오른손 손가락이 세 개뿐인 지체장애인으로 1967년에 태어났다. 부모님은 어렸고 가족 중에 장애가 있었던 적은 없었다. 그들은 가능한 한 나를 '평범'하게 키웠다. 나는 정규 유치원에 다녔고, 그 후 친구들과 학교에 갔다. 상황이 특별히 어려울 때마다, 아버지는 간단한 해결책을 찾기 위해 노력했다. 이 방법은 내가 걷는 것이 가능한 이후, A에서 B로 나를 옮겨줄 모든 종류의 운송수단을 갖게 되었다. 나는 10개월이 지난 다음부터 의족(인공 다리)을 가졌는데 매우 힘들었다.

북미 인디언, 나의 우상이었고 그래서 말은 보다 중요하게 되었다. 작은 할아버지가 치료승마를 통해 말을 처음 접하도록 해주었다. 승마 방법에 대한 지식의 부족과 적합한 말 그리고 보험 문제로 어려웠다. 그럼에도 불구하고 나는 한 단계 한 단계 나만의 방법을 만들었다. 하나의 큰 단계는 딸이 여덟 살의 나이에 뼈암으로 인해 다리를 잃은 캘리포니아에 있는 한 가족을 만나는 것이었다. 그녀는 '프린스'라는 꽤 다루기 어려운 아라비아 말을 가지고 있었는데 내게 의족 없이 말을 타게 했다. 말을 탄 이후 처음으로 내 피부가 짓물러지지 않기 시작했고 독일로 돌아와서는 1989년 내게 맞는 특별한 안장을 갖기 전까지 서부식 안장을 계속 사용했다. 그리고 마침내 덴마크 Aarhus에서 열린 제2회 세계선수권대회에 처음으로 마장마술 독일 대표로 선발되었다. 개인전에서는 은메달, 단체전에서 금메달은 내 생애 첫 메달이었고, 주최 국가에서 제공한 말을 타고 계속 독일 대표선수로 출전했다.

1996년 미국 애틀랜타 패럴림픽(장애인올림픽)에 승마가 포함되었다. 사냥이나 캠핑 같은 다른 용도의 말을 마장마술용으로 훈련시켰는데 '엠버'라는 말은 내가 하는 말을 알아듣기 어려워했으나 우리는 마침내 개인전에서 두 번이나 은메달을 받았다. 독일에서 장애인승마가 서서히 발전되었다. 나는 선수들에 의해 두 번씩이나 선출되어 IPEC(국제장애인승마위원회)에 선수 대표로 10년 동안이나 일했다.

내 직업은 의사로 마취과 전문의다. 공부할 때 분명히 힘들겠지만, 2000년 시드니 올림픽 이후 자신의 말을 가지고 대회에 출전하도록 되어 있어 말과 당신 자신이 준비할 수 있는 상태가 되도록 소득을 얻을 무엇인가를 배우기를 강력히 추천한다. 나는 운이 좋게도 '가짐(Ghazim)'이라고 불리는 Trakehner종 웜블러드를 가지고 있던 덕분에 덴마크 월드챔피언십에서 3개의 은메달을 받았다.

나는 선수만이 아닌 장애인이나 비장애인 모두에게 승마를 지도하는 승마지도자이기도 하다. 장애인승마가 FEI(국제승마연맹)의 8번째 분야가 되고 HRH Princess Haya가 다른 사람을 임명한 2006년 이후 나는 선수생활을 그만두었다. 그러나 기승 경력 이후 할 수 있는 등급분류사 면허를 받았고 아직 말을 타는 것은 계속하고 있다.

현재 10년째 집에서 장애아동들에게 승마를 지도하고 있는데, 고삐를 쥐고 책임감을 갖고 결정할 수 있는 많은 시간을 갖도록 하고 있다. 말은 그들에게 신체장애가 있는데도 자신감을 얻고 자신의 특성을 개발하는 기회를 제공하는 매개체가 된다. 또한 중요한 점은 항상 다른 사람을 올려다보기만 하는 휠체어 타는 사람에게 내려다볼 수 있게 한다는 것이다.

말은 항상 나의 파트너로 국제 경기에 참여하는 것 외에도 시골길을 가는 동안 건강한 네 다리를 기꺼이 빌려준다. 이는 내가 산을 오르거나 내려갈 때, 의족이나 휠체어로 쉽게 가기 불가능한 해변에서도 말 타는 것을 가능하게 한다.

상태가 좋고 잘 훈련된 말은 내가 비장애인보다 더 잘할 수 있도록 스스로 최선을 다한다. 말은 나에게 horseshow의 일부를 포함하는 모든 삶의 기회를 제공해준다.

충분히 잘하면 나는 승리할 수 있다.

나의 장애는 무엇을 하든 나를 주저하게 하지 않았지만 말은 확실히 무엇을 하든 도움을 주었고, 신체적으로뿐만 아니라 정신적으로도 함께 성장하는 매우 중요한 파트너였다.

내 인생의 좌우명: 장애는 탓하지 않으면 능력이다!

스튜어드 (Stewards, 감시원)
경기장에서 선수나 말의 보호 차원에서 경기 진행을 도와주는 보조원

Tip

caller(a)는 마장 지점 (A) 표기 알파벳 앞에 앉아 선수가 지나오는 과정, 이전 caller(k)에 이어서 구두로 지점을 알려준다. 보통 크기 소리로 지점을 말하다가 선수가 지점을 지나가는 순간은 큰소리를 이용하고 선수가 지나가면 다시 보통 소리로 말한다. A와 F의 중간 정도에 다다르면 다음 caller(f)가 받아서 지점을 알려준다. 각각의 caller가 전달하는 음성 신호를 이어보면 다음과 같다. '~k,k,k,k,K!,k, k,k,k,a,a,a,A!,a,a,a,a,f, f,f,f,F!,f,f,f,f~'

commander는 선수의 진행방향만 알려줄 뿐 속도의 빠르기 등 경기에 영향을 줄 수 있는 말은 할 수 없다.

니라 어떤 장소라도 트레이너가 말에 올라가 있는 것은 기승으로 간주된다. 평보로 걷는다고 하더라도 말에게 영향을 줄 수 있기 때문에 시간은 엄격하게 지켜져야 하고, 말에 기승하는 동안은 항상 스튜어드가 있어야 한다. 장애인승마에서 선수들에게 동일한 조건을 제공하여 공정한 경기를 진행하기 위해서는 등급분류사와 스튜어드의 역할이 중요하다. 이외에도 경기를 진행하기 위해서는 caller와 commander가 필요하다. caller는 주요 지점에 서서 지점 표시를 구두로 알려주고, commander는 마장 중앙에 서서 선수가 가야 할 지점만 알려주는데, 선수의 코치도 할 수 있다. commander는 스튜어드와 같은 언어를 사용해야 하고, 공식적으로 인쇄된 코스지의 텍스트 버전을 1~2회 읽어줄 수 있으나 채찍은 들고 있을 수 없다.

기승자, 즉 선수의 기능과 장애 정도에 따라 5개의 등급으로 나뉘게 되는데, 등급 Ⅰa 선수가 가장 장애가 심하고 등급 Ⅳ 선수들이 장애 정도가 가장 낮다. 과거에는 등급 Ⅰ부터 Ⅳ까지 4단계로 분류했으나, 2004년 아테네 올림픽부터 등급 Ⅰ 중에서 뇌에 손상이 있는 경우는 a, 그렇지 않은 경우는 b로 나뉘어 다섯 단계가 되었다. 장애인승마 마장마술 경기(Para-Equestrian Dressage tests)에서는 등급에 따라 경기장 크기가 다르고, 필수 동작과 허락되지 않는 동작들이 있다. 등급 Ⅰ과 Ⅱ는 항상 20m×40m, 등급 Ⅲ과 Ⅳ는 20m×40m 또는 20m×60m에서 경기를 한다.

① PE Dressage(마장마술) 등급(Grade) Ⅰa
- 주로 모든 팔과 다리에 장애가 있는 휠체어 사용자. 불안정한 걸음걸이로 걸을 수 있으나 몸통과 균형감각이 심각하게 손상된 경우
- 구보, 피아페와 파사지를 할 수 없다.

② PE Dressage(마장마술) 등급(Grade) Ⅰb
- 주로 몸통의 균형감각이 형편없거나, 팔과 다리 모두 기능에 장애가 있거나, 몸통의 균형감각은 형편없지만 팔은 정상적으로 기능하거나, 몸통의 균형감각은 있지만 모든 팔과 다리에 중증의 장애가 있는 경우
- 구보, 피아페와 파사지를 할 수 없다.

③ PE Dressage(마장마술) 등급(Grade) Ⅱ
- 주로 휠체어 사용자이거나 몸통과 팔의 기능이 경미하게 손상되었고, 운동성·이동성에 심각한 장애가 있거나, 팔에 중증의 장애가 있고 다리에는 경미한 장애를 보이거나 심각한 편마비를 보이는 자
- 피아페와 파사지를 할 수 없다. 측방운동(lateral work), flying changes, 절반 또는 풀 피루엣(Half or Full Pirouettes)을 포함하지 않는 구보는 가능

④ PE Dressage(마장마술) 등급(Grade) Ⅲ
- 대부분의 경우 보조물 등에 지지하지 않고도 걸을 수 있음. 심하지 않은 편마비 혹은 온 사지에 심하지 않은 장애를 보이거나 팔에 중증의 장애, 장거리 이동을 하거나 체력에 한계가 오면 휠체어가 필요할 수도 있음. 시력이 완전히 손상된 경우(이때 시각장애인 선수는 안대를 착용)
- 피아페, 파사지, 구보로 답보변환(sequence changes), 절반 또는 풀 피루엣(Half or full canter Pirouettes)을 할 수 없다.

⑤ PE Dressage(마장마술) 등급(Grade) Ⅳ
- 팔과 다리에 하나 또는 두 곳에 장애가 있거나, 부분 시각장애가 있는 경우
- 피아페와 파사지, 한 번 또는 두 번 연속 바뀌는 답보변환(one ① time or two ② times sequence changes)과 풀 피루엣(Full Pirouettes)을 할 수 없다.

이와 같은 PE Dressage(마장마술) 경기 외에도 FEI에는 마차경기(Para Driving)가 있다. 마차경기에서의 등급분류는 다음과 같다.

⑥ Para Driving 등급(Grade) Ⅰ
- 몸통의 균형감각이 매우 낮고, 팔에 장애를 가진 휠체어 사용자 혹은 모든 팔과 다리에 기능 손상이 있지만 걸을 수 있는 사람, 팔에만 중증의 장애를 보이는 선수

⑦ Para Driving 등급(Grade) Ⅱ
- 등급(Grade) Ⅰ에 해당하는 장애보다 정도가 덜하지만, 비장애인 선수에 비해 신체적·기능적으로 불리한 선수

국내 대회는 대한장애인체육회 소속의 대한장애인승마협회가 장애인승마의 생활체육과 전문체육으로서 국내 대회를 주관하는데, 2015년과 2016년에 전주기전대학과 함께 각각 제1회와 제2회 전국장애인승마선수권 대회를 시행했다. 국제 대회는 FEI 소속 단체인 대한승마협회가 주관한다.

3) 치료승마

치료승마는 말의 움직임을 통해 재활을 돕는 기승활동으로 전문의료진과 승마치료전문가(승마를 치료에 응용할 수 있도록 훈련받은 물리치료사, 작업치료사, 언어치료사, 심리치료사 등)의 지도하에 실시된다. 원어는 'hippotherapy'라 하며, 독일에서 최초로 사용되기 시작했다. 'hippo'는 그리스어로 '말[馬]'을 뜻하며, 말을 이용한 치료를 의미한다. 재활승마를

구분하는 데 있어 스포츠 경기에 출전하기 위한 스포츠 승마는 비교적 구분이 명확하지만, 재활승마에 대해 지식이 없는 사람들이 레크리에이션 승마와 치료승마를 구분하기는 쉽지 않다.

표 1-1 강습승마와 치료승마의 비교

구분	레크리에이션 승마(강습승마)	치료승마
지도자	재활승마지도자 (Therapeutic Riding instructor)	재활승마치료사 (hippotherapist)
최종 목표	독립 기승	치료/재활
예) 한쪽 손이 불편한 경우	반대쪽 손을 주로 사용, 사다리고삐처럼 최적화된 도구 등을 이용하여 승마활동을 원활하게 할 수 있는 방법을 강구하고 지도	승마 활동을 통해 불편한 손을 자극하여 더 잘 사용하도록 지도

* 비고: 국내에서 재활승마지도사는 「말산업육성법」에 정의된 용어이지만, 재활승마치료사는 법률적으로 정의된 용어는 아니다. 따라서 표 안은 미국식 표기방법을 사용하여 각각 재활승마지도자와 재활승마치료사로 표기

이렇게 구분한다고 해서 반드시 "치료승마를 할 때는 반대쪽 손을 사용할 수 없다"거나 "레크리에이션 승마에서는 반대쪽 손만 사용한다"는 의미는 아니다. 또한 재활승마치료사가 지도한다고 해서 "무조건 치료승마"라고 할 수는 없다. 어떤 관점에서 무엇을 목표로 하고 어느 부분을 더 중점적으로 지도하느냐에 따라 구분할 수 있다.

치료승마(hippotherapy)는 사람이 말을 조정하는 것이 아니라 말의 움직임을 통해 재활을 돕는 것으로, 말의 3차원적 움직임을 통해 기승자에게 정상적인 움직임을 유도해내는 치료다. 말이 걸을 때, 전후·좌우·상하의 움직임이 기승자에게 임펄스(impulse)로 전달되며, 이를 치료에 응용한다.

통상 말 리더, 두 명의 사이드워커 그리고 한 명의 재활승마지도사 이렇게 네 명의 인원이 필요하므로 고비용이 발생할 수 있다. 현재 재활승마를 시행하는 여러 기관에서는 주로 자원봉사자들이 말 리더와 사이드워커로 참여하고 있는데, 이들에 대한 교육 또한 재활승마 운영에 필수 요소다. 무엇보다 치료승마는 비교적 장애 등급이 높은 장애인을 대상으로 승마를 실시하게 되므로 낙마 시 뇌손상, 골절 같은 매우 심각한 사고를 유발할 수 있다.

말 위에 기승자가 올라가 있다고 해서 치료승마가 되는 것은 아니다. 어떤 경우에는 오히려 잘못된 결과를 초래하기도 한다. 말의 움직임이 기승자에게 어떤 원리로 어떤 영향을 미칠 것인가를 고민하여 '어떻게 기승자에게 전달할 것인가?', '이런 움직임을 만들기 위해 말과 사람은 어떤 자세를 취해야 하는가?' 등이 적용되어야 한다.

4) 기타

앞서 제시한 재활승마 유형 외에도 말과 함께할 수 있는 마차운전, 마상체조, 교감활동 등이 있다.

그림 1-2 마차운전과 마상체조

말에 직접적으로 기승하여 운동을 시행할 수 없거나 기승 이외에 인지활동자극 등을 필요로 하는 경우에는 마차(Carriage Driving)를 이용한 활동을 할 수 있다. 마차운전은 재활승마 분야에서 인기를 얻고 있는 도전적이고 흥미로운 활동 중 하나이다. 마차운전은 장애인에게 말에 관련된 경험을 풍요롭게 하고, 기승활동을 할 수 없는 사람들에게 기회를 제공한다. 1975년 영국에서 처음 실시되어 재활승마 선진국에서 활발히 진행되고 있으며, 특히 미국에서는 관련 자격제도를 운영하여 전문성을 높여가고 있다.

또 다른 분야로 주목받고 있는 것은 마상체조(vaulting)다. 마상체조란 움직이고 있는 말 위에서 하는 체조운동이다. 말과 함께하는 주요 활동의 하나로, 자폐아동뿐만 아니라 다양한 장애군이 참여하는 프로그램으로 협동심, 신체운동 등을 위해 많이 활용되고 있다. 비장애인

그림 1-3 마상체조 연습과 경기

을 위한 마상체조 경기는 FEI 정식종목으로 국제대회도 있는데, 속보나 구보로 구성된다. 그러나 장애인을 위한 마상체조는 처음에는 말이 정지한 상태에서 시작하여 평보, 속보와 구보로 이어진다. 좀 더 높은 난이도의 동작을 시행하기 위해 〈그림 1-3〉과 같이 '마상체조 연습용 원통'에서 연습을 실시한 뒤 실제 말 위에서 동작을 수행할 수도 있다.

4. 재활승마의 효과

1) 구분

재활승마는 기승을 통해 신체적인 효과를 기대하며 시행되어 왔으나 기승뿐만 아니라 말과의 교감 및 말 돌보기 등을 실시하면서 정신적·사회적 효과도 기대할 수 있다.

현재까지 알려진 일반적인 효과에 대해 〈표 1-2〉에 정리했다.

표 1-2 **재활승마 효과**

신체적 효과	정신적 효과	사회적 효과	인지·감각적 효과
• 관절 움직임 향상 • 균형, 자세 조절력 향상 • 근력 강화 • 지구력 강화 • 근육 긴장도 감소 • 보행능력 향상 • 심폐기능과 혈액순환 개선	• 동기부여 • 자신감, 자아존중감 향상 • 주의집중력 향상 • 독립성 고취 • 판단력 향상 • 성취감	• 의사소통능력 향상 • 사회적응능력 향상 • 삶의 질 향상	• 인지능력 향상 • 공간지각능력 향상 • 감각조정능력 향상

2) 신체적 효과

사람은 걷거나 뛰는 2가지 동작이지만 말은 4절도 보법인 평보(walk), 2절도 보법인 속보(trot, 좌속보와 경속보), 3절도 보법인 구보(canter) 등의 서로 다른 보법을 통해 이동한다. 말의 보행 시 기승자에게 10분에 500~1,000회 정도 전후·좌우·상하의 삼차원적 신체반응이 주어지는데, 이를 통해 기승자는 신체 자세를 바르게 교정할 수 있으며, 허리의 유연성과 신체의 리듬감이 향상된다.

기본 보법별로 보통, 단축, 신장 등 각각 3가지 형태의 보법을 구사할 때 말의 무게중심이 움직이는 속도와 방향에 따라 변화하게 되어 기승자는 계속적으로 자신의 근육을 수축·이완하여 균형을 유지하게 된다. 또한 출발과 정지 및 방향전환, 반전경자세나 경속보 동작을 수행하면서 근력과 균형감각의 향상을 가져온다.

재활승마는 전신운동으로 뇌성마비나 지체장애 등과 같이 신체적 기능이 약화된 사람들에게 보행 기능 회복, 관절 움직임 향상, 균형·자세조절력 향상, 근력강화, 지구력강화, 근육긴장도 정상화, 보행능력 향상 등 신체적 재활 및 기능을 향상시킨다.

3) 정신적 효과

기승자 자신보다 몸집이 큰 말을 타고 승마를 배우며 말과 함께하고, 말에 대해 배우는 과정 속에 자신감과 성취감을 느낄 수 있다. 오랜 병과 약물요법으로 지친 사람에게는 삶의 활력과 새로운 동기유발을 가져다주는 효과가 있다. 말을 타고 난 후에 먹이를 주고, 말을 손질하는 등 말을 관리하는 교감활동을 통해 말과의 애착관계를 형성하게 되고 책임감을 가지게 한다. 말을 보살피는 행위는 자신이 누군가에게 필요한 소중한 존재임을 자각하게 하여 자아존중감을 향상시킨다.

재활승마를 적용시켜 나타나는 좋은 결과로는 불안심리의 감소, 신뢰성 및 책임의식의 발달, 주의집중력 향상, 독립성 고취, 판단력 향상, 좌절감에 대항할 수 있는 자신감 고취 등이 이루어진다.

소뇌는 주의집중력과 균형능력과 관련이 있다. 재활승마 활동은 소뇌를 자극하여 균형유지 능력과 주의집중력 향상을 도모하여 ADHD 아동에게 긍정적인 효과를 가져온다는 연구결과도 있다.

4) 사회적 효과

재활승마를 처음 시작하여 말과 접촉이 이루어질 때 지적장애 학생들은 새로운 경험으로 받아들여 흥미로워할 수도 있지만 두려움을 가지거나 심한 경우 공포감으로 시작할 수도 있다. 이것을 극복하는 과정에서 겁이 많고 순종적인 반면 크고 힘센 말을 매개로 하여 기승자나 강습 대상자, 재활승마지도사 및 강습 참여자들은 우호적인 관계를 형성하고, 강습 진행 중에 나누게 되는 많은 대화는 의사소통능력 향상을 가져오게 한다. 또한 서로를 이해하며 공통의 문제를 풀어나가는 과정에서 사회적응능력의 향상, 삶의 질을 향상시킬 수 있다.

5) 인지·감각적 효과

재활승마 강습 중 사용되는 숫자, 색, 도형, 글자 등의 구별을 통해 인지적인 효과를 가질 수 있다. 다만 지도사의 치밀한 계획에 의해 공이나 링, 농구골대 등 다양한 교보재를 사용해야 한다. 마장구의 경우는 색이 구분되는 무지개고삐 등이 사용되며, 실내마장에 표시된 알파벳, 숫자 등도 훌륭한 교보재가 될 수 있다.

과제순서 정하기, 손과 눈의 협응력, 여러 가지 일을 동시에 수행하기, 감각통합, 좌우 구별능력, 공간감각(내부 및 외부) 등 말을 타면서 근육의 수축·이완운동과 동시에 직접 과제를 수행하는 등의 효과도 가진다. 기승자가 언어를 통해 말을 출발 또는 정지시키고, 강습에 사용하는 과제 분석을 신체 활동과 언어로 반복하면서 언어 사용 능력도 향상시킬 수 있다. 직접 접하는 말의 명칭과 말의 종류, 말의 특성, 말 관리방법 등의 새로운 분야에 대한 경험을 통해 말에 대한 이해와 활동을 넓히고 설명하는 시간을 가짐으로써 인지능력 향상에 도움을 준다.

직접 강습에 참여하지 않는 시간에는 말 관련 그림책, 말 인형 및 그리기 도구를 이용하여 말 그림 그리기, 말과 기승활동에 대해 대화하기, 말인형 놀이, 말 울음소리 표현하기, 말 발굽소리 내기, 편자 던지기 및 말똥 쿠키 만들기 등을 통해 오감을 자극하는 활동을 하고, 결과적으로 감각조정능력 향상을 기대할 수 있다.

2장. 재활승마 현황

재활승마의 역사를 통해 발전 과정을 공부하고, 현재 재활승마의 현실을 조명하여 더 나은 재활승마의 미래를 만들어야 한다. 또한 재활승마의 국제기구 및 영향력 있는 국가들의 현황과 제도들을 살펴보아 우리나라 재활승마의 발전 방향을 가늠하고자 한다.

1. 재활승마의 역사

사람과 말의 관계는 다양하고도 매우 긴 역사를 가지고 있다. 발굽이 있는 다른 많은 동물이 고기와 우유, 모직 생산을 위해 사육되는 동안 말은 음식의 재료, 레저, 스포츠, 그리고 농촌에서는 사역에도 동원되었다. 처음에는 말도 다른 동물과 마찬가지로 고기를 얻기 위해 순치하는 동안 수송을 위해 점차적으로 중요한 '도구'가 되었고, 다른 가축과 같이 점점 동반자 동물로 이용되었다.

기계문명의 발전으로 말의 사용은 급속히 줄어들었지만 최근에 말은 또다시 주목을 받고 있는데, 그것은 말과 승마를 이용한 재활운동으로서 승마 프로그램은 매우 인기가 높다.

1) 고대

> **Tip**
> 켄타우로스(Kentauros, 영문 Cantaur)는 그리스 신화에서 상반신은 사람의 모습이고 하반신은 말인 상상의 종족

말을 이용한 치료의 기원은 고대 그리스 신화에서도 찾을 수 있다. 의술의 신으로 의학과 치료를 담당했던 아스클레피오스(Aesculapius)가 "환자의 약해진 정신력과 의지를 강화하기 위해 말을 태웠다"는 것과 그의 스승이 키론(Chiron)이라는 현명하고 다재다능한 켄타우로스로 "아킬레스와 헤라클레스의 스승이었다"는 기록에서 옛날 사람들도 재활승마의 효과를 알고 있었다는 것으로 추론해볼 수 있다.

또한 고대의 철학자들도 "말의 외적인 힘이 인간의 내적인 것에 긍정적으로 상호작용한

다"라고 기록하고 있다. '의학의 아버지'라 불리는 히포크라테스 역시 "승마의 치료적 리듬"이라는 표현으로 말의 치료적 효과에 대해 언급했다. 기원전 400년경 그리스 문헌에도 "부상당한 병사를 말에 태웠더니 효과가 있었다"는 기록이 있다. 당시의 말은 단지 운송의 수단으로 사용되었으나, 전쟁으로 인해 급한 환자를 후송하는 중에 환자에게서 우연한 개선 효과를 발견함으로써 치료수단으로서의 활용이 시작되었다.

2) 근대

17세기 문헌에서는 낮은 의욕과 신경학적 장애 그리고 통풍이 있는 사람들을 위해 승마한 것이 기록되고, 1569년 이탈리아의 메르쿠리알리스(Merkurialis)는 '체조의 예술'에서 말과 승마를 언급하였고, 1670년대 영국의 영주이자 의사였던 토머스 시덴햄(Thomas Sydenham)은 '몸과 마음을 위해 매주 여러 번 말을 타고 돌아다니는 것보다 더 좋은 치료방법이 없다'라며 치료로서의 승마를 주장했다. 1780년 프랑스의 티소(Tissot)는 '의료 및 외과 체조(Medical and Surgical Gymnastics)'에서 평보가 가장 유익한 걸음걸이라고 묘사하기도 하였고, 1875년에 프랑스 의사 카사인(Cassaign)은 승마를 이용한 치료법을 개발하여 특정 종류의 신경 질환을 치료하고 심리적 향상을 가져 왔다고 하였다.

영국의 헌트(D. A. Hunt)와 선즈(O. Sunz)는 '장애인을 위한 승마(Riding for the Disabled)'라는 용어를 최초로 사용해 승마를 이용한 '재활승마'라는 치료의 개념을 도입했는데, 이것이 현대적인 재활승마의 원조라고 할 수 있을 것이다. 헌트는 1901년 오즈웨이트 정형외과 병원을 창설했고, 선즈는 이학요법협회의 회원으로 제1차 세계대전에 참전 시 부상당한 경험에서 '전선으로 복귀하는 데 불안감을 갖는 부상병들에게 승마를 이용해 자신감을 회복시킬 수 있지 않을까?' 하는 생각에 자신의 말을 병원으로 데려와서 병사들을 태우기 시작한 것이 계기가 되었다. 두 사람 모두 장애인승마의 보급에 주력하는 등 재활승마에 대한 전반적인 기준과 표준을 만들어 세계 각국에서 활용할 수 있는 토대를 마련했다.

3) 현대

재활승마는 1950년대에 소아마비장애를 갖고 있던 리즈 하텔(Liz Hartel)에 의해 유명해졌다. 덴마크 출신인 그녀는 다리를 사용할 수 없었음에도 말을 타기 시작하여 건강을 되찾았고, 마침내 1952년 핀란드 헬싱키 올림픽과 1956년 스톡홀름 올림픽 승마대회 마장마술에서 각각 은메달을 획득했다. 이는 재활승마의 효과를 입증하는 것으로 의학계와 승마관계자들은 물론 많은 사람이 관심을 갖게 되었고, 유럽 및 북미지역에 재활승마가 적극적으로 보급되는 계기가 되었다. 1964년 영국 런던 근처의 치그웰(Chigwell)에는 세계 최초의 재활승마장이 세워졌는데, 존 데이비스(John Davis)라는 사람이 첫 번째 전임 책임 지도자가 되었고 1990년 초반까지 영국이 재활승마를 주도하는 계기가 되었다. 1966년, 노르웨이의 '베이토스톨런(Beitostolen)'이라는 장애인재활센터에서 말이 치료요법의 중요한 역할을 맡아 시각장애인이 승마를 하게 됨으로써 성공적인 재활 프로그램으로 자리잡기도 했다.

이와 같이 덴마크, 영국 등 유럽으로 재활승마가 빠르게 전파되었는데, 영국의 심리치료사들이 모든 형태의 장애인에 대한 승마치료법의 가능성을 연구하기 시작했으며, 영국 왕실의 적극적인 후원으로 1965년부터 준비 과정을 거쳐 1969년 장애인을 위한 영국재활승마협회(Riding for the Disabled Association, RDA)가 설립되었고, 미국을 비롯한 세계 각국으로 확대되었다.

미국에서는 1969년에 NARHA(현 PATH Intl.)가 구성되어 치료적인 목적보다는 장애인 운동의 하나로서 독립 기승을 목적으로 재활승마를 실시했다. 1970년에는 미국 미시간의

> **Tip**
> Riding for the Disabled Association은 장애인승마협회로 번역하는 것이 맞지만 다른 국가와의 비교를 위해 재활승마협회로 의역함

> **참고**
> 소아마비란 주로 소아에서 폴리오(polio)라는 장 바이러스(enterovirus) 감염에 의해 뇌, 척수 같은 중추신경계 중 특히 운동을 담당하는 부분에 급성 감염이 발생하여 뇌신경조직이 손상되면서 일시적 또는 영구적인 신체마비와 변형이 생기는 질환이다.
> 위생 환경이 좋지 않은 곳에서 발병하기 때문에 '후진국 질환'이라고 불리며, 증상은 침범 부위와 침범 정도 및 병의 진행시기에 따라 다르게 나타난다. 부전형은 거의 후유증을 남기지 않고 지나가지만, 비마비형은 척수에는 부분적으로 변형을 일으키나 근육이나 신경에는 직접적인 영향을 미치지 않는 형을 말한다. 마비형은 감염 후 침범된 척수가 지배하는 근육이나 신경에 영구적인 후유증을 남긴다.
> 잠복기는 1~2주로, 발병 초기의 증세는 열이 나며 머리나 등이 아프고, 땀이 나고 나른하고 구토나 설사를 하는 일도 있어서 여름감기와 비슷한 증세를 보인다. 감염된 환자 중 5~7%가 2주 내에 사망하거나 영구적인 신체 마비와 변형이 생긴다.
> 예방법은 의외로 간단한데, 700원 정도의 백신이면 해결된다. 미국의 조나스 소크(Jonas Edward Salk, 1914~1995) 박사가 치료법을 개발한 뒤 무료로 공개하여 전 세계에 치료제가 싼 값에 공급될 수 있게 한 덕분이다. 우리나라는 1984년 이후 환자 발생이 보고되지 않았고, 2000년에는 소아마비 종식을 선언했다.
> 빌 게이츠는 2조 원 이상을 기부하여 소아마비 퇴치에 노력하고 있으며, 2018년이 되면 전 세계에서 소아마비가 퇴치될 것이라고 말했다.

CHEFF 재단이 북미에서 최초로 장애인을 위한 CHEFF 승마센터를 개설했다. 최초 센터장이었던 리다 매코원(Lida L. McCowan)은 여성 승마 전문가로 영국의 여러 장애인 승마 단체들을 방문했고, 영국의 데이비스(J. Davis)의 도움으로 치그웰 센터에서 교육과정을 이수했다. 해외연수는 미국의 많은 전문가들이 1990년대 초반까지 각각 장애인승마와 치료승마를 배우기 위해 영국과 독일로 건너간 노력으로 이어졌다. 이와 같은 노력은 미국 재활승마 발전의 밑거름이 되었고, 미국은 재활승마의 원조라고 할 수 있는 영국보다 세계의 재활승마를 이끌어가는 위치에 있다. 2016년 현재 미국 PATH Intl.에는 미국과 주변국의 850개 이상의 재활승마센터가 소속되어 있고 코네티컷, 텍사스 등 대형 재활승마 전용센터에서는 정기적으로 지도사 양성을 위한 교육과정이 이루어진다.

독일은 1970년에 독일치료승마협회를 발족하여 치료적인 접근방법인 'hippotherapy(의료 전문가에 의해 의학적으로 규정된 절차에 의해 실시되는 승마)' 개념으로 재활승마를 운영하고 있다.

현재는 캐나다, 호주, 프랑스, 뉴질랜드, 러시아 등 서구 국가는 물론 브라질, 칠레, 중국, 홍콩, 일본, 대만, 말레이시아, 남아프리카공화국 등 전 세계의 많은 국가에서 장애인을 위한 재활승마를 실시하고 있다.

2. 국내외 현황

1) 국제기구

1980년에 세계 각국의 재활승마 도입과 협력을 위해 국제재활승마연맹(FRDI)이 비영리 단체로 벨기에에서 등록, 창립된 후 활동하고 있으며, 대상자를 확대하고 단체명에 표기된 '장애인'이라는 표현을 달리하고자 2011년에는 단체명을 HETI로 변경했다.

HETI는 국가 센터 및 세계적으로 새로운 프로그램 개발에 말의 촉진 활동과 도움을 제공하는 개인 간의 전 세계 링크를 형성하는 글로벌 단체다. HETI는 재활승마에 관한 최신의 교육 정보를 제공하고자 연례 과학교육 저널을 발행하고 있으며, 회원들에게 세미나, 워크숍 및 교육 훈련 기회를 제공하고, 3년마다 국제총회를 실시하여 회원 간의 교류, 협력, 교육 등 광범위한 말 지원 활동에 관한 네트워크 및 연구 개발 활동을 하고 있다.

HETI는 국제협의회, 국제집행위원회 및 국제사무국에 의해 관리되는데, 국제협의회는 정회원 단체들로 구성된 국제이사회이며 국제협의회를 대신하여 활동하는 국제집행위원회와 국제사무국은 정기이사회에서 선출된다. 벨기에에서 비영리단체로 등록한 이유로 벨기에 법령에 의해 벨기에 출신의 관리 임원을 집행위원회에 포함하며, 현재 국제사무국은 미국 메인

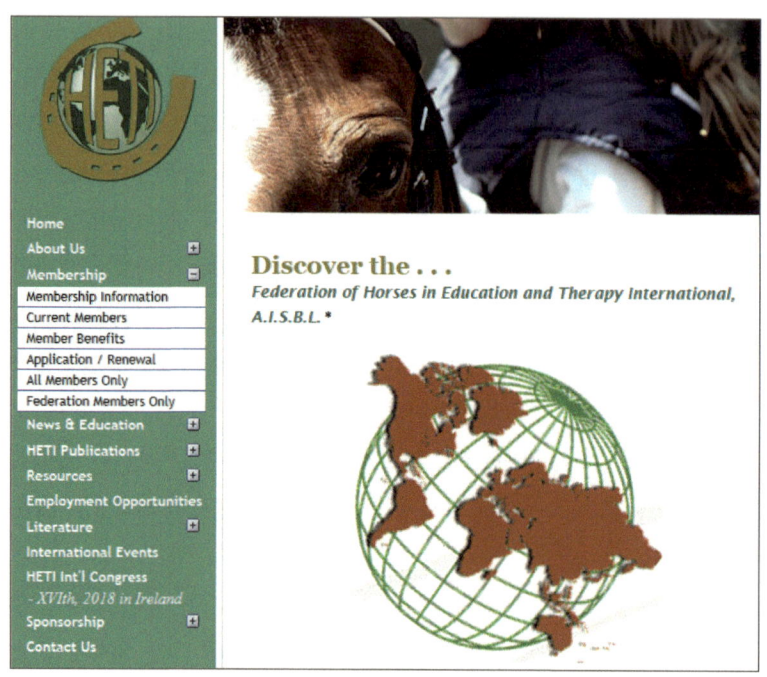

그림 1-4　HETI 홈페이지(출처: www.frdi.net)

(Maine) 주 다마리스코타(Damariscotta)에 있다.

　회원은 HETI를 구성하는 정회원(Federation Members), 대학이나 연구소 같은 교육기관이 참여하는 연구소회원(Institute Members), 말의 지원 활동과 같은 말 서비스 제공 업체 또는 장비 업체 등 관련 분야에서 활동 조직, 기업과 개인으로 구성된 비즈니스회원(Business Members), 개인 및 단체가 가입하는 준회원(Associate Members) 및 HETI 집행위원회에 의해 부여된 명예회원(Honorary Members)으로 구분된다. 2016년 현재 30개국 49개 연맹(협회)회원을 포함하여 47개국 263회원이 등록되어 있고, 우리나라는 한국재활승마학회와 한국마사회가 정회원으로 가입되어 있다.

　2015년 대만의 타이페이 시에서 HETI 총회(6/22~25)가 개최되었다. 대만 HETI 총회에는 농림축산식품부와 한국마사회의 지원으로 (사)한국재활승마학회의 이사들이 참석하여 학술발표, 홍보행사 등을 실시하였고, HETI 이사진(board member)으로 선출되는 등 한국 재활승마와 국가의 위상을 제고했다.

　2018년에는 아일랜드 더블린(Dublin)에서 제16회 총회가 열릴 예정이다.

그림 1-5   2015 HETI 총회 장소 및 이사회

2) 미국

현재 세계적으로 재활승마 부분에서 가장 활발히 활동하는 국가는 미국이라는 데 많은 사람이 동의할 것이다. 이는 여러 가지 요인이 있을 수 있지만, 가장 근본적인 것은 자원봉사자들의 헌신적인 활동이라고 할 수 있다. 재활승마는 장애인에게 도움을 주고자 하는 자원봉사자들과 의식 있는 사람들의 기부로 이루어지는 것이 일반적이다. 몇몇 국가의 재활승마지도자들이 미국의 PATH Intl. 재활승마 교육 체계에서 교육을 받고 자국으로 돌아가 재활승마를 실시하고자 하지만 자원봉사자 문제로 인해 실패하기도 한다.

2009년 경제위기가 전 세계를 뒤흔드는 가운데에서도 미국에서는 총인구의 27%인 6,300만 명이 자원봉사에 참여했다. 이를 경제적인 가치로 환산하면 약 200조 원이나 되며, 이로 인해 미국 최고의 수출품은 자원봉사자이고 현재 "미국을 떠받치는 힘은 자원봉사(KBS, 2011)"라고 표현하기도 한다.

(1) PATH Intl.

PATH Intl.에는 2014년 기준 7,627명의 개인회원과 866개의 회원센터가 있는데, 이 센터들에서는 55,311명의 자원봉사자, 4,666명의 재활승마지도자, 3,488명의 직원, 7,700마리의 말(포니 포함)과 함께 3,973여 명의 퇴역군인을 포함한 61,832명의 어린이들과 성인들에게 재활승마 프로그램을 제공하고 있다. 자원봉사의 경제적 가치는 4조 2,300억 원(37억 6천 달러)으로 환산되며 기부금을 내는 사람도 수천 명이 있다.

PATH Intl.은 비영리기관으로 1969년에 미국과 캐나다의 재활승마 관련자들에 의해 미국과 캐나다 전역에서 안전하고 효과적인 재활승마를 촉진하기 위해 NARHA라는 이름으로 설립되었다. 말을 이용한 활동과 치료의 우수성을 홍보하여 삶을 풍요롭게 변화시키기 위한 조직 구성 및 전용 회원제 형태로 승마를 중심으로 시작되었다. PATH Intl.은 말을 이용한 활동과 치료(equine-assisted activities and therapies, 이하 EAAT)로 알려진 말과 관련된 활동과 다른 수많은 프로그램을 개발하고 있다. 이러한 프로그램은 승마 이외에도 마차 운전, 말을 타고 하는 체조와 비슷한 상호작용 마상체조, 자격 있는 지도자가 참여하는 지상 활동, 마장관리와 같이 학습 촉진을 위한 활동과 정신건강, 인지 및 행동치료의 파트너로 말을 사용하는 방법이 있으며, 퇴역군인과 참전군인 등 전쟁 영웅들을 위한 특별한 프로그램도 운영된다.

PATH Intl.의 다양한 위원회는 분야별로 전문성을 인정받고 있으며, 다른 어떤 국가 협회보다 뛰어난 조직력으로 협회를 발전시켰다. 현재는 전 세계적으로 많은 국가, 심지어는 유럽 등에서도 지도자교육을 받기 위해 미국을 방문하는 실정이다. 우리나라에서도 한국마사회에서 주관하여 2008년부터 2011년까지 매년 PATH Intl.의 지도자를 초청하여 지도자 자격강습회를 통해 재활승마에 대한 교육을 실시했다.

이 협회에서는 매년 국제 및 지역 총회를 개최하는데 선도적인 업계 전문가들이 강연에 참석하고, 자료 수집, 워크숍 그리고 다른 동료와의 네트워크를 위해 수백 명의 인원이 참석하

표 1-3 미국(PATH Intl.)의 재활승마 관련 자격제도

구분	영문명	국문명	등급
TRI	Therapeutic Riding Instructor	재활승마지도자	registered, advanced and master levels(3등급)
ES	Equine Specialist in Mental Health and Learning	정신건강 및 학습에 대한 말 전문가	–
D	Therapeutic Driving Instructor	재활마차운전지도자	level 1/2(2등급)
IV	Interactive Vaulting Instructor	상호작용마상체조지도자	–

고 있으며 연차 회의도 개최하고 있다. 총회는 PATH Intl. 최고의 교육 이벤트로 우수한 말, 지도자, 자원봉사자, 공헌자 및 기승자 등에 대한 시상식도 개최하며, 지도자의 경우 총회 출석은 다음 등급으로 가기 위한 필수 과정이기도 하다. 재활승마지도자는 총 3등급으로 구분되는데 초급과정인 Registered, 중급과정인 Advanced, 고급과정인 Master다. 재활승마지도자 자격 연수를 위해 우리나라를 비롯한 전 세계 40여개국에서 재활승마를 배우려는 사람들이 미국을 방문하고 있다.

또한 각종 소식 및 최신 정보를 제공하기 위해「Strides」라는 잡지를 연 4회 발간하고 있으며, 온라인을 이용하여 각 전문가 집단별 소식지도 제공하고 있다.

(2) 기타 관련 단체

미국에는 PATH Intl. 외에도 CHA(Certified Horsemanship Association)에 재활승마교관(Instructors of Riders with Disabilities) 인증제도가 있으며, 물리치료사, 작업치료사 등 치료사를 대상으로 교육과 자격을 부여하는 AHA에 재활승마치료사 과정 등이 있다. 또한 과거 NARHA에서 분리된 PACTH(The Pennsylvania Council on Therapeutic Horsemanship)가 2016년에 CECTH(Council for Education and Certification in Therapeutic Horsemanship)로 명칭을 변경하고 활동 중이다.

그림 1-6　PATH Intl. 홈페이지

> **Tip**
>
> **EAGALA**
> Equine Assisted Growth and Learning Association
> (말지원성장학습협회)
>
> **E3A**
> Equine Experiential Education Association
> (말경험교육협회)

최근에는 직접 말에 기승하지 않고 말을 이용한 심리적 안정 및 교육 목적을 달성하기 위한 프로그램도 EAGALA와 E3A라는 협회를 통해 보급되고 있다.

특히 1999년에 설립된 EAGALA는 정신건강 및 개인의 개발 필요성을 해결하기 위해 말을 이용하는 전문가를 지원하는 비영리단체로, 협회의 비전은 전 세계의 모든 사람이 말 지원 심리치료(Equine-Assisted Psychotherapy)라는 서비스를 이용할 수 있도록 하는 것이다.

이에 대한 구체적인 활동 내용은 다음과 같다.

- 정신건강 치료 및 개인 개발의 이러한 양식에 대한 대중의 인식, 연구 및 교육 제공
- 재원 조달 지원
- 윤리적, 근거 중심의 삶을 변화시키는 서비스를 제공하도록 훈련된 전문가 네트워크 구축

EAGALA를 통해 훈련되고 인증된 4,500명 이상의 전문가가 있는 700개 이상의 프로그램이 미국을 비롯한 50개국에서 거리의 어린이, 중독자, 우울증 및 외상으로 고통 받는 사람들과 같은 다양한 어려움에 처한 사람들에게 가족 및 그룹 안에서 관계를 개선하고 삶을 변화시키는 데 도움이 되는 서비스를 제공한다.

3) 영국

영국의 재활승마단체는 1965년에 9명의 자문위원회로 시작하여 1969년에는 현재의 이름인 영국재활승마협회(Riding for the Disabled Association, 이하 RDA-UK)를 채택하고 왕실과 귀족들의 적극적인 후원에 힘입어 성장했다. 특히 영국 국가대표 승마선수였던 앤(Anne) 공주는 이 협회 명예회장이며, 협회 및 산하단체인 다이아몬드센터 설립에 큰 도움을 주었다. 이러한 지도층의 지원은 노블레스 오블리주에서 기인하고, 일반인들의 기부와 자원봉사에 의해 재활승마장들이 운영되고 있다.

영국재활승마협회의 목적은 장애를 가진 사람들이 승마와 마차운전을 통해 자신의 건강과 삶에 긍정적인 효과를 얻을 수 있도록 돕는 데 있다. 2016년 현재 영국은 물론 전세계에서 500개 이상의 승마장이 RDA-UK 회원으로 등록되어 있으며, 매년 2만 8천 명의 장애를 가진 사람들에게 승마 또는 마차운전 프로그램을 제공하고 있다.

대부분의 경우 승마장들은 RDA-UK의 회원으로 등록하여 독립적인 자선단체로 일하게 된다. 또한 다른 회원(승마장)들과의 교류로 교육에 관한 정보를 교환하여 보다 질 높은 수업을 제공할 수 있게 된다.

RDA-UK는 승마와 마차운전 등을 통해 긍정적인 효과를 얻을 수 있는 장애를 가진 사람들을 위해 일하는 비영리단체다. RDA-UK에서는 재활승마 시스템을 체계적으로 만들어 많

> **Tip**
>
> 승마나 마차 운전을 하기에 적합하지 않은 장애를 가진 사람들은 프로그램에 참여할 수 없도록 제한하기도 한다. 예를 들어, 통제할 수 없는 간질, 어린아이에게 생기는 관절 류머티즘으로 척추 변형이 나타나는 것이 특징인 스틸(Still)병 같은 심각한 관절염, 중증의 다발성 경화증, 취약성 골절, 척추측만증 그리고 척추후만증을 가지고 있는 사람들은 승마를 통해서 긍정적인 효과보다는 오히려 부정적인 효과를 가져올 수 있으므로 RDA-UK에서는 이들의 프로그램 참여를 제한하고 있다.

> **참고** **Noblesse oblige(노블레스 오블리주)**
>
> 프랑스어로 '가진 자의 도덕적 의무'라는 뜻이다. 전쟁 시에는 귀족들이 먼저 전쟁터로 달려가고 평화 시에는 어려운 자에게 봉사하는 것이 서구 선진사회의 전통이다.
>
> 영국이 아르헨티나와 전쟁을 할 때 영국의 엘리자베스 여왕의 차남인 앤드루 왕자는 헬기 조종사로 전쟁에 참여하여 위험한 임무를 수행했고, 영국 왕위계승 서열 2위인 윌리엄 왕자 역시 이라크 전쟁에 정찰부 대장으로 파병되기도 했다.
>
> 영국 최고의 명문인 이튼스쿨의 졸업생들은 국가의 전쟁에 솔선수범하여 참전했는데, 제1·2차 세계대전에서 2,000여 명이 전사하기도 했다. 본관을 오르내리는 계단 양쪽에는 전사한 이들 이튼 맨들의 이름이 새겨져 노블레스 오블리주의 상징이 되고 있다.
>
> 이는 미국으로도 이어진다. 139명의 미군 장성들의 자제들이 한국전쟁(6·25전쟁)에 참전하여 그중 35명이 전사하거나 부상을 당했다. 대부분이 최전선에서 싸웠으며 특별대우를 받는 경우는 없었다고 한다. 그들 중에는 1952년 대통령에 당선된 아이젠하워 육군 원수의 아들인 아이젠하워 소령과 제3대 유엔군 총사령관이었던 마크 클라크 대장의 아들도 포함되어 있다. 특히 한국군 전투력 육성에 지대한 공헌을 세워 육사 교정에 흉상이 남아 있는 제임스 밴 플리트 8군 사령관의 일화는 유명하다. 밴 플리트 대장은 야간 폭격기 조종사로 작전 수행 중 행방불명된 외아들(밴 플리트 2세)의 실종 소식을 듣고 공군에 전화를 했다고 한다.
>
> "이제 정규 수색시간은 끝났으니 더 이상의 수색이나 구조 활동은 하지 말라. 모든 병사들이 최전선에서 죽음과 싸우고 있는 이 상황에서 내 아들이라고 해서 특별한 대우를 해줘야 할 필요는 없다."
>
> 이러한 사회 지도층의 노블레스 오블리주는 평상시에는 기부와 봉사로 이어진다. 철강왕 카네기, 석유재벌 록펠러, 워런 버핏, 빌 게이츠와 같이 잘 알려진 기부자들부터 매주 하루씩 자원봉사를 하는 숨은 봉사자들이 만들어내는 기부와 봉사 문화의 힘이 미국을 유지하고 이끌어가는 힘이 되고 있다.

은 사람에게 좀 더 나은 혜택으로 다가서기 위해 장애인 지도자 양성 및 교육, 센터 운영방침 및 보험과 후원 업무를 담당하고 있다. RDA-UK는 비영리단체로 정부의 지원을 받고 있지는 않으나 세계적으로 신뢰받는 단체로 많은 후원금을 받고 있다. 이를 바탕으로 RDA-UK에 속해 있는 센터들에게 저렴한 가격으로 보험 문제를 해결해주고 있으며, 지도자 교육 및 컨퍼런스를 진행하여 재활승마의 발전 및 보급에 이바지하고 있다.

지도자 양성 및 교육은 RDA-UK의 주 업무 중 하나다. RDA-UK는 지도자 양성을 통해 영국의 재활승마 시스템을 보급했으며, 이를 통해 그들만의 시스템을 구축해왔다. 지도자 과정은 RDA 그룹 지도자(RDAGI, RDA Group Instructor), RDA 지도자(RDAI, RDA Instructor) 및 RDA 전문 지도자(RDASI, RDA Senior Instructor)의 총 3단계로 나뉘어 있으며 단계별 시험도 다르게 구성되어 있다.

RDA-UK는 센터 사이에 네트워크를 형성하여 서비스를 제공하고 있다. 모든 센터들은 개별적으로 운영되지만, RDA-UK는 각각의 센터가 정보를 공유하고 서로 최고가 될 수 있

그림 1-7 RDA-UK 홈페이지

도록 돕고 있다.

 RDA-UK가 하는 모든 활동의 궁극적인 목적은 사람들에게 승마를 할 수 있는 기회를 마련해줌으로써 거기에서 신체적·정신적 개선 효과 또는 성취감을 얻거나 단순히 즐거움을 얻게 하는 데 있다. 많은 대상자들이 RDA-UK 프로그램을 통해 지속적으로 긍정적인 효과를 얻고 있으며, RDA-UK는 이를 더 발전시키기 위해 노력 중이다. 장애를 가진 사람들이라고 할지라도 비장애 승마인들과 동등한 기회를 가질 수 있도록 하기 위해 다른 승마협회와 연계하여 기회를 마련한다.

 RDA-UK는 승마대회 등을 통해 동기 부여 및 후원금을 모으기도 하며, 각종 프로그램을 통해 장애를 가진 기승자를 지원한다. 재활승마 참여를 원하는 참여자들에게 지역 승마센터의 정보를 제공하고, 자신의 승마기술 정도 평가와 새로운 기술 습득 정도를 평가하기 위한 능력시험을 실시한다. 더 나아가 세계대회 출전을 지원하기도 하는데, 2016년 현재 FEI Para-Dressage 랭킹 세계 1위는 영국의 소피 크리스티안센(Sophie Christiansen) 선수로 2016 리우 패럴림픽에서도 금메달을 획득했는데, 이러한 노력이 영향이라 할 수 있을 것이다.

RDA-UK는 전적으로 자원봉사자에게 의지하여 운영되는데, 지역과 국가를 초월하여 많은 분야의 사람들이 자원봉사를 하기 위해 센터를 방문하고 있다. 각 센터에서 자원봉사자를 모집하는 것에 대한 부담을 줄여주기 위해 RDA-UK에서는 자원봉사자들에 대한 지원을 확대해가고 있다. 그러나 RDA-UK의 최근 통계와 연구 자료에 의하면 센터들이 자원봉사자 모집과 관리에 어려움을 겪고 있는 것으로 나타났다. 몇 년 동안 RDA-UK는 이를 해결하기 위해 탄탄한 계획을 바탕으로 센터들을 지원해오고 있다.

재활승마 교육프로그램은 지도자와 자원봉사자가 협력하는 프로그램으로, 자원봉사자들이 장애인을 이해하고 교육 진행 간 지도자와 기승자 사이에 원만한 역할을 수행하는 것이 매우 중요하다. 이를 위해 RDA-UK에서는 매년 100개가 넘는 교육 프로그램이 자원봉사자들을 위해 진행 중이며, 2,400여 명의 봉사자들이 참여하고 있다. 이와 같은 교육을 받은 자원봉사자들은 그 역할에 따라 배지(badge) 등으로 구분되는 자격을 부여받게 되는데, 이는 단지 RDA-UK에서만 자원봉사자로 인정해주는 것이 아니라 영국승마협회와 연계하여 RDA-UK 자원봉사자들에게 인증서를 발급하는 제도를 만들었다. 이 자격은 국가에서 인정해주는 것으로, 여기에는 큰 의미가 있다고 할 수 있다.

RDA-UK는 이 제도를 통해 새로운 봉사자들에게는 동기를 마련해주고 기존 봉사자들에게는 자원봉사자로서의 자부심을 느낄 수 있도록 하고 있다. 그뿐만 아니라 청소년 자원봉사자들에게는 지역사회 자원봉사 자격부여를 추진하여 모든 연령대의 사람들이 함께 자원봉사를 할 수 있는 사회로 만들어가기 위해 노력 중이다. 현재 많은 봉사자가 RDA-UK 프로그램에 참여하면서 센터 안에서뿐만 아니라 국가에서 주관하는 대회에서도 자원봉사상을 수상하고 있다.

영국 재활승마단체는 RDA-UK와 ACPTR(Association of Chartered Physiotherapists in Therapeutic Riding), FCRT(Fortune Centre of Riding Therapy), GUL(God Unlimited), Welsh Institute of Therapeutic Horsemanship 등 5개의 단체가 HETI에 가입되어 있다.

4) 독일

독일재활승마협회(Deutsche Kuratorium für Therapeutisches Reiten, 이하 DKThR)는 1970년에 창립되었고, 현재 총회에서 7명의 선출위원회를 구성하여 이들에 의해 관리되며, 바렌도르프(Warendorf)의 독일승마연맹(FN) 건물에 사무소가 있다. DKThR은 재활승마의 기원을 히포크라테스가 승마에 의한 '치유 리듬'과 자신감 향상, 괴테가 "승마에 의해 치유력이 있다"고 지적한 것을 언급한다.

현대 독일의 재활승마는 제2차 세계대전 당시 다리 절단 수술을 받은 사람들이 승마로 불균형을 해소하고 재활에 도움을 받게 된 것을 시작으로, 1953년에는 의사인 막스 라이헨바흐(Max Reichenbach)가 『치료승마(Reiten als Therapie)』를 출판했고, 1973년에는 분테(H. Bünte)와 베크(H. Beck) 교수가 함께 편집한 같은 제목의 책이 출판되었다.

1950년대 후반이 되자 의사와 물리치료사들은 다양한 신경 및 정형외과 질환에 움직이는 말을 타고 하는 리듬운동의 균형 효과를 발견했고, 'hippotherapy'로 알려진 말과 함께하는 물리치료를 개발했다.

1960년대에는 어린아이와 청년들을 대상으로 하는 교육 활동 분야에 말이 점점 더 많이 사용되었다. 또한 승마경기는 장애인과 비장애인이 함께 운동하며 경쟁하는 몇몇 스포츠 중 하나로, 말이 통합에 독특한 기여를 했다.

1970년, 독일의 일간지 「디 벨트(Die Welt)」는 43개 단체가 장애인에게 재활승마서비스를 한다고 했는데, 같은 해 11월 25일에는 라이헨바흐를 포함하여 '치료승마이사회(Kuratoriums für Therapeutisches Reiten, KThR)'가 창립되었다. 1992년에는 협회명을 현재의 이름인 'DKThR'로 변경했다.

라이헨바흐는 독일의 현대적 치료승마의 설립자로, 협회에 대한 개념 정립과 함께 특히

> **Tip**
> 2014년부터 의료보험 재정 문제를 이유로 치료승마에 대한 지원이 중단되었다.

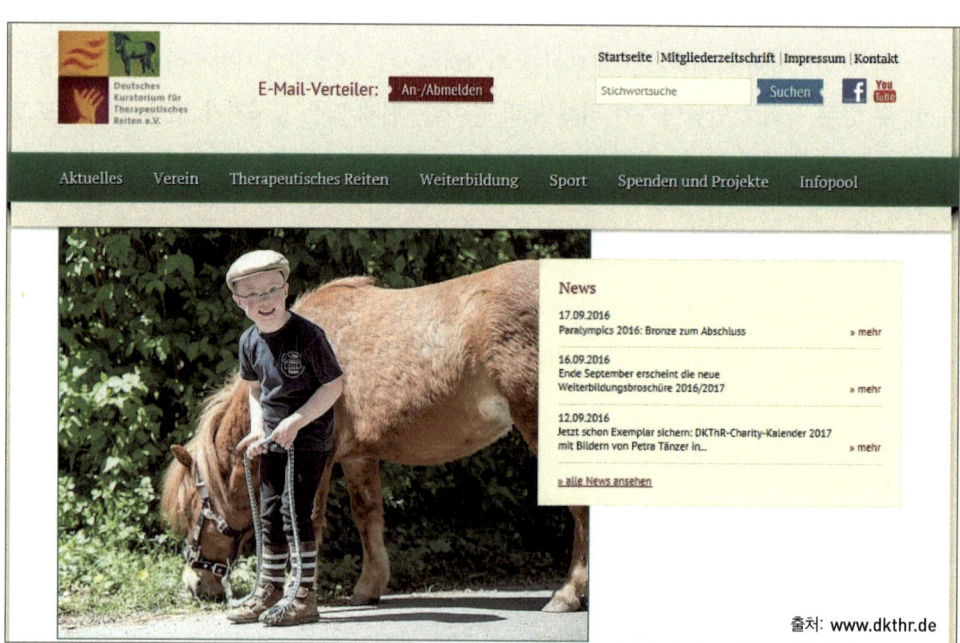

그림 1-8 독일재활승마협회 홈페이지

기술 분야에서 몇 년 동안 많은 동작을 개발했다. 1969년에 안토니우스 크뢰거(Antonius Kröger)도 재활승마 관련 서적을 출판했고, 1974년에는 DKThR 회원들에게 정보를 제공하기 위해 소식지가 발간되었다.

1976년에 재활승마교육과정위원회가 설치되었고, 1977년부터는 승마와 다양한 분야에서 전문적인 자격제도를 운영하고 있다. 독일의 재활승마는 의사의 처방이 있으면 의료보험이 적용되었을 정도로 치료승마 분야가 발달했고, 1992년 1월부터는 전문학술지인 「교육, 스포츠, 의학의 재활승마(Therapeutisches Reiten in Medizin, Pädagogik, Sport)」가 발간되고 있다. DKThR은 최근 몇 년 동안 자신들이 오랫동안 구축해온 노하우를 다른 나라에 계속해서 제공하고 있으며, 출판물은 다양한 언어로 번역되고 있다.

2005년 이후에는 말을 타고 하는 작업치료 분야를 추가했다.

독일의 재활승마는 다음과 같이 4가지 분야로 구분된다.

- hippotherapy(의학 및 물리치료 영역)
- 말과 함께하는 특별 교육(교육학-심리학 분야)
- 말과 함께하는 장애인 스포츠 및 일반 사람들을 위한 레저(말 스포츠 분야)
- 말과 작업치료(의학 및 작업치료 영역)

이에 관한 자격제도는 재활승마 추가 자격이 있는 물리치료사, 마상체조/승마 지도사, 장애인에게 스포츠로 승마를 지도하는 지도사, 재활승마 추가 자격이 있는 작업치료사가 있다.

지도사는 장애인을 위한 스포츠로 승마를 지도하기 위해 기승자의 다양한 장애에 대한 지식과 적절한 조치, 보조나 부축방법의 선택, 말 훈련 등을 수행할 수 있어야 한다. 지도자 교육에 포함되는 내용은 다음과 같다.

- 안장과 말의 선정, 훈련 및 교정
- 승마 기술
- 장애인의 특성에 대한 지식
- 교수법 및 교육방법론
- 다양한 설정에 따른 계획 수립
- 치료승마 등 다른 분야 전문가들과의 협력 등

이외에도 그룹단위 작업과 강의를 포함한 이론교육과 실습 형태의 실용적인 교육이 교실이나 마장에서 말과 함께 진행된다. DKThR에는 약 3,000명의 회원이 등록되어 있고 장애인스포츠협회, 물리치료사협회, 독일승마협회(FN) 등 관련 협회와 긴밀한 협력체계가 되어 있다. 한편 DKThR의 주요 업무는 다음과 같다.

- 공공보건을 위한 대상으로 교육, 치료승마의 필요성과 영향에 대한 정보 공개
- 전문가, 병원, 치료센터, 승마클럽에 대한 치료승마 분야에서의 재정지원과 학교와 기타 교육기관을 위한 홍보 및 기술지원
- 법적 책임의 일환으로 치료승마 표현과 회원들에게 자문
- 치료승마에 대한 지침 및 권장사항의 개발
- 관련 전문가, 회원 기관과의 긴밀한 협력, 교육 및 전문가 양성
- 과학적 원리의 개발과 과학 출판물의 추진
- 관계 당국과 비용 문제 조절
- 국제 협력 추진

DKThR 외에도 Deutsches Reiterliche Vereinigung라는 단체가 HETI에 가입되어 있는데, 전자는 치료승마에 좀 더 가까운 활동을 하고 후자는 TR을 중점적으로 실시한다.

5) 호주

호주의 재활승마는 1964년 브리즈번에 있는 호주 최초의 재활승마센터에서 시작되었고, 1975년 장애인승마협회 호주협의회가 구성되었다. 1979년에는 5개주가 동의하여 호주재활승마협회(Riding for the Disabled Association of Australia, RDAA)가 구성되었고, 1991년에는 마상체조(Vaulting)와 마차운전(Driving)이 재활승마 분야로 협회 내에 구축되었다. 2009년에는 폴린 페리(Pauline Perry)가 HETI의 전신인 FRDI의 회장이 되어 사무국이 호주에서 운영되기도 했다.

재활승마 비용의 40%는 주정부 보조금을 지원받고 나머지 60%는 재활승마장에서 충당하는데, 기부 등 지역사회 지원을 통해 기금을 조성한다. 재활승마는 장애인의 치료수단으로 정착돼 있으며 의사의 처방에 따라 재활승마가 진행된다. 재활승마의 진행과 성과는 지도자와 자원봉사자가 기록하고, 이를 근거로 의사와 지속적인 상담이 이뤄지며, 재활승마 강습에 적용된다. 재활승마지도자에게 강습을 받고 재활에 성공한 장애인들은 스포츠 활동으로 승마를 계속하여 장애인승마대회에 출전하기도 한다. 1991년에 호주장애인마장마술대회가

그림 1-9 RDAA(호주) 홈페이지

호주승마협회의 비장애인대회와 통합으로 개최되었으며, 매년 대회를 실시하고 있다. 1992년에는 처음으로 비장애인과 통합으로 마상체조 및 마차운전 경기가 개최되었으며 지도자워크숍을 실시하기도 했다. 1996년 애틀랜타 패럴림픽에 5명의 선수가 출전했고 매 대회에서 좋은 성적을 거두고 있다.

현재 RDA 센터는 재활승마에 적합한 말의 제공, 자원봉사자의 교육, 지도자의 인증, 승마를 위한 안전장비를 제공하고 있다. 또한 재활 및 레크리에이션 승마 수업의 개설, 승마경기와 게임을 실시하고 있다. 승마 이외에 마상체조, 마차운전, 마장마술을 교육하고 승마캠프를 운영하기도 한다.

6) 대한민국

(1) 삼성전자승마단

국내에서 재활승마에 관련한 모든 여건이 제대로 갖춰진 환경에서 처음으로 시작한 시기는 2001년이다. 삼성전자승마단은 동물과 함께하는 사회공헌활동의 일환으로 2001년 9월 재활승마 프로그램을 도입하여 생명의 가치와 더불어 사는 사회의 소중함을 실천하고 있다.

재활승마치료사와 지도사로 구성된 전문가가 재활승마 프로그램을 진행하며, 삼성서울병원 의료진과 연계하여 참가자의 치료효과를 높이는 데 중점을 두고 있다. 재활승마 프로그램은 전액 무상으로 진행하고 있으며, 2001년부터 2015년까지 약 6,000여 명의 자원봉사자들의 자발적인 참여와 함께 1,400여 명의 장애아동들이 수혜를 받았다.

삼성전자승마단은 2009년에 재활승마전용센터를 건립하고, 2010년에는 PATH Intl.에서 우수센터로 인증을 받았다. 2012년 그리스에서 개최된 HETI 총회와 2015년 대만 HETI 총회에서는 그동안의 연구 성과를 발표하여 많은 주목을 받기도 했다.

2007년부터는 매년 10월경에 「한국농어민신문」과 함께 '재활승마한마당'을 실시하여 국내에 재활승마를 알리는 계기를 마련하고 있다. 재활승마 도입 초기에는 국내에 재활승마 전파를 위해 노력했고, 최근에는 국내의 활동을 전 세계적으로 알리는 데 기여하고 있다.

국내의 재활승마가 10여 년의 짧은 역사임에도 급속한 발전을 이룰 수 있었던 배경은 삼성전자승마단과 한국마사회의 적극적인 지원, 뛰어난 인적 자원과 풍부한 경험 덕분이다.

(2) 한국마사회

2005년에 한국마사회에서 사회 공헌 사업의 일환으로 재활승마를 도입하고 활동을 시작했다. 한국마사회는 2005년에 인근 복지관 등과 연계하여 프로그램을 시작했으며, 2009년부터는 '찾아가는 재활승마'를 통해 체험기회를 제공했다. 2010년에는 연세대학교 세브란스의료원과 협약을 맺고 참가자를 의뢰받아 치료승마 프로그램도 운영하며, 대상을 확대하여 인터넷게임 과몰입 청소년을 위한 프로그램을 운영했다. 2011년에 용인대학교에 위탁, 인터넷게임 과몰입 청소년을 대상으로 승마 효과에 대해 학문적으로 연구를 시행했고, 2013년에는 삼성서울병원에서 ADHD 아동을 대상으로 재활승마 효과 연구를 진행하도록 하여 긍정적인 효과를 도출했다.

2012년에는 ADHD, 품행장애 등 아동·청소년의 정서 및 행동장애 문제를 재활승마로 해결하기 위할 목적으로 'KRA 승마힐링센터'를 운영할 위탁업체를 선정하여 인천과 경기도 시흥 및 대구에 각각 설치했다. 재활승마의 대상을 장애어린이뿐만 아니라 게임 과몰입, 품행장애 등으로 확대하는 것은 재활승마지도사의 업무 영역 확대는 물론 재활승마의 활성화를 위해 매우 바람직한 현상으로 볼 수 있다. 다만, 인천과 시흥 센터가 운영상 어려움 등으로 KRA와 계약을 종료하고 문을 닫아 재활승마 관계자들을 안타깝게 했다. 대구 KRA승마힐링센터는 정서·행동 및 신체장애 아동·청소년을 위한 전문 상담기관으로서, 재활승마와 함께 다양한 심리상담기법 및 특수치료를 병행하며 차별화된 양질의 서비스를 제공하고 있다.

2007년 한국마사회는 삼성전자승마단과 함께 PATH Intl.의 심사관을 초청, 지도자 양성과정을 도입하여 2011년까지 실시했는데, 이로 인해 전주기전대, 서라벌대 등 많은 말산업 관련 대학에서 재활승마를 시작하는 계기가 되었다. 이후 한국마사회의 말산업전문인력개발원(현, 말산업인력교육원)을 통해 재활승마지도자를 양성하여 전문교육기관으로서의 역할을 수행해왔다. 말산업인력개발원은 「말산업육성법」이 제정되고 한국마사회 말산업육성본부에 새롭게 만들어진 조직이다. 2013년 농림축산식품부로부터 말산업 전문인력 양성기관으로 지정되어 현재는 '말산업 전문인력 양성', '말산업 교육체계 정립', '말산업 인프라 구축' 등을 중점 목표로 사업을 추진 중이다.

(3) 대학

2013년, 대학으로는 최초로 전주기전대학에서 재활승마장을 개장했으며 농림축산식품부로부터 재활승마는 물론 말 조련, 승마지도, 안전요원 과정과 같이 4개 분야에 대해 말산업전문인력양성기관으로 지정되었다. 전주기전대학은 2007년에 전국 최초로 마사과를 개설한 이후, 2014년에 재활승마과를 설치하여 재활승마지도사는 물론 말조련사, 승마지도사 양성에 노력하고 있다. 미국 최초 재활승마장인 CHEFF 센터 등과 MOU를 체결하고 미국, 독일 등에서 매년 학생 해외연수를 시행하고 있다. 2013년부터 매년 재활승마경진대회를 실시하고 있으며 2015년에는 대한장애인체육회의 지원으로 국가대표 선발전 겸 전주기전대학 총장배 장애인승마대회를 시행했다. 국제학술대회와 장애인승마 심판 및 등급분류사 교육도 진행된 두 대회는 레크리에이션 및 스포츠로서 재활승마를 발전시키는 데 역할을 수행하며 매년 계속 진행될 예정이다.

2010년에는 성덕대학에 재활승마복지과가 설치되고, 인간존중과 장애인의 잠재능력 개발을 위한 전문 인력으로 재활승마지도사를 양성하고 있다. 인간발달의 체계적인 이해를 통해 인간이 갖는 문제에 대한 해결 능력을 갖추기 위해 실무형 교과과정 운영으로 현업 중심의 전문인력 양성하고 있다. 또한 재활현장의 시대적 변화에 부응하기 위한 국제적 재활승마치료 전문인력을 양성하기 위해 국내외 네트워크 구축을 교육 목표로 한다.

서라벌대학은 마사과에서 재활승마지도사를 양성한다. 말산업에 부응하는 미래지향적 '평생직업전환교육' 시스템 정착과 말산업을 이끌어갈 수 있는 전문직업인 육성, 말을 통한 다양한 봉사교육 프로그램 개발과 실천으로 지역사회 발전에 협력, 말 관련 기관과의 산학협동 내실화와 현장실무중심 교육으로 산업수요 대처 등에 노력하고 있다.

(4) 기타

2011년에는 「말산업육성법」에 재활승마지도사 자격이 국가자격에 포함되었다. 국가자격은 2012년 12명을 시작으로 2016년까지 5회 시험에서 133명의 재활승마지도사가 자격을 부여받았다.

2015년부터 농림축산식품부와 한국마사회에서는 말산업전문인력양성기관을 대상으로 재활승마분야 교수(교사)인력 해외연수를 실시하고 있다. 축산발전기금지원으로 시행된 사업에서 첫 해에는 미국 로체스터에 있는 헤리티지 크리스천 스테이블스(Heritage Christian Stables)를 방문하였고, 2016년에는 PATH Intl. conference에 참석하여 선진기술 습득과 전문역량을 강화하는 기회를 가졌다.

2013년 한국재활승마학회가 창립되었고, 2015년 농림축산식품부로부터 사단법인 설립허가를 받았다. 학회에는 말산업전문인력양성기관은 물론 의학, 보건학, 체육학 등 재활승마와 관련한 교수 및 각계 인사 50여 명이 참여하고 있다. 학회는 매년 2회씩 정기학술대회를 실시하고 자격 관련 연수를 시행하는 등 재활승마 관련 사업을 활발히 실시하고 있다. 2014년에는 AHA 전문가를 초빙하여 치료사들을 대상으로 서라벌대학에서 재활승마치료에 대한 연수를 실시하는 등 재활승마 전반에 걸쳐 다양한 활동을 하고 있다.

2016년에는 농림축산식품부, 경기도, 한국마사회의 지원으로 HETI와 아시아 재활승마 전문가들을 초청하여 2016년 말산업박람회 기간 중 'HETI-ASIAN 말문화 축제'를 실시했다. HETI 총회 유치, 재활승마 관련 연구 및 전문인력 양성 등 재활승마 전반에 대해 역할을 하고 있다.

한편, 대한장애인체육회 산하 대한장애인승마협회는 회장 선출을 통해 협회 정상화를 위해 노력하고 있다. 대한장애인승마협회와 대한장애인체육회 간의 유기적인 협조 체제가 구축되어 스포츠로서의 재활승마 범위가 확대되고 대한승마협회를 비롯한 체육계, 한국마사회를 중심으로 하는 말산업 분야 등 관련 교육계가 장애인승마 분야에 더욱 관심을 가질 수 있는 계기로 이어질 것으로 예상된다.

이와 같이 짧은 기간임에도 불구하고 우리나라에서도 재활승마가 비약적인 발전을 거듭하고 있다. 농림축산식품부는 물론 한국마사회의 지원이 계속 이어지는 상황에서 재활승마 선진국 대열에 진입하는 것은 멀지 않은 시간에 이루어질 것으로 생각된다. 그러나 선진국의 재활승마는 대부분이 외부의 지원보다는 센터 자체적으로 기금을 마련하고 자원봉사자들의 도움으로 프로그램이 운영되며, 최종적으로 스포츠로까지 이어져 패럴림픽에 우수한 성적을 거둠으로써 기승자 개인의 명예는 물론 국가위상 제고까지 달성하는 성과를 거두고 있다.

농림축산식품부뿐만 아니라 보건복지부, 여성가족부 등 장애인 및 청소년 관련 정부부처들의 관련 사업에 재활승마 프로그램 도입과 일반 대중의 기부금 모금 및 자원봉사자 참여가 절실히 요구된다. 또한 재활승마 관계자들의 재활승마에 대한 이미지 제고 및 전문성 강화를 위한 노력도 선행되어야 할 것이다.

> **Tip**
>
> **재활승마 시행 가능 정부 부처 (주요 사업) 예시**
>
> 보건복지부(사회서비스 등), 문화체육관광부(스포츠 바우처, 장애인승마 지원 등), 고용노동부(직업교육 등), 여성가족부(청소년 보호·재활센터 등), 미래창조과학부(인터넷 과몰입 쉼터)

재활승마

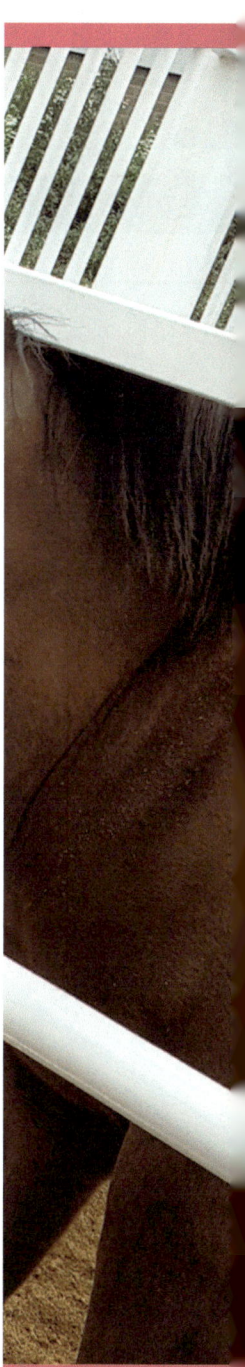

PART II
인체 및 장애의 이해

1장. 인체의 이해
2장. 장애의 이해
3장. 신체적 장애
4장. 정신적 장애
5장. 정서와 행동 문제들
6장. 기승활동의 주의 및 금기 사항

이 장에서는 인체 및 장애에 대해 기본적인 이해를 돕고 신체, 정신 및 정서와 행동문제에 대해 폭넓은 학습을 할 수 있도록 구성하였다.
인체의 구조적 측면에서의 해부학과 인체의 기능적 측면에서의 생리학에 대한 학습을 바탕으로 인체의 구조와 기능 및 승마의 원리 등을 습득하도록 하였다. 또한 재활승마지도사로서 대상자들에 대해 세부적으로 학습하여 재활승마 강습 운영을 효과적으로 실시할 수 있는 능력을 극대화시킬 수 있도록 구성하였으며 안전한 재활승마 활동을 위해 기승활동 시 주의 및 금기 사항을 소개하였다.

1장. 인체의 이해

1. 해부학적 인체 구조의 이해

인체의 구조를 이해하기 위해서는 해부학을 공부해야 한다. 해부학의 사전적인 의미는 "생물체의 절개와 관찰을 통해 생물체 내부의 형태와 구조를 연구하는 학문"이다. 해부학에서는 인체의 구조와 움직임을 설명하는 데 있어 그 의미를 명확하게 전달하고 위치, 방향 등의 관계를 가장 사실에 가깝게 표현하기 위해 몇 개의 정해진 전문 용어인 해부학 용어를 사용한다.

1) 인체 구조와 움직임의 이해

인체의 구조와 움직임을 알기 위해 우선 해부학적 자세, 인체의 면, 관절의 운동과 인체 움직임에 대한 용어를 살펴보면 다음과 같다.

(1) 해부학적 자세와 인체의 평면

해부학은 물론 운동역학 등에서는 사람 몸의 위치나 방향 또는 움직임에 관해 설명할 때는 해부학적 자세를 기준으로 표현하고 있어서 그 사람이 실제로는 어떠한 자세로 있든 간에 절대적인 방향이나 위치를 가리키는 데 변함이 없다. 즉, 어떤 특정한 자세를 취하고 있는 상태를 정해놓고 그것을 전제로 구조물의 상대적 위치나 방향을 설명해야 한다.

해부학적 자세란 양쪽 발을 앞뒤로 일직선이 되게 모은 채 똑바로 서서 눈은 수평선을 바라보며 양팔은 손바닥을 앞으로 향하게 한 채 자연스럽게 늘어뜨리고 있는 자세다.

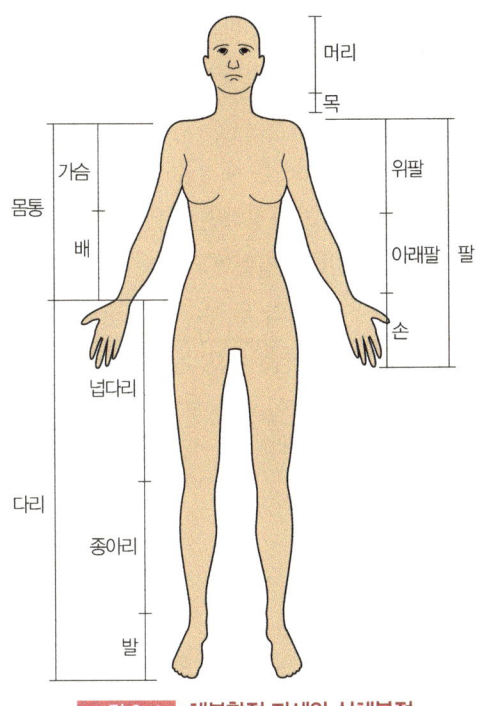

한글 용어	영문	이전 한글 용어
머리	head	두부
몸통	trunk	체간
목	neck	경
가슴	thorax	흉
배	abdomen	복
팔	upper extremity	상지
위팔	arm	상완
아래팔	forearm	전완
손	hand	수
다리	lower extremity	하지
넙다리	thigh	대퇴
종아리	leg	하퇴
발	foot	족

그림 2-1 해부학적 자세와 신체분절

표 2-1 신체분절의 구분

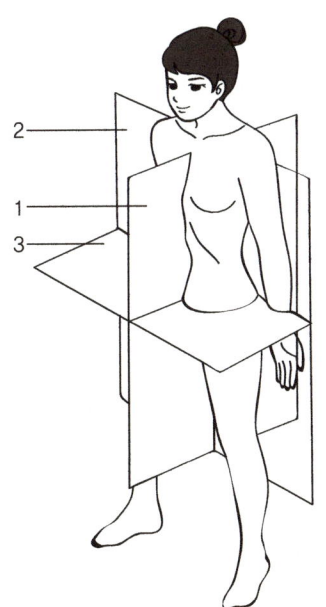

인체의 면
1. 정중면, 평행한 면은 시상면
2. 이마면 또는 관상면
3. 가로면 또는 수평면

그림 2-2 해부학적 자세와 인체의 면

Ⅱ. 인체 및 장애의 이해

사람 몸 부분의 위치를 표현할 때 기준이 되는 것은 몸을 기준으로 하는 가상적인 세 개의 면이다. 몸의 앞뒤 방향으로 관통하는 시상면, 몸의 좌우 방향으로 지나가는 관상면, 그리고 몸의 수평 방향으로 지나가는 수평면(가로면)이 있다.

사람의 몸은 좌우로는 대칭을 이루고 있으나 앞뒤 또는 위아래로는 대칭을 이루고 있지 않다. 몸의 가장 한가운데를 앞뒤로 지나가는 면을 따라 나눈다고 가정하면 몸은 좌우가 똑같이 나누어지게 되는데, 이때 가장 한가운데의 가상적인 한 면을 '정중면'이라고 하고 이 정중면과 평행을 이루는 모든 면은 '시상면'이라고 한다. 몸을 앞뒤의 두 부분으로 나눌 수 있는 모든 면을 '이마면' 또는 '관상면'이라고 부르며, 시상면과 직각을 이룬다. 또한 몸을 수평 방향으로 지나면서 몸을 아래위 두 부분으로 나눌 수 있는 가상적인 면을 '가로면' 또는 '수평면'이라고 하며, 시상면과 관상면에 대해 각각 직각을 이룬다.

(2) 용어의 정의

① 위치와 방향에 관한 용어

다음 용어들은 인체에 관련된 위치 및 방향을 기술하는 데 이용되며 항상 해부학적 자세를 기준으로 한다.

표 2-2 위치와 방향에 관한 용어

한글 용어	설명	이전 한글 용어
안쪽	인체의 정중면에 가까운	내측
가쪽	인체의 정중면에서 먼	외측
앞	인체의 배쪽	전
뒤	인체의 등쪽	후
위	인체의 머리쪽	상
아래	인체의 발쪽	하
몸쪽	몸통에 가까운, 혈관 등의 경우는 굵은 가지에 가까운	근위
먼쪽	몸통에서 먼	원위
바깥	공간이 비어 있는 곳을 기준하여 바깥쪽	외
속	공간이 비어 있는 곳	내
얕은	공간이 꽉 찬 기관 또는 구조물에서 표면에 가까운	천
깊은	'얕은'의 반대 의미로, 표면에서 멀리 떨어진 또는 중심에 가까운	심
중간	어떤 구조물과 또 다른 구조물 사이의 중간	중간

② 움직임을 나타내는 용어

인체의 움직임은 분절에 대해 관절을 이루고 있는 또 다른 분절의 상대적인 운동을 설명하는 용어를 사용한다. 따라서 관절운동을 설명하는 용어는 하나의 관절에 대한 분절의 상대적인 각운동이라고 할 수 있다.

해부학적 자세에서 분절이 시상면에서 발생하는 관절 움직임으로는 굽힘, 폄, 젖힘, 손바닥굽힘, 손(발)등굽힘, 발바닥굽힘이 된다.

관상면상에서 발생하는 관절 움직임은 벌림, 모음, 노쪽벌림, 자쪽벌림, 안쪽번짐, 가쪽번짐, 올림, 내림 등이 있다. 분절이 가로면 상에서 발생하는 관절의 움직임은 안쪽돌림, 바깥쪽돌림, 엎침, 뒤침, 수평벌림, 수평모음과 목과 몸 전체를 돌리는 경우 왼쪽으로의 돌림, 오른쪽으로의 돌림 등이 있다.

표 2-3 움직임을 나타내는 용어

한글 용어	설명	이전 한글 용어
굽힘	시상면에서 발생, 관절에서의 각도가 감소	굴곡
폄	굽힘의 반대운동으로, 각도를 크게 하는 운동	신전
벌림	정중면에서 보다 멀어지는 것. 즉, 가쪽으로 벌리는 것으로 관상면 상에서 발생	외전
모음	정중면으로 가까이 오는 것. 즉, 안쪽으로 모으는 것	내전
엎침	손에서 일어나는 운동으로 해부학적 자세에서 손등이 앞으로 향하게 하는 운동. 손을 기준으로 하면 엎침이지만 아래팔을 기준으로 말하는 경우에는 '안쪽돌림'이라고도 할 수 있음	회내
뒤침	엎침의 반대 동작	회외
올림	정중면과 관상면 상에서 동시에 발생. 위로 올라가는 운동	거상
내림	정중면과 관상면 상에서 동시에 발생. 아래로 내려가는 운동	강하
돌림	팔과 다리 등의 분절에서 하나의 축을 기준으로 회전하는 운동	회전
안쪽돌림	가로(수평)면을 따라 일어나는 운동으로, 인체의 앞쪽으로 회전	내측회전
바깥쪽돌림	인체의 뒤쪽으로 회전	외측회전
휘돌림	다중-축관절운동으로 굽힘, 폄, 벌림, 모음, 회전의 연속된 운동이 일어나는데 팔, 손가락 등에서 나타나며 원뿔을 형성	회선
안쪽번짐	발의 운동에 관한 용어로서 발바닥이 몸의 정중면 쪽으로 향하게 하는 운동	내번

한글 용어	설명	이전 한글 용어
가쪽번짐	안쪽번짐의 반대운동	외번
자쪽치우침	손의 운동에 관한 용어로, 손목을 중심축으로부터 자뼈 쪽으로 굽힘	척측굴곡
노쪽치우침	노뼈 쪽으로 굽힘	요측굴곡
손바닥굽힘	손가락을 손바닥 쪽으로 굽힘	
발바닥굽힘	발목을 발바닥 쪽으로 굽힘	족저굴곡
손(발)등굽힘	손가락이 손등, 발가락이 발등 쪽으로 굽힘	배측굴곡
치우침	어느 한 방향으로 굽힘	편위
맞섬	손가락의 운동에 관한 용어로서, 엄지손가락과 나머지 네 손가락이 맞닿는 것으로 물건을 집는 것	반전
젖힘	폄 동작에서 해부학적 자세의 각도를 지나 더 펴진 경우	과신전

2) 근뼈대계

근뼈대계는 뼈, 근육 및 관절로 구성된다. 뼈는 하나의 최소단위이고 뼈대는 기능적 단위로 2개 이상의 뼈, 연골, 관절, 인대로 이루어져 있다.

인체에서 뼈의 역할은 다음의 5가지가 있다.

① 지지 기능

몸을 지지하여 중력에 반대해서 몸을 지탱하여 서 있을 수 있게 하며, 각종 근육이 붙어 있는 지지 기능을 한다.

② 보호 기능

머리뼈는 뇌, 갈비뼈는 심장 및 내장 등 부드러운 조직을 외부에서 보호하고 있다.

③ 조혈 기능

혈액은 뼈의 중심부분에 있는 뼈속질(골수)에서 만들어 진다. 뼈의 조혈 기능이 약해졌을 때에는 간장과 비장에서 혈액이 만들어진다.

④ 저장 기능

뼈는 성장에 필요한 칼슘, 인 등 무기질을 뼈바탕질에 저장하는데 칼슘의 경우 97%가 뼈에 저장되어 있다.

⑤ 지렛대 기능
  뼈는 운동의 방향을 설정하고 근육이 수축할 때 지렛대 기능으로 움직임을 가능하게 한다.

 관절은 뼈와 뼈가 닿는 부위를 가리키며, 그 형태에 따라 여러 유형으로 구분한다. 특정 관절에서 일어나는 운동이 어느 정도의 유연성을 필요로 하는가에 따라 관절 형태가 결정된다.
 근육은 위치에 따라 심장근육, 내장근육, 뼈대근육으로 나뉘고 각각의 형태와 기능이 다르지만 수축과 이완에 의해 운동 기능을 수행한다.

(1) 뼈

 인체는 다양한 유형의 뼈로 구성되며, 그 수는 일반적으로 206개인데, 사람이 태어날 때 뼈는 약 350개로 좀 더 많다. 이렇게 성장하면서 뼈가 감소되는 이유는 뼈끝 부분이 따로 분리되어 있다가 점차 성장하면서 하나로 융합되어 숫자가 줄어들기 때문이다.

가. 뼈의 분류

 뼈는 위치와 형태에 따라 분류하며 위치에 따른 분류는 다음 〈표 2-4〉와 같다. 사람의 뼈는 일반적인 경우에 206개로 머리와 몸통을 구성하는 주축뼈대 80개와 팔과 다리로 구성된 부속뼈대 126개로 구분한다.

표 2-4 뼈의 위치에 따른 분류

뼈 (bone, 206)	주축뼈대 (axial skeleton, 80)		
		머리뼈(skull, 두개골, 22)	
		목뿔뼈(hyoid bone, 설골, 1)	
		귓속뼈(ossicles, 이소골, 6)	
		척주 (vertebral column, 26)	목뼈(cervical vertebrae, 경추, 7)
			등뼈(thoracic vertebrae, 흉추, 12)
			허리뼈(lumbar, vertebrae, 요추, 5)
			엉치뼈(sacrum, 천골, 5→1)
			꼬리뼈(coccyx, 미골, 3~5→1)
		복장뼈(sternum, 흉골, 1)	
		갈비뼈(costals, 늑골, 24)	

뼈 (bone, 206)	부속뼈대 (appendicular skeleton, 126)	팔뼈 (bone of upper limb, 상지골, 64)	팔이음뼈 (shoulder girdle, 상지대, 4)	빗장뼈 (clavicle, 쇄골, 2)
				어깨뼈 (scapular, 견갑골, 2)
			자유팔 (free upper limb, 자유상지, 60)	위팔뼈 (humerus, 상완골, 2)
				자뼈 (ulna, 척골, 2)
				노뼈 (radius, 요골, 2)
				손목관절뼈 (carpals, 수근골, 16)
				손허리뼈 (metacarpals, 중수골, 10)
				손가락뼈 (phalanges, 지골, 28)
		다리뼈 (bone of lower limb, 하지골, 62)	다리이음뼈 (pelvic girdle, 하지대, 2)	볼기뼈 (hip bone, 관골, 2)
			자유다리 (free low limb, 자유하지, 60)	넙다리뼈 (femur, 대퇴골, 2)
				무릎뼈 (patella, 슬개골, 2)
				정강뼈 (tibia, 경골, 2)
				종아리뼈 (fibula, 비골, 2)
				발목뼈 (tarsals, 족근골, 14)
				발허리뼈 (metatarsals, 중족골, 10)
				발가락뼈 (phalanges, 지골, 28)

나. 인체 부분별 뼈의 구조

① 척주

척주는 머리뼈과 골반을 연결하고 몸통을 지지하며, 척수를 보호하고, 각종 근육의 부착을 제공한다. 척추는 목뼈, 등뼈, 허리뼈, 엉치뼈, 꼬리뼈 중 한 개의 뼈를 지칭하며 이 척추가 모여 신체를 지지하는 하나의 기둥이 된 것을 '척주'라 한다.

척주에는 목뼈(경추) 7개, 등뼈(흉추) 12개, 허리뼈(요추) 5개, 엉치뼈(천추) 1개, 꼬리뼈(미추) 1개로 총 26개의 척추로 구성되어 있다. 정면에서 바라보면 1자로 곧은 모습이지만 옆에서 보면 S자 형태다. 태어난 직후에 척주는 1자형에서 엄마 배 속에 있는 모양처럼 C자 형태였다가 태어난 후 3개월이 지나 스스로의 힘으로 목을 가누기 시작하면서 목굽이가 형성되고, 12개월이 지나면서 걷기 시작하면 점차 허리굽이가 형성되어 S자 형태의 척주를 갖게 된다.

엉치뼈와 꼬리뼈는 태어날 때는 각각 5개와 3~5개로 나누어져 있다가 청소년기(16~18세)에 융합되기 시작하여 성인(25세)이 되면 각각 하나가 된다. 엉치뼈는 두 개의 볼기뼈와 함께 골반을 형성한다.

척추는 몸통과 돌기로 구분되고 그사이에는 고리를 형성하는 공간이 있는데, 척추 하나하나가 쌓여 척주를 형성하면 이 비어 있는 공간은 관을 형성하게 된다. 이 관에는 뇌의 연수로

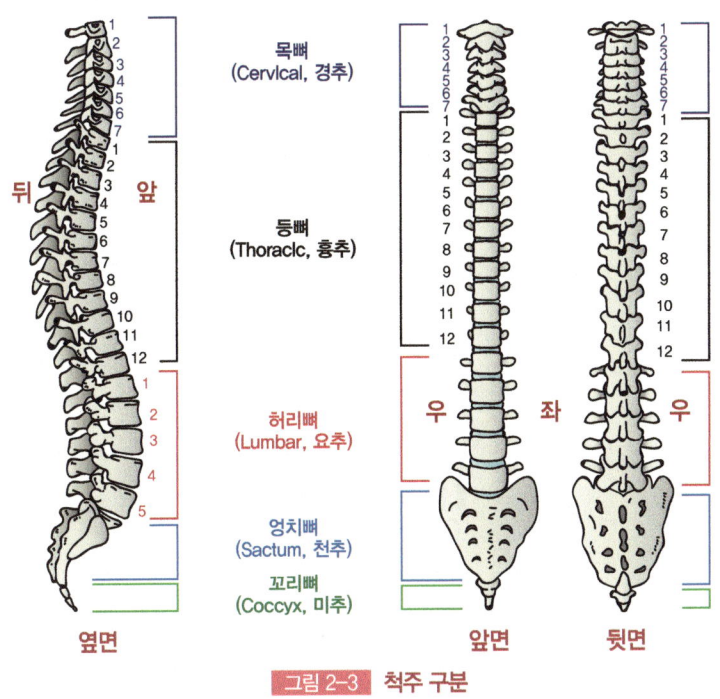

그림 2-3 척주 구분

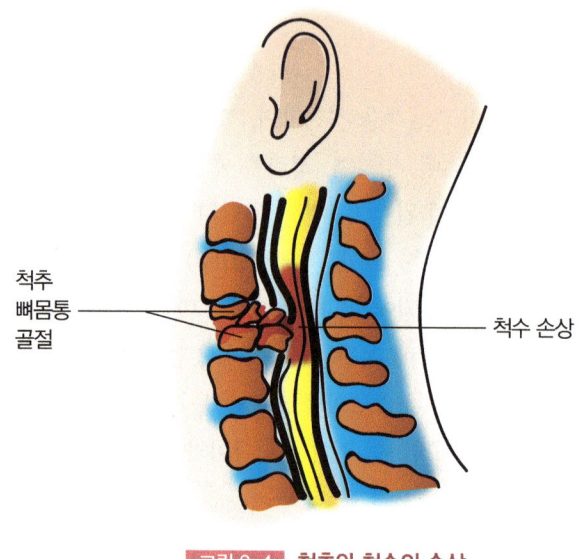

그림 2-4 척추와 척수의 손상

부터 뻗어 있는 주요 신경로인 척수가 위치하는데, 뇌와 말초신경 사이의 자극 전달과 반사 기능을 맡고 있다. 이 척수가 손상을 입게 되면 손상 부위에 따라 감각 및 운동의 제한을 받게 된다.

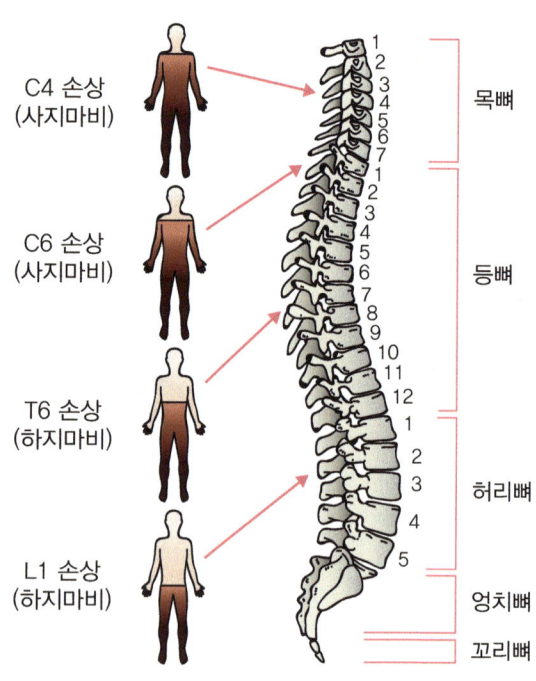

그림 2-5 척추의 손상 부위와 마비 범위

② 가슴우리

갈비뼈와 가슴 중앙부위에 복장뼈, 그리고 척주의 등뼈가 모여 가슴우리를 이룬다. 갈비뼈는 심장, 폐 등 중요한 장기를 보호하는 역할을 한다. 갈비뼈는 좌우 12쌍-24개로 이루어져 있다.

복장뼈는 자루, 몸통, 칼돌기로 나누고 빗장뼈과 관절을 이루는 빗장패임, 갈비뼈와 관절을 이루는 갈비패임이 있다. 몸통에서 일생 동안 적골수(혈액 생산 조직)를 유지하는 곳이다.

③ 팔뼈

팔뼈는 우리가 흔히 말하는 팔 이외에 팔을 지지하는 팔이음뼈(팔지지뼈, 어깨뼈+빗장뼈)까지 포함한다.

빗장뼈와 어깨뼈는 쉽게 만질 수 있다. 위팔뼈는 머리가 어깨뼈의 관절오목과 닿아 있고 바깥쪽에 근육이나 인대가 강력하게 잡아주고 있는데, 안쪽에서는 잡아주는 힘이 상대적으로 약하다. 운동 가동 범위가 매우 좋지만 상대적으로 습관성탈구가 일어나기 쉬우므로 주의해야 한다. 아래팔에는 가쪽에 노뼈(요골)와 안쪽에 자뼈(척골)가 있는데, 자뼈는 길이를 측정할 수 있다고 해서 尺(자 척)을 이용해 이름이 붙여졌다. 노뼈는 엎침과 뒤침운동에서 뼈가 배의 노와 같이 움직인다고 해서 붙여진 이름이다.

> **Tip**
>
> **적골수**
>
> 골수는 혈액을 생산하는 곳인데 혈액을 생산하는 기능이 유지되고 있으면 혈액의 색인 빨간색(적색)으로 적골수, 나이가 들어가면서 혈액 생산의 기능이 다하게 되면 황골수가 된다.

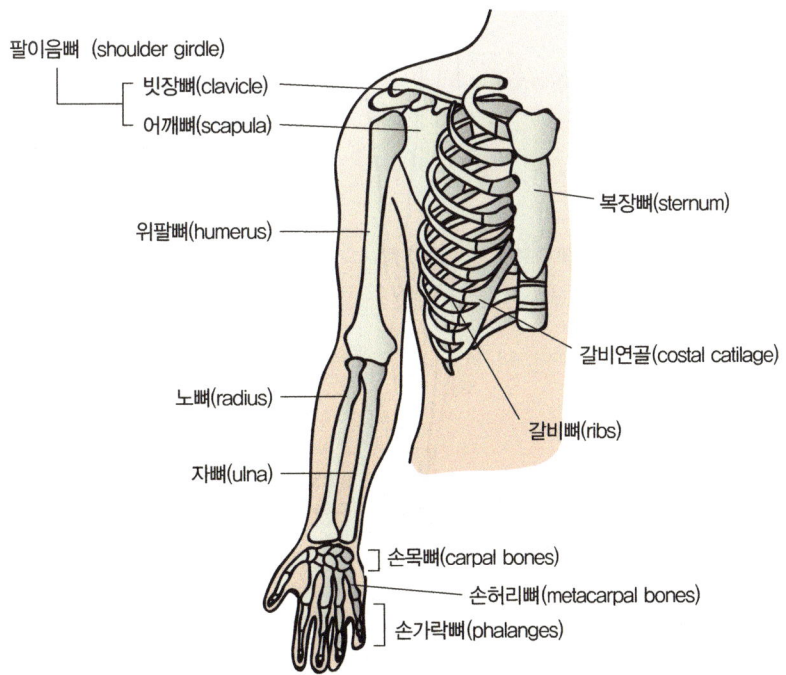

그림 2-6 팔뼈

④ 다리뼈

다리뼈는 62개로 2개의 다리이음뼈와 60개의 자유다리뼈로 구분되고, 다리이음뼈에는 좌우 각 1개의 볼기뼈가 있다. 볼기뼈는 출생 시 엉덩뼈, 두덩뼈, 궁둥뼈로 구분되어 있다가 25세경에 완전한 하나의 뼈가 된다.

윗부분에서 오는 체중을 지지하고 강력한 근육의 활동을 유지하기 위해 양쪽의 볼기뼈와 뒤쪽의 엉치뼈와 꼬리뼈에 의해 하나의 틀을 형성하는데, 이를 '골반'이라 한다.

볼기뼈의 가쪽면에서 컵 모양의 깊은 오목으로 넙다리뼈머리와 관절을 이루는 볼기뼈절구가 있어 엉덩관절이 형성된다. 엉덩관절은 사람의 관절 중 가장 강하고 안정된 부분으로 탈구 발생이 잘 이루어지지 않으나 일단 탈구가 되면 치료가 어려우며 좌골신경 손상, 무혈성 괴사 등 합병증이 발생할 수 있으므로 주의해야 한다. 재활승마에서 기승상태에서 다리의 과도한 벌림과 경속보 동작은 엉덩관절의 통증을 유발할 수 있으므로 기승자의 상황에 따라 말의 선정(말의 크기나 말 등의 폭), 운동 강도 등을 고려한다.

넙다리뼈, 무릎뼈, 정강뼈는 무릎을 형성하는데 무릎뼈는 넙다리뼈와 관절하나 정강뼈와는 관절하지 않는다.

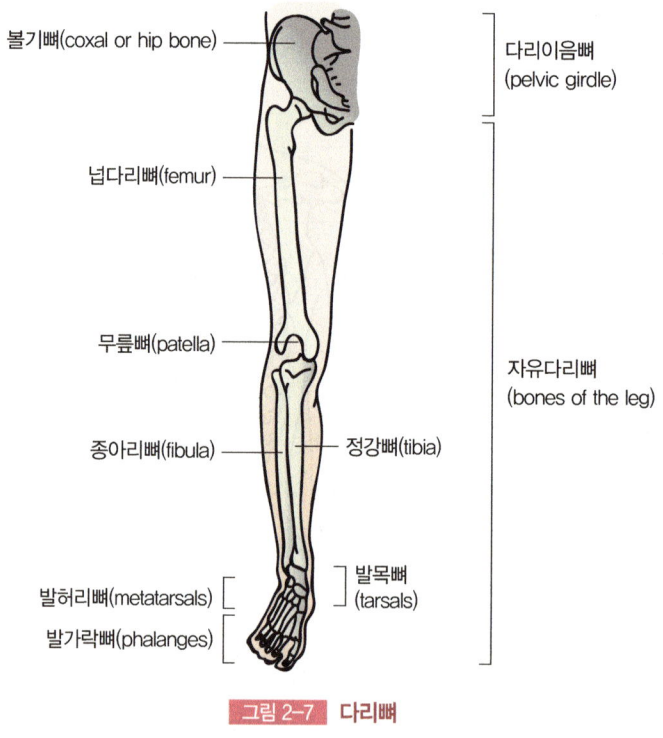

그림 2-7 다리뼈

(2) 관절

뼈와 뼈를 연결해주는 것은 '인대(ligament)', 뼈 사이에 완충 역할을 하는 것은 '연골(articular cartilage)', 뼈와 뼈가 만나는 지점은 '관절(articulation, joint)'이라고 한다.

가. 관절의 구분

인체의 운동은 관절에서 이루어진다. 그렇다고 해서 모든 관절에서 움직임이 발생하지는 않는다. 머리뼈와 같이 여러 개의 뼈가 결합되어 있지만 전혀 움직임이 없는 경우도 있는데, 이를 '부동관절(못움직임관절)'이라고 한다. 부동관절은 뼈와 뼈 사이가 빈틈없이 결합된 상태로, 움직이는 것이 불가능하다.

반면 움직임이 가능한 관절을 '가동관절(움직임관절)'이라고 한다. 윤활관절이 가동관절로, 관절은 그 관절면의 형태에 따라 평면, 경첩(접번), 타원, 중쇠(차축), 두융기(과상), 안장, 절구관절로 구분할 수 있고 모양에 따라 어떤 운동을 하는지와 관절가동범위가 결정된다. 관절가동성의 크기는 관절의 형태 외에도 관절 주변의 근육과 인대, 힘줄이 편 상태에 의해 결정되고 개인차가 크다. 또한 운동부족과 나이가 들어감에 따라 몸이 굳어진다고 하는데, 이는 관절가동성이 작아지는 것으로 주로 관절 주변의 뼈와 근육이 쇠퇴하기 때문이다.

표 2-5 관절 분류

움직임 여부	구분	세부 구분	예
부동관절	섬유성 관절	봉합	머리뼈
		인대결합	자뼈와 노뼈 사이
		못박이	치아와 이틀
	연골성 관절	유리연골결합(연골결합)	신생아 머리뼈
		섬유연골결합	두덩뼈, 추간원판
가동관절	활막성 관절	평면관절	손(발)목뼈관절, 추간관절
		경첩(접번)관절	팔꿉관절, 손가락관절
		타원관절	손목관절
		중쇠(차축)관절	목뼈 1번과 2번
		두융기(과상)관절	턱관절, 무릎관절
		안장관절	손목뼈중간관절
		절구관절	어깨관절, 엉덩관절

또 다른 분류방법에는 세 가지 종류로 관절을 구분하는데, 그것은 관절을 이루는 두 뼈 사이가 공간을 이루며 비어 있느냐 또는 어떤 조직이 들어 있느냐에 따라 나눈 것이며, 종류에 따라 관절운동의 범위가 어느 정도인지도 결정된다.

이러한 기준에 따라 관절을 섬유관절, 연골관절 및 윤활관절로 나누고 섬유관절과 연골관절은 부동관절, 윤활관절은 가동관절로 구분할 수 있다. 섬유관절의 형태는 위치상으로는 머리뼈에서 주로 볼 수 있고 마주하는 관절 뼈 사이에 섬유조직이 들어 있어 움직일 가능성은 거의 없는 형태다. 연골관절은 몸통의 척추뼈와 골반에서 많이 볼 수 있으며, 뼈 사이에 연골이 들어 있어 제한된 범위 안에서 움직임은 약간 일어난다. 윤활관절은 팔다리에서 주로 볼 수 있는 가장 대표적인 관절이며, 접하는 뼈 사이가 비어 있고 윤활액이 들어 있어 세 형태 중 운동이 가장 자유롭다.

윤활관절은 두 뼈가 좁은 간격을 두고 떨어져 있고, 그 바깥은 질긴 섬유로 된 '관절주머니(관절낭)'라는 자루에 의해 둘러싸여 있으며, 그 속에 윤활액이 들어 있기 때문에 '윤활관절'이라는 이름이 붙여졌다. 관절주머니에 의해 둘러싸인 두 뼈 사이의 공간을 '관절공간(관절강)'이라고 하며 이 관절공간 속에 윤활액이 들어 있는데, 관절주머니는 관절공간을 바깥과 완전히 차단하고 있는 주머니로서 겉은 결합조직의 섬유막으로 되어 있고 속은 윤활막에 싸여 있다. 관절주머니의 겉에는 일반적으로 질긴 성질의 인대가 다시 보강하고 있어 뼈 사이가 일정 범위 이상으로 물러나는 것을 막고 있다. 관절주머니에는 감각신경이 많이 분포되어 있기 때문에 관절의 손상이나 작은 기계적 자극에도 쉽게 통증을 느낀다.

관절을 지키는 안전장치도 있다. 뼈와 뼈가 마주 보는 면을 '관절면'이라고 하고, 관절면은 '관절연골'에 둘러싸여 있다. 관절연골은 연골세포와 함께 연골기질, 콜라겐 등으로 이루어지는데, 혈액으로부터 영양을 공급받는 뼈와 달리 연골에는 혈관이 분포되어 있지 않아 윤활액, 즉 관절액을 흡수하여 영양을 공급받을 뿐 아니라 관절윤활 작용이 잘되게 하기도 한다. 연골은 두께가 얇지만 강도가 매우 높으며, 큰 압축력과 전단력에도 그 하중을 분산하는 능력이 있다.

나. 관절의 질환

관절의 대표 질환으로는 외상과 과도한 사용 등으로 발생하는 퇴행성관절염이 있고, 자가면역질환으로 통증, 기능장애, 구조변화, 뼈의 위축이 발생하는 류머티즘성관절염이 있다. 스포츠 활동을 할 때 질환으로는 뼈가 관절면을 이탈하지는 않았지만 관절을 싸고 있는 섬유가 파열된 '염좌(삠)'와 정상위치에서 벗어나 인대와 관절주머니(관절낭)가 손상된 '탈구(어긋남)'가 있다.

> **Tip**
>
> **연골기질**
> **(cartilage matrix, 軟骨基質)**
> 연골조직의 기질. 연골세포에 의해 합성, 분비되어 연골에 적당한 탄력을 주고 있는 겔 형태의 물질로 성분의 약 70%는 Na, K, Cl을 포함한 수분이다.

무릎에서는 '반월상연골'이라는 조직이 관절 사이 안쪽과 가쪽에 들어 있다. 부드러운 고무 정도의 딱딱함을 가진 조직인데 충격 흡수, 윤활작용, 체중전달, 관절 안정성 등의 역할을 한다. 무릎 수술 중 가장 많은 것이 이 연골의 파열인데, 혈액 공급이 잘 안 되므로 한 번 파열되면 대부분은 자연치유가 안 된다.

다. 관절과 건강

관절은 근육의 힘과 체중 등의 큰 힘을 받기 때문에 관절포의 바깥쪽을 '인대'와 '근육'이 둘러싸 보강하고 있다. 인대는 뼈와 뼈를 연결하고 관절이 변하는 방향에 움직이지 않도록 운동을 제한하고 있다. 인대는 신축성이 작기 때문에 펴거나 접는 데 쉬운 부분이 있다. 반면 힘줄(tendon, 건)은 뼈와 뼈대근육을 연결하는데, 관절을 보호하는 역할도 한다. 힘줄의 신축성은 강력한 스프링 같은 역할을 하기 때문에 전력 질주나 점프 등의 움직임을 할 때에는 이 힘줄에 있는 스프링의 힘을 이용한다.

관절 안정성의 대부분은 인대에 의해 이루어지므로 인대가 파열되면 관절이 흔들거려 활동을 제대로 할 수 없다. 그래서 인대가 파열되면 관절연골의 손상 등으로 이어지지 않도록 그 정도에 따라 비수술적으로나 수술적으로 치료하여 관절 기능을 회복시켜야 한다.

인대와 더불어 관절을 튼튼하게 유지시키는 데 큰 역할을 하는 것이 관절 주변의 근육이다. 관절연골이 손상되면 운동을 하기 어렵고 근육은 더욱 위축되어 관절에 무리를 주는 악순환이 이루어진다. 우리가 체중을 지탱하고 서 있고 활동할 수 있는 것은 근육의 힘 때문이지 인대 만으로는 안 된다. 물론 힘줄을 이용하여 뼈에 부착되어 있으면서 관절을 원하는 방향으로 움직이게 하는 것이 근육의 주된 기능이긴 하지만, 활동 중의 수축에 의해 관절을 튼튼하게 잡아주는 것도 중요하다.

무릎관절연골의 손상으로 걷기 이상의 운동을 하는 데 불편함을 느낀다면 무릎을 편 상태로 관절이 움직이지 않도록 무릎 주변 근육에 힘을 주는 등척성운동을 통해 근육을 강화해주어야 더 이상의 악화를 방지하거나 개선의 효과를 기대할 수 있다.

(3) 근육

인체는 생명이 시작되면서 움직이기 시작하여 생명이 끝날 때까지 계속 움직이는 특성이 있다. 몸 전체를 움직여 이동하기도 하고 몸의 부분만 움직여 특정된 범위의 일을 하기도 한다. 사람의 몸에서 이러한 모든 움직임을 일으키는 주된 기능은 근육을 이루는 근육세포가 하는 일이다.

근육의 생리적 특성에는 수축성, 탄성, 흥분성, 전도성이 있다. 수축성이란 근섬유가 자극을 받으면 근원섬유의 길이가 수축하는 것이고, 탄성은 근섬유가 잡아당겨 길어졌을 경우 그냥 두면 원상태로 돌아가는 것을 말한다. 흥분성은 근섬유가 자극을 받으면 흥분하여 여러 가지 변화를 일으키는 것을 말하며, 근섬유의 한쪽 끝을 자극하면 흥분이 근섬유 전체에 전달되는 것을 전도성이라 한다.

사람 몸을 이루고 있는 세포 종류 중에서도 근육세포는 신경의 자극을 받으면 수축하는 특성이 있는 구조물로서 많은 근육세포가 모여 근육이라는 큰 덩어리를 이룬다.

근육세포의 모양은 다른 세포와는 달리 매우 길쭉하게 생겼으며, 현미경으로 보았을 때 가로로 된 줄무늬가 있는 것과 없는 것의 두 종류가 있다. 줄무늬가 있는 세포로 된 근육 종류를 '가로무늬근'이라고 하고, 줄무늬가 없는 세포로 구성된 근육 종류를 '민무늬근'이라고 부른다. 가로무늬근에 속하는 근육에는 뼈대근과 심장근이 있고, 민무늬근은 몸속 장기에 분포되어 있어 흔히 '내장근'이라고도 한다.

근육의 종류	뼈대근, 심장근, 내장근(민무늬근)

Tip

민~
일부 명사 앞에 붙어 '없음'을 뜻함

예 **민무늬**
무늬가 없음

심장근은 심장에서만 볼 수 있는 근육으로서 세포에 가로로 무늬가 있는 기다란 심장근육세포로 이루어져 있다. 민무늬근은 긴 물레 가락 모양의 민무늬근육세포로 구성되어 있으며 내장기관, 방광이나 자궁 같이 내용물을 간직하고 있는 기관, 혈관 등에 분포되어 있다.

뼈대근(골격근)은 이름 그대로 뼈대와 관계가 깊은 근육으로서 몸 부피의 약 40%를 차지하고 있다. 일반적으로 근육의 양쪽 끝이 뼈에 붙기 때문에 수축으로 뼈와 뼈 사이의 관절을 움직임으로써 몸의 운동을 일으키는 운동장치에 속하며 우리의 신체에서 다음과 같은 역할을 한다.

- 수축하면서 힘을 발휘해서 신체활동 발생
- 에너지를 소비함으로써 열을 발생하고 체온 보존
- 근육의 수축과 이완에 의해 근육 내부의 혈관에 혈액 전달
- 내장을 움직이기도 함
- 뼈와 내장을 외부의 충격에서 보호
- 관절 보강

대부분의 뼈대근은 우리의 뜻에 따라 움직임을 조절할 수 있어서 '수의근'이라고 하고, 심장근이나 민무늬근의 경우는 우리의 뜻과는 무관하게 자율적으로 움직여지므로 이것을 '불수의근'이라고 한다.

가. 뼈대근의 구성

뼈대근을 이루는 최소 단위는 뼈대근육세포인데, 이 세포는 그 속에 핵들이 들어 있으며 가로로 줄무늬가 있는 매우 길쭉한 모양을 하고 있기 때문에 이것을 '근육세포' 또는 '근육섬유'라고 부른다. 이 줄무늬는 근육섬유 안에 가는근세사와 굵은근세사가 겹쳐 진하게 줄무늬를 보이며, 이로 인해 뼈대근을 '가로무늬근'이라고 한다. 이 근육섬유(근육세포)가 여러 개 모여서 근육다발을 이루고 다시 여러 개의 근육다발이 모여 하나의 근육을 이루게 된다.

근육섬유는 하나하나가 근육섬유막에 의해 싸여 있어 수축과 이완의 움직임이 있을 때 옆에 있는 섬유 사이의 간섭을 최소한으로 줄이고 있으며, 근육섬유가 모여서 된 근육다발 전체는 다시 근육다발막에 의해 둘러싸이고 여러 근육다발의 뭉치인 하나의 근육은 그 전체가 섬유막으로 된 자루 속에 들어 있어 이것을 '근육바깥막'이라고 부른다. 이 막은 안에서 밖에 이르기까지 여러 층의 막이 서로가 이어져 있으며, 이 막을 통해 혈관과 신경이 지나간다.

뼈대근은 매우 다양하지만 일반적으로 근육의 가운데는 힘살 부분이고, 끝은 힘줄로 뼈에 연결되어 있다. 힘살은 근육조직으로 구성되어 신경의 자극을 받으면 수축으로 길이가 짧아지고 폭은 굵어지게 된다. 그러나 힘줄은 질긴 결합조직으로 구성되어 있으며 수축하는 힘은 없으나 매우 질겨서 뼈, 연골 또는 근막에 가서 붙게 된다. 따라서 모든 뼈대근은 이 힘줄이 닿게 되는 곳이 최소한 두 개 또는 그 이상 있게 되는데, 근육이 수축하여 짧아질 때 근육이

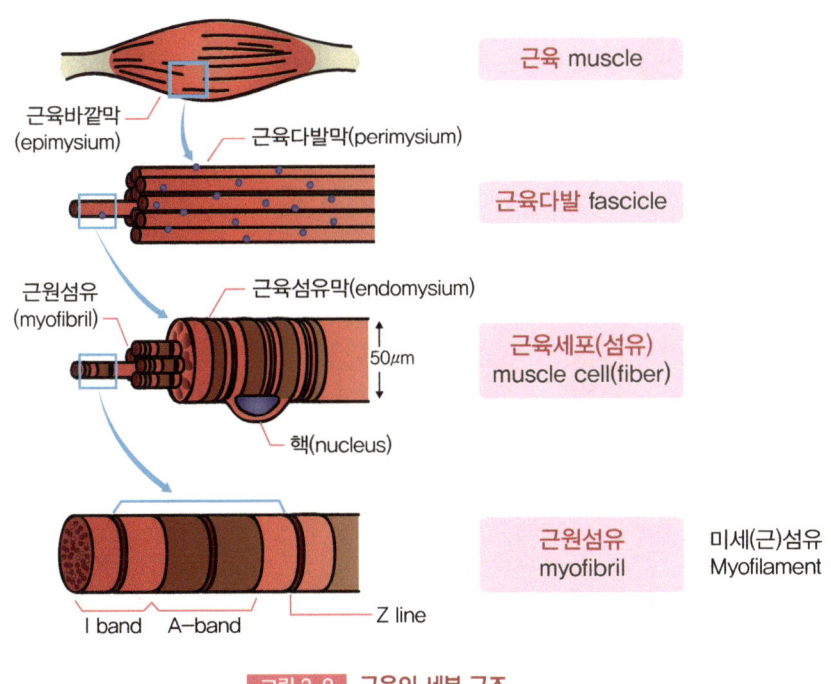

그림 2-8 근육의 세부 구조

> **Tip**
> 근육통으로 병원을 방문하여 물리치료를 받는 경우를 생각해보면, 가만히 누워 있는 상태에서 물리치료장비의 전기패드를 근육에 붙이고 전기를 흘려주면 근육에 저절로 움직임이 일어난다. 이를 통해 전기적인 신호가 근육을 움직이게 하는 것을 알 수 있다.

붙어 있는 자리 중에서도 원래의 위치에 고정되어 있는 곳을 '이는곳'이라 하고, 원래의 위치에서 '이는곳' 쪽으로 움직여지는 곳을 '닿는곳'이라 한다.

나. 뼈대근의 모양

우리 몸에 있는 뼈대근의 크기와 모양은 매우 다양하다. 근육의 모양은 근육섬유가 모여서 이루는 근육다발의 배열 상태와 힘줄에 붙는 방향에 따라 평행근육, 가락근육, 비스듬근육, 세모근육 및 나선근육으로 구분한다.

근육의 모양과 크기는 그 근육의 힘과 운동범위를 결정짓는다. 일반적으로 몇 개의 근육다발이 한 근육의 전체 길이에 걸쳐 놓일 때 수축의 범위는 넓으나 힘은 약하고, 여러 갈래로 되어 있거나 힘줄에 비스듬히 붙게 되는 근육은 수축의 범위는 넓지 않은 대신 수축력이 강한 편이다.

우리 몸의 뼈대근은 모두 고유한 이름을 가지고 있다. 근육의 이름은 등세모근, 어깨세모근과 같이 근육의 모양, 턱끝근, 위팔근과 같이 위치, 부리위팔근과 같이 닿고 있는 지점, 긴엄지벌림근과 같이 작용하는 역할 등에 의해 이름이 지어진다.

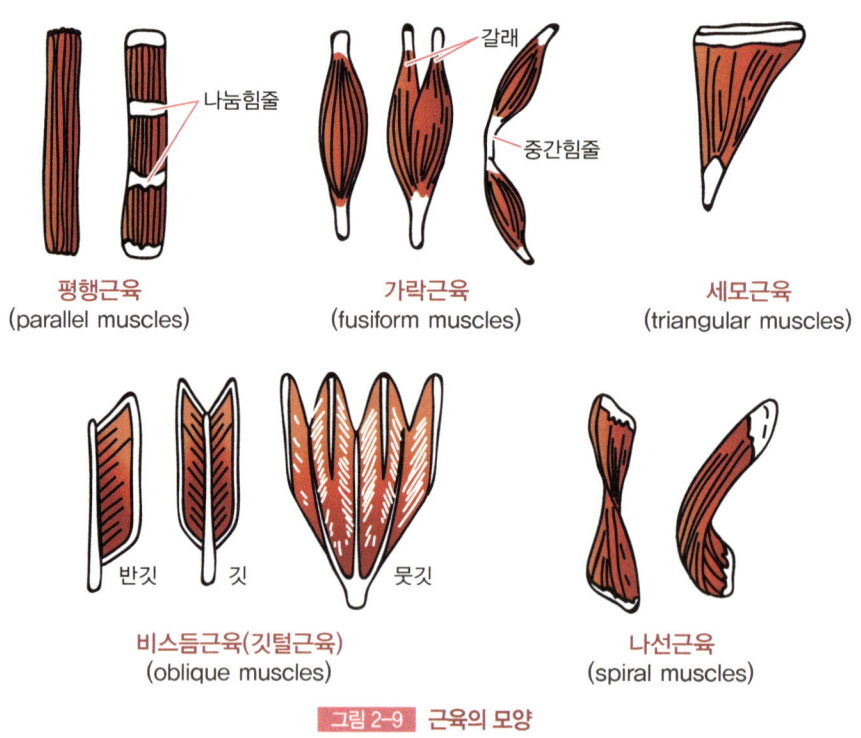

그림 2-9 근육의 모양

3) 신경계

근육은 신경세포에서 전달되는 신호에 의해 수축이 일어나고 이로 인해 뼈대를 움직임으로써 인체의 움직임이 발생하게 된다. 우리가 움직이고자 할 때 뇌에서는 각 신경세포로 전기적인 신호를 보내고, 근육에 닿고 있는 신경세포는 아세틸콜린 같은 신경전달물질을 근육세포에 보내며, 신경전달물질을 받은 근육세포는 전기를 발생시켜 근육 전체에 전달함으로써 근육의 수축으로 뼈를 움직이게 되고, 뼈가 움직여지는 것은 관절을 굽히거나 펴는 동작 등이 발생하여 결과적으로 인체는 움직이는 것이다.

이와 같이 근육을 움직이는 역할을 하는 신경계를 자세히 살펴보면 다음과 같다.

(1) 신경계의 구조

신경계와 근육을 수축하게 되는 과정, 즉 정보가 흐르는 과정을 살펴보면 다음과 같다. 인간이 몸의 움직임을 조절하는 기능에는 신경계와 내분비계가 있고, 신경계는 빠르고, 내분비계는 느리게 정보를 전달한다.

신경계라는 것은 몸의 각 부분의 활동을 전체적으로 통합되어 작용하는 것에 의해 조절하는 조직으로 뇌와 몸, 또는 몸의 각 부분을 같이 결합하여 사용하고 있다. 신경계에는 1천억

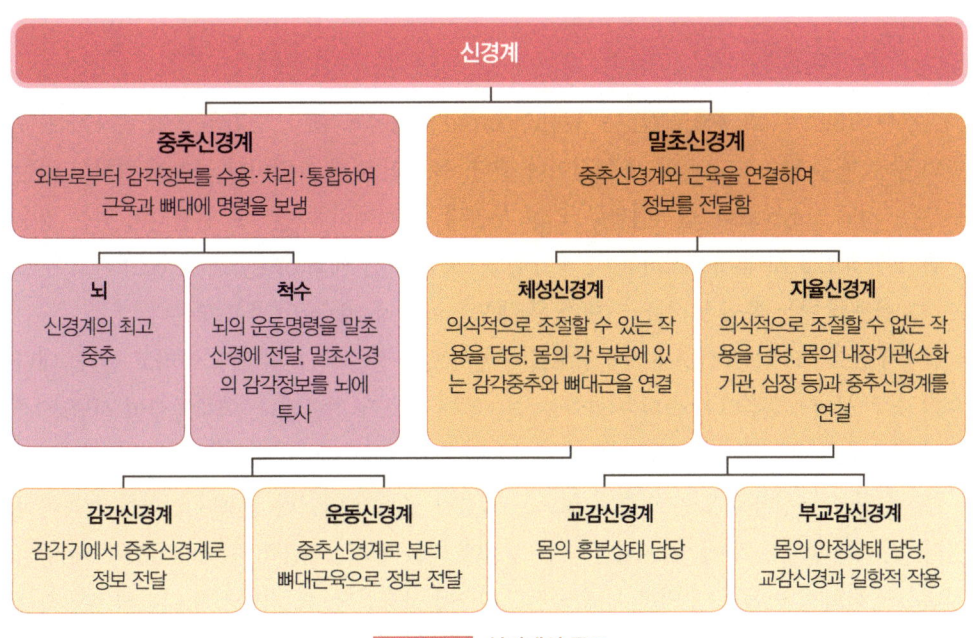

그림 2-10 **신경계의 구조**

개 이상의 신경세포가 있다.

신경계에는 '중추신경'과 '말초신경'이 있다. 중추신경은 뇌와 척수로 구성된다. 말초신경은 중추신경에 신체 외부의 정보를 보고하고, 그 후에는 중추신경으로 부터 발신된 명령을 몸의 각 부위에 연락하는 신경이다.

말초신경은 그 기능에서 크게 두 가지로 나눌 수 있다. 중추신경에 정보를 전달하는 신경을 '감각신경(또는 구심성 신경)'이라고 하며, 중추신경의 명령을 전달하는 신경을 '운동신경(또는 원심성 신경)'이라고 한다.

감각신경은 환경의 변화를 받아들이는 기관(이것을 '수용기'라고 부름)의 일을 하고, 외부의 정보를 중추신경계에 전달한다. 그리고 운동신경은 중추신경으로부터 명령을 실행하는 기관(이것을 "효과기"라고 부름)으로 전달하는 일을 한다. 정보의 흐름을 보면 다음과 같은 순서가 된다.

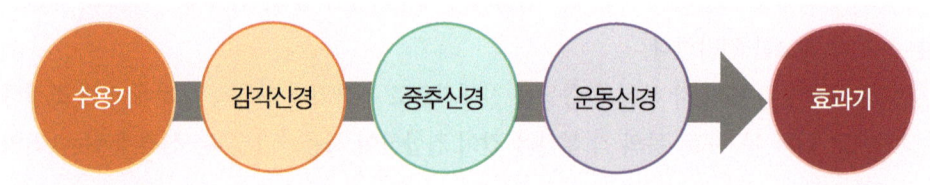

(2) 신경세포

신경세포(nerve cell, 神經細胞)는 '뉴런(Neuron)'이라고도 한다. 인간의 몸에 존재하는 뉴런의 수는 매우 많아 1,000억 개 이상이나 된다. 뉴런이 다른 뉴런이나 근육에 접하고 있는 부분은 '시냅스(synapse, 신경접합부)'라고 부른다. 뉴런에서 뉴런으로 연결되어 있는 경우 시냅스에 정보를 보내어 도착하는 측의 뉴런을 '시냅스 전 세포(presynaptic cell)'라고 부르고, 그 정보를 받는 쪽의 뉴런을 '시냅스 후 세포(postsynaptic cell)'라고 부른다.

신경세포로부터 다른 신경세포에 정보를 운반하는 과정은 '흥분의 전달'이라고 한다. 대다수의 경우 시냅스로부터 방출되는 화학물질을 통해 신호가 전달된다. 화학물질이 시냅스 간격을 지나 근육세포에 도달하면 즉시 전기신호로 변환시켜 근육 전체가 수축하게 된다.

중추신경을 구성하고 있는 신경의 회로는 고정된 구조가 아니라 언제나 변화를 계속하고 있다. 정보를 보내는 측에 있는 시냅스 전 뉴런에 되돌아오는(되풀이되는) 자극이 가해지면, 시냅스의 화학적 변화 등에 의한 시냅스 전달효율이 상승한다. 또 시냅스 덩어리의 결합하는 방법도 정보전달을 더욱 쉽게 하기 위해 변화한다. 즉, 신경회로가 구성적으로 변화하는 것이다. 이러한 변화를 '시냅스 가소성'이라고 부른다.

> **Tip**
>
> **화학물질**
> 신경전달물질은 아세틸콜린, 노르아드레날린 등이 있다.

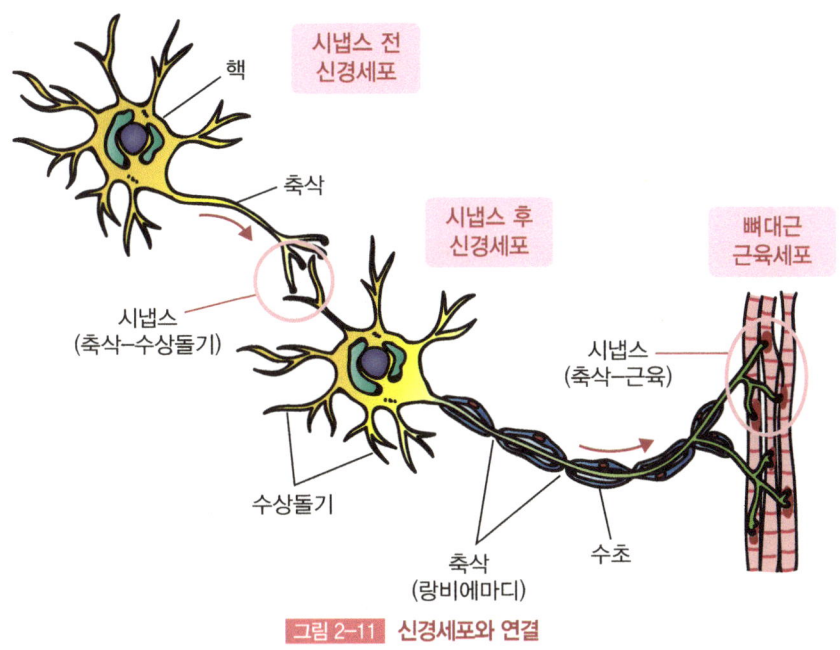

그림 2-11 신경세포와 연결

시냅스의 가소성은 운동을 학습할 때의 기초라고도 할 수 있다. 스포츠의 학습, 즉 운동에서 같은 동작을 반복하면 그 움직임이 일어나는 경계에 시냅스의 전달효율이 상승하고, 시냅

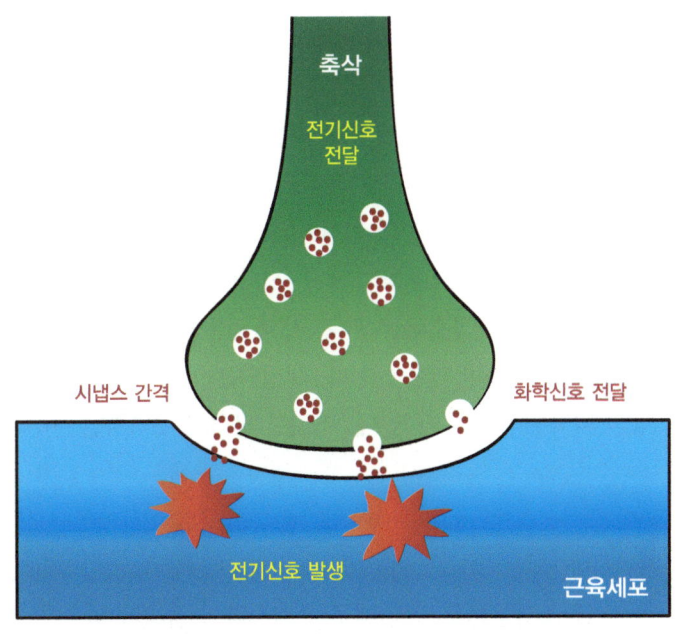

그림 2-12 신경세포의 축삭과 근육세포의 시냅스

> **Tip**
> 세계에서 가장 좋은 대학으로 손꼽히는 하버드에서도 학생들의 스포츠 활동을 장려하고 있다. 졸업 기준에 "수영 1mile을 해야 한다"는 규정이 있기도 했으며, 학생들의 운동실력은 취미를 넘어서 올림픽에 출전하여 좋은 성적을 거둘 정도다.

스의 결합하는 방법도 그 움직임이 발생하기 쉽기 위해 변화한 것이다. 이 때문에 연습을 하면 보다 자동화된 재빠른 움직임이 가능하게 된다. 연습에 의해 지금까지 불가능했던 움직임이 가능하고 가능했던 움직임은 보다 잘 되게 된다. 그것은 이러한 신경의 변화에 의해서도 이루어진다.

재활승마의 놀라운 효과도 바로 여기서 출발한다고 생각된다. 신경은 근육을 움직이지만 반대로 근육의 움직임은 신경을 변화시키게 된다. 재활승마로 인한 외부에서의 지속적인 자극(움직임)은 근육의 움직임을, 근육의 움직임은 신경세포를 변화시키고 결과적으로 신경 세포덩어리로 이루어진 뇌의 활성화까지 이루는 것이다.

운동을 하면 뇌가 활성화되고 발달한다는 연구는 실제로 일란성 쌍둥이를 대상으로 실시한 연구에서 밝혀지기도 했다. 쌍둥이를 운동을 하는 집단과 운동을 하지 않은 집단으로 나누고 연구를 실시한 결과, 운동을 한 그룹이 그렇지 않은 그룹보다 IQ와 성적이 더 높았다고 한다. 운동을 하면 몸이 건강해지고 더 똑똑해진다는 것이다. 그래서 성장기가 운동을 많이 해야 할 중요한 시기라는 것이다.

단순한 몸의 운동도 신경세포의 변화를 일으켜 긍정적 효과를 나타내는데, 정서적으로 동물과 교감하며 몸의 운동뿐만 아니라 마음의 운동도 동시에 진행하는 재활승마가 좋은 것은 더 이상 설명할 필요가 없을 것이다.

4) 뇌의 이해

사람들마다 가치 판단 기준에 따라 이견이 있겠지만, 해부학적인 인체에서 가장 중요한 부분은 뇌일 것이다. 뼈는 인체를 보호하는 기능을 하는데, 뇌는 다른 기관과는 달리 머리뼈로 완벽하게 둘러싸여 거의 빈틈없이 보호되고 있기 때문이다.

뇌는 피부와 뼈 외에도 3개의 막과 뇌척수액(cerebrospinal fluid)이 중추신경계통을 둘러싸면서 보호한다. 3개의 막은 가장 속층의 연질막(pia mater), 중간층의 거미막(arachnoid mater), 가장 바깥층인 경질막(dura mater)으로 구성되며, 뇌척수액은 뇌실과 거미막밑 공간을 따라 뇌와 척수를 순환하는 액체로 무색투명하고 외부의 충격에 대한 완충작용을 하고 호르몬이나 노폐물 등의 물질 운반 역할을 한다. 생성되는 양과 분해되는 양은 균형을 이루어 항상 일정한 양의 뇌척수액이 존재하는데, 이러한 균형이 무너지면 수두증 같은 질환을 앓게 된다.

뇌는 척수와 함께 중추신경계(central nervous system, CNS)를 이루며 신체를 지배하는 신경계의 최고 기관이다. 뇌는 형태와 기능에 따라 대뇌(cerebrum), 소뇌(cerebellum), 뇌줄기(뇌간, brain stem)로 나누어진다. 아래로는 척수와 연결되어 있으며, 뇌척수액이 뇌

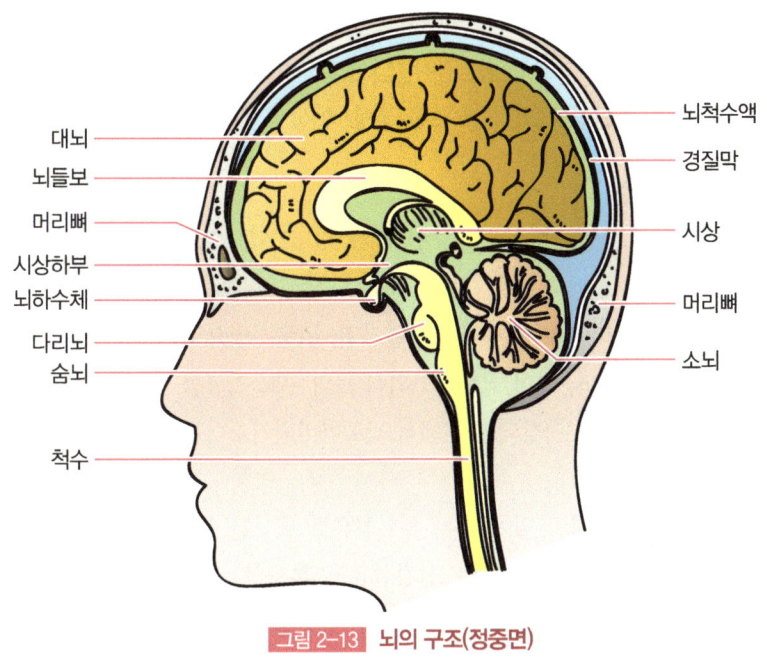

그림 2-13 뇌의 구조(정중면)

와 척수의 안팎으로 순환한다. 풍부한 혈관조직을 갖고 있으며, 뇌혈관은 '혈액뇌장벽(blood brain barrier)'이라고 하는 구조를 갖고 있어 독성물질로부터 뇌를 보호한다. 심장마비 등으로 신체에 혈액이 공급받지 못하게 되면 가장 먼저 손상(약 5분 이내)되는 기관이 뇌다. 뇌는 운동, 감각, 언어, 기억 및 고위 정신 기능을 수행하며, 각성, 항상성의 유지, 신체대사의 조절 등 생존에 필요한 환경을 유지한다.

(1) 대뇌(cerebrum)

사람의 대뇌는 머리뼈 안에 들어 있는 뇌 중 가장 많은 부분(무게의 80%)을 차지하고 있는데, 다른 동물들에 비해 매우 크다. 대뇌가 발달하지 않은 동물일수록 본능에 의한 행동을 하고, 발달한 동물일수록 학습에 의한 행동을 하여 사람과 동물을 구분하는 중요한 기관이라고 할 수 있다.

중추신경계통의 기능은 뇌와 척수에 출입하는 신경 신호를 통합·조정하여 사고나 학습 같은 고위 정신 기능을 수행하는 것인데, 이는 대뇌에서 이루어진다. 중추신경계통에 있는 신경세포체의 집단을 '신경핵(nucleus)'이라고 하며, 서로 이웃하거나 멀리 떨어져 있는 두 신경핵 사이를 연결하는 신경섬유를 '신경로(tract)'라고 한다. 대뇌는 좌우 2개의 반구로 구성되어 있다. 표면을 신경핵들이 모인 회백질인 겉질(피질)이 덮고 있다. 두께는 4~6㎜이고,

안쪽은 신경세포체의 축삭 등 신경로가 모여 구성된 백질 부분인 속질(수질)로 되어 있다. 부위에 따라 각각의 기능이 다르다. 운동, 감각, 언어, 기억 및 고등 정신 기능뿐 아니라 생명 유지에 필요한 각성, 자율신경계 조절, 호르몬 생성, 항상성 유지 등의 기능을 수행한다.

① 대뇌겉질과 대뇌속질

대뇌겉질(대뇌피질)은 대뇌의 가장 표면에 위치하고 있으며 두께는 2~4㎜ 정도로 주름이 있는데 주름의 파인 부분은 '고랑', 올라온 부분은 '이랑'이라고 한다. 대뇌는 이랑과 고랑의 모양에 따라 이마엽, 마루엽, 관자엽, 뒤통수엽으로 구분하고 각각의 기능이 다르며 기억, 집중, 사고, 언어, 각성 및 의식 등의 주요 기능을 담당한다.

대뇌피질의 운동 영역이 손상되면 전체적으로 마비되기보다는 근력이 감소하고 운동의 정확성이 떨어진다.

대뇌속질(대뇌수질)은 피질 밑에 있는 유수섬유로 구성된 백질로 대뇌피질에서 하부에 있는 뇌줄기와 척수 사이를 연결하는 신경섬유인 '투사섬유(projection fiber)', 좌우 반구로 나누어진 대뇌에서 같은 쪽의 대뇌 반구 상하를 연결하는 '연합섬유(association fiber)', 좌우 대뇌반구를 교차하여 연결해주는 '교련섬유 (commissural fiber)'로 구분된다.

> **Tip**
> 유아기의 과도한 주입식 교육, TV 시청이나 게임 등은 전두엽 발달을 방해한다. 전두엽을 발달시키려면 운동을 많이 하고 책 읽기, 글짓기, 발표 등을 많이 해야 한다.

② 이마엽(전두엽, frontal lobe)

대뇌에서 가장 큰 엽으로 앞쪽에 위치하고, 운동 기능과 언어 기능 등을 담당한다. 운동 기능의 가장 중요한 1차 운동영역이 위치하며, 주의집중력, 기억력, 사고력 등의 고위 인지 기능도 담당한다. 기억력, 사고력 등을 주관하며 다른 연합영역으로부터 들어오는 정보를 조정하고 행동을 조절하는 기관이다. 부분에 따라 개인의 성격 형성에 관여하며, 개인의 감정의 깊이를 조절하고, 개인의 독창성과 판단력을 결정한다. 전두엽 이상으로 ADHD가 나타나기도 하는데, 운동 및 감정 치료로 개선된다.

③ 관자엽(측두엽, temporal lobe)

대뇌의 양쪽 옆면(가쪽)에 위치하며, 청각중추가 있어 청각 등의 기능을 담당한다. 대뇌 반구의 양쪽 외측에 있는 부분으로, 청각피질이 있어 청각정보를 담당하며 기억을 저장하는 역할을 담당하고 있다.

④ 마루엽(두정엽, parietal lobe)

대뇌의 윗부분 전두엽 뒤쪽에 위치하고, 감각 기능의 가장 중요한 1차 감각영역이 위치하고 있어 신체의 감각을 담당하며, 공간지각력 등의 인지 기능에도 관여한다.

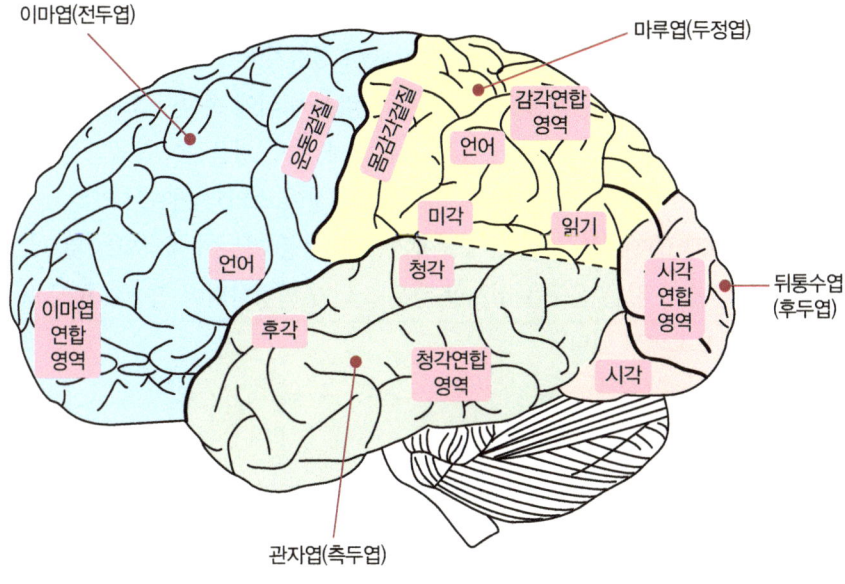

그림 2-14 대뇌의 구조 및 기능

⑤ 뒤통수엽(후두엽, occipital lobe)

대뇌의 뒷면에 위치하는 엽으로, 시각 기능에 관여하는 시각겉질(시각피질, visual cortex)이 위치해 있다. 시각정보를 담당하는 역할을 한다.

⑥ 뇌들보(뇌량, corpus callosum)

좌우 대뇌반구 사이에 위치해 두 반구를 연결하는 역할을 한다.

⑦ 바닥핵(기저핵, basal ganglia)

대뇌겉질 및 시상과 신경섬유들로 연결되어 있으며, 운동조절에 관여한다.

(2) 소뇌(cerebellum)

소뇌는 전체 뇌 용적의 10% 정도를 차지하는 중추신경계의 일부로, 대뇌의 뒤쪽 아랫부분에 위치하며 무게는 150g 정도다. 좌우 소뇌반구로 구성되어 있고, 각 소뇌반구는 소뇌벌레(vermis)로 연결된다. 소뇌는 몸의 중력과의 관계나 운동에 의한 가속도 변화 등에 따라 적절한 반사운동을 하거나 수의적 운동을 할 때 근육의 수축 정도나 각종 근육의 협력을 조절함으로써 주로 골격근의 활동을 조절하는 역할을 담당한다. 소뇌는 직접 척수에 연결되어 있지 않아 직접 자발적 운동을 일으키지는 않으나 뇌의 다른 부분이나 척수로부터 외부에 대한 감각정보를 받아 이를 처리(process)·구성(organize)·통합(integrate)하여 운동 기능을 조절(coordination)하는 역할을 맡고 있다. 또한 귓속의 평형기관과 연결되어 평형감각을 관장하고 근육의 긴장과 이완 같은 운동을 조절한다. 따라서 소뇌에 손상이 오면 운동 기능이나 평형감각을 조절할 수 없어서 정밀하게 움직일 수 없게 되며, 걸음걸이도 불안정하게 된다.

현재 언어 처리나 집중력, 실독증, 자폐증 같은 현상이 소뇌와 연관이 있는 것으로 연구되고 있다. 특히 ADHD 아동은 평형성에 문제가 있고 운동 기능이 저하되는 것으로 나타나고 있는데, 이들이 승마 같은 운동을 실시할 경우 소뇌가 활성화되어 집중력 향상 등 긍정적인 효과가 있다고 보고되고 있다.

(3) 뇌줄기(뇌간, brain stem)

뇌줄기는 우리가 보통 '생명의 뇌'라고 부를 정도로 사람의 생명을 유지하고 조절하는데, 아래와 같은 중요한 기능을 한다.

- **대뇌 및 기저핵, 시상, 소뇌의 여러 중추와 척수를 연결하는 상행·하행 신경로의 통로:** 운동, 감각 신호를 전달하는 기능으로 조금이라도 손상이 생기면 팔, 다리 운동 마비나 감각 이상을 초래할 수 있다.
- **호흡과 심장, 혈관의 조절에 관련된 중요한 반사중추 및 의식의 조절:** 생명 유지에 필수

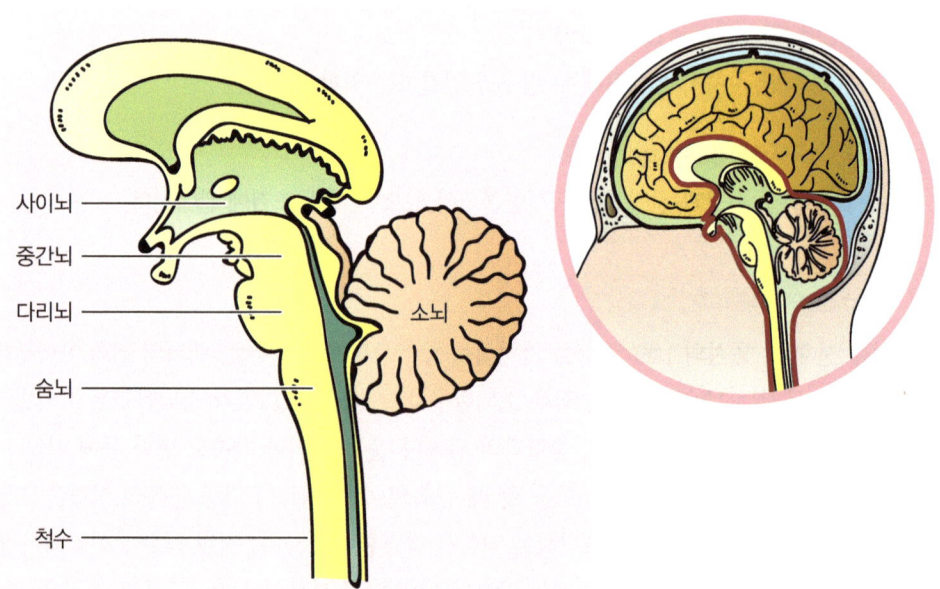

그림 2-15 소뇌와 뇌줄기

적인 기능으로, 손상이 생기면 영구적인 혼수상태에 빠진다.
- **3번에서 12번까지 중요한 뇌신경의 기능:** 안구를 움직이고 안구반사를 일으키는 기능, 얼굴의 감각 기능, 얼굴 근육 움직임을 담당하는 기능, 청각과 균형 잡는 기능, 발성과 삼키기 등의 기능을 담당한다.

뇌에 손상을 입어 심각한 혼수상태에 빠지게 될 때, 뇌줄기가 기능을 하는 경우는 '식물인간 상태'라고 하고 뇌줄기까지 손상되면 '뇌사 상태'라고 한다.

뇌줄기(뇌간)를 세분하면 사이뇌(간뇌), 중간뇌(중뇌), 다리뇌(교뇌), 숨뇌(연수)로 나눌 수 있다.

① 사이뇌(간뇌, diencephalon)

사이뇌는 대뇌와 중간뇌 사이에 위치하며 감각신호를 뇌에 입력하는 신경세포와 뇌의 다른 부분을 연결해주는 감각신호 전달 기관으로 작용한다. 또한 내분비계에 상호 영향을 미치는 중요한 기관으로 변연계와 서로 연관되는 작용을 하는데, 대부분 시상과 시상하부로 구성되어 있다.

- **시상(thalamus)**
  대뇌겉질과 여러 감각계통과 연결되어 감각계통과 운동계통을 통합하는 역할을 한다.
- **시상하부(hypothalamus)**
  자율신경계(autonomic nervous system) 및 호르몬 분비를 통한 대사의 조절, 체온과 하루주기리듬(circadian rhythm)의 유지, 갈증, 굶주림, 피로의 조절 등 기초적인 신체 대사를 유지한다.
- **뇌하수체(pituitary gland)**
  신체 대사 및 생식과 관련된 여러 호르몬을 분비한다.

② 중간뇌(중뇌, midbrain)

뇌의 한가운데 부분에 위치하고 있어 '중간뇌'라고 한다. 뒷부분에 불룩 튀어나온 4개의 둔덕이 있는데 위의 두 개는 '위둔덕', 아래의 두 개는 '아래둔덕'이라고 한다. 위둔덕은 시각반사와 안구 움직임 조절의 중추로 시각 자극에 대해 안구, 목, 머리 등의 반사운동에 관여한다. 아래둔덕은 청각반사의 중추로 귀를 통해 들어온 청각신호가 이곳을 지나 대뇌의 듣기를 담당하는 관자엽의 청각중추 부위로 전달된다. 갑자기 큰 소리가 나는 곳으로 고개를 돌리고 눈을 감는 등의 청각반사와 관련이 있다.

> **Tip**
>
> **식물인간**
> 식물인간은 대뇌가 손상되어 의식과 운동 기능은 잃었지만, 뇌줄기가 살아있어 호흡과 소화, 흡수, 순환 등 기본적인 생명 기능은 유지하고 있어 살아있는 것으로 간주한다.
>
> **뇌사**
> 뇌사란 뇌줄기가 기능을 정지한 것으로, 인공호흡기 등 현대의학에 의해 생명을 유지하고 뇌활동의 회복이 불가능하게 정지된 상태로 죽음을 의미한다.

③ 다리뇌(뇌교, pons)

앞모습이 좌우 소뇌반구를 연결하는 다리와 같다고 해서 이름이 붙여졌는데, 길이가 약 3~4cm로 얼굴의 감각과 운동을 담당하는 뇌신경의 중추다.

④ 숨뇌(연수, medulla oblongata)

사이뇌의 가장 아래쪽에 위치하여 척수와 이어지는 부분이다. 숨뇌의 뒷부분은 제4뇌실 바닥의 아래쪽 절반을 형성한다. 호흡, 맥박 등 생명에 직접적으로 영향을 미치는 자율신경계를 관장하며, 하부 뇌신경의 중추이기도 하다.

이상과 같은 뇌의 구조들은 서로 연결되고 조화를 이루어 운동 기능, 감각정보 처리 기능, 언어/청각 기능, 학습과 기억 기능, 항상성의 유지, 호르몬의 분비 같은 기능을 하게 된다.

2. 운동 및 인체 기능의 이해

1) 운동의 이해

(1) 단위

운동역학에서 사용하는 기본 물리단위는 길이와 질량 및 시간이다. 길이(length)는 공간의 위치를 나타내주는 기본 물리량으로 선, 평면, 공간을 정량화한 것으로 단위는 cm, m, km를 사용한다. 질량(mass)은 물질의 양을 정량화한 것으로 단위는 g, kg을 사용하고, 시간(time)은 기준 시각으로부터의 시간 경과를 의미하는 물리량으로 단위는 sec(초), min(분), hr(시)을 사용한다. 길이, 질량, 시간을 수학적인 공식으로 표시하는 경우는 첫 글자를 이용하여 각각 L, M, T로 표기하고 소문자를 사용하기도 한다.

길이의 단위는 미터(m)를 사용하는데, 이는 지구의 둘레가 약 4만 km인 것을 기준으로 했다. 길이를 이용하여 면적(넓이)과 체적(부피)을 계산할 수 있다. 면적은 길이의 제곱(길이×길이)으로 단위는 m^2를 사용하는데, 마장마술 경기장 규격이 20m×60m이면 면적은 1,200 m^2(제곱미터)가 된다. 법률에 승마장은 마장의 크기가 500m^2 이상이고 승마시설은 마장을 포함한 전체 면적이 500m^2인 것과 같이 면적의 단위를 사용하고 있다.

질량의 단위는 kg을 사용하는데, 순수한 물 1ℓ(리터)의 질량이 1kg이다. 리터는 부피의 단위로 1,000cm^3(제곱센티미터), 즉 10cm×10cm×10cm가 된다.

> **Tip**
> 순수한 물이 아닌 경우는 밀도가 약간 다르기 때문에 무게도 약간 달라진다.

질량(mass)은 물질의 고유한 양으로 어디서든 값이 달라지지 않지만, 중량(무게)은 질량에 중력가속도(약 $9.8 kg \cdot m/s^2$)를 더한 값이다. 즉, 질량이 $60 kg$(또는 $60 kg_m$)인 사람은 지구나 달 모두 같은 값이다. 그러나 지구에서는 보통 $60 kg_f$(또는 $60 kg_중$)이지만, 달에 가면 중력가

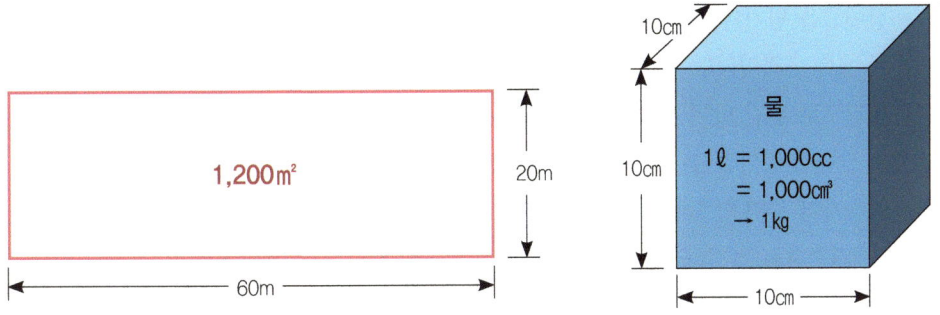

그림 2-16 면적 및 체적

속도가 1/6 정도이므로 중량은 보통 $10kg_f$(또는 $10kg_중$)이 된다.

우리나라는 공공문서나 일상생활에서 국제단위계인 MKS(m, kg, sec)나 CGS(cm, g, sec)계를 사용하고 있다. 그러나 미국이나 영국의 경우 공식적인 표기는 국제단위계를 사용하지만, 아직까지 일상생활에서는 FPS(feet, pound, sec)를 사용하고 있고, 특히 승마에 관한 많은 자료들이 FPS계를 사용하고 있다.

한편, m, g 등의 단위 앞에 k, m 같은 앞첨자를 사용하여 kg, mm, ㎝ 등을 사용하는데, 이는 숫자가 커지거나 작아지는 것을 10진법에 의해 간단하게 표기하기 위함이다.

(2) 속도

앞서 길이를 제곱하여 면적, 세제곱하여 체적을 구하는 것을 설명했는데, 길이, 질량, 시간을 모두 이용하여 여러 가지 단위를 사용한다.

속도(velocity)의 경우 길이(거리)와 시간을 이용하는데, 물리학에서 속도는 단위시간당 위치의 변화로 정의되며, 공식으로 표시하면 다음과 같다.

$$V = \frac{L}{T}$$

여기서 V는 속도, L은 거리, T는 시간을 의미하는데 속도는 거리를 시간으로 나누면 된다.

(3) 뉴턴의 법칙

① 뉴턴 1법칙

관성의 법칙으로, 외력이 작용하지 않으면 정지해 있는 물체는 계속 정지해 있으려고 하고 움직이는 물체는 계속 움직이려고 한다.

Tip

일상생활에서는 kg을 중량의 단위로만 사용한다. 물리학 등에서 kg는 질량의 단위여서 중량과 구분하기 위해 아무런 표시를 하지 않거나 mass(질량)의 m을 이용하여 kg_m와 같이 아래첨자를 붙여준다. 중량은 kg_f 또는 $kg_중$과 같이 f(force, 힘)나 중(중량)의 아래첨자를 이용하여 질량과 구분한다.

물리학 등 학문에서 속도와 속력(speed)은 벡터와 스칼라로 구분되지만, 이 교재에서는 일상생활에 사용되는 점을 고려하여 설명을 생략한다.

- 장애물을 넘기 위해 뛰던 말이 장애물 앞에서 갑자기 멈추었다. 이때 기승자는 말 위에서 계속 움직이려던 관성이 작용하고 있어 앞으로 쉽게 고꾸라진다.
- 직진으로 뛰던 말이 뭔가에 놀라 갑자기 왼쪽이나 오른쪽으로 방향을 전환하면 기승자는 말에서 떨어질 수 있다. 기승자는 직진하려는 관성이 있었기 때문이다.
- 기승자가 준비 안 되어 있는 상태인데 갑자기 말이 뛰어나간다면 기승자는 뒤로 넘어진다. 기승자는 정지하려고 하는 관성이 있었기 때문이다.

② 뉴턴 2법칙

가속도의 법칙이다.

$$F = m \times a$$

라는 공식을 이용하는데, 이때 F는 힘, m은 질량, a는 가속도다. 다시 말하면 힘은 질량이나 가속도에 비례한다.

- 말이 사람의 발길질에 차이면 약간 다칠 정도겠지만, 말의 뒷발에 차이면 사람은 생명까지 잃을 수 있다. 이는 말이 사람보다 질량이 많이 나가고 속도도 빠르기 때문이다.
- 낮은 말보다 높은 말 위에서 떨어지면 더 크게 다치기 쉽다. 더구나 경주하는 말 위에서 떨어지면 부상의 정도는 더 심각하고 목숨도 위태로울 수 있다. 가속도가 더 크게 작용하기 때문이다.

③ 뉴턴 3법칙

작용과 반작용의 법칙이다. 걸음을 걸을 때 바닥에서 작용해주는 힘이 없다면 걸을 수 없다. 물 위를 걷는 것은 불가능한데, 이는 반작용이 없기 때문이다.

- 재활승마 시 사이드워커가 마장 가쪽으로 걸을 때 말 리더는 사이드워커가 말과 마장 벽 사이에 끼지 않도록 주의해야 한다. 사이드워커가 말과 마장 벽 사이에 양쪽 어깨가 끼게 되면 양쪽 모두 다칠 수 있다. 말 쪽에서는 작용력이, 마장 벽에서는 반작용력이 작용하기 때문이다.
- 바닥에 모래가 너무 두껍게 깔린 마장에서 걷는 것, 얼음판 위를 걷는 것은 힘이 든다. 이는 지면반력(반작용)이 사람의 보행에 적절하지 않기 때문이다.

(4) 신체 중심

신체 중심은 '질량의 중심(Center of Mass, COM)' 또는 '중력의 중심(Center of Gravity, COG)'이라고 한다. 신체 중심은 자세에 따라 달라진다. 차렷 자세에서는 일반적으로 지면으로부터 키의 53~58% 정도 높이에 신체 중심이 위치하는데, 동양인보다 서양인이 다리의 비율이 높아 신체 중심이 높고, 남자는 여자보다 어깨 쪽이 발달해 있어 신체 중심이 높다. 신체 중심이 낮으면 안정성이 좋고, 여자는 어깨 쪽보다 골반과 하체가 발달해 있어 단순히 구조만 비교한다면 여자가 남자보다 안정성이 좋다고 할 수 있다. 그러나 다리가 길어서 중심이 높은 경우는 말 위에 앉으면 긴 다리가 추(weight) 같은 역할을 하기 때문에 오히려 안정성이 좋다고 할 수 있다.

차렷 자세보다 양손을 최대로 높게 들어 올리면 신체 중심의 약 5%, 양손을 들고 있는 상태에서 한쪽 다리를 들어 올리면 약 13%까지 신체 중심이 올라간다. 승마를 할 때 더욱 안정성 있는 자세를 유지하기 위해서는 손과 다리를 최대한 낮추고 어깨의 힘을 빼야 한다. 초보자의 경우 대체로 겁이 나면 고삐 쥔 손을 들어 올리고 다리를 오므리는데, 이는 신체 중심을 더 높여 말에서 떨어지기 좋은 자세가 된다.

한편 건설 관련 법률에서는 난간의 높이를 1.2m 이상으로 정하고 있는데, 이는 사람들의 중심보다 난간의 높이를 높여 추락을 예방하고 심리적인 안정감을 주기 위함이다.

Tip

지면으로부터 53~58%
대략 배꼽 아랫부분 정도

최근 들어 동양인, 특히 한국 사람들의 체형은 다리가 길어지는 서양형으로 변하고 있다.

(5) 안정성

안정성이란 운동 상태가 변하는 데 대한 저항을 말한다.

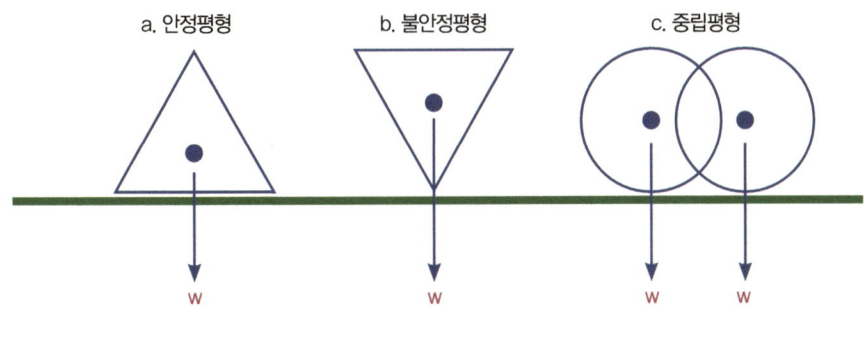

그림 2-17 안정성 비교

안정성에 영향을 주는 요인에는 물체 무게중심의 높이, 기저면의 크기, 그리고 물체의 무게와 심리적 요인 등으로 구분할 수 있다.

① 무게중심의 높이

무게중심은 높이 올라갈수록 불안정해진다. 가장 쉽게 이해할 수 있는 것은 동전 쌓기로, 5~6개까지는 동전 탑이 흔들리지 않지만 더 높이 올라가면 흔들리면서 불안정해 보이다가 쉽게 무너진다. 중심이 낮은 것을 이용한 장남감이 바로 오뚝이다. 오뚝이는 〈그림 2-18〉처럼 추(weight)가 되는 부분이 오뚝이의 대부분 무게를 차지하고 있어 (a)와 같이 항상 안정성을 유지하고 있고, (b)와 같이 옆으로 눕혀도 원래 상태로 빠르게 돌아온다. (c)의 경우는 중심이 극단적으로 높은 상태로 생각해볼 수 있는데, 중심의 높이가 너무 높고 기저면의 크기가 작아 안정성이 바로 무너진다. 씨름이나 레슬링, 유도처럼 중심을 무너뜨려야 이기는 경기에서는 적당한 높이로 자세를 낮춰 안정성을 확보해야 한다.

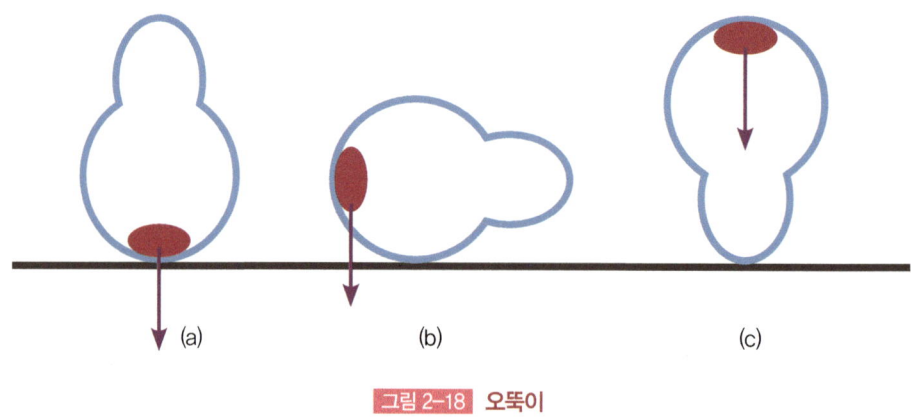

그림 2-18 오뚝이

- 초보자들이 흔히 범하기 쉬운 것은 놀라면 고삐를 쥔 상태로 팔을 굽히는 것이다. 손을 올리게 되면 기승자의 중심은 더 올라가게 되고, 중심이 올라가면 더 불안정해지며, 팔을 굽히면 재갈이 말의 입을 불필요하게 자극하여 말에게 스트레스를 준다.
- 승마에서는 다리를 원활하게 사용할 수 있을 만큼 등자의 길이를 길게 한다. 무릎을 늘 어뜨리는 것이 중심을 낮게 유지하면서 자세 안정에 좋다. 마장마술 선수들은 안정적인 자세를 취하기 위해 의도적으로 신발의 무게를 늘리기도 한다. 그러나 경마 기수의 경우 공기의 저항을 줄이기 위해, 장애물경기에서는 말의 도약을 돕고 충격전달을 방지하기 위해 전경자세를 취해야 하기 때문에 등자 길이를 짧게 한다.
- 말을 실은 차는 말의 무게로 전체적으로 중심이 위로 올라간 상태가 되어 공차인 경우보다 불안정한 상태이므로 커브를 돌 때 넘어질 수 있다. 빠르게 커브를 돌면 안에 있는 말들은 관성에 영향을 받고 있기 때문에 중심이 높아진 차는 쉽게 전복된다.

② 기저면의 크기

기저면의 크기는 안정에 영향을 주고, 중심이 지면에 투영한 위치는 기저면 내에서 중심 쪽으로 올수록 안정된다. 〈그림 2-19〉와 같이 발이 지면에 닿은 형태에 따라 다양한 기저면이 생성된다.

(a)는 한 발로 서 있는 경우, (b)는 두 발로 서 있을 경우, (c)는 두 발로 서고 한 손에 지팡이를 딛고 있는 경우이며, (d)는 두 발로 서서 양손에 지팡이를 들고 지면을 딛고 서 있는 경우다. 발과 지팡이를 둘러싼 파란색 도형은 기저면을 뜻한다. (a)에서 (d) 쪽으로 갈수록 기저면이 넓어지고 안정적임을 알 수 있다

(e)는 100m 달리기 경기에서 출발하는 모양을 표기한 기저면이고, (f)는 출발 총성이 울린 후 출발하기 위해 지면을 딛고 있던 양손을 들어 올린 상태다. (e)에서는 신체 중심(✪)이 기저면 중심에 위치해 안정된 상태이다가 두 손을 지면에서 뗀 상태에서는 신체 중심이 기저면을 벗어나 불안정한 상태(f)가 됨을 볼 수 있다. 불안정한 상태가 되면 신체는 중심을 잃고 앞으로 넘어지려고 하는데, 이것을 이용하여 재빠르게 앞으로 뛰어나갈 수 있는 것이다.

승마에서는 경속보하는 경우를 생각해볼 수 있다. 경속보는 말과 사람 모두 가장 피로를 느끼지 않고 운동할 수 있기 때문에 장시간 또는 장거리 이동에 사용된다. 기승자가 알고 있어야 할 것은 언제 말 위에서 일어나느냐 하는 것인데, 〈그림 2-20〉의 (b)와 같이 직진인 경

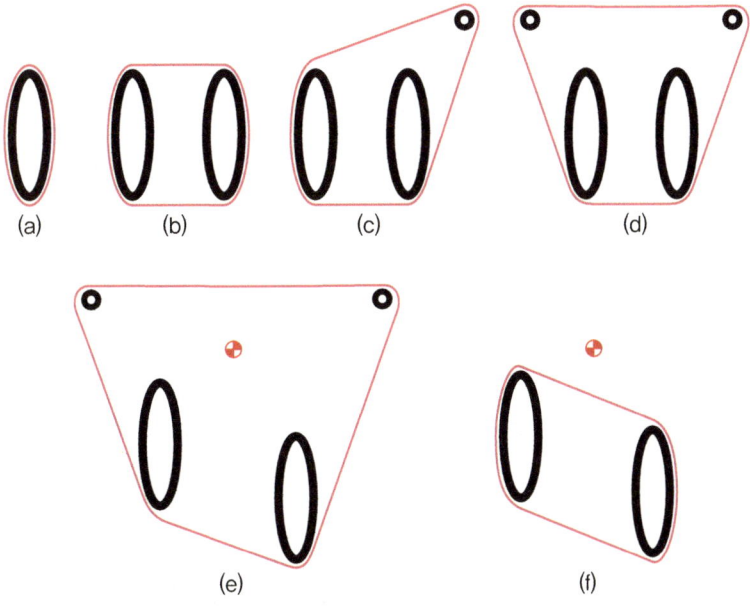

그림 2-19 발의 위치에 따른 다양한 기저면의 형태

> **Tip**
>
> **구심력**
> 원운동을 하는 물체에 작용하는 원의 중심으로 나아가려는 힘으로, 그림에서는 ※방향의 작은 화살표 방향이 원의 중심으로, 작은 화살표는 구심력을 뜻한다.

우는 어느 쪽이나 관계가 없다.

그러나 (a), (c)와 같이 오른쪽(우속보)이나 왼쪽(좌속보)으로 원운동을 할 경우에는 직진할 때와 달리 원의 중심 쪽으로 구심력이 작용해야 원을 그리면서 운동을 할 수 있다.

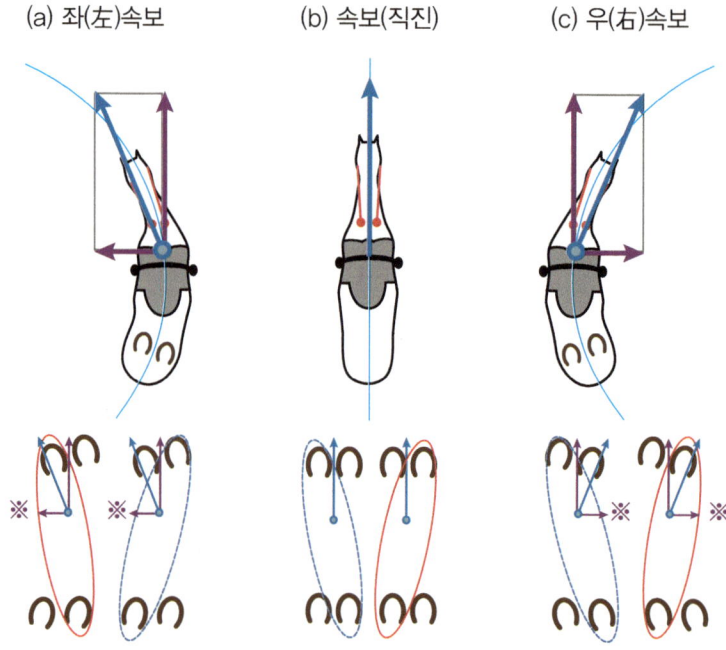

그림 2-20 경속보 시 기승자의 무게중심 방향

쇼트트랙 경주나 원통 돌기와 같이 원운동을 할 때 몸을 원의 중심 방향으로 기울여야 하는 것처럼 원의 크기가 작을수록, 속도가 빠를수록 구심력은 커져야 하는데, 그렇지 않으면 원심력에 의해 원 밖으로 튕겨나간다.

그림 2-21 쇼트트랙과 원통 돌아오기

경속보를 하면서 원운동을 할 때는 그림의 쇼트트랙이나 배럴(barrel, 원통 돌아오기) 경기처럼 몸통이 심하게 기울여지지는 않지만 기승자의 어깨가 약간 안쪽을 향하게 되고, 말은 이러한 작은 움직임에 반응한다. 〈그림 2-20〉의 빨간색 실선과 파란색 점선은 말의 발이 지면에 닿아 있을 때의 지지면을 나타낸 것이다. 말은 뒷다리 근육이 발달해 있어 뒷다리가 추진력을 주는데, 뒷다리가 공중에 떠 있을 때는 기승자가 위쪽으로 중심을 이동시켜 말에게 주는 구심력 부담을 최소화시켜준다.

초보 기승자의 경우 말이 속보를 할 때 좌우 반동 차이를 느끼지 못해 바른 반동을 받기가 어렵다. 지도자는 말의 뒷다리를 보고 기승자에게 일어서는 때를 말해주고, 지도자의 구령에 맞추어 경속보 반동을 받는다. 지도자의 도움이 없는 경우는 기승자 스스로 바른 반동을 맞추어야 하는데, 기승자는 말의 뒷다리를 볼 수 없으므로 뒷다리와 동시에 움직이는 반대쪽 앞다리의 어깨 부분을 보고 바른 반동을 받으면 된다. 원운동을 하는 경우 바깥쪽 앞다리가 움직일 때 말이 주는 반동을 받으면 된다.

구보의 경우도 마찬가지다. 구보에서 말 다리의 착지 순서는 바깥쪽 뒷다리가 먼저 착지하고 안쪽 뒷다리와 바깥쪽 앞다리가 두 번째로 동시에 착지한 뒤에 마지막으로 안쪽 앞다리가 착지하게 된다. 안쪽 뒷다리는 바깥쪽 앞다리와 동시에 착지하므로 구심력을 견디기가 용이하다.

> **Tip**
> '하나(일어설 때), 둘(앉을 때), 하나, 둘, ……' 또는 'up(일어설 때), down(앉을 때), up, down, ……'이라고 하거나 기승자가 어느 정도 숙련된 경우는 '하나, 하나, ……' 또는 'up, up, ……'이라고 하여 일어서야 할 때만 구령을 한다.

> **바깥쪽 뒷다리**
> 우구보의 경우는 왼쪽 뒷다리(RL), 좌구보의 경우는 오른쪽 뒷다리(RR)

> **안쪽 뒷다리**
> 우구보의 경우는 오른쪽 뒷다리(RR), 좌구보의 경우는 왼쪽 뒷다리(RL)

> **바깥쪽 앞다리**
> 우구보의 경우는 왼쪽 앞다리(FL), 좌구보의 경우는 오른쪽 앞다리(FR)

> **안쪽 앞다리**
> 우구보의 경우는 오른쪽 앞다리(FR), 좌구보의 경우는 왼쪽 앞다리(FL)

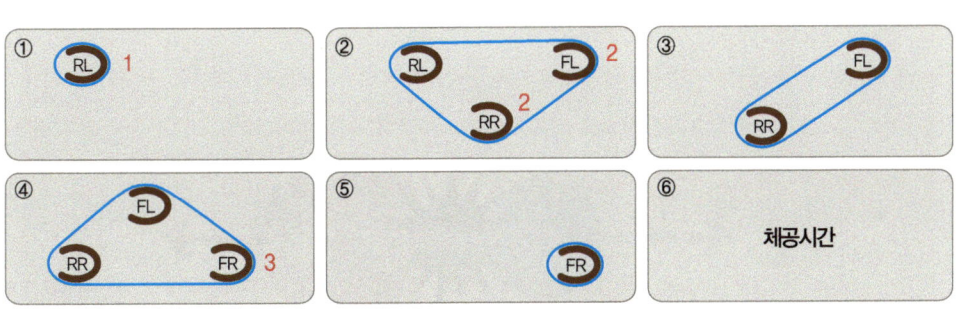

그림 2-22 우구보의 순서 및 기저면

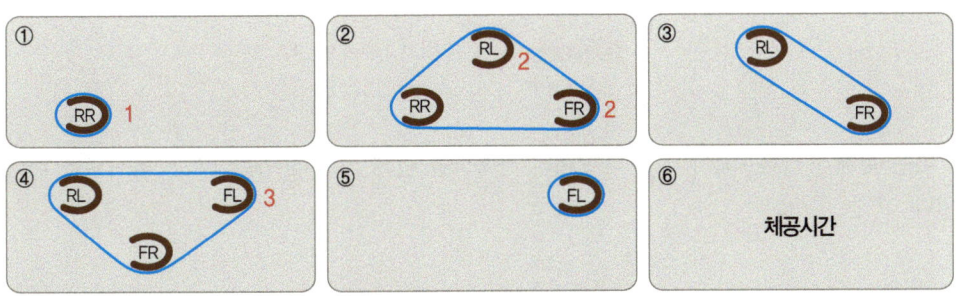

그림 2-23 좌구보의 순서 및 기저면

> **Tip**
>
> **무게**
>
> 물리에서는 질량을 의미하며 공식에서도 질량(mass)의 의미인 m을 사용하지만, 이해를 돕기 위해 '무게'라고 표현하고 설명했다.

③ 물체의 무게

물체의 무게가 클수록 안정된다. 물체를 움직이기 위해 힘을 가할 때 무게가 무거운 것은 가벼운 물체보다 더 큰 힘을 가해야 움직일 수 있다.

체중이 가벼운 사람과 무거운 사람이 부딪히는 경우 가벼운 사람이 더 큰 움직임을 나타내는 것을 볼 수 있다. 〈그림 2-24〉와 같이 무게가 각각 m_1, m_2이고 $m_1 \times 2 = m_2$인 두 물체가 부딪힌 경우를 보면 다음과 같다.

$$F_1 = m_1 \times a_1, \; F_2 = m_2 \times a_2$$

두 물체에 가해진 힘은 각각 F_1, F_2인데 서로 충돌한 경우이므로 크기는 같은 $F_1 = F_2$가 되지만 방향이 반대인 힘이 발생한다.

여기서 무게 $m_1 \times 2 = m_2$이므로

$$F_1 = F_2 \rightarrow m_1 \times a_1 = m_2 \times a_2 \rightarrow m_1 \times a_1 = 2 \times m_1 \times a_2$$
$$\rightarrow a_1 = \frac{2 \times m_1 \times a_2}{m_1} = 2 \times a_2$$

가 된다.

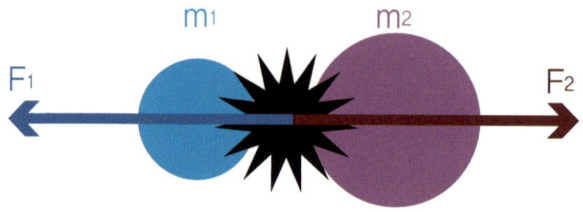

그림 2-24 충돌 시 힘과 가속도의 관계

이는 무게가 작은 m_1이 m_2보다 2배의 가속도를 갖게 되는 것으로, 더 큰 움직임을 나타낸다.

④ 심리적 요인

사람이 가장 공포감을 느끼는 높이는 11m로, 공수낙하 훈련이나 헬기레펠 등을 훈련하는

타워는 11m 높이로 만들어져 있다. 심리적으로 불안감을 극복하기 위함이다. 지면에서는 1m 정도의 너비 정도는 문제없이 뛰어 건너는 사람도 같은 너비일지라도 높이가 2m 이상이 되면 뛰어 건너기를 주저하게 된다. 심리가 안정성에 영향을 미치기 때문이다.

Tip
230㎝
눈높이 10㎝ 제외

- 말의 키는 지면에서 등성마루까지로, 경주마의 경우 약 160㎝ 정도 된다. 사람의 앉은 키를 80㎝ 정도라고 하면 말 위에 앉은 사람의 눈높이는 약 230㎝ 정도 되는데, 초보자의 경우 심리적으로 위축된다. 특히 어린이들의 경우 이러한 두려움으로 승마를 못하는 경우도 있어 키가 100㎝ 정도 되는 셔틀랜드 포니를 비롯한 140㎝ 미만의 포니를 이용하면 좋다.

⑤ 기타
이외에도 마찰력, 생리적인 요인 등이 안정성에 영향을 미친다.

(6) 모멘트

신체적 장애가 있는 장애인은 승마를 할 때 전체적인 밸런스가 비장애인이 승마를 할 때와는 비교가 안 될 만큼 안정된 자세를 유지하기가 힘들다. 또한 균형유지 능력이 떨어져 말의 사소한 변화나 움직임, 돌출행동에 쉽게 낙마할 수 있다. 이렇게 말 위에서 균형을 유지하기 어렵다는 것은 말의 입장에서도 상당한 스트레스가 된다.

말의 입장이 되어 생각해보자. 어린아이를 등에 업은 엄마는 혼자 있을 때보다 힘든 상태인데, 등에 업은 아이가 움직인다면 힘든 상태를 지나 고통스럽기까지 할 것이다. 이는 운동역학적인 면에서 모멘트로 설명할 수 있다.

모멘트(M)는 작용하는 힘(P) 또는 무게(W, weight)가 작용하는 거리(d, distance)의 곱으로, 다음과 같이 공식으로 나타낼 수 있다.

$$M = P \times d, M = W \times d$$

서로 다른 지점에 무게가 실린 경우 발생하는 모멘트를 다음과 같이 생각해볼 수 있다.

〈그림 2-25〉와 같이 (a), (b), (c) 모두 동일하게 10kg의 무게가 실렸다고 하더라도 중심으로부터 거리가 각각 다르다면 반대편에서 서로 다른 모멘트가 작용해야 균형을 유지할 수 있다.

(a)의 중심으로부터 2m 떨어진 상태에서 무게(weight)가 W_a와 같이 작용했다면 지지점(support)인 S_a 왼쪽에는 M_{wa} 같은 모멘트(moment)가 발생하는데, 균형을 유지하기 위해

서는 지지점 오른쪽에 M_{pa}와 같이 M_{wa}와 크기는 같지만 방향이 반대인 모멘트가 발생하도록 P_a는 20kg이 되어야 한다.

(b)의 경우는 P_b가 10kg이 되어야 하지만, (c)의 경우는 중심 위에 무게가 실려 있어 모멘트가 발생하지 않기 때문에 P_c에 무게는 필요하지 않다.

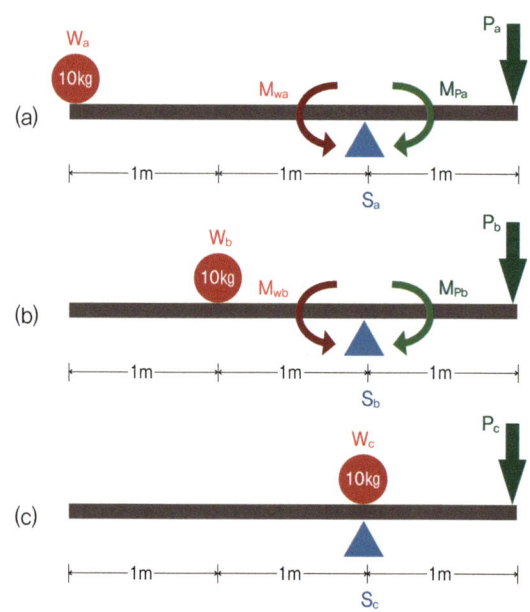

그림 2-25 각 위치별 모멘트 비교(bar 무게는 고려하지 않음)

이를 공식으로 나타내면 다음과 같다.

(a) $M_{wa} = M_{pa} \rightarrow W_a \times d_{wa} = P_a \times d_{pa} \rightarrow 10kg \times 2m = P_a \times 1m$

$\therefore P_a = \dfrac{10kg \times 2m}{1m} = 20kg$

(b) $M_{wb} = M_{pb} \rightarrow W_b \times d_{wb} = P_b \times d_{pb} \rightarrow 10kg \times 1m = P_b \times 1m$

$\therefore P_b = \dfrac{10kg \times 1m}{1m} = 10kg$

(c) $M_{wc} = M_{pc} \rightarrow W_c \times d_{wc} = P_c \times d_{pc} \rightarrow 10kg \times 0m = P_c \times 1m$

$\therefore P_a = \dfrac{10kg \times 0m}{1m} = 0kg$

Tip

각각의 공식에 주어진 아래첨자 a, b, c는 공식을 구분하기 위한 것이고 w는 무게(weight), p는 힘을 의미한다.

이와 같이 지지점에서 벗어나면 벗어날수록 더 큰 모멘트가 작용하며 결과적으로 균형이 유지되면 지지점 S_a에서는 30kg, S_b에서는 20kg, S_c에서는 10kg이 측정된다. 말의 등 위에서 기승자가 불필요한 움직임으로 중심에서 벗어나 계속 움직인다면 말은 매우 힘든 상태가 된다.

〈그림 2-26〉과 같이 말의 무게중심은 말의 머리 위치에 따라 달라지지만, 대체로 윗줄 오른쪽과 같이 안장 부분에 위치하므로 안장을 정확한 위치에 장착시키고 기승자의 중심을 말의 중심과 일치시켜야 한다.

그렇다고 강습 전후 실시하는 준비 운동이나 마무리 운동까지 불필요한 움직임으로 생각할 필요는 없다. 그 정도의 움직임은 말에게도 준비 운동 및 마무리 운동이 된다. 대신 급격한 움직임은 피하고 천천히 움직여 말에 대한 부담을 덜어준다.

> **Tip**
> 말의 머리 위치에 따라 말의 무게중심은 달라지는데, 기승자는 자신의 무게중심을 이동시켜 기승자의 무게중심을 수직으로 지면에 내린 가상선에 말의 무게중심이 일치되도록 하여 말의 움직임을 돕기도 한다. 예를 들면 윗줄 왼쪽과 같이 습보를 하는 경우는 전경자세, 아랫줄 왼쪽과 같은 경우는 상체를 약간 뒤로 젖힌다. 아랫줄 가운데는 마장마술에서 말이 굴요(arch)를 하여 무게중심을 뒤로 보내는 것으로, 훈련이 잘된 말은 재갈을 이용하지 않아도 스스로 하게 된다.

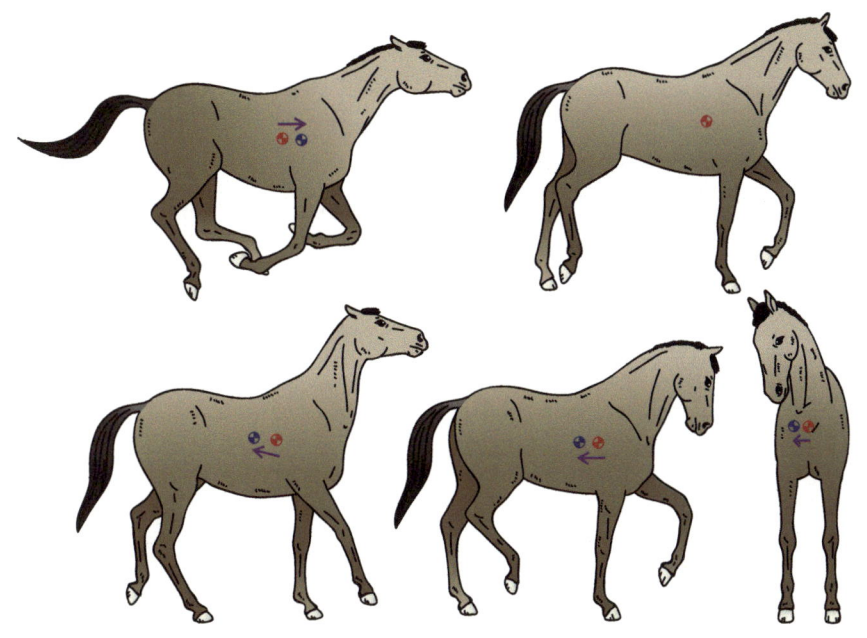

그림 2-26 말 머리 위치에 따른 말 무게중심의 위치 변화

2) 인체 기능의 이해

(1) 근육의 수축

근육은 수축하는 것으로 힘을 발생시키는데, 길이에 따라 발휘할 수 있는 힘의 크기가 다르다. 팔꿈관절(elbow joint)을 예로 들면 아래팔을 굽히는 데 주로 사용되는 근육은 앞쪽의 위팔두갈래근이다.

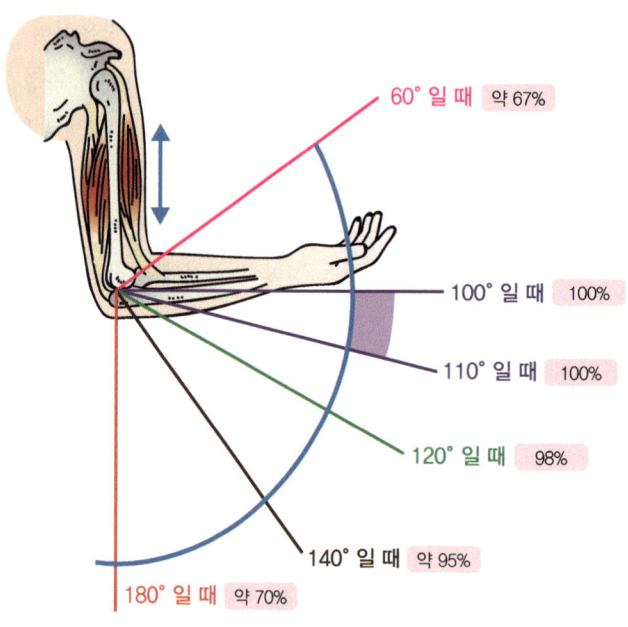

그림 2-27 팔꿈 각도와 근력의 관계

〈그림 2-27〉의 화살표처럼 근육이 줄어들거나 늘어남에 따라 팔꿈관절의 각도가 변하게 된다. 이 근육이 완전히 늘어난 상태가 되면 이 근육이 가지고 있는 최대근력의 약 70% 정도의 힘만 발휘할 수 있고, 그림과 같이 각각의 각도에서 발휘할 수 있는 근력은 다르다. 즉, 근육의 길이에 따라 발휘할 수 있는 힘이 달라진다. 100%의 힘을 발휘하기 위해서는 팔꿈관절 각이 100~110°가 되어야 한다.

근육의 수축 형태는 다음과 같이 구분할 수 있다.

- 등척성수축(isometric contraction 제자리수축): 고정되어 움직임이 없는 저항에 힘을 가하는 것으로, 힘은 발생하지만 움직임이 없어 근육의 길이 변화가 없다.
- 등장성수축(isotonic contraction): 근육을 키우기 위한 웨이트기구 운동을 하는 것과 같은 움직임으로, 물체가 움직이고 근육의 길이가 짧아지거나 길어지는 변화를 한다.
- 등속성수축(isokinetic contraction): 등장성수축과 같이 근육의 길이 변화가 있지만 수축 속도를 일정하게 움직인 것으로, 특별히 제작된 등속성기구를 이용하여 재활이나 근력, 근지구력을 측정할 때 발생하는 근수축이다.

용어에서 'iso-(등)'란 '같다'는 의미이며, '척(尺)'은 길이, '장'은 장력(張力) 즉 힘, '속'은 속도를 의미한다. 관절의 각도, 즉 근육의 길이에 따라 다르게 저항 변화를 주어 근육의 수축

Tip

덤벨이나 아령을 이용해서 위팔두갈래근(상완이두근)을 운동할 때 힘이 빠져 들어 올릴 수 없는 경우 반동을 이용하여 팔을 약간 구부리게 되면 그다음부터는 팔을 구부릴 수 있는 경우를 생각해보면 이해하기 쉬울 것이다.

근육의 수축

여기서의 수축은 줄어드는 것뿐만 아니라 늘어나는 것도 의미한다. 줄어드는 경우를 '+', 늘어나는 경우를 '-'로 생각하면 된다.

속도가 일정하게 유지되도록 고안된 기구를 '등속성기구'라고 한다. 근육의 길이가 변화되는 것을 기준으로 수축의 종류를 구분하면 다음과 같다.

- **짧아짐수축**(positive movement, concentric contraction, shortening contraction, **단축성수축 또는 구심성수축**): 근육이 짧아지면서 수축하는 것
- **늘임수축**(negative movement, eccentric contraction, lengthening contraction, **신장성수축 또는 원심성수축**): 근육이 길어지면서 수축하는 것

(2) 근육의 미세 구조와 근수축

근육의 구조를 세부적으로 살펴보면 다음과 같이 단계별로 구성되어 있는 것을 알 수 있다.

'근육 → 근육다발 → 근육세포 → 근원섬유' 순으로 세분화할 수 있고, 근원섬유는 액틴필라멘트와 미오신필라멘트가 있어 I띠와 A띠 및 Z원반을 나타낸다.

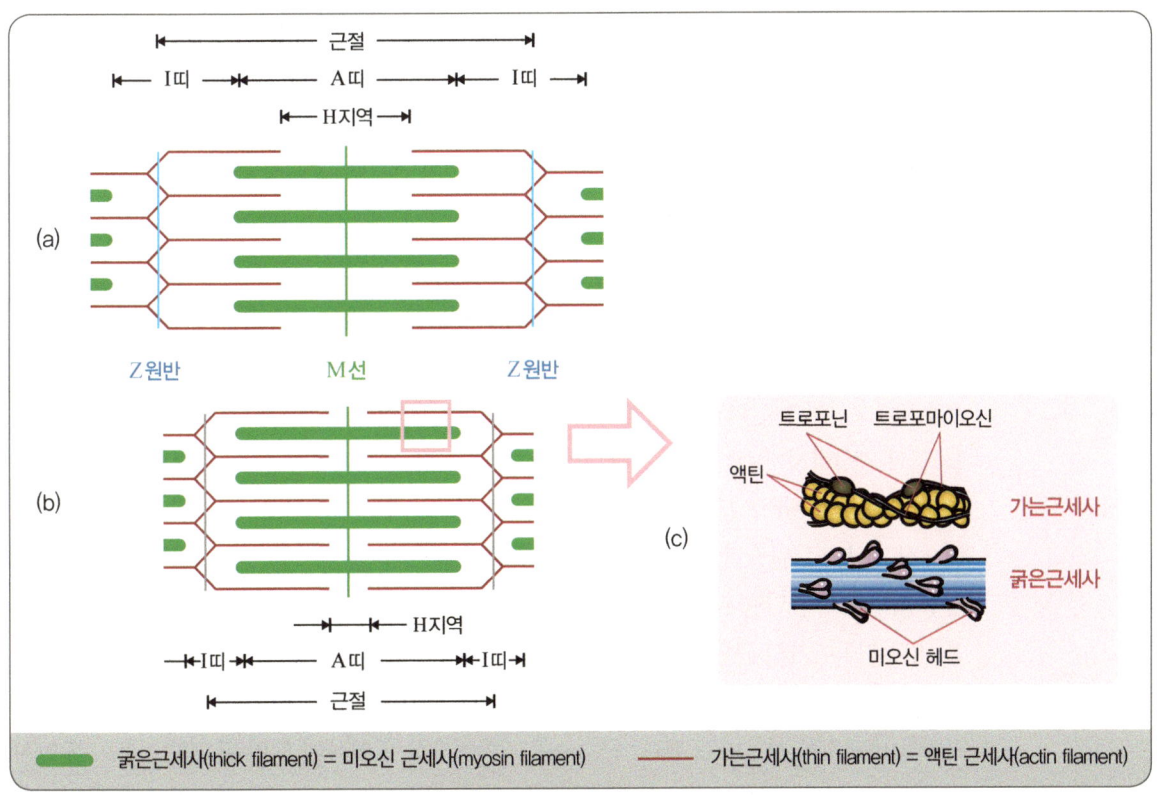

그림 2-28 근세사 단위에서의 근수축

근육은 가늘고 긴 형태의 '근섬유(뼈대근세포)'라고 하는 수많은 뼈대근세포로 구성되어 있다. 근세포는 다핵세포로 내부를 보면 '근원섬유'가 가로 방향으로 나열되어 있고, 근원섬유의 사이는 '근육세포질'이라는 세포로 가득 채워져 있다. 근원섬유는 '근육세포질그물(sarcoplasmic reticulum, 근형질세망)'이라고 하는 주머니 모양의 세포기관에 둘러싸여 있다. 근원섬유를 현미경으로 보면 밝은 줄무늬와 어두운 줄무늬의 배열이 있다. 이것이 가로무늬구조다. 이 밝은 줄무늬의 중앙부에는 'Z원반(Z line)'이 있다. Z원반과 다음 Z원반까지의 사이를 '근절(sarcomere, 근육원섬유마디, 근섬유분절)'이라고 하는데, 이는 근수축의 단위가 된다. 근절의 중앙부에는 '굵은근세사(미오신필라멘트, myosin filament)'가 있고, 관절 양측의 Z원반에는 '가는근세사(액틴필라멘트, actin filament)'가 펼쳐져 있다.

〈그림 2-28〉에서 (a) 부분은 근육이 이완된 상태이고, (b) 부분은 근육이 수축되는 상태를 보여주는 것으로, 근절의 길이가 줄어드는 것을 볼 수 있다. 한편 A띠(A band) 부분은 I띠(I band) 부분에 비해 진하게 보이는데, 이것은 전체적으로 볼 때 가로무늬를 나타낸다.

굵은근세사에는 미오신헤드가 있어 근수축할 때 액틴의 활성화된 부분과 결합하고 ATP를 이용하여 미오신헤드가 구부러지면서 Z원반 쪽으로 미끄러져 들어가 근육이 수축하게 된다. 가는근세사에는 액틴과 트로포닌 그리고 트로포미오신으로 구성되어 있다.

뼈대근의 수축 과정에 대해 알아보면, 신경을 통해 전달된 명령으로 운동신경의 종말에서 아세틸콜린(acetylcholine)이라는 화학전달물질을 방출시킨다. 근세포는 전지 같은 기능을 가지고 있고, 보통 때는 '−' 전위를 유지하고 있지만, 아세틸콜린이 근세포에 닿으면 '+' 전위가 발생한다. 이런 전위의 변화(전기적 자극)는 근섬유의 표면(세포막)에서 근섬유 내부에도 넓게 퍼져 마침내는 근육세포질그물에 도달한다.

전기적 자극이 근육세포질그물에 도달되면, 세포질 속에서 칼슘이온이 방출되어 세포질 속의 칼슘이온의 농도가 높아진다. 칼슘이온이 가는근세사인 액틴의 트로포닌과 결합하면 트로포미오신이 액틴의 사슬 중간 홈 속으로 깊숙이 들어가서 액틴에 있는 미오신 결합 부위를 열어(활성화시켜)준다. 굵은근세사의 미오신헤드는 액틴의 활성화된 결합부위와 결합하고, ATP가 ADP+P로 분해되면서 방출하는 에너지를 이용하여 미오신헤드를 구부리게 되면 미오신 전체가 Z원반 쪽으로 미끄러져가게 되고 이로써 근수축이 일어난다. 반대로 근육에 신경 자극이 중단되면 활동전류의 탈분극이 일어나고 방출된 칼슘이온이 다시 근육세포질그물 내로 되돌아가서 근원섬유 수축이 풀려 이완된다. 이때 칼슘을 근육세포질그물로 집어넣는 기능을 하는 것을 '칼슘 펌프(pump)'라고 하고 Ca-ATPase라고도 하며, 칼슘의 이동에 ATP를 에너지로 사용하게 된다. 근수축이 지속적으로 일어나게 되면 칼슘의 이용이 많아지게 되는데, 이때 부족한 칼슘은 뼈에 저장된 것을 가져다 쓰게 된다. 뼈에 저장된 칼슘은 뼈를 녹이는 과정(뼈세포를 파괴할 때 발생하는 무기질 중의 하나가 칼슘)에서 가져오게 되고 근육의 수축이 중단되면, 즉 운동을 그만하고 휴식하게 되면 근수축에 사용된 칼슘은 뼈세포를 생성하는 과정에서 뼈로 다시 저장된다.

이와 같이 운동할 때 뼈세포를 파괴하고 생성하는 것을 반복하거나 외부로부터 충분히 견딜 만한 물리적인 자극(충격)이 있으면 뼈는 오히려 강해지는데, 이러한 이유로 운동을 하면 뼈가 튼튼해진다고 할 수 있다.

(3) 근수축과 ATP

근육수축에 사용되는 에너지는 ATP(adenosine triphosphate, 아데노신삼인산)가 ADP(adenosine diphosphate, 아데노신이인산)와 P(인산)로 분해될 때 방출되는 에너지를 사용한다.

ATP → ADP + P + 에너지	근수축으로 에너지를 사용할 때
ADP + P + 에너지 → ATP	에너지를 저장할 때(세포 내 미토콘드리아에서)

이렇게 근수축에 사용되는 ATP를 공급하는 체계는 ATP-PC System, 무산소성 해당 System, 유산소성 해당 System과 같이 세 가지로 구성된다. ATP-PC System은 근육 내에 저장된 ATP와 PC(크레아틴인산, ATP를 즉시 생성)를 근수축에 곧바로 사용하는 것으로 10초 전후에서 모두 사용되어버린다. 근육 내 ATP를 모두 사용하면 ATP를 생산해서 공급해주는데, 이때 산소 관여 여부에 따라 무산소성과 유산소성으로 구분된다.

이러한 이유로 무산소성 해당 System은 혈액이나 간에 있는 포도당(Glucose, 탄수화물의 일종)을 분해하여 ATP를 생산하는데, 포도당 1분자는 2개의 ATP를 생산함과 동시에 젖산도 만들어낸다. 무산소성 해당 System을 '젖산 System'이라고도 하는데, 젖산은 흔히 '피로물질'이라고 알려져 있다. 젖산은 근육통을 유발하는데, 시간이 지나면 다시 에너지대사에 사용되거나 체외로 배출된다. 격렬한 운동을 한 뒤에 가볍게 움직여주는 것은 젖산을 에너지로 사용하게 되므로 권장된다. 무산소성 해당 System은 젖산이 축적되면 근육 피로를 유발하여 운동을 지속할 수 없기 때문에 짧은 시간 동안 작동되며 3~5분 내외의 빠르고 강한 운동을 할 때 가동된다.

유산소성 해당 System은 무산소성 해당 System과 달리 산소가 동원되며 포도당 1분자당 38개의 ATP를 생산한다. ATP 생산 측면에서는 효율이 높지만 산소를 필요로 하므로 저장

Tip

해당

해당이란 '당을 분해하다'라는 뜻이고 무산소성은 '산소 없이', 유산소성은 '산소가 있는 상태에서'라는 뜻이다.

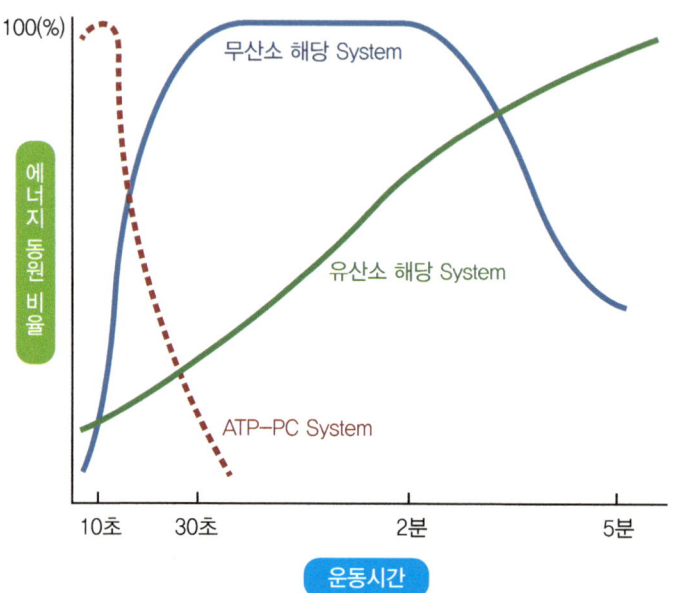

그림 2-29 운동시간에 따른 에너지 System 가동

Tip

1시간 이상 운동을 하면 사용한 에너지를 보충하기 위해 식욕중추를 자극한다. 따라서 체중조절을 목적으로 하는 운동을 할 때는 30분~1시간 이내로 하는 것이 좋다.

도의 운동에서 가동된다. 이 System은 탄수화물뿐만 아니라 지방과 단백질도 사용한다. 간 등에 저장된 탄수화물(포도당)을 모두 사용(시간으로 생각하면 운동 시작 약 20분 후)하면 지방을 사용하여 ATP를 생산해내기 때문에 체중 조절을 목적으로 하는 운동을 하려면 저강도의 운동을 30분 이상 해야 효과가 있다.

이러한 System은 순차적으로 가동되고 끝나는 것이 아니라 운동 강도 및 시간에 따라 반복해서 이루어지는데, 운동시간에 따라 동원되는 System을 보면 〈그림 2-29〉와 같다.

(4) 운동단위와 움직임의 발생

척수의 신경세포로부터 나온 1개의 운동신경과 그 지배 아래에 있는 근육섬유는 기능적으로 하나의 단위를 이루고 있는데, 이것을 '운동단위'라고 한다. 이처럼 하나의 운동신경섬유가 지배하는 근육섬유 수는 근육의 기능과 밀접한 관계가 있는데, 손이나 눈동자처럼 정교하고 섬세한 운동을 하는 근육에서는 1개의 운동섬유가 10개 미만의 근육섬유를 지배하지만 몸통이나 다리에서처럼 운동량은 크나 미세한 조정을 필요로 하지 않는 근육에서는 1개의 운동섬유가 500개 이상의 근육섬유를 지배한다.

모든 뼈대근은 아무리 휴식 상태에 있더라도 다소간 수축된 상태를 늘 유지하고 있다. 이러한 근육의 상태를 '근육긴장도'라고 하는데, 근육긴장도는 근육과 중추신경 사이에 구성되어 있는 단순반사활동을 통한 조정에 의해 유지되고 있다.

감각신경종말에서는 근육의 수축 정도에 따른 근육의 긴장도에 관한 신호를 척수로 보내어 이에 따라 적절히 조정된 자극이 운동신경섬유를 통해 다시 근육에 이른다. 따라서 지속적인 감각신경세포의 자극 전달은 운동신경세포에 일정한 자극을 전달함으로써 근육은 늘 일정한 긴장도를 유지하게 되는 것이며, 이 감각신경세포의 경로를 차단하면 척수에서는 더 이상의 자극이 들어오지 않으므로 수축을 시키는 운동자극이 없어져 근육은 긴장도가 없이 축 늘어지는 상태가 된다.

근육의 긴장도가 우리의 의사와는 관계없이 유지되고 있는 반면 근육이 우리의 뜻에 따라 수축하는 운동을 할 때는 척수의 운동신경세포는 반사궁에서 들어오는 자극과 함께 더 높은 중추신경(뇌)에서 내려오는 자극과 합쳐져 근육을 수축하게 된다. 따라서 어느 한 근육에서 운동이 일어나려면 활동하게 되는 운동단위의 수가 점차 늘어남과 동시에 반대 방향에서 길항 작용하는 근육의 운동단위는 점차 줄어들게 됨으로써 적절한 움직임이 이루어지게 되고, 최대의 운동효과를 가져오게 하기 위해 어느 순간에는 모든 운동단위가 작용하게 된다.

(5) 신경계와 반사

신경계는 '수용기→감각신경→중추신경→운동신경→효과기'라는 순서로 정보를 전달한다. 그런데 운동을 하고 있을 때, 신경계는 어떠한 일을 하고 있을까?

신경계에서 '정보를 받아들이다' 또는 '명령을 실행하다'라고 하는 것은 정보처리과정을 진행하는 중 '반사'라고 부를 수 있는 형식이 있다. 반사라는 것은 자극에 대한 정보(감각신경)가 자신의 의지와는 무관하게 수용기로부터 '효과기'에 중추신경을 따라 전달 시 반응이 발생하는 현상이다.

수용기-중추신경-효과기라고 하는 나란히 늘어서 있는 신경경로를 '반사궁'이라고 부른다. 반사궁 중에서 중추신경은 반사중추로서 일하고, 가장 중요한 역할은 정보를 통합하는 것이다. 피부, 근육, 눈, 귀 등의 수용기로부터 환경에 관한 정보가 항상 중추신경에 보내지고 있는데, 중추신경은 각각의 정보를 합쳐서 그 시점에서 가장 적절한 반응을 하고자 한다.

초보자의 경우 승마를 1시간 정도 하고 나면 걷기가 힘들 정도다. 특히 속보나 구보를 처음으로 시작한 경우라고 할 수 있는데, 균형을 잃고 자세가 무너지지 않기 위해 과도하게 다리 안쪽 근육을 사용하여 에너지를 소모하고 필요한 에너지를 만드는 과정에서 젖산을 만들어내기 때문이다. 그러나 승마 실력이 높은 수준에 도달한 경우라면 이러한 근육은 반사적으로 수축하기 때문에 많은 에너지 소모 없이 균형을 잃지 않고 자세를 유지할 수 있다. 여기에서 "말[馬]은 힘이 아닌 중심으로 타는 것"이라는 말이 나온 것이다. 지속적인 반복 연습은 우리가 의식하지 못해도 다양한 상황에서 무의식적으로 각각의 상황에 모두 적절한 반응을 하고자 일을 하게 되는데, 이를 '반사'라고 한다.

(6) 신경계가 하는 일

신경계에서 중추신경계의 명령을 실행하는 효과기는 체성신경계와 자율신경계로 나눌 수 있다. 우선 효과기가 뼈대근인 경우, 즉 다리나 팔에 있는 근육의 경우는 '체성신경계'의 지배를 받는다. 체성신경계의 중요한 기능은 '운동 기능의 조절'로, 스포츠에서 행동에 영향을 미치는 것은 체성신경계의 일이다. 또 효과기에서 심장에 펌프동작을 하는 심장 근육을 움직이거나 타액 등의 소화액을 분비하는 분비선을 자극하는 경우를 '자율신경계'라고 부른다. 자율신경계의 중요한 기능은 '내장 기능의 조절'이다.

그러나 체성신경계와 자율신경계는 독립해서 일어나는 경우는 적고, 제각기 동시에 일하면서도 복잡한 기능 조절을 하고 있다. 뼈대 근육이 움직이는 것은 체성신경계의 일이지만 근육에 필요한 에너지를 공급하고 노폐물을 수거하기 위해 심장의 박동이 빨라지고 호르몬 분비 등을 하게 되는데, 이는 자율신경계가 하는 일이다.

스포츠에서는 운동 기능과 관련된 체성신경계가 중요하지만, 자율신경계의 일도 잊어서는 안 된다. 자율신경계에는 하나의 기관을 지배할 때 '교감신경(흥분)'과 '부교감신경(억제)'을 이용한 이중지배를 하고 있다.

말을 탈 때 갑작스런 반응을 겪게 되면 교감신경이 근육을 긴장시켜 빠른 움직임을 만들고 우리 신체가 좀 더 효율적으로 움직이도록 조절해준다. 반면 부교감신경은 휴식에 알맞은 몸의 상태를 유지하려고 한다.

3) 인체의 성장과 발달

여러 가지 장애를 이해하기 위해서는 보통 정상인의 신체 기능과 발달에 관해 알고 있어야 한다. 이런 이해가 장애인과 비장애인의 기능적인 차이를 이해할 수 있게 한다.

인체는 생후부터 사망까지 전 기간에 걸쳐 환경에 적응하면서 변화한다. 이러한 변화에는 '발달'이라는 용어를 사용하는데, 인간의 경우에는 주로 아동 발달에 초점을 맞추고 있다. 발달과 유사한 개념으로 '성장'이라는 용어가 있는데, 성장과 발달은 다른 개념의 용어로 인체 발달을 이해하기 위해서는 두 용어의 정확한 정의를 이해하는 것이 중요하다. 성장이란 '크기의 증가'를 의미하는 데 반해 발달은 '기능의 분화'를 의미한다. 이 장에서는 인체의 발달을 아동 발달에 초점을 맞추어 성장과 발달로 나누어 기술했다.

(1) 성장

성장은 크기의 증가를 의미하므로 세포의 복제와 분화, 형태 형성, 형태에서의 변화를 포함한다. 성장의 측정방법으로는 주로 키, 체중, 머리둘레의 증가를 평가한다. 키의 성장은 1세 이후 10세까지 일정한 형태로 일어나며, 1세가 되면 태어났을 때와 비교하여 약 25㎝까지 크며, 2세가 되면 성인 키의 거의 절반 정도까지 성장한다. 체중은 출생 후 5개월이 되면 태어났을 때의 2배가 되며, 1세가 되면 3배나 된다. 머리둘레의 크기는 출생 후 2~6개월에 많이 커지며, 2~4세 때 다시 한 번 많이 커진다. 머리둘레의 성장과 뇌의 성장은 일치하지 않는다. 머리둘레와 달리 뇌의 성장은 일정한 속도로 지속적으로 이뤄진다.

출생 이전의 뇌는 이미 매우 빠른 속도로 성장하여 출생 시 뇌의 무게는 성인 뇌 무게의 약 25%가 된다. 따라서 신생아의 몸통 크기와 비교한 머리 크기의 비율은 성인보다 훨씬 크다.

(2) 발달

발달이란 인간의 생명이 시작되는 순간부터 죽음에 이르기까지의 전 기간을 통해 이뤄지는 모든 연속적인 양적·질적·구조적 변화라고 할 수 있다. 따라서 상승과 쇠퇴 모두 발달로 간주할 수 있으나, 이 장에서는 구조의 상승 시기인 아동 발달에 초점을 맞추어 기술하고자 한다.

인체 발달은 구체적으로 운동 발달, 인지 발달 및 정서적·사회적 발달로 나누어 생각할 수 있다.

① 운동 발달

운동 발달은 자세 및 균형 조절 능력의 발달에 따라 예측이 가능하며 순차적으로 발달한다. 하위의 운동 발달 양상이 새로운 경험과 서로 통합하여 더욱 고차원적이고 복잡한 운동 양상으로 발전한다. 운동 발달은 크게 대근육운동 발달과 소근육운동 발달로 나뉜다. 대근육운동 발달은 자세, 팔의 사용, 균형과 동작 등에 필요한 운동 발달을 의미한다. 아동은 머리부터 몸의 자세 조절을 시작하며, 앉는 자세, 뒤집기, 기기, 붙잡고 서기, 선 자세 유지, 걷기 등의 순서로 운동 발달이 이뤄진다. 또한, 운동 척도에서 발달은 속도의 개념을 포함한다. 따라서 발달이 이뤄질수록 같은 운동을 더욱 빠르게 수행할 수 있다.

소근육운동 발달은 손과 손가락, 엄지를 사용하는 능력이 섬세하게 발달하는 운동 발달을 의미한다. 일반적으로 대근육운동 발달에 비해 늦게 발달한다. 소근육운동 발달은 일어나 앉는 능력에 의해 도움을 받으며, 엎드린 자세나 기는 자세에서는 방해를 받는다. 소근육운동 발달은 사람과 다른 동물을 구분하는 중요한 능력이다.

한편 영유아의 신체 발달을 살펴보면 다음과 같다.

- 0~2주: 팔과 다리가 무작위로 움직임
- 2~8주: 머리 돌리기, 입에 손 넣기, 팔과 다리가 같이 움직임
- 2~3개월: 머리가 오른손에서 왼손으로 향함
- 3~4개월: 두 손을 중앙에
- 4~5개월: 엎드려 팔 뻗기
- 5개월: 엎드린 상태에서 누운 상태로 회전
- 6개월: 손 짚고 앉기
- 7개월: 엎드린 상태에서 돌기
- 7개월: 손과 눈의 연결 발달
- 8개월: 보호 지원 반응 발달
- 7~9개월: 배 또는 손과 무릎으로 기어 다니기
- 9개월: 잡고 혼자 일어나기
- 10개월: 기다가 앉기, 물건 잡기
- 10~11개월: 무릎꿇기
- 11개월: 기다가 가구 잡고 일어나 옆으로 걷기
- 11개월: 손잡고 걷기
- 12개월: 손을 잡거나 놓기 조절
- 12~13개월: 혼자서 몇 걸음
- 15개월: 혼자서 잘 걸음
- 18개월: 잡고 계단 오르기
- 19개월: 혼자 서기
- 23개월: 의자 오르기
- 2세: 잘 뜀
- 2세: 공차기
- 2.5~3세: 계단 오르내리기
- 3~4세: 점프를 잘함
- 5세: 한 발 서기

운동 발달의 순서는 모든 아동에서 일치되는 것으로 순차적으로 발달한다. 운동 발달은 중추신경계통의 발달과 밀접하게 연관되어 있어 중추신경계통의 미성숙 상태에서는 아무리 연습해도 운동 발달을 획득할 수 없다. 그러나 정상적으로 중추신경계가 성숙되어가는데도 충분한 연습이 없다면 운동 발달은 지연될 수 있다. 운동 발달은 머리에서 꼬리 방향으로 발달하며, 중추신경계의 발달은 하부구조인 척수부터 대뇌피질의 순서로 발달한다.

이러한 운동 발달은 중추신경계통, 말초신경계통 및 근육의 조화로 이뤄지며, 많은 부분이 중추신경계의 성숙 과정으로 생각되기 때문에 운동 발달을 통해 중추신경계의 발달 상태를 평가하기도 한다.

② 인지 발달

인지(cognition)의 의미는 무엇을 알아가는 정신적 과정으로 지각(perception), 추론(reasoning), 판단(judgement) 등의 여러 요소가 인지에 포함된다. 지능(intelligence)은 환경에 대해 효과적으로 적응할 수 있는 능력을 말하며, 다양한 인지 기능의 수행을 위해 중심적인 역할을 담당한다. 출생 후 아동의 인지는 지속적으로 발달하여 친근한 인물을 기억하고, 도형의 형태와 크기를 구분하고, 숫자를 배우고, 말을 하게 된다. 또한, 글을 읽거나 쓰고 추상적 개념을 이해하고 사용할 수 있게 발달한다.

3세까지의 아동은 유사한 속도의 인지 발달을 보이지만, 3세 이후에는 환경적인 인자가 인지 발달에 영향을 미쳐 발달 속도의 차이를 보이는 것으로 알려져 있다. 이때는 호기심의

자극과 재미있는 장난감 제공이 인지 발달에 중요한 역할을 한다.

③ 정서적·사회적 발달

아동의 정서 발달은 사회성과 함께 발달한다. 아동의 정서 발달을 이해하기 위해서는 생후 1세까지의 영유아기, 1~3세까지의 걸음마기, 3~5세까지의 전 학령기 및 이후의 학령기로 세분하여 시기별 특징을 이해하는 것이 필요하다.

영유아기에는 엄마를 알아보고 눈을 맞추며, 사회적 웃음을 나타낸다. 또한 낯선 사람을 경계하여 낯가림 불안을 나타내고, 엄마와의 분리불안을 보임으로써 사회적 관계를 통한 정서적 발달을 하게 된다. 따라서 이 시기에는 엄마와의 정서적 교감이 중요하며, 운동능력이 발달하면서 외부세계에 대한 탐색이 증가하고 점차 자기중심감이 형성된다.

걸음마기에는 여러 운동감각이 통합되어 공 던지기, 컵 집기, 블록 쌓기, 연필 쥐기, 옷 입기 등이 가능해지면서 놀이와 활동을 통한 즐거움과 성취감, 자기조절감, 좌절감, 분노 등을 경험하게 된다. 또한, 부모와의 놀이나 상호작용을 통해 애착 발달을 공고히 하고, 스스로 먹거나 대소변 가리기 등을 훈련으로 익힘으로써 심리적 안정감과 함께 생리적 안정감을 얻게 된다. 따라서 이 시기에도 부모의 일관적인 애정반응이 필수적이며 좀 더 활동적인 이 시기에 부모의 감수성, 반응성과 놀이반응 등의 양육활동이 적극적으로 요구된다.

전 학령기에는 인지 발달이 활발해지며, 언어 발달 또한 활발하게 이뤄진다. 이 시기에는 욕구와 감정을 언어로 표현하므로 언어를 통해 아동의 감정 상태를 이해할 수 있다. 또한, 아동이 사회적 관계를 경험함과 동시에 인과관계를 이해할 수 있는 인지 발달이 이뤄지기 때문에 자신의 감정반응을 스스로 관찰할 수 있다. 놀이와 유희적 활동을 통해 자신의 신체적·인지적·사회정서적 능력을 발휘함과 동시에 성취감을 고양하게 되며, 타인과의 상호경험을 통해 타인의 감정과 가치관을 공유함으로써 점차 사회화되어간다.

학령기에는 신체 발달에 비해 심리사회적 발달이 좀 더 빠르게 진행된다. 학교에 입학하게 되면 아동들은 낮 시간의 절반 이상을 또래집단과 어울리게 되어 새로운 관계를 형성하고 자아정체감을 갖게 된다. 따라서 아동들은 또래들이 자신을 어떻게 보는가를 매우 중요하게 생각한다. 어른들의 감독 없이도 자기들끼리 놀면서 협상하고 타협하며 대안을 모색하는 방법을 빠르게 깨닫는다. 이 시기에는 이해력이 발달하기 때문에 부모에게 혼나거나 자기주장을 할 경우 이전처럼 소리를 지르거나 떼쓰기보다는 논리적으로 따지고 생각하여 자신을 정당화하거나 자신의 잘못을 뉘우칠 수 있다. 따라서 부모는 많은 시간이 들더라도 아동에게 충분한 논리적 설명이 필요하며, 체벌 등의 손쉬운 방식으로만 훈육한다면 아동은 부모에 대해 점차 부정적이고 적대적 태도를 취하게 된다.

(3) 발달에 영향을 미치는 요인

유전적·환경적 요인 등 많은 인자가 아동 발달에 영향을 미치게 된다. 인간은 46개(23쌍)의 염색체를 가지고 있으며, 이러한 염색체는 부모에게서 물려받은 것으로 발달에 영향을 미치는 가장 강력한 인자다. 유전자의 영향은 출생 시부터 일생 동안 미친다. 성별도 발달에 큰 영향을 미치는 유전적 요인이다. 소년이 소녀보다 대인관계 및 사회성 발달에 더 적극적이며, 소녀는 좀 더 불안해하는 경향을 보인다. 소년은 시각 발달에서 좀 더 우수하며, 소녀는 보행과 언어 발달이 더 빠르게 나타난다.

환경적 요인은 태아의 다양한 계통 및 기관의 정상 발달에 있어 출생 전에 결정적으로 중요한 시기가 있다는 것이 널리 알려지면서 임신 시의 요인도 아동의 발달에 영향을 미칠 수 있다. 또한, 주산기에 무산소증과 분만 시의 두부 손상은 태아의 뇌손상을 초래할 수 있어 발달에 영향을 미친다. 저체중아와 미숙아의 경우도 발달에 영향을 미치게 된다. 출생 후 인간에 의한 환경과 물리적 환경은 모두 아동 발달에 영향을 미치게 되는데, 일반적으로 물리적 환경보다 인간에 의한 환경이 더욱 큰 영향을 미치는 것으로 알려져 있다.

가족 및 가정생활, 특히 어머니의 영향은 정서적·사회적 발달뿐 아니라 인지·언어·적응 능력에도 영향을 미치는 것으로 알려져 어머니의 적절한 양육이 아동 발달에 지대한 영향을 미친다.

실제로 이러한 여러 요인은 발달에 단독으로 영향을 미치기도 하지만, 대부분 유전적 소인이 있는 경우, 환경적 요인의 영향을 받아 발달에 영향을 미치는 것으로 알려져 있다. 하지만 특정 발달에 아직 어떠한 요인이 더 중요한지에 대해서는 잘 알려져 있지 않다.

2장. 장애의 이해

　세계보건기구(WHO)에 의하면 장애인의 출현율은 비장애인의 7~10%에 해당한다고 보고하고 있다. 대한민국의 인구는 세계 26위로 약 5,100만 명이 살고 있으며, 이 중에서 장애인의 수는 현재 250만 명으로 추정하고 있다. 우리가 일상적으로 장애인과 자주 접하건 접하지 않건 간의 장애인과 이웃으로 함께 살아가고 있다. 비장애인과 동일하게 장애인의 권리는 생득권(生得權)으로 태어나면서 법적 보장을 받는다. 이는 인권(human right)으로도 이야기할 수 있으며 「대한민국헌법」과 「장애인복지법」에서 보장된 권리다. 이는 인간으로서, 인간이기 때문에 가질 수밖에 없는 당연권이다. 이런 생각을 바탕으로 장애인과 함께 살아가기 위해 또는 재활승마의 대상자로서 장애인에 대한 이해는 필수다.

1. 차이 vs. 차별

　세상에는 다양한 사람들이 어울려 살아가고 있다. 키가 큰 사람과 키가 작은 사람, 뚱뚱한 사람과 마른 사람, 백인과 흑인, 동양인과 같이 피부색의 차이, 안경을 착용한 사람과 착용하지 않은 사람 등이 같은 시간대에 지구의 각기 여러 나라에서 함께 살아가고 있다. 일례로 안경의 착용 여부에 따라 일상생활을 영위하는 데 있어 불편함을 겪을 수 있다. 안경을 착용하는 사람이 안경을 두고 외출을 했다거나 안경을 착용한 상태에서 갑자기 습한 환경에 노출된다면, 그 사람은 일시적으로 보는 능력인 시력에 문제가 생길 수 있다. 이러한 시력에 불편함을 가질 수 있다면 넓은 의미에서 장애라고 할 수 있다.

　장애가 있다고 하는 것은 자신이 어떤 일을 수행함에 있어 불편을 느끼는 것이지 인간의 열등이나 능력의 부족이 아니다. 무엇보다 먼저 장애를 가진 사람도 장애를 가졌다는 특수한 제한점을 제외하고는 다른 사람들과 같은 사람이라는 점을 인지해야 한다. 얼굴이 똑같이 생긴 사람이 없고 사람마다 각기 다르기 때문에 장애인을 모두 동일시하지 말고 각각 서로 다른 인격을 가진 인격체라는 것을 인식해야 한다.

다음 용어를 구별하고 그 차이에 대해 이야기할 수 있는가?

차이 vs. 차별?
이 단어들에 대한 본인의 생각을 이야기해보고, 그 차이에 대해 비교해보자.

옆에 있는 친구의 얼굴을 보면 눈 2개, 코 1개, 입 1개, 귀 2개를 가진 같은 사람이지만 각기 생김새는 다르다는 것을 알 수 있다. 이처럼 지구 상의 인간은 단 한 사람도 똑같은 얼굴을 가진 사람이 없다. 이것이 차이(差異)다. 차이는 '다를 차'와 '다를 이'로 구성되어 있다. 사전적 의미는 "서로 같지 아니하고 다름, 또는 그런 정도나 상태"다. 차별(差別)의 사전적인 의미는 '다를 차', '나눌 별'로 구성되어 "둘 이상의 대상을 각각 등급이나 수준 따위의 차이를 두어서 구별함"이다. 결과적으로 차별은 어떠한 개인이나 집단에 대해 자의적인 기준으로 불평등하게 대우하여 그 특정 개인과 집단을 사회적으로 불이익을 주거나 배제시키는 것을 말한다.

같은 인종이라고 해도 생김새, 연령, 생각, 행동, 가치관 등에서 다양한 차이를 가지고 있다. 이러한 차이를 수용하여 사회라는 공동체 안에서 다양성을 이해하고 서로의 개성을 받아들일 때 우리 사회는 조화롭게 성장할 수 있다. 그러나 다름을 차이로서 인정하고 긍정적으로 받아들이지 못할 때, 사회 안팎으로 차별이 발생할 수 있다. 차별은 역사적으로 인종을 차별했던 독일의 '히틀러', 남아프리카공화국의 '아파르트헤이트(Apartheid)'라고 불린 인종차별정책 등이 있다. 현재에도 차별이 세계 각지에서 행해지고 있다.

세상에는 많은 차별이 존재하지만, 가해자와 피해자가 바뀌는 아이러니한 경우가 두 가지 있다. 첫 번째는 '노인 차별'이고, 두 번째는 '장애인 차별'이다. 전체 장애 중에서 산업재해, 교통사고 등으로 인한 후천적 장애의 발생률이 90%에 육박하고 있다. 현대를 살아가는 누구든 사고로 인해 후천적 장애가 발생할 수 있다는 가정하에서도 장애인 차별은 다시 생각해야 할 것이다. 이상에서와 같이 누구나 장애인이 될 수 있으며, 장애의 위험은 생각보다 우리 가까이에 있다.

장애인에 대한 차별을 금지하기 위해 2007년에 「장애인 차별 금지 및 권리구제에 대한 법률」이 제정되었고, 2012년에는 「장애인복지법」에 장애인 학대에 대한 조항이 신설되었다. 「장애인 차별 금지법」에서는 장애인 차별의 유형을 다음의 4가지로 제시하고 있다.

첫 번째로, 직접 차별은 장애인 및 장애인 관련자를 장애인이 아닌 사람과 구별하여 제한·배제·분리·거부 등 불리하게 대하는 경우다.

두 번째로, 간접 차별은 장애인 등에 대해 형식상으로 제한·배제·분리·거부 등 다르게 대하지 않지만 장애가 없는 사람과 획일적인 기준을 적용함으로써 정당한 사유 없이 장애인에게 불리한 결과를 초래한 경우다.

세 번째로, 정당한 편의제공 거부에 의한 차별로 과도한 부담, 현저히 곤란한 사정 등의 정당한 사유 없이 장애인 등에 대해 정당한 편의제공을 거부하는 경우다.

네 번째로, 광고에 의한 차별로 장애인 등에 대한 차별행위를 부추기는 문서, 도화, 영상, 공연, 음반, 전기·전자 매체 등을 통한 표현물, 기타 물건을 배포·판매·임대하거나 공연을 전시·상영하는 경우다.

장애인에 대한 호칭 자체도 하나의 차별이 될 수 있다. 다음의 〈표 2-6〉은 장애(인)에 대한 올바른 표현이다. 인간은 사회적 동물이며 다른 사람과의 관계 속에서 살아갈 수밖에 없다. 인간관계에서 호칭은 대단히 중요하다. 호칭을 부르는 사람과 불리는 사람 간의 생각이 고스란히 녹아 있기 때문이다. 상대를 존중하고 배려하는 것은 올바른 호칭을 사용하는 것에

장애우(障碍友), 장애자(障碍者), 장애인(障碍人)

장애인에게 좀 더 친근하게 다가간다는 의미에서 '장애우(友, 벗/친구 우)'라는 용어를 사용하거나 '장애가 있는 사람'이라는 일반적인 의미에서 '장애자(障碍者)'라는 용어를 사용한다. 장애우는 장애인에게 '편견'을 가지고 대하려는 태도로 보여 불쾌감을 준다고 한다. 특히 장유유서와 같이 나이에 따른 존칭을 하는 우리나라의 정서에서는 받아들이기 어려운 용어다. 장애자의 경우도 '자(者, 놈/사람 자)'는 '사람'이라는 의미도 있지만 '놈'이라고 비하하는 의미도 있어 받아들이는 데 있어 부정적이다. 따라서 장애가 있는 사람이라는 의미에서 '장애인'이 가장 적합하다.

장유유서 (長幼有序)

오륜의 하나로, 어른과 어린이 또는 윗사람과 아랫사람 사이에는 지켜야 할 차례와 질서가 있음을 의미한다.

표 2-6 장애에 대한 올바른 용어

장애	부적절한 용어	적절한 용어
일반적	병신, 불구자, 장애자, 장애우	장애인 장애를 가진 사람
	정상인	비장애인 장애를 가지고 있는 않은 사람
지체장애	앉은뱅이, 절름발이, 절뚝발이, 찐따	지체장애인, 하지(하반신)장애
	곱사등, 꼽추, 곱사	척추장애인
	외팔이, 외팔뚝이, 곰배팔이	지체(절단)장애인
	난쟁이, 땅딸보	왜소증
시각장애	장님, 소경, 봉사, 애꾸눈, 외눈박이	시각장애인
	사팔눈, 사팔뜨기	사시장애인
청각·언어장애	벙어리	언어장애
	귀머거리	청각장애인
지적장애	백치, 정신박약아, 정박아	지적장애인
기타 장애	문둥이	한센씨병이 있는 사람
	혹부리	기형 장애인
	배냇병신	선천성장애인

서 시작된다.

　일상생활에서 장애가 있는 사람들을 부를 때 가장 많이 쓰는 단어는 '장애인'이다. 현재 '장애자'라는 표현을 사용하는 사람은 없으리라 생각한다. 장애자라는 표현은 장애인 비하 용어로 「장애인복지법」이 개정된 이후에는 법적 용어로서 사용을 금하고 있다. '장애인'은 장애가 있는 사람을 지칭하는 법적 용어로, 장애를 가진 사람을 중립적으로 표현할 수 있는 말이다. 장애인에 대한 상대 개념으로 장애가 없는 사람을 가리킬 때는 '비장애인(장애를 가지고 있지 않은 사람)'이 가장 적절한 표현이다. 또한 장애를 가지지 않은 사람을 '정상인'이라고 표현하는 경우가 많다. 그러나 정상인은 결과적으로 장애인이 비정상적이라는 의미를 내포하기 때문에 적절하지 않다. 올바른 호칭 사용의 시작으로 차이를 인정하고 배려하는 모습은 장애인과의 인간관계를 친밀하게 만들 수 있다.

> **보충** **조지 윌과 다운증후군 아들**
>
>
>
> 조지 윌은 다운증후군 아들을 둔 아빠로, 미국의 공화당원이자 「워싱턴포스트」지의 유명한 칼럼니스트다. 퓰리처상을 수상하기도 한 윌은 미국 정계를 비롯하여 언론과 사회에 큰 영향력이 있는 대표적인 보수 논객 중의 한 명이다. 독실한 기독교 신자인 그가 서른한 살 때, 다운증후군인 아들 존이 태어났다. 병원에서 낙태를 권유받았지만, 독실한 기독교 신자인 그는 다운증후군 아들의 출생을 결심했다.
> 아들인 존은 1972년 출생 당시 기대수명이 20세였지만, 지금도 자신이 가장 좋은 하는 지하철을 타고 워싱턴 내셔널스 야구팀을 구경하는 즐거운 삶을 살고 있다. 아래의 글은 아빠인 윌이 기고한 글의 일부분이다.
>
> > "나는 절대로 흑인이 될 수도 없고 여성이 될 수도 없지만,
> > 오늘 집으로 돌아가는 길에 장애인이 될 수는 있습니다."
>
> **사진출처:** http://differentdream.com/2013/05/george-will-affirms-goodness-of-life-with-down-syndrome/

2. 장애의 개념

일반적으로 장애의 정의는 사전적인 의미로 "어떤 일의 성립, 진행에 거치적거려 방해하거나 충분히 기능하지 못하게 함" 또는 "신체 기관이 제대로 기능하지 못하거나 정신 능력에 결함이 있는 상태"를 말하는 것이다. 사전적 의미에서 '장애'라는 단어는 어떤 일에 방해거나 불편하다는 것으로 사용되기 때문에 부정적인 뉘앙스를 담고 있는 것으로 해석할 수도 있다. 이 또한 장애의 역사와 함께 함축적인 의미로 오랫동안 사용되어왔다.

장애의 정의는 시대적, 사회·환경적 요건에서 상대적일 수밖에 없다. 또한 학자나 기구, 국가 등에 따라 다양하게 표출될 수밖에 없다. 그래서 장애의 정의는 시대에 따라 다양하게 변화되어왔다. 초기의 의학적 관점에서 장애의 개념을 정의했으나 시대가 발전하면서 개인적이거나 의학적 개념보다는 사회·환경적인 측면에서 장애의 개념이 도입되었다. 이러한 다양한 장애의 개념은 국가나 기구, 같은 국가 내에서도 법의 목적에 따라 다양하게 분류되고 정의되었다. 그러나 이러한 다양한 측면에서의 개념 정립은 장애의 정의와 분류에 대해 공통점 또는 차이점을 가지고 있어서 비장애인에게 혼동을 주기도 한다.

예를 들면 교육학적인 측면에서는 학습 가능 여부에 따라 '장애'라는 말이 사용되고, 모두 공감하는 장애이지만 법률에서는 장애로 인정되지 않은 경우도 있으며, 의학적인 측면에는 치료의 필요성 여부에 따라 '장애'라는 말이 인정되지만 역시 법률적인 면에서는 인정되지 않는다. 또한 같은 법률적인 측면이라도 국가 간에 인정되는 장애의 범위가 달라지기도 한다.

아래 그림과 같이 국내외 장애(인)의 명칭에 대한 변천은 시대상을 반영했다고 볼 수 있다. 차별이나 억압, 비하의 대상에서 같은 사람이지만 도움을 받아야 하는 대상으로, 최종적으로는 같은 인간이지만 차이를 가지고 있는 사람으로서의 변모다. 이러한 핵심적인 사고의 변화는 인본주의(humanitarianism) 사상의 영향이다. 인권(human right)이라고도 말할 수 있다. 인권은 인간이기 때문에 가질 권리를 말한다. 인권은 인간에게 있어 가장 기본적이고 본질적

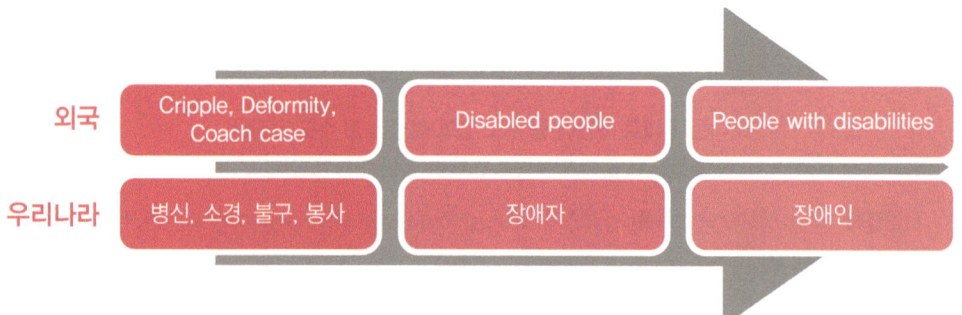

인 권리이며, 모든 사람에게 평등하게 주어진다. 이러한 인권 사상에는 인간은 존엄한 존재이므로 존엄성과 가치를 존중받아야 한다는 생각이 전제되어 있다. 인간의 가치가 중요하다는 사고 안에서 장애를 가진 사람을 존중하고 배려하는 함의를 담고 있다.

현재 장애의 정의나 개념은 언제나 가치중립적이거나 긍정적인 가치를 담고 있어야 한다. 최근 국내의 장애에 대한 용어를 본다면, 간질에서 뇌전증, 정신분열증에서 조현증, 문둥병(나병)에서 한센병으로 변화되었다. 이러한 기저 안에 편견이 작용되어 사회적 피해를 예방하고자 하는 노력이 담겨 있다. 또한 미국「장애인 교육법(1997, P.L. 101-476, IDEA)」에서 사용한 '장애인'이라는 용어는 'individuals with disabilities'로 종전의 'handicapped person' 또는 'disabled person'에서 장애를 강조한 것에 비해 인간을 강조한 용어로 평가된다. 이 법에서 "장애를 인간의 자연스러운 경험과정"으로 정의하고, 장애가 사회에 참여하고 공헌할 개인의 권리를 침해할 수 없음을 규정하고 있다(박원희, 2004 재인용).

1) 외국의 장애 개념

외국에서도 1970년대 이전의 장애 개념은 국내와 같이 부정적인 용어가 사용되었으며, 차별에 대한 사고가 지배적이었다. 이러한 생각의 기저에는 역사 속에서 장애에 대한 부정적인 사회적 태도를 보여주는 도덕 모델(moral model) 개념이 포함되어 있었다. 이러한 시기에는 장애인에 대한 존엄성, 인권, 기본적 자유와 사회 평등에 대한 기본적인 권리가 실제적으로 보장되지 못했다.

1975년에 국제연합(UN) 총회에서「장애인 권리 선언」이 채택되었다.「장애인 권리 선언」의 핵심 개요는 "모든 장애인에게는 인간으로서의 존엄성을 존중받아야 할 천부적 권리가 있다"이다. 유엔「장애인 권리 선언」에서는 "장애인이란 선천적이든 후천적이든 관계없이 신체적·정신적 능력의 불완전으로 인해 일상의 개인적 혹은 사회적 생활에서 필요한 것을 확보하는 데 자기 자신으로서 완전하게 또는 부분적으로 할 수 없는 사람을 의미한다"고 명시하고 있다.

1980년에 세계보건기구(World Health Organization; WHO)는 장애에 대한 공식적인 정의로 국제장애분류체계(International Classification of Impairment, Disability and Handicap; ICIDH)를 발표했다. 장애와 질병은 동일하지 않으며, 장애를 질병의 결과로 보고 장애를 분류·체계화했다. 첫째, 인체의 분자나 세포단위에서 나타나는 이상 현상을 '질병(disease)'이라 분류했다. 두 번째로, 일시적인 상태를 포함하여 인체의 기관(organ) 단위에서 나타나는 것은 '손상(impairment)'으로 구분했다. 세 번째, 개인의 단위에서 기능 제약을 '장애(disability)'로 보았다. 네 번째, 사회적 단위로 나타나는 사회적 불이익을 '핸디캡

Tip

handicap

장애에 모욕감을 주는 용어로, 미국에서도 사용하지 않는다. 2011년에 NARHA(the North American Riding for the Handicapped Association)가 PATH Intl.(Professional Association of Therapeutic Horsemanship International)로 단체명을 변경한 것도 'handicapped'이라는 용어의 부정적 이미지'와 전혀 무관하다고 할 수 없다.

표 2-7 ICIDH의 장애에 대한 분류

구분	단위	정의
impairment/손상	기관	심리적, 생리적 혹은 해부학적, 기능적인 손실이나 비정상
disability/기능제약	개인	impairment가 원인이 되어 일상생활에 제약
handicap/사회적 불리	사회적	impairment와 disability에 의해 정상적인 역할에 방해를 받거나 개인이 받는 불이익

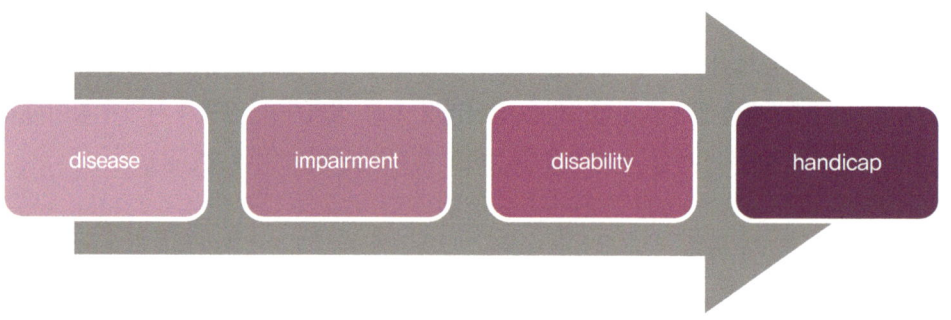

(handicap)'이라고 했다. 이러한 개념 구분을 통해 장애를 설명함으로써 손상이나 기능 제약의 측면보다는 사회적으로 불이익을 받는 상황을 강조했다. 이러한 구조는 하위 개념이 상위 개념에 영향을 미치며, 서로 간의 연관성을 갖는다(표 2-7, ICIDH의 장애에 대한 분류).

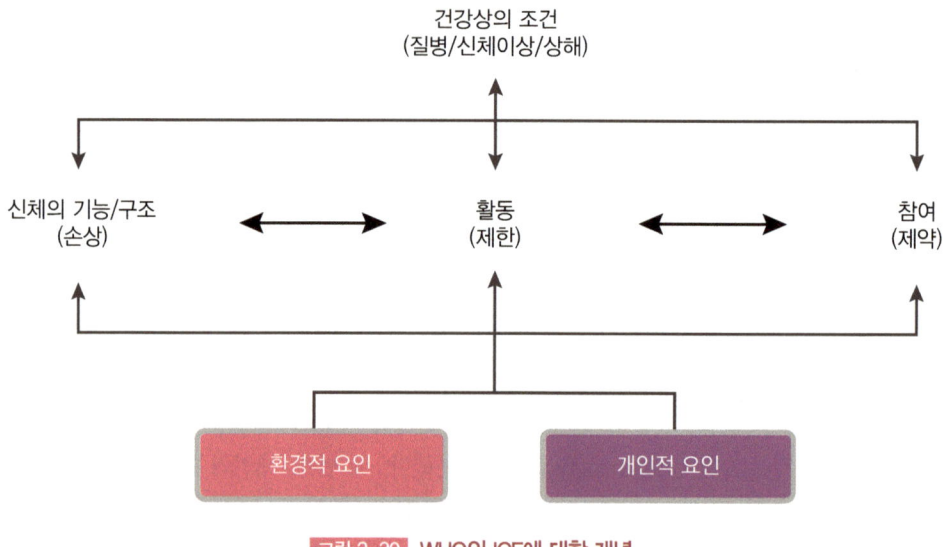

그림 2-30 WHO의 ICF에 대한 개념

2001년 WHO(세계보건기구)에서는 사회·환경적인 맥락에서 장애에 대한 정의를 재정립하여 기능장애건강국제분류(International Classification of Functioning, Disability and Health; ICF)를 발표했다. 이전의 ICIDH에서는 장애의 기준을 '질병에 의한 결과'에서 비롯된 상태 구분이라고 보았다. 그러나 ICF에서의 장애는 "개인의 건강 상태와 개인 요인, 그리고 개인이 살고 있는 환경을 대변하는 외적 요소 간의 복잡한 상호 작용의 결과"로 보고자 했다. 상황적 요인과 개인적 요인이 각 구성요소 간의 관계뿐만 아니라 각각의 구성요소에도 영향을 미치는 것으로 보고, 특정한 건강 상태에 있는 동일 인물이라 하더라도 환경이 다르면 그 영향도 달라질 수 있다고 평가한다. 또한 좀 더 적극적이고 긍정적인 용어를 사용하고 있다(그림 2-30).

2) 한국의 장애 개념

한국의 장애 개념과 사회인식의 변천은 외국과 유사하다. 장애에 대한 부정적인 사회적 태도를 보여주는 도덕 모델(moral model)에서 시작하여 의학적 모델(medical model), 사회·환경적인 측면을 고려하는 사회적 모델(social model), 인권 모델(human model)의 순으로 변화한다.

한국에서의 장애의 개념과 장애와 관련된 법률, 유관기관 등에서 이에 대해 정의하고 있으며, 목적에 따라 차이를 가질 수밖에 없다. 장애에 대한 국내의 대표적인 두 가지 기본법은 「장애인 등에 대한 특수교육법(장특법)」과 「장애인복지법(장복법)」이 이에 해당한다. 구체적으로는 특수교육 대상자(장애 학생)를 위한 교육법과 장애인의 사회 참여를 위한 장애인복지법으로 구분된다. 「장애인 등에 대한 특수교육법」에서는 특수교육 대상자로 장애 학생을 이야기하고 있으며, 이는 엄밀하게 말하면 「장애인복지법」 상의 법적 장애인과 특수교육 대상자 간의 차이가 발생할 수 있다. 특수교육 대상자는 「장애인복지법」 상의 법적 장애인이 될 수도 있고 포함되지 않을 수도 있다. 예로 하지절단장애로 의족을 착용하고 학교에 다니지만 일반 학급 수업에 일반 학생과 동일하게 참여하는 데 문제가 없어 특수교육대상자로 선정되지 않은 장애 학생도 있다.

여기에서 '특수교육대상자'란 교육장 또는 교육감이 특수교육지원센터의 진단·평가 결과에 따라 특수교육을 필요로 하는 사람으로 선정한 사람을 말한다(「장애인 등에 대한 특수교육법」제2조제3호 및 제15조). 진단·평가는 영유아 및 학생에 대한 선별검사(screening test)에 따라 장애가 의심되거나 보호자 등이 진단·평가를 의뢰하는 경우에 특수교육지원센터에서 실시한다. 결과를 바탕으로 하여 교육감 또는 교육장이 특수교육대상자 선정 여부를 결정한다. 특수교육대상자의 장애유형은 시각, 청각, 정신지체, 지체장애, 정서·행동, 자폐성(이와 관련된 장애 포함), 의사소통, 학습, 건강, 발달지체, 그 밖에 대통령령으로 정하는

Tip

교육장, 교육감
교육장은 시·도 교육청 산하의 지역교육청을 지휘·통괄하는 사람이며, 교육감은 각 시·도의 교육 및 학예 업무를 집행하는 시·도 교육청을 지휘·통괄하는 사람이다.

선별검사
(screening test)
한문 의미는 '가릴 선', '나눌 별'이다. 장애를 찾아내기 위해 사용되는 검사를 지칭한다.

장애로 11개의 세분류를 가지고 있다.

「장애인복지법」상에서 장애인은 "신체적·정신적 장애로 오랫동안 일상생활이나 사회생활에서 상당한 제약을 받는 자"를 말한다. 세부 분류로 신체적·정신적 장애로 분류하며 다음과 같다. 첫 번째, '신체적 장애'란 주요 외부 신체 기능의 장애, 내부기관의 장애 등을 말한다. 두 번째, '정신적 장애'란 발달장애 또는 정신질환으로 발생하는 장애를 말한다. 이외에도 한국장애인재활협회(2005)의 정의는 "장애란 한 개인이 실제적인 생활을 함에 있어서 기능적인 손상으로 인해 환경과 사회가 기대하는 기능을 수행하지 못함으로써 발생하는 만큼의 간격 또는 불균형"을 의미한다.

> **보충** 「장애인 등에 대한 특수교육법」 vs. 「장애인복지법」
>
> **「장애인 등에 대한 특수교육법」**
> 2008년에 폐지된 「특수교육진흥법」을 대체하여 신설된 법이다. 기존 「특수교육진흥법」의 한계를 뛰어넘어 장애학생과 보호자의 권리와 참여를 강화하고, 장애인의 교육 기회 보장과 교육의 질 향상에 필요한 특수교육 및 관련 서비스를 구체적으로 명시하고 있다.
>
> **「장애인복지법」**
> 장애 관련 법 중에서 기본법에 해당한다. "장애인복지의 기본이념은 장애인의 완전한 사회 참여와 평등을 통한 사회통합을 이루는 데 있다"고 밝히고 있다. 장애로 인한 차별금지와 함께 장애인이 사회·경제·정치·문화적 활동에 있어 차별받지 아니할 권리가 있음을 밝히고, 교육·직업·생활환경 등에 있어서도 온전하게 사회참여를 할 수 있음을 선언하고 있다.

3. 장애의 분류

국내의 장애 관련 법 중에서 두 가지 기본법을 이야기한다면 「장애인 등에 대한 특수교육법」과 「장애인복지법」이 있다. 법이 목적하는 바에 따라 특수교육대상자를 위한 교육법이 「장애인 등에 대한 특수교육법」이며, 장애인의 사회 참여를 위한 것이 「장애인복지법」이다. 이렇게 법의 목적이 다르게 때문에 장애의 정의와 분류에서 차이가 만들어질 수밖에 없다.

1) 「장애인 등에 대한 특수교육법」 상의 분류

「장애인 등에 대한 특수교육법」 상 장애의 선정 기준이다(「장애인 등에 대한 특수교육법」 제15조제1항, 「장애인 등에 대한 특수교육법 시행령」 제10조 및 별표). 〈표 2-8〉은 「장애인 등에 대한 특수교육법」의 분류상 11가지 특성을 기술한 것으로, 이에 대한 세부사항은 다음과 같다.

① 시각장애를 지닌 특수교육대상자: 시각계의 손상이 심하여 시각 기능을 전혀 이용하지 못하거나 보조공학기기의 지원을 받아야 시각적 과제를 수행할 수 있는 사람으로서 시각에 의한 학습이 곤란하여 특정의 광학기구·학습매체 등을 통해 학습하거나 촉각 또는 청각을 학습의 주요 수단으로 사용하는 사람
② 청각장애를 지닌 특수교육대상자: 청력 손실이 심하여 보청기를 착용해도 청각을 통한 의사소통이 불가능 또는 곤란한 상태이거나, 청력이 남아 있어도 보청기를 착용해야 청각을 통한 의사소통이 가능하여 청각에 의한 교육적 성취가 어려운 사람
③ 지적장애를 지닌 특수교육대상자: 지적 기능과 적응행동상의 어려움이 함께 존재하여 교육적 성취에 어려움이 있는 사람
④ 지체장애를 지닌 특수교육대상자: 기능·형태상 장애를 가지고 있거나 몸통을 지탱하거나 팔다리의 움직임 등에 어려움을 겪는 신체적 조건이나 상태로 인해 교육적 성취에 어려움이 있는 사람
⑤ 정서·행동장애를 지닌 특수교육대상자: 장기간에 걸쳐 다음의 어느 하나에 해당하여 특별한 교육적 조치가 필요한 사람
- 지적·감각적·건강상의 이유로 설명할 수 없는 학습상의 어려움을 지닌 사람
- 또래나 교사와의 대인관계에 어려움이 있어 학습에 어려움을 겪는 사람
- 일반적인 상황에서 부적절한 행동이나 감정을 나타내어 학습에 어려움이 있는 사람
- 전반적인 불행감이나 우울증을 나타내어 학습에 어려움이 있는 사람
- 학교나 개인 문제에 관련된 신체적인 통증이나 공포를 나타내어 학습에 어려움이 있는 사람

⑥ 자폐성장애(이와 관련된 장애 포함)를 지닌 특수교육대상자: 사회적 상호작용과 의사소통에 결함이 있고, 제한적이고 반복적인 관심과 활동을 보임으로써 교육적 성취 및 일상생활 적응에 도움이 필요한 사람
⑦ 의사소통장애를 지닌 특수교육대상자: 다음의 어느 하나에 해당하여 특별한 교육적 조치가 필요한 사람
- 인지능력에 비해 언어의 수용 및 표현 능력이 현저하게 부족한 사람
- 조음능력이 현저히 부족하여 의사소통이 어려운 사람

- 말 유창성이 현저히 부족하여 의사소통이 어려운 사람
- 기능적 음성장애가 있어 의사소통이 어려운 사람

⑧ 학습장애를 지닌 특수교육대상자: 개인의 내적 요인으로 인해 듣기, 말하기, 주의집중, 지각(知覺), 기억, 문제 해결 등의 학습 기능이나 읽기, 쓰기, 수학 등 학업 성취 영역에서 현저하게 어려움이 있는 사람

⑨ 건강장애를 지닌 특수교육대상자: 만성질환으로 인해 3개월 이상의 장기입원 또는 통원 치료 등 계속적인 의료적 지원이 필요하여 학교생활 및 학업 수행에 어려움이 있는 사람

⑩ 발달지체를 지닌 특수교육대상자: 신체, 인지, 의사소통, 사회·정서, 적응행동 중 하나 이상의 발달이 또래에 비해 현저하게 지체되어 특별한 교육적 조치가 필요한 영아 및 9세 미만의 아동

⑪ 그 밖에 대통령령으로 정하는 장애

표 2-8 「장애인 등에 대한 특수교육법」의 분류상 특성

장애유형	선정 기준 특성
시각장애	시각계 손상, 학습보조공학기기 사용
청각장애	청력 손실, 보청기 착용 시 의사소통 문제, 청각으로 인한 교육적 성취 곤란
지적장애	지적 기능과 적응 행동상의 어려움으로 교육적 성취 곤란
지체장애	기능·형태상 장애, 사지와 몸통의 움직임 곤란으로 교육적 성취 곤란
정서·행동장애	지적·감각적·건강, 대인관계, 부적응 행동이나 감정, 불행감이나 우울증, 우울증과 공포로 인한 장기간 학습곤란
자폐성장애 (이와 관련된 장애 포함)	사회적 상호작용과 의사소통의 결함, 제한적이고 반복적인 관심과 활동, 교육적 성취 곤란
의사소통장애	언어의 수용 및 표현 능력, 조음능력, 말 유창성, 기능적 음성장애
학습장애	학습 기능이나 학업 성취 영역 곤란
건강장애	만성질환으로 인해 3개월 이상의 의료 지원 필요
발달지체	발달상에 있어 또래에 비해 현저하게 지체
그 밖에 대통령령으로 정하는 장애	

2) 「장애인복지법」상의 분류

「장애인복지법」상의 법정 장애인이다. 여기에서 '법정 장애인'이란 「장애인복지법」에서 제시하고 있는 15개의 장애 영역에 해당되는 장애를 지칭하는 용어로, 다른 말로 표현하면 '등록 장애인'이다. 「장애인복지법」상의 분류는 대, 중, 소 세분류를 가지고 있다. 대분류는 신체적 장애와 정신적 장애의 두 가지 분류로, 중분류는 외부 신체 기능, 내부기관, 발달, 정신장애의 4가지로 분류된다. 이에 대한 내용은 〈표 2-9〉에 구분되어 있다. 「장애인복지법」에 대한 세분류에 의한 장애 분류의 세부 내용은 다음과 같다.

표 2-9 「장애인복지법」의 분류상 특성

대분류	중분류	소분류	세분류
신체적 장애	외부 신체 기능의 장애	지체장애	절단장애, 관절장애, 지체기능장애, 변형 등의 장애
		뇌병변장애	뇌의 손상으로 인한 복합적인 장애
		시각장애	시력장애, 시야결손장애
		청각장애	청력장애, 평형기능장애
		언어장애	언어장애, 음성장애, 구어장애
		안면장애	안면부의 추상, 함몰, 비후 등 변형으로 인한 장애
	내부 기관의 장애	신장장애	투석치료 중이거나 신장을 이식받은 경우
		심장장애	일상생활이 현저히 제한되는 심장 기능 이상
		간장애	일상생활이 현저히 제한되는 만성·중증의 간 기능 이상
		호흡기장애	일상생활이 현저히 제한되는 만성·중증의 호흡기 기능 이상
		장루·요루장애	일상생활이 현저히 제한되는 장루·요루
		뇌전증장애	일상생활이 현저히 제한되는 만성·중증의 뇌전증
정신적 장애	발달장애	지적장애	지능지수와 사회성숙지수가 70 이하인 경우
		자폐성장애	소아청소년 자폐 등 자폐성장애
	정신장애	정신장애	정신분열병, 분열형 정동장애, 양극성 정동장애, 반복성 우울장애

표 2-10 장애인의 종류 및 기준(「장애인복지법 시행령」 별표1)

장애인의 종류 및 기준(제2조 관련)

1. **지체장애인**

   가. 한 팔, 한 다리 또는 몸통의 기능에 영속적인 장애가 있는 사람

   나. 한 손의 엄지손가락을 지골(指骨: 손가락뼈) 관절 이상의 부위에서 잃은 사람 또는 한 손의 둘째손가락을 포함한 두 개 이상의 손가락을 모두 제1지골 관절 이상의 부위에서 잃은 사람

   다. 한 다리를 리스프랑(Lisfranc: 발등뼈와 발목을 이어주는) 관절 이상의 부위에서 잃은 사람

   라. 두 발의 발가락을 모두 잃은 사람

   마. 한 손의 엄지손가락 기능을 잃은 사람 또는 한 손의 둘째손가락을 포함한 손가락 두 개 이상의 기능을 잃은 사람

   바. 왜소증으로 키가 심하게 작거나 척추에 현저한 변형 또는 기형이 있는 사람

   사. 지체(肢體)에 위 각 목의 어느 하나에 해당하는 장애 정도 이상의 장애가 있다고 인정되는 사람

2. **뇌병변장애인**

   뇌성마비, 외상성 뇌손상, 뇌졸중(腦卒中) 등 뇌의 기질적 병변으로 인하여 발생한 신체적 장애로 보행이나 일상생활의 동작 등에 상당한 제약을 받는 사람

3. **시각장애인**

   가. 나쁜 눈의 시력(만국식시력표에 따라 측정된 교정시력을 말한다. 이하 같다)이 0.02 이하인 사람

   나. 좋은 눈의 시력이 0.2 이하인 사람

   다. 두 눈의 시야가 각각 주시점에서 10도 이하로 남은 사람

   라. 두 눈의 시야 2분의 1 이상을 잃은 사람

4. **청각장애인**

   가. 두 귀의 청력 손실이 각각 60데시벨(dB) 이상인 사람

   나. 한 귀의 청력 손실이 80데시벨 이상, 다른 귀의 청력 손실이 40데시벨 이상인 사람

   다. 두 귀에 들리는 보통 말소리의 명료도가 50퍼센트 이하인 사람

   라. 평형 기능에 상당한 장애가 있는 사람

5. 언어장애인

음성 기능이나 언어 기능에 영속적으로 상당한 장애가 있는 사람.
장애로 인하여 일상생활이나 사회생활에 상당한 제약을 받아 다른 사람의 도움이 필요한 사람

6. 지적장애인

정신 발육이 항구적으로 지체되어 지적 능력의 발달이 불충분하거나 불완전하고 자신의 일을 처리하는 것과 사회생활에 적응하는 것이 상당히 곤란한 사람

7. 자폐성장애인

소아기 자폐증, 비전형적 자폐증에 따른 언어·신체표현·자기조절·사회적응 기능 및 능력의 장애로 인하여 일상생활이나 사회생활에 상당한 제약을 받아 다른 사람의 도움이 필요한 사람

8. 정신장애인

지속적인 정신분열병, 분열형 정동장애(여러 현실 상황에서 부적절한 정서 반응을 보이는 장애), 양극성 정동장애 및 반복성 우울장애에 따른 감정조절·행동·사고 기능 및 능력의 장애로 인하여 일상생활이나 사회생활에 상당한 제약을 받아 다른 사람의 도움이 필요한 사람

9. 신장장애인

신장의 기능부전(機能不全)으로 인하여 혈액투석이나 복막투석을 지속적으로 받아야 하거나 신장 기능의 영속적인 장애로 인하여 일상생활에 상당한 제약을 받는 사람

10. 심장장애인

심장의 기능부전으로 인한 호흡곤란 등의 장애로 일상생활에 상당한 제약을 받는 사람

11. 호흡기장애인

폐나 기관지 등 호흡기관의 만성적 기능부전으로 인한 호흡 기능의 장애로 일상생활에 상당한 제약을 받는 사람

12. 간장애인

간의 만성적 기능부전과 그에 따른 합병증 등으로 인한 간 기능의 장애로 일상생활에 상당한 제약을 받는 사람

13. 안면장애인
안면 부위의 변형이나 기형으로 사회생활에 상당한 제약을 받는 사람

14. 장루·요루장애인
배변 기능이나 배뇨 기능의 장애로 인하여 장루(腸瘻) 또는 요루(尿瘻)를 시술하여 일상생활에 상당한 제약을 받는 사람

15. 뇌전증장애인
간질에 의한 뇌신경세포의 장애로 인하여 일상생활이나 사회생활에 상당한 제약을 받아 다른 사람의 도움이 필요한 사람

3) 「장애인 등에 대한 특수교육법」과 「장애인복지법」의 차이

장애인 관련 2대 기본법이라고 할 수 있는 「장애인 등에 대한 특수교육법(이하 「특수교육법」)과 「장애인복지법」은 각기 목적에 따른 차이를 가지고 있다. ① 「특수교육법」에서는 의사소통장애, 「장애인복지법」에서는 언어장애로, ② 「특수교육법」에서는 학업을 지속할 수 없는 건강장애, 「장애인복지법」에서는 사회생활에 어려움을 겪는 건강장애로 7개의 소항목을, ③ 「특수교육법」에는 학습장애, 발달지체, 정서·행동장애가 있는 반면에 「장애인복지법」에는 정신장애가 포함되어 있다(표 2-11).

표 2-11 「장애인 등에 대한 특수교육법」과 「장애인복지법」의 차이

「장애인 등에 대한 특수교육법」	「장애인복지법」
시각장애	시각장애
청각장애	청각장애
지적장애	지적장애
지체장애	지체장애 뇌병변장애
정서·행동장애	(해당사항 없음)
자폐성장애 (이와 관련된 장애를 포함한다)	자폐성장애
의사소통장애	언어장애

「장애인 등에 대한 특수교육법」	「장애인복지법」
학습장애	(해당사항 없음)
건강장애	신장장애인 심장장애인 호흡기장애인 간장애인 안면장애인 장루장애인 및 요루장애인 뇌전증장애인
발달지체	발달장애
그 밖에 대통령령으로 정하는 장애	정신장애
11개 영역	15개 영역

보충 시각장애 체험

시각장애(인)는 시력과 시야의 손상으로 인해 기능에 제한이 되는 장애다. 시각이 중요한 이유는 외부의 자극을 받아들이는 오감(시각, 미각, 청각, 촉각, 후각) 중에서 87%을 차지할 정도로 높기 때문이다. 이러한 이유에서 장애 체험 중에서 가장 많이 사용된다.
체험학습을 진행할 현장의 장소와 장비 등을 고려하여 프로그램을 작성하면 된다.

▶ 점자 시각장애 체험(연합뉴스)

준비물: 안대, 흰 지팡이, 저시력 안경, 점자책, 수저 세트, 콩, 음식물 등

예시) ① 체험하는 사람은 안대를 하고 안내를 받아서 이동 체험을 한다.
② 안대를 착용한 상태에서 흰 지팡이를 사용하여 이동 체험을 한다. 협소한 공간일 경우, 앉아서 진행하면 된다.

▶ 시각장애 보행 체험(강북신문)

③ 점자책이 있는 경우, 안대를 착용하거나 저시력 안경을 착용하고 손가락으로 점자의 형태를 파악한다.
④ 안대를 하고 접시에 있는 콩을 옆의 접시로 옮긴다.
⑤ 안대를 한 상태에서 앞에 앉은 친구의 얼굴을 손으로 파악하여 이름을 알아맞힌다.

> 다양한 형태로 운영이 가능하며 현장의 상황을 고려하여 프로그램을 구성한다. 프로그램을 시작하기 전에 시각장애인 보행, 식사 등에 대한 설명을 미리 해주는 것도 좋으나 설명을 하지 않고 먼저 체험을 해보는 것도 좋다. 체험 후에 서로 간에 느낀 점을 토론하게 해보는 것도 좋다.
>
> **주의할 점:** 시각을 제한시킬 경우 안전사고의 위험이 높다. 따라서 이동 시 안전사고에 주의한다.

4. 장애인과 같이 생활하기

염전노예, 청주 축사노예와 같이 연일 언론매체를 통해 장애에 대한 차별과 장애인 학대가 보도되고 있다. 장애인은 단지 장애가 있는 사람이다. 여기에서 중요한 점은 같은 사람이라는 것이다. 상부상조해서 살아가야 하는 이웃이라는 개념이 가장 중요하다. 그래서 장애 유무를 떠나 사람이 사람을 돕고 사는 것은 당연한 일로 개인의 정신적인 만족은 물론 사회를 유지하는 데 필요한 일이다.

일반적으로 현대인은 다른 사람 일에는 무관심하다. 그래서 도움을 주고자 하지 않는다. 장애인을 대할 때는 무관심도 문제이지만 과도한 관심 또한 문제가 될 수 있다. 기본적인 전제는 같은 사람이기에 때로는 도움이 필요 없을 수도 있다는 점이다. 비장애인이 편견으로 갖고 있는 장애인의 무능력이나 도움을 주어야 하는 대상이 아니라는 점이다. 일반적으로 많은 사람들이 이야기하는 '장애인 먼저'라는 슬로건은 무조건 도와주고 우선시하자는 것이 아니다. 그들이 도움을 필요로 하고 어려움에 처해 있을 때 편견을 버리고 배려해주는 것이 바로 '장애인 먼저' 운동이다.

장애인을 대할 때나 도움을 주고자 할 때는 도움을 받는 사람이 '그것을 원하는가의 여부'를 장애인 입장에서 생각하고 배려해서 문의하는 것이 좋다. 예를 들면 휠체어를 탄 장애인에게 비 오는 날 우산을 들어준다면 배려가 될 수 있지만, 화창한 날에 운동 삼아 휠체어를 밀고 가는데 뒤에서 아무런 말 없이 휠체어를 밀어준다면 이는 문제가 될 수 있다. 따라서 장애인을 만날 때는 일반적인 장애와 세부 장애의 특성을 인지하여 자연스럽게 대하고, 도움을 필요로 할 때 도움을 주는 것이 가장 좋다. 본인이 독단적으로 판단하고 하려는 행동은 장애인에게 아니라 쓸데없는 참견이 될 수 있다. 장애라는 것을 잊고 다른 사람들과 똑같이 대하는 것이 가장 중요하다.

> 평상시에 장애인에 대한 생각과 태도에 대해 한 번 생각해보자.

> **보충** **장애인을 대하는 방법**
>
> **대전제:** 장애인은 장애가 있는 사람이다. 장애가 전부가 아니라 일부분이며, 이를 제외하면 비장애인과 똑같다는 것을 인식해야 한다.
>
> ① 장애인에 대한 올바른 호칭은 대단히 중요하다. 사람들 간의 관계 시작은 올바른 호칭에서 시작된다. 장애에 대한 부적절한 호칭은 관계를 시작하기보다는 악화시킬 수 있다.
> ② 모든 장애인을 동일시하지 말고 각각 다른 개성을 가진 인격체로 인식한다. 일반 사람들도 생김새부터 인성, 태도 등이 전부 다르다. 장애인 또한 비장애인과 똑같다는 점을 인식해야 한다.
> ③ 장애인을 만날 때는 자연스럽게 대하는 것이 좋다. 유심히 볼 필요도 없고 과잉 친절도 불필요하다.
> ④ 장애인에게 도움을 주고자 할 때는 물어보고 도움을 주는 것이 좋다. 도움이 불필요한 경우 괜한 참견이 될 수 있다.
> ⑤ 장애인과 함께할 때는 그의 속도에 맞추는 것이 좋다. 보행, 대화, 식사 시에 장애로 인해 속도가 늦을 수 있다. 상대의 속도에 맞추어 천천히 하는 것이 중요하다.
> ⑥ 장애인과 의사소통 시에는 눈높이 대화로 천천히 대화하고 자세하게 이야기하는 것이 좋다.
> ⑦ 동정이나 자선을 베풀지 않는다. 장애인도 남을 위해 도울 수 있는 동등한 인간이다.
> ⑧ 장애인 전용주차장이나 장애인 전용화장실 등 장애인을 위한 시설은 절대로 사용하지 않는다.

1) 지체장애

일반적인 지체장애로 뇌병변장애를 포함하여 기술한다. 지체장애는 사지와 몸통의 문제가 있어 기능적인 과제를 수행하는 데 문제가 있을 수 있다. 장애 정도에 따라 기능적인 과제를 수행하는 데 개인차가 나타날 수 있다. 일반적으로 목발이나 휠체어 같은 보조 장비를 사용한다. 다른 장애도 동일하지만 지체장애인의 경우에 보장구에 손을 대거나 도움을 주고자 할 때 문의하는 것이 좋다. 보장구를 신체의 일부로 생각할 수도 있기에 함부로 만지는 것은 대단한 실례가 될 수 있다. 가장 중요한 문제로, 뇌성마비 같은 경우 인지적인 문제가 없을 수 있기 때문에 눈에 보이는 장애로 인해 인지적인 수준까지 낮게 생각해서는 안 된다.

① 휠체어로 이동할 때

휠체어 이동 시 도움이 필요한 지 문의하고 도와준다. 혼자서 할 수 있는 장애인도 있다. 휠체어로 계단을 오를 때는 휠체어를 뒤로 눕혀 앞바퀴가 들리도록 하여 민다. 내려오는 경우에는 휠체어 사용자가 앞으로 혹은 뒤로 내려오는 것이 편한지 물어본 후에 휠체어를 조작한다. 휠체어의 앞바퀴가 들린 상태에서 휠체어 사용자가 몸을 휠체어 등받이에 붙이도록 한다. 휠체어를 잡은 손을 놓으면 휠체어 사용자에게 중대한 사고가 발생할 수 있다. 휠체어를 놓지 않도록 하며, 계단이 많은 경우에는 여러 사람과 함께 휠체어를 들고 가는 것도 방법이다.

② 보행 장애인과 보행할 때

언제나 처음에는 도움이 필요한지 문의하는 것이 중요하다. 혼자서 보행이 가능한 경우에는 옆에서 함께 이동하는 것이 좋다. 계단을 올라갈 때는 뒤에서, 내려갈 때에는 앞에서 걸으며 만약의 안전사고를 대비하는 것이 필요하다. 가파른 계단을 이용할 경우에는 주의가 요구된다. 팔로 지지하는 경우와 허리를 지지하는 경우로 나눌 수 있다.

③ 식당에서 식사할 때

지체장애인의 식사 시에는 지체장애와 휠체어라는 특수성을 생각해야 한다. 휠체어의 특수성 때문에 좌석 배치를 고려해야 한다. 작은 탁자의 경우에는 두 명이 앉을 수 있는 자리에 한 명의 휠체어가 사용될 수도 있다. 지체장애 특성상 사람이 많은 곳에서 식사를 원하지 않을 수도 있다. 운동 기능상의 조절 문제로 숟가락 이용과 나이프와 포크 이용 시 불편할 수도 있다. 대중식당에서 식사를 원하는지 또는 식사 시에 필요한 도움 여부를 정확하게 문의하는 것이 중요하다.

④ 출입문과 엘리베이터를 사용할 때

지체장애인이 오면 문을 열어주거나 잡아준다. 지체장애 특성상 보조기구를 사용하는 경우가 많아서 문을 열어주는 것이 중요하다. 문을 빨리 닫거나 보조기구가 틈에 끼는 등의 안전사고에 주의한다.

2) 시각장애

시각장애란 눈의 기능이 저하되어 사물을 잘 볼 수 없는 상태를 말하는데, 장애의 기준은 시력 또는 시야의 이상 유무 또는 그 정도에 따라 결정된다. 2016년 보건복지부 자료에 의하면 시각장애인은 전체 장애인 인구의 10%에 해당한다. 이 중에서 전맹(total blindness)은 전체 시각장애인 중에서 5%도 되지 않는다. 따라서 시각장애인을 상대할 때는 앞이 전혀 안 보인다고 생각할 필요가 없다. 시각장애인의 상당수는 명암을 구분할 수 있는 광각이 있거나 희미하게나마 색을 구분할 수 있다. 그래도 시각상의 문제가 있어서 주변을 잘 볼 수 없기에 시각장애인을 만날 경우, 먼저 인사를 하고 말을 걸어주는 것이 좋은 분위기를 만들 수 있다. 일상생활 중에서 도보 시 흰 지팡이나 안내견의 도움을 받아서 다닐 수 있다. 시각장애인에게 있어 안내견과 흰 지팡이는 삶의 일부분이라고 할 수 있을 정도로 중요하다.

>
> **Tip**
>
> **전맹**
> (全盲, total blindness)
> 시력이 0으로 빛 지각을 하지 못하는 시각장애다. 즉, 앞이 전혀 보이지 않는 완전한 시각 상실 상태를 의미한다.

① 안내견과 보행할 때

안내견은 시각장애인의 안전한 보행을 돕기 위해 훈련된 개다. 이런 이유로 안내견은 언제 어디서든 그 주인인 시각장애인과 함께 동반할 수 있어야 한다. 안내견은 훈련이 잘되어 있다. 따라서 안내견이 본연의 임무를 잘 수행할 수 있도록 방해하면 안 된다. 큰 소리를 내고 다가서는 행위, 안내견을 만지는 행위, 안내견에게 먹을 것을 주는 행위, 사진을 찍는 행위 등은 안내견의 주의력을 떨어뜨려서 시각장애인과 안내견의 사고 위험을 증가시킬 수 있다. 이런 행위는 반드시 금해야 한다. 만약 시각장애인과 안내견이 쉬고 있고 친근함을 표시하기 위해 무언가를 하고 싶다면, 시각장애인에게 동의를 구하라. 언제나 강조하듯이 장애인과 함께하는 보조기구나 보조견 등은 신체의 일부분으로 간주될 수 있다. 언제나 동의를 구하고 행하는 것이 바람직하다.

② 흰 지팡이를 사용할 때

지팡이는 안내견과 마찬가지로 많은 기능을 할 수 있는 시각장애인을 위한 재활용구다. 팔의 연장으로, 지팡이의 끝으로 땅의 지면을 더듬으면서 장애물을 탐지한다. 시각장애인이 지팡이를 이용할 때는 도움을 요청하기 전까지 도움을 줄 필요가 없다. 천천히 느리지만 시각장애인 스스로 길을 찾고 이동 중이기 때문이다. 시각장애인이 지팡이를 사용하여 걸을 때는 지팡이의 반대편에 서서 팔을 내어주는 것이 좋다. 시각장애인에게 흰 지팡이는 팔의 연장이다. 따라서 시각장애인의 허락을 받지 않고 지팡이를 만지지 않는 것이 좋다.

③ 길을 안내할 때

시각장애인에게 길을 가르쳐줄 때 가장 중요한 것은 길을 정확하게 설명할 수 있어야 한다. 정확한 길을 구체적으로 설명해야 시각장애인이 길을 찾아갈 수 있다. 설명할 때는 수량적으로 설명하는 것이 가장 좋다. 예를 들어 "이쪽으로 가시다가 저기서 오른쪽으로 도세요"라는 설명보다는 "지금 위치에서 출발하셔서 5m 앞으로 가시고, 오른쪽으로 돌아서 10m 앞으로 가세요"라고 설명하는 것이 적절하다. 장애물이나 도로 상태를 포함하여 가급적이면 구체적이고 자세하게 설명하는 것이 중요하다. 만일 시간이 허락된다면 위 그림과 같이 동의를 구한 후 옆 또는 반 발자국 앞에서 팔을 잡게 하고 걷는 것도 좋은 방법이다.

④ 식사할 때

대중음식점을 선택할 때는 비장애인에게 음식의 종류를 문의하는 것과 같이 중식, 한식, 양식 등을 선택할 수 있도록 문의한다. 시각장애인이 자리에 앉을 수 있도록 인도 및 배려한다. 메뉴 선정 시 가격과 종류를 설명해준다. 식탁 위의 장식물이나 수저통 등을 한쪽으로 정리해두고 그것에 대해 설명해준다. 음식이 나온 후에는 음식의 배치 상태와 수저 등의 위치를 알 수 있도록 설명을 해주거나 손으로 위치를 확인할 수 있도록 배려한다. 시각장애인의 요청에 따라 별도의 접시나 큰 접시에 음식을 따로 담아주는 것도 식사를 하는 데 도움이 된다.

3) 청각장애

청각장애는 외이로부터 대뇌에서 소리를 이해하기까지의 청각 경로에 장애를 입어 주로 듣기가 어려운 장애다. 일반적으로 청각장애는 이 같은 문제로 인해 일상적 의사소통 기능이 제한되는 정도를 지칭한다. 청각장애는 소리를 잘 듣지 못한다. 이러한 이유로 인해 대다수의 청각장애인은 언어장애를 갖게 된다. 청력이 떨어지는 경우에 청각장애인은 보청기를 사용하게 된다. 언어와 대화의 방법으로 구화, 수화, 필담 등으로 의사소통을 하게 된다. 청각장애인은 외형적으로 잘 드러나지 않기에 주의를 기울이지 않으면 모르는 경우가 많다. 청각장애인을 만나면 우선 수화법, 지화법, 필담 중 가장 좋은 의사소통방법을 확인하는 것이 좋다. 비장애인인 경우는 필담을 사용하여 대화하는 것이 적절한 의사소통방법이 될 수 있다.

① 의사소통할 때

청각장애인의 경우 청각에 문제가 있어 시각에 의존을 많이 하게 된다. 따라서 말하는 사람의 표정이나 몸짓언어(body language)가 매우 중요하다. 색안경, 커다란 챙모자 등은 눈이나 얼굴을 가릴 수 있으므로 의사소통에 오해가 생길 수 있어서 벗는 것이 바람직하다. 상대방의 말을 완전히 이해할 때까지 듣고 의사소통하는 것이 중요하다.

구화가 가능한 경우에는 적당히 크고 일정한 소리로 약간 느린 속도로 분명하고 바른 입 모양으로 간략하게 말한다. 한 문장을 천천히 말하고 약간 쉰 후에 다음 문장을 말한다. 비장애인에게는 필담이 의사소통의 주된 방법으로 사용된다. 글자는 크게 똑바로 적을 수 있도록 필체에 유의해야 한다. 중요한 약품, 주소, 열차 시간 등은 재차 확인하는 것도 바람직하다.

의사소통의 기본은 상대와의 교감이다. 언제나 얼굴을 보면서 상대방이 이해하는지 확인하는 것도 대단히 중요하다. 또한 주변에 청각적인 돌발 상황이 발생하는 경우 이에 대해 이야기해주는 것도 의사소통을 편하게 이끌 수 있는 방법이다.

② 식사할 때

다른 비장애인과 똑같이 상대방의 의사를 물어 음식의 종류와 식당을 선정한다. 자리 선정은 구화로 의사소통할 경우는 조용한 좌석을, 필담으로 의사소통할 경우는 밝고 큰 탁자가 있는 좌석으로 선정한다.

청각장애인의 의사소통 방법

- **구화**: 말하는 사람의 입 모양을 보고 말을 이해하는 방법이다.
- **수화**: 손의 운동에 의해 표현되는 수화기호를 시각적으로 이해하는 방법이다.
- **지화**: 손가락으로 글자를 만들어 간단한 의사소통을 하는 방법
- **필담**: 음성이 아닌 문자로 글을 써서 대화하는 방법이다.

> **Tip**
>
> **지적장애**
>
> 「장애인복지법」 개정안 시행(2007.10.12)에 따라 '정신지체'에서 '지적장애'로 법정 명칭이 변경되었다.

> **Tip**
>
> **다운증후군 (Down Syndrome)**
>
> 가장 흔한 염색체 질환으로, 21번 염색체가 2개가 아닌 3개인 경우 지적장애, 신체 기형, 전신 기능 이상, 성장장애 등을 일으키는 유전 질환이다.
>
> **외모**
> 1) 코가 낮고 작다. 2) 얼굴이 납작해 보인다. 3) 눈의 가장자리가 올라가 있다. 4) 혀가 길어 입을 벌리고 있다.

4) 지적장애

지적장애는 18세 이전에 시작되는 발달장애로, 지적 기능과 개념적·사회적·실제적 적응기술로 표현되는 적응행동에 심각한 제한이 있는 상태다. 장애 정도에 따라 일상생활을 수행하기에 문제가 있을 수 있다. 일반적으로 언어 지연, 인지, 학습 기능의 발달 문제가 나타난다. 언어적이나 신체적인 도움이 주어진다면 일상과 사회생활을 영위할 수 있다. 전체 인구에서 2.5~3%의 출현율을 보이고 있다. 지적장애인 중 다운증후군과 같이 외형상 현저한 차이를 보이는 경우는 육안으로 비교가 가능하다. 그러나 다른 지적장애인들은 신체적으로 건강하여 비장애인과 외견상 차이가 없을 수도 있다. 일반적으로 체형이 작은 경우 나이가 많아도 어린아이처럼 대하는 경우가 있는데, 이는 인격적으로 바람직하지 않다. 상대방을 배려하고 존중하는 마음가짐으로 대하는 것이 적절하다.

① **대화할 때**

지적장애인은 사용하는 단어 선택이 미숙하고 대화 시 발음이 불분명하고 명확하지 않을 때가 많다. 지적장애인의 말을 끝까지 듣고 말하고자 하는 바를 정확히 파악해야 한다. 의사가 불분명할 경우 쉬운 단어를 사용하여 의사를 재확인하는 것도 하나의 방법이다. 일반적으로 대화 시 가장 흔히 범할 수 있는 실수는 지능지수가 낮다고 무조건 반말을 하거나 나이 어린 사람처럼 대하는 것이다. 생활연령에 맞게 존칭하고 배려하는 것이 필요하다.

② **돈 계산할 때**

일상이나 사회생활을 포함하여 지적장애인의 가장 큰 어려움의 하나가 돈 계산이다. 지적장애인의 의사를 문의하여 도움이 필요한 경우는 대신 계산해주고, 반드시 영수증을 받아 보호자가 확인할 수 있도록 해야 한다.

③ **대중음식점에서 식사할 때**

지적장애인이 메뉴를 읽지 못할 때는 메뉴를 읽어주는 것이 바람직하다. 가능하면 글씨로만 되어 있는 메뉴에서 음식을 선택하게 하기보다는 음식 그림을 보면서 선택할 수 있게 해주는 것이 더 좋을 수 있다.

보충 닉 부이치치(Nick Vujicic, Nicholas James Vujicic)

"No arms. No legs. No worries!"
(팔이 없다. 다리가 없다. 걱정도 없다)

닉은 다양한 직업을 가지고 있다. 장애인 희망전도사, 베스트셀러 작가, 복음전도자, 'Life without limbs(사지 없는 삶)' 대표 등이 그것이다. 닉은 기형장애로 양팔과 양 다리가 없고 두 개의 발가락이 있는 작은 발만 가지고 태어났다. 유년 시절에는 자신의 처지를 비관하여 세 번이나 자살을 시도하기도 했지만, 역경을 극복하고 비장애인이 다니는 중·고등학교를 다니며 학생회장을 지냈다. 대학에서 회계와 경영을 전공했으며 스케이트보드, 서핑 등 스포츠를 즐기고 드럼을 연주한다. 또한 자신의 이야기를 담은 몇 권의 책을 저술하기도 했다. 현재는 신체장애뿐 아니라 희망에 관한 다양한 주제로 전 세계를 돌아다니며 연설하고 있고, 2013년에는 우리나라를 방문하기도 했다. 닉은 장애를 극복하고 꿈을 이루고자 노력하는 삶의 태도로 많은 사람들에게 감명을 주었다. 그의 강연장은 언제나 울음바다였지만, 그는 강연을 듣는 사람들에게 희망의 카타르시스를 전달했다. 현재도 세계 각지를 돌며 장애인, 비장애인에게 삶의 희망을 전하고 있다.

사진출처: https://www.lifewithoutlimbs.org/about-nick/blog/

> **보충** 장애에 대한 이해를 돕는 웹사이트(web-site) 소개

(1) 국립특수교육원 장애 이해 사이트

주소: http://edu1.nise.go.kr

장애유형에 대한 이해, 장애 이해를 위한 교육자료, 보조공학 활용하기, 장애인 편의시설 등 유익한 자료를 제공하기에 일반인이 장애와 장애인을 이해하기에 최상의 장애 이해 사이트다.

(2) 국립특수교육원

주소: http://www.nise.go.kr

국립특수교육원은 특수교육을 발전시키고, 장애인의 삶의 질 향상을 지원하기 위한 특수교육 연구, 관련 정책 개발, 교육과정 및 교과서 개발, 담당 교원의 연수, 특수교육 정보화 사업 등을 수행하고자 설립된 국가기관이다.

장애 학생을 지도하기 위해 필요한 교과서, 연수 자료 등 다양한 교육 자료를 접할 수 있는 유용한 사이트다. 또한 국립특수교육원 교수학습센터와 원격교육 연수원 또한 교수학습에 필요한 지도안, 교육 계획 등 다양한 교육 활동 자료가 있다. 재활승마를 위한 지도안 작성 시 참고할 수 있는 체육 교과 교육 활동 자료도 포함되어 있다.

(3) 대한장애인체육회

주소: http://www.koreanpc.kr

대한장애인체육회는 장애인의 건강증진과 건전한 여가생활 진작을 위한 생활과 전문 체육 육성을 목표로 설립된 공공기관으로, 대한민국 국가패럴림픽위원회의 역할을 수행한다. 장애인 스포츠 안내, 종목 소개, 국내외 행사 및 다양한 정보를 제공하고 있다. 장애인 체육 및 스포츠에 대한 자료가 필요할 시에 유용하다.

이외에도 에듀에이블, 특수교육지원센터, 파라다이스복지재단, 한국장애인개발원, 한국장애인단체총연합회 등에서 장애에 대한 이해, 교육, 복지, 정책 등 다양한 정보를 접하고 배울 수 있다.

3장. 신체적 장애

신체적 장애란 주요 외부 신체 기능의 장애, 내부기관의 장애 등을 말한다. 신체적 장애의 중분류는 외부 신체 기능의 장애와 내부기관의 장애로 분류된다. 외부 신체 기능의 장애는 지체, 뇌병변, 시각, 청각, 언어, 안면의 6개 소분류로, 내부기관의 장애는 신장, 심장, 간, 호흡기, 장루·요루, 뇌전증의 6개 소분류로 구분된다(표 2-12).

표 2-12 신체적 장애의 분류

대분류	중분류	소분류	세분류
신체적 장애	외부 신체 기능의 장애	지체장애	절단장애, 관절장애, 지체기능장애, 변형 등의 장애
		뇌병변장애	뇌의 손상으로 인한 복합적인 장애
		시각장애	시력장애, 시야결손장애
		청각장애	청력장애, 평형기능장애
		언어장애	언어장애, 음성장애, 구어장애
		안면장애	안면부의 추상, 함몰, 비후 등 변형으로 인한 장애
	내부기관의 장애	신장장애	투석치료 중이거나 신장을 이식받은 경우
		심장장애	일상생활이 현저히 제한되는 심장 기능 이상
		간장애	일상생활이 현저히 제한되는 만성·중증의 간 기능 이상
		호흡기장애	일상생활이 현저히 제한되는 만성·중증의 호흡기 기능 이상
		장루·요루 장애	일상생활이 현저히 제한되는 장루·요루
		뇌전증장애	일상생활이 현저히 제한되는 만성·중증의 뇌전증

> 보충 **리스프랑(Lisfranc) 관절**

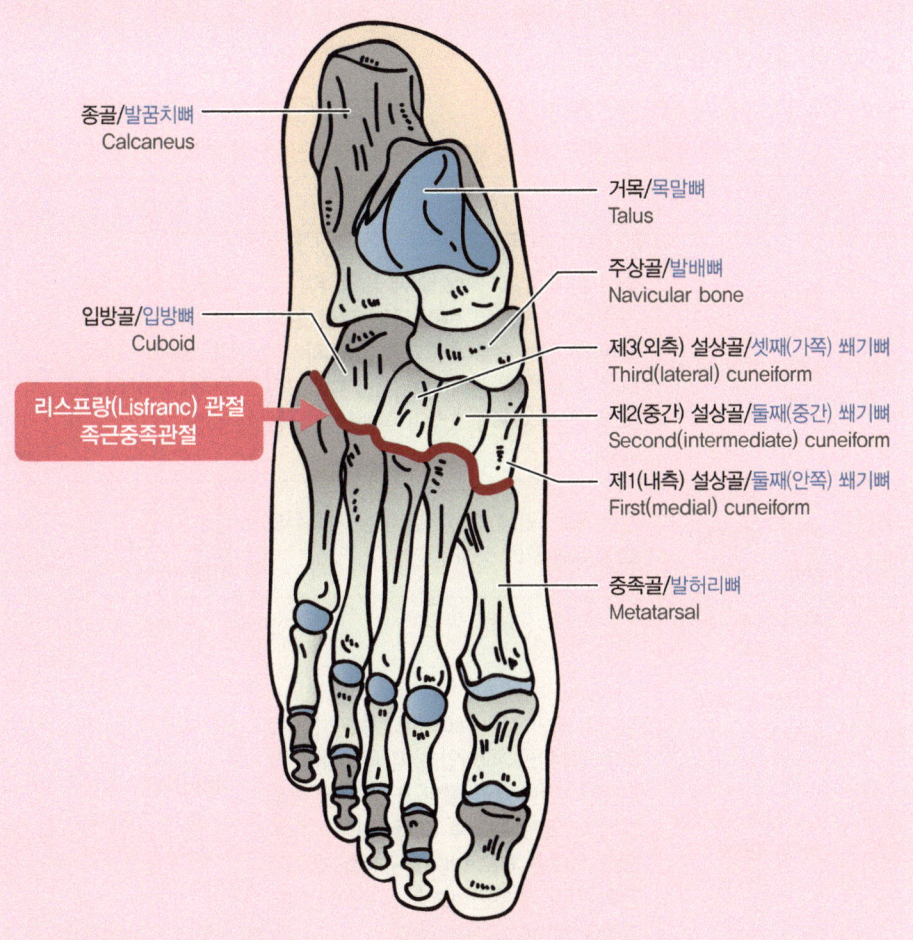

리스프랑 관절은 승마와 관련이 깊다. 리스프랑은 나폴레옹 시대의 외과 의사로, 낙마한 병사에게서 족근중족관절의 골절로 인해 혈관 압박과 괴저가 일어나는 것을 발견하게 되었다. 이후 족근중족관절을 기점으로 절단 수술을 시행했다. 나중에 족근중족관절을 '리스프랑'이라는 의사 이름으로 명명하게 되었다. 원위의 족근골과 3개의 쐐기뼈(설상골), 1개의 입방뼈(입방골)와 5개의 발허리뼈(중족골)가 연결되는 족근중족관절이 리스프랑 관절이다.

리스프랑 관절은 족부의 횡 아치와 종 아치의 기초가 되는 중요한 골격 구조다. 고유의 골 구조, 강력한 인대 결합, 주위 연부조직 부착에 의해 안정성이 유지되고 있으므로 고에너지에 의한 손상 시 골절이 발생한다. 따라서 적절한 시기에 적극적인 치료가 시행되지 않을 경우 만성적인 장애를 초래할 가능성이 높기 때문에 중요한 부위라고 할 수 있다.

1. 외부 신체 기능의 장애

외부 신체 기능의 장애는 지체, 뇌병변, 시각, 청각, 언어, 안면으로 구분하고 세부 분류 및 판정에 관한 내용은 〈표 2-13〉과 같다.

> **Tip**
>
> **후두전적출술**
> 후두를 연골의 외측에서 주위의 조직으로부터 절제해 한 덩어리로 적출하는 수술법
>
> **구강악안면외과 (oral and maxillofacial surgery)**
> 구강과 악안면부의 기능에 관여하는 신체 부위에 발생하는 질병, 손상, 결손, 기형 등의 진단과 치료에 관한 학문

표 2-13 외부 신체 기능의 장애에 대한 세부 분류 및 판정

소분류	세분류	판정시기	판정과	등급
지체장애	절단장애, 관절장애, 지체기능장애, 변형 등의 장애	장애의 원인 질환 등에 관해 충분히 치료하여 장애가 고착되었을 때 등록하며, 그 기준 시기는 원인 질환 또는 부상 등의 발생 후 또는 수술 후 6개월 이상 지속적으로 치료한 후 한다(지체절단, 척추고정술 등 장애상태의 고착이 명백한 경우는 예외).	재활의학과, 정형외과, 신경외과, 신경과 또는 내과(류마티스 분과)	1~6급
뇌병변장애	뇌의 손상으로 인한 복합적인 장애	발병 또는 외상 후 6개월 이상 지속적으로 치료한 후에 장애 진단	재활의학과, 신경외과 또는 신경과	
시각장애	시력장애, 시야결손장애	장애의 원인 질환 등에 관해 충분히 치료하여 장애가 고착되었을 때 등록하며, 그 기준 시기는 원인 질환 또는 부상 등의 발생 후 또는 수술 후 6개월 이상 지속적으로 치료한 후로 한다(안구적출, 청력기관의 결손, 후두전적출술 등 장애상태의 고착이 명백한 경우는 예외).	안과	
청각장애	청력장애, 평형기능장애		이비인후과	2~6급
언어장애	언어장애, 음성장애, 구어장애		이비인후과, 정신과 또는 신경과, 치과(구강악안면외과)	3~4급
안면장애	안면부의 추상, 함몰, 비후 등 변형으로 인한 장애		성형외과, 피부과 또는 외과(화상의 경우), 치과(구강악안면외과)	2~4급

1) 지체장애

지체(肢體)는 지(肢, 사지 지)와 체(體, 몸 체)의 합성어로, 사지(四肢; 팔다리)와 체간(體幹; 몸통)을 의미한다. 사지(四肢, 두 팔과 두 다리)는 어깨관절에서 손가락 끝까지를 의미하는 상지(팔)와 엉덩관절에서 발가락 끝까지를 의미하는 하지(다리)로 구성되어 있다. 몸통은 사람을 기준으로 머리와 팔다리를 제외한 부분을 말하는데 척추를 중심으로 하는 가슴, 등,

배로 이루어진 인체의 가운데 또는 중심 부위를 말한다. 지체장애란 신체의 팔다리와 몸통이 적절하게 기능하지 못하는 경우를 의미한다. 하위 장애로 본다면 몸통과 팔, 다리 부분에 발생하는 절단, 관절, 지체기능장애, 변형 등의 장애가 포함된다. 지체장애는 '운동장애' 또는 '정형외과적 장애'라고도 불린다. 「장애인 등에 대한 특수교육법」에서도 지체장애로 분류하고 있다. 지체장애인의 수는 2015년 기준 등록 장애인 249만 406명 중에서 128만 1,497명으로 전체 등록 장애인의 51.4%로 다른 등록 장애에 비해 출현율이 가장 높은 것으로 나타났다.

(1) 절단장애

절단장애는 단순 X-선 촬영으로 절단 부위를 확인하며, 절단부위가 명확할 때는 이학적 검사로 결정할 수 있다. 절단은 외상에 의한 결손뿐만 아니라 선천적인 결손도 포함된다. 절단의 위치에 따른 구분으로 팔과 다리 절단장애로 구분한다. 또한 장애 발생 시점에 따른 구분으로 선천적인 절단장애와 후천적인 절단장애로 구분한다. 여기에서 '선천적'과 '후천적'의 기준이 되는 시점은 출생 전후로 나눌 수 있다. 선천적 절단장애는 태어날 때부터 가지고 있는 장애를 의미한다. 수정 후 배아 단계에서 팔, 다리가 명확히 구분될 수 있도록 성장한다. 태아 단계에서는 팔, 다리가 2배의 길이로 성장한다. 이 단

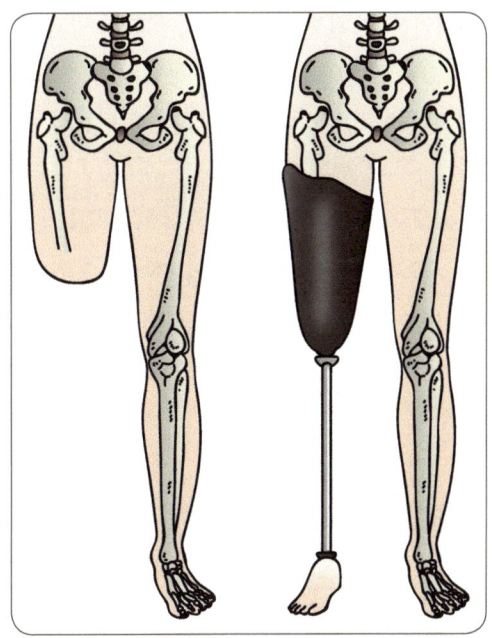

그림 2-31 넙다리 절단

계에서 완전한 발육을 형성하지 못하여 장애가 야기될 수도 있다. 유전자의 돌연변이, 약물 노출, 감염, 팔과 다리가 자라야 할 태아시기에 태아를 감싸고 있는 탯줄 등이 팔이나 다리를 조여 사지 형성에 장애가 되거나 절단이 되기도 하는 등의 원인이 있다. 후천적 절단장애는 출생 이후에 종양, 외상, 교통사고, 안전사고 등으로 인해 외과적 수술로 사지가 절단된 경우다. 재활 과정을 거치면서 의수와 의족 같은 보조기기를 사용하면 일상생활을 영위하는 데 문제가 없다. 중복장애를 제외한 절단 같은 장애 영역은 신경계의 문제가 없는 경우가 대부분으로 정상적인 사회생활을 영위할 수 있다.

> **Tip**
>
> **선천성 vs. 후천성 장애**
>
> 선천성 및 출생 시 장애는 유전적 이상, 임신기간, 출생 시 발생한 장애를 의미한다. 후천적 장애는 출생 이후에 질병이나 외상에 의한 장애를 의미한다. 일반적으로 '후천적 중도장애'라는 표현도 동일하게 사용하고 있다.

> **Tip**
>
> **배아 단계 (embryo stage)**
>
> 임신 3주경부터 임신 8주간까지로 팔, 다리가 명확히 구분될 정도로 성장함

> **태아 단계 (fetal stage)**
>
> 임신 9주부터 출생까지의 기간으로 다른 발달단계보다 빠른 성장을 보임

> **Tip**
>
> **동요관절(動搖關節)**
> 근육·인대·윤활 주머니 따위가 상해를 입어 정상적인 운동범위 이상으로 움직여 안정성이 없어져 기능을 잃은 관절. '이완관절'이라고도 함
>
> **관절가동범위 (range of motion)**
> 관절의 운동(움직일 수 있는) 범위
>
> **고니오미터 (goniometer)**
> 관절의 가동범위를 측정할 수 있는 각도기

(2) 관절장애

관절장애는 관절의 강직, 근력의 약화 또는 관절의 불안정(동요 관절, 인공관절 치환술 후)이 있는 상태를 의미한다. 관절 강직은 관절이 한 위치에서 완전히 고정(완전 강직)되었거나 관절가동범위(Range of motion)가 감소된 것(부분 강직)을 말한다. 그 정도는 고니오미터(goniometer) 등 관절가동범위 측정기로 측정한 관절운동범위가 해당 관절의 정상운동범위에 비해 어느 정도 감소(%)되었는지에 따라 구분한다.

관절은 뼈와 뼈가 맞닿아 있는 구조로 경부조직인 뼈와 연부조직인 근육, 힘줄, 인대로 구성되어 있다. 뼈가 관절의 정적 안정성을, 근육, 힘줄, 인대가 동적 안정성을 제공한다. 관절장애는 이러한 연부조직과 안정성에 도움을 주는 관절낭 같은 주변 조직의 손상이나 약화에서 기인한다. 관절장애의 위치에 따라 팔과 다리 관절장애로 구분한다. 장애 정도는 팔과 다리의 3대 관절의 손상이나 운동범위 제약에 근거한다. 팔의 3대 관절은 어깨관절, 팔꿉관절, 손목관절이고 다리의 3대 관절은 엉덩관절, 무릎관절, 발목관절이다.

(3) 지체기능장애(팔, 다리, 척추장애)

지체기능장애는 팔, 다리의 장애와 척추장애로 구분된다. 팔, 다리의 기능장애는 팔 또는 다리의 마비로 팔 또는 다리의 전체 기능, 즉 움직임에 장애가 있는 경우를 말한다. 마비에 의한 팔, 다리의 기능장애는 주로 척수 또는 말초신경계의 손상이나 근육병증 등 운동기능장

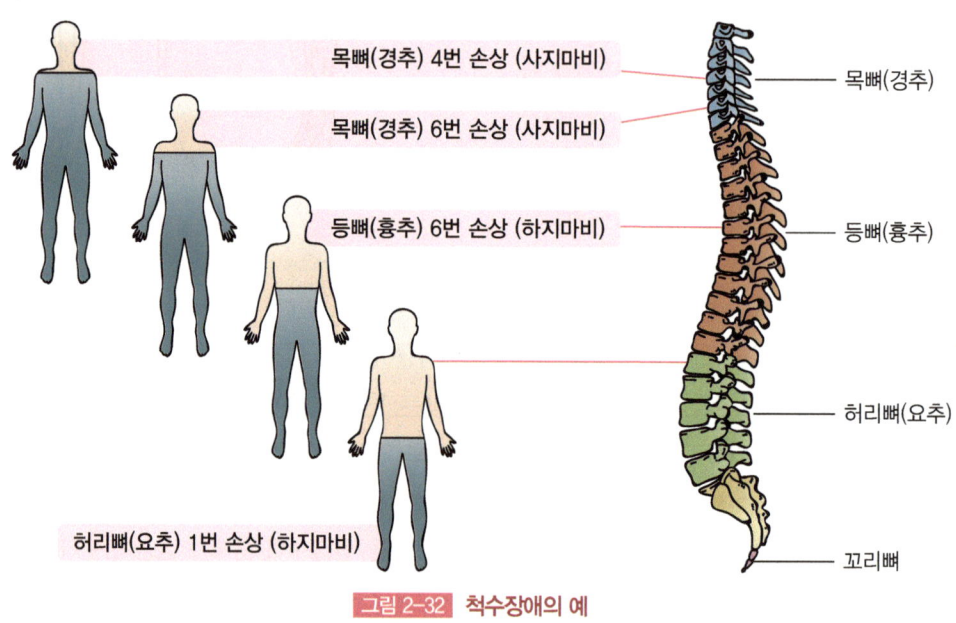

그림 2-32 척수장애의 예

애가 있는 경우로, 감각손실 또는 통증에 의한 장애는 포함하지 않는다. 팔, 다리의 기능장애 판정은 근력 측정값을 판정 자료로 활용하여 판단한다.

척추장애는 강직 또는 운동범위가 감소되어 기능적인 움직임이 제한되는 경우를 말한다. 척추장애는 척수 손상, 강직성 척추염, 골유합, 질병과 수술 등에 의한 운동성 감소 등이 원인으로 발생한다. 척추의 운동범위는 장애 부위에 따라 목(경부, 목뼈)과 몸통(체간, 등뼈+허리뼈)으로 나누어 측정한다. 정상운동범위의 손상 정도로 장애등급을 판단한다.

척수장애는 척수의 외상 또는 질환에 의해 척수가 손상된 경우를 대상으로 한다. 척수 손상 또는 장애가 중요한 이유로, 척수 손상은 일반적으로 완전 손상으로 분류되어 손상 부위 이하는 신경 지배가 일어나지 않아 마비된다. 척수의 손상은 손상 정도에 따라 호흡, 식사, 소화, 성장, 배변, 운동 기능 등 인체에 다양한 영향을 미친다. 손상의 원인은 질병이나 선천적인 요인보다는 사고에 의한 후천적 장애가 대부분이다. 〈그림 2-32〉에서 보는 바와 같이, 척수 손상은 손상의 정도에 따라 사지마비부터 하지마비의 정도를 결정한다. 또한 같은 사지마비에서도 손상 부위에 따라 경도와 중도가 나누어진다. 예를 들어, 목뼈 1~4번은 높은 수준의 사지마비 형태로 운동에 참여하거나 이동 시에 전동 휠체어를 사용해야 한다. 목뼈 5~7번은 낮은 수준의 사지마비 형태로 이동하거나 운동에 참여할 때 수동 휠체어를 사용할 수 있다. 손상이 더 낮은 부위, 즉 등뼈나 허리뼈인 경우라면 하지마비가 된다. 등뼈 6번 손상의 경우 독립적으로 앉기 균형을 유지하는 데 가장 높은 수준이므로 등뼈 7번 이하가 손상된 경우 다른 합병증이 없다면 승마를 고려할 수 있다.

(4) 변형 등의 장애

변형 등의 장애는 한쪽 다리가 건강한 다리보다 10㎝ 이상 짧거나, 척추측만증이나 성장이 멈추었거나, 연골무형성증으로 왜소증 증상이 뚜렷한 사람 등에 대해 장애로 판정하고 있다. 다른 지체장애와는 달리 5~6급으로만 판정하고 있다.

변형 등의 장애는 인간의 뼈 성장과 관계가 깊다. 인간은 배아기부터 성장을 시작하여 태어날 때 350여 개의 뼈로, 25세가 되면 일반적으로 206개의 뼈로 융합된다. 성장판에서 길이와 두께 성장이 이루어지고 뼈가 융합되기 때문이다. 성장기에 사고 등으로 성장판에 문제가 생기면 뼈가 성장하지 않기 때문에 반대쪽 신체에 비해 길이가 짧아진다. 정상으로 성장한 쪽과 성장판 손상 등의 문제로 인해 정상적인 성장 과정을 거치지 못한 쪽은 좌우 비대칭의 불균형이 발생한다. 한 다리가 건강한 다리보다 5㎝ 이상 또는 건강한 다리 길이의 15분의 1 이상 짧은 경우 장애로 인정된다. 다리 길이의 단축은 반드시 영상의학검사 소견에 의해 정상 측 길이와 비교하여 결정한다.

Tip

강직성 척추염
척추에 염증이 생기고 움직임이 둔해지는 질환

Tip

tetraplegia와 quadriplegia
모두 '사지마비'를 뜻한다. tetra~와 quadri~는 숫자 '4'를 의미한다.

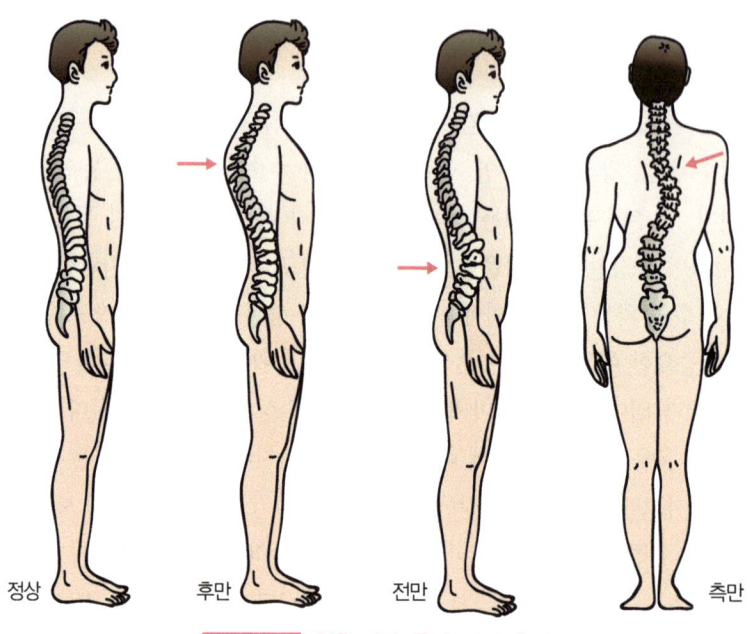

정상　　　후만　　　전만　　　측만

그림 2-33　척추 정상, 후만, 전만, 측만증

　　척추의 정상적인 발달 상태는 정면에서 1자로 곧고, 옆에서 바라보면 S자 형태로 굽어(만곡되어) 있다. 척추의 변형은 자세가 가장 중요한데, 가방을 한쪽 어깨에만 매거나 의자에 앉는 자세 등에 의해서도 문제가 될 수 있다. 이외에도 근육신경이상, 사고, 원인 불명 등에 의해 발생할 수 있다.

　　척주굽이장애는 척추후만증과 척추측만증이 있다. 척추후만증은 등뼈 부분의 만곡각도가 60° 이상인 비정상적인 경우다. 척추측만증은 정면에서 바라보았을 때 척추가 옆으로 휜 경우로, 만곡 각도가 40° 이상인 경우다. 모두 장애 6급으로 인정된다. 척추 문제는 전만과 후만의 2차원적 문제만이 아니라 척추가 전만과 후만이 되면서 3차원적으로 뒤틀리면서 더 큰 문제가 발생한다. 척추의 만곡 정도는 반드시 X-선 촬영 등의 영상의학검사 소견에 의해 만곡각도를 측정해야 한다(그림 2-33).

　　연골무형성증은 성장판 연골이 뼈로 바뀌는 과정에 문제가 있어 뼈 길이가 길어지지 않게 되는데, 이는 유전적인 문제로 발생하는 경우다. 비정상적으로 저신장을 일으키는 상염색체의 돌연변이로 나타나며, 성인이 되어도 140㎝를 넘지 못하게 된다. 지능지수는 정상이며 결혼도 가능하지만, 연골무형성증은 유전된다. 다른 신체에 비해 머리가 크고 이마 부분이 튀어나와 보이며 몸통도 커 보인다. 척주의 허리 부분 만곡이 커서 배가 나오고, 엉덩이 부분은 뒤쪽으로 튀어나와 어기적거리는 오리걸음을 걷게 된다. 팔과 다리의 분절 길이가 짧으면서 몸 쪽 분절의 길이가 더 짧다.

▶ 지체장애의 특성

㉠ 지체장애는 팔다리와 몸통에 외형적인 장애를 가지고 있으며, 이로 인해 동작 수행 시 불편함이 수반될 수 있다.
㉡ 지체장애는 근육이 뻣뻣하거나 불필요한 동작이 수반될 수도 있다.
㉢ 지체장애는 자가 보행도 가능하지만 휠체어 사용자도 많다.
㉣ 지체장애는 장애 진행 상태에 따라 진행성인 경우도 있다.
㉤ 후천적 지체장애인 경우 심리적·사회적 문제를 고려하여 프로그램이 작성되어야 한다.
㉥ 지체장애는 팔다리와 몸통에 장기적으로 보조기를 착용하는 경우가 많다.
㉦ 지체장애는 뼈, 관절, 근육, 인대, 건의 문제로 인해 한 자세를 오래 유지할 수 없는 경우가 많다.

▶ 지체장애의 재활승마 지도 전략

지체장애는 운동성 제한으로 인해 특수한 안장이나 승강기(lift)가 필요할 수 있다.

㉠ 과제 분석을 통한 개별화교육프로그램(지도안) 작성이 필요하다.
㉡ 이동 시 안전사고에 유의해야 하며, 이동 동선을 고려하여 잡을 수 있는 곳이나 쉴 수 있는 곳이 필요하다.
㉢ 기승자의 재활승마 후 문제점을 파악하여 기능적 제한을 극복할 수 있는 재활승마의 적응이 필요하다(말 타는 공간 축소, 시간 단축, 활동량 감소, 사다리고삐와 쿠션 안장 같은 기구의 적용 등).
㉣ 재활승마지도사의 휠체어 및 보조기구에 대한 이해와 활용 능력이 필수적으로 요구된다.

> **Tip**
>
> **개별화교육계획 (individualized education plan)**
>
> 특수교육 대상자 개인의 장애유형 및 장애 특성을 고려하여 교육 목표, 교육방법, 교육 내용, 관련 서비스 등이 포함된 계획을 수립하여 실시하는 계획 또는 프로그램. 특수교육과 특수체육 교재 참조

▶ 지체장애의 재활승마 지도 시 고려사항

지체장애인의 경우 운동 기능의 제한이 있어서 언제나 안전사고에 유의해야 한다.

㉠ 체력이 저하되어 있는 경우가 많아서 신체활동량이 너무 많은 경우 제한이 필요하다.
㉡ 척수장애인의 경우: 장시간 지속적인 압박은 욕창이 발생할 가능성이 있으므로 안장에 양피나 젤 패드 등을 사용하여 기승자의 보호와 안전을 동시에 고려해야 한다. 기승자의 엉덩이에 붉은 반점이 발생하면 재활승마지도사에게 알려야 한다.
㉢ 변형 등의 장애에서 단순히 다리 길이가 차이가 나는 경우는 등자의 길이를 조절해주는 것과 같은 보조기기 사용으로 문제를 해결해야 한다.
㉣ 연골무형성증 같은 경우 뼈(골) 형성이 불완전하거나 너무 약하여 부러지기 쉬우므로 주의해야 한다.

ⓜ 연골무형성증의 짧은 팔과 다리는 말 위에서 중심을 유지하기 어려워 변형된 마구를 사용할 필요가 있다.
ⓗ 지체장애 중에서 근육의 긴장도가 떨어져 팔과 다리 근육이 약하고, 척추관협착증으로 탈출된 디스크가 있어 자세유지가 곤란하거나, 지면의 충격으로 통증이 발생하는 경우 승마를 금지한다.

> **보충** 척주 vs. 척추 vs. 척수
>
> **척추는 1개의 척추뼈(추골), 척주는 척추뼈로 구성된 기둥, 척수는 척주와 척추가 보호하는 신경**
>
> 척추(vertebrae)는 척주를 이루는 하나하나의 개별 뼈로 '척추뼈' 또는 '추골'이라 불린다. 목척추뼈 7개, 등척추뼈 12개, 허리척추뼈 5개, 엉치뼈와 꼬리뼈가 있다.
>
> 척주(脊柱, Vertebral column)는 한문과 영문 모두 '기둥'이라는 표현으로, 몸통의 뒤쪽에서 몸을 지지하는 기둥 구조물을 말한다. 척주는 26개의 척추뼈(추골)로 구성된다. 척추뼈는 각각 척추원판(disc, 추간판, 디스크로 불림)에 의해 구분되는 구조다.
>
> 척수(spinal cord)는 척주(척추) 내에 위치하는 중추신경계의 일부분으로 '척수신경'이라고도 한다. 척수신경은 자율신경과 감각, 운동신경의 연결 통로로 뇌와 하위의 말초기관을 연결하는 통로다.
>
>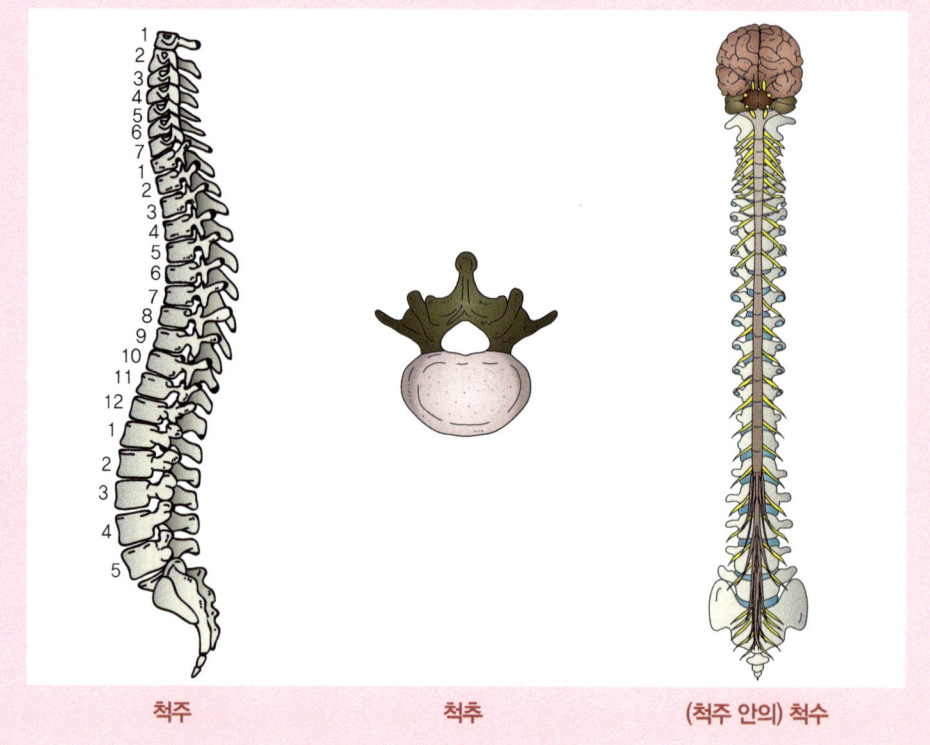
>
> 척주   척추   (척주 안의) 척수

2) 뇌병변장애

뇌는 중추신경계로 인체의 모든 움직임에 대한 통합과 조절 명령을 인체 말단으로 보낸다. 뇌손상이 발생하면 인체 부위나 기능에 장애가 유발될 수밖에 없다. 뇌의 손상 정도에 따라 장애의 정도 차이, 손상 부위에 따라 관장하는 영역의 장애가 발생한다. 따라서 뇌손상에 따라 복합적인 장애를 유발하게 되는데, 신체적인 장애 외에도 정신적 장애가 발생하여 중복장애가 될 수 있다. 다음 〈그림 2-34〉는 뇌의 부위별 기능이다. 뇌의 부위별 손상 정도에 따라 다양한 장애가 발생한다.

뇌병변장애는 뇌성마비, 외상성 뇌손상, 뇌졸중, 파킨슨병과 기타 뇌의 기질적 병변(병으로 인한 변화)으로 인한 경우다. 의료기관의 재활의학과, 신경외과, 신경과 전문의에 의해 장애진단을 받게 된다. 장애진단을 하는 전문의는 진단서, 소견서, 진료기록 등으로 원인 질환 등에 대해 6개월 이상의 충분한 치료 후에도 장애가 고착되었음을 확인해야 한다. 장애 진단은 주된 증상인 마비의 정도 및 범위, 불수의운동 유무 등에 따른 팔, 다리의 기능저하로 인한 식사, 목욕, 몸치장, 옷 입고 벗기, 배변, 배뇨, 화장실 이용, 의자/침대 이동, 거동, 계단 오르기 등의 일상생활동작의 수행능력을 기초로 전체 기능 장애 정도를 판정한다.

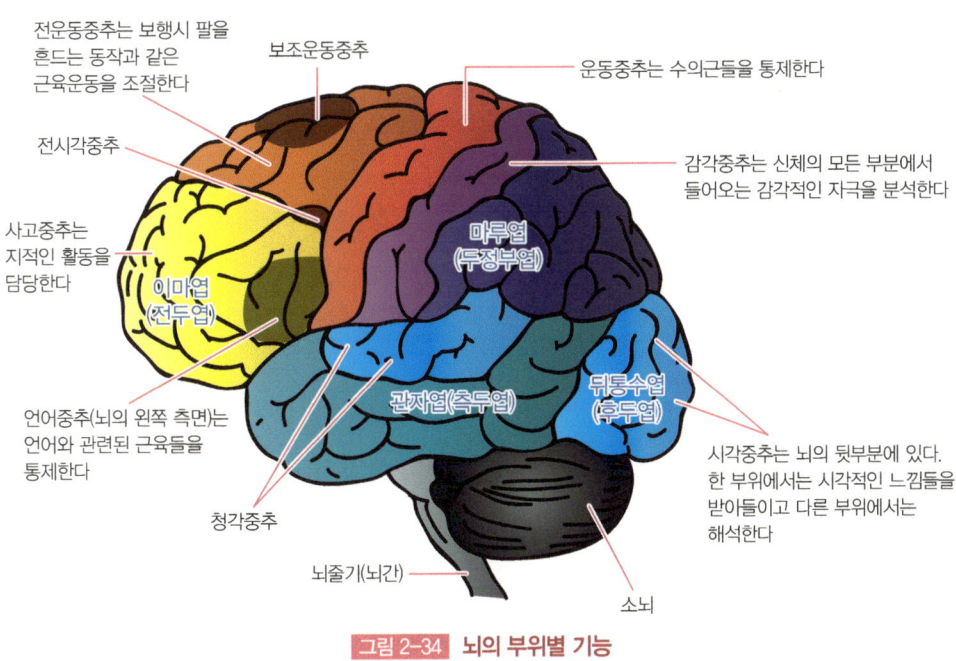

그림 2-34 뇌의 부위별 기능

(1) 뇌성마비

뇌성마비(cerebral palsy; CP)는 '뇌성'과 '마비'의 합성어다. 여기에서 '뇌성'은 '뇌의 이상에 의한 혹은 뇌에 원인이 있는'이라는 의미로 뇌의 손상을 의미한다. '마비'는 '근육의 조절이 잘 되지 않는 상태'로 근육조절 기능의 상실을 의미한다. 뇌성마비는 출생 전후 아직 뇌가 성숙하지 못한 상태에서 뇌에 손상이 생겨 발생하는 운동 기능 장애를 총칭한다. 한국뇌성마비복지회에서는 "뇌신경계의 손상으로 운동장애가 주로 나타나는 비진행성 증상군으로 신경학적 질환의 복합체"로 정의한다.

뇌성마비는 단일 질병이 원인이 아니라 여러 가지 원인에 의해 나타나는 것으로, 뇌손상의 위치와 정도에 따라 다양한 증상이 나타난다. 뇌의 손상으로 협응력, 근장력, 근력 등이 손실되어 관절이 구축된다. 뇌성마비 아동은 성장하면서 사지와 체간이 변형되어 자세의 유지와 운동수행을 정상적으로 할 수 없는 비진행성 장애다. 주 장애는 근육마비, 협응장애, 근력 약화 같은 운동장애다. 이에 동반되는 장애로 감각, 언어, 지적장애와 정서, 학습, 뇌전증이 중복장애로 나타날 수 있다. 뇌성마비에 대한 분류는 장애 정도, 국소해부학적·임상적 분류에 따라 구분한다(표 2-14).

> **Tip**
>
> **구축 (contracture)**
>
> 수동적 관절운동이 비정상적으로 제한된 경우. 관절 주변의 건, 인대, 근육의 단축으로 인해 발생한다.

표 2-14 뇌성마비의 전체적인 분류

구분	형태	세부 내용
장애 정도	경증	IQ 70 이상이며, 독립적으로 일상생활을 수행할 수 있고, 보조기 착용 없이 보행 가능
	중등도	IQ 50~70이며, 약간의 도움으로 일상생활을 수행할 수 있고, 완전한 활동을 위해 보조기기 필요
	중증	IQ 50 이하이며, 독립적으로 일상생활을 할 수 없으며, 항상 보조기와 도움이 필요
해부학적 분류	단마비	한쪽 팔 또는 다리가 침범되는 경우. 한쪽 팔이 마비되는 경우가 더 많음
	양지마비	양 다리 또는 양팔의 마비. 양쪽 다리가 양쪽 상지보다 더 빈번
	하지마비	양쪽 하지만 마비된 경우
	편마비	오른쪽이나 왼쪽 같이 인체의 한쪽 팔과 다리가 마비되는 경우. 이 경우에는 상지가 하지보다 심함
	삼지마비	양쪽 팔과 한쪽 다리가 마비되는 경우
	사지마비	양팔과 양 다리 모두 마비되는 경우

구분	형태	세부 내용
임상적 분류	경직형	• 강직형 하지마비, 강직형 사지마비, 강직형 편마비 등이 있고 가장 흔함. 뇌성마비의 70% 정도 • 사지의 근긴장 증가, 체간을 바로 세우기 어려움, 관절가동범위 감소, 구축, 변형 초래, 근력 감소, 가위보행과 교차보행 • 지적장애의 중복장애 비율이 높음
	불수의 운동형 (무정위형)	• 지능이 정상인 경우가 많고, 뇌성마비의 25%에 해당 • 과도한 불수의적 움직임으로 인한 관절의 변형, 호흡과 연하장애, 머리를 신체 중앙에 유지하기 힘듦, 경추 과운동성(hyper-mobility), 자세 유지가 어려움
	운동실조형	• 주로 소뇌병변으로, 뇌성마비의 약 5~10% 정도 • 자세 유지능력이 떨어져 균형 유지가 어렵고 잘 넘어짐 • 등급(Grading movement)운동의 어려움 • 겨냥 이상(dysmetria)으로 목표한 지점에 도달하기 어려움 • 실조성 보행이 나타남
	저긴장형	• 근 긴장도가 낮고 근력이 약하며 관절가동범위가 지나치게 넓음 • 관절의 유연성이 지나치게 큰 것은 저긴장성이 심한 것을 나타냄.
	혼합형	• 둘 이상 형태가 혼합되어 나타남

① 뇌성마비의 국소해부학적 분류는 5가지 형태로 분류되며, 〈그림 2-35〉를 보면 이해하기 쉽다.

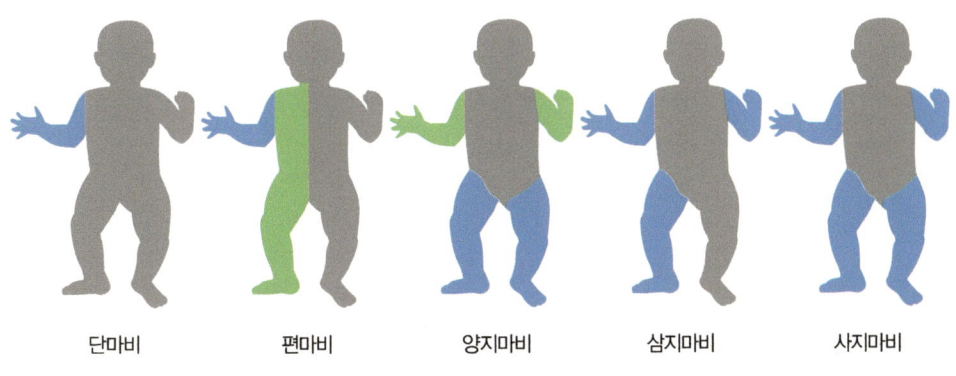

단마비   편마비   양지마비   삼지마비   사지마비

그림 2-35 뇌성마비의 국소·해부학적 분류

② 뇌성마비의 임상적 또는 운동 기능적 분류는 강직형(spastic type), 무정위 운동증(athetoid type), 운동실조형(ataxic type), 저긴장형(hypotonic type), 혼합형(mixed type)으로 구분된다.

- **강직형(spastic type):** 이 유형은 전체 뇌성마비 발생률의 70%에 해당하며, 지적장애의 발생률이 높다. 경직에 의해 팔다리가 뻣뻣하고 관절을 부드럽게 움직일 수 없다. 이에 체간을 바로 세우기에 어려움을 보인다. 강직형의 전형적인 자세로, 팔은 구부리고 다리는 뻗은 상태로 서로 교차되어 있는 모습을 보인다. 아동은 경직이 있는 손을 덜 사용하려는 경향이 있으며, 손을 사용할 때 팔 전체가 움직이는 비정상 패턴을 보인다. 강직형은 뇌성마비의 전형적인 보행 형태인 가위보행(scissoring walking)과 교차보행(cross walking)을 한다. 가위보행은 양하지를 뻣뻣하게 뻗치며 발끝을 펴서 걷는 형태로 가위와 같다고 해서 명명되었다. 또한 교차보행은 앞으로 걷는 경우 11자 보행이 되어야 하는데, 경직성 뇌성마비인의 경우 양하지가 교차해서 앞으로 걷는 형태로 인해 명명되었다.

- **무정위 운동증(athetoid type):** 이 유형은 경직과 불수의적 운동이 반복하는 특징을 갖는다. 머리를 신체 중앙에 유지하거나 자세 유지에 어려움을 갖는다. 이에 시선 고정을 유지하기 어렵다. 과도한 불수의 움직임으로 인해 관절의 변형이 초래된다. 경추 과운동성(hyper-mobility)을 가지고 있어서 몸을 뒤로 젖히는 양상을 보인다. 호흡장애를 가지고 있어 숨을 들이쉬면서 말하는 경향이 있다. 연하운동이 원활하지 않아서 음식물을 삼키는 데 어려움을 갖는다. 이 유형에서는 종종 뇌의 기저핵 부위에 손상이 발견되며, 이상 운동형 또는 무정위형이라고도 한다.

- **운동실조형(ataxic type):** 자세 유지능력이 떨어져 균형 유지가 어렵고 잘 넘어진다. 이 유형은 움직이려고 할 때 종종 떨림을 동반한다. 기능적으로 복잡한 운동을 취하려 할 때 운동실조가 증가한다. 이 형태의 특성인 겨냥 이상(dysmetria)으로 목표한 지점에 도달하기 어렵다. 기능적으로 복잡한 동작을 취하려 할 때 운동실조가 증가하게 된다. 또한 실조성 보행을 나타내는 경우가 있다.

> **Tip**
> **연하(deglutition)**
> 음식물을 삼키는 동작. 음식물이 입에서 인두, 식도를 이동하는 과정

> **보충 겨냥 이상(dysmetria): 운동측정장애**
> 눈을 감은 채로 손끝을 코끝에 대거나(지비시험), 좌우의 집게손가락을 맞닿게(지지시험) 할 때 목표가 빗나가 정확히 댈 수 없게 되는 현상. 소뇌질환에서 출현하는 특징적 증상의 하나다.

- 저긴장형은 드물게 발생할 수 있고 팔다리의 근긴장도가 감소되어 관절을 수동적으로 움직일 때 저항은 전혀 없다.
- 혼합형은 앞에서 언급한 하나 이상의 유형을 보이는 경우다.

(2) 외상성 뇌손상(traumatic brain injury)

외상성 뇌손상은 외상(trauma)에 의해 뇌손상이 발생한 경우다. 다시 말하면 뇌가 외부의 물리적 압력이나 충격에 의해 손상된 경우다. 손상된 뇌의 부위에 따라 언어, 운동, 인지, 감각, 정보처리과정 중 하나 또는 그 이상의 기능 등 다양한 장애를 유발한다. 외상성 뇌손상은 가볍게 뇌진탕부터 두개골 골절에까지 이르며, 이에 따른 출혈과 부종에 의해 손상이 가중된다. 외상성 뇌손상은 뇌성마비와 특성이 유사하다. 원인으로는 교통사고(자동차, 오토바이), 총기사고(미국), 낙상, 운동상해 등이 있다. 외부 활동이 많은 계절과 오후에 발병률이 높다. 손상 정도에 따라 가벼운 뇌진탕부터 심각한 장애까지 다양하다. 선천성 및 진행성 뇌손상은 포함되지 않는다. 학령기에 적절한 중재는 회복 가능성을 높일 수 있다.

(3) 뇌졸중(cerebral vascular disease)

뇌졸중은 뇌 기능의 부분적 또는 전체적으로 급속히 발생한 장애가 상당 기간 이상 지속되는 경우다. 뇌졸중은 뇌혈관이 막혀서 발생하는 뇌경색(허혈성 뇌졸중)과 뇌혈관의 파열로 인해 뇌 조직 내부로 혈액이 유출되어 발생하는 뇌출혈(출혈성 뇌졸중)로 구분된다. 이렇게 뇌의 혈관이 손상 받게 되면 혈액이 공급되지 않는 허혈성 손상과 출혈에 의한 손상을 입게 된다. 허혈된 부분은 혈액의 공급이 되지 않고 출혈된 부위는 혈액에 눌려 뇌의 손상을 야기하는데, 이는 뇌세포의 죽음을 의미한다.

- **허혈성 뇌졸중(ischemia)**: '허혈(虛血)'은 한문 그대로 본다면 '혈액이 없다'는 의미다. 뇌에 혈액 공급이 줄어들거나 중단되면 뇌세포와 조직이 죽게 되는데, 이를 '뇌경색'이라고도 한다. 허혈성 뇌졸중은 전체 뇌졸중의 80% 정도를 차지하고, 그 원인의 대부분은 '혈전'이라고 하며, 응고된 혈액덩어리가 뇌에 산소와 영양분을 공급하는 혈관을 막아서 발생한다. 혈액 응고는 우리 몸에 상처가 났을 때 지혈작용으로 더 이상의 출혈을 막아 회복을 돕는 꼭 필요한 것이나 혈관 내에서 발생하면 혈액의 흐름을 막아 장애를 초래할 수도 있다. 허혈성 손상은 색전과 혈전에 의해 발생한다.
- **출혈성 뇌졸중**: 출혈성 뇌졸중은 '뇌출혈'이라고도 하는데, 뇌에 혈액을 공급하는 뇌혈관 파열로 출혈을 일으키면서 발생하는 뇌졸중으로 약 20%를 차지하는 것으로 알려져

Tip

색전

막힐 색, 막힐 전. 혈관을 막아 색전증을 일으키는 물질로는 혈전, 지방, 종양, 가스(공기), 세균 등

혈전
(Thrombus, Blood clot, 혈병)

혈액 응고 과정을 통해 혈액이 지혈되어 생성된 암적색을 띠는 덩어리로 속칭 '피떡'이라고 한다.

Tip

뇌동맥류
(cerebral aneurysm)

뇌혈관 벽에 미세한 균열이 생기고 비정상적으로 부풀어 오른 혈관 질환

있다. 고혈압성 뇌출혈, 뇌동맥류, 뇌동정맥 기형 등에 의해 발생한다. 이 중 고혈압성 뇌출혈은 만성 고혈압과 관련된 경우가 많으며, 혈압의 상승 정도 및 기간과 관련이 있다. 만성 고혈압이 원인이 되어 뇌혈관의 약한 부분이 터져서 발생한다. 고혈압성 뇌출혈은 뇌졸중 가운데 약 10%를 차지하며 나이, 고혈압, 뇌경색, 관상동맥 질환, 당뇨 등이 그 위험인자로 알려져 있다. 대부분 50~60대에 주로 발생하며 성별의 차이는 거의 없다. 고혈압성 뇌출혈은 뇌의 내출혈을 초래하여 약 40% 정도의 사망률을 보인다. 당뇨나 고지혈증이 있는 환자들에게는 더 흔히 발생할 수 있다. 뇌혈관이 출혈을 일으키면 해당 부위의 혈액 공급이 차단되어 뇌신경이 손상될 뿐 아니라 혈액이 뇌 속에 고이면서 뇌 조직을 압박하거나, 손상된 뇌혈관이 수축을 일으키면서 추가적인 뇌손상이 유발된다. 24시간 이내에 혼수상태에 빠져들면 사망하게 되지만, 그렇지 않은 경우는 생존하면서 다음과 같은 증상을 보이게 된다(표 2-15).

표 2-15 뇌졸중의 증상

증상	세부 내용
반신마비 (편마비)	대뇌의 운동피질에서 시작하여 팔, 다리 및 안면으로 내려가는 운동신경은 대뇌를 내려가다가 연수에서 교차하므로 좌우 한쪽에 뇌 문제가 생기면 그 반대쪽의 팔, 다리 및 안면에 마비가 발생하게 된다.
전신마비	뇌줄기(뇌간)이 손상된 경우에 나타난다. 뇌줄기는 뇌 전체에서 좌우의 대뇌 반구와 소뇌를 제외한 나머지 뇌의 맨 아랫부분이다.
감각이상 및 감각소실	통각, 온각 및 촉각 등 피부의 모든 감각은 말초신경을 통해 척추신경에 전달되고 척수에서 교차하여 반대쪽 뇌에 도달한다. 그러므로 한쪽 뇌의 기능에 이상이 생기면 그 반대쪽의 얼굴, 몸통 및 팔다리의 감각에 이상이 생기게 되어 남의 살 같거나 저리고 기분 나쁜 느낌이 생기는 경우도 있고, 닿는 감각이나 아픈 감각이 떨어지기도 한다.
안면신경마비	안면신경을 담당하는 뇌의 영역이 손상을 입으면 얼굴 근육의 운동을 담당하는 안면신경이 마비된다. 이 경우 마비된 반대편으로 입이 끌려가게 되고 마비된 쪽의 눈은 잘 안 감기게 되는데, 반신불수와 동반되는 경우가 많다.
언어장애	실어증을 말하며, 대부분 사람들의 언어중추가 있는 좌측 대뇌의 손상으로 우측 편마비와 함께 나타난다.
발음장애 (구음장애)	혀, 목구멍, 입술 등의 근육 마비, 삼킴장애 동반 가능
연하장애	음식물을 잘 삼키지 못하고 사레가 잘 걸리며, 때로는 침을 삼키지 못하여 침을 흘린다.
운동실조	마비가 없는데도 손발이 마음대로 조절되지 않으며 걸을 때 자꾸 한쪽으로 쏠려 넘어지게 되는데, 소뇌의 손상을 의심할 수 있다.

증상	세부 내용
시야, 시력장애	뒤통수엽(후두엽)에 뇌졸중이 생겼을 때 반대쪽 시야에 나타나는 증상으로, 한쪽 눈이 안 보이거나 시야의 한 귀퉁이가 어둡게 보인다.
복시	한 물체가 똑똑히 보이지 않고 두 개로 겹쳐 보인다. 뇌간 뇌졸중 때 나타남
치매	대개 두 번 이상의 반복적인 뇌졸중이 생기면 기억력, 판단력 등 지적 능력이 떨어지고 동작이 서툴러지고 대소변도 잘 못 가린다. 감정 조절이 안 되어 괜히 울거나 쓸데없이 웃기도 한다.
두통	뇌졸중 환자의 첫 증상으로 심한 두통과 반복적인 구토에 이어 의식장애가 나타나는데, 이는 뇌압이 높아져서 발생하는 것이다. 만성적 또는 간헐적인 두통은 뇌졸중이 그 원인은 아니다.
어지럼증	우리 몸의 평형을 담당하는 소뇌와 이와 연결되는 뇌간에 혈액 공급이 부족할 때 올 수 있는 증상으로, 메스껍고 토하는 증상과 함께 몸의 균형을 잡지 못하게 된다. 내이(청각과 평형감각을 담당하는 귀 안쪽 부분)의 질병 때문에 생기는 어지럼증과 구별하기 힘들 때가 있지만 뇌졸중의 경우는 의식장애, 한쪽 팔다리의 마비 및 감각 손실 등의 다른 임상증상들을 동반하는 경우가 많아 구분이 가능하다.

(4) 파킨슨병

파킨슨병은 1817년에 제임스 파킨슨(James Parkinson)이라는 영국 의사가 손 떨림, 근육 경직, 자세 불안정 등의 특징적 양상을 보이는 환자들에게 '떨림 마비'라는 이름을 붙이면서 처음 알려졌다. 그러나 정확한 의미에서 파킨슨병 환자들의 증상은 마비라고 하기보다는 동작이 느려지는 운동 완서(緩徐)로 '느리고 천천히 움직이다'라는 의미다. 이 질환의 이름은 이것을 처음으로 기술한 제임스 파킨슨의 이름을 따서 지칭하고 있으며 파킨슨병, 특발성 파킨슨증후군, 이차성 파킨슨증후군 등 여러 용어가 사용되고 있다. 파킨슨병은 대표적인 신경퇴행성 질환 중의 하나다. 신경퇴행성 질환이란 신경세포들이 어떤 원인에 의해 소멸하게 되어 이로 인해 뇌 기능의 이상을 일으키는 질병을 지칭하는 용어다. 대표적인 신경퇴행성 질환으로는 알츠하이머병이나 파킨슨병, 드물게는 루게릭병 등을 예로 들 수 있다.

파킨슨병은 뇌의 흑질(substantia nigra)에 분포하는 도파민의 신경세포가 점차 소실되어 발생한다. 병의 특성상 만성, 퇴행성, 진행성을 가진다. 파킨슨병 환자는 60세 이상 인구의 약 1% 정도로 추정된다. 파킨슨병의 원인은 아직까지 밝혀지지 않았다. 현재 유전적 인자와 환경적 인자가 상호작용을 일으킨다는 '다인성 가설'이 가장 보편적으로 받아들여지고 있다. 대부분의 파킨슨병 환자들은 가족력 없이 발병하지만, 약 10% 정도에서는 가족성 파킨슨병이 나타나고 있다. 노화가 파킨슨병의 위험요소로, 나이가 증가할수록 발생 빈도가 높아진다.

Tip

알츠하이머병 (Alzheimer's disease)

치매를 일으키는 가장 흔한 퇴행성 뇌질환으로, 서서히 발병하여 기억력을 포함한 인지 기능의 악화가 점진적으로 진행되는 병

파킨슨병의 주요 증상은 떨림으로, 초기에는 편측에서 시작되어 병이 진행되면서 전체 혹은 혀 같은 국소부위로 확산된다. 근육의 긴장도가 증가되어 관절의 경직도 발생한다. 완서근 움직임이 느린 상태가 되며, 이는 초기에 흔히 나타난다. 일상생활에서는 소근육 움직임의 제한이 나타나고, 신변처리 기능에서 시간이 오래 걸리며 제한이 발생한다. 이외에 흔히 발생하는 임상적 증상으로 자율신경계 증상, 신경정신과적 증상, 인지기능장애, 수면장애, 통증, 피로, 후각장애 등이 있다.

▶ 뇌병변장애의 특성

뇌병변장애의 특성 중에서 가장 중요한 점은 뇌의 손상 부위에 따라 그 부위가 관장하는 영역의 장애가 발생할 수 있다는 점이다. 또한 인지를 담당하는 부분에 손상이 없으면 인지는 정상적이라는 점에 주의를 기울여야 한다. 뇌병변장애의 특징 중에서 신체(지체)장애가 흔하게 발견될 수 있다.

뇌병변장애의 특성은 지체장애의 특성과 많은 부분에서 유사하다.

- ㉠ 뇌병변장애는 기질적 병변에 의해 복합적이고 중복장애를 유발한다. 감각, 정서, 지능 등에서 여러 뇌와 관련된 장애가 동반될 수 있다.
- ㉡ 뇌병변장애는 나이가 들어갈수록 사지의 변형 같은 인체 기능의 장애가 심해질 수 있다.
- ㉢ 장애 정도에 따라 자가 보행과 신변처리부터 휠체어 이용과 의존적 신변처리까지 인체의 운동학적 기능, 일상생활 기능에 제약을 받을 수 있다.
- ㉣ 뇌병변장애는 후천적 장애의 비율이 높다. 후천적 장애는 심리적·사회적 문제를 고려하여 프로그램 작성이 필요하다.
- ㉤ 뇌병변장애 같은 후천적 장애는 사회적응에 어려움이 많다. 의사소통, 감정적·사회적 변화를 감당할 수 있도록 지속적인 격려가 필요하다.
- ㉥ 운동 기능과 관련되어 근육의 긴장도가 높거나 저긴장 또는 불수의적 움직임이 동반된다.

▶ 뇌병변장애의 재활승마 지도 전략

인지 기능에 손상이 있는 경우에는 말로 설명하기보다는 그림과 같은 시각적 교육 도구를 사용하는 것이 이해를 높일 수 있다.

㉠ 과제 분석을 통한 개별화교육프로그램(지도안) 작성이 필요하다.

ⓒ 이동 시 안전사고에 유의해야 하며, 이동 동선을 고려하여 잡을 수 있는 곳이나 쉴 수 있는 곳이 필요하다.
ⓒ 뇌성마비장애와 같이 치료가 필요한 장애인이면 치료와 재활승마 병행이 이상적이다.
ⓔ 재활승마지도사의 휠체어 및 보조기구에 대한 이해와 활용 능력이 필수적으로 요구된다.
ⓜ 기승자가 특정 자세에 과도한 힘을 주는 것은 장애를 가중시키거나 낙마할 수 있으므로 주의가 필요하다.
ⓗ 기상자의 재활승마 후 문제점을 파악하여 기능적 제한을 극복할 수 있는 재활승마에 대한 적응이 필요하다.

▶ **뇌병변장애의 재활승마 지도 시 고려사항**
ⓐ 뇌성마비가 있는 사람들을 위한 재활승마 프로그램을 계획하기 전에 평형성, 협응력, 균형, 동체 안정 등을 평가해야 한다.
ⓑ 중증 사지마비의 경우 말 위에서 목과 몸통을 가눌 수 없고, 무릎이 서로 압박되거나 엉덩관절의 변형 등으로 재활승마가 적용되지 않을 수도 있다.
ⓒ 대다수의 뇌병변장애는 복용하는 약물이 있을 수 있다. 이러한 약물에는 정서 및 운동 기능에 영향을 미칠 수 있는 약물도 있으므로 복용하는 약물의 특성과 효과를 파악해야 한다.
ⓓ 의도하지 않게 흔들리는 팔과 다리를 보완하고 고정하기 위해 고삐를 반드시 마방굴레에 연결하거나 고무줄을 이용해 등자를 복대에 고정할 필요가 있다.
ⓔ 파킨슨병과 같이 균형(평형)감각에 문제가 있는 경우에는 낙마에 주의를 기울여야 한다.
ⓕ 뇌성마비 장애인은 신경심리학적 측면에서 보면, 갑자기 어떠한 물체를 접하게 되면 몸의 경련과 경직이 순간적으로 발생하여 균형을 잃게 되는 경우가 있다.
ⓖ 외상성 뇌손상 중에서 공격적인 성향, 화를 참지 못하고 충동적이고 주의력 결핍 등과 같이 사회성 결함을 보이는 경우가 있어 중재가 필요하다.

3) 시각장애

시각은 오감 중에서 가장 중요하다. 시각은 외부의 정보를 받아들이는 데 있어서 70~80%를 차지하고 있다. 따라서 정상적인 인지적·심동적 발달을 하는 데 있어서 대단히 중요하다. 외부의 시각적인 정보는 수정체를 통해 망막에 맺힌 상을 시신경을 통해 뇌의 시각중추에서

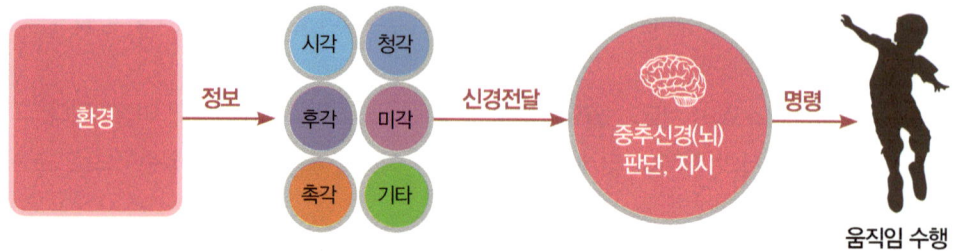

그림 2-36 감각 정보를 통한 움직임

정보로 해석하고, 원심성 신경인 운동신경을 통해 움직임을 수행한다(그림 2-36).

신체활동 과정에서 시력은 자기 위치와 이동에 대한 정보를 제공하고, 다른 사람의 신체활동을 모방하며, 피드백 같은 중요한 역할을 한다. 다른 장애인들과 같이 시각장애인도 신체활동 참여의 기회가 제한될 뿐만 아니라 신체활동을 위한 학습에서도 시각 결손으로 어려움을 겪는다. 시력 손상으로 신체활동에 중요한 요소가 되는 자기 위치를 파악하고 이동을 위한 자료 획득의 어려움과 신체활동의 모방과 피드백에 대한 어려움을 겪게 되지만, 지속적인 신체활동은 자기 위치와 이동에 대한 자신감을 획득하고 건강과 사회성을 확보할 수 있다.

시각장애란 일상생활에서 장기간 또는 지속적으로 눈의 기능장애를 포괄적으로 나타내는 것을 말하며, 이러한 장애를 가진 자를 '시각장애인'이라고 한다. 일반적으로 시각 기능은 시력(visual acuity)과 시야(visual field), 색각(color perception)으로 분류된다. 「장애인복지법」과 「장애인 등에 대한 특수교육법」에서 중요한 시각 기능은 시력과 시야로, 시각장애인은 시력장애와 시야결손장애로 구분한다.

시력은 눈으로 볼 수 있는 명료도 또는 선명도를 의미한다. 얼마나 멀리 볼 수 있는가 하는 정도이며, 정상인의 시거리(visual range)에 비해 시각장애인의 시거리는 1/10에 해당한다. 시야는 보이는 범위 또는 각도로 표기된다. 눈이 한 점을 주시하는 영점(null point)에서 그 눈이 볼 수 있는 범위를 말한다. 인간의 시야는 수평시야와 수직시야로 구분된다. 수평시야는 시선을 한 점에 고정한 경우 150°로, 수직시야는 눈썹에서 뺨까지 140°의 범위를 갖는다. 주시점에서 30°까지 범위인 중심시야가 손상될 경우 똑바로 보는 것이 어렵고 색을 지각하지 못한다.

「장애인복지법」상 시각장애의 최소 요건은 ① 나쁜 눈의 시력이 0.02 이하인 사람, ② 좋은 눈의 시력이 0.2 이하인 사람, ③ 두 눈의 시야가 각각 주시점에서 10° 이하로 남는 사람, ④ 두 눈의 시야 2분의 1 이상을 잃은 사람이다. 장애를 갖게 된 시기를 기준으로 선천적인 시각장애와 후천적인 시각장애로 구분하며, 후천적인 시각장애는 '중도시각장애'라고도 한다. 인지적·심동적 발달에 있어 시각이 제한된 선천적인 장애가 중도시각장애에 비해 장애가 심하고 발달이 지체된 경우가 많다. 시각장애인이 재활승마를 할 경우 시각장애의 특성상 구부러진 자세가 만들어지기 쉬운데, 승마자세를 통해 이를 올바른 자세로 유도할 수 있다는 장점이 있다.

▶ 시각장애의 특성

시각장애의 가장 중요한 특성은 시각의 제한이다. 시각적인 외부 정보의 제한에 의해 전체적인 발달이 지연될 수밖에 없다.

㉠ 시각적인 제한이나 경험 부족이 인지 발달에 영향을 미칠 수도 있다.
㉡ 시각적 결함으로 인한 사회적 상호작용의 시작 및 유지에 어려움이 있다.
㉢ 시각능력의 한계로 인한 자신감 부족과 지나치게 의존하려는 경향이 있다.
㉣ 비장애 학생과 비교할 때 지능의 차이는 없으나 시각적인 제한으로 학업성취도가 낮다.
㉤ 활동의 제한으로 인해 전반적인 심동적 영역의 발달이 저하되어 있다.
㉥ 시각적인 장애로 인해 머리나 몸을 보호하기 위해 자세가 변형되어 있다. 구부린 자세, 몸을 뒤쪽으로 기울이는 등
㉦ 시각장애로 인해 시각장애인만의 상동행동(stereotyped behaviors)인 블라인디즘(blindism)이 고착화되어 있다.

Tip

블라인디즘 (blindism)
시각장애인만이 가지고 있는 독특한 상동행동으로, 시각 자극의 결여를 보상받기 위한 자기 자극 행동. 눈을 손으로 누르거나 몸을 흔드는 등의 행동. 다른 사람에게 부정적인 영향을 주어 사회적 통합이 어려움

▶ 시각장애의 재활승마 지도 전략

> **보충** 시각장애인을 위한 승마장의 환경적인 적응
>
> 오른쪽의 승마장 전면도에서 보는 바와 같이 시각장애인을 위해서는 마장의 주요 지점(사각마장인 경우 각 코너 부분이나 장애물 넘기를 하는 경우 장애물 옆 등 기승자와 사전 약속이 되어 있는 부분)에 벨을 들고 서 있는 고지자를 배치한다. 시각으로 획득할 수 없는 위치정보를 청각을 이용해 제공할 수 있다. 기승자, 지도사, 고지자는 서로 약속에 의해 기승자가 고지자의 일정 위치에 도달하면 사전에 약속된 벨을 울려주기 시작한다. 헬멧의 수신기가 있는 무전기로 청각 정보를 제공하는 것도 좋은 방법이다.

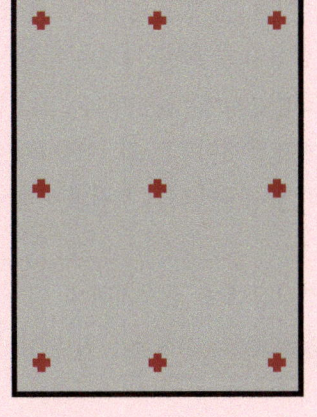

㉠ 재활승마지도사는 언어적인 피드백을 자세하고 명료하게 제시할 수 있어야 한다. 예를 들어 '여기', '저기', '거기' 등이 아닌 구체적으로 오른쪽 몇 ㎝(m), 위쪽으로 ㎝(m) 등으로 제시해야 한다.
㉡ 다른 장애 영역보다 교감 활동이 중요하다. 촉각을 사용하여 말에 대한 친밀감을 형성할 수 있도록 격려한다.
㉢ 저시력장애를 위해 큰 글씨를 활용하거나 주변 환경과 대조를 이루는 색을 사용하여 정보를 전달한다.
㉣ 승마 자세나 움직임에 대한 교육을 할 때 사이드워커에게 자세를 취하게 함으로써 시각장애인이 촉각(운동적)을 이용하여 습득하게 하는 것이 효과적이다.

▶ **시각장애의 재활승마 지도 시 고려사항**
㉠ 시각적인 정보의 제한 대신에 청각적인 정보의 제공을 항상 염두에 두어야 한다.
㉡ 승마장에 대해 기승자가 정확히 숙지하고 있는 것이 중요하다. 탈의실, 화장실 등을 포함한 승마장 내의 모든 시설에 대해 공간 정향 능력이 만들어질 수 있도록 지속적으로 반복하여 숙지시킨다.
㉢ 저시력장애의 경우 말의 색과 대조적인 고삐를 사용하고, 마장의 경계나 내용물에 분명히 차이가 나도록 표시한다.
㉣ 언어적인 피드백이나 음향을 지속적으로 제공하는 것이 좋다. 옆이나 사각보다는 앞에서 제공하는 것이 바람직하다.

4) 청각장애

청각은 시각에 이어 매우 중요한 감각이다. 청각은 외부의 음파가 외이도, 고막, 청소골, 달팽이관, 청세포, 청신경을 통해 대뇌에 신호로 전달된다(그림 2-37). 이러한 청각전도로에 손상이 발생하거나 손상에 따른 기능적인 제한이 발생할 때 청각장애가 된다. 청각장애는 구조적 손상에 따른 기능적인 손상을 야기한다. 청각에 관련된 기관은 인체 내부에 있고, 그 장애가 뚜렷이 밖으로 나타나지 않는 특성을 가지고 있다. 인간은 사회적 동물인데 청각장애가 발생하면 다른 사람과 함께 살아가는 환경에서 의사소통을 하는 데 제한적이 될 수밖에 없다.

청각장애란 청각기관의 어느 부위에 손상(impairment)을 입어 듣는 능력에 불능(disability)을 가져오게 한 다양한 정도를 포괄하여 말한다. 청각장애는 청력장애와 평형기

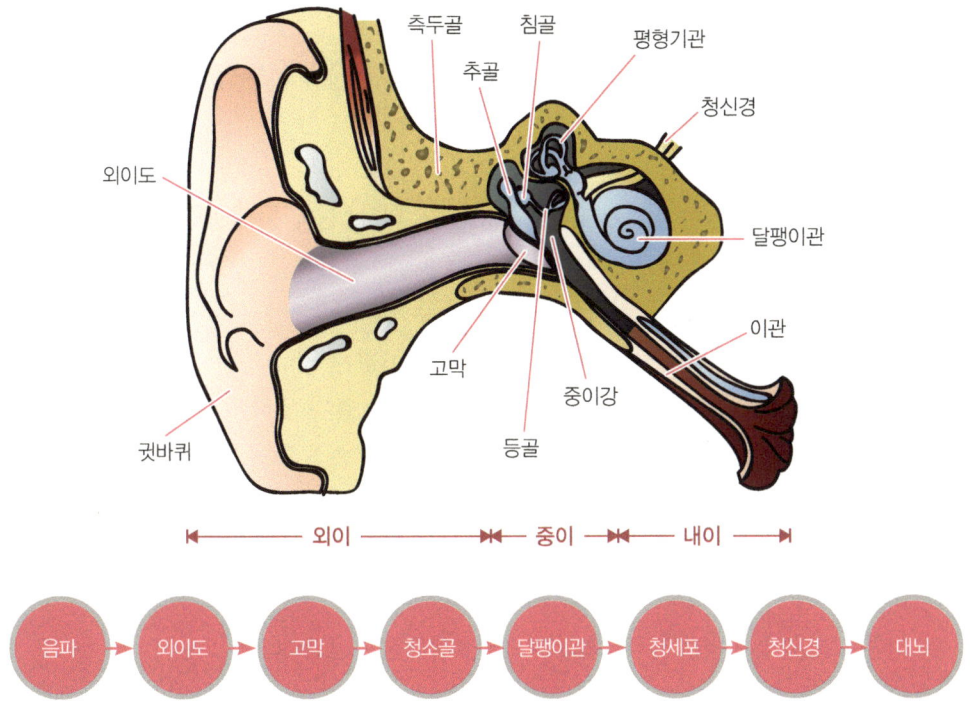

그림 2-37 청각 정보의 전도

능장애로 구분된다. 청력(auditory acuity)은 소리의 강도에 대한 청각의 감수성이다. 소리의 강도를 나타나는 데는 '데시벨(dB)'이라는 단위를 사용한다. 청력장애는 청력 손실로 인해 청각기관을 통해 음성언어 등과 같은 음을 수용하는 데 어려움을 겪게 된다. 따라서 정확한 음을 인지하는 데 제한적이고, 음성언어의 표현에도 제한적이 될 수밖에 없다.

평형기능이라 함은 공간 내에서 자세 및 방향감각을 유지하는 능력을 말하며 시각, 고유수용감각 및 전정기관에 의해 유지된다. 평형기능장애는 공간 내에서 자세 및 방향감각을 유지하는 능력에 제한적이 될 수밖에 없다. 평형기능장애는 전정기관의 손상에 의해 발생한다. 전정기관은 귀의 가장 안쪽에 있는 내이에 위치하며, 몸의 균형을 담당하는 평형기관이다. 전정기관은 세반고리관, 타원주머니, 둥근주머니로 구성된다. 이들 내부는 내림프액으로 채워져 있으며 다양한 크기의 이석이 중력과 회전, 가속 등의 운동 상태를 감지한다. 평형감각장애의 경우 전정기관 내 림프액이나 이석, 또는 신경세포나 전기적 자극 전달의 문제가 장애의 원인이 될 수도 있다. 평형기관에 문제가 있는 경우 어지럼증을 느끼면 종종 쓰러질 수도 있어서 정상적인 사회생활에 어려움을 겪을 수 있다.

▶ 청각장애의 특성

청각장애의 가장 중요한 특성은 청각의 제한이다. 청각을 활용한 외부 정보의 제한에 의해 전체적인 발달이 지연될 수밖에 없다.

㉠ 비장애인에 비해 정상 지능지수를 갖고 있지만, 의사소통에 문제가 있어서 학업성취수준이 비장애인에 비해 낮다.
㉡ 청각장애가 원인이 되어 감각지각장애를 가질 수 있다.
㉢ 청각장애가 원인이 되어 원활한 의사소통에 문제가 될 수 있다.
㉣ 청각적인 정보의 수용이 어려워 안전사고의 위험성이 클 수 있다.
㉤ 신경계 손상으로 인한 청력 손상 시 회전 및 위치감각 손실 또는 평형감각 손실이 올 수 있다.
㉥ 비장애인에 비해 운동 발달이 평균 이하로 저하되어 있다.
㉦ 비장애인에 비해 체력적인 요인들의 저하되어 있다.
㉧ 다른 장애 영역에 비해 청각장애의 사회적인 유대감은 공고하다.

▶ 청각장애의 재활승마 지도 전략

재활승마 지도를 위해 기승자의 장애에 대한 이해는 필수다. 청각장애는 청각적인 정보가 제한되어 있는 만큼 청각을 대신할 수 있는 시각적인 정보를 제공할 수 있는 서비스, 훈련, 기구, 자료 또는 시설이 필요할 수 있다.

㉠ 신호나 사인 등을 빛 같은 시각적인 신호, 색 구별 등 다양한 정보 제공이나 지도가 가능하다. 예) 깃발, 발광 시스템, 문자 카드 등
㉡ 재활승마지도사는 청각장애인의 정면 위치에서 설명해야 한다. 구화가 가능한 학생들에게 정확한 입모양으로 느리고 정확하게 정보를 전달해야 한다.
㉢ 시각적인 지도방법으로 시범(demonstration)을 활용하여 움직임을 설명하는 것이 효과를 높일 수 있다.
㉣ 상향식(bottom-up) 방식으로 한 동작 한 동작 부분적인 움직임을 순서대로 하게 하여 그것이 전체적인 움직임으로 연결하는 것이 좋다.
㉤ 모방(modeling), 피드백(feedback), 이해 확인이 중요하다.

▶ **청각장애의 재활승마 지도 시 고려사항**

㉠ 청각장애인은 귀의 감염이나 문제가 있어 치료가 필요한 경우 재활승마와 치료를 병행해야 한다.
㉡ 응급 사항을 알리는 시각적인 사인에 대한 사전 약속이 되어 있어야 한다.
㉢ 구화가 가능한 경우라면 재활승마지도사가 지도하는 것이 가능하지만, 아닌 경우라면 수화 통역사가 필요할 수도 있다.
㉣ 수업하기 며칠 전에 미리 수업 계획을 제공하여 통역사나 기승자가 수업에 대해 이해할 수 있도록 한다. 특히 승마전문 용어 등 특수한 용어에 대해서는 목록 및 설명된 내용을 제공한다.
㉤ 평형기능장애의 경우, 대부분 어지럼증이나 평형 기능의 문제로 인해 기승할 수 없다.

5) 언어장애

인간은 생각과 의사소통의 도구로 언어를 사용한다. 언어는 생각이나 느낌을 나타내거나 전달하기 위해 사용하는 음성·문자·몸짓 등의 수단이다. 의사소통 과정은 뇌에서 전달하고자 하는 뜻이 구상되고 이를 표현하는 낱말과 말소리가 선택되면 특정 기관에서 말소리가 만들어져 의사를 전달하게 된다. 이때 뇌 조직이 관장하는 부분을 '언어(language)'라고 하며, 주변 기관에서 소리를 만드는 부분을 '말(speech)'이라고 한다.

언어는 형태와 내용, 사용으로 구분되어 있다. 형태는 소리를 의미 있는 기호와 연결시키는 언어적 요소다. 내용은 언어의 의미이며, 사용은 언어 활용을 규정하는 규칙이다. 말은 의사소통을 위해 호흡계, 후두, 구강 등이 소리를 만드는 운동과정을 말한다. 즉 말을 만드는 과정은 횡격막과 늑간근, 복근, 흉쇄유돌근이 작용하는 호흡과정, 후두에서 소리를 만드는 발성과정, 그리고 혀와 턱 그리고 인두근의 움직임에 따른 조음과정으로 나눌 수 있다.

언어장애란 말이 다른 사람의 말과 달라서 말 자체에 주의를 끌게 하거나, 의사소통을 방해하거나, 말하는 사람이나 듣는 사람을 괴롭히는 원인이 될 때를 말한다. 언어장애는 음성장애와 언어장애로 구분된다. 음성장애는 단순한 발음(조음)장애 및 유창성장애(말더듬)을 포함하는 구어장애를 말한다. 언어장애는 언어중추 손상으로 인한 실어증과 발달기에 나타나는 발달성 언어장애를 포함한다.

의사소통을 위해 언어를 사용하고 이해함에 있어서의 결함으로, 다른 발달 영역(인지, 사회성, 운동)에 비해 언어 영역의 발달에 현저한 장애가 있는 것을 말한다. 한편, 언어발달지체란 정상적인 언어발달 단계를 거치지만 다른 아동들에 비해 발달 속도가 유난히 느린 경우를 지칭한다. 언어발달지체가 있는 아동에서 전반적인 발달지체를 보일 수 있으며, 정신지체나 발달장애와 중복될 수 있다.

▶ 언어장애인의 재활승마 지도 전략

언어장애인의 경우 청각장애인의 지도 전략을 활용하는 것도 좋은 방법이 될 수 있다.

㉠ 일반적으로 언어장애는 의사소통 기술의 부족으로 인해 낮은 자존감을 보이거나 사회적 어려움을 겪을 수 있다. 따라서 심리적인 지원이 중요하다.
㉡ 중복장애가 아닌 유창성장애 같은 경우 운동 기능은 정상적일 수 있다. 의사소통에 대한 지원을 고려하고, 재활승마 지도는 정상적으로 지도할 수 있다.
㉢ 언어장애인과 의사소통 시에는 인내를 가져야 한다. 표현언어와 수용언어에 있어서 이해를 하지 못할 수도 있다. 또는 반응이 느릴 수 있음을 인지해야 한다. 따라서 시각적인 정보를 제공할 수 있는 그림, 시범 등을 제공해야 한다.
㉣ 문장은 간단하게 제시되어야 하고, 그에 대한 대답도 '예, 아니오'로 할 수 있도록 적절한 문장을 사용해야 한다. 몸짓언어의 사용도 적절하다.
㉤ 구화나 수화 사용이 가능한 경우, 앞에서 이야기하는 자세가 바람직하므로 환경적인 부분에서 조명은 밝게 하는 것이 좋다.

6) 안면장애

우리는 사람을 처음 대할 때나 의사소통을 할 때 그 사람의 얼굴(顔面, face, 안면)을 보고 말한다. 이렇듯 얼굴은 사람들과 대면하는 데 있어서 대단히 중요하다. '안면부'라 함은 팔과 다리, 몸통 이외에 머리, 얼굴, 목, 귀와 같이 일상적으로 노출되는 부분을 의미한다. '노출된 안면부'라 함은 앞머리와 옆머리, 귀 뒤의 모발선과 정면에서 보았을 때 목의 앞면과 뒷면을 구분하는 수직선을 연결한 선을 경계로 얼굴, 귀, 목의 앞면을 포함한다.

안면장애는 안면 부위의 변형 또는 기형으로 인해 사회생활을 하는 데 있어서 상당한 제한을 받는 것을 말한다. 선천성 기형, 후천적 사고 및 질환, 화상 등으로 인해 안면 부위의 색, 모양, 혹 등이 변형을 보여서 사회생활 활동에 상당한 지장이 있는 경우에 안면장애로 분류한다. 안면장애에는 눈에 띄는 면상 반흔, 색소침착, 모발 결손, 조직의 비후나 함몰, 결손이 포함된다. '반흔'은 흉터를 의미하며, 손상되었던 피부가 치유된 흔적이다. '함몰'은 인체 내부로 움푹 들어간 것을 말한다. '비후'는 조직이 불필요하게 커져 있는 상태를 의미한다. 다

> **Tip**
> **유창성장애**
> 입으로 주고받는 말의 정상적인 흐름이 방해를 받아 말하기의 시간 맞추기와 리듬이 부적당한 패턴으로 되는 현상으로 말더듬증과 말빠름증(속화)이 있다.

시 말해, 안면에 큰 흉터가 있거나 모발 결손, 비후나 함몰, 결손 등이 안면의 60% 이상을 차지하는 경우 또는 코 형태의 3분의 2가 없어졌을 경우를 '안면장애'라고 정의한다. 유전 등의 선천적 원인과 화상이나 사고 등으로 발생한 후천적 원인으로 분류할 수 있다.

▶ **안면장애인의 재활승마 지도 전략**

안면 장애는 대분류 상에서 신체적 장애로, 중분류 상에서 외부 신체 기능 장애로 분류되어 있지만, 운동을 포함한 신체 기능에는 문제가 없는 경우가 대부분이다. 또한 안면장애의 특성상 대인기피증, 우울증, 사회적 적응에 문제가 있을 수 있다.

㉠ 심리적인 문제가 클 경우에는 기승술보다 교감활동 위주의 프로그램으로 진행하는 것이 좋다.
㉡ 화상 장애인의 경우, 화상에 의해 관절가동범위와 척주의 가동성에 제한이 있을 수 있다.
㉢ 화상 장애인의 경우, 오랜 기승으로 하지 등에 피부 발진 등의 문제가 있을 수 있다. 따라서 재활승마지도사의 세심한 주의가 필요하다.

> **보충 독특한 요구와 적응**
>
> **독특한 요구(unique needs)**
> 모든 인간은 어떠한 일을 하고자 할 때 신체적·정신적·정서적 문제를 해결하기 위해 필요로 하는 사항들이 있을 수 있다. 사람에 따라서는 그 필요 정도가 다른 사람들보다 크거나 심하여 한계를 극복할 수 있도록 보완, 보충, 지원 등이 필요하다. 장애인은 비장애인에 비해 독특한 요구의 폭이 크고 다양할 수 있다.
>
> **적응(adaptation)**
>
>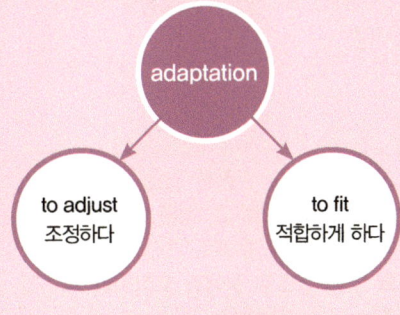

적응은 독특한 요구가 있는 모든 사람들이 적절하게 활동할 수 있도록 규칙, 방법, 도구를 수정하고 변형하는 것이다.

장애인이 재활승마를 하기 위해서는 위와 같이 지도방법, 기승과 하마 방법, 안장과 고리의 수정이 필요할 수도 있다. 성공적인 재활승마를 위해 재활승마지도사는 각 장애 영역에 맞추어 기승자의 독특한 요구를 파악하고 최적의 적응을 제공하는 것이 가장 중요하다.

왼쪽 사진은 재활승마를 위한 적응 안장이다. 안장 뒤쪽에 허리 받침과 벨트를 적용하여 체간의 움직임이 제한되어 있는 지체장애나 뇌병변장애를 위한 최적의 안장을 제공할 수 있다.

2. 내부 신체 기능의 장애

장애의 대분류에서 신체적 장애로 분류되고, 신체적 장애에서는 내부 기관의 장애로 중분류된다. 내부 신체장애는 6개의 소분류로 구분되며, 그 내용은 신장, 심장, 간, 호흡기, 장루·요루, 뇌전증이다. 세부 분류 및 판정에 관한 내용은 〈표 2-16〉과 같다.

표 2-16 내부 신체장애의 세부 분류 및 판정

소분류	세분류	판정시기	판정과	등급
신장장애	투석치료 중이거나 신장을 이식받은 경우	3개월 이상 지속적으로 혈액투석 또는 복막투석치료를 받고 있는 사람 또는 신장을 이식받은 사람	외과, 내과	2급 5급
심장장애	일상생활이 현저히 제한되는 심장 기능 이상	1년 이상의 성실하고 지속적인 치료 후에도 호전의 기미가 거의 없을 정도로 장애가 고착되었거나 심장을 이식받은 사람	내과(순환기분과), 소아청소년과 또는 흉부외과	1~3급
간장애	일상생활이 현저히 제한되는 만성·중증의 간 기능 이상	현재의 상태와 관련한 최초 진단 이후 1년 이상이 경과하고, 최근 2개월 이상의 지속적인 치료 후에도 호전의 기미가 거의 없을 정도로 장애가 고착되었거나 폐 또는 간을 이식받은 사람	내과(소화기분과), 외과 또는 소아청소년과	1~3급 5급
호흡기장애	일상생활이 현저히 제한되는 만성·중증의 호흡기 기능 이상		내과(호흡기분과, 알레르기분과), 흉부외과, 소아청소년과, 결핵과 또는 산업의학과	

소분류	세분류	판정시기	판정과	등급
장루·요루장애	일상생활이 현저히 제한되는 장루·요루	복원수술이 불가능한 장루·요루의 경우에는 장루(요루)조성술 이후, 복원수술이 가능한 장루(요루)의 경우에는 장루(요루)조성술 후 1년이 지난 시점	외과, 산부인과, 비뇨기과 또는 내과	2~5급
뇌전증장애	일상생활이 현저히 제한되는 만성·중증의 뇌전증	1. 성인의 경우: 현재의 상태와 관련하여 최초 진단 이후 3년이 경과하고, 2년 이상의 지속적인 치료를 받음에도 불구하고 호전의 기미가 거의 없을 정도로 장애가 고착된 시점 2. 소아청소년의 경우: 뇌전증 증상에 따라 최초 진단 이후 규정기간(1년 또는 2년) 이상의 지속적인 치료를 받음에도 불구하고 호전의 기미가 거의 없을 정도로 장애가 고착된 시점	신경과, 신경외과, 정신과 또는 소아 청소년과 (소아청소년의 경우)	2~4급

1) 신장장애

신장(kidney, 콩팥)은 인체 내의 여과 장치로, 항상성(homeostasis)을 유지 및 조절하는 매우 중요한 기관이다. 신장의 인체 내 위치는 등뼈(흉추) 11번에서 허리뼈(요추) 3번 사이에 있고, 오른쪽 콩팥은 간 바로 아래에 위치하며 왼쪽은 가로막(횡격막) 아래 지라(비장) 근처에 자리한다. 간의 위치 때문에 오른쪽 콩팥은 왼쪽 콩팥에 비해 아래쪽에 위치한다(그림 2-38).

신장의 기능은 다음과 같다. 첫째, 대사산물 및 노폐물을 걸러서 소변으로 배출하는 배설 기능이다. 콩팥은 체내 대사과정의 노폐물 등 생체에 유독하고 불필요한 물질을 소변으로 배설한다. 또한 몸에 필요한 영양소는 신장에서 재흡수 과정을 거쳐 몸에서 재사용된다. 둘째, 체내 수분량과 전해질, 산성도 등을 좁은 범위 안에서 일정하게 유지하는 생체 항상성 유지 기능이다. 체내의 항상성을 유지하는 것은 수분대사 조절을 통해 세포외액량을 조절하거나 소듐과 포타슘 흡수 배설을 통해 전해질대사를 조절하기도 하고 산-염기의 균형(체내 산성도 유지)을 유지하는 일들로 이루어진다. 셋째, 혈압 유지, 빈혈 교정

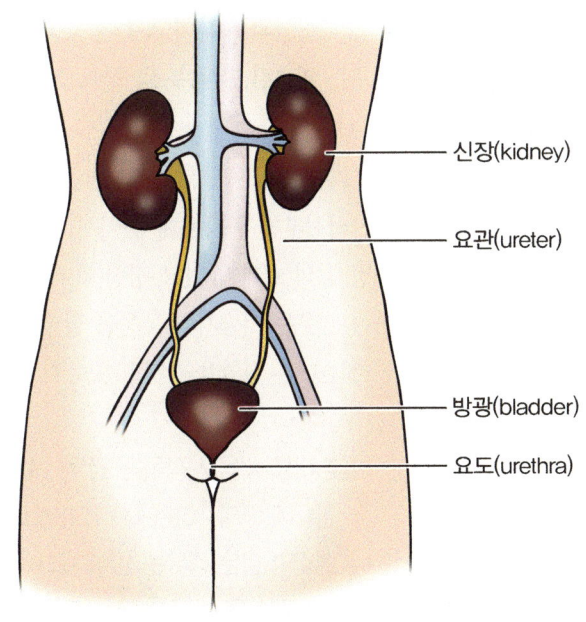

그림 2-38 신장의 위치

> **Tip**
>
> **항상성**
> **(恒常性, homeostasis)**
> 생명을 유지하기 위해 인체 내 환경을 항상 일정하게 유지하려는 성질. 예: 체온, 혈압 등

> **Tip**
>
> **혈액투석 (hemodialysis)**
> 인공 신장기를 이용하여 혈액 속 노폐물 제거, 신체 내 전해질 균형 유지, 과잉 수분을 제거하는 시술
>
> **복막투석 (peritoneal dialysis)**
> 환자의 몸 안에 있는 복막을 이용하는 투석 방법

및 칼슘과 인 대사에 중요한 여러 가지 호르몬을 생산하고 활성화시키는 내분비 기능이다. 그중에서도 신장에서 생성하는 호르몬 및 관련 물질로는 레닌이 있는데, 이는 혈압 및 유효 혈장량을 유지하는 역할을 한다. 또한 콩팥은 프로스타글란딘의 일부를 생성하고 생성된 프로스타글란딘은 콩팥 혈관을 확장시켜 혈류량을 증가시킨다. 콩팥에서는 조혈 인자인 에리트로포이에틴의 작용으로 혈액성분을 생산하는 골수를 자극하여 주로 적혈구계통 세포의 생산을 증가시키기도 한다.

신장장애인은 만성신부전을 가진 환자로, 보존적인 치료(식사나 약물치료)만으로 생명을 유지하는 것이 위험하고 일상생활을 유지하기 어려운 상황에 이르러 투석(혈액투석, 복막투석)을 시행하는 사람 또는 콩팥이식을 한 사람을 말한다. 혈액투석은 몸의 피를 일부 뽑아 그 속의 대사산물과 노폐물을 걸러내고 깨끗한 피를 다시 몸 안에 넣어주는 것을 의미한다. 복막투석은 혈액투석을 대신하여 복막 내에 투석액을 주입하고 수분과 노폐물을 제거하는 방법이다.

이상에서와 같이 신장의 기능 이상이 발생하면 신장의 기능과 관련되어 다양한 질병이 발생할 수밖에 없다. 신장의 문제가 1차적이라면 2차적으로 당뇨, 고혈압, 빈혈, 신부전 등의 다양한 질병이 발생한다. 만성신부전증으로 진행되면 정상적으로 소변을 통해 배설되어야 할 노폐물들과 수분이 몸속에 축적되고 전해질의 균형이 깨지는 등의 변화가 일어난다. 증상으로는 피로감, 식욕부진, 구토증, 야뇨증, 수면장애, 소화장애 등의 요독증이 나타난다.

▶ **신장장애인의 재활승마 지도 전략**

만성신부전 환자에게 있어서 운동은 신체적으로 심장 기능 강화, 혈액순환 향상, 합병증 예방 등의 효과가 있고 정신적·심리적으로도 효과가 있다. 신장장애를 가진 기승자를 지도하는 경우는 기승자가 운동을 할 수 있을 만큼 건강한지, 심장질환이나 고혈압 등 운동을 제한하는 다른 질환을 가지고 있는지 검토해야 한다.

- ㉠ 승마를 처음 시작하는 경우, 기승시간은 10분 내외로 짧게 정하고 신체의 적응력과 건강상태에 따라 10분에서 15분으로 점차 늘려간다.
- ㉡ 혈압약 같은 경우는 필히 체크해야 한다. 기승활동 중 혈압의 변화가 발생할 수 있다.
- ㉢ 복막투석을 하는 경우는 투석하는 동안 허리에 통증을 유발할 수 있으므로 바른 자세를 유지하는 것에 초점을 맞추고 투석으로 인한 상처 부위가 영향을 받지 않도록 한다. 때로는 기승활동을 중단해야 할 수도 있다.

ⓔ 너무 격렬한 운동이 되어 과다한 수분 섭취를 하게 되면 신장에 부담을 주게 되고 적절한 수분 섭취를 하지 않으면 근육경련 등이 올 수 있다.

ⓜ 재활승마의 강도, 시간에 대해 인지해야 한다. 강도와 시간이 높은 경우에는 인체 내 혈당, 체액의 변화를 초래한다. 당뇨병과 체액의 변화로 인체 내 불편감을 호소할 수 있다.

ⓗ 운동 중 심한 호흡곤란, 흉부 통증, 극심한 피로, 오심(가슴속이 불쾌하면서 토할 듯한 기분이 드는 증상) 등이 느껴지고 당뇨가 있는 경우는 저혈당 증상(배고픔, 식은땀, 두통, 떨림, 무기력, 가슴 두근거림 중 한두 가지 증상)이 느껴지면 승마활동을 마무리하고 하마한다.

ⓢ 신장장애인은 장기간 투병으로 인해 대인기피증과 우울증, 불안 증세가 있을 수 있다. 따라서 심리적인 지원이 필요할 수도 있다.

Tip
폐순환을 소(小)순환, 체순환을 대(大)순환이라고도 한다.

2) 심장장애

심장은 인체에서 생명 유지를 위해 가장 중요한 기관 중의 하나다. 심장은 전기적 자극에 의해 심근의 수축과 이완을 통해 혈액을 온몸으로 순환시키는 펌프의 역할을 수행한다. 심장은 가슴우리(흉곽) 안에 위치하고 있으며 총 무게는 250~350g 정도의 기관이다. 전기적 자극에 의해 움직이는 자동 펌프로 1분에 60~80회 심근이 수축한다. 심장은 크게 왼쪽 부분과 오른쪽 부분으로 나뉜다. 구체적으로 오른쪽과 왼쪽에는 각각 1개씩의 심방과 심실이 있고, 각 부분 사이에는 판막이 있다.

심장의 기능은 혈액의 지속적인 순환이며, 이를 통해 각 세포에 산소와 이산화탄소의 교환, 영양소와 대사산물의 교환이 이루어진다. 이를 '순환'이라고 하며, 폐순환과 체순환으로 구분한다. 폐순환은 온몸을 돌아 노폐물과 이산화탄소를 가지고 심장으로 돌아온 혈액을 폐로 보내 산소를 받아들이고 다시 심장으로 돌아온다. 체순환은 폐에서 심장으로 돌아온 혈액을 심장에서부터 폐를 제

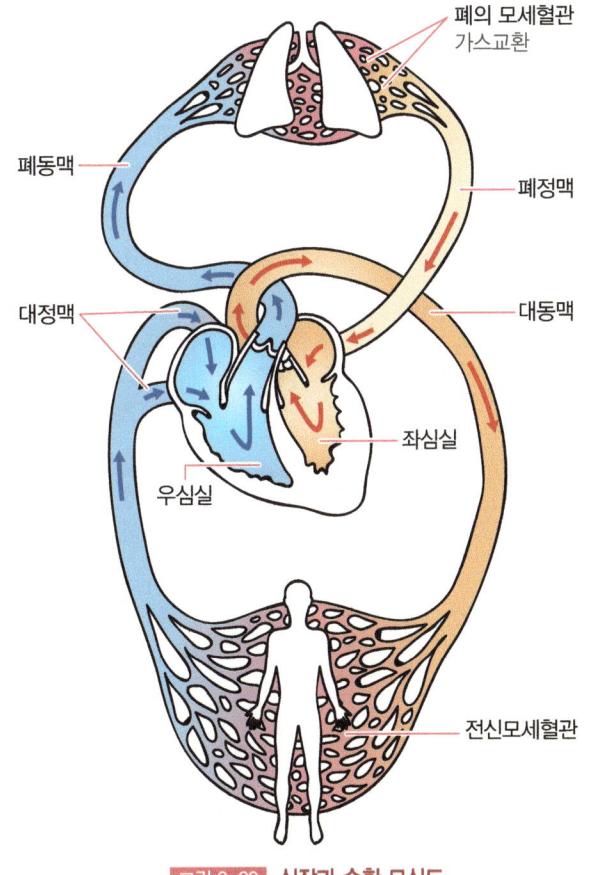

그림 2-39 심장과 순환 모식도

외한 온몸을 돌아 다시 심장으로 돌아온다(그림 2-39). 심장의 기능이 저하되면 온몸의 혈액 공급이 제한되어 순환에 대한 2차적인 문제들이 발생한다.

「장애인복지법」에서는 심장장애를 "심장 기능의 장애가 지속되며, 심부전증 또는 협심증 증상 등으로 일상생활에 현저히 제한되는 심장 기능 이상이 있는 사람"으로 정의하고 있다. 장애의 발생 시기에 따라 선천적, 후천적으로 분류할 수 있고 그 원인으로는 심장의 구조적, 기능적 장애, 심장 질환, 수술 등이 포함되어 있다. 심장장애는 관상동맥질환인 협심증, 심근경색, 심부전, 선천성 심장기형, 심장판막증, 부정맥 등이 원인이 되어 발생한다. 아래 표는 심장장애의 원인이 되는 대표적인 질환이다(표 2-17).

표 2-17 심장 질환의 종류

구분	질환명	세부 내용
선천	심실(심방) 중격 이상	심실(또는 심방)의 좌우 두 공간을 나누는 중격(벽)이 결손(구멍이 나는 것)되는 등의 이상으로 혈류가 비정상적으로 새는 상태다.
	판막의 이상	첨판의 수가 적거나 구멍(결손)이 있는 경우로, 혈액의 역류가 발생한다.
후천	심부전	**심장 기능 상실**: 여러 가지 원인에 의해 심장이 혈액을 펌프질하는 능력이 감소되고, 정상적으로 박동하더라도 충분한 양의 혈액을 온몸으로 보내지 못하는 상태다.
	부정맥	**정확하게 뛰지 않는 맥**: 심장 근육이 수축하기 위해서는 심장전도계가 지속적·규칙적으로 전기신호를 발생시켜야 하는데, 전도계의 이상으로 불규칙하거나 너무 빠르거나 느린 상태다.
	심근경색	심장혈관(관상동맥)이 혈전(피떡), 연축(전기적 이상) 등의 원인에 의해 갑자기 막혀서 심장 근육이 손상되는 질환이다. 일반적으로 '협심증'이라는 통증을 유발한다.
	허혈성 심장 질환	**관상동맥질환**: 심장혈관(관상동맥)이 좁아지거나 막히게 되어 심장 근육에 충분한 혈액 공급이 이루어지지 못할 때 나타나는 병이다. 일반적으로 협심증, 심근경색증, 급사로 나타난다.
	죽상 동맥경화	혈관의 가장 안쪽 막(내피)에 콜레스테롤 침착이 일어나고, 혈관 내피세포의 증식이 일어나 혈관이 좁아지거나 막히게 되어 그 혈관이 말초로의 혈류장애를 일으키는 질환이다.

▶ 심장장애의 재활승마 지도 전략

㉠ 심장장애로 인해 신체활동에 제한이 올 수 있다. 재활승마지도사는 기승자의 상태를 수시로 파악하여 운동량을 조절해야 한다. 운동 강도는 저강도, 기승시간은 짧은 시간

(5~10분)에 평보 위주로 운동을 시작하고, 기승자의 상태를 고려하여 점증적으로 증가시켜야 한다.
ⓒ 기승자가 심장에 대한 증상을 호소하거나 재활승마지도사가 증상을 발견할 경우 기승자를 즉시 하마시켜야 한다. 증상: 가슴 통증, 가슴 쓰림, 메스꺼움, 어깨 사이와 목에서 중복부 사이의 통증, 호흡 감소, 입술의 청색증, 어지러움, 사지의 청색증
ⓒ 장애가 중증인 경우에는 재활승마가 제한된다.
ⓔ 모든 재활승마지도사는 심폐소생술 자격을 갖춘 사람이어야 한다. 또한 승마장 내에 심장자동충격기(자동제세동기)가 구비되어 있어야 한다.

3) 간장애

간은 우리 몸에서 가장 큰 장기(기관)로, '인체 내 화학공장'으로 지칭된다. 가로막 아래 배의 오른쪽 윗부분에 위치한 적갈색의 장기다. 반구형으로 융기된 윗부분은 오른쪽 가로막 밑에 밀접하게 부착되어 있으며, 간동맥 및 문맥으로부터 이중의 혈액 공급을 받는다. 간은 오른쪽엽과 왼쪽엽으로 구분되며, 미세한 소엽(간소엽)으로 이루어져 있다(그림 2-40).

간의 기능은 다음과 같다. 첫째, 탄수화물 대사로 영양소의 소화와 흡수 과정에서 간으로 유입된 포도당, 아미노산, 글리세린 등이 글리코겐(glycogen) 형태로 저장된다. 글리코겐은 신체 내에서 필요 시 포도당으로 다시 전환되어 혈당을 유지하고 에너지를 생성한다.

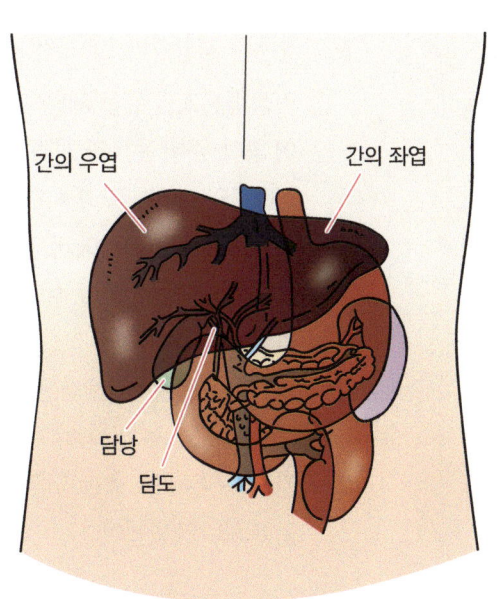

그림 2-40 간의 구조

둘째, 아미노산 및 단백질 대사 기능이다. 단백질은 소화 과정을 거쳐 간으로 유입되어 아미노산 풀(pool)을 형성한다. 간에서 단백질과 관련된 대다수의 동화와 이화 과정이 이루어진다. 이외에도 지방 대사, 담즙산 및 빌리루빈 대사, 비타민 및 무기질 대사, 호르몬 대사, 해독 작용 및 살균 작용 등 다수의 대사 작용이 간에서 이루어진다. 이렇듯 간은 여러 중요한 기능을 담당하므로 간 기능이 저하되면 여러 임상적 문제가 발생할 수밖에 없다.

간장애는 간 기능의 손상이나 이상으로 일상생활 활동이 어려워지는 장애를 말한다. 간경변증, 간세포 암종 같은 만성 간질환과 간성뇌증, 간 이식을 포함한다.

 Tip

문맥

문정맥의 줄임말. 척추동물의 위, 창자, 이자, 지라의 모세관을 돌고 온 정맥의 피를 모아서 간으로 나르는 굵은 정맥

| Tip | 표 2-18 간장애와 관련된 질환 |

간성뇌증

의식이 나빠지거나 행동에 변화가 생기는 증상으로 불면증, 성격의 변화, 졸림, 혼돈, 혼수, 발음 이상, 자세 불안정, 협조장애가 나타난다. 간성혼수는 간성뇌증이 가장 심한 단계이다. 간성뇌증은 간경변증의 말기에 나타나며, 간 기능의 현저한 저하가 근본 원인이고 변비, 위장관 출혈, 복막염 등의 각종 감염증, 수분과 전해질 불균형, 신기능 저하 등이 유발 요인이다.

질환명	세부 내용
간경변증	간경변증(liver cirrhosis)은 간세포에 손상을 주는 다양한 질환으로부터 발생하여 비가역적인 상태에 이르게 된다. 섬유화가 진행되고 정상적인 구조들이 비정상적인 결절로 전환된다.
간세포 암종	간암(liver cancer)이란 간의 대부분을 차지하는 간세포에서 기원하는 악성종양을 말한다.
간성뇌증	간성뇌증(hepatic encephalopathy)이란 간 기능 장애가 있는 환자에서 의식이 나빠지거나 행동의 변화가 생기는 것을 말한다. '간성혼수'라는 표현도 사용되었다.

▶ **간장애의 재활승마 지도 전략**

㉠ 간장애 환자를 위한 재활승마 처방은 저강도, 기승시간은 10분, 주 3회에서 시작하는 것이 좋다. 준비 운동과 정리 운동 시간을 늘리고 기승은 평보나 빠른 평보가 적당하다. 간장애인의 상태에 따라 시간과 강도를 늘려나가는 것이 적합하다.

㉡ 간질환이 있던 사람에게 감염이나 변비, 위장관 출혈, 고단백 식사, 수면제 복용 등에 의해 간성뇌증이 발생할 수도 있다. 지나치게 졸려하거나 불면증, 불안 등이 보인다면 즉시 하마시켜야 한다.

㉢ 피로의 원인은 다양하지만, 간이 원인일 수도 있다. 기승자가 피로감을 표현한다면 기승을 중지하고 하마시켜야 한다.

㉣ 간장애인은 기승 후에 누운 자세로 쉬게 하여 간의 혈액 공급량을 늘려주는 것도 회복을 돕는 하나의 방법이다.

4) 호흡기장애

인간은 출생 후 자가 호흡을 시작하여 죽기 전까지 숨을 쉰다. 호흡은 산소를 들이마시고 이산화탄소를 내보내는 가스교환을 통해 산소를 공급받아 에너지를 만드는 작용을 의미한다. 호흡기계(respiratory system)는 공기에서 대사에 필요한 산소를 얻어서 에너지 대사의 결과로 생긴 이산화탄소의 방출에 관여하는 일련의 신체기관을 지칭한다. 호흡기계는 허파, 기도, 호흡근, 가슴우리로 이루어진다. 허파는 가슴에 위치하고 있으며, 오른허파와 왼허파로 구분된다. 오른허파는 3개의 엽으로 나뉘고, 왼허파는 2개의 엽으로 나뉜다. 하위 구조는 폐소엽으로 이루어져 있으며, 말단에는 가스교환이 이루어지는 다수의 허파꽈리가 있다. 호흡근과 가슴우리는 호흡기계의 매우 중요한 요소 중 하나이며, 호흡근과 가슴우리의 운동으로 압력차를 발생시키고 이를 통해 공기가 기도를 통해 허파까지 이동하여 가스교환이 이루

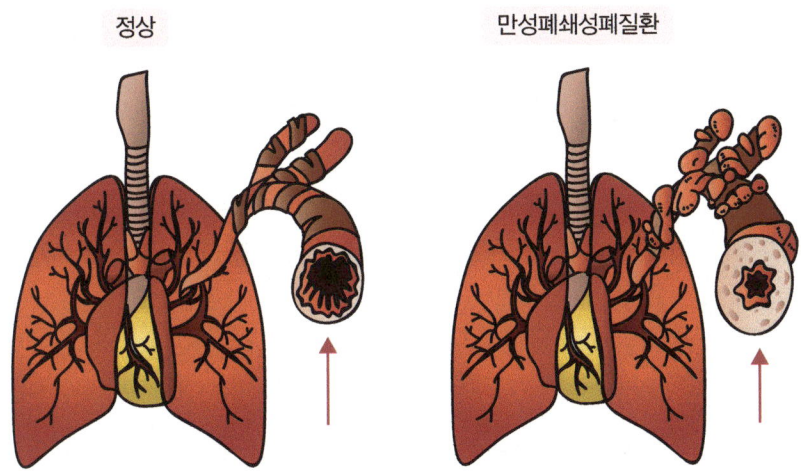

그림 2-41 정상과 만성폐쇄성폐질환의 비교

어진다.

폐나 기관지 등 호흡기관의 만성적인 기능부전으로 일상생활이 현저하게 제한되는 만성·중증의 경우가 호흡기장애에 해당한다. 흡연, 세균감염 등 외부 원인에 장기적으로 노출되는 경우 발생할 수 있으며, 폐에 염증이나 병변이 지속되는 경우를 말한다(그림 2-41). 호흡계와 순환계는 밀접한 관계가 있으며 호흡계의 부전은 순환계의 부전을 가중시킬 수도 있다. 다음은 호흡기장애와 관련된 대표적인 질환들이다.

표 2-19 호흡기장애와 관련된 질환

질환명	세부 내용
폐렴	폐렴(pneumonia)은 폐 조직에 병원체가 침입하여 염증을 일으키는 질환이다.
천식	천식(asthma)은 알레르기 원인물질에 노출되어 발생한 염증반응으로 기관지가 좁아져 호흡 시 '쌔액쌔액' 하는 소리가 나는 천명과 호흡 곤란이 발작적으로 되풀이되다가 몇 시간 후에 가라앉았다가 다시 재발하는 질환이다.
폐결핵	결핵균이 폐에 만성 염증을 일으키는 병이다.
만성폐쇄성폐질환	유해한 입자나 가스의 흡입에 의해 폐에 비정상적인 염증 반응이 일어나면서 이로 인해 점차 기류 제한이 진행되어 폐 기능이 저하되고 호흡곤란을 유발하게 되는 호흡기 질환이다.

▶ 호흡기장애의 재활승마 지도 전략

㉠ 호흡기장애의 경우, 재활승마지도사는 기승자의 약물 복용과 필요한 장비를 확인하는 과정이 필요하다.

ⓒ 호흡기장애를 위한 재활승마 처방은 저중강도, 기승시간은 10분, 주 3회에서 시작하는 것이 좋다. 특히 소아천식인 경우 재활승마가 호흡기계를 강화시켜 호흡의 효율성을 높일 수 있다. 준비 운동과 정리 운동 시간을 늘리고 기승은 평보가 적당하다. 상태에 따라 시간과 강도를 늘려나가는 것이 적합하다.
ⓒ 승마장의 특성상 호흡기장애가 있는 기승자에게 먼지, 동물의 털이나 비듬, 곰팡이 등이 호흡기 유해 자극 요인이 될 수 있다. 기승자 면담 단계에서 충분히 상황을 인지할 수 있도록 주의를 기울인다.
ⓔ 만성폐쇄성폐질환과 같이 손상된 폐의 구조는 회복되지 않을 수도 있다. 중증인 경우에는 재활승마를 금지한다.
ⓜ 호흡장애가 있는 기승자가 호흡곤란을 느끼거나 폐 질환자, 만성폐쇄성폐질환 환자나 급성 호흡곤란증후군 환자는 산소포화도 측정이 필요할 수 있다. 산소포화도 측정기는 채혈을 하지 않고 환자의 동맥혈 중의 산소포화량을 측정하는 의료기기다.

5) 장루·요루장애

배변 기능 또는 배뇨 기능의 장애로 인해 장루(인공 항문) 또는 요루(인공 요로)를 시술한다. 장루장애의 경우 대장암이나 직장암 등의 악성종양이 원인이 되는 경우가 많으며, 요루장애의 경우 방광암이 원인이 되는 경우가 많다.

장루나 요루의 위치는 종양의 위치에 따라 달라지긴 하지만 배 주변에 위치하고 있고 노폐물 배출로 피부 손상, 장탈출, 출혈 등이 예상되므로 배 부분에 압력이 가해질 수 있는 기승 활동은 적합하지 않다. 장애인 본인도 냄새, 배뇨주머니, 의지와 관계없이 분비물이 배출되는 등의 원인으로 대인기피증이 발생하고 사회생활에 어려움을 느끼기 때문에 주변의 이해와 지상훈련을 중심으로 심리적 안정감을 찾도록 재활승마 프로그램을 구성해야 한다.

6) 뇌전증장애

뇌전증은 뇌의 전기적인 자극 이상으로 인한 장애로 일상생활이 현저하게 제한되는 경우를 말한다. 우리의 뇌는 신경세포가 복잡하고 다양한 신경망을 이루어 연결되어 있다. 이러한 뇌의 신호는 전기적 자극에 의해 전달된다. 대뇌의 이상 또는 손상이 있을 경우에 이러한 뇌의 전기적 신호는 과흥분 상태로 전달된다. 이로 인해 경련, 발작, 의식 소실 등의 증세가 발생한다. 뇌전증이란 이러한 증세가 반복적으로 발생하는 질병을 의미한다. 뇌전증을 유발하는 원인은 다양할 수 있으며, 발작 양상도 여러 가지로 나타날 수 있다.

뇌전증이란 단일한 뇌전증 발작을 유발할 수 있는 원인 인자, 즉 전해질 불균형, 산-염기 이상, 요독증, 알코올 금단현상, 심한 수면박탈상태 등 발작을 초래할 수 있는 신체적 이상이 없음에도 불구하고 뇌전증 발작이 반복적으로(24시간 이상의 간격을 두고 2회 이상) 발생하여 만성화된 질환군을 의미한다. 뇌전증의 원인은 매우 다양하여 뇌의 질환은 모두 뇌전증의 원인이 될 수도 있다. 뇌전증은 유전질환이 아니다. 다른 유전질환으로 발생한 뇌손상으로 인해 2차적으로 뇌전증이 발병할 수 있다.

▶ 뇌 MRI사진 ▶ 뇌 SPECT사진

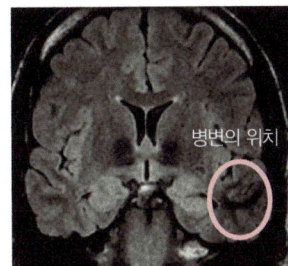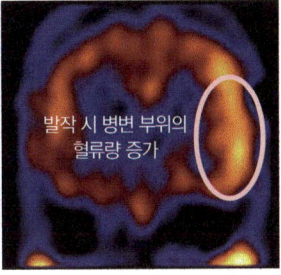

병변의 위치   발작 시 병변 부위의 혈류량 증가

출처: 국민건강정보포털

그림 2-42   뇌전증 영상진단

뇌전증에 대한 최소 장애등급은 4급으로, 만성적인 뇌전증에 대한 적극적인 치료에도 불구하고 월 1회 이상 중증발작 또는 2회 이상 경증발작을 포함하여 연 6월 이상의 발작이 있고, 이로 인해 협조적인 대인관계가 현저히 곤란한 사람이다. 〈그림 2-42〉는 뇌전증에 대한 영상 진단 사진이다.

뇌전증 발작은 여러 종류가 있는데, 크게 부분발작과 전신발작으로 구분한다. 부분발작은 발작을 일으키는 전기적 과흥분이 뇌의 한 부분에만 있을 때를 말하고, 발작을 일으키는 전기적 과흥분이 뇌 전체에서 발생할 때 전신발작이라고 한다. 발작이란 평소에 보이지 않던 이상한 느낌, 행동, 의식의 장애나 소실, 신체 일부나 전체가 경련을 일으키거나 뻣뻣해지는 것 등을 의미한다.

Tip

간질 vs. 뇌전증
간질 자체가 잘못된 용어는 아니지만 사회적 편견이 심하고, 간질이라는 용어가 주는 사회적 낙인이 심하기 때문에 뇌전증이라는 용어로 변경

▶ **뇌전증장애의 재활승마 지도 전략**

㉠ 뇌전증장애인은 발작 때문에 자존감, 대인기피 등 사회적 부적응이 심할 수도 있다. 따라서 심리적인 지원도 함께하는 것이 중요하다.

㉡ 뇌전증장애인은 약물치료를 병행하는 경우가 많다. 약물은 복용하는 사람의 심리적·행동적인 면에서 다양한 반응을 만들어낼 수 있다. 재활승마지도사는 약물명, 복용량, 효과 등에 대해 인지하고 있어야 한다.

㉢ 재활승마지도사는 발작 전 감각 또는 행동, 발작 동안의 움직임, 발작시간 등 기승자의 상태를 명확히 파악하고 있어야 한다.

㉣ 강하고 조절되지 않는 움직임을 동반한 발작, 갑작스럽고 완전한 자세근육 긴장도의 소실로 인해 무기력하거나 이완된 발작이 있는 경우는 승마활동을 금한다. 또한 성인 기승자의 경우 몸무게로 인해 응급하마 시 사이드워커의 부상 등 2차적인 문제 발생이 예상될 때도 승마활동을 하면 안 된다.

> **보충** 뇌전증 발작 후 회복자세(옆으로 누운 자세)

뇌전증 발작 후 응급처치로 회복자세는 대단히 중요하다. 회복자세는 기도가 열린 상태로 유지시켜 기도 폐쇄가 일어나지 않도록 하는 것이 중요하다. 회복자세는 옆으로 누운 자세다. 하늘을 보고 누운 자세에서 뇌전증 발작이 일어나면, 뇌전증장애인이 의식이 없는 경우에 내장의 신경계 지배가 원활하지 않아 위의 들문(분문, 식도 쪽의 문)이 열려 위에서 소화 중인 내용물이 식도로 역류하여 나온다. 또한 닫혀 있어야 할 후두덮개(기도)가 열려서 역류된 위의 내용물이 기도로 들어가게 되면 기도 폐쇄가 일어나 심한 경우에 사망할 수도 있다. 따라서 옆으로 누운 자세인 회복자세를 취하게 하면 위에서 역류가 일어나도 토사물이 자연스럽게 입 밖으로 흘러나가 기도가 개방된 상태를 유지할 수 있다.

회복자세 만들기

① 한쪽 팔을 만세 자세로 만든다.
② 다른 한 손을 만세한 쪽 얼굴 면에 갖다 댄다.
③ 얼굴에 대고 있는 손 쪽(만세한 쪽의 반대편)의 다리를 90° 정도 구부린 자세로 만든다.
④ 다리가 구부러져 있는 쪽의 무릎과 어깨를 잡아서 돌린다.

이러한 과정을 거쳐 회복자세를 취하게 되면 한 손으로 얼굴을 보조한 상태에서 옆으로 누운 자세가 만들어진다.

 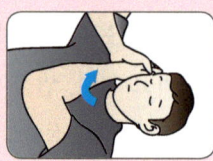 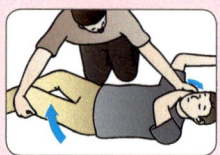 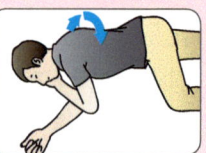

4장. 정신적 장애

정신적 장애는 발달장애와 정신장애로 구분하고, 세부 분류 및 판정에 관한 내용은 다음과 같다.

표 2-20 정신적 장애의 분류

중분류	소분류	세분류	판정시기	판정과	등급
발달 장애	지적 장애	지능지수와 사회 성숙지수가 70 이하인 경우	장애의 원인 질환 등에 관해 충분히 치료하여 장애가 고착되었을 때 등록하며, 그 기준 시기는 원인 질환 또는 부상 등의 발생 후 또는 수술 후 6개월 이상 지속적으로 치료한 후(선천적 지적장애 등 장애상태의 고착이 명백한 경우는 예외)	정신과 또는 재활의학과	1~3급
	자폐성 장애	소아청소년 자폐 등 자폐성장애	전반성발달장애(자폐증)가 확실해진 시점	정신과 (소아정신과)	
정신 장애	정신 장애	조현병, 분열형 정동장애, 양극성 정동장애, 반복성 우울장애	1년 이상의 성실하고 지속적인 치료 후에도 호전의 기미가 거의 없을 정도로 장애가 고착되었을 때	정신과	

1. 발달장애

발달장애란 어느 특정 질환 또는 장애를 지칭하는 것이 아니라 사회적인 관계, 의사소통, 인지발달의 지연과 이상을 특징으로 하고 제 나이에 맞는 발달이 이뤄지지 않는 상태를 말한다. 발달검사에서 평균적인 정상 기대치보다 25% 정도 뒤처진 경우로, 대부분 저연령에 발견되며 사회성 문제가 진단에 가장 중요하다.

발달장애의 진단을 충족시키기 위해 적어도 주요 일상생활에서 7가지 가운데 3가지 이상의 기능에 명백한 제한이 나타나야 한다. 여기서 말하는 주요 7가지 일상생활 영역이란 자기관리, 수용언어 및 표현언어, 학습, 이동, 자기 지시, 독립생활 능력, 경제적 자족이다.

유전적인 원인, 뇌의 구조적인 문제, 환경호르몬, 중금속, 예방접종의 부작용 등 많은 원인이 발달장애를 유발하며 장애 분류에서는 지적장애와 자폐성장애로 구분한다.

1) 지적장애

인지 및 적응능력에 상당한 기능 저하를 갖고 있는 상태다. 정신발육이 오랫동안 지체되었다는 의미에서 '정신지체'라는 용어도 사용하나 부정적인 의미가 있으므로 지양하도록 한다. 지적 능력의 발달이 불충분하거나 불완전하여 자신의 일을 스스로 처리하지 못하며 사회생활 적응이 현저히 곤란해진 경우다. 지적인 기능이 평균 이하인 상태이며, 지능발달의 장애로 인해 학습이 불가능하거나 제한을 받고, 적응행동의 장애로 관습의 습득과 학습에 장애가 있는 상태를 말한다. 원인이 밝혀진 경우가 200여 종이지만 알 수 없는 경우가 더 많은데, 주요 원인을 시기별로 살펴보면 선천적인 이상, 임신 중의 이상, 분만 시의 이상, 후천적인 이상으로 볼 수 있다.

선천적인 이상으로는 다운증후군 등의 염색체 이상, 페닐케톤뇨증이나 선천 갑상샘 기능 저하증 등의 대사 이상이 있다. 임신 중의 이상으로는 어머니의 매독, 풍진, 약물복용, 방사선 노출 등이 있으며, 분만 시의 이상으로는 저산소증 상태의 지속, 분만 중의 뇌손상 등이 있다. 후천적인 이상으로는 영유아기에 뇌염 또는 뇌막염을 앓거나 여러 가지 중독, 영양실조, 갑상선호르몬 결핍, 뇌손상 등이 있다.

뇌성마비, 전반적 발달장애, 간질, 다운증후군, 기타 유전질환 등에서 다양한 임상적 특성과 함께 나타날 수도 있으며, 지적장애 단독으로 나타나기도 한다. 지적장애에 관한 증상으로는 언어발달 지연이 초기 증상일 수 있으며, 학교에 입학한 이후 학습 부진 및 적응능력의 현저한 저하를 보인다. 운동신경 증상으로는 저긴장증, 과다한 관절운동을 동반하는 경우가 흔하다.

지적장애는 웩슬러 지능검사 등 개인용 지능검사를 실시하여 얻은 지능지수(IQ)와 사회성숙도검사 등에 따라 판정하는데, 지능지수는 언어성 지능지수와 동작성 지능지수를 종합한 전체 검사 지능지수를 말한다.

장애등급은 1~3급으로 구분한다.

- **1급:** 지능지수와 사회성숙지수가 34 이하인 사람으로, 일상생활과 사회생활의 적응이 현저하게 곤란하여 일생 동안 타인의 보호가 필요한 사람
- **2급:** 지능지수와 사회성숙지수가 35 이상 49 이하인 사람으로, 일상생활의 단순한 행동을 훈련시킬 수 있고, 어느 정도의 감독과 도움을 받으면 복잡하지 아니하고 특수기술을 요하지 아니하는 직업을 가질 수 있는 사람
- **3급:** 지능지수와 사회성숙지수가 50 이상 70 이하인 사람으로, 교육을 통한 사회적·직업적 재활이 가능한 사람

다운증후군은 염색체 이상에 의해 발생하는 질환으로, 처음으로 특징을 기술한 다운(Down)이라는 영국인 의사의 이름을 인용하여 명명했다. 정상인은 염색체가 2개의 쌍으로 이루어져 있지만 다운증후군은 21번 염색체가 3개인 염색체 이상으로, 특징적인 외모와 지적장애가 나타난다. 특징적인 외모는 납작한 얼굴에 눈꼬리가 올라가 있고, 눈가에 덧살이 있으며, 귀·코·입과 키가 작고, 손가락과 발가락이 짧다. 지능이 낮은 것은 일반적이지만 드물게 명문대학에 입학하는 경우도 보고된다. 선천성 심장질환이 나타날 수 있고, 호흡기 질환이나 소화기의 해부학적 이상과 백혈병 발병률도 높으며, 면역력이 저하되어 세균이나 바이러스에 감염이 잘된다. 호르몬 이상과 당분을 조절하는 내당 기능이 약해 비만이 되기 쉽고, 당뇨병의 발병 빈도가 높으며, 피부는 섬세하고 혈액순환이 나쁘기 때문에 겨울에 손발이 갈라지거나 동상에 쉽게 걸리며, 여름에는 습진에 걸리기 쉽다. 이러한 질병으로 평균수명이 50세 정도였는데, 최근 의학의 발달로 대부분이 치료 가능하며 관리만 잘해준다면 양호한 건강상태를 유지하며 평균수명이 연장되고 있다. 치과적·안과적·청력적 문제가 발생할 수 있고, 행동장애와 함께 70%에서 지능지수 20~40의 지능 저하가 있으나 다운증후군 아동을 위한 학령 전 조기교육의 확대로 최근 이들의 지능지수가 중등도와 경도의 수준으로 높아지고 있다. 다운증후군을 유발하는 염색체 이상을 정상으로 되돌리는 치료방법은 없지만 부모의 사랑과 지지, 교육의 기회 및 적절한 의학적 치료가 제공된다면 다운증후군 아동들도 사회에서 독립적이고 책임감 있는 사회인으로 적응할 수 있다. 이들은 고집은 세지만 인내심과 봉사정신이 투철하다는 특징이 있다.

다운증후군을 대상으로 승마를 지도할 경우는 사전에 반드시 의사의 확인이 필요하다. 목뼈 C1과 C2가 관절하고 있는 부분에 목이 회전할 때 축이 되는 치아돌기가 있다. 다운증후군 아동의 약 10~20%는 치아돌기가 약하여(환축추불안정) 첫 번째와 두 번째 목뼈의 탈구가 일어나기 쉬운데, 이런 경우 목 부분의 척수가 압박을 받아 사지마비, 호흡마비가 생길 수 있다. 기승 전 병원 진단으로 목뼈에 이상이 없는지 확인하고, 근육과 뼈가 약해 등이 너무 넓은 말에 기승하는 경우 엉덩관절 탈구 등이 발생할 수 있으므로 주의한다.

> **Tip**
> 첫 번째 목뼈(C1)와 두 번째 목뼈(C2)를 형태로 명명하여 각각 고리뼈(환추)와 중쇠뼈(축추)라고 한다. 중쇠뼈의 치아돌기가 위로 솟아 고리뼈와 관절을 형성하는데, '아니오'라고 말하며 고개를 가로저을 때 움직임이 이 관절에서 일어난다. 이 두 개의 뼈를 하나로 부를 때 고리중쇠뼈(환축추)라고 한다.

2) 자폐성장애

자폐증은 소아 1만 명당 5명 정도의 유병률을 나타내며, 대부분 36개월 이전에 나타나고, 여아보다 남아에서 3~5배 많이 발생한다. 자폐증은 자기 자신에게 비정상적으로 몰입한 상태로 '자폐(自閉)'란 "자신의 세계에 갇혀 지내는 것 같은 상태"라 하여 붙여진 발달장애로, 다른 사람들과의 관계를 맺고 유지하는 일에 어려움을 갖는 것을 의미한다.

자폐아동은 발달 전반에 문제를 보이기 때문에 정신지체, 언어장애, 학습장애, 간질 등 다른 장애가 동반될 수 있다. 증상은 매우 다양한데 심한 경우는 기괴한 행동이나 공격성, 때로는 자해행위 등이 나타나며 가벼운 경우에는 학습장애로 보일 수도 있다.

자폐의 원인으로는 크게 선천적, 생화학적, 유전적, 뇌구조 및 기능의 이상으로 구분할 수 있다. 선천적인 요인으로는 대사장애 및 신체질환과 풍진, 헤르페스 뇌염 등의 감염이 알려져 있으며 생화학적 요인으로는 주로 세로토닌, 노르에피네프린, 도파민 등 신경전달물질의 변화나 부신피질자극호르몬, 성선자극호르몬, 갑상선자극호르몬 등 내분비 기능의 이상과 관련이 있는 것으로 알려져 있다.

유전적 요인으로는 자폐아동의 형제자매들이 자폐장애가 생길 가능성이 일반인보다 50배가 넘는 것으로 알려져 있으며, 뇌구조 및 기능의 이상 요인으로는 뇌파검사의 이상소견, 뇌 전산화단층촬영 시 뇌실의 확대, 뇌의 세부구조 중 세포 수가 감소되어 있다는 연구결과가 있다. 자폐장애는 행동적 증후군으로 사회적 상호관계의 장애, 의사소통 및 언어장애, 행동장애 등이 특징이다.

자폐장애를 완치시킬 수 있는 치료방법이나 약물은 아직까지 없고, 일반적인 치료방법은 행동장애를 감소시키고 언어를 습득하며, 의사소통기술을 증진시키고 자립기술을 배우도록

표 2-21 자폐성장애의 특징

구분	내용
사회적 상호관계 장애	• 유아기 때 사회적 미소반응이 거의 없고 사람들과 눈 접촉을 피하며 신체적 접촉을 싫어하고 혼자 지내려 한다. • 사람이 아닌 대상(장난감 등)에 관심이 많다. • 말을 걸어도 반응이 없다. • 부모가 안아주려고 하면 꼭 안기려고 하지 않고 버둥거리는 등 부모에 대한 애착행동이 별로 없다. • 학령기가 되어도 친구가 없고 성인이 되어도 대인관계나 이성관계를 맺지 않는다. • 자신만의 세계 안에서 사는 것처럼 보인다. • 매우 극단적인 기쁨, 분노, 고통의 경우를 제외하고는 얼굴에 감정 표현이 없다.

구분	내용
의사소통 및 언어장애	• 말할 때가 지났는데도 전혀 말이 없거나 괴상한 소리를 지른다. • 유아기 때 옹알이를 하지 않고 언어발달이 비정상적이거나 늦다. • 반향언어를 보인다(남이 말한 단어를 따라 하기). • 말소리의 크기조절이 안 되어 너무 크게 이야기하거나 너무 조용하게 말한다. • 언어적 결함을 몸짓, 가리키기, 눈맞춤 또는 표정 등과 같은 대안적인 의사소통 방식으로 극복하려고 시도하지 않는다.
행동장애의 특징	• 손이나 몸 흔들기, 머리 부딪히기, 손톱 물어뜯기, 자신의 몸 물기/때리기 등의 행동이 마치 강박증처럼 반복적으로 되풀이하는 상동적 행동을 보인다. • 발가락 끝으로 걷거나 몸을 흔든다. • 주위환경의 변화에 저항하고 똑같은 것만 고집한다. • 한 가지 질문을 반복적으로 한다. • 산만하고 가만히 있지를 못한다. • 머리를 부딪치거나 자신의 피부에 손상을 주고 머리카락을 뽑는 등의 자해행동을 한다. • 장난감이나 사물에 병적으로 집착한다. • 숫자나 순서에 집착한다.
놀이와 상상과 관련된 증상의 특징	• 상상놀이도 상동적이고 반복적이며 비사회적이다. • 어떤 형태의 놀이도 제한적이어서 물건을 줄지어 늘어놓거나 자동차의 바퀴를 돌리거나 물건 전체를 돌리는 등의 제한적인 행동만 한다. • 일정한 규칙대로만 놀고 이를 방해받는 것을 상당히 싫어한다.
지능 및 인지적 결손	• 자폐아동의 70~80%에서는 정신지체가 동반된다. 지적 능력이 낮은 아동이 사회적 발달에서 더 심한 손상을 보이고 일탈된 행동을 더 많이 보인다.

하는 것이다. 따라서 다양한 프로그램이 포함된 포괄적 특수교육을 시행하고 행동치료, 정신치료를 통해 체계적으로 행동교정을 시행한다.

치료의 방향은 타인과의 관계 증진시키기, 과제 수행이나 해결 능력 키우기, 반복훈련을 통해 학습시키고 집중적으로 보상을 주는 행동수정방법인 좋은 행동 늘리기, 자해행위 등을 줄이고 과잉행동 등에 대해 약물치료를 병행하는 문제행동 줄이기 등이 있다. 이러한 방법들은 집중적인 상호작용과 부모의 역할을 강조하고 있는데, 언어치료, 놀이치료, 음악/미술치료, 감각통합치료, 특수교육, 약물치료 및 부모에 의한 문제행동수정방법 등이 있다.

자폐증은 뇌의 발달장애로, 의사소통과 타인과의 사회적 교류에 문제가 발생하게 되면 행동, 관심, 활동에서 특이한 패턴을 보이는데, DSM-V에 따르면 자폐스펙트럼장애는 아래 1, 2, 3의 진단기준을 충족해야 한다.

① 임상적으로 유의미하면서 지속적인 사회적 의사소통과 상호작용의 결함을 보이고 다음 모두에 해당된다.
   a. 사회적 상호작용을 위하여 사용되는 비언어적 및 언어적 의사소통의 현저한 결함
   b. 사회적으로 서로 반응을 주고받는 상호 교류의 결여
   c. 발달수준에 적합한 또래 관계의 형성 및 유지 실패

② 행동, 관심 및 활동에 대해 제한적이고 반복적인 형태를 보인다. 다음 항목들 가운데 적어도 2개 항목에 해당한다.
   a. 상동적인 행동이나 언어 또는 특이한 감각적 행동
   b. 특이하고 비효율적인 틀에 박힌 일이나 의식에 지나치게 매달림
   c. 제한적이고 고착화된 관심사항

③ 증상은 초기 아동기에 나타난다(그러나 사회적인 요구가 제한된 능력을 능가할 때까지 증상은 충분하게 발현되지 않을 수 있다).

기존의 자폐성장애 범주의 새로운 명칭인 자폐스팩트럼장애는 고전적 자폐(자폐증, 고기능성 자폐증), 아스퍼거 증후군, 아동기 붕괴성 장애, 비전형 발달장애를 포함한다. 자폐스펙트럼은 전형적으로 2~3세가 되기 전에 증상이 나타나지만, 부모가 깨닫지 못하는 경우가 많다. 증상은 경한 정도부터 심한 정도까지 다양하게 나타난다.

① 자폐증(카너 증후군)
   의사소통과 상호작용에 대한 이해, 감각지각 및 감각통합능력 등에 장애가 있는 자폐성 장애. 좁은 의미의 '자폐증'으로 지적장애 수준의 지능을 갖는다.

② 고기능 자폐증
   자폐증 중에서 지적장애가 없는 경우로 IQ 80 전후나 그 이상인 경우에 고기능 자폐증으로 부른다.

③ 아스퍼거 증후군(Asperger's disorder)
   아스퍼거장애는 자폐와 유사하여 사회적 교류의 장애를 보이지만, 지능이 정상이고 언어장애가 없으나 유전적 연구 결과 자폐장애와 매우 관련이 있는 것으로 알려져 있다.

증상은 질적인 사회성 장애, 즉 비언어성 의사소통과 제스처 장애가 뚜렷하게 나타나고, 친구 관계를 유지하지 못하며, 다른 사람과의 사회적 또는 정서적 상호 교환이 결여되어 있다. 또한 타인에 대한 관심과 행동이 한정적이며, 타인의 행복을 기뻐해주는 표현능력이 없다. 특정한 주제에 흥미가 생기면 몰두하는 경향이 있기 때문에 특정 분야에서 뛰어난 재능이 나타나는 사람도 있다

④ 아동기 붕괴성 장애(CDD, Childhood Disintegrative Disorder)
2~3세까지 제대로 발달하다가 그 뒤 정신 발달이 멈추는 증상으로 고전적 자폐증에 비해 운동, 언어, 사회기술의 손상이 더 심한 상태다.

⑤ 비전형 발달장애(PDD-NOS, Pervasive Developmental disorder not otherwise specified)
전반적 발달장애이지만 다른 질병에 맞지 않는 경우. 기타 전반적 발달장애라고도 부르며 비정형 자폐증(非定型自閉症, Atypical autism)도 포함된다. 지능지수가 정상범주이며 가벼운 발달장애의 경우에는 아스퍼거 증후군과 혼동되는 경우도 있다. 광의의 자폐증에 포함

⑥ 레트 증후군
X염색체 이상으로 발병하는 유전으로 여자아이에게만 나타난다. 남자아이는 출산과 동시에 사망한다. 레트 증후군은 DSM-4까지는 자폐스펙트럼장애로 보고 있었으나, 유전병임이 명백해졌고 다른 자폐스펙트럼과는 증상이 이질적이기 때문에 DSM-5부터는 자폐스펙트럼에서 빠졌다.

재활승마 프로그램을 운영할 때 자폐성장애가 있는 기승자를 지도하는 경우 지도사의 관심이나 대화 시도에 기승자가 반응이 없고 자신만의 세계에 빠져 있더라도 지도사의 말과 의도를 이해한다고 생각하고 친절하게 대한다.

눈의 접촉을 포함하는 어떠한 의사소통을 시도하거나 상호작용을 강요하거나 기대하지 말고 지식 제공과 칭찬에 대한 모든 노력을 아끼지 않는다. 지도사의 말에 기승자가 반응하지 않는 것은 이해하지 못해서가 아니지만 무엇을 하는지를 지도사가 행동으로 보여줄 필요도 있다. 기승자의 마음에 다가갈 때는 천천히 접근하고 겉으로 드러나는 반응을 확인하며, 새로운 과제나 기술의 습득은 기승자의 능력에 따라 천천히 더해가고 성취하면 칭찬을 자주 한다. 기승자는 겉으로 표현하지 않거나 할 수 없지만, 스스로 자신의 상황에 대해 인식하고 이미 엄청난 스트레스를 경험하고 있을 수 있다. 가능하면 지도사는 물론 말과 봉사자들이 교육시간마다 바뀌는 것을 피하여 기승자가 스트레스를 받지 않도록 한다. 기승자는 명백한 이

Tip

동물복지분야에 큰 업적을 남긴 동물학자 템플 그랜딘은 자폐를 극복하고 성공적인 삶을 살고 있다. 현재 미국 콜로라도 대학교수이며 2010년 「타임」지 선정 세계에서 가장 영향력 있는 100인에 선정되기도 했다.

Tip

DSM
(Diagnostic and Statistical Manual of Mental Disorders, 정신질환 진단 및 통계 편람)
미국정신의학회(APA : American Psychiatric Association)에서 정신질환과 관련된 모든 정보를 지속적으로 수집·정리하여, 각종 정신질환의 정의 및 증상을 판단할 수 있는 기준들을 제시하는 서적. 전 세계적으로 정신질환의 판단기준으로 사용되는데 DSM-Ⅰ이 1952년에 최초로 발행되었으며 Ⅱ, Ⅲ, Ⅳ를 거쳐 2013년에는 DSM-5가 발표되었다.

유 없이 스트레스에 대해 쉽게 반응하고 비정상적인 행동을 보이거나 짜증을 내며 말에서 뛰어내리려고 할 수 있으므로 지도사는 이에 대비한다. 그러나 말이나 봉사자 등을 공격하는 등 부적절한 행동을 하는 경우는 침착하고 단호하게 대처한다.

기술이 한 번 수행되었다 할지라도 다음 시도에서는 될 수 없는 것처럼 승마를 비롯한 여러 가지 측면에서 기승자의 기능은 매 시간 또는 나날이 다양해질 수 있다. 특정한 기술에서는 매우 뛰어날 수도 있기 때문에 뛰어난 점은 물론 잘하려고 시도하는 것만으로도 격려하고 칭찬한다.

기승자가 반응이 없더라도 지도사는 독립기승을 하기 위해 습득해야 할 승마기술들을 마치 장애를 가지고 있지 않은 기승자에게 가르치는 것처럼 지도한다. 기승자가 교육에 대한 참여의지를 보이지 않더라도 지도사는 평정심을 잃지 말고 자원봉사자의 도움을 받아 기승자의 참여를 유도한다. 매우 더디지만 기승자는 매일매일 변화하고 있다. 나중에는 혼자서 말을 돌보고 계속 반복되는 일들은 혼자서 충분히 할 수 있는데, 상당한 수준의 독립기승도 가능하다.

일반적인 안장을 사용하기보다 맨등담요(bareback pad)를 사용하면 기승자가 말의 체온을 흡수하여 근육의 이완을 돕고, 말의 움직임을 더 강하게 느낄 수 있다. 이는 산만해지기 쉬운 기승자의 주의를 승마에 집중시킬 수 있어 권장된다.

2. 정신장애

지속적인 조현병, 정동장애, 양극성 정동장애 및 반복성 우울장애에 의한 기능 및 능력 장애를 말한다.

정신지체 자체보다는 2차적인 정신질환과 후유증 및 사회적응에 대한 치료가 필수적이다. 개인의 정신치료를 포함한 가족치료와 행동치료 및 문제되는 행동에 대한 약물치료를 시행할 수 있으며, 간질 같은 합병증에 대한 치료를 해야 한다.

사회적 기능이 떨어지고 발병하게 되면 대인관계를 유지해나가기 힘들고 직장과 사회생활 또는 자기관리에서도 어려움이 많다. 보통 이러한 장애의 징후들과 증상들이 적어도 6개월 이상 지속되었을 때 조현병으로 진단된다. 또한 이를 다른 기분장애나 감정장애, 성격장애와 구분하기 위해서는 정확한 진료와 전문적인 진단이 필요하다.

장애로 인정되는 경우는 조현병, 분열형 정동장애, 양극성 정동장애, 반복성 우울장애다. 정신분열(조현병)의 증상은 종종 대안적 생각, 실제에서 잘못된 생각, 기이한 행동 등을 보이고 적절하지 못한 반응, 기분, 예측 불가능한 행동들을 보일 수 있다. 정신분열의 발병은 서

> **Tip**
> 정신분열이라는 명칭이 주는 부정적인 의미를 개선하고자 조현병으로 명칭을 개정하였다. '조현'이란 현악기의 줄을 조정하는 것을 말하는데 신경계나 정신의 조정이 잘 안된 상태를 치료할 수 있다는 희망을 가진 명칭이다.

서히 진행하여 주된 증상은 환청, 망상, 이상행동, 횡설수설 등의 증상과 감정이 메마르고 말수가 적어지며 흥미나 의욕이 없고 대인관계가 없어지는 등 증상이 나타나는 경우가 있다.

분열형 정동장애는 정신분열과 정동(기분)장애를 모두 가지고 있는 경우다. 정동장애는 기분의 극적인 변화가 특징인 정신질환으로, 여러 현실 상황에서 적당하지 않은 정서반응을 보이는 장애로 '기분장애'라고도 한다.

양극성 정동장애는 외적 자극이나 여건과 관계없이 자신의 내적인 요인에 의해 상당 기간 우울하거나 반대로 들뜨는 기분이 되는 정신장애를 말한다. 기분이 저조하며 우울한 상태를 '울증'이라고 하고 들뜨고 몹시 좋은 상태를 '조증'이라고 하는데, 이 두 가지를 모두 가지고 있어 '조울증'이라고도 한다.

반복성 우울장애는 우울증 증상이 반복되는 것으로 2주간 지속되는데, 우울증 장애는 극도의 슬픔, 거부 느낌, 낮은 자신감, 계속되는 실패의 느낌, 부정적 태도, 실망, 죄책감 등으로 야기된다. 우울한 느낌을 가지고 있는 사람은 자주 조용하고, 소극적·내성적이다. 기승자는 지도사에게 말 타기를 원하지 않는다고 말할지도 모르며, 실제로 그 사람이 말을 타고 있어도 수업을 즐기지 않을 수 있다.

승마활동을 하는 경우 지도사는 이들의 상태를 이해하는 것이 중요하다. 예를 들면 행동장애를 가진 기승자는 단 하나의 장애 특징이 아닌 다양한 장애의 특성이 섞인 특성을 가지고 있다. 지도사의 지시에 반항하고 통제를 따르지 않더라도 기승자의 의지와는 다르다는 것을 이해해야 한다. 병원치료를 받는 경우 정신장애를 가지고 있는 많은 기승자들은 자신들의 행동을 통제하기 위해 약을 먹고 있으며 심각한 행동 문제를 가진 사람도 승마활동에 완전히 정상적으로 참여할 수 있다.

5장. 정서와 행동 문제들

1. 정서·행동 문제

1) 개요

(1) 정의

정서·행동 문제는 정서 및 행동이 또래집단의 규준에서 심각하게 벗어나 일반적인 환경 하에서 사회적 관계, 감정 조절, 활동 수준, 주의 집중력 등의 곤란으로 자신 및 타인의 기능을 방해하며, 학업, 대인관계, 일상생활에 부정적인 영향을 미치는 상태다.

우리나라의 「장애인 등에 대한 특수교육법」에서는 정서·행동 문제군에 속하는 학생들을 다음과 같이 소개하고 있다.

> **정서·행동 문제를 지닌 특수교육대상자**
>
> 장기간에 걸쳐 다음 각 목의 어느 하나에 해당하여 특별한 교육적 조치가 필요한 사람
>
> 가. 지적·감각적·건강상의 이유로 설명할 수 없는 학습상의 어려움을 지닌 사람
> 나. 또래나 교사와의 대인관계에 어려움이 있어 학습에 어려움을 겪는 사람
> 다. 일반적인 상황에서 부적절한 행동이나 감정을 나타내어 학습에 어려움이 있는 사람
> 라. 전반적인 불행감이나 우울증을 나타내어 학습에 어려움이 있는 사람
> 마. 학교나 개인 문제에 관련된 신체적인 통증이나 공포를 나타내어 학습에 어려움이 있는 사람
>
> 출처: 「장애인 등에 대한 특수교육법」(2008)

(2) 정서·행동 문제의 유병률

미국의 경우 정서·행동 문제의 유병률은 학령기 인구의 0.5%에서 20% 이상까지 다양하게 보고되고 있다. 수치의 폭이 큰 이유는 다음과 같다. 첫째, 아직 장애에 대한 합의된 정의가 없어 아동의 숫자를 정확하게 계산할 수 없기 때문이다. 둘째, 정서·행동 문제 아동의 수를 추정하는 방법이 다양하며, 아동의 행동을 관찰하는 사람의 개인적인 포용범위와 융통성 등으로 인해 편차가 발생하기 때문이다.

우리나라의 경우 2006년 서울시 소아청소년 광역정신보건센터에서 2,600여 명의 청소년을 대상으로 실시한 정신질환 유병률 조사 결과, 주의력결핍 과잉행동장애(ADHD) 비율은 13.3%, 불안장애가 23%, 우울증이 7.4%로 보고되었다. 또한 최소 한 가지 이상의 정신질환을 가지고 있는 소아청소년 비율은 전체의 26%에 이르는 것으로 나타났다.

(3) 정서·행동 문제의 분류

정서·행동 문제는 행동적 차원을 분류의 기준으로 삼는데, 크게 외현화(externalizing) 행동과 내재화(internalizing) 행동의 두 가지 유형으로 나누어진다. 외현화 행동 범주에는 공격성, 반항, 충동성 등이 포함되며, 내재화 행동 범주에는 불안, 사회적 위축, 우울 등이 포함된다. 각 범주에 해당하는 구체적인 예는 다음과 같다.

표 2-22 외현화·내재화 행동의 예

외현화 행동	내재화 행동
• 사물, 사람을 향한 공격적 행동을 반복적으로 나타냄 • 과도한 언쟁 • 신체나 언어를 사용하여 다른 사람의 복종을 강요함 • 합리적인 요청에 반응하지 않음 • 지속적인 분노발작(tantrum) • 지속적인 거짓말 또는 도벽 • 자기조절능력이 결핍된 과도한 행동 • 타인과 만족할 만한 인간관계를 형성하거나 유지하지 못함	• 슬픔, 우울, 자기비하 감정 • 환청이나 환각 • 특정 생각이나 상황에서 벗어나지 못함 • 반복적이고 무가치한 행동에서 벗어나지 못함 • 갑자기 울거나, 자주 울거나, 특정 상황에서 예측하지 못한 비전형적인 감정표현 • 공포나 불안의 결과로 심각한 두통 등의 신체적 문제(복통, 메스꺼움, 현기증 등)가 나타남 • 자살 생각을 이야기하고 죽음에 대해 몰두함 • 전에 흥미를 보이던 활동에 대한 관심이 줄어듦 • 과도하게 놀림을 당하거나, 언어적 또는 신체적 학대를 당하거나, 무시되거나 또래들에 의해 기피됨 • 활동 수준이 심각하게 제한됨 • 신체적, 정서적 또는 성적 학대를 받은 증후를 보임 • 관계 형성 및 유지에 방해가 될 정도의 위축, 사회적 상호작용 회피 또는 개인적인 돌봄의 결여 같은 행동을 보임

출처: Turnbull, Turnbull, Shank & Smith(2004)

2) 정서·행동 문제의 이론적 모델

이론적 모델이란 쉽게 말하면 어떠한 현상을 이해하기 위한 사고의 틀이다. 즉, 이해하기 어려운 현상을 여러 변인과 정보를 조직화해서 체계적으로 이해하고 예측할 수 있게 도와준다. 정서·행동 문제를 설명하기 위한 대표적인 이론적 모델로는 신체생리적 모델, 정신역동적 모델, 행동주의적 모델, 인지주의적 모델, 생태학적 모델 등이 있다. 각각의 이론은 정서·행동 문제의 원인, 치료적 접근과도 연관되어 있으므로 기본적인 내용에 대한 이해가 필요하다.

(1) 신체생리적 모델

정서·행동 문제는 개인의 생리학적 비정상성에서 기인한다고 본다. 생물학적 원인으로는 유전적·생화학적·신경학적·기질적 요인을 고려할 수 있다. 장애를 평가하기 위해 아동의 발달력을 조사하거나 신경학적 평가, DNA 검사 등을 사용한다. 중재방법은 약물치료와 영양치료 등의 의료적 처치다.

(2) 정신역동적 모델

정신역동 이론가들은 개인의 정신 내적 기능의 정상적·비정상적 발달과 개인의 욕구에 집중한다. 이들은 정서·행동 문제를 해결되지 못한 갈등, 방어기제의 과도한 의존, 성격구조의 심한 일탈 등의 정신 내적 갈등이 행동으로 표면화된 것으로 본다. 장애의 진단을 위해 개인의 무의식적 충동, 욕구, 불안, 죄의식, 갈등 등을 주로 평가한다. 개인 심리치료의 중재방법을 사용한다.

(3) 행동주의적 모델

행동주의이론은 인간의 모든 행동은 그것이 정상이든 문제행동이든 간에 학습된 것으로 본다. 정서·행동 문제는 부적응적 행동이며, 개인의 삶에서 학습된 것으로 다른 행동들처럼 발전되고 유지되어온 것이다. 평가를 위해 행동평정척도를 사용하거나 기능적 행동 평가를 실시한다. 사회적 기술 훈련, 행동 증가 기법, 행동 감소 기법 등의 중재법이 있다.

(4) 인지주의적 모델

인지주의는 인간의 사고가 정서와 행동에 영향을 준다고 본다. 따라서 사고의 변화를 통해 정서와 행동반응을 변화시킬 수 있다고 주장한다. 개인 심리치료를 통해 사고의 왜곡된 부분을 발견하고 이를 합리적인 사고로 바꾸는 중재방법을 사용한다.

(5) 생태학적 모델

정서·행동 문제의 원인으로 아동을 둘러싸고 있는 환경의 영향력을 강조한다. 여기서 환경은 아동이 속한 가정, 또래집단, 학교에서부터 지역사회와 법, 문화적 가치, 나아가 시간체계까지를 포함한다. 이러한 관점에서 생태학적 이론가들은 정서·행동 문제를 "특정 행동을 지각하는 사람들의 기대에 어긋나는 행동"이라고 정의했다. 아동에 대한 환경적 기대와 그 기대를 충족시킬 수 있는 아동의 능력 간의 차이를 줄여가는 것이 중재의 핵심이다.

3) 정서·행동 문제와 재활승마

승마를 대체적인 재활 수단으로 사용하는 것은 지체장애나 발달장애 등과 같은 의학적으로 진단된 장애에만 국한되는 것은 아니다. 신체와 정서 기능의 향상을 필요로 하는 모든 사람들, 즉 장애인부터 일상생활 적응에 주관적 불편함을 호소하는 경미한 심리적 문제를 가진 사람까지 말과 함께하는 경험을 통해 신체적·정서적 혜택을 누릴 수 있다.

'말 매개 활동 및 치료(Equine-Assisted Activities and Therapies, 이하 EAAT)'는 적절한 자격을 가진 전문가가 클라이언트(대상자)의 신체적·심리적 기능 개선을 위해 고안된 프로그램을 운영하는 다양한 종류의 활동 또는 치료를 지칭한다. 예를 들어 충동성 문제로 대인관계에서 어려움을 겪고 있는 사람의 경우, 타인을 존중하는 능력의 향상을 위해 말을 관계적 도구로 사용할 수 있다. 또 기업체 같은 조직의 경우, 말이 매개가 되는 그룹 활동을 통해 리더십, 팀워크, 의사소통의 개선을 시도해볼 수 있다.

말을 사용하는 활동이나 치료가 심리적 효과를 나타낼 수 있는 것은 말이 가진 생리적·심리적 특징 때문이다. 말은 다양한 정서를 느끼고 기억하며 반응하는데, 사람이 의식적 또는 무의식적으로 보이는 작고 미묘한 신호 자극에 반응하면서 의미 있는 상호작용을 만들어갈 수 있다. 말과 함께하는 관계적 맥락 속에서 사람은 자신의 행동이 말에게 미치는 영향을 말의 즉각적이고 가식 없는 반응을 통해 지각하게 되고, 이것은 자신에 대한 성찰과 변화를 향한 동기로 이어지게 된다.

EAAT는 목적, 활동내용, 서비스 제공자에 따라 다양한 유형이 있는데, 정서·행동 문제에 사용되고 있는 유형들은 〈표 2-23〉과 같다.

정서·행동 문제를 가진 아동들을 대상으로 시행된 EAAT 연구에 의하면, EAL 프로그램 실시 후 외현화 장애를 가진 아동들의 파괴적 행동, 분노, 불안 수준이 감소되었으며, 정서행동장애 아동들의 문제행동 관리 능력과 의사소통 능력이 향상되었다. 또 다른 연구에서 EAP(Equine Assisted Psychotherapy)에 참여한 내재화 장애 아동들은 외로움, 초조감, 사회적 스트레스 수준이 낮아졌고, 자존감과 문제해결능력이 향상되었다. 외현화 장애 아동의

표 2-23 정서·행동 문제에 사용되고 있는 EAAT

유형	정의
EAA(Equine-Assisted Activity, 말매개 활동)	말을 활용한 특정 활동들. 예) 재활승마, 기승 또는 지상 활동, 말 손질과 마방관리 등
EAL(Equine-Assisted Learning, 말매개 학습)	말이 매개가 되는 실험적 성격의 학습적 접근. 예) 일상생활 기술 습득
EFP(Equine-Facilitated Psychotherapy, 말촉진 심리치료)	심리적 문제의 치유를 위해 면허를 소지한 정신건강 전문가나 공인된 EAAT 말 전문가가 시행하는 말을 활용한 심리치료

출처: PATH International 웹사이트

경우 언어적·신체적 공격성이 감소하고, 친사회적 행동이 증가했으며, 부모와의 관계도 호전되는 효과가 나타났다.

그러나 심각한 정서·행동 문제로 진단받고 대안학교에 재학 중인 아동들을 대상으로 한 연구에서 EFL(Equine Facilitated Learning)은 아동들의 정서사회성 개선에 유의한 영향을 주지 못하는 것으로 나타났다. 이것은 기존 연구 결과와 일치하지 않는데, 이에 대해 저자들은 장애의 심각한 정도, 아동이 속한 환경의 위험요인, 측정방법들이 영향을 미쳤을 것으로 논의했다. 향후 EAAT 연구에서는 장애의 유형과 심각도, 아동 주변의 가정과 또래 요인의 고려, 다각적인 측정방법에 대한 검토가 필요할 것이다.

EAAT는 북미를 중심으로 빠르게 증가하고 있는데, 조사에 의하면 EAL 서비스를 제공하는 센터들은 2008년 140개에서 2013년에는 303개로 늘어났고, EFP 서비스를 제공하는 센터는 2008년 77개에서 2013년 129개로 증가했다(Path International, 2013).

우리나라의 경우 최근 들어 ADHD, 인터넷 중독 아동을 대상으로 승마 프로그램들이 시도되고 있으며, 프로그램의 효과를 검증한 연구들도 발표되고 있다. 그러나 아직 시작 단계이며 향후 지속적인 연구와 현장에서의 실천을 통해 한국의 EAAT를 발전시켜가야 할 것이다.

이 장에서는 아동청소년 시기의 대표적인 정서·행동 문제인 ADHD, 우울, 반항장애, 품행장애, 인터넷중독의 개념과 특성, 재활승마 적용 시의 유의점 등을 중심으로 살펴보도록 하겠다.

2. 주의력결핍 과잉행동장애(ADHD)

1) ADHD 개요

(1) 정의와 증상

주의력결핍 과잉행동장애(attention-deficit/hyperactivity disorder: 이하 ADHD)는 주의산만, 과잉행동, 충동성을 특징으로 하며, 아동의 일상생활, 즉 가정, 학교, 사회 등에서의 적응에 지장을 초래하는 아동기의 주요 정신장애 중 하나다. 미국정신의학회(American Psychiatric Association)가 제작한 정신질환 분류체계인 DSM-5(Diagnostic and Statistical Manual of Mental Disorders - 5th edition, 정신질환 진단 및 통계 편람)에서 제시하는 ADHD의 주요 증상은 다음과 같다.

① 주의산만 증상
- 학업, 일, 기타 활동 중 세심한 주의를 기울이지 못하거나 부주의한 실수를 자주 한다.
- 과제 수행이나 놀이 중 주의집중을 지속하는 데 어려움을 자주 겪는다.
- 아동을 향해 이야기하는데도 듣지 않는 것처럼 보일 때가 자주 있다.
- 지시를 이행하지 않거나 학업, 심부름, 업무를 끝내지 못하는 경우가 자주 있다.
- 과제나 활동을 조직적으로 하는 것에 곤란을 자주 겪는다.
- 지속적으로 정신을 집중해야 하는 일을 피하거나, 싫어하거나, 거부하는 일이 자주 있다. 과제나 활동에 필요한 것을 자주 잃어버린다(예: 숙제, 연필, 책 등).
- 외부 자극에 의해 쉽게 주의가 산만해진다.
- 일상적인 일을 자주 잊어버린다.

② 과잉행동 증상
- 손발을 가만두지 않거나 자리에서 꼬무락거린다.
- 가만히 앉아 있어야 하는 상황에서 자주 자리를 뜬다.
- 적절하지 않은 상황에서 지나치게 달리거나 기어오른다.
- 조용하게 놀거나 레저 활동을 하지 못하는 경우가 자주 있다.
- 쉴 사이 없이 활동하거나 마치 '모터가 달린 것 같이' 행동하는 경우가 자주 있다.
- 지나치게 말을 많이 하는 경우가 자주 있다.

③ 충동성 증상
- 질문이 끝나기 전에 대답해버리는 경우가 자주 있다.
- 차례를 기다리는 것을 자주 어려워한다.
- 다른 사람이 하는 것을 중단시키거나 무턱대고 끼어드는 경우가 자주 있다.

ADHD 장애 아동들은 위의 증상들이 12세 이전에 나타나고, 적어도 두 군데 이상의 환경(예: 학교와 가정)에서 존재하며, 증상들로 인해 사회활동, 학업, 직업 기능이 방해받거나 명백한 질적 저하가 나타난다.

(2) 역학

전 세계적인 ADHD 유병률은 5.29%로 추정되고 있으며, 한국의 경우 2006년 서울시 소아청소년 광역정신보건센터 연구에 의하면 초등학생에서는 13%, 중학생과 고등학생에서는 7% 내외로 나타났다(김붕년 외, 2006). 남녀 비에 있어서 남아의 비율이 2.5~6배 정도 높게 나타난다. 건강 문제, 발달상 결함, 연령, 도시지역 거주 등의 요인이 발병에 영향을 미치는 것으로 알려져 있다.

ADHD는 다른 질환과 동반되어 나타나는 경우가 많은데, 주로 적대적 반항장애 혹은 품행장애가 가장 흔하다. ADHD 아동의 약 40~70%가 이들 질환을 동반한다. 그 외에 우울장애, 양극성장애, 틱장애, 불안장애 등이 함께 나타나기도 한다.

(3) 원인

① 생물학적 요인

가족력, 쌍생아 연구를 통해 유전적인 요인이 관여하는 것으로 보고되고 있다. 미숙아와 저체중아에서 주의력, 과잉행동, 충동성을 나타낼 가능성이 높으며, 임신 중 음주도 주의력에 부정적인 영향을 준다. 또한 주의와 집행 기능에 관여하는 뇌의 전두엽 부위 손상이나 기능 이상이 원인으로 지목되기도 한다. 신경생화학적 접근에서는 도파민과 노르에피네프린 등의 신경전달물질의 감소를 원인으로 본다.

② 심리사회적 요인

어머니의 낮은 학력, 부모의 낮은 사회적 지위, 결손가정 등의 요인이 ADHD를 유발하거나 지속시키는 데 일정 부분 기여한다. ADHD 아동의 부모는 일반학생의 부모보다 일관성, 인내심이 부족하고 더 권위적이고 구속적인 것으로 보고하는 연구들이 있는 반면, 최근의 연구들은 어머니의 통제적인 양육 방식을 원인으로 보기보다 아동의 행동에 대한 반응으로 보고 있다. 이 같은 연구결과는 부모의 부적절한 양육이 ADHD를 발생시키는 1차적 원인은 아니더라도 아동의 행동을 악화시키는 데 영향을 끼친다는 것을 시사한다.

(4) 치료 및 중재

① 약물치료

주로 중추신경자극제(각성제)가 사용되는데, 아동의 주의력 수준을 높여 산만함과 충동성을 조절할 수 있다. 아동의 70~80% 정도에서 효과가 나타난다. 그러나 약물치료는 몇 가지 문제점이 있는데, 우선 한 가지 약물치료가 모든 아동에게 효과적이지는 않다는 점이다. 일부 아동은 각성제를 복용해도 효과를 보지 못한다. 또한 약물 복용으로 나타나는 부작용이 있는데, 두통, 복통, 불면증, 식욕감퇴, 심장박동 및 혈압 증가, 기분의 기복이 심함, 성장 억제, 틱 증상 등이 보고되고 있다.

② 심리치료

약물의 효과가 우수함에도 불구하고 부작용으로 인해 약물을 복용하지 못하거나 약효가 떨어지는 오후, 주말, 방학 등의 상황에 대처할 수 있는 대안적인 방법이 필요하다. 또한 ADHD 아동에게 동반되는 문제행동, 즉 학습결손, 자존감 저하, 사회적 기술 부족, 부모-자녀관계 회복 등은 약물치료만으로 호전을 기대하기 어렵다. 이 같은 이유로 비약물치료, 즉 심리치료가 필수적이다.

가장 보편적으로 사용되는 심리적 중재방법은 인지행동치료로서, 학생 스스로 자신의 충동성을 통제하고 상황에 맞게 행동을 조절할 수 있도록 인지 전략을 학습시키는 것이다. 인지행동치료에서는 행동을 유발하는 사고에 초점을 맞추어 사고의 변화를 통해 행동의 변화를 추구한다. 치료의 궁극적인 목표는 아동 스스로 자기를 통제하여 연령에 맞는 적절한 사회적·학업적 행동을 수행하게 하는 것이다.

2) ADHD 아동에게 재활승마 지도하기

(1) 지도 목표

일반적인 심리치료 장면에서 ADHD 아동의 주의력, 과잉행동, 충동성 개선을 위해 다음과 같은 목표를 설정할 수 있다.

- 오랜 시간 동안 꾸준히 주의와 집중을 유지한다.
- 주어진 과제를 하는 행동을 증가시킨다.
- 충동통제의 뚜렷한 진전을 보인다.
- 자신감을 향상시킨다.
- 대인관계를 발달시킬 수 있도록 사회성 기술을 습득한다.

재활승마지도사는 ADHD 아동의 기승술 등의 신체 기능 향상을 위한 목표와 함께 집중력, 자기조절, 자신감, 정서, 사회성 향상 등의 정서사회성 개선을 위한 목표를 수립할 수 있어야 한다.

ADHD 아동을 위한 재활승마 강습 목표를 수립하기 위해 다음의 Riding for the Disabled Association(RDA)가 제시하는 지침을 참고할 수 있다.

- 현실적으로 달성 가능한 목표 수립하기
- 기승자 중심의 목표 만들기
- 기다리는 동안 인내하기
- 명확하고 지속적이며 긍정적인 지도가 필요
- 기승자가 최종적으로 과업을 완수할 수 있도록 하기 위해 단계별로 강습 계획 세우기
- 아동의 행동이 말과 주변 환경에 영향을 미친다는 연관성을 알려주기
- 아동의 장점, 재능, 바람직한 행동 격려하기

(2) ADHD 아동 지도 시 유의점

가. 교수 전략과 관련된 유의사항

㉠ 본격적인 활동을 시작하기 전에 그 활동에서 중요하다고 기대되는 행동을 학생들에게 상기시킨다.

㉡ 강습의 규칙을 시각 자료물(포스터 등)로 만들어 눈에 잘 띄는 곳에 게시한다. 규칙 내용은 행동에 바로 적용할 수 있을 만큼 구체적이어야 한다.

㉢ 강습의 전체적인 스케줄에 대해 명확히 자주 이야기하며, 강습 진행 중 활동을 바꿀 때 미리 예고한다. ADHD 장애를 가지고 있을 경우, 과제를 시작하기도 어렵지만 과제를 바꾸기도 어렵기 때문이다(예: "이번 활동은 앞으로 5분 후에 마무리하고, 새로운 활동으로 진행합니다").

ⓔ 강습의 이론적 교수 부분은 짧게, 활동은 박진감 있고 주도적으로 전개하고, 강습의 마무리는 재미있고 기분전환이 될 수 있도록 한다.

ⓜ 보상과 처벌 규칙을 사용한다.
- 아동이 수행한 중요한 활동의 결과에 대해 즉각적인 보상이나 처벌을 제시한다.
- 아동의 특성을 미리 파악하여 강습 시 1회 정도는 아동이 성공할 수 있는 과제를 제시하고, 성공할 때에는 특권을 부여한다.
- 처벌 사용 시 주의할 점은 강습 중간에 하마하게 되면, 그 시간에 배워야 할 내용을 배우지 못하게 되어 아동의 기능 향상에 영향을 미치게 된다. 또한 단체 강습 장면에서 처벌을 받을 경우, 아동은 자존감 저하와 사회적 고립을 경험하게 되므로 새로운 정서적 문제가 발생할 수 있다. 그러므로 가능한 한 강습 초기 오리엔테이션 과정에서 규칙을 준수하지 않을 경우 최후의 규칙은 강습 중단임을 사전 고지하여 아동이 선택하는 순간 최선의 결정을 할 수 있도록 미리 조치해두어야 한다. 그럼에도 아동과 단체의 안전을 위협하는 행동이 일어날 경우, 하마 조치가 내려질 수 있다.
- 하마한 아동은 충동적인 행동을 하거나 마장 시설을 배회하며 안전사고를 당할 수 있으므로 절대로 혼자 마장 안에 머물게 하지 않으며, 반드시 보호자가 동행하여 교실 등의 실내 공간으로 이동하여 강습 종료 시까지 대기한다. 지도사는 전체 강습을 마무리한 후 아동과 간단한 면담시간을 가지며, 아동에게 아동이 받은 벌칙의 이유를 다시 한 번 설명하고, 아동이 다음 강습에 새로운 마음으로 참여할 수 있도록 격려한다.

> **보충** **아동이 지시에 순응하지 않을 때**
>
> 아동이 지도사가 제시한 지시를 따르지 않을 경우, 아동이 행동을 선택할 수 있는 복수의 선택지를 제시할 수 있다. 예를 들어, 기승 중 지도사의 설명에 집중하지 않고 친구에게 계속해서 말을 걸며 강습을 방해하는 아동이 있다면, 지도사는 아동에게 "너는 이야기를 중단하고 기승한 상태로 설명을 듣거나, 아니면 이야기를 계속할 경우 하마해서 스탠드에 앉아 설명을 들을 수 있다"는 두 가지 제안을 할 수 있다. 아동의 부적절한 행동에 즉각적인 처벌을 하지 않고 선택지를 제공하는 것은 아동의 자율성을 존중해줌으로써 불필요한 감정적 대치를 피하고, 선택지의 내용을 통해 자신의 행동을 스스로 점검하고 바람직한 행동을 선택할 기회를 주기 위해서다.
>
> 지도사는 비순응적 아동과의 갈등을 효과적으로 다룰 수 있는 방법에 대해 고민해야 하며, 그룹 강습의 경우 다른 아동들에게 미치는 간접적인 학습 효과까지 고려하여 최적의 방법을 신속히 적용해야 한다.

나. 주의력 향상을 위한 지도방법

㉠ 지도를 시작하기 전 아동의 주의가 충분히 지도사를 향하고 있는지 확인하기
- 주의가 분산되어 있는 경우 이름 부르기, 다가가서 말하기, 시선 마주치기 등과 같은 방법으로 주의를 환기시킨다.

㉡ 천천히 명확하게 말하고 기승자가 명령을 이해했는지 물어보기
- 아동 스스로 무엇을 해야 하는지 충분히 인지할 정도로 이해했는지 확인한다. 주요 활동 전에 아동이 자기 언어로 표현하게 한다.

㉢ 강습 중 지시를 짧고 명확하게 되풀이하기

㉣ 진행 중인 활동에 집중하도록 아동의 주의를 지속적으로 환기시킨다.

㉤ 특정인에게 지시하는 동안에도 개개인의 관심을 유지시키기
- 한 명의 기승자를 지도하고 있는 동안 다른 기승자들의 주의를 유지하기 위해 비언어적 단서나 신호를 사용한다.

다. 충동성 조절을 위한 지도방법

㉠ 아동이 활동에 참여하는 동안 지켜야 할 행동들을 내적 언어(생각)를 활용하여 자신에게 지시하는 것이 가능하도록 가르치기

㉡ 활동을 빨리 달성하는 것보다 수행내용의 정확성에 관심을 가지고 정확하게 완수했을 때 이를 지목하여 칭찬하기
- ADHD 아동들은 활동을 가장 먼저 달성하려고 하는 성향이 있으나, 지도사의 피드백을 통해 자신의 행동을 점검할 수 있도록 한다.

㉢ 기승과 하마 시 충동적인 행동은 안전사고로 이어지기 쉽다. 기승과 하마 전 매번 안전에 대해 확실하게 주의를 다짐한 후 실시하도록 한다. 처음 기승 시 안장 위에 기승자의 손을 올리게 한 후, 지도사가 아동의 손을 잡아 과도한 움직임을 제한해줄 수 있다.

㉣ 경직, 경련, 긴장 같은 스트레스의 조짐 관찰하기

㉤ 증상이 심한 경우에는 말에서 뛰어내리거나 돌발적인 행동을 할 수 있으므로 기승 전 약물 복용을 확인한다.

(3) ADHD 아동을 위한 재활승마 환경

① 말
- 걸음이 부드럽고 차분한 말
- 갑작스런 상황에서 쉽게 다급해하지 않는 반응이 느린 말
- 약물을 복용하지 않은 경우에는 양측의 보조가 수월한 포니 체고의 말을 선택하는 것이 좋음. 포니 사용 시 기승자의 체중 고려 필요

② 장비
- 무지개고삐, 잉글리시(english) 안장, 테라피(therapy) 패드 등을 사용
- **기승과 하마:** 기승경사로와 기승대 모두 가능

③ 마장 환경
- 주의를 분산시키는 방해물이 없도록 승마장 환경을 가능한 한 강습을 위해 구조화한다.
- 마장 내 규칙을 상시 확인할 수 있도록 규칙 보드를 눈에 잘 띄는 곳에 배치할 수 있다.

(4) ADHD 아동을 위한 이상적인 재활승마지도사

재활승마지도사로서 보유해야 할 일반적인 자질에 덧붙여 다음과 같은 요건이 ADHD 아동을 지도하는 재활승마지도사에게 필요하다. 아래의 항목들은 ADHD 아동들과 작업하는 심리치료사(Kaduson & Schaefer, 2010)와 교사(Dupaul & Stone, 2016)에게 필요한 자질을 재활승마지도사에게 응용하여 적용한 것이다.

㉠ 규칙과 제한에 대해 굳건하면서도 항상 침착하고 긍정적인 태도를 내면화할 수 있다.
㉡ 아동의 개별적인 특성에 맞게 중재 전략을 계획할 수 있어야 한다. ADHD 장애가 있는 모든 아동이 동일한 요구를 가지고 있다는 획일적인 접근은 피해야 한다.
㉢ 강습 시 발생하는 아동의 장애로 인한 문제 상황에서 강습전략을 수정하는 융통성이 있다.
㉣ 아동의 성향을 파악하여 관심 있는 과제와 관심이 적은 과제를 섞어 제시할 수 있다.
㉤ 아동의 좌절수준이 최고에 달할 때 물러날 줄 안다.
㉥ 지도사가 최고도의 좌절을 경험할 때 물러날 줄 안다.
㉦ 간단하고 이해할 수 있는 문장으로 명확히 말한다.
㉧ 사소한 행동 문제는 무시할 수 있어야 하고, 언제 문제를 다루어야 하는지를 구별할 수 있는 능력이 있다.
㉨ 유머와 정서적 여유가 있다.

3. 우울장애

1) 우울장애 개요

(1) 정의와 증상

우울은 심리적으로 우울한 정서, 무가치한 느낌, 죄책감, 흥미 상실, 인지적 능력의 감소, 자살사고 등의 증상과 신체적으로 식욕, 체중, 수면의 변화 등의 증상을 수반하는 정신병리다.

과거 전통적인 정신분석 입장에서는 아동기 우울장애를 인정하지 않았다. 아동기에는 초자아의 발달이 이루어지지 않아 죄책감을 느끼지 못하므로 우울감을 느끼지 못한다고 보았기 때문이다. 그러나 이후 아동기 우울장애의 존재 여부에 대한 학자들 간의 논란이 지속되어오다가 1970년대에 이르러 아동기나 청소년기에도 우울장애가 나타날 수 있다는 것을 인정하게 되었다.

미국정신의학회가 제작한 DSM-5에서 제시하는 주요 우울장애(major depressive disorder)의 증상은 다음과 같다. 이러한 증상들은 사회적·직업적 및 다른 중요한 기능 영역에서 임상적으로 심각한 고통이나 손상을 초래한다.

▶ **주요 우울장애 증상**

① 하루의 대부분, 그리고 거의 매일 지속되는 우울한 기분이 주관적 보고(예: 슬프거나 공허하게 느낀다)나 객관적인 관찰(예: 울 것처럼 보인다)에서 드러난다.
② 모든 또는 거의 모든 일상 활동에 대한 흥미나 즐거움이 하루의 대부분 또는 거의 매일 같이 뚜렷하게 저하되어 있을 경우
③ 체중조절을 하고 있지 않은 상태에서 현저하고 의미 있는 체중 감소나 체중 증가, 거의 매일 나타나는 식욕 감소나 증가가 있을 때(*주의: 아동의 경우, 체중 증가가 기대치에 미달되는 경우 주의할 것)
④ 거의 매일 나타나는 불면이나 과다 수면
⑤ 거의 매일 나타나는 정신운동성 초조나 지체
⑥ 거의 매일 나타나는 피로나 활력 상실
⑦ 거의 매일 무가치함 또는 과도하거나 부적절한 죄책감을 느낌
⑧ 거의 매일 나타나는 사고력이나 집중력의 감소, 또는 우유부단함

⑨ 반복되는 죽음에 대한 생각, 특정한 계획 없이 반복되는 자살 생각 또는 자살 기도나 자살 수행에 대한 특정 계획

아동청소년기에 나타나는 우울장애는 많은 부분에서 성인 우울장애와 비슷하나, 발달 단계의 특성상 다른 점도 있다. 주요 우울장애의 증상 중 ②~⑨번 항목은 아동기, 청소년기 및 성인기에 공통적으로 나타난다. 하지만 증상 ①의 경우 성인은 주로 우울하고 무기력한 기분을 경험하지만, 아동청소년은 주로 초조한 기분을 느낀다.

아동기 우울장애의 특성에 대해 홍강의(2014)는 "흔하게 관찰되는 증상은 슬픈 모습, 신체적 초조, 정신운동 초조, 분리불안과 공포감이며 연령이 높아질수록 무쾌감증, 절망감, 망상 및 정신운동 지연의 발현 빈도가 증가된다"고 했다. 또한 우울감, 집중력 부족, 불면, 자살사고는 모든 연령군에서 동일한 빈도로 나타나며, 명확한 우울감이나 생리적 증상은 보이지 않은 채 과민한 기분이나 과다행동, 비행, 공격성, 신체적 호소로 위장되어 나타나는 가면성 우울증이 흔하므로 적대적 반항장애나 품행장애와 구별해야 한다고 보았다.

우울한 아동들에게서 나타나는 발달 영역별 증상은 다음과 같다.

표 2-24 아동기 우울장애의 발달 영역별 특성

발달 영역	일반 특성
정서	• 전반적으로 우울한 기분이나 초조감을 느낀다. • 거의 모든 활동에 즐거움을 상실한다. • 지나치게 슬퍼하거나 외로워한다. • 주어지는 자극에 무감각하다. • 상황에 맞지 않게 쉽게 울고 지나치게 운다. • 긍정적인 정서가 결여되어 있다. • 분노를 적절하게 표현하지 못한다.
인지	• 모든 실패를 자신의 탓으로 돌리며 자기혐오와 자기 비난에 몰두한다. • 부적절한 죄책감, 무가치함, 절망감 등을 가지고 있다. • 부정적 자기평가로 자아존중감이 낮다. • 주의집중이 어렵고 사고력과 의사결정능력을 상실한다. • 비관적 사고가 지배적이다. • 수행해야 할 과제를 잊거나 과제를 시도해도 실패한다. • 다른 사람의 말을 부정적으로 해석하는 경향이 있다.

발달 영역	일반 특성
동기	• 학업에 관심이 없다. • 힘든 과제나 사회적 경험을 회피한다. • 교사나 또래와의 사회적 관계 형성이 어렵다. • 고조된 자의식으로 집단활동에 참여하기 어렵다. • 일상생활에 무관심하다. • 특별한 후속결과가 주어져도 학습이나 행동이 동기화되지 않는다. • 자살을 관념화하고 자살에 대한 반복적인 생각을 한다.
신체	• 급격한 식욕변화로 체중이 증가하거나 감소한다. • 불면증이나 과다수면 등의 수면 문제를 나타낸다. • 에너지 수준이 낮고 만성적으로 피곤해한다. • 심리운동적으로 지나치게 흥분되어 있거나 억제되어 있다.

출처: 이성봉·방명애·김은경·박지연(2014)

(2) 역학

미국의 경우 전체 인구를 기준으로 아동기 우울장애 경험 비율은 1.0~4.2%이고, 청소년기 우울장애를 경험하는 비율은 2.0~16.3%다. 수치의 편차는 측정 시 증상의 정의, 진단도구, 대상의 발달 단계 등이 다르기 때문에 발생하는데, 우울장애의 유병률 측정은 어려운 것으로 간주되고 있다. 아동기에 비해 청소년기에 우울장애가 더 많이 나타나며, 아동기에는 남녀 간 성차가 나타나지 않다가 청소년기에 이르면 여아가 남아에 비해 2배 정도 높게 나타난다.

(3) 원인

① 생물학적 모델
- **유전:** 우울장애를 가진 부모를 둔 아동의 경우 평생 동안 우울장애에 걸릴 위험이 더 크다. 아동기가 성인보다 우울장애의 발생에 유전적 요인이 관련될 가능성이 더 높은 것으로 알려져 있다.
- **신경내분비:** 성인기 우울장애의 경우 스트레스 호르몬으로 알려진 코르티솔의 농도 증가가 유력한 요인으로 주목되고 있으나 아동에게도 같은 작용을 나타내는지는 아직 불분명하다.

② 인지 모델
- **인지적 왜곡:** Beck(1967)에 의하면 우울한 사람은 자기, 세계, 미래에 대한 독특한 관점을 가지고 있다.
  - **자신:** 결함이 있고, 부적절하며, 바람직하지 못한 존재
  - **세계:** 극복 불가능한 장애물, 자신에게 과도한 요구를 하는 곳, 환경과의 상호작용은 결국 패배와 박탈로 끝난다.
  - **미래:** 나의 어려움과 고통은 무한히 계속될 것이다

  이들은 부정적인 정보에 대해 선택적으로 지각하여 과장해서 생각하며, 긍정적인 사건을 최소화하는 인지적 왜곡을 나타낸다.

- **귀인 이론:** 통제할 수 없는 사건이 왜 일어났는지에 대한 원인을 어디로 귀속시키는가에 따라 우울장애가 나타날 수 있다. 우울장애를 가지고 있는 사람은 부정적 사건에 대해 자기 자신을 비난하고, 이는 시간이 지나도 변하지 않고 안정적이며, 모든 상황에서 자기 자신을 비난하는 보편성을 보인다. 즉, 부정적 생활사건의 원인을 외부로 귀인하는 사람에 비해 자기 내부로 귀인하는 사람은 우울장애를 나타낼 가능성이 높다.

- **학습된 무기력:** 피할 수 없는 힘든 상황을 반복적으로 겪게 되면 그 상황을 피할 수 있는 상황이 와도 극복하려는 시도조차 하지 않고 포기하며, 자신은 환경을 통제할 수 있는 능력이 없다고 믿게 되는 것을 '학습된 무기력'(Seligman, 1975)이라고 한다. 이 같은 특성을 보이는 아동이나 청소년은 자신은 아무것도 할 수 없다는 생각을 가지고 있으므로 다른 사람들과 긍정적인 관계를 형성하지 못하여 사회적 생활에 문제가 발생한다. 또한 자신의 감정을 사회적으로 수용될 수 있는 방식으로 표현하지 못하는 대신 부적절하게 화를 내거나 공격적인 행동으로 표현하게 되어 상대방으로부터 부정적인 반응을 유도하게 된다. 결과적으로 아동은 새로운 사람을 대할 때에도 부정적인 대인관계를 예상하게 되며, 스트레스를 일으키는 문제에 적극적으로 대처하기보다는 회피하려는 경향을 보인다.

③ 생태학 모델

아동을 둘러싼 생태 환경이 우울장애 발병에 영향을 미친다고 본다. 가장 중요한 생태 환경은 가정과 학교다. 가정환경의 경우 부모의 정신병리, 가정불화, 아동학대, 가족 해체 등이 우울장애와 관련이 있다. 특히 부모가 우울장애를 가지고 있는 경우 자녀의 우울장애 발병률이 유의하게 높으며, 만성적인 질병을 가지고 있는 부모의 자녀들도 우울

장애를 나타낼 위험이 있다.

학교 환경으로는 또래관계의 영향이 중요하다. 또래들 사이에서 인기가 없으면 친구관계의 양과 질에서 결함이 생겨 외로워지고 우울장애가 유발될 수 있다. 우울장애를 가지고 있는 아동들은 친구들이 자신을 싫어하고 자신에게 비판적이라는 부정적인 인식을 가지게 되어 또래들이 꺼려하는 행동을 더 많이 하게 되고, 이는 친구와의 거리를 더욱 멀게 하여 결과적으로 아동을 더욱 우울하게 만든다.

(4) 치료 및 중재

① 약물치료

대부분의 약물치료 연구는 성인을 대상으로 이루어지기 때문에 아동청소년에게도 동일한 효과를 나타내는지 확인하기 어렵다. 삼환계 항우울제가 아동청소년의 우울장애에 주로 사용되어왔으나 부작용으로 인해 최근에는 세로토닌 재흡수 억제제를 사용하는 추세다.

② 심리사회적 중재

아동청소년 우울장애 치료에 효과가 입증된 심리적 중재방법은 인지행동치료다. 즉 인지적으로는 아동의 우울장애를 유발하는 부적응적 생각을 수정하고, 행동적으로는 우울한 기분의 감소를 위해 즐거운 활동에 참여하여 긍정적인 정서를 경험하고, 현실 적응력을 향상시킬 수 있는 사회성, 문제해결능력을 향상시키는 것이다. 다음은 인지행동치료의 주요 영역들이다.

- **인지치료:** 우울장애를 가지고 있는 아동의 부정적이고 비합리적인 사고를 긍정적이고 합리적인 것으로 전환시키는 것이다.
- **행동치료:** 우울장애 증상의 출현 빈도를 감소시키기 위해 편안하고 긍정적인 정서를 경험할 수 있는 이완훈련, 즐거운 활동 참여, 사회적 상호작용을 촉진시키기 위해 고안된 프로그램을 실시한다.
- **사회성 기술 훈련:** 우울장애를 가지고 있는 아동들은 대인관계 상황에 대처하는 사회성이 부족한 경향이 있는데, 이는 사회적 적응과 대인관계 만족도를 저하시켜 결과적으로 우울장애를 더욱 악화시킨다. 사회적 상호작용의 질과 양을 향상시키기 위해 의사소통 기술, 사회적 상호작용, 자기주장하기 등의 사회성 향상을 위한 중재법들을 사용한다.
- **자기조절능력:** 우울장애가 스트레스에 대처하기 위한 자기조절 기능의 결함에서 발생한다고 본다. 자기점검, 자기평가, 자기강화 능력의 향상을 통해 자기조절능력의 회복을 돕는다.

- **자기점검:** 아동 스스로 자신이 목표로 하는 행동을 점검하는 직접 관찰방법
- **자기평가:** 자신의 신체적·심리적 특성을 스스로 판단하는 활동. 자신에 대한 이해를 기초로 하기 때문에 개인 내적인 문제 해결에 효과적임
- **자기강화:** 강화란 특정한 행동이 나타나는 빈도를 높이기 위해 유쾌한 자극을 제시하거나 불쾌한 자극을 제거해주는 것. 자기강화는 자신의 행동에 대한 후속 반응을 스스로 관리하는 것으로, 아동 본인이 강화물을 선택하고 적용 기준도 정함
- **문제해결기술:** 스트레스를 유발하는 생활사건 대면 시 문제를 해결할 수 있는 능력이 더 발달해 있을수록 우울장애의 위험이 낮아진다. 문제해결 능력은 문제 인식, 문제 정의, 대안적 해결방법, 의사결정, 문제해결 및 평가 등의 요소로 구성되어 있다.
  - **문제 인식:** 일상생활 기능에 부정적인 영향을 미칠 수 있는 문제 요인을 알아차리는 것
  - **문제 정의:** 문제의 성격, 목표 달성을 막는 장애물 파악, 현실적 수준의 목표 설정, 행동과 결과 간의 인과관계를 지각할 수 있는 능력
  - **대안적 해결방법:** 문제에 적용할 수 있는 다양한 방법들을 구상할 수 있는 능력
  - **의사결정:** 각각의 대안들의 결과를 예상하고 최적의 방법을 선택할 수 있는 능력
  - **문제해결 및 평가:** 선택한 방법을 문제해결에 적용하고 그 효과를 점검하여 효과가 없을 경우는 다른 대안으로 교체하고 효과가 있을 경우는 스스로에게 강화를 제공하는 능력

2) 우울장애 아동에게 재활승마 지도하기

우울장애 아동청소년을 대상으로 한 연구에 의하면 Equine Assisted Psychotherapy(EAP)는 문제행동 관리 능력과 대인관계 의사소통 능력 향상에 기여하며, 우울과 불안 수준을 감소시키는 것으로 보고되었다. 이와 같은 결과는 EAP가 우울장애 치료를 위한 심리적 중재 영역 중 인지치료, 자기조절, 사회성 영역에서 효과를 나타내고 있음을 시사한다.

(1) 지도 목표

우울장애 아동청소년을 위한 일반적인 심리치료의 목표는 다음과 같다.
- 우울한 정서를 인식하고, 언어/비언어적 방법으로 표현하여 정서를 해소할 수 있다.
- 가족, 친구와 우호적이고 즐거운 관계를 형성할 수 있다.
- 사회적 활동 참여의 질과 양을 향상시킨다.
- 삶에 대한 즐거움과 흥미를 표현할 수 있다.

재활승마지도사는 우울장애 아동의 신체 기능향상을 위한 목표와 함께 다음과 같은 정서 사회성 향상을 위한 강습 목표를 세워볼 수 있다.

- 재활승마 강습을 통해 즐거움, 활력 등의 긍정적인 정서를 경험하고, 우울, 무가치함 등의 부정적 정서를 해소할 수 있다.
- 활동 중에 아동이 경험하는 내적 정서를 외부로 표현할 수 있다.
- 생명을 가진 사람과 동물의 가치를 소중히 여기며, 자신과 남을 존중하는 태도를 습득할 수 있다.
- 재활승마 강습에 참여하는 구성원들과 친밀하고 상호 지지적인 관계를 형성할 수 있다.

(2) 우울장애 아동에게 재활승마 강습 시 유의사항

① 강습 초기에 아동은 대체로 무표정하거나 우울한 표정이며, 힘이 없고 활동에 대한 흥미 수준이 낮아 움직이는 것조차 상당히 귀찮아할 수 있다. 활동에 참여하더라도 매우 제한적이며, 지도사의 지시에 반응하지 않을 수 있다. 지도사는 아동의 행동을 이해하고 수용, 공감적인 반응을 해주어 초기 관계를 신뢰감 있게 형성해야 한다.

② 강습 초기에는 자극이나 활동 수준이 낮은 지상 레슨, 말 관찰하기, 승마장 거닐기 등의 프로그램을 제공하여 아동이 활동에 접근하는 것을 용이하게 한다.

③ 우울한 아동들은 자신에 대한 열등감, 무가치함을 자주 경험해왔을 가능성이 높다. 지도사는 아동이 승마활동에서 수행한 것에 대한 자기 확인이 가능하도록 아동이 노력한 부분을 알려준다. 이때 중요한 것은 수행의 결과보다 과정이다.

④ 지도사는 승마 강습 중 아동이 다른 기승자, 지도사, 말과의 관계 속에서 경험하는 다양한 정서, 즉 즐거움, 두려움, 분노, 성취감 등을 아동 스스로 인식하고 표현할 수 있도록 돕는다.

⑤ 아동의 심리적 회복을 위해 아동의 정서적 변화 상황에 맞추어 적절한 수준의 도전적인 과제를 제시할 수 있어야 한다. 이때 아동이 선호하는 활동을 강습에 적절히 반영하는 것이 필요하다.

(3) 우울장애 아동을 위한 재활승마 환경

① 말
- 우울장애 아동은 심리적으로 매우 위축된 상태이므로 강습 시작 단계에서는 성격이 유순한 말을 사용하여 말에 대한 거부감을 느끼지 않도록 한다.

- 아동의 에너지 수준이 낮다면 바로 마장 강습을 시작하기보다 미니어처 등의 관상용 마필을 사용하여 관찰이나 말 손질 등을 가르칠 수 있다.

② 장비
- 무지개고삐, 잉글리시 안장, 테라피 패드 등을 사용
- **기승과 하마:** 기승경사로와 기승대 모두 가능

4. 적대적 반항장애

적대적 반항장애와 품행장애는 감정과 행동 조절의 어려움을 공통적으로 나타내는데, 연속성을 가진 연관된 장애라고 보고되고 있다. 이들 장애는 위험요인과 치료에서 상당 부분 공통된 특징을 가지고 있으며, 적대적 반항장애의 일부는 품행장애로 발달한다. 두 장애 모두 DSM-5의 '파괴적 행동장애·충동조절장애·품행장애'의 하위 장애로 분류되고 있다.

1) 적대적 반항장애

(1) 정의와 증상

적대적 반항장애(oppositional defiant disorder)는 아동이 부모를 포함한 권위자에게 반항적이고 적대적인 행동을 지속적으로 보이며, 그 행동이 사회적 또는 학업에 중대한 지장을 초래하는 정서·행동 문제다.

미국정신의학회가 제작한 DSM-5에서 제시하는 적대적 반항장애의 주요 증상은 다음과 같다.

① 분노와 과민한 기분, 논쟁적이고 반항적인 태도 또는 보복적인 태도를 보이는 양상
- **분노/과민한 기분**
    - 자주 흥분한다.
    - 자주 과민하며 쉽게 짜증을 낸다.
    - 자주 화를 내고 분개한다.
- **논쟁적/반항적 행동**
    - 권위자 또는 성인과 잦은 논쟁
    - 자주 적극적으로 권위자의 요구나 규칙을 무시하거나 거절
    - 자주 고의적으로 타인을 귀찮게 함
    - 자신의 실수나 비행을 남의 탓으로 돌림

- 보복성
  - 악의에 차 있거나 앙심을 품음

② 행동장애는 자신이나 가까운 사회관계(가족, 또래집단)의 타인에게 고통을 주며, 사회생활, 교육, 직장 또는 다른 중요한 기능에 임상적으로 부정적인 영향을 미친다.

(2) 역학

유병률은 나이와 성별에 따라 다르다. 아동기 때는 여아보다 남아에서 높게 나타나지만, 청소년기에는 남녀의 비율이 거의 같아진다. 2006년 서울시 아동청소년 정신장애 유병률 조사에 의하면 적대적 반항장애의 유병률은 11.34%로 나타났다.

(3) 원인

① 기질적 요인

적대적 반항장애 아동은 생애 초기부터 까다로운 기질을 보이고, 좌절에 대한 내성이 약하며, 진정되기 어려운 특징을 보인다. 아이의 이러한 행동에 부모는 좌절하게 되고, 분노와 체벌로 대응하게 된다. 이 과정에서 아동은 무력감, 좌절감, 분노를 경험하게 되는데, 자라나면서 침묵, 반항, 말 안 듣기 등으로 대응하게 된다. 타고난 기질적 특징이 적대적 반항장애의 발병에 영향을 끼친다.

② 환경적 요인

부모의 부적절한 양육태도, 즉 비일관적, 가혹하거나 무관심한 양육, 그리고 부부간의 불화, 가정폭력, 낮은 가족 결속력, 아동학대, 부모의 반사회적 성격장애 등이 있다.

(4) 치료 및 중재

① 약물치료

공격성과 과민성을 조절해주는 약물을 사용하며, ADHD, 우울, 불안장애 등의 공존 질환이 있을 경우 관련된 약물을 함께 사용한다. 그러나 아동의 기질, 가정과 학교의 환경, 공존 질환 등 다양한 위험인자가 장애에 관여하기 때문에 약물치료로만 적대적 반항장애를 호전시키는 데는 한계가 있다(홍강의, 2014).

② 심리사회적 중재
- **부모훈련 프로그램:** 부모의 양육행동 변화를 통해 아동의 부정적 행동을 줄이고 긍정적 행동을 늘려갈 수 있다. 예를 들어 부모가 매번 모호하고 간섭적인 지시를 내린다면 아동의 반항심을 자극하게 된다. 지시를 내릴 때는 구체적으로 전달하고, 불순응행동에 대해 벌을 주기보다 순응행동에 대해 인정하고 칭찬을 해준다. 불순응행동이 나타날 때에는 짧은 시간 동안 타임아웃하는 방법을 쓸 수 있다. 부모훈련 프로그램은 자녀가 청소년일 때보다 아동기일 때 시행하는 것이 효과가 좋다.
- **문제해결 기술훈련:** 문제해결 기술훈련은 아동이 문제 상황에 직면할 때 문제를 명확히 정의하고 다양한 해결방법을 찾아내어 각 방법의 결과를 예상하여 가장 적절한 방법을 선택할 수 있도록 지도하는 것이다. 문제에 접근하는 방법에 대해 강조하고, 결과로 나타나는 행동보다는 사고과정에 초점을 맞춘다. 연습, 역할극, 모델링, 강화와 처벌방법들을 사용해 치료 과정에서 배운 문제해결 기술을 일상생활에 점차 적용해간다.
- **행동치료:** 행동치료는 행동을 변화시켜 감정을 조절하는 방법이다. 적대적 반항장애 치료에서 가장 흔히 사용되며 효과적인 치료기법이다. 가정과 학교 등의 외부 교육기관에서도 사용될 수 있다. 다음은 행동치료에 기반을 둔 아동의 문제행동을 제한할 수 있는 주요 기법이다.
    - **무시하기:** 반항적인 아동의 문제행동은 부모의 관심을 끌기 위해 형성된 것일 수도 있다. 이런 경우 문제행동으로 인해 받았던 관심을 중단해야 한다. 이때 아동 주변의 보호자들이 협의 하에 무시하기를 일관되게 적용하면 효과가 증대된다. 그러나 바람직하지 못한 행동을 하는 목적이 관심을 끌기 위한 것이 아니라 아동 자신 또는 타인에게 해를 가하는 것이라면 다른 방법을 적용해야 한다.
    - **타임아웃:** 타인에게 상해를 가하거나 규칙을 따르는 것을 지속적으로 거부할 경우 사용될 수 있다. 실시하기 전에 타임아웃이 적용되는 문제행동과 타임아웃 절차를 아동에게 공지한다. 타임아웃 공간은 현재 아동이 있는 공간에서 누리는 즐거움과 자극이 제거된 조용하고 재미없는 곳으로 선정해야 하나, 공포심을 유발하는 어둡고 무서운 곳은 적절하지 않다. 타임아웃의 시간은 아동의 연령을 고려하여 배정한다.
    - **권리박탈:** 문제행동을 나타낼 때 평소 아동이 즐기고 있는 권리를 제한하는 방법이다. 좋아하는 TV 프로그램이나 게임을 하지 못하게 하거나, 친구와 노는 시간을 제한하거나, 용돈을 지급하지 않는 것 등을 고려할 수 있다.

- **토큰강화법:** 토큰(또는 스티커)을 얻을 수 있는 행동과 잃게 되는 행동을 아동에게 공지하고, 토큰이 일정 기간 누적된 후 보상품과 바꾸어준다. 보상품은 토큰강화법의 성공을 결정짓기 때문에 아동이 선호하는 것으로 정해져야 한다. 또한 보상품의 효과를 높이기 위해 평소 보상품 이용을 제한하는 것이 필요하다.
- **집단치료:** 비슷한 문제를 가진 여러 명의 아동을 대상으로 시행하는데, 또래집단으로부터의 피드백, 격려를 통해 자신의 행동을 점검하며, 사회적으로 바람직한 행동을 익힐 수 있다. 집단치료는 아동이 자신 이외의 타인의 입장을 경험할 수 있는 구조화된 심리사회적 환경을 제공하기 때문에 사회적 기술을 향상시키는 데 효과적이다.

2) 적대적 반항장애 아동에게 재활승마 지도하기

(1) 지도 목표

적대적 반항장애를 가진 아동의 증상 개선을 위해 다음과 같은 심리치료 목표를 설정해볼 수 있다.

- 적대적이고 반항적인 행동의 강도와 빈도를 현저히 줄인다.
- 분노폭발을 조절하고 지시에 차분한 태도로 따른다.
- 상호 존중하는 태도로 상대방과 지속적으로 상호작용한다.
- 적대적이고 도전적인 행동을 사회적으로 수용될 수 있는 행동으로 바꾼다.
- 분노, 적대감, 도전의 저변에 깔려 있는 갈등을 해결한다.
- 긴장 수준을 감소시키고 만족감을 증가시키면서 가족 외 다른 성인들과의 긍정적인 상호작용을 늘려간다.

재활승마지도사는 적대적 반항장애 아동의 신체 기능향상을 위한 목표와 함께 다음과 같은 정서사회성 향상을 위한 강습 목표를 세워볼 수 있다.

- 지도사와 상호 존중하는 관계를 형성하고, 지도사의 지시를 따를 수 있다.
- 제시된 규칙을 준수하며 과업을 완수하는 과정을 통해 효능감을 경험할 수 있다.
- 강습 중 분노가 유발되는 상황에서 즉각적인 행동으로 화를 표현하지 않고 자신의 감정을 언어로 표현할 수 있다.
- 기승활동 중 즐거움을 느끼며 화, 짜증, 반항심 등의 부정적인 정서를 해소할 수 있다.
- 함께 기승하는 아동들과 말을 존중하는 태도로 대하고, 활동에 즐겁게 참여할 수 있다.

(2) 적대적 반항장애 아동에게 재활승마 강습 시 유의사항

① 분명한 규칙과 제한 범위, 기대되는 행동을 언어로 반복적으로 알려준다.

② 아동의 문제행동에 제한을 설정하는 단계: 문제행동이 발생했을 때, 아동의 행동 또는 아동 자체를 지적하거나 비난하는 것은 더욱 적대적이고 반항적인 행동으로 이어질 위험이 있다. 그 대신 다음의 제한하기 과정을 단계별로 적용해볼 수 있다.
- **1단계:** 감정 반영하기. "지금 화가 많이 났구나."
- **2단계:** 제한 전달하기. "하지만 승마장에서 소리를 지르거나 물건을 던지는 것은 모두를 위험하게 할 수 있어."
- **3단계:** 대안 제시하기. "소리 지르는 대신 네가 화가 난 이유를 나(지도사)에게 말해보렴. 내가 너를 도울 거야."

③ 적절한 타이밍에 타임아웃, 무시하기, 권리박탈 벌칙 등과 같은 제한 기법을 사용한다. 제한하기를 사용할 때, 아동이 자신의 잘못을 이해하는 것이 우선해야 한다. 자신이 부당한 대우를 받고 있다고 생각할 경우 더 심각한 반항이 나타날 수 있다.

④ 지도사는 아동의 문제행동에 대해서는 일관되고 단호한 태도를 취해야 하나, 아동 개인을 향해서는 기본적으로 온정적인 마음을 가지고 있어야 한다.

⑤ 집단 강습의 경우, 지도사는 아동이 다른 기승자들과 상호작용하는 모습을 주의 깊게 관찰하고 갈등이 발생할 경우 악화되기 전에 적절한 중재를 취할 수 있어야 한다.

(3) 적대적 반항장애 아동을 위한 재활승마 환경

① 말
- 적대적 반항장애 아동들은 쉽게 자극을 받는 경향이 있으므로 성품이 온순하고 반응이 느린 말이 좋다.
- 아동의 증세가 완화되면 좀 더 활발한 말로 교체하여 도전적인 자극에 적응할 수 있는 기회를 제공하는 것도 좋다.

② 장비
- 무지개고삐, 잉글리시 안장, 테라피 패드 등을 사용
- **기승과 하마:** 기승경사로와 기승대 모두 가능

③ 마장 환경
- 마장 내 규칙을 상시 확인할 수 있도록 눈에 잘 띄는 곳에 규칙 보드를 배치할 수 있다.

5. 품행장애

1) 품행장애 개요

(1) 정의와 증상

품행장애(conduct disorder)는 공격행동, 절도, 공공시설 파괴, 방화, 거짓말, 무단결석, 가출 등과 같은 반사회적 행동을 보이며 타인의 기본 권리를 침해하고 연령에 적합한 사회적 규범을 위반하는 정신병리다. 정서 및 행동 조절에 문제를 보이는 대표적인 외현화 장애이기도 하다.

미국정신의학회가 제작한 DSM-5에서 제시하는 품행장애의 주요 증상은 다음과 같다.

① 사람과 동물에 대한 공격성
- 자주 다른 사람을 괴롭히거나 위협하거나 협박한다.
- 자주 신체적인 싸움을 먼저 건다.
- 다른 사람에게 심각한 신체적 손상을 입힐 수 있는 무기(예: 방망이, 벽돌, 깨진 병, 칼, 총 등)를 사용한다.
- 사람에 대해 신체적으로 잔인한 행동을 한다.
- 동물에 대해 신체적으로 잔인한 행동을 한다.
- 피해자가 보는 앞에서 도둑질을 한다(예: 노상강도, 소매치기, 강탈, 무장강도).
- 다른 사람에게 성적 활동을 강요한다.

② 재산/기물 파괴
- 심각한 손상을 입히고자 의도적으로 방화를 한다.
- 다른 사람의 재산을 의도적으로 파괴한다(방화로 인한 것은 제외).

③ 사기 또는 절도
- 다른 사람의 집, 건물, 차에 무단으로 침입한다.
- 어떤 물건을 얻거나 환심을 사기 위해 또는 의무를 피하기 위해 자주 거짓말을 한다.
- 피해자가 없는 상황에서 물건을 훔친다.

④ 심각한 규칙 위반
- 부모의 금지에도 불구하고 자주 밤늦게까지 집에 들어오지 않는다. 이러한 행동이 13세 이전부터 시작되었다.
- 부모와 함께 사는 동안에 적어도 2회 이상 밤늦게까지 들어오지 않고 가출한다(또는 장기간 집에 돌아오지 않는 가출을 1회 이상 한다).
- 13세 이전에 학교에 무단결석을 자주 한다.

(2) 역학

품행장애의 출현율은 미국의 경우 2~10%(APA, 2013)로 연령, 성별, 지역에 따라 다르다. 초등학교 시기에는 여아보다 남아의 발병률이 높으나, 고등학교에 이르면 남아와 여아의 발병률이 비슷해진다. 또한 어린 시절에는 농촌지역보다 도시지역에서 빈번하게 발생하나, 청소년기에 이르면 지역적인 차이가 거의 나타나지 않는 것으로 보고되고 있다. 문제행동의 발현 연령이 낮은 경우는 공격행동과 규칙위반행동이 함께 나타나는 경우가 많고, 발현 연령이 높은 경우에는 비공격적인 규칙위반행동이 공격적인 규칙위반행동보다 많이 나타난다.

품행장애 청소년의 15~18%가 품행장애와 함께 우울장애를 가지고 있다. 우울장애를 공존 병리로 가진 품행장애 청소년은 감정의 기복이 심하고 조절능력이 떨어져 더욱 심각한 수준의 파괴적 행동을 나타낼 수 있다.

연구에 의하면 초등학교 시기에 반사회적 행동을 보인 아동의 약 50%가 청소년기에도 지속적으로 반사회적 행동을 보이며, 이들 중 40~75%가 성인기에도 반사회적 행동을 지속적으로 나타낸다. 아동기에서 성인기까지 이어지는 반사회성의 지속에 기여하는 중요한 요인은 첫째, 반사회성을 보이기 시작한 연령이 어린 경우와 둘째, 반사회적 행동을 보이는 또래와 어울리는 경우다. 아동 및 청소년기의 반사회적 행동은 이외에도 성인기의 알코올중독, 정신병적 문제, 연애관계 문제, 낮은 업무 수행, 신체 병약과 관련이 있다.

(3) 원인

① 아동 내부 요인

타고난 고유의 행동방식인 기질은 품행장애를 유발하는 요인이 될 수 있다. 새로운 자극이나 환경을 좋아하지 않고 변화에 적응하는 능력이 낮은 까다로운 기질의 아동은 변화에 순응하는 기질을 가진 아동에 비해 품행장애를 나타낼 가능성이 높다.

② 부모 요인
- **부모-자녀 상호작용:** 부모가 자녀 양육에 있어서 제한과 지지를 적절하게 조절하지 못하는 경우다. 자녀를 훈육하는 기술이 부족한 부모는 비일관되고 처벌적이며 강압적인 방식으로 자녀를 대하게 된다. 아동은 부모의 관심과 지지를 필요로 하는데, 품행장애를 가진 부모의 경우 자녀가 바람직한 행동을 했을 경우에는 무관심하고, 비록 부정적일지라도 잘못된 행동을 할 때 관심을 보이는 경향이 있다. 이러한 잘못된 강화는 아동의 행동 문제를 악화시키며 나아가 품행장애를 유발하게 된다.
- **부모의 관리 및 감독 소홀:** 부모가 자녀의 일상을 관찰하고 관리하는 데 어려움이 있는 경우, 자녀가 지켜야 하는 규칙을 제시하고 자녀의 규칙 준수 여부를 모니터하는 데 소홀하게 된다. 아동은 충동을 조절하는 것을 배울 기회를 잃게 되고, 성장하면서 점차 규칙을 지키지 않게 된다.
- **부모의 정신병리:** 부모가 정신병리를 가지고 있거나 음주 문제가 있는 경우, 자녀와의 부정적인 상호작용이 증가하게 되어 아동의 품행장애를 유발하게 된다.

③ 생활환경 요인
- **지역사회:** 아동청소년의 가정이 속해 있는 지역사회의 빈곤 수준, 높은 범죄율, 약한 사회적 응집력, 효과적이지 않은 건강 및 복지 서비스, 지역사회 지원 프로그램 부족, 성공적인 학업 수행 및 취업 기회의 부족, 방과 후 활동 및 여가활동 프로그램의 부족, 폭력·음주·약물 사용에 대해 지역사회가 허용적인 태도를 보일 경우 등이 품행장애와 관련이 있다.
- **폭력적인 미디어 콘텐츠:** 폭력적인 프로그램을 자주 본 청소년은 문제해결을 위해 공격적인 방법을 사용하며, 폭력에 무감각해져서 더욱 폭력적이 될 수 있다.

(4) 치료 및 중재

품행장애의 중재를 위한 주요 지침은 다음과 같다.

- 증상이 발견되면 가능한 한 이른 시기에 중재를 시작한다.
- 행동적 위험 요인과 함께 보호 요인도 파악하고, 이를 중재에 활용한다.
- 가족 구성원을 파트너로 중재에 참여시킨다.
- 반사회적 행동에 효과적인 중재방법을 사용한다.

품행장애 아동청소년 대상의 중재는 개별 아동청소년에 대한 중재뿐만 아니라 그들이 생활하고 있는 가정을 대상으로 하는 중재와 지역사회의 네트워크를 활용하는 것이 중요하다.

성공적인 중재를 위해서는 아동청소년이 보유한 품행장애의 위험 요인을 감소시키는 것과 함께 보호 요인을 적절히 활용하거나 증진시키는 것이 필요하다. 위험 요인은 품행장애 발생에 영향을 미치는 요인을 의미하며, 보호 요인은 위험 요인 직면 시 부정적인 영향력을 완화시켜 문제행동의 출현을 낮추는 데 기여하는 요인이다. 중재에 활용할 수 있는 보호 요인은 다음과 같다.

표 2-25 품행장애의 보호 요인 영역별 분류

영역	보호 요인
아동 요인	• 공감능력 • 온순한 기질 • 도덕적 신념 • 자기조절 능력 • 높은 자존감 • 학업적 성취와 평균 이상의 지능 • 문제해결능력 • 양호한 신체발달 • 가족에 대한 애착
가족 요인	• 부모와의 친밀함 • 안전하고 안정적인 가정 • 지지적, 권위 있는 훈육 • 제한과 규칙, 모니터링을 제공함 • 행동과 가치에 대한 분명한 기대
학교 요인	• 우호적인 학교 분위기 • 친사회적 성향의 친구와의 교제 • 나와 타인의 소유에 대한 분명한 기준 • 학교생활 중 성취 경험 • 폭력에 대한 적절한 규준
지역사회 요인	• 재능과 관심을 지지해주는 멘토의 존재 • 지원 서비스의 접근성과 효과성 • 종교 및 지역사회 단체 참여 • 폭력에 대한 적절한 규준 • 학교와 지역사회 기관과 연계되어 있음 • 건강한 물리적·정서적 환경

출처: 윤점룡 외(2013); O'Connell, Boat & Warner(2009)

품행장애는 개인 내적 요인에 의해 발생하기도 하지만 환경적인 영향도 작용하고 있기 때문에 중재의 대상을 다음과 같이 청소년, 가족, 지역사회로 구분하여 접근해볼 수 있다.

① 아동 대상의 중재
- **약물치료:** 품행장애만을 선택적으로 치료할 수 있는 약물은 아직 없다. 품행장애 청소년들 중 공격성이 행동으로 표출되어 자신이나 타인에게 위험한 경우, 주의집중에 문제가 있는 경우, 우울장애 등 다른 정신병리가 공존하는 경우 약물을 사용한다.
- **행동치료:** 행동치료란 부적응을 유발하는 행동을 목표 증상으로 하여 문제행동을 직접적으로 수정하는 심리치료다. 강화, 처벌, 모델링, 역할놀이 등의 행동치료방법을 사용하여 좀 더 적응적인 행동을 습득하도록 돕는다. 품행장애를 나타내는 청소년들의 경우 성장과정에서 사회적으로 바람직한 행동을 배우지 못한 경우가 있는데, 이 경우 행동적인 접근이 효과를 나타낸다.
- **인지행동치료:** 인지행동치료는 행동치료적 기법에 인지적 기법, 즉 개인의 자기조절 및 문제해결능력 등과 같은 인지적 훈련을 동시에 시행하는 것이다. 고차원적인 인지가 가능한 사춘기 이후 평균 이상의 지능을 보유한 청소년들을 대상으로 사용할 수 있으며, 문제해결, 분노조절, 충동조절, 의사소통능력 향상에 효과적이다. 문제해결 훈련에 사용되는 문제해결의 절차는 문제 인식하기, 문제 정의하기, 가능한 해결 방안 만들기, 해결 방안 검토하기, 해결 방안 실행하기, 결과 점검하기다. 이를 바탕으로 다음과 같은 문제 일지를 작성하여 사용할 수 있다.

[문제 일지 예시]

문제가 무엇인가요?

문제를 해결하기 위해 무엇을 했나요?

본인이 선택한 방법으로 문제가 해결되었나요?

본인의 해결방법에 대해 점수를 준다면?
                좋지 않다 / 보통이다 / 좋다 / 매우 좋다

만약 문제가 다시 발생한다면 어떻게 대처하고 싶은가요?

출처: 이성봉 외(2014)

아울러 효과적인 문제해결방법을 교육하기 위해 청소년에게 문제해결방법의 시범을 보이거나 역할놀이, 과제 등을 제공할 수 있다. 이때 적절한 피드백을 제공하고, 칭찬, 점수 부여 등의 강화를 활용하는 것이 필요하다.

② 가족 대상의 중재
- **부모 훈련:** 부모의 문제적 양육 태도가 청소년의 품행장애를 유발하는 경우에 사용된다. 부모훈련 프로그램에서 부모들은 청소년과 자신의 문제를 파악하고, 청소년의 행동과 환경을 관찰하여 자료를 수집하며, 적절한 행동의 증가와 부적절한 행동의 감소를 위한 전략을 배울 수 있다.
- **가족치료:** 품행장애 청소년들의 가족들은 서로 지지해주는 것이 부족하며, 희생양이 생기거나 한 명의 구성원이 고립되는 경우가 많다. 또한 의사소통이 방어적인 특성을 보이며, 처벌을 남발하는 경우가 흔하다. 가족치료는 가족 간의 긍정적인 유대감을 강화하고, 명확한 의사소통 양식을 확립하며, 문제 발생 시 서로 건설적으로 타협하는 것을 목표로 한다.

③ 지역사회 중재

청소년의 개인적 자질과 대인관계 능력 향상을 목표로 하는 지역사회 집단 프로그램들도 품행장애 청소년들의 중재에 활용될 수 있다. 이들 프로그램은 실습, 답사와 견학, 캠프, 봉사활동, 행군, 독서 프로그램, 심리극 등으로 다양한데, 지역사회 활동을 통해 청소년들은 친사회적인 행동을 증가시키고 반사회적 행동을 줄일 수 있다.

2) 품행장애 아동에게 재활승마 지도하기

정서·행동 문제를 가진 아동들을 대상으로 한 연구에 의하면 Equine Assisted Learning (EAL)은 파괴적 행동을 감소시킨다고 보고되었으며(Hanson & Pargeter, 2014), 전통적인 정신치료와 Equine Assisted Psychotherapy(EAP)를 비교한 연구에 의하면 EAP가 행동장애 아동들의 언어적·신체적 공격 감소와 친사회적 행동 증가에 전통적인 치료법보다 더 효과적인 것으로 나타났다(Whittlesey-Jerome et al., 2016). 이와 같은 결과는 말을 이용한 활동과 치료가 품행장애의 주요 증상인 공격성과 반사회성 완화에 효과가 있음을 보여주는 것이다.

(1) 지도 목표

말과 함께하는 활동을 통해 긍정적인 정서를 경험하고 누적된 분노, 우울감 등의 부정적 정서를 해소할 수 있다.

- 기승술, 승마장 안전수칙 등 활동에 사용되는 규칙을 이해하고 잘 지킬 수 있다.
- 자신의 안전과 참여자, 말의 안전을 위해 공격적인 행동을 억제할 수 있다.
- 자신의 생각과 감정을 위협적인 말이나 행동이 아닌 사회적으로 수용되는 방식으로 전달할 수 있다.
- 자신의 입장뿐만 아니라 다른 참여자들의 입장을 이해하고 존중할 수 있다.
- 규칙 준수와 과제 완수의 경험을 통해 효능감을 향상시킨다.
- 사람과 동물의 생명을 소중히 여기는 마음을 가질 수 있다.

(2) 품행장애 아동 지도 시 유의점

가. 교수 전략과 관련된 유의사항

① 프로그램 오리엔테이션 단계에서 승마활동에 필요한 규칙 및 안전수칙을 공지하고, 참가자들의 이해 여부를 확인할 필요가 있다(필요 시 규칙 준수를 위한 서면 계약을 할 수도 있음). 또한 규칙 준수 여부에 따라 주어지는 상벌을 공표한다. 규칙은 전체 프로그램이 진행되는 동안 강습 초반에 반복적으로 제시한다.
② 참여자들이 규칙을 준수하는 행동의 빈도수를 모니터링하고, 참여가 저조한 구성원에게는 개별적인 상담을 통해 문제를 해결한다.
③ 지도사는 강습 시작 전에 참여자들이 프로그램의 안전을 침해할 수 있는 소지품을 지참했는지 확인한다. 품행장애 아동청소년들의 보호자나 보호시설 관계자의 도움을 구하는 것도 좋다.
④ 강습 진행 중 참여자들의 행동적 수행뿐만 아니라 정서 변화도 민감하게 관찰해야 하며, 필요 시 즉각적인 중재를 제공한다.
⑤ 기승자가 규칙을 수용하고 지키는 행동을 면밀히 관찰하고, 바람직한 행동이 나타날 때 이를 묵인하지 말고 인정하는 표현 또는 보상을 제공한다.
⑥ 다른 강습자들을 위협하는 행위뿐만 아니라 말을 괴롭히는 행동이 나타나지 않는지 지속적으로 모니터링해야 한다. 괴롭히는 행동은 눈에 띄게 나타날 수도 있고, 은밀한 방법으로 이루어질 수도 있다.

⑦ 기승자의 공격적인 행동이 완화될 때까지 사이드워커를 배치하여 가까운 곳에서 관찰하는 것도 고려할 수 있다. 사이드워커 배치 시 기승자의 특성에 대한 사전 교육을 실시하여 사이드워커의 안전을 보호하고 강습 중 적절한 조력이 가능하도록 한다.

⑧ 그룹 강습 중 분노 표출이나 신체 공격 행동이 발생할 가능성이 있으므로 강습 초기에는 2명 이상의 지도사가 함께 강습을 진행한다. 문제행동 발생 시 한 명의 지도사가 중재하고, 다른 한 명의 지도사는 이후의 강습 운영과 다른 기승자들의 안전을 담당한다.

⑨ 문제 상황이 강습 현장에서 해결되지 않으면, 강습을 방해하지 않는 분리된 공간으로 이동시키고 감독자와 함께 있도록 한다. 책임 지도사는 각 역할을 담당할 사람을 명확히 지정해줌으로써 모두의 안전을 도모할 수 있다.

> **보충** **반항적이고 공격적인 아이들 이해하기(Oaklander, 1988)**
>
> - 반항적이고 공격성이 높은 아이들은 분노를 쉽게 표현한다. 그러나 이들은 분노를 제대로 표현했다기보다 공격행동을 통해 오히려 진정한 분노감정을 회피해버리는 경우가 많다. 이들은 내면에 깊은 분노감정과 버림받고 상처받은 느낌, 자신에 대해 혼란스러운 감정을 갖고 있지만, 자기 자신에 대해 잘 알지 못하며 자신이 느끼는 감정을 표현하는 것을 두려워한다. 이런 아동은 살아남기 위해 공격적인 행동을 해야 한다고 생각하는데, 자신을 화나게 하는 외부의 자극에 대해 적절하게 대처하는 능력이 부족하다.
> - 대부분의 공격적인 아동들은 오랜 좌절 경험의 학습으로서 공격행동을 하게 된다. 이러한 아동들도 처음에는 자신의 욕구를 조용히 표현하지만, 성인이 그것을 무시하게 되면 결국 극단적인 방법으로 욕구를 표현하게 된다. 어른들이 '반사회적'이라고 부르는 공격적인 행동은 아동이 사회적으로 연결되기 위한 역설적인 시도로, 자기의 감정을 외부에 알리기 위해 사용하고 있는 방식, 즉 공격적이고 반사회적인 방식 이외의 다른 방법을 알지 못하는 것이다.

나. 공격적인 행동에 대처하는 방법

① 강습 운영자들은 수용 불가능한 적대적이고 공격적인 행동에 대한 벌칙과 불이익을 사전에 분명히 공지하고, 자주 환기시키며, 가능한 한 모든 상황에서 일관되게 지킨다.

② 규칙을 위반하는 행동이 나타나면 즉시 그리고 지속적으로 제재한다. 이때, 시행되는 제재방법은 청소년 입장에서 적대적으로 느껴지지 않아야 하며, 신체적인 가해는 어떠한 형식이더라도 사용될 수 없다.

(3) 품행장애 아동을 위한 재활승마 환경

① 말
- 품행장애 아동들은 중립적인 자극을 위협적인 자극으로 오해하여 공격적인 행동을 취할 가능성이 있으므로 성품이 온순하고 반응이 느린 말이 강습 초기 기승자와 말의 안전을 위해 좋다.
- 아동의 증세가 완화되면 좀 더 활발한 말로 교체하여 도전적인 자극에 적응할 수 있는 기회를 제공하는 것도 좋다.

② 장비
- 무지개고삐, 일반고삐, 잉글리시 안장, 테라피 패드 등을 사용
- **기승과 하마:** 기승경사로와 기승대 모두 가능

③ 강습 환경
- 강습이 운영되는 센터 분위기는 따뜻하고 지지적이어야 한다.
- 마장 내 규칙을 상시 확인할 수 있도록 규칙 보드를 눈에 잘 띄는 곳에 배치할 수 있다.
- 공격 도구로 사용될 가능성이 있는 마장 내 용품이 무엇인지 강습 전에 미리 확인하고, 안전한 곳으로 옮겨놓는다. 강습 전에 매번 마장 환경을 점검하는 것이 필요하다.

6. 인터넷 게임 사용장애

1) 인터넷 게임장애(인터넷 중독) 개요

(1) 정의

인터넷 중독이란 게임, 채팅, 검색, 음란물 등 인터넷 사용에 있어서 금단과 내성을 지니게 되며, 이로 인해 일상생활에 장애가 유발되는 상태다.

인터넷 중독을 정신질환으로 분류할지에 대해서는 최근까지 논란이 이어져오고 있다. 미국정신의학회가 발간한 DSM-5(2013)에서는 인터넷 중독을 질환으로 여기기에는 아직 연구가 부족하지만, 새로운 현상의 하나로 '인터넷 게임장애(Internet Gaming Disorder)'로 분류하고 있다. 우리나라에서는 일반적으로 인터넷 중독이라고 하면 주로 인터넷 게임중독을 일컫는다.

(2) 증상

① 의학적 진단 기준에서 제시하는 증상

미국정신의학회가 제작한 정신질환 분류체계인 DSM-5에서 제시하는 인터넷 게임장애의 주요 증상은 다음과 같다.

- 게임을 위해 인터넷을 지속적이고 반복적으로 사용하는 것이 임상적으로 유의한 손상이나 고통을 가져옴
- **주요 증상**
    - 인터넷 게임에 몰두(예전 게임을 떠올리고 다음번 게임을 생각하기. 인터넷 게임이 하루 생활에서 지배적인 활동이 됨)
    - 인터넷 게임을 하지 못하게 되면 금단 증상을 보임
    - 내성. 인터넷 게임에 사용되는 시간이 더 증가됨
    - 인터넷 게임 참여를 통제하려고 시도하지만 성공하지 못함
    - 예전의 취미나 오락에 대한 흥미를 잃음
    - 심리사회적 문제가 있다는 것을 알고 있지만 과도한 사용을 지속함
    - 인터넷 게임을 한 시간에 대해 가족, 치료자, 다른 사람을 속임
    - 인터넷 게임은 불쾌한 정서(무력감, 죄책감, 불안 등)로부터 도피하거나 완화하기 위한 방법임
    - 중요한 관계, 직업, 교육 및 경력 상의 기회를 위태롭게 하거나 상실함

② 신체적 증상

- **수면장애:** 게임 중 노출된 자극적인 영상의 이미지가 오래 남아 악몽을 유발하거나 수면 중 잠이 깨는 등 수면의 질에 부정적인 영향을 미친다.
- **안질환:** 장시간 컴퓨터 화면을 보기 때문에 눈이 건조해지거나 충혈되기도 하며, 심할 경우 근시가 나타나기도 한다.
- **척추와 경추 이상:** 모니터의 위치와 사용자의 자세가 부적절할 경우 척추에 부담이 가고 거북목증후군이나 목 디스크가 나타날 수 있다.
- 그 밖에 영양결핍증, 체력 저하, 긴장성 두통, 근육경질, 관절염, 기억력 감퇴, 손목 결림, 팔꿈치 과사용 증후군, 위장장애 등이 있다.

③ 공존 병리

인터넷 게임장애 증상은 ADHD, 우울, 강박 등의 정신병리와 공존하는 경향이 있다.

- **ADHD:** ADHD가 있는 아동은 주의집중시간이 짧고 주의력 전환이 빠른데, 이러한 인지적 특성은 게임 상황에서의 적응을 유리하게 한다. 평소 부정적인 피드백을 주로 받아오던 ADHD 아동은 게임을 통해 성공을 경험할 수 있고 주변으로부터 긍정적인 반응을 얻을 수 있기 때문에 게임에 더욱 집착할 수 있다.
- **우울:** 일상생활에서 슬픔, 허무감, 죄책감 등의 부정적인 정서를 주로 경험하고, 자신에 대해 무가치함과 열등감을 느끼게 되는데, 이러한 감정에서 도피하기 위해 인터넷 게임을 추구하는 경향이 있다.
- **강박:** 강박장애는 원하지 않는 생각과 행동을 반복하는 것인데, 인터넷 게임을 계속 하면 해로운 결과가 있으리라는 것을 알면서도 게임을 멈추지 못하며, 심지어 스스로 원하지 않는 경우에도 과도하게 게임을 할 수밖에 없다.

(3) 역학

한국정보화진흥원이 실시한 2013년 인터넷 중독 실태조사 결과, 만 5세에서 54세의 인터넷 사용자 중 7.0%에 해당하는 228만 6천 명이 중독위험군에 속하는 것으로 나타났다. 이 중 아동청소년은 169만 명으로 전체 중독위험군의 74%를 차지한다. 인터넷 중독위험률은 유아동(5~9세) 6.4%, 청소년(10대) 11.7%으로 전년 대비 중독위험군 비율이 전반적으로 감소했으나, 청소년(10대)의 인터넷 중독 위험군 비율은 최근 2년 연속 증가했다(2011년 10.4% → 2012년 10.7% → 2013년 11.7%). 청소년의 고위험군 비율은 전년(2.8%) 대비 변화가 없으나 잠재적 위험군 비율이 8.9%로서 전년(7.9%) 대비 증가했고, 전체 연령대 중에서도 여전히 가장 높은 것으로 나타났다(한국정보화진흥원, 2014).

(4) 원인

인터넷 게임중독의 원인에 대해서는 다양한 견해가 존재하는데, 크게 인지적 관점, 사회적 관점, 생물학적 관점, 기술발달의 관점, 가족해체 관점 등으로 정리할 수 있다(Griffiths, 1997; Young, 1999).

① 인지적 관점
- 자기 자신에 대한 비합리적인 인지가 병적인 인터넷 사용의 원인이라고 본다. 인지적 관점에 의하면, 사람들이 특정 상황을 해석하는 인지 방식은 그들의 감정과 행동에 영향을 준다. 인터넷에 대한 개인의 생각 때문에 인터넷을 습관적으로 사용하게 되는 것이다.

- 인터넷 중독자의 대표적인 비합리적 사고는 다음과 같다.
  - 인터넷을 사용하고 나면 기분이 좋아질 것이다.
  - 인터넷을 사용하고 나면 사회적·신체적인 만족감을 느낄 것이다.
  - 인터넷을 사용하면 일상적인 일의 능률이 향상될 것이다.
  - 인터넷을 사용하면 삶에 대한 통제감이 올라갈 것이다.
  - 인터넷을 사용하면 사회적으로 좀 더 적극적인 사람이 될 것이다.
  - 인터넷을 사용하면 내적인 긴장이 감소될 것이다.

② 사회적 관점

인간관계 측면이나 직업적 능력의 부족으로 인해 사회적으로 고립된 사람이 이를 해소하기 위해 인터넷 게임에 몰입한다고 본다. 인터넷 공간의 익명성과 편리성이 게임에 빠져들게 하는 요인으로 작용한다.

③ 생물학적 관점
- 뇌의 신경전달물질이나 호르몬이 부족하거나 과도하게 분비되어 충동 조절에 장애를 일으켜 인터넷에 중독 증상을 유발한다.

④ 기술발달적 관점

컴퓨터의 발달과 무선통신 환경의 편리성으로 인해 사람들이 자연스럽게 기술을 접하고, 흥미로운 내용의 다양한 콘텐츠가 대량으로 공급됨에 따라 사이버 공간에 과도하게 빠져들게 된다.

⑤ 가족 해체론
- 가족 간의 대화나 여가활동이 부족할 경우, 특히 부모 세대와 자녀 세대 간의 대화 방식과 신기술 활용 수준의 차이, 여가활동의 차이가 심할 경우 인터넷 중독 현상이 심해진다.

- **자녀의 인터넷 중독과 관련된 부모 요인들**
  - **부모-자녀 간 의사소통 요인:** 부모가 개방적인 태도로 의사소통을 하지 못하고 지나치게 주저하고 조심하거나 자녀의 말을 믿지 못하거나 수용하지 않는 태도로 의사소통을 하는 경우, 자녀는 가정이나 학교에서 겪는 문제들을 부모와 나누지 못하게 되고 혼자만의 도피처로서 인터넷, 게임 등에 빠지게 된다.

- **부모와 자녀 관계의 질 요인:** 자녀가 부모에 대해 느끼는 정서가 안정적이고 긍정적이라면 인터넷 중독으로부터 보호하는 요인이 되지만, 애착이 불안정할 경우 자녀의 자기효능감에 부정적인 영향을 미치게 되어 대인관계의 효능감을 저하시켜 사회적 활동을 꺼리게 되고, 결과적으로 인터넷 중독 경향성을 높이게 된다.

(5) 치료 및 중재

① 약물치료

현재 인터넷 중독의 치료에 공인된 약물은 없으나, 중독 행위 자체의 욕구를 차단하는 약제와 동반된 정신적 문제를 해결하고자 항우울제와 중추신경 흥분제 등이 사용되고 있다.

② 심리사회적 중재

- **인지행동치료**
  - 인지행동치료는 일반적인 중독치료에 널리 쓰이는 심리치료기법이며, 인터넷 게임 중독에서도 효과가 있는 것으로 보고되고 있다. 인지행동적 관점에 의하면 개인이 특정 상황을 해석하는 인지 방식은 그들의 감정과 행동에 영향을 준다. 인터넷에 대해 가지는 개인 내적인 가치체계나 신념 때문에 사람들은 인터넷을 습관적으로 사용하게 된다는 것이다. 〈그림 2-43〉은 인터넷 중독에 대한 인지행동적 모델을 도식화한 것이다.

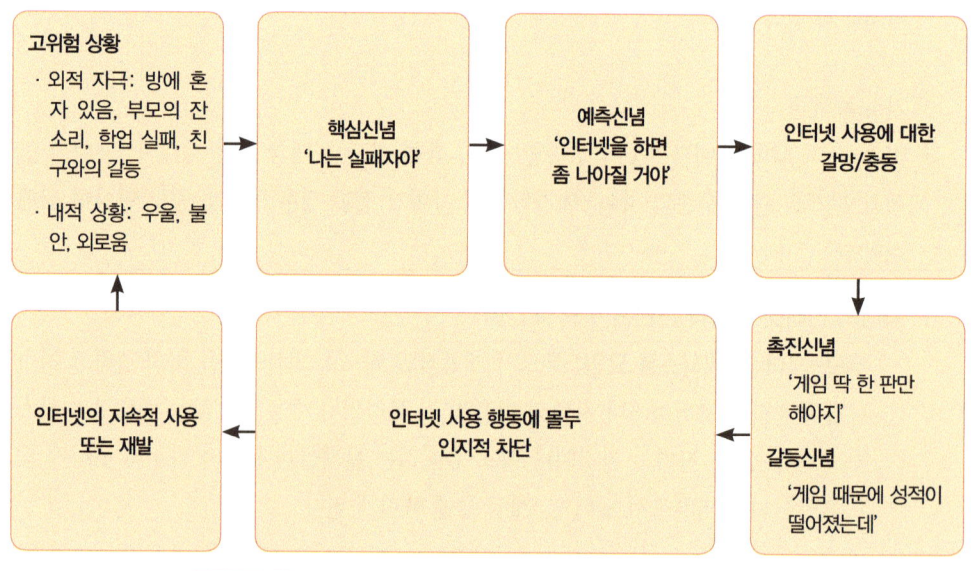

그림 2-43 인터넷 중독에 대한 인지행동적 모델(채규만 외, 2002)

- 인지행동치료에서는 위의 모델에 나타나 있는 비합리적인 사고들을 파악해 좀 더 합리적이고 적응적인 사고로 바꾸어줌으로써 사고-행동의 순환적인 사이클을 차단하고 중독 증상을 개선한다.

• **스트레스 관리하기**

인터넷 게임장애를 호소하는 아동청소년 중 많은 경우가 스트레스를 감소시키기 위해 인터넷을 사용하고 있다. 그러나 인터넷에 과도하게 의지한 나머지 중독에 이르게 된다. 그러므로 이들에게 가장 효과적인 중재적 접근은 바로 스트레스를 적절하게 조절할 수 있는 법을 가르치는 것이다. 스트레스 조절방법을 가르칠 때 다음의 주요 요소가 반영되어야 한다.

- 일상생활의 즐거움을 증가시키고 활력 증진시키기
- 스트레스에 대한 올바른 인식 형성하기
- 스트레스에 대한 부정적인 사고나 부적절한 대처방법을 버리고 대안적인 사고와 행동을 할 수 있도록 하기

• **대안활동**

"캠프(인터넷 힐링캠프)에서 지내면서 아이들과 친목을 다지고 '온라인 게임' 말고도 보드게임이나 여러 가지 활동을 통해 평소 학교나 방학 때 지겹고 길게 느껴졌던 하루하루가 즐거웠다. 평소 지루하고 힘들던 공부와 부모님에게서 벗어나 자유를 느끼며 여유를 즐겼다. 때때로 인터넷을 하지 못해서 지루하게 느끼거나 심심할 때도 있었지만 이곳에서의 생활이 재미있어서 괜찮았다." - 캠프 참가 후기

출처: 국립청소년 인터넷 드림마을(2016)

위에 소개된 학생의 후기에서도 알 수 있지만, 인터넷을 대체할 수 있는 활동이 있다면 인터넷에 사용되는 시간은 자연히 줄어들 것이다. 아동이 인터넷 게임만큼 좋아하고 잘할 수 있는 대안활동을 찾는 것은 인터넷 게임장애의 효과적인 중재방법이다. 대안활동을 선정할 때 염두에 둘 점은 다음과 같다.

- 아동의 성향을 고려해서 아동이 인터넷 게임만큼 좋아하고 잘할 수 있는 활동이 무엇인지 충분히 고민하여 결정하기
- 주변의 활용 가능한 물적·인적 자원들을 적극적으로 사용하여 대안활동 정하기
- 아동이 대안활동을 하는 데 필요한 주변인들의 도움 연계하기. 특히, 아동의 부모에게 대안활동을 찾는 것이 매우 중요한 것임을 인식시키는 것이 필요함

- 아동이 대안활동을 하면서 성취감과 즐거움을 느낄 수 있어야 함

인터넷 게임장애로 어려움을 겪고 있는 아동청소년들이 참여할 수 있는 대안활동들로 아래의 활동들을 고려해볼 수 있다.

- 오프라인에서 친구들과 만나서 놀기
- 운동하기
- 가족과 대화하려는 노력 기울이기
- 동아리활동
- 봉사활동
- 애완동물 기르기

2) 인터넷 게임장애 아동에게 재활승마 지도하기

인터넷 게임장애 치료의 목표는 사용시간의 감소에 제한되지 않고 궁극적으로는 자기통제력의 증가를 목표로 한다. 선행 연구에 의하면 말을 매개로 하는 활동은 아동청소년들의 자기조절능력 향상에 효과가 있는 것으로 나타났다.

또한 '인터넷 게임 과몰입 청소년에 대한 승마프로그램 효과 연구'에 의하면 승마 프로그램은 인터넷 중독 정도 완화에 긍정적인 영향을 미치며, 인터넷 게임장애의 공병 중 하나인 우울을 감소시키고, 학교생활 적응을 향상시키는 데도 효과를 나타냈다.

(1) 지도 목표

재활승마지도사는 인터넷 게임장애 아동에게 정서적·신체적 향상을 위해 다음과 같은 강습목표를 세워볼 수 있다.

- 말과 함께하는 활동을 통해 스트레스를 건강하게 해소하는 대안적인 방법을 배울 수 있다.
- 강습 중 제시되는 과제 완수와 성취 경험을 통해 효능감을 향상시킬 수 있다.
- 강습 규칙을 준수하고 기승술을 학습하는 경험을 통해 자기조절 능력을 향상시킬 수 있다.
- 사람들과의 사회적 상호작용의 양과 질을 향상시킬 수 있다.
- 승마운동을 통해 인터넷 중독으로 인해 생긴 신체적 질환을 완화할 수 있다.

(2) 인터넷 게임장애 아동 지도 시 유의점

다음은 인터넷 게임장애 아동의 재활을 돕는 상담가들에게 요구되는 태도다(박승민 외, 2011). 재활승마 현장에서 인터넷 중독 문제가 있는 아동들을 대할 때 재활승마지도사가 염두에 두어야 할 기본적인 지침으로 참고할 수 있을 것이다.

① **아동의 인터넷 사용에 대해 중립적이고 일관된 태도를 유지할 수 있어야 한다.**
　요즘 시대의 아동들은 태어날 때부터 컴퓨터, 핸드폰, 게임기기를 학습과 놀이도구로 접하며 성장해왔다. 이들은 이러한 기기와 콘텐츠들을 학습 수단으로 활용하거나 자신만의 독특한 문화로 만들어 자신의 정체성을 표현하는 특성이 있다. 인터넷의 부정적인 영향이 있는 것도 사실이지만, 긍정적인 영향이 있다는 점을 간과해서는 안 된다.

② **아동에게 공감할 수 있어야 한다.**
　인터넷 게임장애 아동들은 자발적으로 중재 프로그램에 참여하기보다 대개 부모나 교사에 의해 강제적으로 프로그램에 배치되는 경우가 많다. 이들은 억울하게 끌려왔다는 생각 때문에 활동에 쉽게 참여하려 하지 않으며, 재활승마지도사도 다른 어른들과 마찬가지로 자신을 이해하지 못하는 기성세대라는 선입견을 가지고 있을 가능성이 크다. 따라서 중재자는 아동들의 억울하고 소외된 마음을 충분히 공감하고, 이를 적절한 방법으로 전달할 필요가 있다.

③ **아동을 존중한다.**
　인터넷 중독 문제로 치료기관을 방문하는 아동들은 가정과 학교에서 문제아로 낙인찍혀 있는 경우가 많다. 또한 아동 스스로도 '나는 어쩔 수 없는 아이'라는 부정적인 자기개념이 강하다. 재활승마지도사는 아동이 비록 현재 문제 요소를 가지고 있고 적응의 어려움을 보이지만, 아동의 존재 자체는 긍정적으로 변화할 가능성이 있음을 인정하고 아동을 지지해줄 수 있어야 한다.

④ **인내심이 있어야 한다.**
　인터넷 게임중독의 궁극적인 치료 목표는 게임 사용을 조절할 수 있는 자기통제력의 증가다. 아동이 자기통제력을 증가시켜가는 과정은 끊임없는 자신과의 싸움으로 매우 힘든 과정이기 때문에 단번에 좋은 결과가 나타나지는 않는다. 아동은 수없는 시행착오와 재발과정을 서서히 이겨내면서 자신을 통제하는 쪽으로 변화해간다. 재활승마지도사는 변화 과정에서 나타나는 일시적인 재발이나 시행착오도 변화과정의 일부임을 받아들이며 인내할 수 있어야 한다.

(3) 인터넷 게임장애 아동을 위한 재활승마 환경

① 말

아동마다 공존 증상이 다를 수 있다. 예를 들어 우울한 성향이 강한 아동일 수도 있고, 충동성이 강한 아동이 있을 수 있다. 기승자의 특성을 파악해 말을 배정하도록 한다.

② 장비
- 무지개고삐, 일반고삐, 잉글리시 안장, 테라피 패드 등을 사용
- **기승과 하마:** 기승경사로와 기승대 모두 가능

③ 마장 환경

마장 내 규칙을 상시 확인할 수 있도록 규칙 보드를 눈에 잘 띄는 곳에 배치할 수 있다.

6장. 기승활동의 주의 및 금기 사항

지도사는 재활승마 지도에 앞서 장애 및 정서와 행동문제에 대해 이해하고 주의사항 및 금기사항을 파악함으로써 위험요소를 줄여야 한다.

우선적으로 고려할 사항은 '실시하려는 활동이 기승자를 비롯한 참가자에게 어떤 영향을 미칠 것인가'이다. 기승활동이 참가자의 기능 감소, 통증 증가, 전반적인 의학 상태를 악화시킨다면 그 활동은 하지 않도록 한다. 그러나 재활승마의 본질은 인간과 말의 연결이다. 재활승마가 기승뿐만 아니라 말과 함께하는 모든 활동이라는 것을 고려하여 지도사는 교감활동 등 비기승활동도 실시할 수 있어야 한다. 다음은 기승활동에 적용되는 주의 사항과 금기 사항이다. 지도사는 기승자의 해당 유무를 확인하고 기승활동의 참여를 최종적으로 판단한다.

표 2-26 주의 및 금기 사항

장애의 종류	주의 및 금기 사항
뇌성마비	• 주의사항 ① 다리와 몸통이 침범된 강직형 뇌성마비는 말 안장에 걸터앉는 것이 어렵고, 고관절 정렬이 흐트러질 수 있다. ② 근 긴장도로 인해 머리와 목 조절에 문제가 있을 수 있다. ③ 시각·청각·언어·지적장애로 인한 의사소통장애가 발생할 수 있다. • 금기사항 ① 재활승마 강습 시 과도한 머리 움직임을 조절할 수 없는 경우 ② 안전모를 쓰고 중력에 대항해 머리를 유지할 수 없는 경우 ③ 기승활동을 하기에 관절가동범위가 충분하지 않거나 통증이 심한 경우 ④ 교정되지 않는 척추, 골반, 하지의 정렬이 있는 경우 ⑤ 의사가 재활승마 강습을 허락하지 않는 경우

장애의 종류	주의 및 금기 사항
뇌졸중	• 주의사항 ① 고혈압 ② 손상된 감각 ③ 뇌전증 ④ 혈전용해제, 혈압, 간질 약물 등의 사용 여부 ⑤ 언어 및 인지기능장애, 심한 편측 무시 • 금기사항 ① 조절되지 않는 간질, 동맥류, 혈관종
두개골 결손	• 주의사항 ① 승마활동을 위한 안전모가 두개골 결손 부위에 압박을 주지 않으면서 보호되지 않는 부위를 완전히 덮을 수 있는 경우 ② 시간이 지나면서 점진적으로 두개골 성장이 일어날 수 있기 때문에 안전모가 잘 맞는지, 가능성 있는 압박지점에 대해 체크하기 위해 주기적인 검진이 필요 • 금기사항 ① 승마활동을 위한 안전모가 머리를 완전하게 보호할 수 없는 경우
절단	• 주의사항 ① 피부 손상/압력과 통증의 가능성과 관련해 적절하게 자세를 취한다. ② 한쪽 골반이 절단된 기승자는 안장/앉는 면에 조정이 필요하다.
관절염	• 주의사항 ① 활동시간 후 지속되는 관절의 통증, 부종 또는 염증 ② 침범된 관절에 적절한 지지를 하고 염좌를 최소화하는 자세 • 금기사항 ① 통증, 염증의 증가를 동반한 상태의 악화 ② 수술 후나 악화 상태 후 의사의 지시 없이 승마활동에 복귀 ③ 기능적 능력을 방해하는 통증이나 염증
관절구축증, 관절뒤틀림	• 주의사항 ① 말 위에서 자세를 잡는 관절의 가동범위에 제한이 있는 경우 • 금기사항 ① 구축으로 참가자가 말 위에서 안전하게 자세를 잡지 못하는 경우 ② 활동이 심각하거나 지속적인 통증을 유발하는 경우 ③ 수술을 했고, 의사가 참가자에게 허락하지 않은 경우

장애의 종류	주의 및 금기 사항
엉덩관절증	• 주의사항 ① 엉덩관절증은 엉덩관절의 퇴행으로 관절 연골의 파괴와 비정상적인 뼈 성장이 특징. 지속된 활동 후 통증과 뻣뻣함을 동반하고 관절가동범위도 감소 • 금기사항 ① 승마활동은 엉덩관절(고관절)에 극도의 스트레스를 준다. 승마, 기승과 하마에서 필요한 고관절 움직임은 관절을 더 상하게 하거나 질병의 진행을 빠르게 할 수 있다.
엉덩관절 반탈구, 탈구	• 주의사항 ① 비대칭적인 골반(한 쪽 엉덩관절 반탈구)은 반탈구를 악화시킬 수 있음 ② 다리를 많이 벌려야 하는 등이 넓은 말 • 금기사항 ① 승마활동을 하기에 관절가동범위가 충분하지 않거나 통증이 있는 경우
외상성 뇌손상	• 주의사항 ① 고혈압 ② 손상된 감각 ③ 뇌전증(간질) ④ 혈전용해제, 혈압, 뇌전증(간질) 약물 등의 사용 여부 ⑤ 언어 및 인지기능장애, 심한 편측 무시 • 금기사항 ① 조절되지 않는 뇌전증(간질), 동맥류, 혈관종
척수 손상	• 주의사항 ① 통증을 포함한 감각 소실, 기승 후 15~20분 동안 지속되는 붉은 부위의 피부 체크 ② 체온조절 장애 ③ 수술로 고정한 척추 ④ 몸통의 안정성이 부족하거나 호흡이 약한 경우 ⑤ 손상 수준 아래 관절의 불안정성 • 금기사항 ① 말의 움직임에 방해되지 않으면서 빨리 풀 수 있는 척수 손상 기승자들을 위한 특수마구가 없는 제6흉추 이상의 완전 척수 손상
척추갈림증 (이분척추증)	• 주의사항 ① 통증을 참아야 하는 경우 ② 감각 저하가 있는 경우, 특히 몸통/하지 감각 저하 ③ 이분척추증 아동은 거의 뇌수종 위험이 있으므로 대상자의 증상을 자주 체크한다. • 금기사항 ① 신경학적 증상이 있거나 악화되는 경우 ② 뇌수종의 증상이 발견되면 의사가 증상의 원인을 해결할 때까지 재활승마 강습을 중단한다.

장애의 종류	주의 및 금기 사항
당뇨	• 주의사항 ① 감각이 없거나 피부가 손상된 경우 • 금기사항 ① 조절되지 않은 당뇨 또는 당뇨와 관련된 의학적으로 불안정한 상태
폭식	• 금기사항 ① 전해질 수준이 심각하게 균형에서 벗어나 있는 경우 ② 참가자의 적절한 감독을 할 수 없는 경우
비만	• 주의사항 ① 호흡의 어려움 또는 순환계 문제로 인한 지구력 저하 ② 피부 마찰 또는 낌(피부 손상) • 금기사항 ① 사이드워커가 응급하마 같은 상황에서 기승자를 안전하게 관리할 수 없고 자신이나 기승자를 위험하게 할 수 있는 경우 ② 승마활동 동안 말의 안전 또는 편안함이 위협받아 사람에게 위해를 가할 가능성이 있는 경우
이식증	• 금기사항 ① 참가자가 음식이 아닌 어떤 것도 섭취하지 않게 적절한 감독을 할 수 없는 경우
뇌전증 (간질)	• 주의사항 ① 자세 긴장도의 변화, 운동 조절의 소실, 의식변화로 인해 말, 대상자, 자원봉사자가 다칠 가능성이 있는 경우 ② 항경련제 투약을 처음 시작했거나 용량을 갑자기 늘린 경우(대상자가 졸음, 비협조적인 태도, 현기증, 메스꺼움을 호소할 수 있으며, 약물의 부작용으로 공격성, 광과민성 증가, 행동장애 등이 발생할 수 있다. 광과민성 반응을 예방하기 위해 재활승마 강습 시 햇빛 차단제와 보호용 옷을 입도록 한다.) ③ 발작행동에 대해 말의 민감성을 고려해야 한다. • 금기사항 ① 강하고 조절되지 않는 움직임을 동반한 최근의 발작행동 또는 갑작스럽고 완전한 자세근육 긴장도의 소실로 인한 무기력하거나 이완된 발작 ② 의료진에 의해 상태가 평가되기 전에 발작 빈도나 종류가 변화한 경우 ③ 발작이 일어나 응급하마가 어렵거나 대상자를 관리할 수 없는 경우
시각장애	• 주의사항 ① 강습장 환경에 적응할 수 있도록 미리 안내한다. ② 보완 및 대체 의사소통방법을 찾아 원활한 강습이 이뤄질 수 있도록 한다.
청각장애	• 주의사항 ① 대상자가 볼 수 있도록 강습장 중간에 머물면서 시각적인 신호를 줘야 한다. ② 보완 및 대체 의사소통방법을 찾아 원활한 강습이 이뤄질 수 있도록 한다.

장애의 종류	주의 및 금기 사항
언어장애	• 주의사항 ① 강습에 필요한 단어를 정해 반복해서 활용할 수 있도록 하며 얼굴을 마주보고 말한다. ② 보완 및 대체 의사소통방법을 찾아 원활한 강습이 이뤄질 수 있도록 한다.
의사소통장애	• 주의사항 ① 참가자가 불편/통증, 욕구를 표현하지 못하는 서투른 표현성 언어 ② 참가자가 듣거나 읽은 것을 이해하는 데 어려움을 가진 서투른 수용성 언어 ③ 보완/대체 의사소통 장치의 이용이 필요한 경우 ④ 언어 기술이 좋지 않은 참가자들은 느낌, 욕망, 필요, 욕구를 표현하기 위한 행동을 자주 한다. 승마하는 동안 몸부림치고 소리를 지를 수 있는데, 화장실에 가야 하는 느낌을 표현한 것일 수 있다.
뇌수종	• 주의사항 ① 안전모의 크기를 고려한다(커진 머리에 맞고, 션트에 압박이 가해지지 않아야 하며, 안전모의 무게에도 머리를 조절할 수 있어야 한다). ② 하나 이상의 저장소를 가진 하나 이상의 션트가 있을 수 있다(션트 저장소는 뇌압 조절에 필요한 곳으로 가장 손상받기 쉬운 부분이다). 션트 위의 피부와 저장소가 붉어지거나 자극되는지 자주 체크한다. ③ 머리가 낮아지는 자세는 션트에 더 많은 압력을 줄 수 있으므로 똑바로 앉는 자세로 기승하지 못할 경우에는 주의한다. • 금기사항 ① 안전규정(ASTM/SEI) 공인 안전모가 맞지 않을 경우 ② 머리가 심하게 크거나 머리와 목 조절을 잘 못하는 경우 ③ 션트 실패의 징후가 있는 경우
연골무형성증	• 주의사항 ① 짧은 사지로 말 위에서 자세 유지가 어려울 경우 재활 마구 활용을 고려한다. ② 사지 약화, 소변 조절 문제가 척추관협착증이나 탈출된 디스크와 관련이 있을 수 있으므로 신경학적 증상의 변화에 주의해야 한다. ③ 통증을 참아야 하는 경우 • 금기사항 ① 기승활동 중 발생하는 급성 통증 ② 무딘 감각 또는 사지의 약화, 근 긴장도의 변화나 대소변 조절의 변화 같은 신경학적 증상의 발생

장애의 종류	주의 및 금기 사항
지적장애	• 주의사항 ① 대상자의 수준 및 학습 스타일(시각, 청각, 행동)을 고려하여 설명하고, 설명을 인지할 시간을 충분히 주며 이해했는지 다시 확인한다. ② 늘어져 있는 사지의 안정을 위해 지지가 필요하다. ③ 관절 탈구에 주의해야 한다. • 금기사항 ① 안전모를 쓰고 중력에 대항해 머리를 똑바로 유지할 수 없는 경우 ② 재활승마 강습 시 과도한 머리 움직임에 대해 대상자 스스로 조절할 수 없는 경우
장비 착용	• 금기사항 ① 짧은 시간에 장비가 없거나 오작동하는 경우 참가자의 안전이 위험 ② 말이나 지도사 등이 익숙하지 않은 장비 ③ 유치도뇨관(소변줄, foley cathe)을 한 경우
피로와 지구력 저하	• 주의사항 ① 참가 전에 참가자의 활동 수준을 알고, 강습 동안 피로 징후에 대해 지켜본다. 지나친 노력(무리)을 피하기 위해 휴식이나 활동의 변화를 이용한다. ② 열과 습기를 포함한 날씨 상태를 점검한다. • 금기사항 ① 승마강습 이후 피로가 지속되는 경우 ② 피로가 생활 기능이나 행동을 방해하는 경우 ③ 질병 진행이 무리함으로 인해 빨라지는 경우
골절	• 주의사항 ① 석고 고정이나 삼각건(sling)이 균형을 어렵게 하는 경우 ② 통증을 참아야 하는 경우 • 금기사항 ① 석고고정이 말을 자극하거나 마구에 걸리적거리는 경우 ② 정형외과 의사가 승마활동을 허락하지 않은 경우
자폐증/자폐 스펙트럼	• 주의사항 ① 공격성과 충동적으로 행동할 가능성을 인지하고 주의해야 한다. ② 의사소통장애 시 보완 및 대체 의사소통 장치를 이용한다.
학습장애	• 주의사항 ① 짧은 주의집중 시간과 쉽게 피로함을 느낄 수도 있으니 주의한다.

장애의 종류	주의 및 금기 사항
다운증후군	• 주의사항 ① 환축추 불안정의 유무를 확인해야 하며, 강습 중에도 매년 주기적으로 검진을 통해 신경학적 증상 및 징후 발생 여부를 확인해야 한다. ② 척수 압박으로 인한 신경학적 증상(목통증, 사지 위약감, 보행의 변화, 근 긴장도 증가 등) 유무를 항상 체크하며, 증상이 나타나면 의료진이 상기 증상을 확인할 때까지 강습을 중단한다. • 금기사항 ① 2세 이하의 아동 ② 환축추 불안정성으로 인한 신경학적 증상이 나타난 경우 ③ 의사에 의해 양성의 신경학적 임상 징후가 확인된 경우 ④ 의사에 의해 결정된 의미 있는 환축추 불안정 측정 ⑤ 안전모가 있든 없든 머리와 목에 과도한 불안정성이 보이는 경우
감각통합장애	• 주의사항 ① 심하고 지나친 행동 또는 불안 증상을 보인다면 여러 단계에 걸친 감각 입력 자극이 필요하다. • 금기사항 ① 중력에 대한 불안감 혹은 전정 정보의 처리가 어려운 경우(얼어버리거나 회피반응을 보일 때, 땀을 흘리거나 창백해지는 자율신경계 이상을 보이는 경우) 강제 기승은 피한다.
주의력결핍 과잉행동장애	• 주의사항 ① 예상하지 못한 과잉행동 ② 주의력 증진제의 부작용으로 경련을 일으킬 수도 있으므로 면밀한 관찰이 필요하다. • 금기사항 ① 재활승마 강습에 참여하기 어려운 과격하고 충동적인 행동 ② 응급상황에 대처하기 힘들 정도로 신체가 큰 사람
적대적 반항장애	• 주의사항 ① 때리기, 물기, 차기 또는 달리기 같은 신체적으로 위험한 행동 ② 동물학대, 방화 또는 신체적, 성적 또는 정서적 학대를 저지른 부적응 행동 또는 직접행동의 병력 • 금기사항 ① 섬망, 치매, 분열, 정신이상 또는 심한 정신착란을 포함한 정신상태의 심각한 변화 ② 방화, 자기학대, 동물학대, 성학대, 자살 생각 또는 정신건강 전문가의 직접적인 지지가 없는 공격성 행동을 보이는 상태 ③ 불안하고 또는 조절되지 않는 행동 표출

Tip

섬망

의식장애(意識障碍)의 하나. 급성 외인성(外因性) 반응 증상으로 나타나며, 사고 장애, 양해나 예측의 장애, 환각이나 착각, 망상적인 착상이 있고, 때로는 심한 불안을 수반한다. 알코올이나 모르핀 중독, 노인 치매(老人癡呆), 정신질환, 고열, 독혈증, 대사장애(代謝障碍) 등에서 나타난다.

장애의 종류	주의 및 금기 사항
알레르기	• 주의사항 ① 알고 있는 알레르기를 유발하는 물질(알레르겐)을 상세히 기록한다. ② 알레르기 반응이 일어난다면 치료(방법)에 대한 접근방법을 안다. • 금기사항 ① 승마 환경의 알레르기 반응이 집이나 직장 같은 다른 환경에서 기능소실이나 불편함을 일으킬 정도로 심각한 경우 ② 심한 알레르기가 있고, 인근의 응급시설을 이용할 수 없는 경우
암	• 주의사항 ① 암의 부작용 또는 많은 치료는 피로, 약화, 식욕 상실, 환경에 대한 민감성, 감염 저항력 감소를 포함할 수 있다. • 금기사항 ① 뼈를 약하게 하는 뼈에 발생한 종양 ② 승마의 위험이 잠재적인 이점을 초과하고, 기승자가 활동을 지속하기 위해 정보에 근거한 결정을 내릴 수 없을 때
만성피로 면역기능부전 증후군	• 주의사항 ① 피로를 피하면서 느리고, 점진적으로 활동 증가가 필요한 경우 • 금기사항 ① 승마활동에 의한 피로가 활동시간 후에도 지속되고 기능을 방해하는 경우
머리/목 조절	• 주의사항 ① 말의 움직임이 참가자의 머리나 목 조절에 미치는 영향을 고려한다. ② 가장 가벼운 안전모를 사용한다. ③ 피로는 활동하는 동안 머리나 목 조절 능력을 잃게 할 수 있다. • 금기사항 ① 승마활동을 하는 동안 과도한 머리 움직임에 대해 조절할 수 없는 경우 ② 참가자가 움직임 없이/정적으로 앉아 있는 동안 안전모를 쓰고 중력에 대항해 머리를 유지할 수 없는 경우 ③ 안전모의 사용이 목근육의 심각한 염좌를 일으키고 머리 조절을 손상시키는 경우 ④ 신경학적 증상이 없어도 환축추 불안정이 양성인 경우
이소성 골화/ 골화성 근염	• 주의사항 ① 통증이 참을 수 있는 한계까지 가는 경우 • 금기사항 ① 말을 타기에는 관절가동범위가 충분하지 않은 경우 ② 심한 통증이 있는 경우, 특히 발병 초기 단계

장애의 종류	주의 및 금기 사항
골다공증	• 주의사항 ① 골절 병력이 없는 가벼운 골다공증 • 금기사항 ① 중간–심한 골다공증 ② 골절 병력 ③ 활동 중 통증, 특히 척추
호흡	• 주의사항 ① 이용 가능한 약물 사용 ② 센터의 환경에 익숙해지도록 대화하기 ③ 보충용 산소가 사용되면 장비 사용 시기와 사용법을 알아둔다. • 금기사항 ① 신체적인 노력 또는 환경이 활동하는 동안이나 활동 후 호흡을 어렵게 하는 경우 ② 날씨나 환경 상태가 호흡을 하기 위한 과도한 문제를 일으킨 경우
심장질환	• 주의사항 ① 심폐소생술 인증을 받은 지도사가 강습 동안에 있어야 함 • 금기사항 ① 심박동률과 혈압이 의사가 지정한 범위를 유지하지 못하는 경우 ② 승마활동을 하는 동안 맥박 또는 혈압을 확인해야 하고 지도사가 확인해줄 수 없는 경우
혈우병	• 주의사항 ① 외부 상처 없이 출혈이 발생할 수 있으므로 딱딱한 표면에 있거나 흔들리는 움직임이 있는 활동은 피한다. ② 지도사는 출혈을 다루는 기술이 있어야 한다. • 금기사항 ① 심각한 혈우병 또는 출혈 병력 ② 응급의료시설에 대한 낮은 접근성
천식	• 주의사항 ① 승마 환경에는 이전에 확인되지 않은 천식 유발 자극이 있을 수 있다. • 금기사항 ① 응급의료시설에 대한 접근성이 낮음

재활승마

PART III
재활승마 운영

1장. 재활승마 팀
2장. 말 운영
3장. 시설
4장. 마장구 및 교구

재활승마 팀 구성과 구성원의 역할, 관리방안에 대해 논의하고 재활승마용 말의 선택 및 관리에 대해 알아본다.
재활승마장의 시설 및 강습에 사용하는 마장구의 종류 및 용도에 대해 알아본다.

1장. 재활승마 팀

재활승마 프로그램을 운영하는 데 있어 필요한 팀은 대상자에게 승마 수업을 이끌고 협력하기 위해 함께 일하는 집합체로 재활승마지도사, 기승자, 말로 구성된다. 추가적으로 말을 끄는 말 리더(horse leader), 사이드워커(side walker), 치료사, 상담사 등이 추가될 수 있다.

1. 재활승마 팀

각 강습에는 한 명의 지도사가 배정되지만 팀 수와 기승자에게 주어지는 팀 구성원의 수는 장애 정도, 승마기술 수준 그리고 강습의 크기에 따라 다르다.

장애, 정서 또는 행동의 문제로 어려움을 겪는 기승자에게 승마의 유익한 경험을 갖게 해주도록 하는 것이 팀 접근법으로, 팀은 안전을 제공하고 승마 지도를 제공하기 위한 지원체계로 생겨났다. 하나의 팀은 마차의 바퀴와 같아서 제대로 기능하는 팀의 승마 강습은 기승자와 자원봉사자에게 즐겁고 사회적이며 안전한 경험을 제공한다.

다음은 안전하고 즐거운 재활승마가 되기 위한 팀 내 구성원들이 준수해야 할 사항이다.

- 재활승마 강습시간과 규정을 준수한다.
- 팀은 기승자를 위해 존재하므로 팀 내 활동은 기승자를 중심으로 한다.
- 팀워크를 유지하기 위해 책임감, 인내심을 갖고 상호 지원하며 서로의 책임과 역할, 애로사항을 이해한다.
- 지도사는 강습계획서를 작성하고 강습 전 팀 내 구성원들에게 내용을 설명한다.
- 배정된 팀이 운영되는 기간에 맡은 직무에 변동이 없어야 하고, 사정이 있는 경우 대리인이 배치되도록 사전 조치를 한다.
- 기승자의 상태, 요구를 이해하고 적극 지원하며 항상 웃는 얼굴로 대한다.
- 팀 회의에 자발적으로 참석하고 정보를 교환한다.

- 장애, 말, 승마기술 등에 대해 이해하고 지식을 습득한다.
- 말을 이해하고, 사랑과 친절로 확고하고 일관되게 말을 대한다.
- 말은 기억력이 좋으므로 괴롭히거나 혹사시키지 않는다.
- 말이 명백히 불복종하거나 나쁜 버릇을 나타낼 때만 벌을 주고, 기승자를 위험에 빠뜨릴 상황을 만들지 않는다.
- 말에 관한 정보가 필요하면 지도사, 수의사 등에게 문의한다.
- 응급상황에 대해 대처 방안을 알고 실행할 수 있다.
- 즐거운 마음으로 임무를 수행한다. 이는 기승자와 프로그램을 위해 매우 중요하다.

2. 재활승마지도사

1) 재활승마지도사의 정의

국가직무능력표준 개발절차에 의거하여 한국마사회에서 자체적으로 개발한 '말산업분야 NCS(안)'에서 재활승마지도의 직무 정의를 "신체적·정신적 장애나 정서적인 문제를 지닌 사람들을 대상으로 필요한 말 관련 활동을 안전하게 지도하기 위해 재활승마의 운영계획 및 시행, 강습관리, 대상자 관리, 말 관리, 봉사자 관리, 시설관리를 수행하는 일"이라고 했다.

반면 "정신적으로 결함이 있거나 신체 일부에 장애가 있는 자로 일상생활이나 사회생활에 제약을 받는 사람에게 승마를 지도하는 업무를 수행하는 사람[말 관련 자격제 설계 연구 최종보고서(2011, 한국마사회)]"으로 대상자나 수행하는 업무의 범위를 축소하는 경우도 있다. 「말산업육성법」에도 재활승마지도사를 "승마를 통하여 신체적·정신적 장애를 치료하도록 지도하는 업무를 수행하는 사람"으로 제한되어 있다.

앞에서 재활승마를 "신체 및 정신장애인은 물론 정서와 행동의 문제로 어려움을 겪는 사람들에게 인지적·신체적·감성적·사회적 안녕을 주기 위해 인간과 말이 함께하는 모든 활동"으로 정의했다. 따라서 재활승마지도사를 "신체 및 정신장애인은 물론 정서와 행동의 문제로 어려움을 겪는 사람들에게 필요한 말 관련 활동을 안전하게 지도하는 사람"으로 정의한다.

2) 재활승마지도사의 자격제도와 업무 영역

「말산업육성법」 시행령에 의하면 재활승마지도사의 등급은 총 3단계로 이뤄져 있다. 가장 기초단계인 3급은 만 18세 이상으로 초급 기술(직무수행을 위한 최소한의 기술)을 보유한 수준이고, 2급은 3급 자격 취득 후 해당 실무경력 3년 이상인 사람으로 재활승마에 관한 전문적인 기술을 보유하고 재활승마장을 경영할 수 있는 수준이며, 1급의 경우는 2급 취득 후 실무경력 5년 이상인 사람으로 재활승마에 관한 전반적인 내용을 모두 이해하고 2급과 3급

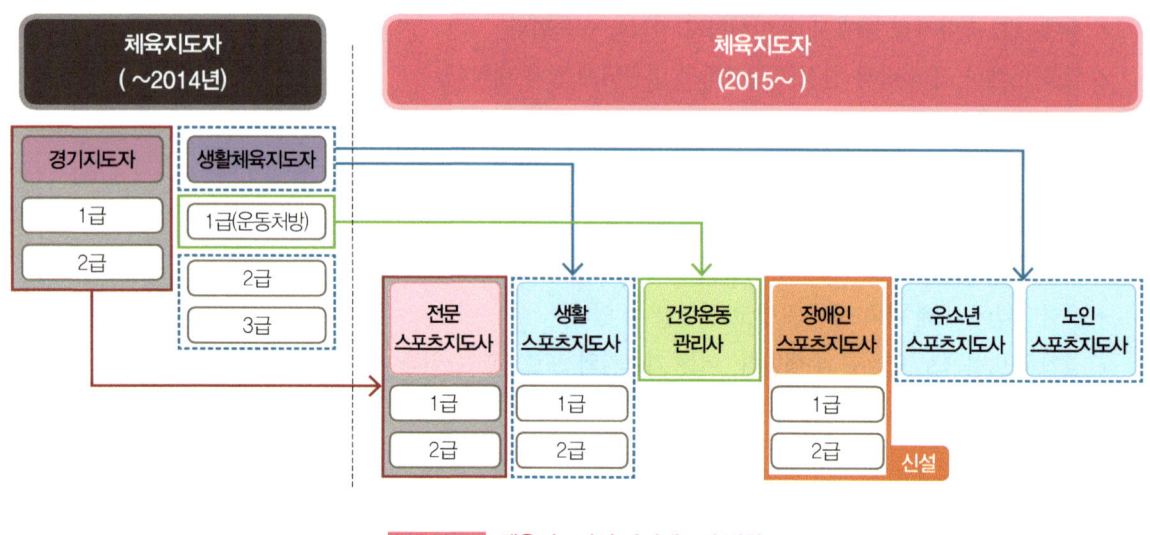

그림 3-1 체육지도자의 자격제도의 변화

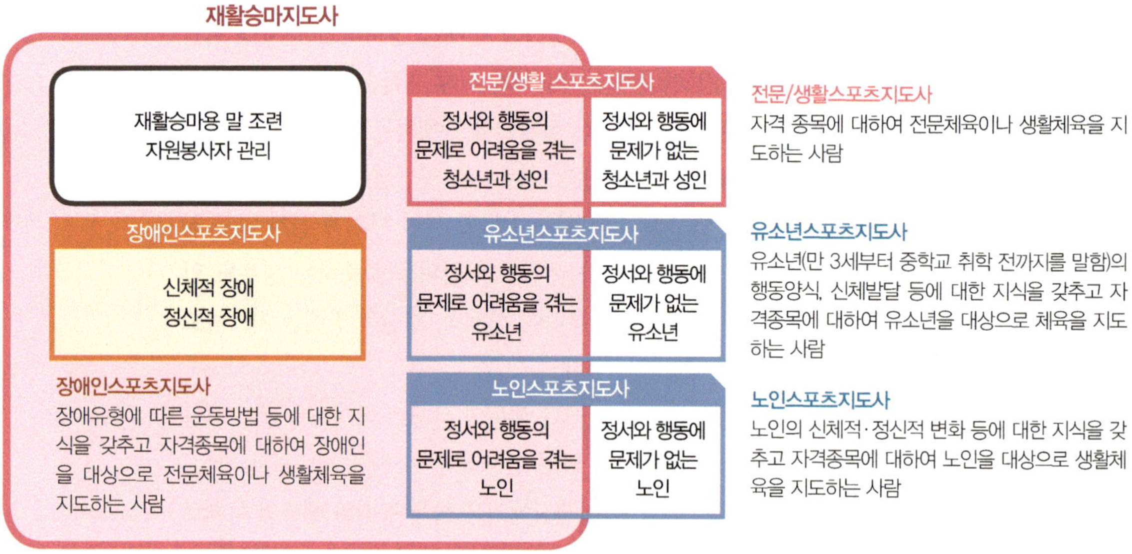

그림 3-2 재활승마지도사와 스포츠지도사의 업무 구분

을 가르칠 수 있는 수준이라고 할 수 있다.

　2015년부터 문화체육관광부에서 실시하는 체육지도자(종목별 스포츠지도사) 자격제도에서 경기지도자는 전문스포츠지도사, 생활체육지도자는 생활스포츠지도사, 노인스포츠지도사·유소년스포츠지도사 및 건강운동관리사로 나누어지고, 장애인스포츠지도사가 신설되었다. 기존의 재활승마지도사 정의처럼 대상을 장애인으로 한정하고 직무를 승마지도로 한정한다면 장애인스포츠지도사(승마)와 중복 문제가 제기될 수 있다.

따라서 새로운 개념의 재활승마지도사 정의를 도입하여 지도 대상의 범위를 대폭 확대하고 더욱 많은 직무가 주어져야 할 것이다.

3) 직업적성조건

재활승마지도사는 신체 및 정신장애인은 물론 정서와 행동의 문제로 어려움을 겪는 사람들에게 말과 함께하는 모든 활동을 지도하는 사람이다. 기승자뿐만 아니라 자원봉사자와 말, 그리고 자신까지 강습에 참여하는 모든 이의 안전에 대한 책임이 있다. 또한 기승자가 가지고 있는 장애와 정서적인 문제에 대한 풍부한 지식과 발생할 수 있는 돌발 상황에 대한 대처 방법을 알고 시행할 수 있어야 한다. 「말산업육성법」 제13조(결격사유 및 자격취소)에 의해 신체적 정신적인 부분의 결격사유에 해당하는 사람은 지도사가 될 수 없다.

「말산업육성법」 제13조 내용은 다음과 같다.

① 다음 각 호의 어느 하나에 해당하는 사람은 말조련사, 장제사나 재활승마지도사가 될 수 없다.
  1. 피성년후견인 또는 피한정후견인
  2. 「정신보건법」 제3조제1호에 따른 정신질환자. 다만, 정신건강의학과전문의가 업무를 수행할 수 있다고 인정하는 사람은 예외로 한다.
  3. 마약이나 그 밖의 향정신성의약품 중독자로서 농림축산식품부령으로 정하는 사람
  4. 제2항에 따라 자격이 취소된 사람(제2항제2호에 해당하여 자격이 취소된 사람은 제외한다)으로서 자격 취소일부터 3년이 지나지 아니한 사람

「정신보건법」 제3조제1호에 따른 정신질환자는 정신병(기질적 정신병을 포함한다)·인격장애·알코올 및 약물중독 기타 비정신병적 정신장애를 가진 자를 말한다.

또한 재활승마지도사를 직업으로 갖기 위한 사람은 신체적·정신적으로 업무를 수행할 수 있는 조건이 되어야 한다. 신체제약 조건은 시각·청각·지적장애가 없어야 하며, 말을 훈련하는 데 문제가 없어야 한다. 또한, 직업적성으로서의 조건은 정신적·신체적인 면으로 구분할 수 있는데, 다음 〈표 3-1〉과 같다.

표 3-1 재활승마지도사의 직업적성(말 관련 자격제 설계 연구, 2011)

	직업적성
정신적	• 재활승마에 대한 교육적 중요성 및 재활승마에 대해 분명히 인식하고 있어야 한다. • 재활승마에 대한 전반적 내용과 진행 과정을 알고 있어야 객관적으로 명확한 관리가 가능하므로 이 부분에 대한 전문성은 물론 객관적으로 평가할 수 있는 공정성을 가지고 있어야 한다. • 장애인, 자원봉사자 그리고 지도사들과의 원활한 의사소통 기술이 필요하고, 사람이 우선이라는 마인드와 모든 책임은 지도사가 진다는 서비스 마인드가 필요하다. • 제한된 공간 안에서 이뤄지므로 주위 환경과 다른 사람들과의 말이나 글로 표현된 정보나 아이디어를 듣고 이해할 수 있는 능력을 가지고 있어야 하며, 모든 상황을 고려하고 실시간으로 분석·적용할 수 있어야 한다. • 사람의 생명에 대한 존엄성과 동물 애호정신을 가지고 있어야 한다. • 공정성을 중시하고, 도덕정신, 윤리의식과 책임감이 투철해야 한다. • 원만한 대인관계로 사람들과 잘 어울리는 심성을 가지고 있어야 한다. • 새로운 것을 배우고 가르치는 것에 대한 두려움이 없고, 진취적이어야 한다. • 활동적이고 외향적인 자세, 유머감각이 있어야 한다. • 안전사고를 예방할 수 있는 완벽함과 섬세함을 지녀야 한다. • 창의력이 풍부하고 전문성을 추구해야 한다. • 인내심이 있어야 하며 스트레스 관리를 잘 할 수 있어야 한다. • 긍정적인 사고를 할 수 있어야 한다. • 통찰력과 융통성이 있어야 한다.
신체적	• 장애인, 자원봉사자, 지도사들과 서로에 대한 의사표현력을 이해할 수 있는 적절한 시각 및 청각 감각이 요구된다. • 장애인이 재활승마를 하는 데 있어 긴장하거나 위축되지 않도록 지도사는 항상 웃는 얼굴과 밝은 목소리로 장애자에게 자신감을 고취할 수 있도록 도와주어야 한다.

4) 재활승마지도사의 능력단위 및 업무

'말산업분야 NCS(안)'에 의하면 재활승마지도사의 능력단위는 재활승마 운영계획, 강습관리, 대상자 관리, 말 관리, 봉사자 관리, 시설관리의 6가지로 구분한다. 각각의 능력 단위에는 3~5가지의 주요 업무(능력단위요소)로 구분할 수 있고, 주요 업무는 3~7개의 책임 및 역할로 세분화된다.

(1) 재활승마 운영계획

재활승마 운영계획이란 재활승마 운영을 원활하게 하기 위해 계획을 수립하고, 대외협력 추진, 안전교육을 시행하는 것을 말한다.

표 3-2 재활승마 운영계획

주요 업무	책임 및 역할
운영계획 수립하기	• 재활승마 운영을 위한 기본 계획을 수립한다. • 재활승마 프로그램 계획을 수립한다. • 재활승마 프로그램 운영을 위한 기본 정보를 수집한다.
대외협력 추진하기	• 국내외 유관기관을 통해 네트워크를 관리한다. • 관련 학회 및 교육에 참가하여 정보를 교류한다. • 국내외 협회 교육 참가를 통해 정보를 교류한다.
안전교육하기	• 재활승마안전교육 프로그램 실행을 위해 프로그램 계획을 수립한다. • 재활승마안전교육 프로그램을 계획에 따라 실행 및 유지 관리한다. • 재활승마안전교육 프로그램 평가를 통해 문제점을 도출하고 수정·보완한다.

(2) 강습관리

강습관리란 원활한 재활승마지도를 위해 강습을 계획, 준비, 시행 및 평가하는 것을 말한다.

표 3-3 강습관리

주요 업무	책임 및 역할
강습 계획하기	• 대상자에 따라 강습내용 및 목표를 수립한다. • 강습내용에 따라 봉사인원을 배정한다. • 강습내용에 따라 교육에 필요한 말을 배정한다. • 강습내용에 따라 마구 및 교구를 준비한다. • 강습 진행 정도에 따라 강습계획을 수정·보완한다.
강습 준비하기	• 강습을 위해 강습장 상태 및 안전을 확인한다. • 강습을 위해 필요한 마구 및 교구를 점검한다. • 강습을 위해 말의 준비운동 및 환경적응을 시킨다. • 강습을 위해 참가 봉사인원을 확인한다. • 강습을 위해 기승자 상태 및 복장을 점검한다.
강습 시행하기	• 강습내용에 따라 기승자의 안전을 확인한다. • 강습내용에 따라 안전하게 기승을 실시한다. • 강습내용에 따라 준비 및 본 운동, 마무리 운동을 실시한다. • 강습내용에 따라 기승자의 운동 강도를 조절한다. • 강습내용에 따라 안전하게 하마를 실시한다. • 강습내용에 따라 응급상황에 대처한다. • 강습상황에 따라 강습내용을 수정·보완한다.

주요 업무	책임 및 역할
강습 평가하기	• 교구 및 마구를 정리한다. • 강습내용에 따라 강습 피드백을 한다. • 강습내용에 따라 강습일지를 작성한다.

(3) 대상자 관리

대상자 관리란 재활승마 대상자의 강습목적에 따른 평가 및 선정, 진행하기, 일정 및 기록을 관리하는 것을 말한다. 주요 업무는 평가 및 선정하기, 진행하기, 기록 관리하기가 있다.

표 3-4 　 대상자 관리

주요 업무	책임 및 역할
평가 및 선정하기	• 강습목적에 따라 대상자를 평가한다. • 강습목적에 따라 대상자 선정 및 배정을 한다. • 장애별 대상자에 따라 재활승마 주의사항과 금기사항을 안다.
진행하기	• 대상자에 따라 강습일정을 계획한다. • 대상자에 따라 강습을 진행한다. • 대상자와 상담 및 일정관리를 한다. • 대상자에 따라 강습일지 작성 내용을 설명한다.
기록 관리하기	• 대상자에 따라 신청서 및 동의서를 작성·관리한다. • 대상자에 따라 강습일지를 작성 및 관리한다. • 대상자에 따라 관련 서류를 수집 및 관리한다. • 대상자에 따라 관련 자료들을 정리하고 보관한다.

(4) 말 관리

말 관리란 효율적인 말 운영을 위해 말 선정, 사양 및 건강관리, 말 질병 예방 및 응급조치, 훈련 및 유지관리, 마구를 관리하는 것을 말한다.

표 3-5 말 관리

주요 업무	책임 및 역할
말 선정하기	• 강습내용에 따라 교육에 필요한 말을 선정한다. • 대상자에 따라 말을 선정한다. • 말의 건강상태에 따라 말을 선정한다.
사양 및 건강 관리하기	• 안전한 강습을 위해 말의 체중 및 영양상태를 관리한다. • 안전한 강습을 위해 말의 사료 선택 및 급여량을 조절한다. • 안전한 강습을 위해 말굽 관리를 한다. • 안전한 강습을 위해 말과 마방의 청결상태를 유지한다.
말 질병 예방 및 응급조치하기	• 말 상태에 따라 예방접종 시기 확인 및 요청할 수 있다. • 말 상태에 따라 말의 응급상황에 대처한다. • 말 상태에 따라 말의 응급조치 및 약품을 구비한다.
훈련 및 유지·관리하기	• 강습내용에 따라 말 운동 및 훈련을 실시한다. • 강습내용에 따라 말의 능력을 유지한다. • 훈련 정도에 따라 말의 능력수준을 향상시킨다. • 말 상태에 따라 스트레스 관리를 한다.
마구 관리하기	• 말의 형태 및 상태에 따라 마구를 선택한다. • 대상자에 따라 마구를 선택한다. • 안전한 강습을 위해 마구 정비 및 관리를 한다.

(5) 봉사자 관리

봉사자 관리란 원활한 재활승마 프로그램 운영을 위해 봉사자를 모집하고 교육을 실시하며 재활승마 강습 및 관련 업무를 수행하도록 일정을 계획하고 관리하여 지속적인 봉사가 이루어지도록 유지 및 관리하는 것을 말한다.

표 3-6 봉사자 관리

주요 업무	책임 및 역할
모집하기	• 봉사자 모집을 하기 위한 계획을 수립한다. • 봉사자 모집계획을 수행할 수 있다. • 봉사자 운영을 위해 봉사자 신청접수 및 선정한다.

주요 업무	책임 및 역할
교육하기	• 자원봉사자 교육 자료를 작성할 수 있다. • 자원봉사자 교육을 실시할 수 있다. • 교육 실시 후 자원봉사자의 역할을 배분할 수 있다.
일정 유지·관리하기	• 재활승마 강습 및 관련 업무를 수행하도록 일정 관리를 할 수 있다. • 원활한 봉사를 위해 프로그램을 개발 및 운영할 수 있다. • 자원봉사자들이 지속적으로 봉사하도록 유지·관리할 수 있다.

(6) 시설관리

시설관리란 안전사고를 예방하고 효율적으로 시설을 관리하기 위해 편의시설 관리, 강습장 관리, 기타 시설물 관리 및 안전점검을 하는 것을 말한다.

표 3-7 시설관리

주요 업무	책임 및 역할
편의시설 관리하기	• 장애인의 편의를 위해 시설을 관리 및 유지한다. • 자원봉사자의 편의를 위해 시설을 관리 및 유지한다. • 보호자 및 방문객의 편의를 위해 시설을 관리 및 유지한다.
강습장 및 기타 시설 관리하기	• 안전한 강습을 위해 강습장을 관리 및 유지한다. • 말의 휴식 및 사양관리를 위해 마사관리를 한다. • 시설의 청결을 유지하기 위해 마분 및 창고관리를 한다.
안전점검하기	• 시설의 안전을 위해 안전수칙 및 안전매뉴얼을 확인한다. • 안전을 위해 응급처치 도구 및 물품을 유지·관리한다. • 안전관리를 위해 소방 관련 시설 및 장비를 점검한다.

5) 외국의 사례

(1) PATH Intl.

미국의 PATH Intl.에서는 〈표 3-8〉과 같이 지도사의 등급을 3단계(Registered, Advanced, Master)로 구분하고 있다.

표 3-8　Path Intl.의 자격체계

등급	교육과정 및 자격 요건
Registered Level	• PATH Intl. 센터 교육(이론/실기 강의/시험 등) • Instructor Self Study and Open Book Exam(100문제, 92점 이상) • 심폐소생술 및 응급처치 자격증 • PATH Intl. 소속 지도사 직접 감독 하에 25시간 수업(미국 외 응시자인 경우 두 가지 이상 장애유형의 기승자를 가르치는 동영상으로 판정 가능)
Advanced Level	• Registered Level • 나이는 적어도 21세 이상이어야 함 • 장애인과 PATH Intl. 센터에서 120시간의 강습시간 수료 후 필수 이수 과목 중 최근 2년 내 한 과목 이상 이수 • PATH Intl. 인정훈련과정(Approved Training Course) • 등록교관 온사이트 워크숍(Registered Instructor On-Site Workshop) • 상급교관훈련 예비 워크숍(Advanced Instructor training prep workshop)
Master Level	• Advanced Level • 나이는 적어도 25세 이상이어야 함 • PATH Intl.이 아닌 다른 말 관련 기관의 회원 • PATH Intl. 센터와 최소한 4년간의 수행 경험 • 말 관련 재활활동에 400시간의 수행 경험 • PATH Intl.에서 2년간 봉사실적

한편, Barbara 등(2006)은 Registered, Advanced, Master로 구분된 지도사의 등급에 따라 업무 범위를 구분했는데, 아래 〈표 3-9〉와 같다.

표 3-9　PATH Intl. 재활승마지도사 등급별 업무 범위

등급	업무 범위
Registered (Level Ⅰ)	• 수업 중 다른 지도사들과 지도서 내의 범위에서 함께 일하기 • 승마와 지도 기술 증진시키기 • 적용방법과 다양한 장애에 대한 적절한 기술 배우기 • 지정된 말 훈련 및 운동 프로그램 • 말 돌보기와 관리에 대한 지식 늘리기 • 도구와 장비를 깨끗하게 유지하기 • 관리 지도사에 의해 지시된 여분의 활동에 대한 보조와 수행

등급	업무 범위
Advanced (Level II)	• 수업계획 마련 • 승마장의 관리감독 또는 마장 준비 • 승마수업 이끌기 • 간혹 직접적으로 기승자 평가하기 • 말의 운동과 훈련 • 자원봉사자 트레이닝 도와주기 • 주어진 임무로 말 돌보기와 관리 수행 • 장애인을 돌보는 것에 대한 실제 지식 갖기 • 자원봉사자에게 과제, 일, 책임 등을 지도하기 • 레벨 III 지도사에 의해 배정된 추가적인 활동들을 자진해서 수행하기
Master (Level III)	• 모든 지도사와 자원봉사자 관리감독 • 레벨 I과 레벨 II 지도사를 위한 임무 만들기 • 팀 접근법 발전시키기/팀 구성원의 완전한 협동 지휘하기 • 치료사와 다른 전문가와의 상담 • 지도사 프로그램을 위한 실제적 장애 지식 적용하기 • 말 관리의 관리감독 • 프로그램에 필요한 말 선별 • 각 말의 훈련과 운동프로그램 세팅 • 기승자를 위한 말, 도구, 특수 도구들의 선별과 관리감독 • 새로운 학생의 적용과 배치에 대한 승인 • 기승자를 평가하고 수업계획과 목적 발전을 위한 관리감독 • 수업계획과 교수방법 평가 • 말에 오르내리는 절차의 관리감독 및 지휘 • 진행과정 리포트 작성 • 안전기준 유지 • 모든 팀 구성원을 위한 서비스 트레이닝 수업 지휘 • 다른 단체와의 재활승마수업 조정 • 필요하다면 수업을 진행하고 팀 조정 • 전문가적인 능력을 유지하기 위한 워크숍, 회의, 콘퍼런스 참여 및 최신 재활승마를 접하기 위한 적극적인 참여활동 • 모든 수업과 회의에서 적절한 팀 구성원의 참석을 확실하게 하기 • (안전한 환경과 조직을 안심시키기 위한) 프로그램 정책의 강화와 제정

(2) CHA(미국)

CHA(Certified Horsemanship Association)에서 재활승마교관(Instructors of Riders with Disabilities) 인증제도에 의한 교육과정 및 자격 요건은 〈표 3-10〉과 같다.

표 3-10 CHA 재활승마교관 자격체계

등급	교육과정 및 자격 요건
IRD 보조	16세 이상. 장애인과 5시간 함께하기. 지도사가 장애인에게 가르칠 때 사이드워커나 말 리더를 할 수 있는 자격
IRD 보조 교관	18세 이상. 5시간 장애인과 함께하기. 지도사가 장애인에게 말 타는 것을 가르칠 때 교습을 도와줌
Level 1 IRD	18세 이상. 응급조치(first aid)와 심폐소생술(CPR) 자격증 소지. 15시간 이상 장애인과 함께하기. 장애가 있거나 혹은 없는 사람에게 10시간 승마를 가르칠 것. 레벨 2 마술(level two horsemanship skill)까지 장애인에게 가르칠 자격
Level 2 IRD	21세 이상. 응급조치 및 심폐소생술 자격증. 앞의 자격요건에 추가로 95시간 장애인을 가르친 경력 요구. 전체적으로 120시간의 경험 요구. Level 3까지의 기술을 장애인에게 가르칠 자격. 각각의 장애에 대한 지식을 증명해야 함
Level 3 IRD	21세 이상. 앞의 요건 외에 40시간의 강습시간이 필요함. 즉, 160시간이 요구됨. 마술과 장애에 대해 충분한 자격이 있어야 하며, 레벨 4의 말 다루기 기술을 낮은 수준의 인지장애인에서부터 심한 육체적 장애인까지 가르칠 자격이 있음
IRD 보조 클리닉 교관	25세 이상. IRD level 3 자격과 IRD 클리닉 교관으로부터의 추천 필요. 앞의 시간 외에 20시간의 강습시간이 필요함. 전체적으로 180시간이 요구됨
IRD 클리닉 교관	25세의 나이. 2개의 추천서. 두 명의 다른 클리닉 교관을 다른 시설(facilities)에서 도와야 함

(3) RDA-UK(영국)

지도사 양성 및 교육은 RDA-UK의 주 업무라고 해도 과언이 아니다. RDA는 지도사 양성을 통해 영국의 재활승마 시스템을 보급했으며, 이를 통해 그들만의 시스템을 구축해왔기 때문이다. 지도사 과정은 RDA 그룹 지도사(RDAGI, RDA Group Instructor), RDA 지도사(RDAI, RDA Instructor) 마지막으로 RDA 전문지도사(RDASI, RDA Senior Instructor)와 같이 총 3단계로 나뉘어 있으며, 단계별 시험도 별도로 구성되어 있다.

표 3-11 영국 RDA 재활승마교관 자격체계

등급	교육과정 및 자격 요건
RDAGI (RDA Group Instructor)	• RDA 지도사 단계 중 첫 번째 단계 • 응급처치 자격(First Aid Certificate) 필수 소지 • 자신이 속해 있는 센터에서만 가르칠 수 있는 자격 • 지역 지도사의 평가를 받고 자격 받음[6개월 이상 재활승마 프로그램 참여 경험, 개인 교육실습 일지인 로그북(log book)에 작성]

등급	교육과정 및 자격 요건
RDAGI (RDA Group Instructor)	• RDA 기승자와 말과 함께한 20시간 이상의 교수 경험 • RDA 교육 참석, 자원봉사 경험과 RDA와 관련된 행사 참여 • 매년 지도사의 평가를 받아 자격증 갱신(지도사로부터 3회 이상 훌륭한 평가를 받으면 2년에 한 번씩 갱신)
RDAI (RDA Instructor)	• RDA 지도사 단계 중 두 번째 단계 • 모든 승마장에서 학생을 가르칠 수 있음 • RDAGI 자격, 로그북을 완전히 채워야 응시 가능 • RDA 기승자를 최소한 50시간 교수한 경험이 있어야 함 • 시험은 RDA 승인 승마장이지만 예측할 수 없는 장소로 새로운 기승자와 함께 수업 진행 • 수업 레슨, 지도, 안전, 자원봉사자와의 관계, 기승 및 하마를 보는 그룹 레슨과 개인 레슨을 평가받게 됨 • BHS(영국승마협회) 2단계에 해당하는 말 관리능력을 평가받음 • RDA의 기초 의학지식과 과제 등을 평가받음 • 위 모든 것을 완수하게 되었을 때 RDAI 자격 취득 가능 • RDAI는 RDA의 선임 지도사로부터 수업에 대한 평가를 받아 2년마다 자격증을 갱신하거나 2년마다 전국적인 교육(National Training)에 참가해야 함

RDAS
(RDA Senior Instructor)
	• 최고 단계의 재활승마지도사(현재 약 20명)
	• 장애를 가진 사람뿐만 아니라 일반인을 가르친 경험이 있어야 함
	• 시험에 응시하기 위해서는 RDAI 자격증과 배지가 있어야 하며, 자신의 능력을 보여줄 수 있는 자료 수집철인 포트폴리오 제출
	• RDASI는 3년마다 전국적인 교육(National Training)에 참가해야 하며 자격 갱신은 요구되지 않음
	• 포트폴리오는 기존의 로그북에 A4 바인더가 추가된 형태로 포트폴리오 안에는 다음과 같은 사항 포함
	  가. 시험 날짜를 포함한 시험 응시서
	  나. RDA 기승자와 일반회원을 교수했던 기록
	  다. 재활승마지도사나 치료승마협회 ACPTR(Association of Chartered Physiotherapists in Therapeutic Riding) 소속의 치료승마지도사가 주최한 강연에 참석한 기록
	  라. RDAI 시험응시자 교육을 위한 교육계획서
	  마. 신체적 장애, 학습장애를 가진 기승자와 지역의 마장마술 금·은·동메달 대회에 나가는 기승자를 1년 이상 교수한 평가서와 기승자 기록지
	  바. 최근 응급처치 자격증, BHS 승마 자격증 및 승마로(路) 안전 자격증, 해당되는 사람에 한해 RDASI PART 1 시험 면제 증빙서류
	  사. RDAI 자격 발급 이후 지역의 교육/강연에 참석했다는 증빙서류
	  아. RDA 능력시험 경력 또는 능력시험 준비 교육 경력
	  자. RDA 사용을 위한 말 선택, 준비, 훈련 및 관리에 관한 기록
	  차. RDAI 자격증을 발급받은 모든 증빙서류
	  타. RDA 지도사 콘퍼런스, 국가적 콘퍼런스 등 참석 후 평가보고서

(4) CanTRA(캐나다)

표 3-12 캐나다 CanTRA 재활승마지도사 자격체계

등급	교육과정 및 자격 요건
CTRAI (Assistant Instructor, 보조강사)	• 교육 시 한 명의 기승자를 지도할 수 있고, 상위 지도자를 보조할 수 있다. • 교육과정은 2년으로 18세 이상이어야 하며, 교육과정 중 심폐소생술 및 응급처치 자격증, 캐나다 기승자격 2단계(총 10단계) 또는 포니클럽 C단계 인증서, 100시간 지도 등을 제출하면 교육 24개월 차에 CTRAI 시험을 볼 수 있다.
CTRII (Intermediate Instructor, 중급강사)	• 교육 시 네 명까지 기승자를 지도할 수 있고, 자원봉사자 교육을 할 수 있다. • 교육과정은 CTRAI인 경우 1년 아니면 2년으로 20세 이상이어야 한다. 보조강사와 같이 교육과정 중 각종 자격증, 인증서, 보고서 제출 및 워크숍 참여 등을 실시하면 12개월(보조강사 자격이 있는 경우) 또는 24개월 차에 CTRII 시험을 볼 수 있다.
CTRI (Instructor, 강사)	• 기승자 그룹을 지도, 자원봉사자 교육 기획, 보조 및 중급 강사 지도 및 말을 훈련시킬 수 있다. • 교육과정은 2년으로 20세 이상이어야 하며, 교육과정 중 캐나다 승마코치 자격을 제출해야 하고 영국의 자격도 유효하다. 24개월 차에 CTRI 자격시험 응시
Can TRA Coach	• 최상위 등급으로, 강사들을 교육하고 자격을 인증할 수 있다. 전임인 경우 3년, 시간제인 경우 5년의 CTRI 경력이 있어야 한다.

(5) RDA NSW(호주)

표 3-13 호주 RDA NSW 재활승마지도사 자격체계

등급	교육과정 및 자격 요건
Assistant Coach	• RDA 지도자 중 첫 단계다. • Assistant Coach가 되기 위한 교육생 과정을 거쳐야 한다. • 교육생 등록은 5시간 이상의 RDA센터 봉사활동 참여 후 센터 위원회의 초청을 받아야 할 수 있으며, NSW 주의 교육 조정기관에 교육 착수 신고서를 제출해야 한다. • 17세부터 교육생이 될 수 있으나 18세가 되기 전에는 자격증을 취득할 수 없다. • 교육생으로서 상당한 시간의 강습 보조 경험이 있어야 하며, Assistant Coach 교육과정을 성공적으로 이수하고 평가받아 자격을 취득할 수 있다.
Coach	• RDA 지도자 중 두 번째 단계다. • Assistant Coach 자격증을 보유하고 있는 경우 Coach가 되기 위한 교육을 받을 수 있다. • 응급처치 자격증을 보유해야 한다. • Coach 교육과정을 성공적으로 이수하고 평가받아 자격을 취득할 수 있다.

등급	교육과정 및 자격 요건
Senior Coach	• RDA 지도자 중 세 번째 단계다. • Coach 자격증 취득자여야 한다. • Senior Coach 교육과정을 성공적으로 이수하고 평가받아야 한다.
State Assessor	• RDA 지도자의 가장 상위 단계로서 코치들을 평가하는 평가자다. • Senior Coach 자격이 있어야 한다. • NSW 주의 Coaching and Safety Panel로부터 임명받아야 한다.

호주 RDA NSW의 등급별 업무 범위는 다음 〈표 3-14〉와 같다.

표 3-14 호주 RDA NSW 재활승마지도사 등급별 업무 범위

등급	업무 범위
Assistant Coach	• 봉사자 교육을 운영한다. • Blue card(호주에서 어린이 대상 업무에 참여하려면 반드시 발급받아야 하는 카드로, 신원 확인을 통해 전과가 없는 경우에만 발급됨)를 포함한 봉사자 관련 문서들을 확인하며 봉사자 출결 기록을 관리한다. • 봉사자들에게 강습계획을 브리핑한다. • 기승자의 복장을 점검하며 안전모와 부츠 착용을 보조한다. • 강습 전 말을 준비시키고 강습 후 말 상태를 확인하여 보살핀다. • Coach의 요청에 따라 특수 장비들을 준비한다. • 강습 전 마장을 정비하고 도구 및 장비를 준비한다. • 기승자를 기승시키고 하마시킨다. • 강습 중 Coach의 설명이 기승자에게 잘 전달되도록 돕는다. • 강습 이후 봉사자들로부터 수업 관련 보고를 듣고 기록한다. • 강습 결과에 대해 Coach와 의논한다. • 시설 및 장비 유지를 돕는다. • Coach가 보고 들을 수 있는 거리에서 감독하는 경우에만 직접 강습을 운영할 수 있다.
Coach	• 강습을 운영한다. • 기승자와 봉사자에게 필요한 문서를 모두 파악하고 관리한다. • 기승자, 봉사자, 말의 위험 관리와 주의 의무 책임을 맡는다. • 봉사자와 교육생, Assistant Coach를 지원하고 감독한다. • 강습 전 Assistant Coach, 봉사자들이 말을 준비하는 것을 감독한다. • Coach와 봉사자들을 위한 센터 자체의 워크숍을 준비하고 참석한다. • 지역 혹은 주에서 주최하는 워크숍에 참석한다. • 말들의 트레이닝 지속과 상태 유지에 필요한 정보들을 인지한다. • 모든 시설 및 장비의 안전점검을 직접 수행하거나 적임자에게 위임한다.

등급	업무 범위
Coach	• 모든 장비의 사용법과 용도를 숙지한다. • 위원회에 연락을 유지하여 센터의 안전, 강습, 활동에 관한 문제들에 대해 조언하고 강습과 관련하여 기승자와 봉사자들에게 필요한 사항들과 문제점을 알린다.
Senior Coach	• Coach 트레이닝과 워크숍을 운영하며 RDA NSW 센터를 지지하고 성장하도록 하는 데 참여한다.
State Assessor	• Coach들을 평가하는 업무를 하며, 코칭 시스템 검토회의에 참석하고, 주 전체적으로 균일하고 우수한 코칭 규범을 유지하도록 돕는다.

(6) 유럽 국가들

표 3-15 유럽 재활승마지도사 및 치료사 운영체계

	네덜란드	독일		오스트리아	스위스
기관	SHP	Foerderkreis	DKTHR	OKTR	SGTR
교육시간	600시간	642시간 (실습 포함)	190시간	250시간	506시간
시험방법	필기/실기	필기/실기	필기/실기	필기/실기	필기/실기
실습 여부 및 시간	40시간	있음	실습 관계 보고서 제출	10~15시간	있음
직업명	재활승마사	승마치료사	재활승마치료사 마상체조지도사 승마지도사	재활승마치료사	승마치료사 재활치료사 승마교육사
기본 직업	전문대 혹은 대학 졸업 2년 경력	교육학, 심리학 졸업 관련 종사자	교육학, 심리학 졸업 관련 종사자	특수교육, 교육학, 심리학 졸업 관련 종사자	국가승인 교육학, 심리학 졸업 관련 종사자 1년 실무

3. 자원봉사자

1) 개요

(1) 자원봉사의 의미

자원봉사는 '자유의지'라는 말에서 유래되었다. 자원봉사활동이란 "개인이나 단체가 자유의사에 따라 아무런 대가 없이 자신들이 가진 시간과 재능을 도움이 필요한 이웃과 사회에게

제공하여 공익에 기여하는 것"을 말하며, 이러한 자원봉사활동을 수행하는 사람을 '자원봉사자(volunteer)'라고 한다.

자원봉사는 자발성, 무대가성, 공익성, 지속성이라는 4가지 조건에 해당해야 한다. 자발성은 본인의 선택에 따라 도움을 필요로 하는 이웃과 지역사회 공동체에 시간과 재능, 경험을 제공하는 것이고, 무대가성은 자신 또는 자신이 속한 단체의 자원봉사활동에 대해 아무런 금전적 대가를 받지 않음을 뜻한다. 공익성은 공공의 이익을 위해 활동함으로써 공동체에 속하는 사람들의 삶의 질을 향상시키기 위한 것이며, 지속성은 자원봉사활동에 참여하게 되면 일정 기간 동안 지속적으로 봉사활동에 참여하는 것을 의미한다.

자신이 아닌 타인이나 사회를 위해 봉사하게 되지만, 자원봉사를 통해 자신이 가진 능력과 재능을 활용할 뿐만 아니라 이를 향상시킬 수 있으며, 나아가 여러 가지 유용한 생활 및 사회적 기술을 습득하는 자기성장의 기회가 마련된다. 또한 자원봉사활동은 개인에게는 자신이 살고 있는 지역의 모습과 지역의 문제 등을 접하게 되며, 이를 통해 지역사회를 차츰 구체적으로 이해하게 될 뿐만 아니라 나아가 지역주민과의 공동체 형성을 통해 지역사회의 각종 문제에 직접 참여함으로써 지역사회에 대한 이해 및 문제를 해결하기도 한다. 이를 통해 인격이 성숙해지는 자신을 발견하고 자신의 존재가치와 긍지를 확인하여 삶의 보람을 얻게 된다.

(2) 자원봉사자의 기본 수칙

재활승마 자원봉사자들의 안전하고 효율적인 봉사활동을 위해 모든 봉사자들은 봉사자로서의 책임과 권리를 정확하고 올바르게 인식하고 봉사활동에 임해야 한다. 사회복지봉사활동인증관리(2012)에서는 다음과 같은 자원봉사자 기본수칙을 정했다.

- 자신의 시간과 재능에 맞는 봉사일감을 찾는다.
- 나에게 맡겨진 봉사일감을 잘 수행할 수 있다는 확신이 있어야 한다.
- 자원봉사기관에서의 규칙을 받아들여야 한다.
- 주어진 봉사일감에 필요한 기술을 배우려고 해야 한다.
- 기관 담당자 혹은 봉사단 리더의 지도를 받아들여야 한다.
- 기관의 담당직원이 봉사일감을 믿고 맡길 수 있게 해야 한다.
- 봉사서비스 대상자의 사생활을 보호해야 한다.

(3) 자원봉사자의 권리

자원봉사자 수칙만큼 중요한 것이 자원봉사자의 권리다. 봉사자들은 대가 없이 자발적으로 공익에 기여하는 사람들이지만 그렇다고 해서 불합리한 상황이나 위험을 감수해가며 희생해야 하는 것은 결코 아니다. 봉사자들은 스스로를 보호할 권리가 있으며 재활승마센터는 봉사자들을 보호하기 위해 노력할 의무가 있다. 따라서 봉사자와 재활승마지도사, 센터 구성원들은 다음과 같은 봉사자의 권리를 인지하고 있어야 한다.

- 능력에 적합한 업무를 할당받아야 하며, 감당할 수 없는 업무나 꺼려지는 업무는 거절할 권리가 있다.
- 업무에 관해 의견을 이야기할 수 있고 존중받을 권리가 있다.
- 업무수행을 위해 적합한 정보를 제공받을 권리가 있다.
- 이해되지 않는 것은 질문할 권리가 있다.
- 봉사자로서 필요한 훈련과 지원을 받을 권리가 있다.
- 개인 신상정보를 보호받을 권리가 있다.
- 안전과 건강이 보장되는 환경에서 일할 권리가 있다.
- 봉사자 간에 차별 없이 동등한 대우를 받을 권리가 있다.

(4) 재활승마와 자원봉사

자원봉사자들은 다른 사람들을 돕는 데 시간을 할애하고 즐거움을 느끼는 '주는' 사람으로 재활승마센터에서 자원봉사를 하는 이유는 다양하지만, 그 일부는 다음과 같다.

- 자신의 만족과 삶의 외적 균형을 위해
- 다른 사람들과 그들의 전문성을 공유하기 위해
- 도전하기 위해, 그리고 자신을 필요로 하는 다른 사람들과 함께 일하기 위해
- 다른 이들의 발전과 성장을 지켜보기 위해
- 야외활동과 유산소운동을 통한 환경적 스트레스의 자연적인 감소를 위해
- 의미 있는 비영리단체에 참여하기 위해
- 말과 함께하기 위해
- 특별한 도움이 필요한 사람과 함께하기 위해
- 경력과 연관하여 새로운 것을 배우기 위해
- 다른 사람들이 자신을 필요로 하고 감사해하기 때문에
- 은퇴 이후에도 본인이 가진 능력을 발휘하기 위해
- 새로운 사람들을 만나고 사귀기 위해

이와 같은 다양한 이유로 자원봉사에 참여하는 사람들의 주된 업무는 재활승마교육 지원이다. 재활승마 강습은 지도사와 자원봉사자가 협동하는 프로그램으로 자원봉사자들은 장애인을 이해하고 교육이 진행될 때 지도사와 기승자 사이에 원만한 역할을 담당하여 강습의 목적과 과제를 수행하는 데 도움을 준다.

자원봉사자는 기승자 가까이에 위치하면서 신체적인 도움과 정신적인 위안을 주며, 다양한 경력을 바탕으로 지식과 기술을 활용하게 하고, 새로운 아이디어를 제공하기도 한다. 봉사자는 승마지도, 수의 등 전문적인 지식이 요구되는 업무를 제외한 일반적인 모든 업무에 참여가 가능한데, 적절한 교육이 이뤄진 후 자신의 관심과 능력에 따라 〈표 3-16〉과 같은 업무를 맡게 된다.

표 3-16　자원봉사자의 업무

강습 관련 활동	이외 활동
• 말 이끌기 • 말 탄 기승자 보조하기 • 지도사 보조 • 말에 타기 위한 도움 • 수업 전 기승자 준비 돕기 • 말 손질 및 마장구 장착 • 말들의 운동과 훈련 • 마방 청소, 말 먹이 주기 • 수업 준비 • 설비 및 기자재 관리 • 기승자와 말 안 타는 수업 수행(당근 주기, 각설탕 주기 등) • 주변 청소 및 마구관리	• 자원봉사자 모집 • 자원봉사자, 가족, 그룹 오리엔테이션 참여/실시 • 전문가 오리엔테이션 보조 • 공적 의무 수행 • 다른 자원봉사자 훈련 • 비서나 회계활동의 수행 • 수업계획 예약 • 회보 제작 • 자원봉사자, 기승자 혹은 가족들의 사회활동 계획 • 센터에 방문한 기승자의 아이들이나 형제, 자매 돌보기

다양한 업무 중에서 가장 많은 봉사자에게 주어지는 업무는 재활승마 강습에 참여하는 것으로, 프로그램에 참여하는 자원봉사자들은 강습 전후에 말과 말의 장비들에 대해 책임을 진다. 강습 전에는 아동에게 맞는 승마 장비를 갖추어 수업이 시작될 수 있도록 하며, 강습을 마친 후에도 장비와 말 정리를 도와준다. 강습 중에는 말 리더와 사이드워커로 활동하는데, 그 역할에 대해 자세히 알아보면 다음과 같다.

2) 말 리더(horse leader)

말 리더는 말과 승마에 대한 경험이 많으며 말을 다루는 데 능숙한 사람으로 말의 습성을 이해하고 있으며, 보통과는 다른 주위 환경에서도 효과적으로 말을 통제할 수 있어야 한다. 말 리더로서의 의무를 수행하고 응급상황에 대처하기 위해 지도사에게서 트레이닝을 받아야 한다. PATH Intl.의 자원봉사자 매뉴얼에 명시된 말 리더의 업무 범위를 우리나라 실정에 맞게 수정하면 다음과 같다.

- 항상 말을 책임진다.
- 말을 끄는 정확한 방법을 안다.
- 말의 성격과 다른 습관들을 안다.
- 기승자를 태우기 전에 교육이 진행될 장소에서 말을 준비운동 시킨다.
- 말 손질방법을 알고 도구와 변형된 도구들을 정리한다.
- 정확한 승마의 효과를 알고 말 끌기 중 말을 통제할 수 있다.
- 장애를 가진 기승자의 강습을 알아야 한다.
- 장애를 가진 기승자에게 해를 줄 수 있는 말의 움직임을 알아야 한다.
- 정서적 장애가 있는 기승자의 행동 문제를 파악하고 이러한 행동이 말에게 영향을 미쳤을 때 말을 통제할 수 있어야 한다.
- 승마나 재활승마에 경험이 많은 사람으로서 경험이 부족한 자원봉사자를 교육할 수 있다.

3) 사이드워커(side walker)

사이드워커는 말과 기승자 옆에서 걷는다. 사이드워커는 기승자의 안전을 도와주며, 기승자가 지도사로부터 주어진 과제를 수행하는 데 도움을 준다. 일반적으로 아래 그림과 같이 기승자 한 명과 한 마리의 말에 리더 한 명과 두 명의 사이드워커가 한 팀을 이루게 되지만, 기승자의 장애 및 승마기술 정도에 따라 자원봉사자의 인원이 감소될 수 있다.

한 명의 기승자에 한 명의 사이드워커가 있을 수 있고, 균형감각이 떨어지는 기승자를 위해서는 두 명의 사이드워커가 있을 수 있다. 독립 기승이 가능한 경우라 하더라도 기승자에게 가장 가까이 있는 사이드워커는 기승자의 안전에 가장 최우선적으로 반응해야 한다. 사이드워커는 말과 함께 편안한 기분으로 걷거나 속보로 뛸 수 있는 능

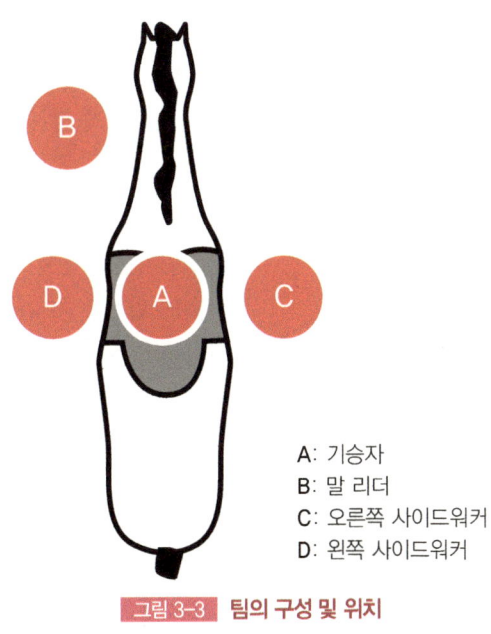

A: 기승자
B: 말 리더
C: 오른쪽 사이드워커
D: 왼쪽 사이드워커

그림 3-3 팀의 구성 및 위치

력이 필요하며, 기승자의 장애나 문제에 관해 잘 알고 있어야 한다. 자원봉사자 매뉴얼에 명시된 사이드워커의 업무 범위는 다음과 같다.

- 기승자가 말에서 떨어지지 않고 안전한 승마를 할 수 있도록 보조한다.
- 기승자의 장애에 대한 지식을 가져야 한다.
- 특별한 승마수업을 위한 계획으로 기승자와 함께한다.
- 말과 기승자를 편안하고 친근하게 대한다.
- 말 옆에서 걸으며 기승자를 보조하는 정확한 방법을 알아야 한다.
- 장애에 대한 이해로 기승자들을 위해 적절한 도움을 주어야 한다.
- 기승자의 위치 및 균형감각을 살펴 기승자가 낙마하거나 균형을 잃는 것을 방지하기 위해 도움을 주어야 한다. 하지만 독립적인 균형감각을 발달시키는 데 기승자의 능력을 방해하면 안 된다.
- 기승자에게 필요한 특수한 도구를 사용할 수 있어야 한다.
- 강습시간에는 지도사의 지시를 따른다.
- 기승자가 말 위에 정확하게 앉는 것을 포함해서 기승자에게 신체적으로 도움을 주는 기술을 배운다.
- 기승자의 다양한 자세에 적응될 수 있도록 하고 특별한 방법으로 보조할 수 있다.
- 기승자가 자세와 균형감각을 되찾기 위해 말을 멈추거나 속도를 줄일 필요가 있을 때 말 리더(horse leader)에게 건의해야 한다.
- 말과 기승자, 바깥쪽의 사이드워커가 지도사의 지시를 전달받지 못할 수 있으므로 안쪽의 사이드워커는 지도사의 수업 지도사항 전달을 도와야 한다.
- 주의를 산만하게 할 수 있으므로 바깥에 있는 사이드워커는 기승자와 음성적 대화에 유의한다.
- 마장에서 최소한 30분(최저 강습시간)은 걷거나 뛸 수 있어야 한다.
- 사이드워커는 피곤할 때 위치를 바꾸거나 휴식을 요청할 수 있다. 위치를 바꿀 때는 한쪽 사이드워커는 지지하고 순차적으로 교대한다. 두 명의 사이드워커가 동시에 자리를 벗어나면 안 된다.

4) 자원봉사자 관리

최근 사회적 요구와 개인의 다양한 이유로 자원봉사에 참여하는 인구가 증가했으며 자원봉사자들은 자신의 자원봉사 동기, 능력, 욕구 및 기대에 맞는 봉사활동을 하기 원하고 그 활동 이후에 자신에게 영향을 줄 수 있는 인정과 보상 등에 관심도 높아졌다. 따라서 성공적인 자원봉사 프로그램을 운영하기 위해서는 봉사자 개인의 동기 및 기대 수준을 충분히 이해하고 지원해야 하며 전문적인 관리 및 운영체계가 필요하다. 또한 일련의 관리절차에 따라 봉사를 제공하는 봉사자와 봉사를 제공받아 직간접적으로 재활승마에 활용하는 센터 사이에서 조율을 통해 양쪽의 요구를 충족시켜 자원봉사활동의 효율을 극대화시킬 수 있는 자원봉사관리자도 필요하다.

Tip
자원봉사의 나라인 미국 재활전문승마장의 경우도 자원봉사자 관리는 가장 어려운 업무로 생각된다.

자원봉사활동은 일관되고 전문적으로 관리되어야 한다. 즉흥적이고 임시방편으로 운영되어 관리가 제대로 이뤄지지 못할 경우, 시간과 비용 등을 사용하며 힘들게 확보한 자원봉사자를 효과적으로 활용할 수 없을 뿐 아니라 자원봉사자의 기대도 충족시킬 수 없다. 자원봉사자 관리가 어떻게 진행되는가에 따라 봉사자가 업무를 수행하는 센터에 대한 만족도 및 지속성에 결정적인 역할을 하게 되고, 기승자들에게 제공되는 서비스의 질과 효율성을 결정하여 재활승마 강습의 성공적 진행 여부가 결정된다. 자원봉사관리자는 재활승마지도사 중에서 대인관계에 탁월한 재능이 있고 인내심이 있으며 스트레스를 적절히 해소할 수 있는 능력이 있어야 한다.

미국 AVA(Association Volunteer Administration, 자원봉사관리사협회)는 "자원봉사 관리는 자원봉사자들이 조직에 효과적으로 활동하여 결과를 낳도록 통합시키는 실천과 연구에 관한 하나의 전문 직업"이라고 말하고 있다. 자원봉사자 관리 업무는 크게 모집, 교육, 일정 관리, 유지 및 보상으로 구분할 수 있다. 모집 업무는 모집 계획 수립, 모집 공지 등 자료 준비, 신청 접수에 따른 선정 절차 진행, 활동 일정 확인, 교육 안내로 구분할 수 있다. 모집 계획 수립에는 모집을 위한 최상의 장소 및 대상자 파악, 최적의 시기, 능동적 참여를 유도할 수 있는 메시지의 준비 그리고 가장 쉬운 방법으로 등록할 수 있는 절차의 확립과 함께 모집 방법이 포함되어야 한다. 모집방법은 봉사자의 자발적인 참여, 기존 봉사자나 지도사 등 직원들의 권유에 의한 방법, 지역사회 광고에 의한 방법, 자원봉사센터 등 관련 기관의 소개에 의한 방법 등이 있다. 외국의 경우도 재활승마 자원봉사자 모집은 홈페이지, 지인의 소개, 광고·홍보, 오픈하우스 행사, 자원봉사센터와의 연계 등으로 그 방법이 크게 다르지 않다.

재활승마의 성패는 자원봉사자의 참여에 따라 달라질 수 있는 만큼 재활승마장 차원에서는 각종 학교와 단체, 승마 관련 학과, 동아리 등과 연계하는 방안 등을 모색하고 말산업 전담기관 등 재활승마 관련 기구는 재활승마 자원봉사의 유익성 등을 지속적으로 홍보하여 봉사를 희망하는 자원들이 능동적으로 재활승마 자원봉사에 참여할 수 있는 사회적인 분위기를 조성해야 한다.

자원봉사 희망자가 있는 경우는 자원봉사활동 신청서와 서약서를 상세히 작성하게 하고,

> **Tip**
> 자원봉사 참여 횟수나 시간에 따라 배지나 업무에 필요한 조끼를 지급하여 그 자체가 자부심이 되도록 하는 방법 등 다양한 보상책이 필요하다.

> **Tip**
> ○○센터에서는 센터를 방문하는 자원봉사자를 포함한 모든 이에게 음료도 판매한다. 대부분의 센터에서는 자원봉사자들이 센터의 로고가 새겨진 모자, 옷, 공책 등 다양한 생활용품과 승마용품들을 판매하고 수익금은 센터에 기부한다.

자원봉사관리자는 면담 후 교육과 봉사업무를 배정한다. 일정관리는 작성된 기승시간표와 확보된 말 리더, 사이드워커 인원수 및 활동일정을 이용하여 연/분기/월 단위로 일정계획을 수립하고 홈페이지, 이메일, 문자 등을 이용하여 봉사자에게 전달한다. 주/일 단위로 계획을 수립하면서 매일 활동 가능 확인(출결 확인 등)을 하여 계획표에 반영한다.

재활승마 강습 참여는 물론 말 관리, 사무업무, 기금 모금 등 자원봉사자의 역할은 다양하며 지도사와 동등한 지위를 보장받아야 한다. 단지 경제적인 이익만을 위해 노동력을 활용하고 배려하지 않거나 지도사 개인 또는 승마장 조직이 자원봉사자들을 장악하려 한다면 상호 신뢰하는 관계가 이뤄질 수 없다. 기승자의 개인정보를 제외한 모든 정보는 공유한다는 생각으로 자원봉사자를 대할 때 진정한 동반자가 되어야 한다.

자원봉사자의 업무는 연속적으로 이뤄져야 하는데, 봉사자의 개인적인 사정으로 다른 봉사자가 대신하게 되는 경우가 발생할 수 있으므로 업무 인수인계가 즉각적으로 이뤄지려면 담당업무에 대한 직무분석이 되어 있어야 한다.

직무분석은 하나의 업무 형태에 따른 진행절차에 대해 기술한 것으로 자원봉사업무의 전반에 대해 공통적인 사항은 '자원봉사자 매뉴얼'이라고 하며, 책자화하여 승마장 곳곳에 비치하거나 수첩 형태로 제작하여 자원봉사자들에게 나누어주고 교육용으로도 사용한다. 직무분석서는 자원봉사자에게 의미와 만족을 부여하고 기승자에게 질 높은 서비스를 제공하는 것을 목적으로 자원봉사자가 하게 될 업무를 세부적으로 계획하고 설명해야 한다. 따라서 그 내용에는 자원봉사 업무의 명칭과 내용, 자원봉사자의 자격조건, 책임, 활동기간과 시간, 교육 등의 내용이 포함된다.

자원봉사자들의 관심과 요구에 맞게 업무를 배치함으로써 자원봉사자들이 보람을 느끼고 활동을 지속하며, 궁극적으로 봉사자 자신도 개인의 발전을 도모하도록 해야 한다. 그런 의미에서 자원봉사자의 다양한 면을 고려하여 적합한 업무를 배분하는 것이 매우 중요하며, 적당한 일감이 없을 경우에는 새로운 업무를 개발해서 배치하는 노력도 필요하다.

교육 및 훈련 후 현장에 자원봉사자들을 투입하지만 관리하지 않고 방치하거나 획일적으로 관리함으로써 자원봉사자들이 중도에 봉사를 중단하는 사례들이 있다. 봉사자들의 참여를 유지시키기 위해서는 봉사 참여를 중단하게 되는 구체적 이유들을 미리 파악하여 봉사 참여 중단을 미연에 방지하기 위한 노력과 관리가 필요하다. 봉사자들이 봉사 참여를 중단하는 대표적인 이유들은 다음과 같다.

- 본인이 재활승마센터의 일원이라고 느끼지 못해서
- 맡겨진 업무가 지겹고 따분해서

표 3-17 자원봉사 신청서(앞면) 예시

(봉사자)

자원봉사 신청서

성 명		성 별	남 / 여
구 분	개인 / 단체 ( )		
연 락 처	H.P.		

20   .   .

OO 재활승마장

표 3-18 자원봉사 신청서(뒷면) 예시

[개인정보 수집 · 이용 동의서]

OO재활승마장 대표 귀하

본인은 귀사가 본인 및 기타 적합한 경로를 통해 수집한 본인의 개인정보를 이용하는데 동의합니다.
1. 개인정보 수집항목, 수집 · 이용목적 및 보유 · 이용기간
    - 수집항목 중 필수사항 : 성명, 성별, 소속단체, 연락처
    - 수집 · 이용목적 : 재활승마 강습 참가
    - 보유 · 이용기간 : 상기 목적의 완료 시까지
    ※ 귀하께서는 귀하의 개인정보 수집 · 이용에 대한 동의를 거부하실 권리가 있으며, 동의를 거부하실 경우 재활승마 봉사활동에 참가하실 수 없습니다.

☐ 개인정보 수집 · 이용에 동의   ☐ 동의하지 않음

※ 개인정보 처리에 대한 상세한 사항은 OO재활승마장 규정집에 공개한 '개인정보 처리방침 및 취급방침'을 참조하십시오. 단, 본 동의서 내용과 상충되는 부분은 본 동의서의 내용이 우선합니다.

[강습 참가 서약서]

본인은 재활승마 강습의 원활한 진행과 안전사고 예방을 위하여, 다음의 사항을 준수할 것을 서약합니다.
1. OO재활승마장의 운영 방침과 강습 운영자의 지도사항을 준수하겠습니다.
2. 강습기간 중 안전사고가 발생하지 않도록 노력을 다하며, 강습과 무관하게 본인의 잘못으로 발생한 사고의 책임은 본인에게 있습니다.
3. 강습기간 중 사전 승인 없이 재활승마장 내에서 시설물이나 기승자의 사진, 동영상 촬영을 하지 않겠으며, 재활승마장 이외의 출입제한구역에는 출입하지 않겠습니다.
※ 귀하께서는 상기 강습 서약을 거부하실 권리가 있으며, 거부하실 경우 재활승마 봉사활동에 참가하실 수 없습니다.

☐ 강습 참가 서약함   ☐ 서약하지 않음

[사진 · 동영상 촬영 동의서]

본인은 재활승마 강습 참가와 관련하여 귀사에게 본인의 사진 및 동영상 촬영을 허락하며, 이러한 사진 등의 결과물에 대한 초상권, 소유권, 저작권 등의 지적재산권이 귀사에게 귀속됨을 동의합니다.
※ 귀하께서는 사진 및 동영상 촬영에 관한 동의를 거부하실 권리가 있으며, 거부하실 경우 재활승마 봉사활동에 참가하실 수 없습니다.

☐ 사진 · 동영상 촬영에 동의   ☐ 동의하지 않음

본인은 상기의 모든 내용을 충분히 확인하였으며, 이에 서명합니다.

년   월   일   성명 :   (서명 또는 날인)

- 자신의 봉사 참여가 환영받지 못한다고 느껴서
- 충분한 지식과 교육을 제공받지 못해서
- 센터의 구성이나 준비가 부족하다고 느껴서
- 충분한 업무가 주어지지 않아서

자원봉사자의 요구에 맞게 업무를 배치해야 하지만 자원봉사자의 요구에만 지나치게 민감하여 기관의 목적을 소홀히 하는 것이나, 기관의 목적을 달성하고자 자원봉사자의 의견을 무시하는 경우도 문제를 발생시킬 수 있다. 자원봉사자의 동기욕구와 기관의 목적이 함께 조화를 이루도록 자원봉사자 관리가 이뤄져야 한다.

자원봉사자들이 봉사활동을 통해 보람과 만족감을 가지고 지속적으로 봉사활동을 유지하도록 하려면 적절한 보상이 이뤄져야 한다. 보수교육 계획을 수립하여 봉사자들의 기량을 유지하며, 상위단계의 교육을 실시함으로써 기량을 향상시켜 더욱 다양한 업무에 종사하도록 해야 한다. 또한 봉사시간 확인 후 인증서 발급이 원활하도록 하고 분기 또는 반기별 포상을 실시하며, 연말에는 자원봉사자들의 노고에 감사하는 행사들도 기획해야 한다.

자원봉사활동이 정신적 보람을 추구하는 활동이라는 기본 취지에서 벗어나지 않고 금전적 보상은 지양해야 하지만, 작게는 격려와 감사의 마음으로부터 시작하는 의미의 보상은 수시 및 정기적으로 이뤄져야 한다. 다만 포상을 위한 평가는 매우 신중하고 공정하게 이뤄져야 한다. 평가를 통해 경험 많은 자원봉사자에게는 기획이나 의사결정에 참여할 수 있는 기회를 제공하거나 좀 더 난이도가 높은 직무에 배치할 수 있다.

미국 재활승마센터의 경우 '업무에 대한 보상'의 의미는 철저히 배제되어 있다. 아침 일찍부터 저녁까지 자원봉사를 하는 경우도 센터는 자원봉사자에게 식사를 제공하지 않으며, 기승자 또는 그 부모가 제공하는 간식조차 자원봉사의 취지에 맞지 않는다고 정중히 사양한다. 다만 센터에서 제공하는 커피 등 간단한 음료를 마시며 스스로 자신의 도시락을 준비하고, 또 다른 자원봉사자가 제공하는 음식만 먹는다.

5) 자원봉사자 교육

재활승마 프로그램 자원봉사는 다른 봉사에 비해 말과 장애에 대한 지식을 가지고 있어야 참여할 수 있는 전문 자원봉사를 필요로 한다. 그렇기 때문에 자원봉사 신청은 누구나 할 수 있지만 전문 교육에 필히 참석해야 한다. 외국 협회나 센터들은 자원봉사자들을 단지 봉사에 참여하도록 하기보다는 연속적이고 체계적인 교육과 단계별 프로그램을 이용하여 자원봉사자에게 단계별 자격을 주어 동기부여와 봉사자 자신이 자부심을 가지고 봉사에 참여할 수 있

> **Tip**
> '갈라쇼'의 갈라는 '특별한 행사여흥'이라는 뜻으로 정규경기가 끝난 후 관중에게 인기 있는 선수 등을 중심으로 서비스 차원에서 보여주는 쇼를 뜻한다.
>
> 예
> 김연아피겨스케이팅 갈라쇼

도록 하고 있다.

교육 내용에는 봉사활동에 직접 필요한 내용은 물론 승마인을 초청한 갈라쇼(Gala show), 승마강습 등 말과 승마에 관련된 교육 등으로 이뤄진다. 일반적으로는 재활승마지도사가 교육을 진행하지만, 수의사나 치료사 등 각 분야 전문가들이 참여하는 경우도 있고, 마구 장착 등 간단한 내용은 경험 많은 자원봉사자에 의해 이뤄지기도 한다. 외국의 경우는 건강강좌, 요리, 요가 등 봉사자들이 관심을 가질 수 있는 내용의 교육도 개설하여 자원봉사자들의 생활에 중심이 될 수 있고, 재능을 기부 받아 자원봉사자들에게 유료로 교육하는 등 수익을 창출하는 수단으로도 이용된다.

국내에서 자원봉사자가 참여하는 센터의 경우를 종합해보면 자원봉사자 신청은 만 18세 이상 만 55세 이하이면 누구나 신청 가능하며, 신규 신청자는 온라인으로 신청서를 작성한 후 교육일정을 안내받아 정해진 날짜에 직접 방문하여 교육을 받는다. 신규 자원봉사자들은 자원봉사자교육을 받는데 교육내용은 '재활승마의 이해', '자원봉사의 실제', '재활승마 실습' 등으로 구성되어 있으며, 단계별 교육이 끝난 후 재활승마 강습활동에 참여하여 사이드 워커와 말 리더 역할 등의 봉사를 한다.

말 리더나 사이드워커로 활동할 자원봉사자들에게 필수적으로 교육할 내용은 다음과 같으며, 교육은 프로그램 투입 전에 이뤄지고 정기 및 수시 교육으로 진행된다.

- 센터의 구조 및 시설
- 재활승마의 개요
- 자원봉사자의 역할
- 장애의 이해
- 재활승마 교육 프로그램의 유의사항
- 안전수칙 및 적절한 복장
- 말과 승마의 이해
- 말 손질(grooming)
- 굴레 씌우기, 안장 올리기
- 기타 마장구의 용도 및 사용법
- 교육 기자재의 용도 및 사용법
- 응급상황 대처방법 및 응급처치용품의 위치
- 말 끌기, 롱라인(long line, long rein) 방법
- 장애인 보조(한 손 보조, 두 손 보조 등)방법

4. 직원

지도사는 말 리더나 사이드워커와 같이 직접 수업에 참여하는 자원봉사자에게 강습 운영을 위한 전반적인 지원을 받아 강습을 진행한다. 또한 지도사가 재활승마강습을 위해 프로그램에 전문지식을 제공해주는 전문가로서 특수체육교사, 레크리에이션 강사, 음악교사, 심리학자로 이뤄질 수 있는 상담가(consultant)와 기승자의 장애 또는 질환에 전문적인 지식을 가지고 지도사의 업무수행에 도움을 줄 수 있는 치료사, 의사 등에게 협조를 요청할 수 있다.

재활승마센터가 소규모인 경우 재활승마지도사와 자원봉사자의 업무보조에 의해 모든 업무가 이뤄지지만, 중간 정도의 규모가 될 경우 교육(지도사)과 교육지원 분야로 구분되고, 규모가 더욱 커질수록 치료사, 수의사 등 전문적인 업무를 담당하는 직원이 늘어날 수 있다. 자원봉사자의 경우 지도사, 치료사, 수의사, 말 조련사 등 전문적인 분야를 제외한 직원의 업무를 담당할 수 있다. 각 직원들은 정기적 또는 비정기적으로 관련 업무 기량을 높일 수 있는 적절한 교육에 참여해야 한다.

재활승마센터가 규모나 개개인의 역할 정도에 따라 달라지지만, 센터에서 필요로 하는 직원은 다음과 같다.

- 재활승마지도사
- 재활승마치료사(물리치료사 등)
- 수의사
- 말 조련사 및 관리자
- 프로그램 기획자
- 자원봉사자/기부자/대외협력업무 관리자
- 일반 관리자(총무, 기획 등)
- 시설 및 장비 관리자

> **Tip**
> 아직 우리나라에는 도입되지 않았지만 미국 등의 경우 재활승마치료사 제도가 있어 지도사는 이들과 협력하거나 의학적인 전문지식을 지원을 받기도 한다.
> 반대로 승마나 말 등에 대한 전문지식을 지원하기도 한다.

보충 재활승마 자원봉사

재활승마는 자원봉사자 없이는 불가능한 사업이라 할 수 있다. PATH Intl.의 소속 센터이며 지속적으로 지도사양성교육을 진행해온 미국 코네티컷 주의 High Hopes 재활승마센터(Therapeutic Riding Center)의 키티 스탤스버그(Kitty Stalsburg)는 "지도사 교육을 받기 위해 해마다 여러 국가에서 많은 사람이 방문하여 재활승마지도사 교육을 이수하고 본국으로 돌아가지만, 몇몇 나라에서는 자원봉사자 문제로 인해 제대로 된 승마교육 프로그램을 운영하지 못한다"고 했다. 독일과 호주 등에서는 건강보험 등 국가의 지원을 일부 받기도 하지만 모든 비용을 충당할 수는 없으며, 대부분의 국가에서는 센터는 물론 협회의 운영이 전적으로 자원봉사자들에 의해 운영된다.

미국과 영국 등 선진국에서는 기부에 의해 센터를 설립하고 자원봉사자들에 의해 승마지도, 수의 등 전문적인 지식이 요구되는 업무를 제외한 일반적인 모든 업무가 진행된다. 추운 날씨에도 이른 새벽부터 센터에 도착하여 말들의 아침먹이를 챙겨주고 자신의 일터로 향하는 사람, 자신의 일당을 포기하면서도 일주일에 두 번은 와서 봉사를 해야 마음이 편안하다는 사람, 대상자가 방문했을 때 안내해주는 사람 등 센터에서 진행되는 일반적인 모든 일은 자원봉사자에 의해 이뤄진다. 바쁜 일정으로 센터에서 시간을 보내기 어려운 경우 매주 특정 요일에 센터에서 일하는 사람들을 위해 간식을 준비해주는 사람도 있으며, 센터의 수익을 위해 센터 내에 간이 카페를 만들고 서빙을 자원봉사로 하는 사람과 그 카페에서 매일 돈을 내고 커피를 즐기는 것으로 자원봉사에 참여한다는 위안을 갖는 100세를 바라보는 자원봉사자들도 있었다. 좀 더 비중 있는 자원봉사를 하기 위해 지도사 양성과정에 참여하여 자격증을 취득하는 경우도 있었는데, 이러한 자원봉사자들의 연령과 동기는 너무도 다양했다.

2007년 태안 앞바다의 기름 유출로 인해 환경오염이 되었을 때 자원봉사에 120만 명이 참여하여 환경파괴 위기를 극복하고 한 장소에서 자원봉사활동을 펼친 최대의 자원봉사활동은 세계를 놀라게 했으며, 2011년 강원도의 폭설로 인한 재난 발생 시 수많은 자원봉사자의 활동, 최악의 자연재해가 발생한 일본에서도 지진과 해일의 처참한 재난현장에서 꿈을 잃고 고통 받는 사람들에게 자원봉사자들의 아름다운 손길이 따뜻한 희망을 전해주고 있다. 이제 자원봉사는 더불어 사는 사회를 만들기 위한 우리 사회의 핵심적 활동이라고 할 수 있다. 2012년 6월, 우리나라도 인구 5천만 명, 1인당 국민소득이 2만 달러를 넘어 선진국에 진입했다고 한다. 이제 일회성 자원봉사가 아닌 정기적·지속적인 자원봉사에 많은 사람이 참여하여 진정한 선진국이 되어야 할 것이다.

우리나라의 자원봉사 시스템은 '사회복지 봉사활동인증 관리(www.vms.or.kr)'를 중심으로 이뤄지고 있는데, 이 사업은 전국 자원봉사단체·기관 상호 간 네트워크 체계를 구축하여 자원봉사자의 봉사실적을 정확하고 체계적으로 누적관리하고 나아가 봉사실적에 대한 인센티브 제공의 기반을 마련하기 위한 제도다. 자원봉사자가 필요한 단체는 인증센터로 등록한 뒤 자원봉사자와 상호 필요하거나 원하는 자원봉사내역을 탑재하여 상호 검색할 수 있다.

기부자들과 자원봉사자들을 기념하기 위한 장식

2장. 말 운영

1. 재활승마용 말

재활승마는 말의 걸음걸이에 의해 기승자의 움직임이 영향을 받아 긍정적인 효과를 기대하기 때문에 말의 움직임은 매우 중요하다. 따라서 보법은 부드러우면서 속도가 일정하며 균등한 보폭을 지녀야 한다. 이러한 움직임을 하기 위한 말의 체형은 균형이 잘 잡혀야 재활승마에서 요구하는 바람직한 움직임을 만들어낼 수 있다. 또한 다리나 호흡기, 이목구비 등이 문제가 없고 전체적으로 건강해야 하며, 기승자가 다양한 만큼 기승자의 신체적·정신적 조건과 어울릴 수 있는 적합한 크기나 성품을 지닌 말이어야 한다.

재활승마에 참가하는 말은 사람은 물론 다른 말이나 동물과의 관계에서도 친밀함을 지녀야 한다. 말은 초식동물로 겁이 많아 작은 소리에도 놀라 뛸 수 있는데, 이렇게 민감하게 되면 기승자는 물론 주변의 자원봉사자들에게 위험을 초래할 수 있다. 따라서 외부로부터 가해지는 어떤 영향이나 여러 돌발 상황이 발생해도 잘 견디는 인내심과 감정을 빨리 회복하는 성품을 지닌 말이어야 한다. 급격하거나 여러 환경변화에도 민감하지 않아야 하고, 말을 다루는 사람의 지시에 잘 따라주어야 한다. 경험이 풍부하고, 여러 장애군을 기승시킨 경험이 많은 말은 언제라도 기승자나 말 리더의 통제에 즉각 반응하고 쉽게 흥분하지 않는다.

▶ 재활승마에 좋은 말의 일반적인 조건
- 다리 및 호흡기와 눈 등이 건강해야 한다.
- 말의 크기는 기승자의 상태에 맞추어 적합한 크기여야 한다.
- 리드미컬한 움직임과 균등한 보폭을 가져야 한다.
- 사람과 친근해야 한다.

- 외부의 영향이나 환경변화에 잘 적응해야 한다.
- 말을 끄는 리더의 통솔에 잘 따라야 한다.
- 나이는 보통 7~15세 사이가 적당하다.
- 올바른 체형을 가진 말이 좋다.

2. 말 선정과 평가

말 선정이란 평가 기준에 따라 말을 평가하여 재활승마에 사용 가능 유무를 판단하는 것으로, 평가란 어떤 대상의 가치를 규명하는 것이다.

재활승마용 말은 기승자의 안전을 최우선으로 하여 재활승마 활동을 통해 기승자에게 도움을 주고 기승기술을 익히는 데 중요한 도구이자 매개체다. 따라서 우수한 말을 확보하는 것이 매우 중요하다. 재활승마를 안전하면서도 효율적으로 운영하기 위해서는 말의 기본성품과 기질, 체형, 말의 능력과 환경변화에 대한 적응력이 어떠한지를 잘 살펴보아 어떤 말이 재활승마에 적합한지 파악하고 판단해야 한다.

1) 말 평가 전 고려사항

재활승마에서 말의 선택은 재활승마의 성패를 가릴 수 있을 만큼 결정적이므로 목적에 알맞은 말에 대한 정보를 수집하고 평가하는 것은 매우 중요하다.

말에 대한 정보를 수집하기 전 고려해야 할 사항으로는 다음과 같다.

(1) 어떤 기승자를 대상으로 말을 이용할 것인가?

이 말을 이용하여 가장 좋은 효과를 가져올 참여자들은 누구인가? 얼마나 많은 사람들이 이 말을 이용할 수 있을까? 말의 키와 체중을 고려하고 몸통의 크기, 걸음도 적당해야 한다. 참여자들의 기술수준과 요구사항들도 확인한다.

(2) 재활승마지도사들이 이 말을 안전하게 잘 다룰 수 있는가?

재활승마지도자의 능력을 고려하고 말의 훈련 경험도 알아본다. 아무리 성품이 좋고 건강하더라도 말의 능력에 맞춰줄 수 있는 지도사가 없다면 말을 다루기가 어렵고 그 말의 가치는 하락한다.

프로그램에 관여하는 사람들, 특히 자원봉사자들이 자주 바뀐다는 것도 염두에 두어야 한다. 그래서 그런 변화에 잘 적응하는 말이 필요하다. 또 여러 사람이 다루어도 순응해야 하며, 오직 특정한 사람에게만 순응하는 말은 적당하지 않다.

(3) 말의 구입비용이나 유지비용만큼 말을 오래 이용할 수 있을까?

선택된 말을 프로그램에 이용하는 경우, 시간당 경비는 얼마나 되는가? 먹이, 수의, 특별 보조기구, 주사, 편자, 해충 제거 등을 위한 비용도 시간당, 그리고 말 1두당 얼마나 소요될지를 계산해본다. 기증으로 구입비용이 절감되었다 하더라도 사용 빈도에 비해 유지비용이 많이 들어간다면 승마장 운영에 어려움이 따를 수 있다.

2) 기본 평가

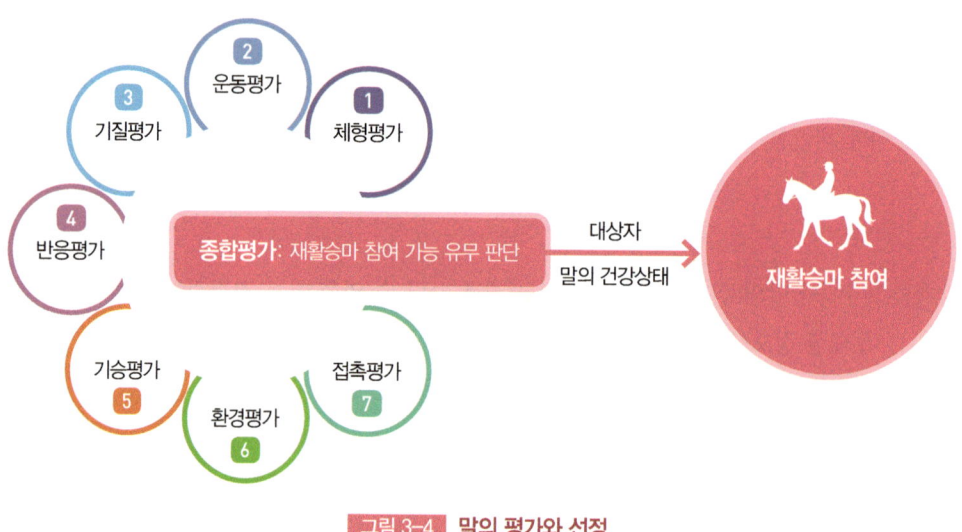

그림 3-4   말의 평가와 선정

위와 같이 평가 전 고려사항을 점검한 후에는 말에 대한 평가가 이어진다. 만일 평가가 없다면 이용가치나 훈련 가능성이 없는 말이 되어 시간과 비용만 낭비하게 될 수도 있다. 말의 평가는 말을 팔려는 사람이나 프로그램을 위해 기증하려는 사람에게 좋은 정보를 제공하게 된다. 또 프로그램에 적당하지 않다면 그 말의 주인에게 그 이유를 알려준다. 이것은 말이 어떤 사람에 의해 기부되었을 때, 팔기 전까지는 일정 기간 동안 보유하고 있어야 하기 때문에 중요하다.

재활승마에 적합한 좋은 말을 선정하기 위한 말의 기본 평가 내용은 다음과 같다.

(1) 체형 평가

체형 평가를 실시하기 위한 준비사항과 평가방법은 다음과 같다.

표 3-19 체형 평가

구분	내용
준비사항	• **장소:** 바닥이 편평하고 밝은 장소(마장 또는 도로 위) • **준비물:** 평가대상 말 및 마방굴레 • **보조자:** 사육사 또는 조교
평가방법	• 평가자는 보조자의 도움을 받아 말을 정자세로 세워둔 상태에서 정면과 측면, 후면에서 각각 관찰한다. • 육안으로 전체적인 밸런스와 조화를 관찰한다. • 머리와 목, 허리의 길이, 다리의 길이와 상호 비율을 확인한다. • 말의 이상 체형

말은 정면에서 바라보았을 때 좌우가 동일하고 전체적으로 균형 잡힌 몸을 가져야 한다. 말의 몸은 비율로도 확인할 수 있는데, '머리 길이 ≤ 목 길이(밑)', '몸통 높이 = 다리 길이', '등성마루 높이 = 엉덩이 높이', '어깨 넓이 = 엉덩이 넓이', '몸통 위 : 몸통 아래 = 1 : 2', '목 위 : 목 아래 = 2 : 1'이 되어야 균형 잡힌 말이라고 할 수 있다.

체형 평가를 위해 세부적으로 점검하는 사항들은 다음과 같다.

① 머리 길이
- 머리 길이와 목 길이를 비교한다.
- 머리 길이는 목 길이보다 짧아야 한다(비율 약 2:1).

② 아래턱 크기
   아래턱이 위턱보다 짧거나 길어서는 안 된다(균형 유지).

③ 목 상태
   목은 적당히 굵어야 하며, 갈기가 있는 상단부위에 비해 아래턱 방향 하단의 길이는 2:1의 비율이 적당하다.

④ 목 위치
   목선이 등성마루보다 높거나 지나치게 낮으면 좋지 않다.

⑤ 어깨 각도
   측면에서 보았을 때 45°를 이루고 있는 것이 이상적이다.

⑥ 등성마루 높이

등성마루는 목선의 끝선과 완만한 곡선을 이루는 것이 좋고, 등성마루가 돌출되지 않아야 한다.

⑦ 허리 강도
- 엄지와 검지를 모아 등성마루부터 꼬리에 이르기까지 적당한 힘을 주어 눌러본다.
- 통증반응(허리를 비틀거나 주저앉으려고 함) 유무를 확인한다.

⑧ 엉덩이 크기

엉덩이 크기는 몸통에 비해 지나치게 크거나 작으면 좋지 않다.

⑨ 복부 상태

아랫배가 불룩하게 튀어나오거나 밑으로 처지지 않아야 한다.

⑩ 머리 ↔ 꼬리 길이

머리 길이와 꼬리 길이 비율이 3:1 정도가 적당하다.

⑪ 머리 ↔ 꼬리 라인

머리에서 꼬리까지 전체적으로 자연스럽게 곡선을 이루는 것이 좋다.

⑫ 몸통 상태
- 몸통은 측면에서 보았을 때 직사각형을 띠고 있는 형태가 좋고, 몸통 위아래가 2:1 비율이 이상적이다.
- 앞에서 보았을 때 가슴이 적당히 벌어져 있으며, 지나치게 넓거나 좁으면 좋지 않다.

⑬ 좌우 대칭

말을 측면과 정면, 후면에서 보았을 때 좌우 대칭을 이루고 있어야 한다.

⑭ 뒷다리 ↔ 엉덩이 끝의 각도

엉덩이 끝선이 뒷다리 비절 끝선과 일직선을 이루는 것이 좋고, 엉덩이 안쪽이나 뒤편이 지나치게 튀어나와 있는 것은 좋지 않다.

⑮ 전체 조화

전체적인 비율과 선이 부드럽고, 특별히 돌출되거나 두드러진 말은 바람직하지 않다.

(2) 운동 평가

운동 평가를 실시하기 위한 준비사항과 평가방법은 다음과 같다.

표 3-20 운동 평가

구분	내용
준비사항	• **장소**: 바닥이 편평한 운동마장 • **준비물**: 평가대상 말 및 장구 장착한 상태(안장, 굴레) • **보조자**: 조교 또는 선수
평가방법	• 보조자가 말에 기승한 상태에서 평가 툴에 의해 차례로 진행한다. • 평가자는 육안으로 말의 걸음걸이를 관찰한다.

운동 평가를 위해 세부적으로 점검하는 사항들은 다음과 같다.

① 평보

자연스럽게 말을 걷게 하여 보폭과 4절도 움직임을 관찰한다.

② 속보

자연스럽게 말을 뛰게 하여 보폭과 2절도 움직임을 관찰한다.

③ 구보

자연스럽게 말을 달리게 하여 보폭과 3절도 움직임을 관찰한다.

④ 정지 → 평보

정지상태에서 말이 움직이거나 몸통을 비틀거나 하지 않는 것이 좋고, 특히 정지상태에서 갑자기 앞으로 뛰어나가는 평보는 적절하지 않다.

⑤ 평보 → 속보

예비동작 없이 즉각 이행하는 것이 좋고, 자연스럽게 전환되어야 한다.

⑥ 속보 → 구보

예비동작 없이 즉각 이행하는 것이 좋고, 자연스럽게 전환되어야 한다.

⑦ 속보 → 평보

예비동작 없이 즉각 이행하는 것이 좋고, 자연스럽게 전환되어야 한다.

⑧ 구보 → 속보

예비동작 없이 즉각 이행하는 것이 좋고, 자연스럽게 전환되어야 한다.

⑨ 평보 → 정지

보조자의 부조에 따라 즉각 정지해야 한다.

⑩ 정지 → 후진

후진 시 정확하고 부드럽게 이행하는 것이 좋다.

⑪ 보행 이행

각 걸음마다 이행이 부드럽고 신속하며, 불필요한 동작이 없는 것이 좋다.

⑫ 음성 부조

음성 부조에 신속하고 정확하게 반응해야 한다.

⑬ 다리 부조

다리 부조에 신속하고 정확하게 반응해야 한다.

⑭ 진직성

말이 전진했을 때 일직선으로 똑바로 나아가야 한다.

⑮ 리딩 이행
- 보조자는 말에서 내려 말의 앞쪽에서 고삐를 잡고 끌어본다.
- 말이 사람보다 앞서거나 지나치게 뒤처지지 않는 것이 좋다.

(3) 기질 평가

기질 평가를 실시하기 위한 준비사항과 평가방법은 다음과 같다.

표 3-21 기질 평가

구분	내용
준비사항	• **장소**: 공간이 넓은 방목장 또는 마장 내 • **준비물**: 평가대상 말 및 마방굴레, 조마삭 끈, 다른 말 • **보조자**: 사육사 또는 조교
평가방법	• 말에게 마방굴레를 씌운 후 초지나 공간이 넓은 마장으로 끌고 간다. • 조마삭 끈을 굴레에 묶어 길게 풀어준 후 말의 상태를 관찰한다.

기질 평가를 위해 세부적으로 점검하는 사항들은 다음과 같다.

① 온순성

혼자 세워놓았을 때의 행동을 관찰한다.

② 인내성

손으로 말의 목덜미, 옆구리 등을 적당히 꼬집거나, 손바닥 등으로 몸통을 가볍게 수차례 지속적으로 두드려 통증을 견디는 정도를 관찰하고, 30분 정도의 무료함을 견디는 지도 확인해본다.

③ 공격성
- 사람, 말, 기타 동물 등이 가까이 접근하면 물거나 뒷발질 등의 공격적인 행동을 하는지 관찰한다.
- 앞발을 긁거나 앞발로 바닥을 차거나 머리와 몸통을 흔드는지 관찰하고, 소리로 위협을 가하는지 관찰한다.
- 특히 등 뒤에서의 공격 여부를 관찰한다.
- 특별한 이유 없이 지나치게 날뛰는 경우 제어가 가능한지 관찰한다.

④ 과민성
- 수시로 주위를 두리번거리거나 작은 물체의 움직임, 작은 소리 등에 예민하게 반응하는지 관찰한다.
- 처음 접하는 물체나 사물을 몸이나 얼굴에 가까이 대어보고 반응을 관찰한다.
- 갑자기 큰소리나 여럿이 박수 등을 쳐 소리에 대한 반응을 관찰한다.
- 격한 행동과 함께 소리를 지르며 말에게 달려들듯이 다가가며 반응을 관찰한다.

⑤ 감정회복성

놀라게 하거나 겁을 준 뒤 **빠른** 시간 내에 감정이 회복하는지 관찰한다.

※ 도주하거나 사람에게 접근하지 않으면 좋지 않다.

⑥ 대인 친화성

사람이 접근했을 때 사람에게 친근한 반응을 보이거나, 사람이 머리나 목 주위를 만졌을 때 거부하는지 관찰한다.

※ 친근한 반응: 혀로 핥거나 얼굴 등을 비비는 행동

⑦ 대마 친화성

다른 말을 접근시켰을 때 뒷발로 차거나 물려고 하는 행동을 보이는지 관찰한다.

(4) 반응 평가

반응 평가를 실시하기 위한 준비사항과 평가방법은 다음과 같다.

표 3-22 반응 평가

구분	내용
준비사항	- **장소**: 공간이 다소 좁은 세마장 또는 마방 내 - **준비물**: 평가대상 말 및 마방굴레 - **보조자**: 사육사 또는 조교
평가방법	- 말을 마방굴레를 씌운 상태로 수장대에 묶는다.

반응 평가를 위해 세부적으로 점검하는 사항들은 다음과 같다.

① 발굽 파기, 마체 손질
- 말발굽을 손질하며 반응상태를 관찰한다.
  ※ 말의 한쪽 방향 또는 양쪽에서 번갈아가며 굽을 들어본다.
- 부드러운 솔과 강한 솔을 번갈아 사용하며 반응을 살핀다.
- 꼬리를 적당하게 당겨본다.

② 안장, 굴레
    굴레와 안장을 차례로 장착하며 말의 반응을 살핀다.

③ 앞/회전, 뒤로 가기, 대기상태
- 앞으로 끌어보며 반응을 관찰한다.
- 말을 급격하게 좌우로 회전시켜보고 반응을 관찰한다.
- 말을 후진시키며 반응을 관찰한다.

④ 복부, 사타구니, 얼굴
    말의 예민한 부분(복부, 사타구니, 얼굴)을 접촉하여 반응을 관찰한다.
    ※ 말이 공격할 수도 있으므로 주의한다.

(5) 기승 평가

기승 평가를 실시하기 위한 준비사항과 평가방법은 다음과 같다.

표 3-23 기승 평가

구분	내용
준비사항	• **장소**: 공간이 다소 좁은 세마장 또는 마방 내 • **준비물**: 평가대상 말 및 마방굴레 • **보조자**: 사육사 또는 조교
평가방법	• 보조자는 평가자의 지시에 따라 말의 승·하마 및 기승을 진행한다.

기승 평가를 위해 세부적으로 점검하는 사항들은 다음과 같다.

① 지면
    지면에서 기승자가 승·하마 시 움직임을 관찰한다.

② 기승경사로
- 기승경사로 접근 시 거부나 회피 여부 등을 관찰한다.
- 기승경사로나 지면에서 움직이지 않고 장시간 대기가 가능한지 관찰한다.

③ 머리 만지기, 후구 만지기

기승상태에서 머리나 목, 후구 등을 만져보고 말의 행동을 관찰한다.

④ 팔 돌리기

기승자가 고삐를 놓은 상태에서 몸통이나 팔을 전후·좌우로 흔들어 행동을 관찰한다.

⑤ 몸통 접촉, 옆구리 접촉

기승자가 말 옆구리 및 몸통에 발로 자극을 주고 말의 반응을 관찰한다.

⑥ 균형 흔들기

- 기승자가 자신의 체중을 전후·좌우로 기울여보며 말의 행동을 관찰한다.
- 기승자가 앉아 있는 위치를 바꾸어본다.

    ※ 옆으로 앉기/뒤로 앉기

⑦ 앞/뒤로 눕기

기승상태에서 앞이나 뒤로 누워서 말의 반응을 관찰한다.

⑧ 채찍 반응

채찍이나 소리가 나는 가는 막대기 등을 흔들어보고 말의 반응을 관찰한다.

(6) 환경 평가

환경 평가를 실시하기 위한 준비사항과 평가방법은 다음과 같다.

표 3-24 환경 평가

구분	내용
준비사항	• **장소**: 마장, 도심, 외승로, 주차장 등 • **준비물**: 평가대상 말, 마방굴레, 소음 CD, 스피커, 말 수송차량 • **보조자**: 사육사 또는 조교
평가방법	• 보조자는 평가자의 각 항목 지시에 따라 순차적으로 시행한다.

환경 평가를 위해 세부적으로 점검하는 사항들은 다음과 같다.

① 생활소음

- 말이 들을 수 있도록 일상적인 소음을 들려준다.
- 저음과 고음을 번갈아가며 들려준다.

② 시끄러운 음악

- 큰 음악소리를 들려준다.
- 은은한 음악과 귀에 거슬리는 빠른 템포의 음악을 번갈아가며 들려준다.

- 소리는 최대한 크게 들려준다.

③ 자동차 경적
- 말의 앞이나 옆으로 지나칠 때 경적을 울려본다.
- 차량을 조금씩 움직이며 경적을 울려본다.

④ 박수 소리
- 말의 앞이나 옆에서 여러 명이 동시에 박수를 친다.
- 가급적 소리가 울리는 장소에서 실시한다.
- 환호 소리를 섞어서 박수를 친다.

⑤ 마이크 소리
- 음향기를 통해 마이크로 소리를 내어본다.
- 마이크의 거슬리는 음과 떨어뜨리는 소리를 병행하여 낸다.
- 마이크로 거친 숨소리나 바람소리를 내어본다.

⑥ 동물소리
   음향기를 통해 육식동물(사자, 호랑이 등)과 초식동물(소)의 소리를 각기 들려주고 반응을 관찰한다.

⑦ 복잡한 도심
- 말을 데리고 차량이 번잡한 곳으로 이동한다.
- 주차장 주변을 거닐어보면서 반응을 관찰한다.
- 자동차의 엔진소리 등을 들려주고 반응을 관찰한다.

⑧ 한적한 환경
   외승로 등과 같은 한적하고 숲이 우거진 곳에서의 반응을 관찰한다.

⑨ 낯선 환경(처음 가보는 곳)
   평가받는 말이 처음 접하는 장소에서의 반응을 관찰한다.

⑩ 차량 탑승
   말을 수송용 차량에 탑승시켜 이행 여부를 관찰한다.

(7) 접촉 평가
접촉 평가를 실시하기 위한 준비사항과 평가방법은 다음과 같다.

표 3-25 접촉 평가

구분	내용
준비사항	• **장소**: 실내마장 • **준비물**: 평가대상 말, 장구류(굴레, 안장), 각종 소품(우산, 공, 고무공, 풍선, 인형, 막대, 보자기, 삼각콘 3개, 휠체어, 목발, 이동식 기승대) • **보조자**: 사육사 또는 교관
평가방법	• 정지상태에서 보여주기 → 다시 한 번 보여주기 → 접촉하기 → 던져보기 → 이동 상태에서 놓아보기 → 던져보기 순으로 시행한다. • 리더 1명, 사이드워커 2명, 기승자 1명을 한 조로 하여 시행한다.

접촉 평가를 위해 세부적으로 점검하는 사항들은 다음과 같다.

① 펼친 우산
- 우산을 펼친 상태에서 말에게 보여주며 접근한다.
- 말 앞에서 자연스럽게 우산을 내려놓는다.
- 우산을 들어 올려 몇 번 흔들어본다.
- 우산을 말에게 가까이 대어본다.

② 소리 나고 튀는 공
- 공을 흔들어 소리가 날 때 말에게 보여주며 접근한다.
- 공을 얼굴과 목덜미 주변에 가까이 대어본다.
- 말의 몸에 골고루 대어본다.
- 바닥에 공을 던져 말의 눈높이 정도에 이르도록 한다.

③ 큰 고무공, 대형 인형, 풍선, 긴 막대, 펄럭이는 천 조각
- 말 앞에서 소품을 보여준다.
- 소품을 말 몸에 접촉시켜본다.
- 소품을 말에게 직접 던져본다.

④ 삼각콘
- 말의 지나는 경로에 삼각콘을 세워둔다.
- 세워둔 삼각콘 주변으로 유도한다.
- 세워둔 삼각콘에 말의 발굽이 닿도록 이끌어본다.

⑤ 휠체어, 목발
- 말의 이동경로에 휠체어나 목발 등을 세워둔다.
- 휠체어 앞으로 말을 이끌어본다.
- 휠체어를 말 몸에 접촉시켜본다.
- 말 가까이에서 휠체어가 넘어지도록 한다.

⑥ 기승대
- 말을 기승대로 유도한다.
- 기승대에 말 몸을 접촉시켜본다.
- 경사대에 가까이 가서 좌우로 말을 유도해본다.
- 뒤로 후퇴시켜본다.

그림 3-5 재활승마용 말 평가

▶ 그림 설명

말 평가 중이며 기승대에 잘 접근하는지를 확인하는 것으로, 말을 잡고 있는 사람은 핸들러(또는 말 리더), 좌우의 세 명은 평가자다.

3) 건강 평가

건강 평가는 외형검사, 보행검사 및 수의사가 참여하는 정밀검사를 실시하고 수의사의 최종 의견을 기록한다. 수의사가 '건강하지 않다'고 판정하는 경우 재활승마용 말로 사용할 수 없다.

(1) 외형검사

① 육안 평가

육안 평가는 말의 피모 상태, 외상 여부 등 육안을 이용하여 기초평가한다.

② 영양 평가

영양 평가는 BCS(Body Condition Scoring) 기준으로 측정한다.

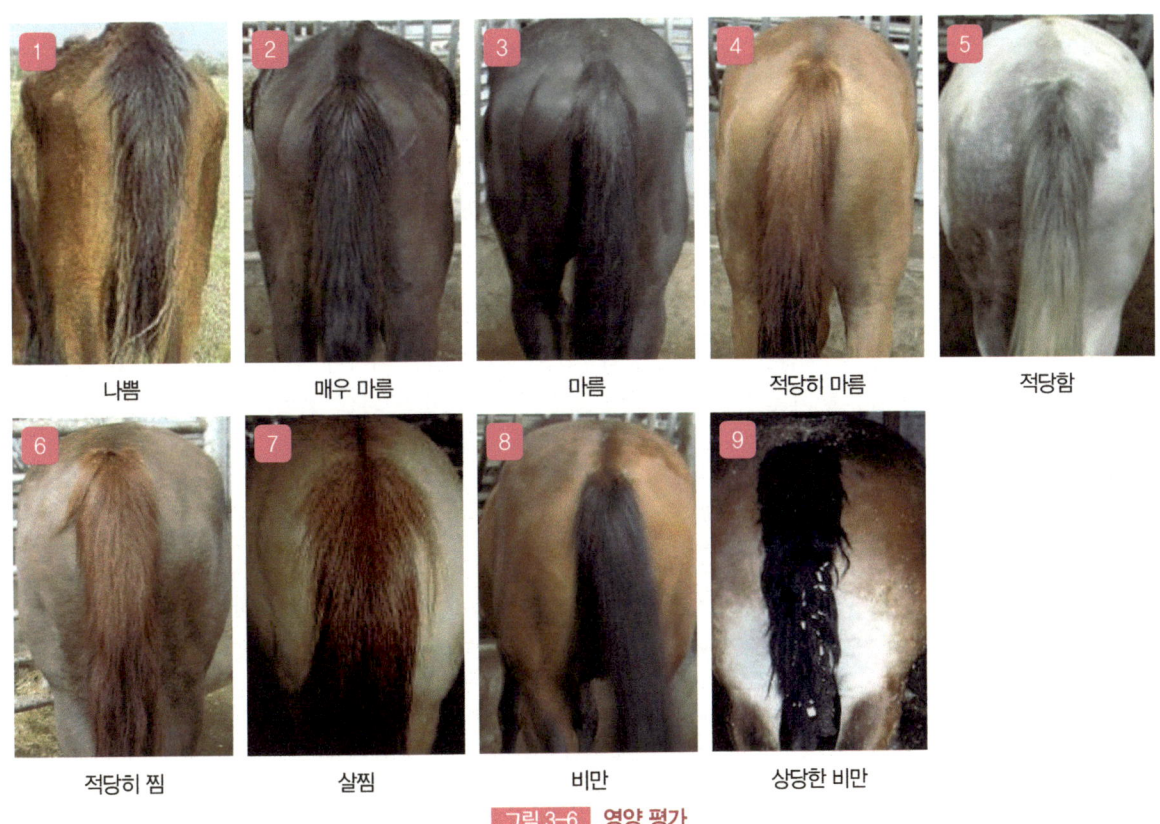

그림 3-6 영양 평가

* 사진 출처: 말 자격 국가시험 교재, 마학

(2) 보행검사

표 3-26 보행검사

등급	Walking	Flexion Reflex	Lunging	비고
0도	파행 없음	(−)	파행 없음	파행 없음
1도	파행 없음/평보 일시 파행/속보	(−) 또는 (+)	일시 파행	정밀검사 대상
2도	일시 파행/평보 지속 파행/속보	(+) 또는 (++)	지속 파행	
3도	지속 파행/평보 지속 파행/속보	(+++)	지속 파행	건강하지 않음
4도	평보 가능 속보 거부	거부	평보 가능 속보 거부	
5도	거부	거부	거부	

(3) 정밀검사

보행검사에서 1~2도로 판정받은 부위는 수의사의 판단에 따라 방사선·초음파 진단을 실시하여 수의사의 최종 결정에 따라 판정한다. 보행검사에서 3도 이상으로 판정받은 경우는 정밀검사 결과에 관계없이 '건강하지 않음'으로 판정한다.

외형·보행·정밀검사 결과를 종합적으로 고려하여 수의사가 '건강함/건강하지 않음'을 결정하고 사유를 기록한다. '건강하지 않음'으로 판정받은 경우, 자질평가 결과와 관계없이 재활승마 강습 '부적합 말'로 판정한다.

4) 종합 평가

종합 평가는 앞서 실시한 기본 평가 7개 항목과 건강 평가를 실시하여 기록하는 것으로, 재활승마지도사가 최종 판정을 실시한다. 기본 평가 7개 항목에 가중치를 부여하여 계산하고 5단계로 구분한다.

가장 높은 점수를 받은 위 3단계(S급, A급, B급)는 강습에 활용하고, 아래 단계(C급)는 강습은 불가하지만 조련 및 재평가를 통해 다시 한 번 강습에 참여할 기회를 부여하며, 맨 아래 단계(D급)는 탈락으로 더 이상의 기회도 제공하지 않는다.

표 3-27 종합 평가

등급 기준	S급	A급	B급	C급	D급
가중 득점률 합계	100~90%	89~80%	79~60%	59~50%	50% 미만
과락 개수	없음	없음	없음	1	2 이상
강습 여부	강습 활용 (B급 리더)	강습 활용 (A급 리더)	강습 활용 (직원 리더)	강습 불가 (재평가)	강습 불가 (탈락)

+ '과락' 기준: 득점률 40% 미만
+ 가중 득점 = 득점률 × (가중치/10)
+ 가중 득점으로 평가하되, 득점률에서 과락 발생 시 우선 반영
  예 1) 가중 득점률 50~59% 취득, 과락 없을 경우 C급 취득
  예 2) 가중 득점률 60% 이상 취득해도 1개 항목 과락 시 C급 취득
+ C급 취득 시 취약항목을 집중 조교하여 3개월 후 재평가
+ 재평가 시에는 B급 이상으로 상향하는 데 실패하면 '부적합 말로 최종 판정
+ D급 취득 시, '부적합 말로 즉시 판정(재평가 불필요)

5) 평가 양식

평가에 사용하는 양식은 다음과 같다.

표 3-28 종합 평가서

재활승마용 말 종합 평가

▶ 개체 정보

말 이름		성별		[사진]
생년월일		품종		
털 색깔		키/체중		

> **Tip**
> LF: 왼쪽 앞다리
> LH: 왼쪽 뒷다리
> RF: 오른쪽 앞다리
> RH: 오른쪽 뒷다리

▶ 건강 평가

외형검사	육안 평가	영양 평가	비고
		BCS	
보행검사	LF: RF: LH: RH:		
정밀검사			
최종의견	(건강함/건강하지 않음) 검진일: _____ 수의사: _____(서명)		

▶ 기본 평가

순서	평가 항목	가중치	득점률	가중 득점률	비고
1	체형 평가	10	%	%	☐ 과락
2	운동 평가	10	%	%	☐ 과락
3	기질 평가	20	%	%	☐ 과락
4	반응 평가	10	%	%	☐ 과락
5	기승 평가	15	%	%	☐ 과락
6	환경 평가	15	%	%	☐ 과락
7	접촉 평가	20	%	%	☐ 과락
총계		100	%	%	등급

최종 평가 위의 말은 재활승마 강습 참여가 (적합 / 부적합)합니다.

일 시: 년   월   일   시
평가자: (서명)
소 속:

표 3-29 체형 평가서

체형 평가

말 이름:

No.	항목	배점 기준				
		5 (매우 적합)	4 (적합)	3 (보통)	2 (부적합)	1 (매우 부적합)
1	머리 길이					
2	아래턱 크기					
3	목 상태					
4	목 위치					
5	어깨 각도					
6	등성마루 높이					
7	허리 강도					
8	엉덩이 크기					
9	복부 상태					
10	머리↔꼬리 길이					
11	머리↔꼬리 라인					
12	몸통 상태					
13	좌우 대칭					
14	후지↔엉덩이 끝의 각도					
15	전체 조화					
배점 수(ⓐ)						
점수(ⓑ=ⓐ×배점기준)						
결과(ⓒ)	점수 계( ) / 75 = ( )% → ☐ 통과, ☐ 과락					
평가의견						

일 시: 년 월 일 시
평가자: (서명)

표 3-30 운동 평가서

운동 평가

말 이름:

No.	항목	배점 기준				
		5 (매우 적합)	4 (적합)	3 (보통)	2 (부적합)	1 (매우 부적합)
1	평보					
2	속보					
3	구보					
4	정지→평보					
5	평보→속보					
6	속보→구보					
7	속보→평보					
8	구보→속보					
9	평보→정지					
10	정지→후진					
11	보행 이행					
12	음성 부조					
13	다리 부조					
14	직진성					
15	리딩 이행					
16	후지↔엉덩이 끝의 각도					
17	LUNGING					
배점 수(ⓐ)						
점수(ⓑ=ⓐ×배점기준)						
결과(ⓒ)		점수 계( ) / 85 = ( )% → ☐ 통과, ☐ 과락				
평가의견						

일 시: 년   월   일   시
평가자: (서명)

표 3-31 기질 평가서

기질 평가

말 이름:

No.	항목		배점 기준				
			5 (매우 적합)	4 (적합)	3 (보통)	2 (부적합)	1 (매우 부적합)
1	선천성	온순성					
2		인내성					
3		공격성					
4		과민성					
5		감정회복성					
6	후천성	대인친화성					
7		대마친화성					
배점 수(ⓐ)							
점수(ⓑ=ⓐ×배점기준)							
결과(ⓒ)			점수 계(　　　) / 35 = (　　　)% → ☐ 통과, ☐ 과락				
평가의견							

일 시: 　년　월　일　시
평가자: 　　　　　　(서명)

표 3-32 기승 평가서

기승 평가

말 이름:

No.	항목		배점 기준				
			5 (매우 적합)	4 (적합)	3 (보통)	2 (부적합)	1 (매우 부적합)
1	승.하마 시	지면					
2		기승경사로					
3	기승 시	머리 만지기					
4		후구 만지기					
5		팔 돌리기					
6		몸통 접촉					
7	돌발행동 시	옆구리 접촉					
8		균형 흔들기					
9		앞/뒤로 눕기					
10		채찍 반응					
배점 수(ⓐ)							
점수(ⓑ=ⓐ×배점기준)							
결과(ⓒ)			점수 계( ) / 50 = ( ) % → □ 통과, □ 과락				
평가의견							

일 시: 년   월   일   시
평가자: (서명)

표 3-33 반응 평가서

반응 평가

말 이름:

No.	항목		배점 기준				
			5 (매우 적합)	4 (적합)	3 (보통)	2 (부적합)	1 (매우 부적합)
1	손질	발굽 파기					
2		전체 손질					
3	장구	안장					
4		굴레					
5	끌기	앞/회전					
6		뒤로 가기					
7		대기상태					
8	자극	복부					
9		사타구니					
10		얼굴					
배점 수(ⓐ)							
점수(ⓑ=ⓐ×배점기준)							
결과(ⓒ)			점수 계( ) / 50 = ( ) % → ☐ 통과, ☐ 과락				
평가의견							

일 시: 년 월 일 시
평가자: (서명)

표 3-34 환경 평가서

환경 평가

말 이름:

No.	항목		배점 기준				
			5 (매우 적합)	4 (적합)	3 (보통)	2 (부적합)	1 (매우 부적합)
1	소리	생활 소음					
2		시끄러운 음악					
3		자동차 경적					
4		박수 소리					
5		마이크 소리					
6		동물 소리					
7	환경	복잡한 도심					
8		한적한 환경					
9		낯선 환경					
10		차량 탑승					
배점 수(ⓐ)							
점수(ⓑ=ⓐ×배점기준)							
결과(ⓒ)			점수 계(　　　) / 50 = (　　　) % → □ 통과, □ 과락				
평가의견							

일 시:　　　년　월　일　시
평가자:　　　　　　　　(서명)

표 3-35 접촉 평가서

접촉 평가

말 이름:

No.	항목	배점 기준				
		5 (매우 적합)	4 (적합)	3 (보통)	2 (부적합)	1 (매우 부적합)
1	펼친 우산					
2	소리 나고 튀는 공					
3	큰 고무공					
4	대형 인형					
5	풍선					
6	긴 막대					
7	펄럭이는 천 조각					
8	삼각콘					
9	휠체어, 목발					
10	기승대					
배점 수(ⓐ)						
점수(ⓑ=ⓐ×배점기준)						
결과(ⓒ)		점수 계(　　) / 50 = (　　) % → ☐ 통과, ☐ 과락				
평가의견						

일 시:　　년　월　일　시
평가자:　　　　　　　(서명)

3. 말 선택

말 선택이란 강습 대상자의 특징을 이해하고 재활승마 강습에 사용되는 말 중 대상자에게 적합한 말을 선택하여 강습에 배정하는 것이다.

재활승마용 말은 기본적으로 모든 연령에서 다양한 유형의 장애인과 정서적인 문제를 갖고 있는 사람을 대상으로 하기 때문에 재활승마에 적합한 말을 고려할 때 말의 품종이나 크기는 관계가 없다. 다만 재활승마를 실시하는 해당 센터가 어느 연령대, 어떤 장애나 정서적인 문제 유형을 대상으로 재활승마를 실시하느냐에 따라 말의 품종이나 크기가 고려 대상이 된다.

1) 용도별 말 선택

재활승마에서 우수한 말을 확보하고자 할 때는 사전에 용도를 충분히 파악하고 그에 맞는 수준이나 크기의 말을 확보하는 게 필요하다.

예를 들어, 10세 미만의 어린 장애 아동을 대상으로 프로그램을 진행하고자 한다면, 평균 체고가 최대 140㎝를 넘지 않아야 한다. 말이 단순히 성품이 순하고 기질이 착하다는 기준으로만 적용하여 체고가 170~180㎝가 넘는 큰 말을 쓰게 되면, 상대적으로 체구가 너무 작은 기승자는 그 높이로 인해 공포를 느끼게 되어 안전을 보장하기 어렵고, 말이 만들어내는 움직임을 정확하게 받기 힘들다. 또한 말의 몸통에 따라 다리를 과도하게 벌려야 하는 등 신체에 가중되는 스트레스로 인해 오히려 역효과를 낼 수 있다. 반대로 체중이 많이 나가는 사람에게 작은 말을 선택하면 말의 허리 등에 문제가 발생한다. 말에 올릴 수 있는 무게는 말 체중의 20%로, 안장 등을 포함한다.

또한 그 대상자가 어떤 강습 프로그램에 참여하는가를 고려해야 한다. 기본적인 마장마술 훈련이 잘된 말(영국식 혹은 서구식 훈련)은 반응을 잘하고 부드럽고 균형적인 특성이 있다. 그런 말은 재활이나 승마기술 향상을 목적으로 이용된다. 마상체조용 말은 말 위에서 체조를 하는 데 이용된다. 운반용 말은 산책 프로그램에 이용된다. 말에 따라서는 여러 가지 목적으로 이용되기도 하고, 특수한 목적으로만 이용될 수도 있다. 이러한 특성에 관한 지식은 프로그램의 계획과 특수한 과제를 위한 말 선택을 위해 중요하다.

2) 말 선택 시 고려사항

재활승마지도사가 어느 특정한 사람을 위해 말을 선택할 때는 대상자의 요구를 파악하기 위한 평가를 해보는 것이 필요하다. 또 말의 어떤 특징이 장애에 따라 혜택을 줄 수 있는지도 알아보아야 하는데, 동작의 형태, 말의 크기와 모양 그리고 걸음 등이다.

대상자에 따른 말을 선택할 때 다음과 같은 사항들을 고려한다.

- 균형감각이 약한 사람은 등이 넓고 넓적한 말이 좀 더 안정적이다.
- 경직이 있는 사람은 추진력이 있고 걸음 폭이 넓으며, 율동적인 걸음과 걸음변환이 부드러운 말이 더 안정적이다.
- 관절염이 있는 기승자에게는 걸음걸이와 이행이 부드러운 말이 좋다.
- 다운증후군이 있는 대상자는 근육과 뼈가 약하기 때문에 허리가 약하고 균형감이 없을 수 있으므로 사이드워커가 적극적인 보조를 해준다. 근육의 발달과 형성을 위해 좋은 자세를 갖도록 한다. 이런 사람은 처음 승마를 할 때 움직임이나 높이를 두려워할 수 있다. 기승자의 다리가 너무 벌어져 관절에 무리가 가지 않도록 한다. 어린이한테는 작은 말을 타게 하거나 등의 폭이 좁은 말을 선택한다.
- 청각장애가 있는 대상자를 위해 처음에는, 특히 균형감이 빈약한 아이들을 위해서는 요동치지 않는 말이 필요하다. 잘 놀라거나 재빨리 움직이는 말은 청각장애인에게 적당하지 않다. 청각장애인은 말이 놀라는 소리를 들을 수 없고 말이 수줍어하면 기승자가 방심하기 때문이다. 그러나 우둔하고 무기력한 말은 좋지 않다. 만일 이런 말이 성질이 나면 더 위험할 수도 있다. 힘은 있으나 조용하고 감각적인 말이 적당하다.
- 근육의 경련, 딴딴함, 뻣뻣함이 있는 대상자의 딴딴한 팔다리는 조심스럽게 다룬다. 팔다리가 빠른 변화에 적응하지 못하므로 딴딴한 근육을 당기면 더 딴딴해진다. 만일 다리 근육이 약하다면 스트레칭과 이완을 위해 승마 전 10분 정도 목마나 나무통에 걸터앉아 있게 한다. 이들을 위해서는 장시간 제자리에서 서 있을 수 있고 부드러운 걸음과 이동을 할 수 있는 말을 이용한다. 기승자의 골반을 받쳐줄 수 있는 평균적인 몸통을 가진 말을 이용한다.
- 저긴장성 근육은 근육이 정상적으로 단단하지 못한, 즉 '긴장'이 부족한 근육을 의미한다. 따라서 관절을 조종하는 근육의 힘도 약하다. 기승자를 자리에 앉힐 때 너무 강하게 끌어 관절이 어긋나지 않도록 주의한다. 근육이 관절을 지탱할 만큼 단단하지 않기 때문이다. 특히 뼈가 약한 어린이들은 더욱 주의한다. 힘든 동작을 하기 전에 말의 움직임에 의해 기승자의 근육에 긴장이 가도록 한다. 걸음이 기운찬 말을 이용하여 기승자의 근육을 강화하는데, 너무 과도하지 않도록 한다. 이때 주의할 점은 기승자가 이러한 말의 움직임을 받아줄 수 없어 기승자의 머리가 지나치게 흔들리지는 않는지 반드시 확인해야 한다. 걸음이 기운찬 말을 이용해 자극전달 효과를 일으키지만, 너무 무리하면 역효과를 줄 수 있다. 기승자의 머리가 너무 흔들리면, 속보를 중단하고 천천히 걷기를 한다. 그래도 흔들거리면 승마를 중단한다.

- 전신마비증은 신경 자극의 전달에 장애가 있어 감각이나 메시지가 신체의 일부 조직에 전달되지 않는 증상이다. 이런 사람들은 근육의 힘이나 감각이 전혀 없을 수도 있다. 따라서 팔다리가 움직이기를 기대할 수 없다. 움직이려면 어떤 물체에 기대야 한다. 신체의 모든 부분이 영향을 받고 힘이 골고루 가도록 하는 일을 해야 한다. 기승활동을 위해서는 체중을 골고루 분산하는 특수장비가 필요할 수도 있고, 걸음과 이동이 부드러운 말을 이용한다.
- 움직임이 제한된 기승자의 경직된 팔다리는 조심스럽게 다룬다. 딴딴한 근육은 당기면 근육이나 인대가 파열될 우려가 있기 때문에 주의해야 한다. 움직임이 부드러운 말을 이용한다.
- 긴 등과 잘 뻗은 척추를 가졌지만 비교적 몸통이 좁은 말은 움직일 때마다 기승자의 균형을 흩트려놓는다. 따라서 일반적으로 초보자나 장애인을 위한 말을 선택할 때는 매우 넓은 등, (길이 방향으로) 짧은 등, 그리고 풍성한 흉곽을 가진 말을 고른다. 이런 말을 타는 것이 더 안정적이고 편안할 수 있다.
- 특히 몸집이 작은 기승자는 작은 말이 올라타기가 쉽고 편리하지만 대부분 조랑말은 걸음 폭이 좁아 기승자가 심하게 덜렁거려 적당하지 않다. 또한 조랑말은 빨리 움직이는 경향이 있으므로 초심자나 장애인에게는 주의가 필요하다. 물론 조랑말들이 모두 그런 것은 아니다.

이상과 같이 대상자(기승자)의 특징에 따라 필요한 말을 정리해보았다. 말을 선택할 때는 지침을 마련하고 적용해보는 것이 좋다. 무엇보다 중요한 점은 이용하는 사람이 편안하게 느끼는지 아니면 두려움이 있는지를 확인하고 기타 여러 가지 중요한 사항들을 고려하여 선택하도록 해야 한다.

- 기승자 기록 카드에 필요한 말의 기록 사항

표 3-36 기승자 기록 카드에 작성할 말 선택 시 고려사항

고려사항	내용		
기승자가 필요한 자리의 크기	넓음	중간	좁음
기승자가 원하는 걸음 변화	부드러움	보통	거칢
기승자가 원하는 동작의 유연성	강함	중간	약함

고려사항	내용		
기승자가 원하는 말의 특성	조용함	약간 느슨함	유연한 허리
기승자가 원하는 말의 걸음	짧음	중간	깊
기승자가 원하는 말의 키	작음	중간	큼
기승자가 원하는 말의 부조에 대한 반응	적극적	중간	부조 불필요

4. 재활승마용 말의 훈련

재활승마 강습에 참가하는 말은 사용 목적과 장애인의 수준에 맞는 일정 수준의 기량을 보유하고 있어야 한다. 하지만 재활승마에 사용되는 말은 대체로 기승자의 기술적인 기량 향상보다는 안전을 전제로 신체적·정신적 장애의 개선 관점에서 접근하게 되므로 말 리더와 사이드워커의 도움을 받아 시행하는 것을 기준으로 설명하고자 한다.

1) 지상 훈련

말을 훈련함에 있어 지상에서의 훈련은 힘든 일이다. 사실상 기승하지 않은 상태에서 이뤄지는 훈련은 실제로 말을 타고 시키는 훈련보다 몇 배나 힘들고 어렵다. 이는 말이 자유로운 상태에서 훈련이 진행되므로 조련사가 원하는 수준의 훈련을 하기란 여간 어렵지 않기 때문이다. 훈련 중 발생할 수 있는 거부나 반항, 돌발행동 등이 수시로 돌출되기 때문이며, 이를 통제·제지하는 수단 역시 재갈과 연결된 고삐 부조나 음성 부조 또는 채찍을 이용한 부부조에만 전적으로 의존해야 하는 한계에 이르기 때문이기도 하다.

(1) 조마삭 훈련

재활승마용 말을 조마삭 훈련할 때 가장 우선시되는 것은 평보, 속보, 구보 시에 말의 걸음걸이를 일정하게 하는 것이다. 또, 각각의 이행이 이뤄지는 과정은 매우 부드럽고 정확해야 한다.

신체적 장애가 있는 장애인은 승마할 때 전체적인 균형이 비장애인이 승마할 때와는 비교가 안 될 만큼 안정된 자세를 유지하기가 어렵고, 말의 사소한 변화나 움직임, 돌출행동에 쉽게 낙마할 수 있다. 따라서 말의 안정되고 규칙적인 보폭을 유지하기 위한 방법으로 바닥에 횡목이나 긴 막대기 등을 일률적으로 놓아 반복적인 훈련을 하는 것이 좋다.

(2) 말 끌기 훈련

장애 정도에 따라 혼자 승마가 가능한 장애인도 있지만, 신체적이든 정신적이든 대부분 스스로 말을 제어할 수 없는 경우가 많아 자원봉사자의 도움을 받아 운영되는 형태가 보편적이다. 자원봉사자가 말을 끌 때는 기승자를 말에 태워 앞에서 이끌거나 말 뒤에서 롱라인(long line, long rein)을 이용하여 말을 유도하는 이끌기 방법이 있다.

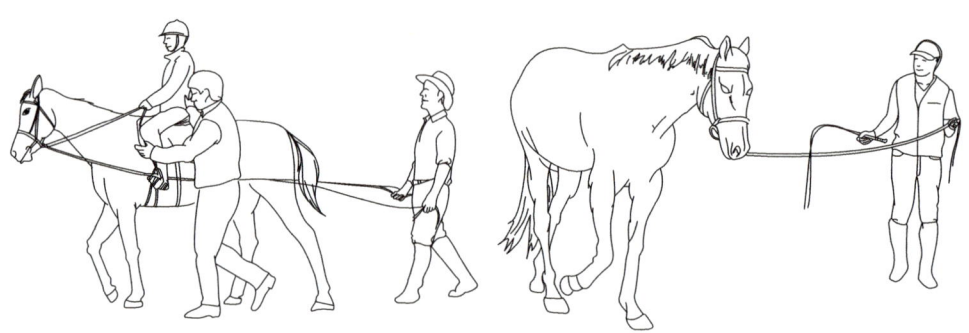

그림 3-7 롱라인과 조마삭

말 이끌기의 경우는 말 리더가 말을 통제하게 되어 말 머리의 원활한 움직임을 방해받기도 하나, 이것은 말 리더의 수준과 말의 순치도를 고려해 팀을 운영하는 것이 가능하므로 일반적인 이끌기 방법으로 활용되고 있다. 말 리더가 말 이끌기를 할 때는 말의 왼쪽이든 오른쪽이든 어느 방향에서나 가능하지만, 일반적으로 말의 왼쪽에 서서 목덜미와 머리 사이에 위치한다. 말이 스스로 움직이도록 유도하고 지나치게 말 리더가 이끌고 나가지 않도록 주의한다.

롱라인은 말의 후미에서 앞으로 유도하는 만큼 말에게 좀 더 자율적인 운동성을 이끌어내고 기승자가 스스로 할 수 있는 기회를 부여하는 효과는 있으나, 말의 후미에 위치한 말 리더가 말의 뒷발에 차이거나, 말이 날뛰거나, 도주하거나, 어느 특정 방향으로 기대거나, 쏠리는 경우 이를 통제하기가 매우 어려울 수도 있다.

말 이끌기를 할 때, 또 하나 중요한 사항은 말이 걷고 있을 시 직진성과 일정한 보폭이 유지되도록 해야 한다. 이때 말을 이끌고 있는 말 리더의 역할이 매우 중요하다.

재활승마 중 장애인이 말에 오르내리는 과정에서 가장 많은 사고가 발생하므로 지상에서의 훈련 중 가장 중요한 것은 말이 한 장소에 장시간 동안 아무런 움직임 없이 대기하고 기다리는 훈련이다. 이는 말이 본질적으로 타고난 성품에 좌우되지만, 훈련의 양이나 올바른 훈련방법에 따라 가능하기도 하다.

말을 기승경사로나 기승대 옆에 세운 후 말 리더는 말머리 앞쪽으로 이동하여 고삐를 양손으로 나누어 쥐고 일정 시간 기다리게 한다. 시간을 두고 점차 시간과 횟수를 늘려나간다. 휠체어를 사용하는 장애인을 감안하여 최소 10분 이상은 정지상태를 유지해야 한다. 말이 무료해하거나 장소를 이탈하려 할 때 말 리더는 말과의 대화나 주의를 끌어 말이 안정을 찾도록 한다.

다음은 기승자를 태우지 않은 상태에서 말의 양편에 사이드워커를 세워두고 말로 하여금 자신의 양편에서 조여오는 듯한 압박감과 이질감이 해소되도록 지속적이고 반복적인 신체접촉 훈련을 한다. 대부분의 말은 이와 같은 상황에 익숙하지 않아 물려고 하거나 심한 경우 뒷발로 차려는 행위를 보일 때도 있으므로 주의를 기울인다.

방향전환 시는 말의 앞발과 말이 기준이 되어 반대 방향으로 밀면서 끌어주는 것이 좋다. 말 리더가 자신을 축으로 말을 회전하면 여러 가지 위험한 상황이 생길 수 있다. 먼저 가장 흔한 경우로는 말의 앞다리가 말 리더의 다리와 충돌하거나 말발굽에 말 리더의 발등이 밟힐 수 있다. 그리고 말의 앞다리가 중심축이 되면 순간적으로 회전중심이 되는 말의 어깨에 큰 손상을 줄 수도 있으며, 회전중심으로부터 기승자가 멀리 떨어져 있어 기승자에게 원심력이 크게 전달되므로 균형감각이 부족한 경우 낙마로 이어질 수도 있다.

말의 직진성을 유도하기 위한 방법으로 말 리더는 마음속으로 가고자 하는 방향에 임의의 지점을 정하고 그곳을 바라보며 곧바로 걷는 것이 좋다.

말의 좌우 회전력을 키우기 위한 훈련으로는 바닥에 설치된 삼각콘 등의 교재를 일정한 간격으로 세워두고 훈련한다. 이때 중요한 것은 말이나 사이드워커가 밟거나 부딪치지 않도록 충분한 간격을 두고 이끌어야 한다. 말은 말 리더를 믿고 따르지만, 말 리더의 움직임 하나하나에도 민감하게 반응하고 불안해하거나, 때로는 얕잡아보기도 한다. 따라서 말을 훈련함에 있어 상벌의 명확한 구분과 그에 맞는 적절한 대응이 있어야 한다. 말을 나무랄 때는 "안돼!"라고 짧고 단호한 목소리로 꾸짖고, 말이 흥분하거나 놀랐을 때는 최대한 부드러운 음성으로 가볍게 목덜미를 두드리거나 문질러 달래주어야 한다.

2) 기승 훈련

지상에서의 훈련이 완성되었다고 판단되면 장애인을 직접 기승시키기보다는 비장애인을 대상으로 여러 가지 상황에 대응하는 훈련이 필요하다. 장애인이든 비장애인이든 승마를 하다 보면 전혀 예기치 못한 돌발 상황과 다양한 변수가 빈번하게 발생하며, 이는 곧 사고로 이어지거나 돌이킬 수 없는 결과를 초래할 수 있으므로 반드시 사전 훈련이 필요하다. 더욱이 장애인이 덩치 큰 말을 탄다는 것은 큰 위험 부담을 안는 것이므로 더욱더 말 훈련의 중요성이 대두된다. 장애 정도가 심한 장애인인 경우에는 말 리더가 말을 통제하고 사이드워커가 철저하게 안전을 담당한다 하더라도 말이 일으키는 돌발 상황에서 완벽하게 대처하기란 매우 어렵기 때문이다. 그러므로 재활승마용 말의 훈련은 아무리 강조해도 지나침이 없다.

말을 탄 상태에서 꼭 필요한 핵심적인 말 훈련에 대해 살펴본다.

- 재활적 효과를 얻기 위한 목적으로 이용되는 말은 자신의 등 위에서 지도사의 지시에 따른 여러 방향으로의 중심 이동이 빈번하게 발생한다. 따라서 말은 이런 동작들이 발생해도 충분히 버텨낼 수 있는 인내력과 체력, 균형 유지 능력에 대한 훈련이 필요하다. 훈련에 익숙하지 않은 말은 상당한 스트레스를 받게 된다. 따라서 이와 같은 훈련이 충분히 되어 있지 않다면 말은 거부나 반항, 도주, 몸 털기, 입질이나 적대행위 등을 하게 된다.
- 매우 어린 장애인을 대상으로 진행되는 강습에는 여러 가지 동작과 소품을 이용한 놀이 활동을 통한 치료적 행위가 이뤄지므로 놀이기구나 각종 소품에 익숙해지는 훈련이 필요하다. 그렇지 않을 경우 말은 사소하거나 낯선 움직임, 작은 소리에도 쉽게 놀라 흥분할 확률이 매우 높기에 충분히 훈련되어야 한다. 교재로 이용되는 소품은 부피의 크고 작음, 불규칙적인 형태, 심지어 말이나 사람에게 귀에 다소 거슬리는 소리가 나는 등 매우 다양하므로 가급적 여러 종류의 적응 훈련이 요구된다.
- 신체가 불편한 장애인은 다리나 체중 전이, 고삐 조절 같은 주부조를 사용하여 말을 컨트롤하기가 매우 어렵기 때문에 가능하면 음성 부조에 잘 따르도록 하는 훈련도 필요하다. 언어 사용이 원활하지 않거나 자신감이 결여된 어린이의 경우 '출발!', '정지!', '속보!' 등 간결한 단어를 사용해 말과 교감함으로써 긍정적인 효과를 기대할 수 있다.

이상으로 재활승마용 좋은 말 고르기에 열거된 수많은 변화에 적절하게 대응할 수 있기 위해서는 지속적이고 반복적인 훈련이 요구되며, 재활승마에 참여하는 사람과 말의 안전을 전제로 하는 말 훈련에 대해 알아보았다.

5. 말의 건강

재활승마용 말은 균형감이 빈약하고 움직임에 대한 반응이 느린 사람들을 태워야 하기 때문에 말이 활동하기가 어렵다. 그러나 생김새가 좋은 말은 근육 경련이나 절룩임에 취약한 말보다 이런 일을 잘 할 수 있다. 이런 말은 여러 가지 문제와 각기 다른 체중을 가진 사람

3~4명을 몇 시간 동안 태우고 다닌다. 이를 위해서는 강인하고 균형이 있으며 건강한 등과 이를 잘 받쳐주는 다리가 필요하다. 이런 말들은 강하고 부드럽게 전진하며, 율동적이고 균형 잡힌 걸음을 걷는다. 이런 특성은 기승자에게 적절한 자극을 주고 균형감을 기르게 한다. 일반적인 프로그램이나 말을 이용한 치료에서 재활승마용 말이 기승자의 신체적 변화를 가져오게 하려면 말의 생김새가 매우 중요하다. 실수나 절룩임이 있는 말은 기승자에게 균형감과 조종 그리고 대칭 등을 배우게 하는 대신 부정적인 영향을 미친다. 재활승마용 말은 균형 잡힌 몸매로 생김새가 좋고 절룩거리지 않아야 한다. 또한 기승자의 불균형이나 뻣뻣한 몸놀림을 귀찮게 생각하지 않아야 한다.

1) 건강한 말의 기준

재활승마용 말은 기본적으로 매우 건강한 상태에서 강습 프로그램에 참여해야 하며, 건강한 말의 기준은 다음과 같다.

- 눈물이 너무 많지 않은 눈
- **누워있고 반짝이는 털:** 추운 때는 털이 섬
- 잘 맞는 편자와 적당하게 구부러진 발톱, 그리고 물렁물렁한 곳이 없는 발굽
- **정상적인 식욕:** 모든 먹이를 잘 먹어야 한다.
- **정상 대변:** 변은 딱딱하고 습기가 있는 것이 좋으며, 땅에 닿는 순간 부서져야 한다.
- 점액질이 없는 대변
- **정상 체중:** 갈비뼈가 눈으로 보일 만큼 돌출되지 않는 것이 좋다.
- **적절한 체내 수분공급:** 피부를 꼬집으면 솟아났다가 금방 제자리로 돌아가야 한다.
- 다리에 부종이나 손상 염려 혹은 열이 없어야 한다. 발은 서늘하고 앞뒤 발의 모양과 느낌이 모두 같은 것이 좋다. 많은 말들이 다리 아래에 '구건연종'이라고 하는 양성 부종이 있다. 끈끈한 다리관절 액에 의해 생기는 이 부종은 비정상적인 것인데, 사람들이 별 관심을 두지 않는다. 말에게 이런 것이 한 번 생기면 잘 없어지지 않는데, 이런 변화가 있으면 진찰을 받아야 한다.
- 휴식할 때 몸이 균형을 이루고, 네 다리로 반듯하게 서 있어야 한다. 뒷다리가 휴식을 취하는 것은 정상이지만, 앞다리를 계속 앞으로 내밀면 통증이 있다는 뜻이다. 체중이 두 앞다리에 고르게 분포되어야 한다.
- **정상적인 네 다리:** 걷기나 속보 시 걸음의 폭이 같고, 땅에 닿는 소리도 균등해야 한다. 만일 저는 다리가 있다면 걸음 폭이 균일하지 못하다.

> **Tip**
>
> **구건연종 (wind puff)**
> 구절에 활액이 차서 관절낭이 부어 오르는 것. 염증, 통증, 파행 없음

- 머리를 내두르지 않는다. 만일 앞다리를 절면 그 다리가 땅에 닿을 때 머리를 위로 쳐든다.
- 소변은 하루 몇 차례 보는데, 흐린 노란색 혹은 황갈색이며 점액질이다.
- 매우 덥지 않다면 쉴 때 땀을 흘리지 않아야 한다.

2) 건강상의 문제점 발견

그러나 건강상 문제가 발생하면 이러한 의무를 다하기 어려우므로 수시로 건강상의 문제점을 파악해야 한다.

건강상의 문제점 발견을 위해 말의 체온, 맥박, 호흡(가장 흔한 증상) 점검은 말의 기능을 알아보기 위한 가장 객관적인 측정방법이며, 이런 측정은 말이 휴식을 취하고 있을 때 하는 것이 좋고 기록을 보관한다. 이런 측정은 어렵지 않고 필요한 경우 수의사들의 치료 시에 참고가 된다.

증상을 파악하는 가장 흔한 방법은 다음과 같다.

- **체온:** 말의 정상체온은 37.5~38.6℃(내부 온도)다. 줄이 달린 항문삽입용 체온계를 이용하는데, 삽입하기 전에 체온계를 흔들어 36.7℃ 이하가 되도록 한다. 꼬리를 가볍게 들고 체온계가 1㎝ 정도만 보일 만큼 살살 집어넣는다. 체온계가 완전히 말의 몸속으로 들어가는 것을 방지하기 위해 체온계 끝에 달린 줄을 꼬리에 매어놓는다. 체온계 끝에 바셀린 같은 윤활유를 바르면 좋다. 1~2분 정도 두었다가 빼내어 온도를 읽는다.
- **맥박:** 말의 정상 맥박은 분당 26~40회다. 맥박은 말의 왼쪽 턱밑의 동맥 혹은 꼬리로 뻗어 있는 동맥에 엄지손가락과 가운뎃손가락을 얹어 측정한다. 손가락을 가볍게 누르고 측정 전에 맥박을 몇 회 확인한 다음 30초 동안 맥박을 세어본다. 그런 다음 분당 맥박수를 계산하기 위해 2를 곱한다. 맥박 측정 시 손가락을 너무 세게 누르면 안 된다.
- **호흡:** 말의 정상 호흡수는 말이 쉬고 있을 때 분당 8~16회다. 숨을 들이마실 때 부풀어 오르는 옆구리를 보면서 30초간 횟수를 세어본 후 그 숫자에 2를 곱하면 분당 호흡수가 산출된다.

3장. 시설

재활승마 시설은 재활승마 프로그램이 운영되는 마장뿐만 아니라 지도사가 업무를 처리하는 사무실, 기승자와 가족이 대기하는 대기실 등 재활승마와 관련되는 모든 시설이 포함된다. 이 장에서는 승마장 시설에 관한 법률과 재활승마장 시설에 관한 요소들을 살펴보고, 이용하는 데 있어 최적의 상태를 유지하는 방안에 대해 설명하고자 한다.

1. 재활승마장 관계 법률

재활승마장, 재활승마센터 또는 재활전용승마장이라는 법률적 용어는 없지만, 승마장 시설에 관한 법률은 「체육시설의 설치·이용에 관한 법률」(문화체육관광부)과 「말산업육성법」(농림축산식품부)에 규정되어 있다. 따라서 재활승마장을 설치할 경우는 이 두 법률을 참고해야 한다. 먼저 「말산업육성법」에 의한 승마장은 '농어촌형 승마시설'로 「농업·농촌 및 식품산업 기본법」 제3조제5호에 따른 농어촌지역에만 설치할 수 있다. 마사, 관리사, 마장 등 모든 시설이 500㎡ 이상이며 실외 마장은 0.8m 목책(또는 펜스)이 필요하고, 등록기관(한국마사회)에 등록된 승용마가 3두 이상, 말 사육 및 관리에 필요한 마사가 있어야 한다. 말이 10두 이상인 경우는 「말산업육성법」에 따른 말조련사 또는 재활승마지도사, 승마 관련 스포츠지도사 중 1명 이상이 있어야 하며, 말이 10두 미만인 경우는 앞서 제시한 사람 외에 말산업전문인력양성기관으로 지정된 기관 또는 단체가 실시하는 교육과정 수료자 중 1명 이상이 있어야 한다.

「체육시설의 설치·이용에 관한 법률」에 의한 승마장은 「국토의 계획 및 이용에 관한 법률 시행령 및 개별법」에 의거, 설치지역 제한이 있는 신고 체육시설업이다. 실내 또는 실외 마장 면적이 500㎡ 이상이며 실외 마장은 0.8m 목책(또는 펜스)이 필요하고, 승용마가 3두 이상이며, 말 관리에 필요한 마사가 있어야 한다. 말이 20두 이하인 경우 승마 관련(전문·생활스포츠) 지도자 중 1명 이상이 있어야 하며, 말이 20두를 초과하면 지도자가 2명 이상이어야 한다.

또한 「장애인·노인·임산부 등의 편의증진 보장에 관한 법률」에 의하면 장애인 등은 인간으로서의 존엄과 가치 및 행복을 추구할 권리를 보장받기 위해 장애인 등이 아닌 사람들이 이용하는 시설과 설비를 동등하게 이용하고 정보에 자유롭게 접근할 수 있는 권리를 가지므로 시설주는 장애인 등이 공공건물 및 공중이용시설을 이용함에 있어 가능한 최단거리로 이동할 수 있도록 편의시설을 설치해야 한다.

이 법률의 시행령에서 승마장은 편의시설 설치 대상 시설로 규정되어 있다. 운동시설은 동일한 건축물 안에서 당해 용도에 쓰이는 바닥 면적의 합계가 500㎡ 이상인 시설에 편의시설을 설치하도록 되어 있는데, 편의시설의 종류 및 설치기준을 살펴보면 〈표 3-37〉과 같다. 재활승마장은 장애인이 빈번히 사용하는 곳이므로 법률에 정한 사항보다 강화된 편의시설을 설치할 필요가 있다.

표 3-37 대상시설별 편의시설의 종류 및 설치기준

편의시설 대상시설	매개시설			내부시설			위생시설					안내시설			기타시설					비고
	주출입구 접근로	장애인 전용 주차구역	주출입구 높이 차이 제거	출입구(문)	복도	계단 또는 승강기	화장실			욕실	샤워실·탈의실	점자블록	유도 및 안내설비	경보 및 피난설비	객실·침실	관람석·열람석	접수대·작업대	매표소·판매기·음료대	임산부 등을 위한 휴게시설	
							대변기	소변기	세면대											
운동시설	의무	의무	의무	의무	권장	권장	의무	권장	권장		권장					권장			권장	500㎡ 이상

재활승마장은 대상자인 장애인과 보호자, 자원봉사자, 재활승마지도사, 말 등 많은 구성원이 활동하는 곳으로 이들의 편의와 안전을 고려하여 시설을 배치하고 관리해야 한다. 승마장 안전에 관한 사항은 「체육시설의 설치·이용에 관한 법률 시행규칙」으로 다음 〈표 3-38〉과 같다.

표 3-38 승마장 안전에 관한 법률

체육시설의 설치·이용에 관한 법률 시행규칙
문화체육관광부령 제251호 일부개정 2016.09.23.
제23조(안전·위생 기준) 법 제24조에 따른 안전·위생 기준은 별표 6과 같다.

별표 6 안전·위생 기준(제23조 관련) [개정 2016.03.22.]

1. 공통기준

(1) 체육시설 내에서는 이용자가 항상 이용질서를 유지하게 하여야 한다.
(2) 이용자의 체육활동에 제공되거나 이용자의 안전을 위한 각종 시설·설비·장비·기구 등은 안전하게 정상적으로 이용될 수 있는 상태를 유지하도록 하여야 하며, 「재난 및 안전관리 기본법」 제3조제1호에 따른 재난으로 인한 피해가 발생하지 아니하도록 노력하여야 한다.
(3) 「재난 및 안전관리 기본법」 제3조제1호가목에 따른 재난으로 인하여 이용자의 안전을 해칠 우려가 있다고 판단될 때에는 그 체육시설의 이용을 제한하여야 한다.
(4) 체육시설업의 해당 종목의 특성을 고려하여 음주 등으로 정상적인 이용이 곤란하다고 판단될 때에는 음주자등의 이용을 제한하여야 한다.
(5) 체육시설의 정원을 초과하여 이용하게 하여서는 아니 된다.
(6) 화재발생에 대비하여 소화기를 설치하고, 이용자가 쉽게 알아볼 수 있는 곳에 피난안내도를 부착하거나 피난방법에 대하여 고지하여야 한다.
(7) 체육시설업자는 체육시설 내에서 사망사고가 발생한 경우에는 해당 체육시설업을 등록 또는 신고한 지방자치단체의 장에게 즉시 보고하여야 한다.

2. 체육시설업의 종류별 기준

마. 승마장업
(1) 이용자가 항상 승마용 신발을 착용하고 승마를 하도록 하여야 한다.
(2) 장애물 통과에 관한 승마를 하는 자는 안전모를 착용하도록 하여야 한다.
(3) 말이 놀라서 낙마사고가 발생하지 않도록 마장주변에서 고성방가를 하거나 자동차 경적을 사용하는 것 등을 금지하게 하여야 한다.

승마장의 위치 선정에 있어 고려할 사항은 '접근성'이다. 재활승마를 필요로 하는 대상자들과 보호자는 물론 자원봉사자가 승마장까지 방문하는 데 있어 접근이 원활한 곳에 위치해야 하므로 승마장 주변의 인구 및 접근시간, 교통이용수단 등을 충분히 고려한다. 두 번째는 '주변 환경'으로, 승마를 즐기는 대상자뿐만 아니라 승마장에 항상 머물러 있어야 하는 말이 스트레스를 받지 않고 편안한 상태를 유지하는 한적한 곳이어야 한다. 대로변 등 시끄럽고 변화가 많은 환경에서는 말이 극심한 스트레스에 시달릴 수 있고, 경적 소리 등으로 인해 갑작스러운 말의 큰 움직임은 기승자는 물론 주변 사람에게 위험을 초래할 수 있다. 또한 승마장 주변에 급한 경사면이 있으면 해빙기나 장마철 낙석 등에 노출되기 쉬우므로 피하도록 한

다. 승마장 내 건물의 배치는 외부에서 접근하는 기승자나 방문객, 방목장이나 마방의 말, 내부에서 교육과 일반 업무를 처리할 지도사나 자원봉사자의 동선, 햇볕이나 바람의 방향 등 여러 조건과 상황을 면밀히 검토하여 문제를 최소화한다.

2. 승마장 시설 구분

재활승마장의 시설은 크게 승마교육 공간, 기승자 공간, 지도사 및 봉사자 공간, 말 공간, 기타로 구분할 수 있다.

표 3-39 재활승마장 시설의 분류

구분	세부 내용
승마교육 공간	실내 마장, 실외 마장, 원형마장, 외승로, 강의실, 치료실, 교육용품 보관실
기승자 공간	대기실(승마용품 보관), 관람실, 전용 화장실, 상담실
지도사 및 봉사자 공간	사무실, 도서관, 기승자 관련 서류 보관실, 카페테리아, 샤워실
말 공간	마사(stable, paddock), 방목장(pasture), 사료창고, 장구실, 세마장, 수장대, 마분실
기타	주차장, 장비실 및 각종 창고

1) 승마교육 공간

재활승마장에서 가장 빈번히 사용되고, 말과 기승자들의 만남으로 교육프로그램이 이뤄지는 장소다. 대한승마협회의 공인승마장 규격은 다음 〈표 3-40〉과 같다.

표 3-40 공인승마장 규격(대한승마협회)

구분	세부 내용	공통
장애물 경기장	경기장: 60×67m 이상 연습장: 30×30m 이상	경기장 및 연습장 바닥은 경기 진행에 적합한 소재로 설치하고 배수가 원활히 이뤄져야 한다.
마장마술 경기장	실 외: 40×80m 이상 실 내: 30×70m 이상 연습장: 60×20m 이상	

대한승마협회의 공인을 받을 필요는 없지만 이를 참고로 하여 말의 움직임에 지장을 받지 않을 정도의 충분한 크기의 실내·외 승마장을 확보하도록 한다. 다만 건축비, 강습 규모 등을 고려하여 적절한 규모를 결정한다.

(1) 실내 마장

비, 햇볕, 바람, 추위로부터 피할 수 있는 공간으로 활용도가 가장 높고 말을 이용하는 것을 고려할 때 필수적으로 확보해야 할 공간이다. 천장은 채광과 조명, 환기, 결로 방지를 고려하여 높이를 충분히 확보하며, 비둘기 출입 등 교육에 위해가 될 수 있는 요소들을 사전에 예방하고, 동파 방지 스프링클러 등 소방시설을 설치한다. 난방에 대한 고려도 있어야 한다. 실내라는 생각에 난방을 고려하지 않으면 겨울철에 기승자는 두꺼운 옷을 착용하게 되고 강습 시 두꺼운 옷이 움직임을 저하시켜 지도사가 기승자의 자세를 관찰할 수 없어 강습 효과가 저하되거나 부정적인 결과를 초래할 수도 있다.

그림 3-8 실내 마장(개방형과 밀폐형)

바닥은 우천 시 밖의 물이 들어오지 않고 배수가 원활히 되도록 한다. 바닥에 거친 모래, 폐타이어 조각, 나뭇조각 등을 까는 경우도 있지만, 보행에 불편을 주거나 환경오염 등이 우려된다. 바닥은 고운 모래를 깔아 보행과 만약에 있을 수 있는 낙마에 완충 역할을 할 수 있게 대비하고, 강습 전 트랙터를 이용해 평탄작업을 하여 말과 자원봉사자가 발을 헛디디는 일이 발생하지 않도록 한다. 바닥이 건조하면 먼지가 발생하여 오염으로 호흡기계통 질환을 유발할 수 있기 때문에 주기적으로 물을 뿌려 적당한 습기를 유지하도록 하고, 적절한 시기에 모래를 교환한다. 마장 내 바닥과 벽면에는 그 시간 교육에 필요한 교보재(원통, 삼각콘, 횡목 등)를 제외하고는 어떠한 물품도 놓아두어서는 안 된다. 기승대의 경우도 사용한 뒤에는 반드시 마장 밖으로 옮긴다.

벽면은 바닥으로부터 약 140㎝ 높이까지는 위로 갈수록 밖으로 넓어지도록 목재를 이용한 경사를 두어 말과 벽 사이에 사이드워커가 끼거나 기승자가 낙마할 경우 완충 역할을 하도록 한다. 경사를 만들어 생기는 빈 공간에는 간단한 교육용품들을 수납할 수 있는 공간과 기승경사로 이용할 수 있도록 한다. 경사진 벽 위쪽으로는 농구 골대, 각종 교육안내판 등을 설치할 수 있지만 돌출된 부분에 의해 부상을 입지 않도록 충분히 높이거나 접히는 형태로 부착하여 안전사고를 예방하고, 떨어지는 일이 없도록 벽면에 확실히 고정한다.

마방에서 실내 마장으로, 외부(실외 마장, 외승로 등)에서 실내 마장으로 출입할 수 있는 문이 필요한데, 말이 이용하기에 불편함 없이 충분히 커야 한다. 특히 외부로 통하는 문은 모래 운반을 위한 덤프트럭이나 평탄작업을 위한 트랙터가 지나다닐 수 있어야 한다. 외부로 통하는 출입문으로 말이 지나갈 때는 안팎에 있는 사람이나 말이 충분히 인지할 수 있도록 "말 지나갑니다!(미국의 경우 "horse~!")"라고 주의를 준 뒤 확인하고 출입한다. 여름철이나 수시로 이동해야 할 필요가 있어 문을 열어놓을 경우는 긴 각목(bar)이나 굵은 흰색 로프를 이용해 목책 같은 효과가 나도록 반드시 걸어놓아 말이 방심하지 않도록 한다. 마장에서 외부로 통하는 문은 사람이 이용하는 작은 문도 필요하다. 비상시 사무실에서 마장으로 사용할 수 있는 문도 설치하여 만일의 사태에 대비하지만, 평상시에는 교육에 방해가 되므로 사용하지 않는다. 마장에 관해 유의할 사항은 다음과 같다.

- 먼지가 나지 않도록 수시로 물을 뿌려준다.
- 바닥은 모래가 좋으나 우드 칩, 마사토, 피혁가루 등도 활용한다.
- 바닥의 마분은 즉시 치워서 냄새나 오염을 방지하고 해충이 발생하지 않도록 한다.
- 적당한 환기가 되도록 한다.
- 출입문은 출입 시를 제외하고 항상 닫혀 있어야 한다.
- 강습 목표 이외에 어떠한 물건도 방치하면 안 된다.

(2) 기승경사로

실내 마장에는 휠체어 이동의 편리성을 위해 기승경사로(mounting ramp)와 지도사에 의해서도 기승이 어려운 경우를 대비하여 기승자를 들어 올릴 수 있는 승강기(lift)를 설치한다. 기승경사로는 「장애인·노인·임산부 등의 편의증진 보장에 관한 법률 시행규칙」의 「편의시설의 구조·재질 등에 관한 세부기준(제2조제1항 관련)」 중 경사로에 관한 사항을 따르면 된다. 이 기준에 의하면 경사로의 폭은 1.2m 이상이며, 시작과 끝 부분에 1.5×1.5m의 활동공간을 마련해야 하고, 높이 0.75m마다 참을 마련하도록 한다. 기울기는 12분의 1(경사각은 약 4.8°)이어야 하지만, 높이가 1m 이하인 경사로로서 시설의 구조 등의 이유로 기울기를 12분의 1 이하로 설치하기 어려울 때는 8분의 1(경사각은 약 7.1°)이 될 수도 있다. 또한 기승경사로는 길이가 1.8m 이상이거나 높이가 0.15m 이상이 되므로 손잡이를 설치해야 하고, 경사로의 시작과 끝부분에 수평손잡이를 0.3m 이상 연장하여 설치하여야 한다. 경사

Tip

참
쉬어갈 수 있는 장소

그림 3-9 **기승경사로와 승강기**

로와 손잡이의 재질 등 자세한 내용은 관계 법률에 따른다.

실내 승마장에 기승경사로를 설치할 경우 별도로 설치하는 것〈그림 3-9〉보다 〈그림 3-10〉과 같이 추가 설치하거나 벽면을 겸하도록 하면 공간 사용 시 효율성과 강습 시 편리하게 이용할 수 있다. 이때 기승대는 가벼운 재질이어야 이용하기 편리하지만, 자원봉사자가 딛고 서 있을 수 있도록 단단해야 한다.

Tip

기승경사로의 마장 쪽 경계는 그림처럼 경첩식으로 움직일 수 있게 만들면 평상시에는 '1'과 같이 벽면이 되고 기승자가 기승할 때는 '2'의 경우와 같이 난간으로 사용하면 편리하다. 이때 사이드워커용 기승대는 기승자 기승이 끝나면 기승경사로 쪽으로 치워져 마장 내에 위치하지 않도록 한다.

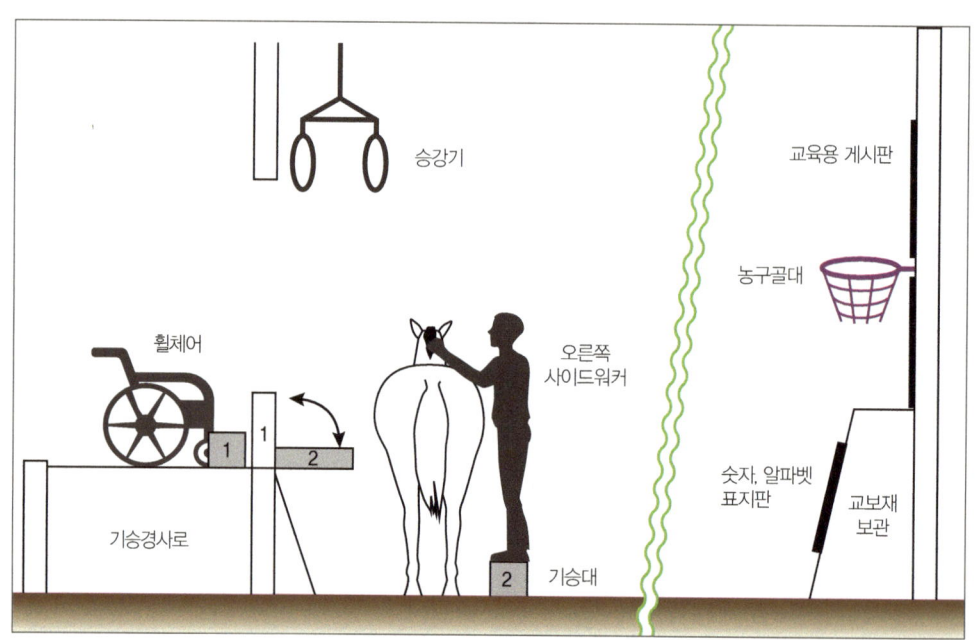

그림 3-10 **기승경사로 a(기승 준비)**

그림 3-11 기승경사로 b(벽면과 일체형)

(3) 실외 마장

실내 마장에 비해 말이 쉽게 흥분할 수 있어 기승자와 자원봉사자가 경험이 많은 경우에만 실외 마장을 사용하도록 하고 충분히 주의해야 한다. 막혀 있는 곳에서 밖으로 나오기 때문에 말의 기분이 상쾌해지는 반면, 넓은 공간을 이용하기 때문에 더 많은 운동량을 요구한다. 법률에 정해진 바와 같이 0.8m 높이의 목책이 설치되어 있어야 하는데, 이때 목책 재질은 나무보다 가벼운 플라스틱류를 이용하면 좀 더 안전하고 관리하기 쉽다.

비가 온 뒤 즉시 물이 빠질 수 있도록 배수시설에 더 신경을 써야 한다. 실내 마장과 마찬가지로 기승경사로와 기승대를 설치해야 한다. 다만 공간의 제약을 덜 받으므로 실외 마장 입구에 별도로 기승경사로를 설치하고, 말의 동선에 방해되지 않게 한다. 기승자의 반대편 자원봉사자는 이동식 기승대보다 붙박이 형태의 기승단을 사용하도록 한다.

그림 3-12 실외 마장

(4) 원형마장

원형마장을 이용하면 비장애인의 경우는 초보 기승자에게 승마기술을 집중적으로 교육할 수 있지만 장애인의 경우 닫힌 공간에서는 답답한 느낌을 줄 수 있고, 말로부터 반복되고 제한적인 움직임만 받으므로 이용하지 않는 것이 좋다. 외국의 경우도 말을 조련하는 공간으로 사용한다.

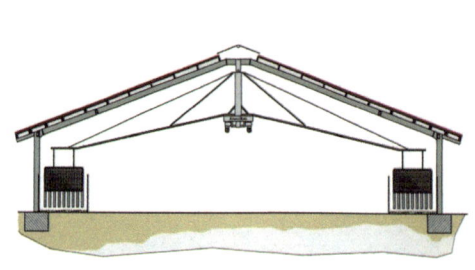 

그림 3-13 워킹머신과 원형마장

(5) 외승로

외승로 주변에 다양한 교보재를 설치하여 감각 자극, 인지능력 및 문제해결능력 향상 등을 기대할 수 있고 자연과의 동화 등 기분전환용으로 매우 효과가 좋아 비교적 규모가 큰 승마장에는 대부분 외승로가 설치되어 있다. 외승은 기승자는 물론 강습에 참여하는 모든 사람에게 정신적으로 편안함을 줄 수 있지만, 돌발사태 발생 등의 위험도 증가하므로 교육 직전에 지도사는 사전답사를 통해 문제점을 파악하고, 말의 상태와도 연결하여 교육에 반영해야 한다. 또한 문제가 발생할 경우 이에 대처할 수 있는 방안과 연락 수단도 준비해야 한다. 중도

그림 3-14 외승로

에 외승을 포기하고 실내 승마장으로 돌아와야 하는 경우가 발생할 수 있으므로 복귀 시 교육 진행을 위해 사전에 실내 승마장 사용 현황을 파악하는 등 적절한 대비책도 강구한다.

(6) 강의실

대상자에 대해 기승 전 예비교육, 자원봉사자 교육 등 다양한 용도로 사용할 수 있다.

(7) 치료실

치료사가 배치된 경우 별도의 치료실을 설치·운영하여 재활승마 외 다양한 활동, 기승 전후 운동 및 호전 정도를 측정·평가할 수 있는 공간으로 사용한다. 이때 필요한 운동기구나 기자재는 치료실 용도로 별도로 구비되어 있어야 하며, 치료사의 관리 감독 하에 이용되어야 한다.

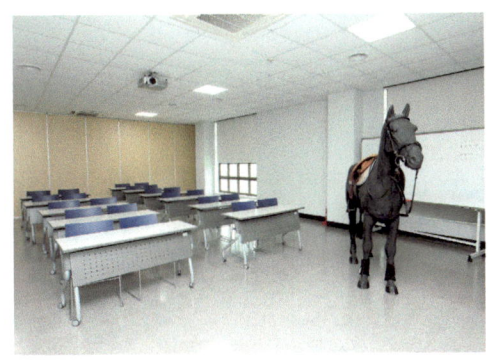

그림 3-15 강의실   그림 3-16 치료실

(8) 교육용품 보관실

기승 전 예비교육에 사용되는 모형 말(목마)이나 짐볼, 각종 소모품 등을 보관한다. 실내·외 마장에 사용되는 교보재는 마장의 내부 수납공간에, 원통과 횡목 등 우천에도 문제가 없으며 비교적 크고 무거운 것들은 실내 승마장 바깥 벽면을 이용하면 깨끗하게 정돈된 환경을 유지할 수 있다.

2) 기승자 공간

기승자 및 보호자를 위한 공간이다. '편의시설의 구조·재질 등에 관한 세부 기준'에 의하면 장애인 등의 통행이 가능한 복도 및 통로의 유효 폭은 1.2m 이상으로 하되, 복도의 양옆에 거실이 있는 경우에는 1.5m 이상으로 할 수 있다. 바닥면에는 높이 차이를 두어서는 안

되며, 부득이한 사정으로 높이 차이를 둘 경우에는 경사로를 설치해야 한다. 바닥 표면은 미끄러지지 아니하는 재질로 평탄하게 마감해야 하며, 넘어졌을 경우 가급적 충격이 적은 재료를 사용해야 한다. 출입구(문)는 통과 유효 폭을 0.8m 이상으로 해야 하며, 출입구(문)의 전면 유효거리는 1.2m 이상으로 해야 한다.

(1) 대기실

교육을 시작하기 직전에 지도사는 대기선에서 교육 준비상태를 확인하고, 말 리더와 사이드워커에게 교육 계획서에 기재된 교육 목표, 내용, 방법 등을 설명한다. 말과 강습 준비상태를 점검한 뒤 말은 리더에게 맡기고 대기실로 간다. 이때 각 기승자에게 배정된 사이드워커 1명과 동행하여 대기실에서 기승자, 보호자와 인사를 나눈다. 기승자의 건강상태 등을 점검한 뒤, 마장으로 이동하기 전에 사이드워커에게 기승자의 안전모 등 복장 상태 점검을 지시한다. 따라서 대기실에는 안전모, 장갑, 챕(chaps) 등을 보관할 선반, 개인사물함 등을 갖추고 있어야 한다.

강습 직전뿐만 아니라 교통편, 단체강습 등 다양한 사유로 대기실 이용이 필요한 경우가 있다. 대기실에는 대상자나 동행한 사람들이 이용할 수 있는 동화책, 장난감 등 간단한 놀이용품, 기구 등을 비치하고 파손 및 위생 상태를 수시로 점검하여 수선 및 교환한다. 바닥은 편안하게 앉거나 놀이를 할 수 있도록 쿠션 있는 매트를 깔아 신발 신는 곳과 구분하며 항상 청결을 유지한다.

(2) 관람실

보호자 및 방문객, 신규 자원봉사자 교육 시 재활승마 장면을 볼 수 있도록 실내 마장과 통유리로 연결되어 있는 것이 좋다. 부득이한 경우 대기실과 관람실을 같이 운용한다.

(3) 전용 화장실

다양한 유형의 장애인이 편리하게 이용할 수 있도록 편의를 제공해야 한다. 장애인 화장실은 장애인 등의 접근이 가능한 통로에 연결하여 설치하고, 장애인용 변기와 세면대는 출입구(문)와 가까운 위치에 설치해야 한다. 화장실의 바닥면에는 높이 차이를 두어서는 안 되며, 바닥 표면은 물에 젖어도 미끄러지지 아니하는 재질로 마감해야 한다. 세정장치·수도꼭지 등은 광감지식·누름버튼식·레버식 등 사용하기 쉬운 형태로 설치해야 하며, 세부적인 사항은 「장애인·노인·임산부 등의 편의증진 보장에 관한 법률 시행규칙」의 '편의시설의 구조·재질 등에 관한 세부기준'에 따른다.

(4) 기승자 휴게실

컨디션 조절에 어려움을 느끼거나 쉽게 피로해진 경우, 편안한 휴식을 보장할 수 있는 공간이 필요하다.

(5) 상담실

대상자, 보호자, 기부자 등이 편안한 마음으로 상담할 수 있도록 아늑한 분위기를 만들어 준다.

3) 지도사 및 자원봉사자 공간

(1) 사무실

지도사와 사무업무를 처리하는 자원봉사자가 이용할 사무실과 책걸상이 준비되어야 한다. 지도사와 자원봉사자 공간을 별도로 구분할 필요는 없다.

(2) 도서관

재활승마, 승마, 건강, 의료 등 다양한 분야의 책을 비치하고 지도사, 직원, 자원봉사자들이 업무에 대한 정보획득과 자기계발에 이용하도록 한다.

(3) 기승자 관련 서류 보관실

기승자의 개인 신상정보들이 있어 다른 서류들과 별도로 잠금장치를 이용하고, 담당 지도사 또는 관리자의 통제 하에 교육과 관련 있는 경우에 한해 제한된 열람을 할 수 있도록 한다.

그림 3-17 사무실

그림 3-18 카페테리아

(4) 카페테리아

장시간 업무를 처리하는 자원봉사자를 위한 휴식 공간이나 보호자 및 방문객을 위한 공간으로, 음료 등을 무료 또는 유료로 제공한다. 비용은 자원봉사자의 자율에 맡기도록 하며, 수익금은 센터에 기부하여 운영자금으로 이용하도록 한다.

(5) 샤워실

자원봉사자들을 위한 공간으로 이용한다.

4) 말 공간

말이 주로 머무르고 활동하는 공간은 방목장과 마사로 구분되며, 마사는 마방, 복도, 세마장, 수장대, 마장구실, 사료창고 등으로 이뤄져 있다. 실내 승마장과 이어져 있어야 이동하기 편리하다. 가축화된 말이 평생을 먹고 자고 편안하게 휴식을 취하는 공간이므로 마사는 매우 중요하다. 마사 내부에는 말의 출입이나 이동에 방해가 되는 물건 등을 방치해서는 안 된다. 각진 모서리, 돌출물, 특히 전기선 등이 노출되어 말이 핥지 않도록 한다.

(1) 마방

그림 3-19 마방과 복도

3×3m에서 4×4m 이상까지 크기는 다양하다. 말이 대체로 방목장에 있고 교육 전후에만 마방을 잠시 이용하는 경우, 마방의 크기나 수는 크게 중요하지 않다. 다만, 방목장을 이용하는 말 중 예민한 말은 다른 말이 들어갔다가 나온 자리라도 거부하는 경우가 있어 둔감하고 거부가 없는 말끼리 같은 마방을 사용하도록 한다.

그러나 방목장이 없어 마방에만 있어야 하는 경우라면 말의 숫자만큼 마방이 필요하고, 말의 스트레스를 해소하고 조금이나마 편안한 환경을 제공하기 위해 가급적 넓은 마방과 마방에 딸려 있는 작은 방목장인 패독(paddock)도 고려해야 한다.

마방의 벽은 날카로운 부분 때문에 말이 부상당하지 않게 하고 고무판을 덧대어 소음, 부상 등을 예방한다. 복도 쪽을 제외하고는 막히는 벽을 높게 하여 다른 말에게 영향을 주거나 다른 말의 먹이통을 바라보지 못하게 하고 말이 기립하는 것을 예방한다. 말이 누웠다가 일어날 때 돌출 부분에 상처를 입지 않을 정도의 두께로 톱밥, 대팻밥 등을 바닥에 깔고, 여름에는 소변이 썩으면서 메탄가스가 발생하기 때문에 마방 바닥의 톱밥 등을 수시로 갈아주어 쾌적한 환경을 만들어준다. 소변에 젖어 검어지기 전에 갈아주고, 마분은 하루 한 번씩 치워주면 깨끗한 상태를 유지할 수 있다. 고양이, 염소, 닭 등을 같이 키워 말의 친구를 만들어주며, 유해동물을 예방하기도 한다. 마방에 관한 유의사항은 다음과 같다.

- 바닥의 깔짚은 충분한 양(대팻밥 기준 8~10㎝)을 깔아주고, 늘 청결하게 관리한다.
- 바닥의 기초는 흙이나 마사토가 좋으나 여의치 않은 경우는 두꺼운 고무판을 깔아주며, 보조 재료는 톱밥, 대팻밥, 우드 칩 등을 사용한다.
- 사료통 및 급수대는 이물질이 없도록 한다.
- 환기는 원활하게 수시로 이뤄져야 한다.
- 여름철에는 지나친 냉방보다 공기의 순환이 원활하게 이뤄지는 것이 좋다.
- 겨울철에는 인위적인 난방보다 마의를 입혀주는 것이 좋다.
- 마방 출입문은 잠금장치를 이용하여 말이 풀지 못하게 해야 한다.
- 쥐나 기생충, 해충이 없도록 청결하게 관리한다.

(2) 마사 복도

두 마리의 말이 교차해서 지나갈 수 있도록 만들고, 복도에서 양쪽 묶기(cross ties)를 한 뒤 말 손질(grooming)을 할 수 있게 고리(cross ties ring)를 설치한다. 복도의 바닥 한 부분을 경사지게 만들어 배수가 용이하도록 한다. 마방과 복도 환기에 유의하고, 환기가 잘 안 되면 강제 환기시스템을 고안해야 한다.

그림 3-20 마사 복도

(3) 마장구실

마장구실에는 재갈과 굴레, 고삐, 안장깔개, 안장, 가슴걸이 등 승마 및 조마삭에 필요한 도구와 말 손질 도구, 담요 등 말에 사용되는 마장구들, 재활승마수업에 쓰이는 특별장비들이 비치된다. 주의할 사항은 이러한 마장구들은 말 한 마리당 한 세트가 사용되도록 재갈이나 굴레 등 모든 마장구 및 손질용품에 말 이름표를 만들어 매달아놓는다. 말의 습성은 군집

> **Tip**
>
> 다양하고 많은 품목들이 보관되어 있는 마장구실은 다음 수업을 위한 준비를 위해서 항상 청결하게 정리정돈이 되어 있어야 한다. 강습에 직접 참여할 수 없는 어린 자원봉사자들을 위해서 junior volunteer(10~13세)라고 칭하고 마장구실 정리를 담당하게 하는 경우도 있다.

성 집단생활을 하고 사회성에 의해 서열이 정해지며 가슴둘레 등 말의 크기가 각각 다르므로 다른 말에게 사용했던 마장구는 또 다른 말에게는 사용하지 않도록 한다.

안장의 경우 형태가 변형되면 사용할 수 없다. 마장구실에 안장 전용 걸이를 만들어 설치하고, 안장과 걸이에 이름표를 부착하여 안장은 처음 결정한 위치에 항상 비치한다. 안장 등 마구는 가죽제품이 많으므로 가죽 크리너, 각종 오일 등 가죽을 손질할 수 있는 가죽 관련 용품과 함께 발굽치료제를 비롯한 연고류 등 간단한 말 의약품, 털 깎는 기구(clipper, 바리캉) 등 말 미용 관련 물품도 비치한다. 또한 마장구실 가까운 곳에 세탁기와 건조기를 비치하여 안장깔개 등 물세탁 품목을 세탁하는 경우에 사용한다. 마의의 경우 부피가 크고 주로 겨울철에 사용하므로 마장구실보다 다른 창고를 이용하는 것이 좋다. 마장구실에서의 유의사항은 다음과 같다.

- 안장, 굴레 등 가죽제품은 온도와 습도에 민감하므로 적절한 환경을 유지해준다(적정온도 5℃ 내외, 습도 50~60%).
- 사용한 마구는 매일 손질하고, 가죽제품은 필요한 경우 제품에 맞는 오일을 바른다.
- 가급적 모든 물품에는 말의 이름표를 붙이고, 용품별·말별로 지정 장소에 놓아 새로운 자원봉사자가 와도 찾기 쉽도록 한다.

안장걸이

마장구 보관

그림 3-21 마장구실

(4) 세마장(말 샤워장)

말은 운동하면서 땀을 흘려 진드기, 파리, 병원균 등으로 더럽혀진다. 추운 날씨를 제외하고는 목욕을 자주 시켜 말과의 교감을 깊게 한다. 단, 샴푸 등 세제를 너무 자주 이용하면 말 피부의 기름층을 제거하여 오히려 면역력이 떨어질 수 있으므로 유의한다. 말은 씻기는 것보다 물기 제거가 더 중요하다. 글겅이를 이용해 물기를 제거한 뒤 수건이나 스펀지를 이용해 물기를 완벽하게 제거해준다. 적외선 온열기구를 이용해도 좋다.

(5) 수장대

말을 손질하고 마장구를 장착 또는 탈착시키는 곳으로, 일반적으로는 세마장을 수장대로 사용한다. 세마장이 협소하여 장소가 부족한 경우에는 마방 사이 복도를 이용하여 양쪽 묶기 고리(cross ties ring)를 기둥 등 단단한 부위에 부착한 뒤 양쪽 묶기로 말을 묶고 수장한다.

그림 3-22　세마장

(6) 마분실

마분은 농사에 좋은 거름이 되고 다른 가축에 비해 침출수 배출 등이 없어 환경 친화적이지만, 냄새를 싫어하는 사람도 있으므로 장소 선택과 주변 청결에 유의한다.

(7) 사료창고

말의 사료는 건초와 배합사료 등으로 화재에 매우 취약하고, 쥐 등 유해동물을 끌어들일 수 있다. 화재의 원인을 근본적으로 차단하여 예방하고, 소방장비 비치 등 화재 대비책을 세운다. 유해동물의 출입을 막기 위해 창고의 문턱을 높이고, 항상 문을 닫고 다니는 등 오염 예방에 최선을 다한다.

그림 3-23　사료창고

(8) 방목장

먹이가 되는 풀을 잘 키워 말을 풀어놓으면 자연스럽고 멋진 광경을 연출할 수 있고 말에게도 큰 선물이 될 것이다. 말을 위한 최고의 공간은 방목장으로, 여건만 허락한다면 방목이 최고의 관리방법이며, 말은 상당한 경사도에서도 잘 지낼 수 있다. 미국의 경우 오랜 기간 재

그림 3-24 방목장

활승마에 사용했으나 더 이상 승마를 할 수 없는 말은 방목장에서 여생을 편안하게 보내도록 배려하고 있지만, 우리나라의 현실에서는 방목장을 갖추는 것 자체가 어렵다.

방목장이 설치되어 있지 않은 곳은 강습이 없는 시간을 이용해 실내·외 마장에 틈틈이 방목하여 말이 편안히 휴식을 취하도록 해준다. 방목장에는 비나 눈을 피할 수 있는 대피시설을 마련해주어야 하고, 물과 염분을 섭취할 수 있도록 해야 한다. 방목장에서의 유의사항은 다음과 같다.

- 목책의 이상 유무를 수시로 확인하고, 바닥의 이물질은 제거해준다.
- 음수대는 청결하게 유지하고 항상 물이 채워져야 한다.
- 방목장 주변은 소음이나 돌발 상황이 일어나지 않아야 한다.
- 반드시 잠금장치를 한 후에 말을 풀어준다.
- 가급적 두 마리 이상을 풀어주되 서열관계를 확인하여 서열 다툼으로 말이 부상을 입거나 스트레스를 받지 않게 한다.
- 말이 방목장 내에 너무 오래 방치되지 않도록 하고 일정 시간마다 순치와 훈련을 시켜야 한다.

5) 기타

(1) 주차장

대기실을 중심으로 마장 반대편에 주차장을 설치해야 강습에 방해를 주지 않는다. 주차장에는 장애인 전용 주차구역을 구분하고 장애인 등의 출입이 가능한 건축물의 출입구 또는 장애인용 승강설비와 가장 가까운 장소에 설치해야 한다. 장애인 전용 주차구역에서 건축물의 출입구 또는 장애인용 승강설비에 이르는 통로는 장애인이 통행할 수 있도록 가급적 높이 차이를 없애고, 유효 폭은 1.2m 이상으로 해야 한다. 또한 크기는 주차대수 1대에 대해 폭 3.3m 이상, 길이 5m 이상으로 해야 한다. 다만, 평행주차 형식인 경우에는 주차대수 1대에 대해 폭 2m 이상, 길이 6m 이상으로 해야 한다.

주차공간의 바닥 표면은 미끄러지지 않는 재질로 평탄하게 마감해야 하며, 바닥면에는 〈그림 3-25〉와 같이 장애인 전용표시를 해야 하고, 주차구역선 또는 바닥면은 운전자가 식별하기 쉬운 색상으로 표시해야 한다.

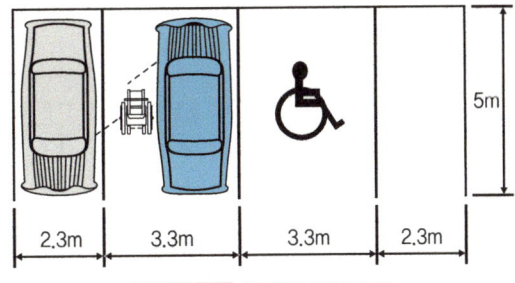

그림 3-25 주차면 설치 기준

(2) 장비실과 기타 창고

재활승마장 규모가 커질수록 트랙터와 그레이더, 트레일러, 소형 굴삭기, 지게차 등 비교적 큰 장비부터 전기톱, 동력예취기 등 휴대용까지 다양한 장비가 사용된다. 이러한 장비들을 유지 및 관리하기 위해서는 장비의 보관과 수리를 위한 공간이 필요하다.

4장. 마장구 및 교구

재활승마 강습 시 마장구를 사용하는 궁극적 목적은 기승자가 안전하게 본인의 능력을 발휘할 수 있도록 보조하는 것이다. 지도사는 기승자의 단기 목표와 장기 목표 그리고 장애유형과 상태를 고려하여 가장 적합한 마장구를 선택해 이용해야 한다. 마장구 선택 시 고려해야 할 사항은 다음과 같다.

- 기승자가 독립 기승을 할 수 있도록 발전하는 데 도움이 되는 마장구인가?
- 기승자의 낙마를 방지하는 데 도움이 되는가?
- 비상시 긴급 하마가 가능한가?
- 기승자의 장애유형을 고려한 마장구인가?
- 마장구 사용을 통해 얻고자 하는 단기 목표가 무엇인가?
- 기승자로 하여금 마장구에 필요 이상으로 의존하게 하여 유연성과 균형감각을 기르는 데 오히려 방해가 되지는 않겠는가?
- 기승자가 마장구의 쓰임새를 이해할 수 있는가?
- 말의 안전과 복지에 해가 되는 마장구는 아닌가?

재활승마에 사용되는 마장구들은 기본적으로는 일반 승마에서 사용되는 것을 사용한다. 다만 기승자에 따라 안전과 재활승마에 대해 좀 더 긍정적인 효과를 얻기 위해 특별한 장비들이 필요하고, 일반 장비들도 변형하여 사용될 수 있다. 특별한 장비들은 팔다리 움직임이 없는 경우를 대신하거나 균형을 보상하기도 하고, 평범한 쥐기나 길이, 색 구분을 통해 인지능력을 향상시켜주기도 한다.

이러한 특별한 장비들은 기승자의 자신감, 균형능력 향상, 승마기술 습득 정도 등에 따라 점차 사용을 줄이고 일반 승마에서 사용되는 장비들로 대체해나간다.

1. 마장구

1) 등자

등자는 기원전 4세기경 북방 유목민이 처음 개발하여 유럽에는 8세기경에 전해졌고, 등자의 보급으로 기마전투력이 급상승하여 중세유럽의 상징이라고 하는 기사들이 활약하는 데 크게 기여했다고 한다. 이렇게 말 위에서 중심을 유지하는 데 절대적인 도움이 되는 등자는 낙마 시에 등자에서 발이 쉽게 빠지지 않는다면 큰 문제가 발생할 수 있다. 마치 동전의 양면처럼 전혀 다른 모습이 된다.

승마할 때 안전사고가 발생하지 않는 것이 가장 좋은 일이지만, 반대로 사고가 발생한 경우 가장 심각한 일은 머리와 척수 손상이라고 할 수 있다. 한 조사에 의하면 응급실을 방문하는 말 관련 부상자의 15%가 머리 부상이라고 한다. 잘 훈련된 말을 이용해서 매우 안전하게 승마활동을 할 수 있지만, 100%라고 장담할 수는 없다.

낙마할 때 등자에서 발이 쉽게 빠지면 머리보다 몸 전체로 떨어질 가능성이 더 크다. 그러나 등자에서 발이 빠지지 않으면 기승자는 말에 매달리게 되고 이때 머리가 다른 부위보다 땅에 먼저 닿을 가능성이 높은데, 머리뿐만 아니라 척추 부상에 따른 척수 손상도 발생할 수 있다.

응급하마에서도 사이드워커가 기승자의 체중이 쏠리는 반대쪽 등자를 재빨리 벗겨주어야 하는데, 이것이 쉽지만은 않은 일이다. 따라서 재활승마에서는 안전등자를 의무적으로 사용해야 한다.

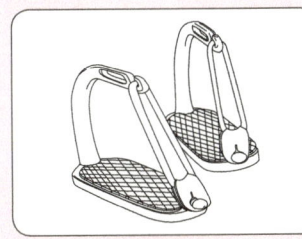

고무줄 등자
peacock stirrup

만약의 경우 기승자가 말에서 떨어져야 할 때 부츠나 신발의 방출을 용이하도록 한다.

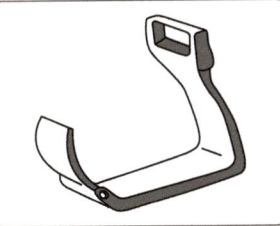

탄력 등자
spring stirrup

말을 타는 동안 충격을 주거나 흡수하는 탄성 구조를 가지고 있다. 이 등자는 90° 회전할 수 있어 수축된 발목 또는 관절염 무릎에 유용하며, 안전 등자이기도 하다.

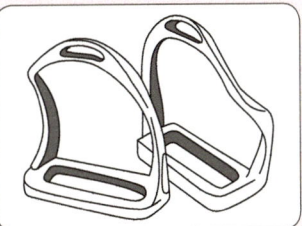

굴절 등자
simplex-shape safety stirrup

고무줄 등자와 같은 목적으로 사용된다. 좀 더 강한 등자이기 때문에 성인이 주로 사용한다.

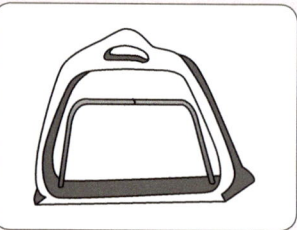 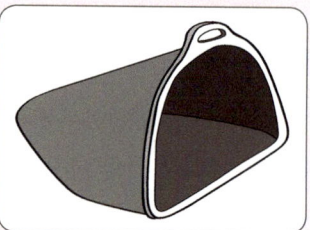 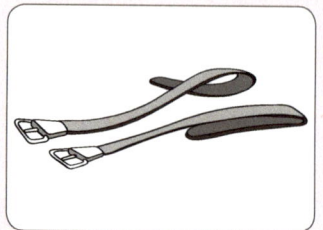

분리 등자
'look' quick release stirrup
스프링이 달린 등자는 스키부츠의 벗겨짐 같은 동작이 나오므로 개별적인 조절이 필요하다. 인기 있는 마장마술 등자다.

발덮개 등자
devonshire boot
영국식 안장의 앞부분으로, 기승자의 발의 미끄러짐과 발이 걸리는 것을 막기 위해 만들어진 가죽 덮개다. 발에 동등한 압력이 분배되게 하기 위해 바닥이 평평하게 되어 있다. 몇몇 장애에 이런 등자가 필요하다.

등자끈
leathers
안장에 등자가 달려 있게 한다. 기승자의 다리가 안전한 위치에 오도록 조절하는 것이 가능하다.

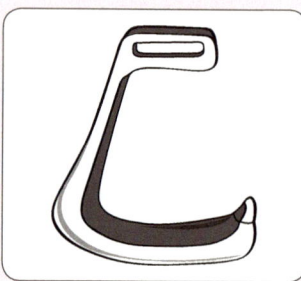 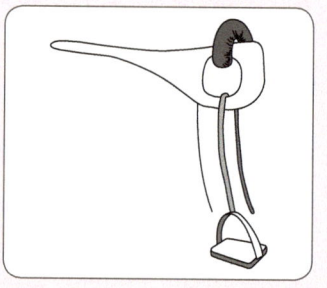

개방식 등자
기승자의 발이 빠지게 하기 위해 고안된 안전 등자다.

깔개 고정벨트
natural rider
안장의 안정성과 조종, 안장 없이 까는 깔개의 가벼움을 혼합한 것이다. 기승자가 잡을 수 있도록 손잡이가 달려 있다.

2) 안장

재활승마에서 안장은 말과 기승자 모두에게 중요한 장비다. 안장으로 인해 말과 기승자 모두 불편을 느끼지 않고 편안하고 안전하게 사용할 수 있어야 한다. 재활승마라고 해서 반드시 특수 안장이나 도구를 사용하는 것이 아니라 일반적인 안장을 사용하는 중 기승자의 장애 유형이나 좀 더 효율적이고 안전한 강습을 위해 약간의 변화를 주는 것이 좋다. 기승 자체를 두려워하는 기승자에게는 크고 튼튼한 안장손잡이(handhold)가 달려 있는 안장을 제공하고, 기승자가 자폐아동인 경우 말의 움직임을 좀 더 전달하기 위해 안장 없이 양털깔개만 사용하기도 한다. 안장 장착 시 안장의 윗부분은 기승자에게 맞아야 하고, 아래쪽은 말에게 맞아야 한다는 것을 항상 염두에 두어야 한다. 중앙구조가 깨지거나 틀어진 안장, 외장부인 안장의 가죽이 트거나 상한 것은 사용하지 말아야 한다. 잘못된 안장 장착으로 말이 통증을 느끼는 경우 예민해지거나 집중력이 떨어져 위험한 상황을 초래할 수 있으므로 다음과 같은 징후가 있는지 살펴야 한다.

▶ 잘못된 안장 장착에 의한 말 등(horseback)의 통증 징후

- 강습 중 안장의 위치 이동
- 강습 중 기승자의 자세 유지 곤란
- 안장깔개 밑의 건조한 지점(dry spot)
- 안장 부위 상처에 의한 흰색 털
- 안장 부위의 일시적·만성적 부종
- 돈등마루 주위의 등뼈 접촉 시 통증 호소

상기의 내용에 유의하여 안장을 선택, 장착해야 한다.

> **Tip**
> 크고 튼튼한 안장손잡이는 기승을 두려워하는 기승자를 대상으로 최후의 수단으로 단기간만 사용한다. 지속적인 사용은 기승술 향상에 부정적인 영향을 준다. 또 하마할 때 말 배에 압박을 가하게 되고 옷이 걸려 기승자가 매달릴 수 있으므로 주의한다.

▶ 획일적인 안장 적용에 의한 기승자의 불편사항

- 딱딱한 안장좌석과의 접촉으로 인한 엉덩이의 부종, 열상에 의한 염증, 골절
- 딱딱한 안장날개와의 접촉으로 부드럽고 예민한 피부를 가진 기승자의 허벅지, 종아리 안쪽의 부종, 열상에 의한 염증(허벅지, 종아리 안쪽에 쿠션을 장착함으로써 부종, 열상을 방지할 수 있다)
- 기승 중 통증과 부자연스러움으로 인한 자세 유지 곤란 및 집중력 저하

상기의 내용을 고려하여 기승자에게 맞는 안장이 적용되어야 하며, 지도사는 기승자의 장애 정도, 신체조건에 따라 적합한 안장을 사용할 수 있다.

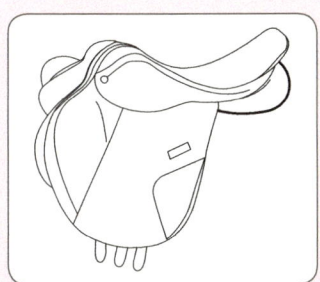

장애물 비월 안장

일반적으로 승마용 안장 중 가장 많이 사용하는 안장

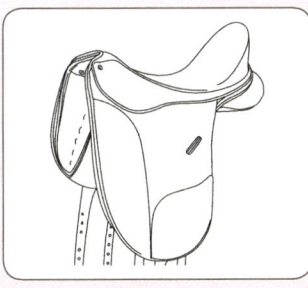

마장마술 안장

마장마술용 안장으로, 말에게 기수의 뜻이 정확하게 전달되어야 하므로 말과의 커뮤니케이션을 정확하게 하기 위해 만들어진 안장

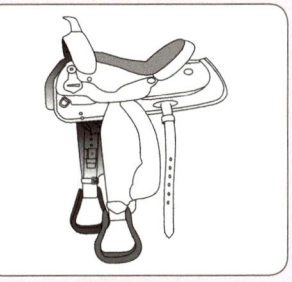

서부식 안장
western saddle

좌석이 깊으며, 기승자가 제자리에 잘 앉아 있도록 해준다. 다리가 약한 사람 또는 절단장애인에게 유용하다.

호주식 안장
Australian outback saddle
서부식 안장의 편안함과 영국식 안장의 균형 잡힌 기좌가 조화된다.

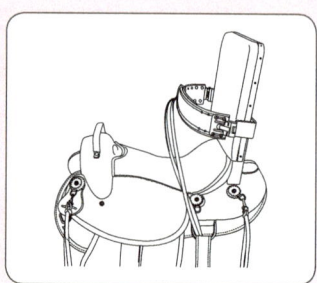

등받이 특수 안장
specially adapted saddle
안전하지 못한 기승자 또는 제한된 등힘이나 이동성을 가진 기승자가 지탱할 수 있도록 안장머리에 뻣뻣한 금속 바를 장착할 수 있다. 다리 절단자들을 위한 안장의 특수한 변형 형태다(기승자는 안전을 이유로 안장에 묶여져서는 안 된다).

한국식 특수 안장
이 제품은 말의 몸체에 알맞은 윤곽을 만들어주며, 사용자에게 자연스러운 착용감을 준다. 미끄러지지 않고 통기성이 있는 재질이어서 패드가 알맞은 곳에 고정되어 있도록 해준다. 이 패드는 땀을 흡수하지 않아서 깨끗하게 유지할 수 있다. 통기성이 있는 스웨이드는 고밀도의 중합물 쿠션과 묶여 있어 매우 편안하게 말을 탈 수 있다(삼성승마단 개발).

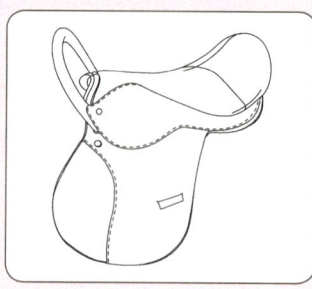

안전 손잡이 특수 안장
handhold
말이 예기치 못한 움직임을 보였을 때 또는 안전하지 못할 때 기승자가 고삐, 안장 또는 말의 갈기 대신 잡을 수 있도록 만든 안장 앞에 달린 끈

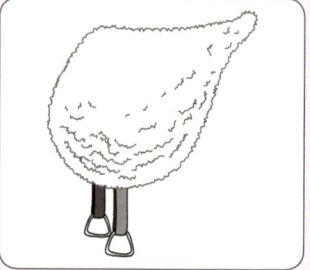

양털 안장덮개
fleece saddle cover
쓸림에서 부드럽고 예민한 피부를 보호할 수 있으며, 기승자가 미끄러지는 것을 막을 수 있다.

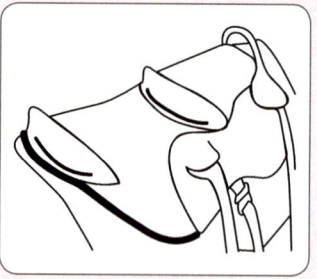

2인용 특수 안장
재활승마 프로그램을 위해 특수 제작된 것으로, 나무로 되어 있지 않은 패드
(PATH Intl.)

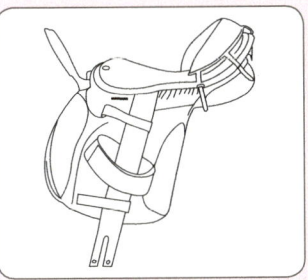

영국식 특수 안장
accommodate different size riders and aid in balance
영국산 치료용 승마 안장은 전 세계의 재활승마 프로그램을 위해 제작되었다. 견고한 손잡이와 다리끈, 등자 가죽끈, 패드가 부착된 의자 그리고 다양한 몸집의 기수들을 수용하기 위한 2개의 버클(쇠)이 달린 의자 패드를 포함한다.

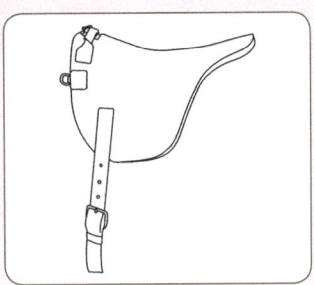

자연 안장
natural rider

안장의 안전성과 조종, 안장 없이 끼는 깔개의 가벼움을 혼합한 것이다. 기승자가 잡을 수 있도록 손잡이가 달려 있다.

3) 굴레 세트

굴레 세트는 굴레, 재갈, 고삐 등으로 이뤄진다. 굴레는 말의 머리에 잘 맞아야 편안하면서도 제대로 통제할 수 있기 때문에 말마다 전용 굴레 세트를 준비하고 이름표를 달아준다. 일반적으로 강습을 운영하기 위해 굴레 세트는 일반 승마에 이용되는 장비를 같이 사용하지만, 고삐는 기승자의 장애유형에 따라 적정한 고삐를 적용하기도 한다.

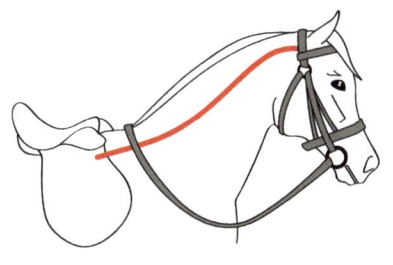

그림 3-26 그래스 레인(Grass Rein)

무지개고삐는 고삐를 잡을 때 어디를 잡아야 할지에 대해 시각적으로 구별하기 쉽게 도와주고, 고삐 사이 마디를 볼록하게 만들어 고삐가 손에서 미끄러지지 않아 손기능이 부족한 기승자에게 도움을 줄 수 있다.

기승자를 태운 말이 필요 이상으로 고개를 숙이는 버릇이 있거나 풀밭에서 먹이를 먹기 위해 자꾸 고개를 숙이게 되면 팔기능이 약하거나 상반신의 균형을 유지하기 어려운 기승자는 쉽게 앞으로 딸려가게 된다. 이런 경우 고삐와 안장 사이에 말 머리가 과하게 숙여지지 않도록 해주는 그래스 레인을 장착하여 말의 머리를 통제하는 데 도움을 받을 수 있다.

재활승마 강습에서는 말과의 교감이 충분히 형성되고, 경험이 풍부한 말 리더와 사이드워커가 있어도 기승자가 잡는 고삐는 마방굴레에 연결하여 사용하는 것을 원칙으로 한다. 기승자의 고삐는 마방굴레에 연결하여 충분히 고삐조정 연습을 실시한 후, 고삐 조절이 용이해지면 점차 재갈에 연결하는 시간을 늘려나가야 한다. 그러기 위해서는 말의 얼굴과 머리에 재

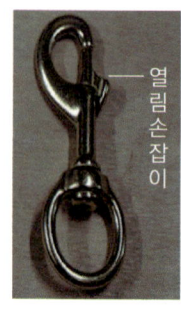  

그림 3-27 　 연결고리(좌), 리드라인(중), 재갈걸이(우)

갈굴레와 마방굴레 두 가지가 씌워지는데, 사전에 이에 대한 적응 훈련이 반드시 필요하다.

　마방굴레와 재갈굴레를 동시에 사용하면 마방굴레가 재갈굴레 안으로 들어가거나 재갈굴레 밖으로 씌워지는 경우가 있을 수 있다. 마방굴레가 재갈굴레 안으로 들어가는 경우에는 마방굴레가 말의 얼굴에 비해 크거나 너무 작으면 매우 불편하므로 얼굴에 맞아야 한다. 마방굴레가 밖으로 나오는 경우는 마방굴레가 작지만 않으면 큰 문제가 없으나 고삐가 마방굴레 밑으로 들어가게 된다. 고삐가 마방굴레 밑으로 들어간 상태로 고삐를 연결하면 말과 기승자 모두에게 스트레스가 될 수 있으므로 고삐 끝에 연결고리를 설치하여 이를 방지한다.

　재활승마에서는 강습 도중에도 고삐의 연결 부분이 마방굴레에서 재갈, 재갈에서 마방굴레로 결합하는 위치가 바뀌기 때문에 고삐 끝에 연결고리의 설치는 필수다. 다만 연결고리를 재갈이나 마방굴레에 연결한 후 '열림손잡이' 부분이 말 쪽으로 향하게 되면 말을 자극하거나 상처를 입힐 수 있으므로 유의하고, 파손에 대비하며 여유분을 충분히 보유하도록 한다.

　〈그림 3-27〉의 재갈걸이를 말의 재갈에 연결하고 리드라인을 사용하여 말을 통제하거나 리드라인 자체가 두 갈래로 각각 양쪽의 재갈에 연결되는 경우가 있다. 이는 리드라인에 순응하지 않는 말을 훈련시킬 때 사용한다. 말이 너무 억세게 끌거나 말 리더를 밀어붙일 때 말 리더가 재갈걸이를 사용하면 말을 효과적으로 제어할 수 있다. 강습에도 사용할 수 있지만, 반드시 훈련된 리더가 사용해야 한다.

　〈그림 3-28〉의 a와 같이 연결 부위가 금속 부분으로 두껍고 각을 형성하는 경우에는 고삐의 연결고리 채움이 원활하지 않고 기승자나 말 모두 불편함을 느낄 수 있다. 이때는 연결 부분이 원형인 마방굴레를 사용하는 것이 가장 좋으나 그렇지 않은 경우

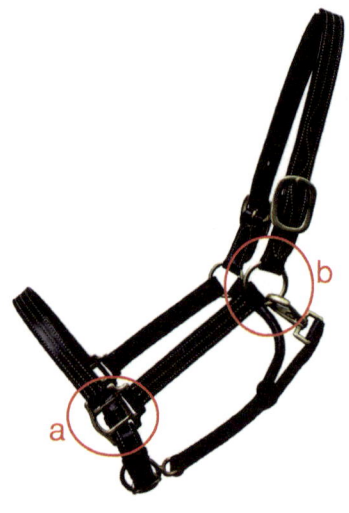

그림 3-28 　 마방굴레

에는 a 부분에 고삐연결고리를 쉽게 채울 수 있도록 사전에 링을 끼워놓는 것도 좋은 방법이다. 그것도 용이하지 않으면 b 부분에 연결할 것을 권장한다. 다만 기승자의 고삐 연결이 너무 약하면 말에게 방향을 제시하기 어렵고, 고삐 연결고리의 열림손잡이 부분이 말 쪽을 향해 말에게 불편함을 주지 않도록 주의를 기울인다.

 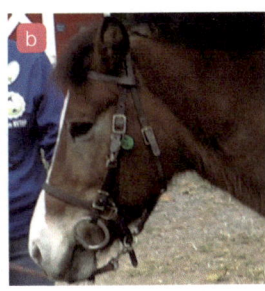 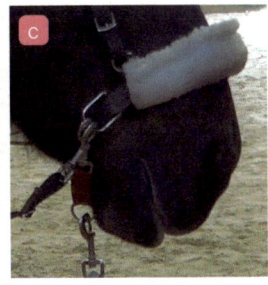 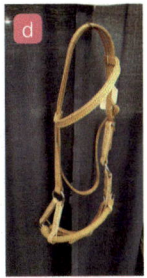

이와 같이 재활승마에서는 말이 스트레스를 받지 않도록 재갈과 마방굴레로 필요에 따라 고삐를 옮겨 가면서 사용한다. 이처럼 마방굴레와 재갈굴레를 동시에 사용하기도 하지만 두 가지 굴레가 하나로 되어 있는 일체형 굴레(a, b)를 사용하기도 하고 기승자가 재갈을 이용한 말 조정이 충분하지 않고 말 조련이 충분히 되어 있는 경우에는 재갈 없이 굴레(c, d)만 사용하기도 한다.

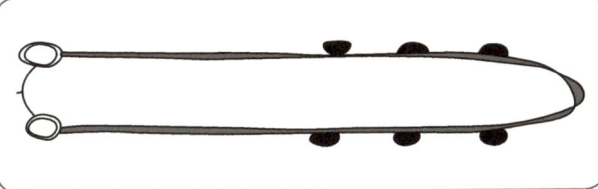

매듭고삐
knob reins
약한 손을 가진 기승자에게 손잡이를 제공하기 위해 가죽고삐에 손잡이가 붙어 있다. 고삐에 손잡이를 연결하여 한쪽 손 사용이 불편한 사람이 사용하기에 편리하다.

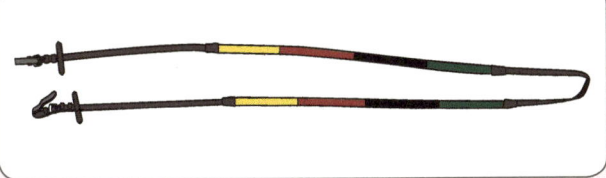

무지개고삐
colored or rainbow reins
공인된 제품으로 빨간색, 노란색, 하얀색 부분이 있다. 나이가 어리거나 시력 또는 인지능력이 낮은 기승자에게 사용할 수 있다.

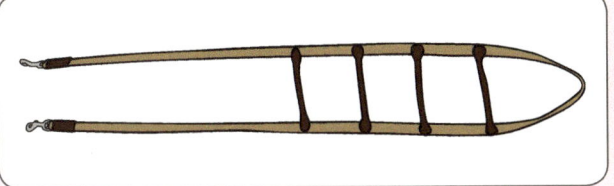

사다리고삐
ladder reins
줄 사이의 단계는 뇌병변장애 등으로 한쪽 손을 사용할 수 없을 때 유용하게 사용된다.

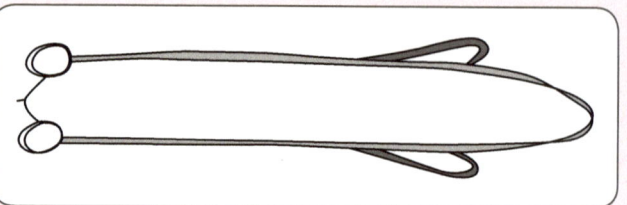

단순고리고삐
humes reins
2개의 고리가 달려 있어 옆에서 조절이 가능하다.

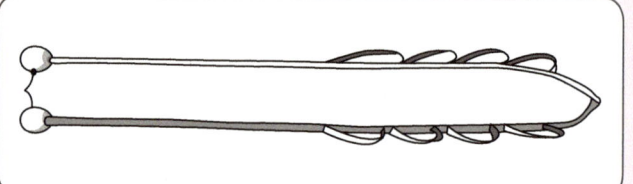

복합고리고삐
loop reins
고리고삐는 미끄러지는 손가락을 가진 기승자가 더 단단히 잡을 수 있도록 해주는 고삐다.

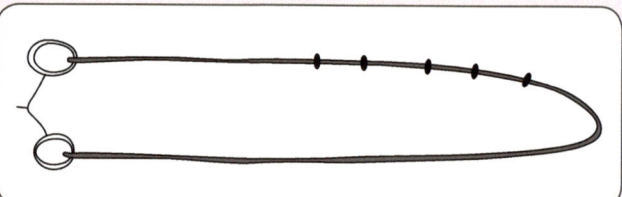

미끄럼방지고삐
horizonal stays
좋지 않은 협응력을 가진 손가락이 정지할 수 있도록 해준다.

촉각고삐
textured reins
꼬아 만든 공인된 제품, 고무 또는 직물 고삐는 잡기 능력이 떨어지거나 좋지 않은 손 감각을 가진 사람들의 미끄러짐을 줄이기 위해 사용된다.

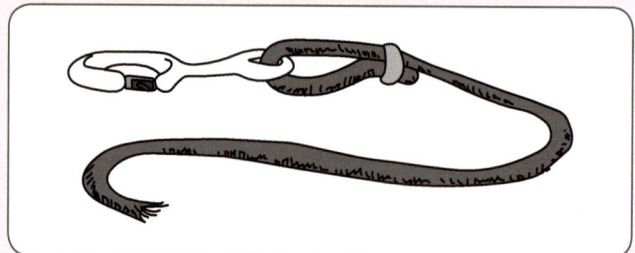

리드라인
lead line, lead rope
규격화된 마구로, 끝 부분(연결고리)이 두 줄로 나누어져 있어 재갈 링에 바로 연결하거나 한 줄로 재갈걸이 아래 링 또는 마방굴레에 연결하여 말 리더가 말을 끌 때 사용한다. 길이가 1.8~3m 정도 된다.

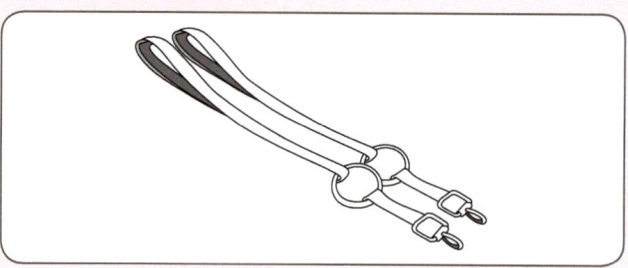

사이드레인
side reins, german donut type
재갈이 중심에 오도록 유지하는 것을 돕는다. 말이 갑자기 고삐를 앞으로 당겨 기승자의 균형이 깨어지면서 당겨지는 것을 막는다. 안장 또는 마상체조용 뱃대끈과 함께 사용한다.

4) 벨트류 등

기승자의 몸통 지지가 필요한 경우에는 다음 그림과 같은 다양한 벨트가 제품화되어 있어 구입하여 사용할 수 있다. 다만 기승자의 자연스러운 움직임을 방해하지 않도록 한다.

 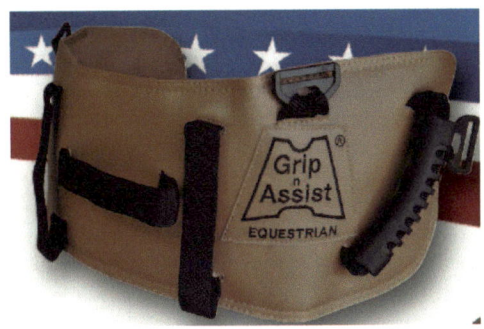

사진제공: www.gladbelt.com

그림 3-29 제품화된 허리벨트

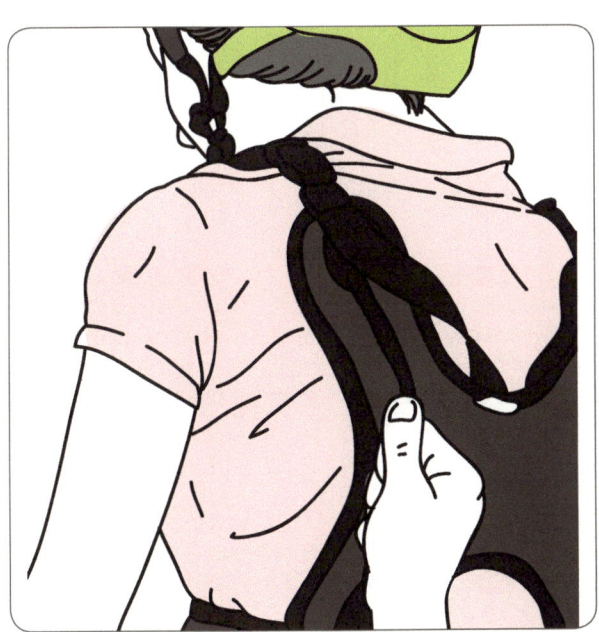 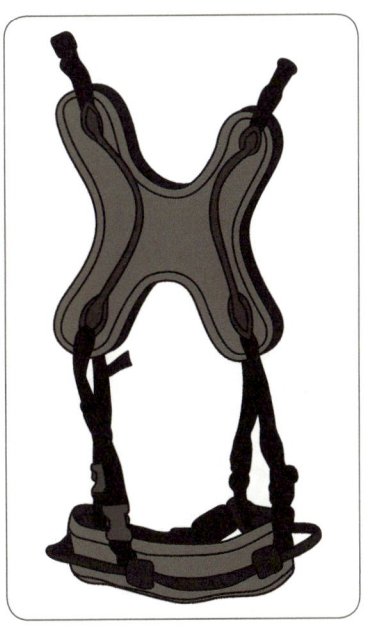

그림 3-30 제품화된 몸통벨트

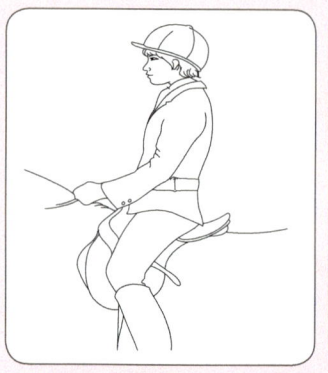  

허리벨트
waist belt

사이드워커의 지지를 위한 손잡이가 벨트 뒷부분에 장착되어 있으며, 주로 어린아이들에게 사용된다. 손잡이는 사이드워커가 손가락으로 잡는다.

몸통벨트
body harness

상체를 잘 지탱할 수 있도록 하기 위해 사이드워커가 잡을 수 있는 무언가를 제공한다.

골반벨트
pelvic belt

기승자를 보호하기 위해 사이드워커가 잡을 수 있도록 양쪽에 붙어 있는 끈과 함께 골반을 둘러싼 벨트

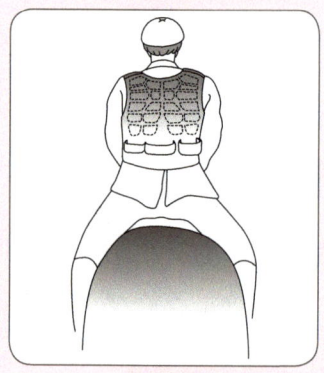  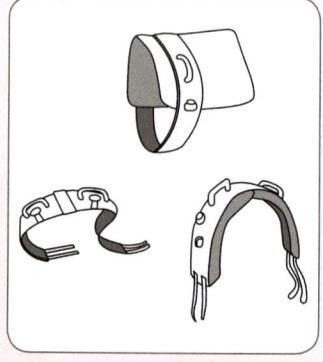

조끼형 벨트
body vest

안전조끼와 벨트(harness)가 결합된 형태로 몸통벨트보다 더 큰 지지를 제공한다.

양털 깔개
sheepskin pad

안장 없이 끼는 깔개 대신 또는 마상체조에 사용되는 부드러운 깔개. 기승자는 이 깔개 위에서 움직이며 다양한 동작들을 수행할 수 있다.

마상체조용 벨트
vaulting surcingle

마상체조에 사용된다. 기승자가 잡기 위한 손잡이 또는 마상체조용 2개의 안전한 손잡이를 제공한다.

구름 방지 벨트
anti-cast surcingle

말이 눕는 것을 방지하기 위한 장비이지만, 기승자들이 잡을 수 있도록 깔개와 함께 사용된다. 기승자의 무릎을 위한 공간을 허용해준다. 작은 손잡이는 어린아이들에게 좋다.

상처 방지 패드

이 패드는 전체적으로 신축성 있고 유연한 벌집 모양으로 만들어졌으며, 혁신적인 쿠션기능을 하는 재질로 이뤄져 있다. 이는 휠체어 사용자들이 말을 탈 때 압력에 의한 고통을 제거하는 데 매우 효과적이다. 이 제품은 안장패드로 디자인되어 있지만, 이 패드를 뱃대끈과 함께 사용하면 욕창이 있는 사람들에게 매우 효과적일 수 있다.

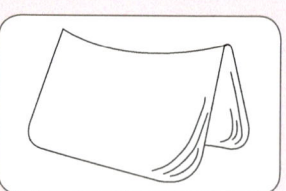

5) 마구의 관리

좋은 마구를 위한 투자는 돈이 드는 일인데, 좋은 마구라면 오래 사용했던 것이라도 잘 닦고 관리를 잘해주면 오래 쓸 수 있다. 질이 좋은 마구는 손질과 보관을 잘하고 주기적으로 닦아주면 20~30년도 쓸 수 있다. 땅에 아무렇게나 놓아두지 말고, 먼지 또는 흙이 묻어 있으면 수시로 닦아주어야 한다. 여름철 등에 승마를 하고 난 후에는 말이 땀을 많이 흘리기 때문에 깨끗하게 닦아주어야 한다.

질이 좋은 마구는 값이 비싸지만, 너무 싼 제품은 가죽도 나쁘고 뻣뻣하며 오래 쓸 수 없다. 따라서 가성비(cost-effectiveness, 가격 대비 성능비의 준말) 등을 고려하여 적절한 수준의 마구를 준비하는 것이 경제적이다. 또, 질이 나쁜 마구는 말이나 기승자에게 편안하지도 않다.

더럽거나 말의 땀이 배어 있거나, 너무 건조하거나 젖어 있는 마구는 곧 마멸되고 만다. 안장은 안장 선반에 보관해야 안장틀이 변하지 않는다.

마구가 깨끗해야 하는 이유는 다음과 같다.

- 사고를 예방하고 말의 피부에 찰과상을 일으키지 않는다.
- 마구의 가죽이 갈라지거나, 건조하거나 굳어지는 것을 막는다.
- 수명을 연장한다.
- 기승자를 편안하게 한다.
- 자주 수리하지 않아도 된다.
- 가죽의 기름기를 오래 유지하게 하여 부드럽고 튼튼하며 안전하다.

재갈은 사용할 때마다 세척해야 한다. 물에 담가서 마른 풀과 사료를 부풀려 분리하거나 작은 솔을 이용하여 닦아낸다. 이때 가죽 부위가 물에 잠기지 않도록 주의한다. 재갈굴레는 가죽용 비누와 젖은 스펀지를 사용하여 가죽의 안팎을 잘 닦아낸 후 마른 수건으로 물기를 제거한 후 잘 말린다.

안장의 겉 부분은 가죽 또는 합성피혁 등으로 되어 있다. 가죽 안장은 젖은 스펀지에 가죽용 비누를 사용하여 안장의 윗부분과 아랫부분을 잘 닦은 후 그늘에서 말린다. 안장을 수직으로 세워서 안장날개 밑과 복대끈도 잘 닦는다. 합성 재질의 안장은 젖은 스펀지나 수건으로 잘 닦은 후 그늘에서 말린다.

등자는 젖은 스펀지나 수건으로 잘 닦아서 그늘에서 말린다. 등자끈은 가죽용 비누를 사용하여 깨끗이 닦고, 가끔씩 등자와 가죽끈을 분리해서 닦는다.

굴레 양쪽의 가죽끈은 젖은 스펀지나 수건으로 가죽용 비누를 사용하여 깨끗하게 닦은 후 그늘에서 말린다. 재갈은 물로 깨끗하게 세척하며, 말라붙은 오염된 것이 있으면 물에 충분히 불린 다음 세척한다. 작은 솔을 이용하여 링과 마우스피스가 만나는 재갈의 끝부분을 특히 잘 씻는다. 코끈은 굴레 바깥으로 돌려서 닦고 정리하며, 해체한 후에는 버클을 제자리에 끼워놓는다. 마른 수건으로 재갈을 잘 닦은 후 굴레를 제자리에 걸어놓는다.

▶ 마구를 보관하는 방법
- 안장과 굴레를 꼼꼼히 닦기 위해서는 재갈을 분리하고, 가죽끈을 풀어서 손질한다.
- 가죽과 등자를 분리한다.
- 마구는 축축한 스펀지나 천으로 닦아 먼지와 땀을 없앤다.
- 재갈은 이물질이 말라붙으면 말의 입에 통증을 가하거나 쓸려 피부가 벗겨지므로 예방하기 위해 세척하고 닦아놓는다.
- 닦은 후에는 마구의 습기를 제거한다.
- 건조시킨 후에는 가죽을 가죽 정발제로 닦거나 마른 천으로 광을 낸다.
- 마구는 열과 수분으로부터 보호하기 위해 사용 손질 후 마장구실에 보관한다.

2. 교구 및 소품

1) 사용 목적

재활승마 강습에는 원통, 공, 고리, 삼각콘, 그림, 글자카드, 블록, 바구니 등의 다양한 교구 및 소품들을 활용할 수 있다. 재활승마 강습 중 교구와 소품을 활용해 얻을 수 있는 이점은 여러 가지가 있다.

직접적인 승마 기승술 향상을 고려한다면 원통이나 삼각콘을 이용하여 출발과 정지, 고삐 사용 강습에 이용할 수 있고, 양손이 습관적으로 벌어지는 것을 예방하고 교정하기 위해 고삐를 잡은 상태에서 고리를 양손 엄지손가락으로 누르는 방법 등을 고려할 수 있다.

승마 기승술 향상을 위한 강습에 직접적이지는 않지만, 다양한 교구 및 소품을 이용하여 균형유지능력 향상 등 다양한 간접적인 효과를 기대할 수도 있다. 기승자가 단순히 승마기술만 지속적으로 배우게 되면 흥미를 잃거나 지루해할 수 있으나 교구를 활용하여 게임을 즐기듯 기승하면 지루하지 않게 승마운동 효과를 얻을 수 있게 된다. 공을 바구니에 집어넣거나 고리를 봉사자의 팔에 거는 등의 다양한 게임을 하도록 하면서 균형유지능력 향상과 신체 가동범위를 넓히고 근력을 강화해 신체기능 발달과 색 구분, 오른쪽·왼쪽 구분, 숫자 세기 등의 인지기능 발달에도 도움을 줄 수 있다.

2) 사용방법과 고려사항

　교구와 소품은 재활승마 강습에 도입하기 전에 충분히 말과 친숙해질 수 있도록 미리 훈련하여 안전에 만전을 기해야 한다. 안전에 문제가 없다면 지도자는 다양한 교구와 소품을 강습에 이용할 수 있는데, 이때 가장 먼저 고려할 사항이 강습 중 이러한 '교구들을 어디에 놓을 것인가?'이다. 강습 도중 교구 준비를 위해 지도자가 마장 중앙에서 이리저리 다닐 수 없으므로 원통(barrel, 현재 '배럴'은 석유용량의 단위로도 사용되는데, 석유를 운반하는 데 사용된 나무통에 어원을 두고 있다)을 마장 중앙이나 각 주요 지점에 두고 교구 등을 그 위에 놓고 사용한다.

　또한 재활승마지도사가 강습에 사용할 교구 및 소품을 선택하는 데 고려해야 할 사항은 다음과 같다.

- 기승자의 단기 목표와 장기 목표에 도달하는 데 도움이 되는가?
- 기승자의 감각을 자극하는가?
- 기승자의 장애유형과 정도에 알맞은가?
- 기승자의 신체기능 발달에 도움이 되는가?
- 기승자의 인지기능 발달에 도움이 되는가?
- 기승자의 흥미를 유발하여 집중력 향상에 도움이 되는가?
- 기승자의 안전에 문제가 되지 않는 교구인가?
- 말이 교구에 충분이 익숙해져 있는가?

3) 교구

통	속이 빈 쇠 혹은 플라스틱 드럼통(원형). 통은 여러 가지 색의 페인트를 칠하고 글자를 써넣어 세워놓거나 옆으로 뉘어놓는다. 드럼통 경주, 점프 지주 받침 혹은 원의 중앙지점 표시에 사용됨
무전기	시력이 좋지 않은 기승자가 삼각콘, 글자표, 장애물 등의 식별이 어려울 때 사용함
다리	평평한 나무판자들로 된 장애물(말이 밟고 지나가도 견딜 수 있을 만큼 충분히 튼튼하고, 파손된 부분이나 못 등으로 말이나 사람에게 부상을 입히지 않도록 잘 관리되어야 함)을 건너갈 때 기승자는 반전경자세를 실시하여 하체운동을 실시함
삼각콘	주황색(페인트칠함) 깔때기 모양의 도로 표시 마크. 높이는 25cm~1m로 코스의 각 지점 표시, 원 중심 표시, 게임 등에 사용함
글자 표식	한글이나 영어 알파벳으로 나타낸 글자 표식으로, 흰 판에 검은 글자. 승마 구역의 각 지점을 표시함. 승마장에서는 일반적으로 각 주요 지점에 알파벳을 사용하지만, 학습장애나 저학년 어린이의 재활승마를 위해 한글 글자 표식을 만들어 배치한다.
지상횡목	길이 2.5~3.7m, 두께는 15~20cm. 8각형 혹은 정사각형. 굴러가지 않도록 함. 하얀색을 기본으로 여러 가지 색칠을 함. L자형으로 배열. 걷기나 속보로 건너가거나 점프하며, 느리게 갈 때도 이용함
우편함	게임용
거울	실내 승마장의 벽이나 야외 승마장의 장비보관소 벽에 걸어둠(태양에 반사되지 않도록 함). 자신의 동작을 비추어봄
표식	나무판이나 깡통 혹은 딱딱한 종이 위에 특정한 모양이나 색, 그림 등을 그려 넣음. 글자를 읽을 수 없는 사람들을 위해 사용함
자동차 타이어, 양동이, 공	게임용
트램펄린	준비운동, 마상체조 연습용
곧은 횡목과 굽은 횡목	길이 3m, 직경 2.5cm의 PVC 지주를 받침대에 세움. 페인트칠하여 여러 형태로 배열함. 게임 시 끝에 삼각콘을 얹어놓음
교통표지판	글자를 모르는 사람들을 위한 표식으로, 정지, 양보, 주의, 말이 건너감, 보행자 건너감, 자전거도로, 정지등, 기차 지나감, 전화, 화장실, 음식점, 휠체어 진입로 등

4) 소품

어떤 장비를 사용하든 사용 전에 말에 대한 반응을 고려해야 한다. 말이 낯선 물체에 대해 두려워하고 피할 수도 있다. 사전에 말이 거부반응을 보이지 않도록 충분히 순치시키고, 강습 직전에도 말에게 접촉해서 이상이 없을 때 사용한다.

다음 항목들은 재활승마에서 운동과 게임을 위해 사용할 수 있는 기구들이다.

천으로 된 인형	고무, 스펀지 혹은 천으로 만든 동물인형은 각종 게임과 균형유지 훈련에 사용됨
풍선	풍선은 말이 거부하지 않을 때 사용함
털로 된 공	테니스공, 스티로폼 공, 오자미, 털로 된 공, 소리 나는 공 등을 게임에 사용함. 소리 나는 공은 시력이 약한 사람들을 위한 것임
여러 가지 주머니	여러 가지 색의 공기자루나 주머니를 게임에 사용함
퍼즐게임	승마장 안 여러 장소에 다양한 퍼즐게임을 마련함
야구방망이	풍선을 쳐낼 고무로 된 야구방망이
나무토막 등	기승자가 말 위에서 균형을 잡을 수 있을 때 나무토막이나 게임용 천을 게임에 사용함
거품내는 기구	폐활량 증가를 위해 거품 내는 기구를 이용함
작은 통	15㎝ 정도 되는 작은 통
공	여섯 개의 뿔이 달린 주고받는 공
옷핀	옷핀으로 물체를 고정시키는 기술을 연습함
인형	헝겊으로 된 인형은 후승자로 이용함
깃발	게임용
여러 가지 형태의 스티로폼	한 면에 풀이 묻어 있어 여러 가지 표식들을 붙여놓을 때 사용함
손수건	게임용
머리핀	-

여러 가지 모양의 모자	–
훌라후프	유연성 훈련을 위해 땅에 배열하여 말이 지나가게 함
약식 테니스 라켓과 공	게임용
글자	우편함에 넣거나 빼내옴
여러 가지 모양의 표식	–
박자기 (metronome, 메트로놈)	각 동작에서 리듬(박자)을 확인함
게임용 글러브	볼 게임용
모형 돈	각종 게임용
머그 잔	각종 게임용
음악	모든 프로그램에서 사용하며, 리듬감과 흥미 유발
리본	준비운동에 이용함
고무 고리	각종 게임용
양말과 공	각종 게임에 이용함
나무 수저	달걀 나르기 게임용
스톱워치	경기 시 이용함
테니스 라켓	공을 쳐내기 위한 도구
두꺼운 탄력 밴드	준비운동 시 이용함
보물찾기 게임용 물품들	–
여러 가지 색의 조끼	게임용
지휘봉	유연성 운동에 이용

재활승마

PART IV
재활승마 강습

1장. 대상자 관리
2장. 강습계획
3장. 기승과 하마
4장. 준비 운동과 마무리 운동
5장. 본 운동(과제수행)
6장. 교감활동
7장. 교수법과 지도 원리

재활승마 강습에 포함되는 대상자 관리와 강습계획, 강습 운영 및 교수기법과 지도원리에 대한 내용들을 살펴본다.

1장. 대상자 관리

재활승마지도사는 재활승마에 참가하는 대상자에 대한 관리와 그들에게 필요한 강습계획에서부터 강습 운영에 이르기까지 치밀하면서도 매우 세밀한 사항까지 준비해야 한다.

재활승마를 통한 효과를 극대화시키기 위해서는 대상자에 대한 자세한 정보와 평가 절차의 적절성, 평가방법 등이 포함된 종합계획과 평가결과가 중요하다. 이는 재활승마 강습에 참여하고자 하는 대상자에게 적합한 지도방법이나 목표를 설정하는 데 매우 중요한 사항이다. 특히, 잘 구성된 강습계획은 재활승마 프로그램에 반드시 필요하다. 지도사가 무엇을 어떻게 가르쳐야 지도사나 대상자 모두가 원하는 만큼의 목표수준에 도달하는지에 대한 명확한 기준을 제시한다.

1. 대상자 평가

재활승마 참가 대상자가 선정되면 신청서 형태의 양식을 토대로 한 평가가 필요하다. 평가는 기승자가 지니고 있는 운동 기능성과 인지적 수준이 어떤지를 파악하여 단독강습이 좋을지, 그룹을 형성한 단체강습이 바람직한 방향인지 등을 가늠하고, 강습 일정, 말의 배정, 봉사자의 규모나 지원 정도를 선정하는 데 중요한 정보가 된다.

1) 기승자 정보 기록 카드 작성과 관리

재활승마 대상자가 평가를 받기 전에 지도사는 상담실에서 대상자, 보호자와 함께 〈표 4-1〉과 같이 기승자 정보 기록 카드를 작성한다.

기승자 정보 기록 카드는 지도사의 질의에 대상자와 보호자가 응답하며 지도사가 작성한다. 대상자의 일반적인 내용과 보행 가능 유무를 비롯하여 병력 등을 비교적 상세히 작성하여 다른 지도사에게 강습이 배정되더라도 반복해서 정보를 수집하는 일이 없도록 한다. 다만 기록된 내용이 현재와 현격하게 다르다면 보호자와 상의하여 새롭게 작성하고 초기 자료와 함께 보관한다.

    정보 제공을 자발적으로 했으면 수집 활동에 동의한다는 서명을 받은 뒤 작성된 각종 서류는 개인정보보호를 위해 잠금장치가 되어 있는 별도의 문서보관실 또는 보관함에 보관한다. 지도사 또는 관리자의 통제 하에 교육과 관련 있는 경우에 한해 제한된 열람을 할 수 있도록 한다.

표 4-1 기승자 정보(예)

기승자 정보 기록 카드				
작성일	년 월 일	작성자:		
이름		생년월일:		나이:
	병력 및 의사소견서: 예 / 아니오		진단 날짜:	
	방사선 진단(x-ray): 예 / 아니오		촬영 날짜:	
키	cm		몸무게	kg
보행상태				
보조장구 사용 여부				
병력 소견				
수술 여부 (날짜 포함)				
복용 중인 약물				
주의사항 및 금기증				
경련		종류		
기타 치료 (종류와 빈도)				
가정환경 (부모와 동거, 형제자매 등)				

상기인은 이 평가 기록 카드 및 차후 작성되는 모든 서류에 자발적으로 정보를 제공하였으며 재활승마 및 관련업무에 한하여 사용되는 것에 대해 동의합니다. 또한 차후에도 이의를 제기하지 않을 것을 약속합니다.

                20   년   월   일

확인: 본인   (서명)   보호자: (서명)

※ 위의 정보를 수집하고자 할 때는 반드시 개인정보 수집에 필요한 내용에 대해 설명하고 동의를 구한 뒤 서명을 받아야 한다.

2) 평가의 종류

기승 대상자를 평가하고자 할 때는 각각의 상황에 맞는 지정 과제를 주거나 단순하게 안전모를 씌워보는 비교적 간단한 행위만으로도 지속적인 강습 참가 여부 및 실제 강습에서 어떤 행동들을 나타낼 수 있는지 예상할 수 있다. 재활승마를 통해 기량 향상과 긍정적인 효과를 얻기 위해서는 시각, 청각, 촉각 등과 신체감각기능 부문에 대한 평가도 병행되어야 하고, 신체적·인지적 기능 측면에서 장애인이 공통적으로 지니고 있는 근육의 긴장도도 파악해야 한다. 이는 강습 시 매우 중요한 정보로 활용된다.

(1) 신체적 기능

바닥에서 일어나기, 한 발로 서기, 계단 오르내리기, 경사로 걷기 등과 같은 균형유지, 잡아당기기, 앉기, 서기 및 보행에 필요한 근력 정도에 대해 평가한다. 또한 옷 입기나 먹기, 머리 빗기 등 일상생활에 쓰이는 운동기능 정도와 함께 몸통, 팔다리 등 신체 관절의 가동범위를 살펴보는 평가를 한다. 또 얼굴, 몸통, 팔다리 등의 특정부위에 자극을 주었을 때 나타내는 반사반응과 감각적인 기능 부문의 평가도 한다. 기승했을 때는 대상자의 좌우 균형감각 및 상·하반신 자세 정도를 평가한다.

(2) 인지적 기능

사물의 모양이나 색상 구분, 문자 인식, 숫자에 대한 개념, 주어진 과제에 대한 문제해결능력, 과제에 대한 집중도와 이해력에 대한 평가가 필요하다. 상황에 따라 지정과제를 주거나 사람과 사물에 대한 설명 등에 대해 평가할 수 있다.

(3) 사회적 기능

자원봉사자 등 다른 사람과의 눈 맞추기, 지도사의 지시 이행 여부, 과제수행 시 협력하려는 정도, 자원봉사자 등 다른 사람과의 상호작용 차원에서 어떤 자극을 주었을 때 불만 표출 정도나 그에 따른 돌발적인 행동 등에 대해서도 살펴보고 평가한다.

(4) 기타 기능

동물에 대한 두려움, 각종 알레르기, 소음이나 날카로운 소리, 접촉에 대한 민감성 등의 평가도 이뤄져야 한다.

2. 대상자 선정 및 배정

대상자 평가를 바탕으로 지도사의 역량, 보유하고 있는 말의 적합성, 주변 환경, 자원봉사자 규모 등을 고려하여 대상자를 선정하고 강습시간을 배정한다. 이는 강습에 영향을 줄 수 있는 모든 요소를 고려하여 안전하고 효율적으로 강습을 진행함으로써 재활승마 효과를 극대화하기 위함이다.

1) 대상자 선정

대상자 선정 단계에서 우선적으로 고려할 사항은 장애별 주의사항 및 금기사항이다. 대상자가 재활승마 금기사항에 해당하면 기승활동은 할 수 없다. 주의사항에 해당하면 그에 대한 대처 방안을 고려한다.

이처럼 재활승마 강습 참여 적합성 여부를 판단하여 적합하다고 판단될 시에는 대상자 장애에 대한 지도사 지식 정도 및 기술수준, 대상자에게 적합한 말 보유 현황, 보유하고 있는 말의 운동능력 적합성, 자원봉사자의 운영 규모 및 대상자에게 적합한 교육수준 등을 고려하여 대상자를 선정할 수 있도록 한다.

이런 모든 요소들이 재활승마 강습의 효과를 높이기 때문에 각 요소별 역할과 중요성에 대해 인지하고 대상자 선정 단계에 고려할 수 있도록 한다.

① **대상자**
   장애(신체 및 정신기능)유형 및 정도, 연령, 체중, 키 등
② **지도사**
   대상자 장애에 대한 지식수준 및 기술
③ **말**
   대상자와 적합한 말 보유 현황 또는 말 운동능력 향상 여부
④ **자원봉사자**
   운영 규모 및 교육수준
⑤ **기타**
   적합한 마구 보유 현황, 기관(센터) 스케줄

2) 대상자 배정

대상자가 선정되면 일정을 조율하게 되는데, 이때에도 말, 자원봉사자를 고려하여 효율적으로 운영될 수 있도록 해야 하며, 이러한 과정을 '배정'이라고 할 수 있다. 선정과 배정을 따로 나누어 생각하기보다는 하나의 연결된 과정으로 볼 수 있으며, 이는 선정 때부터 대상자와 말, 자원봉사자 모두를 고려하여 이루어질 수 있도록 해야 함을 뜻한다. 최종적으로 강습 유형, 말의 배정 및 자원봉사자 운영 정도를 고려하여 대상자를 배정할 수 있도록 한다.

3. 강습 목표 설정

대상자 평가를 통해 수집된 정보들과 강습에 영향을 미치는 요소들을 파악하여 강습 목표를 설정하게 된다. 강습 목표 설정 시에는 대상자나 보호자의 의견을 참고하여 동기를 부여하고 흥미를 가지고 참여할 수 있도록 유도할 수 있어야 한다. 이때, 비장애인과 달리 하나의 과제를 수행하는 데도 몇 회, 몇 시간 또는 몇 달이 소요될 수 있으므로 지나친 설정으로 성취감이나 흥미를 떨어뜨리지 않도록 유의하여 목표를 설정할 수 있도록 한다.

한두 번으로 끝나는 체험 위주의 강습은 별도의 계획서를 작성하지 않아도 되지만, 중·장기적으로 진행되는 경우에는 대상자의 수준과 기능 정도를 고려하여 목표 및 단계별 세부 계획을 수립할 수 있도록 한다. 이때에는 매우 기초적인 것부터 차근차근 단계를 밟으며 진행될 수 있도록 유의한다. 경험이 많지 않은 지도사일 경우에는 목표를 설정할 때 지도사 입장에서 설정하는 오류를 범하는 경우가 있다. 이는 다시 말해 지도사가 '무엇'을 가르칠지보다 대상자의 입장에서 '무엇'을 배울 수 있는지를 고려해야 함을 의미한다.

대상자별 목표를 설정한 후 상황에 따라 목표가 다른 대상자들끼리 그룹강습으로 진행되는 경우에도 그 그룹과 개별 대상자들 목표에도 부합할 수 있도록 적절한 대처방안과 유연성을 길러야 한다.

모든 재활승마 대상자의 최종 목표는 독립기승이라는 것을 명심하고 지속적인 강습 목표 수정과 최적의 강습을 운영할 수 있는 방안을 마련한다.

이렇게 대상자의 선정과 배정 그리고 강습 목표 설정과정을 거쳐 종합평가서를 작성하게 된다.

표 4-2 종합평가서

종합평가서			
작성일	년 월 일	작성자:	
이름		생년월일:	나이:
키	cm	몸무게	kg
기승자 목표	1. 2.		
보호자 목표	1. 2.		
기승자 장점	1. 2.		
기승자 단점	1. 2.		
추천 내용			
활동 타임	① 개인 ② 그룹	강습기간(주)	. . ~ . .
강습활동	① 선호하는 말: ② 말 리더 유무: ③ 사이드워커 인원: ④ 안전모 사이즈: ⑤ 필요 장구: ⑥ 승·하마방법:		
단기 목표	1. 2.		
장기 목표	1. 2.		
기타 의견	1. 2.		

4. 대상자 관련 문서

　지도사는 재활승마에 참여하는 기승자, 부모, 말, 봉사자, 간접 지원인력 등 재활승마와 관련된 사람과 말에 대한 각각의 문서를 만들어 보관하고, 관리에 대한 책임이 주어진다. 자료로 보관되는 문서는 향후 회계에 대한 문제 발생이나 안전사고 발생에 따른 책임 소재, 객관적인 통계자료, 기승자의 기량이나 기능 또는 재활 향상 정도에 따른 자료로 신뢰성을 제공하는 데 반드시 필요하다.
　지도사가 재활승마 강습운영 시 갖추어야 할 문서는 다음과 같다.

- **기승자 참가신청서:** 의사소견서(필요한 경우)/기승자 건강정보, 가족 환경사항 등 구체적 사항 포함
- 기승자 지도내용 일지
- **강습계획서:** 1일/월간/분기 또는 반기/연간
- 기승자 평가서
- **기승자 출석기록부:** 강습일지 기록으로 대체 가능
- **각종 동의서:** 사진촬영 및 사용/지도사 책임 면제사항/응급처치
- **말 관련 서류:** 말 건강, 매칭 관련 및 사용기록부
- **봉사자 관련 서류:** 신청서, 각종 동의서, 교육사항, 보험 등

　재활승마 강습은 지도사가 기승자에게 단순하게 승마에 대한 일반적인 지식만을 전달하는 수준으로 끝나서는 안 된다. 모든 문서를 체계적으로 기록·관리하는 행정가, 재활승마 강습 전후를 비교하여 그 효과를 분석할 수 있는 분석가, 긍정적 효과를 차후 강습에 반영할 수 있는 실천가가 되어야 한다.

2장. 강습계획

강습계획은 재활승마를 운영함에 있어 반드시 있어야 할 필수적인 사항이다. 지도사가 기승자를 대상으로 강습을 하고자 할 때, 어디에 목표를 두고 무엇을 어떻게 지도할지를 사전에 준비한다. 신체적 장애를 가진 기승자는 기승술 향상을 통해 신체의 기능 향상을 기대하고, 정신적인 문제를 지닌 기승자는 정서적으로 좋아지거나 사회성 향상을 기대하며 강습에 참가하게 되므로 지도사는 적어도 강습이 이뤄지는 동안 이들의 욕구와 희망을 충족시켜주어야 한다.

지도사는 강습에 대한 계획과 함께 강습운영 전반에 관련한 모든 문서의 기록 유지와 관리 책임이 있다.

1. 중·장기 강습계획

계획서는 반드시 서면이나 일지 형태로 작성하고, 강습 내용이 상세하게 기록되어 누구라도 진행과정을 쉽게 이해할 수 있어야 한다. 불가피하게 담당지도사가 바뀌는 경우 다른 어떤 지도자가 담당하더라도 강습은 자연스럽게 연결되어야 하기 때문이다.

한두 번으로 끝나는 체험 위주의 강습은 별도의 계획서를 작성하지 않아도 되지만, 중·장기적으로 강습이 진행되는 경우에는 기승자의 수준과 기능 정도를 고려하여 강습의 목적, 목표 등 단계별 세부 계획을 수립해야 한다. 계획을 세울 때는 기간에 따라 강습의 목적과 목표 등을 명확하게 구분하고 작성한다.

표 4-3 중·장기 강습계획서

중·장기 강습계획서				
작성일	년 월 일	작성자:		
대상자 이름		생년월일:		나이:
구분	목표			

1분기	• 평보, 속보, 경속보, 좌속보 익히기
	  – 봉사자 도움 없이 스스로 시행하기
	  – 각 보법 10회 이상 지속, 8회 성공하기			

2분기	• 구보 익히기
	  – 지도사가 조마삭 끈을 연결한 상태에서 30초 이상 유지하기(5회 시도하여
	    4회 이상 성공하기)			

3분기	• 구보, 후퇴방법 익히기
	  – 고삐를 사용하여 스스로 말을 5m 이상 후퇴시키기
	    (10회 중 8회 이상 성공하기)			

4분기	• 정해진 코스 익히기 – 구간별로 정해진 보법 시행하기(10회 중 8회 이상 성공하기)			

반기	• 말 보법 숙지하기
	  – 평보, 경속보, 좌속보, 구보를 지도사의 요구 시 즉각 시행하기
	    (10회 중 8회 이상 성공하기)			

연간	• 지도사가 임의로 설정한 마장마술 기초과정 익히기
	  – 평보, 좌속보, 경속보, 이행 중 정지, 구보가 포함된 코스 중 두 가지 이상
	    성공하기(5회 중 4회 이상 성공하기)			

〈표 4-3〉에서는 분기, 반기, 연간 목표가 올바르게 세워졌는지 살펴본다. 분기나 반기에 강습이 종료되는 경우를 감안하여 최종 목표를 설정하여 작성한다. 분기나 반기에 강습이 종료되는 경우에는 기승자의 기량과 수준을 고려하여 낮춰 잡거나 또는 높여서 시행되도록 최종목표를 계획해야 한다.

〈표 4-4〉에서는 월간 목표가 올바르게 세워졌는지 살펴본다. 월간 목표를 작성할 때는 쉬운 것부터 어려운 것으로 점차 진도가 나아갈 수 있도록 계획을 세운다. 처음부터 어려운 과제를 주면 이해하기도, 받아들이기도 어렵다. 무엇보다도 매우 기초적인 것부터 차근차근 단계를 밟으면 기승자에게 성취감을 북돋우는 데 유리하므로 유의해야 한다.

표 4-4 월간 강습계획(예)

월간 강습계획서			
작성일	년 월 일	작성자:	
대상자 이름		생년월일:	나이:
구분	목표		
1주차	• 고삐 사용법 숙지하기 – 말 스스로 세우기(10회 중 8회 이상 성공하기) – 좌우 방향전환(10회 중 8회 이상 성공하기) – 말 뒤로 보내기(5회 중 4회 이상 성공하기)		
2주차	• 말 조정방법 숙지하기 – 스스로 속보 내보기(10회 중 8회 이상 성공하기) – 좌우 방향전환(10회 중 8회 이상 성공하기)		
3주차	• 경속보 숙지하기 – 반동 제대로 알기(10회 중 8회 이상 성공하기)		
4주차	• 좌속보 숙지하기 – 균형을 유지한 상태에서 1분 이상 성공하기(10회 중 8회 이상 성공하기)		

2. 단기 강습계획

1) 주간 강습계획

〈표 4-5〉에서는 주간 또는 차수별로 세워진 강습계획이 올바르게 되었는지 살펴본다.

일차별로 진행되는 강습계획은 될 수 있으면 기승자가 도전하는 데 힘겹지 않도록 유의한다. 비장애인과 달리 하나의 과제를 수행하는 데도 몇 회, 몇 시간이 필요할 수도 있다. 지도사의 지나친 목표로 인해 흥미를 잃거나 쉽사리 포기할 수도 있으므로 각별히 유의한다.

표 4-5 주간 강습계획(예)

주간 또는 단계별 강습계획서			
작성일	년 월 일	작성자:	
대상자 이름		생년월일:	나이:
구분	목표		
1일차	• 말과 친해지기 (쓰다듬기 5회씩 5회 이상 성공하기)		
2일차	• 말 위에서 바로 앉아 자세 유지하기 (1분 이상 3회 이상 성공하기)		
3일차	• 바른 자세 3분 이상 2회 유지하기		
4일차	• 바른 자세 5분 이상 3회 유지하기		
5일차	• 고삐 잡고 익히기 (10회 중 7회 성공하기)		
6일차	• 고삐 잡고 말 세워 보기 (3회 이상 성공하기)		

2) 일일 강습계획

강습계획서를 작성할 때는 강습의 목적, 강습내용, 강습절차, 강습프로그램 구성, 지도사의 마음가짐과 임하는 자세는 물론 강습에 필요한 사전 준비물, 요약된 정리 자료와 기존에 작성한 평가서를 반영한다. 다음의 〈표 4-6〉을 참조하여 항목별로 어디에 주안점을 두고 1일 강습계획서를 작성할지를 살펴본다.

〈표 4-7〉을 참조하여 강습계획서가 올바르게 작성되었는지 살펴본다.

지도사는 1일 강습계획서를 작성하고 원활한 강습 진행을 위해 강습 전 자원봉사자들에게 반드시 계획서 내용을 설명해야 한다. 강습에 참여하는 말 리더 및 사이드워커들은 다른 강습이 끝나고 곧바로 참여하거나 외부에서 강습 시간에 맞춰 오는 경우도 있어 설명하기 위해 별도로 시간을 만들기는 어렵다. 보통 기승자가 기승 직전 대기실에 있을 때, 기승자를 제외한 모든 강습 참여자가 대기선상에서 기승자를 기다리게 되므로 그 시간을 이용해 간단하게 설명한다. 강습에 특별한 도구가 필요하고 자원봉사자의 도움이 필요할 때는 설치시간, 다른 강습에서 사용 및 봉사자 활용 가능 여부 등도 고려하여 강습계획서에 반영한다.

1일 강습계획서는 시간을 배정받은 재활승마지도사에 의해 작성되지만, 1일 강습시간표는 비교적 규모가 있는 재활승마센터에서 강습프로그램 전체를 관할하는 수석지도자 또는 프로그램 관리자가 작성한다. 수석지도자나 프로그램 관리자 같이 특정한 한 명이 혼자서 강습시간표를 작성할 수 없을 정도로 규모가 큰 승마장의 경우는 자원봉사관리자, 말을 관리하는 수의사, 기승자의 강습관리 및 운영을 담당하는 관리자처럼 세 분야의 사람들이 협의하여

그림 4-1 강습계획서 설명

표 4-6   1일 강습계획서 작성 주안점

1일 강습계획서

지도사 성명		일시: 　　　년　　　월　　　일
기승자 정보	① 성명: ③ 성별: ⑤ 기승 횟수:	② 나이: ④ 장애명:
강습 말 정보	① 마명: ③ 나이:	② 성별: ④ 특징:
주의사항	〈주안점〉 강습에 영향을 미칠 수 있는 요소, 기승자의 특성 등 기록	
강습목표	〈주안점〉 수치로 측정 가능한가? 과제수행으로 실시하는 동작은 기승술인가? 수행하는 구간(범위)은 명확한가? 많은 성공을 경험하는 대신에 너무 낮은 목표가 되지 않도록 시도는 10회 이상, 성공은 8회 정도가 되게 강습목표를 설정한다.	
준비물 및 장비	〈주안점〉 이번 강습에 쓰이는 특별한 것만 기입한다. 기승대, 안전모 등 일반적으로 당연히 사용하는 것은 제외한다.	
강습내용	〈주안점〉 • 기승 → 준비 운동 → 본 운동(과제수행) → 마무리 운동 → 하마 순으로 강습을 계획한다. 기승과 하마 방법이 일반적이라면 제외해도 된다. 각 단계에 내용과 예상되는 시간을 기록하고 주어진 강습시간이 부족하거나 남지 않도록 계획한다. • 본인 외에 누가 보더라도 한눈에 강습내용을 쉽게 파악할 수 있도록 간략하고 명확하며, 서술식이 아닌 개조식으로 기록한다. • 본 운동 내용에서는 강습 목표에 대한 '과제분석'을 기입한다. 성공적인 강습을 위해서는 기승자에게 맞는 과제분석을 작성하고 과제분석에 의해 기승자가 과제수행을 실시해야 한다. • 본 운동 내용은 강습 중에도 기승술이 향상되도록 낮은 단계에서 점차 높은 기승술로 발전되도록 구성한다. • 코스 그림을 이용하여 강습장 배치가 쉽게 이해되도록 한다. • 지면이 부족하면 뒷면을 이용할 수 있지만 특별한 경우가 아니라면 가급적 앞면만 사용하고, 뒷면을 사용할 경우는 '뒷면 계속'이라고 맨 밑에 기록하여 독자가 놓치지 않도록 배려한다.	
요약정리 및 평가	〈주안점〉 ⓐ 강습 목표의 달성 여부 ⓑ 강습 목표 미달성에 대한 원인 분석 ⓒ 강습 또는 강습 참여자에 대한 특이사항 ⓓ 다음 시간 강습 내용 예고 순으로 기록한다.	

표 4-7　1일 강습계획서(예)

1일 강습계획서

지도사 성명	홍길동	일시: ○○○○. ○○. ○○
기승자 정보	① 성명: ○○○, □□□ ③ 성별: 남, 여 ⑤ 기승 횟수:　　회	② 나이: ④ 장애명: 지적, 뇌병변
강습 말 정보	① 마명: △△, ◎◎ ③ 나이:	② 성별: 암, 수 ④ 특징: 하프링거, 교잡마
주의사항	○○○의 왼팔 마비로 고삐 쥐기가 어렵고 어깨 높이로 팔을 들어 올릴 수 없음 □□□는 일반 기승보다 중간보조(crest mounting) 방법으로 기승	
강습목표	기승자는 평보에서 양팔을 벌리고 직선구간(15m)을 '등자 밟고 일어서고 앉기'를 할 수 있다. 10회 중 8회 성공	
준비물 및 장비	사다리고삐, 삼각콘 4개	
강습내용	기승: 일반/중간보조 1. 준비 운동(5분) 　① 양팔 벌려 몸통 돌리기 10회 　② 등자에서 발 빼고 다리 들어올리기 10회 　③ 〃 발목 돌리기 10회 2. 본 운동(21분) 　① 정지상태에서 등자 밟고 일어서고 앉기 10회, 연습 　② 평보에서 고삐 잡고 직선구간(15m) 등자 밟고 일어서고 앉기 10회, 연습 　③ 평보에서 양팔을 벌리고 직선구간(15m) 등자 밟고 일어서고 앉기 10회, 측정 　④ 속보 2회(직선 코스 15m) 3. 마무리 운동(4분) 　① 등자에서 발 빼고 다리 들어 올리기 10회 　② 말 엉덩이 쳐다보기 10회 　③ 말 칭찬하기 10회 하마: 일반/중간보조	〈과제분석〉 평보에서 양팔 벌리고 '등자 밟고 일어서고 앉기' ① 양팔을 옆으로 벌리기 ② 종아리를 안장에 밀착하기 ③ 등자 밟으며 일어나기(0.5초) ④ 정면을 보며 턱을 들어서 균형 잡기 (2초) ⑤ 앉을 때는 천천히 앉기(2초)
요약정리 및 평가	1. ○○○는 10회 중 9회 성공으로 강습 목표 달성 2. (없음) 3. 강습 간 적극적인 수업 참여 4. 균형유지능력이 향상되어 다음 시간에는 코너를 포함하여 25m 구간 도전 가능	1. □□□는 10회 중 5회 성공으로 강습 목표 미달성 2. 연습 시에는 동작이 원활했으나 양팔을 벌리고 7m 구간을 넘어서면서는 균형유지가 어려워짐 3. 목표 달성 실패로 의기소침 4. 10m 구간 도전 가능

표 4-8 강습시간표(예)

2016.11.1. 강습시간표

○○재활승마장 작성 일시: 2016.10.31. 19:25 Ver. 2

시간/지도사/장소	기승자	말	말 리더	사이드워커 1	사이드워커 2	안장	마장구
9:30	○○학교						
송대광 실내	AAA BBB CCC	순둥이 흰둥이 소년시대	NNN OOO PPP	KAA LBB MCC	NKA KLB DCC	20 5 7	무지개고삐 무지개고삐 일반고삐
10:00	XX복지관						
홍길동 실내	성춘향 이몽룡	순둥이 흰둥이	NNN OOO	KAA LB	– SSU	20 5	무지개고삐 무지개고삐
10:00	YY청소년협회						
나훈하 실내	GGG HHH KKK LLL	소년시대 어이유 소지 바람	SSS TTT UUU VVV	GGG HHH KKK LLL	YIU JHS MJU –	7 10 12 6	젤패드 손잡이고삐 덮개 등자 젤패드
10:00	개인						
태전하 실외	MMM	브아갈	WWW	–	–	자연안장	일반고삐
10:30							

강습계획서를 작성하고 수석지도자에게 확인받는다. 강습시간표는 강습 전날 늦어도 3시경에 작성이 완료되어야 하며, 이를 이용하여 지도사들은 강습계획서를 강습 전날 작성하여 강습 당일 게시한다. 강습시간표와 강습계획서는 사무실, 대기실, 마사 등의 게시판에 비치하여 승마장에 출입하는 자원봉사자들이 편리하게 이용하도록 한다.

승마장의 규모에 따라 〈그림 4-2〉와 같이 조직 구성을 생각해볼 수 있다. 소규모 승마장의 경우와 같이 강습에 참여하는 인원이 많지 않으면 재활승마지도사 혼자의 능력에 모든 것이 좌우되고 지금까지 설명한 기승자 기록 카드부터 1일 강습시간표 및 1일 강습계획서까지 재활승마지도사 혼자서 작성을 해야 한다. 하지만 규모가 커지면 말과 사이드워커 등 고려해야 할 사항이 많아지기 때문에 수석재활승마지도사, 자원봉사자관리자, 수의사 또는 말관리사 등 여러 사람이 1일 강습시간표 작성에 참여하여야 한다. 맡은 업무에 대한 전문성과 유기적인 협조체제가 구성되어 있지 않다면 강습시간표를 한 장 작성하고 시행하는데 어려움이 따르고 매일매일 이런 상황이 반복된다면 견디기 힘든 일이다. 재활승마지도사 혼자 운영하는 최소 규모 승마장부터 승마장이 대형화되면서 프로그램 지원, 경영관리, 말과 시설을 관리하는 분야로 조직이 확대된다. 이때 확대되는 순서는 필수적인 것은 아니고 재활승마지도사의 역량에 따라 순서가 바뀔 수 있다.

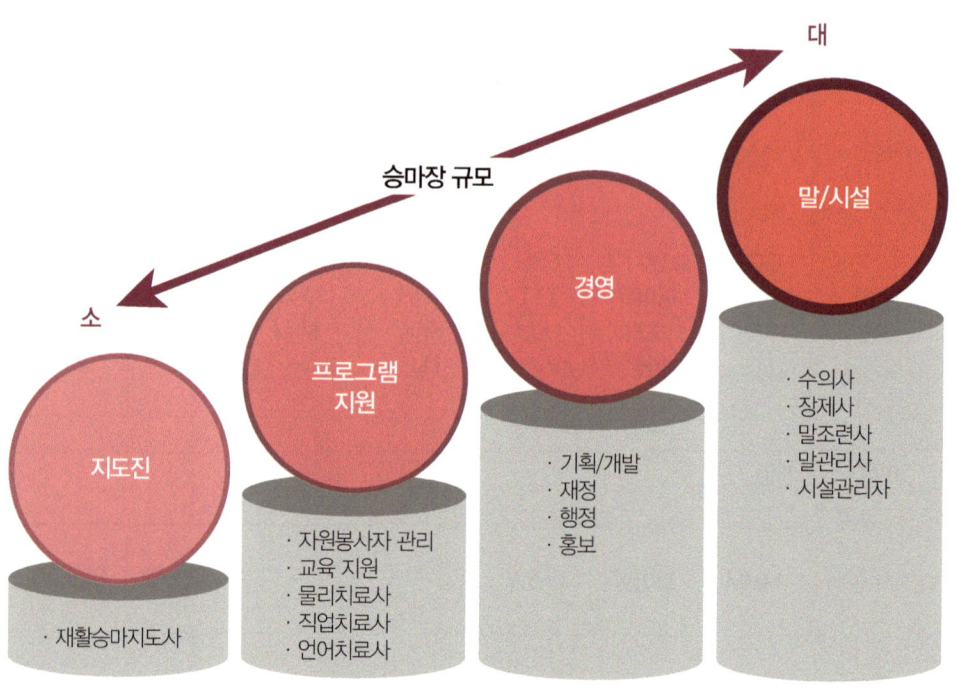

그림 4-2 승마장 규모에 따른 조직 확대 예시

3장. 기승과 하마

　재활승마 강습에서 가장 중요한 사항은 '안전'이라고 할 수 있다. 지도사가 기승자의 강습을 운영하는 데 있어 기승술 향상과 재활승마를 운영하여 최대의 효과를 도출하기 위해 시도하는 모든 행위에 대해 "안전에 위배되지 않는다면……"이라는 단서를 붙여 허용하는 것도 어떤 행위를 시행함에 있어서 '안전'을 먼저 고려하라는 의미다. 그렇다고 '안전'을 핑계로 강습 운영을 회피하거나 기승자에게 주어진 강습시간을 줄여서는 안 된다. 재활승마지도사는 말을 재활승마용으로 조련하는 장기적인 대책부터 강습 직전 강습장을 확인하거나 강습 도중 위협요소를 제거하고 강습이 끝나 기승자가 안전하게 승마장을 떠나기까지 모든 행위와 환경에 대해 안전 대책을 수립하고 이행하여 기승자에게 기승시간을 보장해주어야 할 의무가 있다.

　강습에 말 리더와 사이드워커 같은 자원봉사자가 참여하는 것이나 승용마로 조련된 말을 또다시 재활승용마로 순치시키며 PE에서 피아페(piaffe)와 파사지(passage) 같은 일부 동작을 제한하는 것도 '안전'을 최우선하면서 기승자의 기승활동을 보장하는 조치라고 이해할 수 있다. 이러한 노력의 결과로 기승자는 안전한 승마를 즐길 수 있지만 드물게 발생하는 안전사고를 살펴보면 기승자가 기승하는 순간이나 하마할 때 발생하는 사고가 전체의 약 60%를 차지한다고 한다.

　따라서 이번 장에서는 기승자를 안전하게 기승 또는 하마시키는 방법에 대해 자세하게 알아보고자 한다.

　기승 전 확인사항과 기승 전 준비 운동, 기승, 하마, 하마 후 조치사항으로 구분된 이번 장을 재활승마지도사는 물론 자원봉사자와 기승자도 숙지할 기준을 제시한다.

1. 기승 전 확인사항

1) 말

말 리더는 1일 강습계획서 또는 강습시간표에서 강습에 배정된 말을 확인한다. 그런 다음 말을 데리고 마방 또는 방목장에서 수장 장소까지 이동하는 동안 강습에 배정된 말의 상태를 점검한다. 강습을 위해 말을 손질하는 동안 관찰을 통해 건강상태와 심리상태를 파악하고, 강습 전 강습운영 도구가 설치된 강습장을 한두 바퀴 돌게 하여 강습운영 도구에 대한 적응과 말의 걸음걸이를 확인한다.

재활승용마가 오랫동안 강습에 참여하지 않은 말이라면 강습 전 재활승마지도사나 기승능력이 뛰어난 말 리더가 기승을 하거나 조마삭을 실시하여 충분한 준비 운동을 하도록 한다. 이러한 행동을 통해 말에게 이상한 행동지표가 있는지 점검한다. 특이한 사항이 있을 때는 지도사에게 전달하여 문제를 해결하도록 한다.

지속적으로 강습에 참여한 말이라면 이상 행동지표를 나타낼 확률이 적지만 오랫만에 강습에 참여하는 말이라면 문제 발생 확률이 커진다. 사전에 충분한 시간을 가지고 점검을 실시하여 문제 발생 시 즉각적인 조치로 강습시간에 영향을 주지 않도록 한다.

2) 마장구

말 리더와 사이드워커는 수장대에서 안장, 굴레 등 마장구를 바르게 장착시키고 강습장으로 이동하여 강습을 준비한다. 이동 시에 등자를 등자끈 위쪽에 올려 매달리게 하거나 안장 위로 떨어지지 않게 올려놓아 등자로 인해 말이 놀라거나 스트레스를 받지 않도록 한다.

강습 직전 지도사는 안장의 정확한 장착 여부, 등자 확인, 복대 확인, 굴레 세트의 장착 여부 등을 확인한다. 장구의 확인은 강습 중에도 지도사, 말 리더, 사이드워커에 의해 수시로 확인되고, 수정이 필요하면 정지한 상태에서 반드시 지도사에 의해 수정되어야 한다. 특히 등자끈 길이는 기승 전 기승자의 신체조건을 고려해 조절하고, 기승 후 확인하여 반드시 지도사에 의해 수정되어야 한다. 또한 지도사는 강습 시작 전, 강습 중 처음으로 평보에서 속보로 속도가 변화하기 직전에 복대(girth, 안장 띠)를 반드시 확인해야 한다. 이 경우도 확인을 하기 위해 굳이 강습장 중앙으로 들어오지 않아도 된다. 지도사는 마지막 기승자를 기승시키고 들어가면서 '입'으로는 강습에 관한 사항을 이야기하지만 시선은 기승자의 등자 길이와 복대를 확인한다. 정확한 판단이 서지 않는다면 걷던 곳에서 잠깐 멈추게 하여 손으로 확인한다. 안전을 이유로 기승시간을 **빼앗**지 않는다.

> **Tip**
> 영국의 AVON센터는 기승 후에 등자 길이를 조절하는 것은 위험하다고 판단하여 시간표상 기승자 이름 옆에 등자끈 길이를 표기하고 기승 전 사이드워커가 1m 자를 이용해 등자끈 길이 조절을 완료해 놓는다.

유능한 지도사는 눈으로 기승자, 말, 말 리더와 사이드워커 및 주변을 주시하여 안전 준수 사항을 확인하고, 입과 몸으로는 현재 상태에서 기승자를 강습하고 머리로는 계속해서 이어지는 기승자에 대한 강습에 대비한다.

3) 강습운영 도구(교보재)

지도사는 강습 대상자별 강습계획서를 미리 숙지한다. 횡목, 드럼통 등 이동이 쉽지 않은 도구는 강습 전 강습계획서에 제시한 장소에 미리 설치한다. 이때 재활승마지도사는 자원봉사자의 도움을 받을 수 있다. 사전에 설치되지 않고 강습 도중에 교보재가 설치되는 경우 말이나 기승자가 적응할 시간이 필요하기 때문에 지양한다. 이미 설치되어 있는 도구(교보재)의 위치를 바꾸는 것은 기승자에 대해 장애물 통과 등에 난이도를 높일 수 있으나 너무 빈번하게 바꾸게 되면 기승자나 말, 더 나아가 자원봉사자들에게 혼란을 초래할 수 있으므로 주의한다.

주사위, 봉, 공 등 수시로 이동이 필요한 강습운영 도구는 강습장 중앙에 설치된 드럼통(barrel) 위에 놓는다. 강습장 바닥에 놓거나 드럼통 위의 도구가 바닥에 떨어지면 안 된다. 강습 중 기승자 또는 사이드워커에게 전달하는 것은 반드시 지도사나 기승자 보조에 직접 참여하지 않는 사이드워커가 한다.

4) 기승자 안전점검

(1) 안전모

안전모는 보호기구로, 낙마 시 충격 등에 의해 머리 부분의 상해를 방지하기 위해 착용하는 모자다. 그러나 최소한의 보호를 해주는 정도일 뿐 완전할 수 없다. 미국 기준인 ASTM/SEI 승인을 받은 제품 또는 유럽 기준(EN), 영국 기준(PAS), 호주/뉴질랜드 표준에 합격한 보호용 모자를 사용하도록 한다. 승인받은 제품이라 할지라도 구입 후 사용하는 도중 단단한 바닥에 떨어뜨린 경우는 기준에 미치지 못할 수 있으므로 새로운 제품을 사용하도록 한다.

기승자의 안전모가 〈그림 4-3〉의 맨 왼쪽 그림과 같이 바르게 씌워졌는지, 신발은 어떤 종류를 신었는지 등을 점검할 필요가 있다. 안전모의 경우 개인용품을 구입하면 좋겠지만, 사정이 여의치 않을 경우에는 대기실에 다양한 크기의 안전모를 비치한다. 같은 크기도 여러 개의 안전모를 구비하여 기승자들이 사용하도록 한다. 안전모에 매직펜, 페인트 등으로 잘 보이는 곳에 일련번호를 기입해놓으면 기승자들은 숫자에 대한 인식과 함께 자신에게 맞는 모자를 신속히 찾아 착용할 수 있다. 안전모는 미끄러지지 않아야 하며, 압박을 주어서도 안 되고, 안전모의 앞부분은 눈썹에서 2cm 정도 떨어지게 착용한다.

모자와 머리를 연결하는 턱끈은 파손되지 않아야 하고 안전모가 헐렁하지 않게 반드시 턱끈을 착용해야 한다. 너무 헐렁거리게 착용하여 이마가 훤히 보일 정도이고 턱끈이 너무 느슨한 경우라면 안전모가 머리 뒤로 넘어가 위험한 상황을 초래할 수도 있다.

그림 4-3 안전모 착용

(2) 개인 복장

운동화는 기승 중 응급상황 발생 시 등자에서 분리하는 것이 용이하지 않고, 기승 중 등자에 깊숙이 들어갈 수 있으므로 가급적 착용하지 않는다. 특히 농구화처럼 신발덮개가 큰 경우 등자쇠에 걸리기 쉽다. 승마용 구두를 착용하거나 바닥이 편평하여 빠질 때 걸림이 발생하지 않고 뒤꿈치가 있어서 밀려들어가지 않는 신발을 착용하도록 한다.

바지는 몸에 달라붙어 걸림이 없는 옷인지 확인하고, 청바지 등의 재봉선이 기승 후 불편을 초래하는지 확인한다. 재봉선이 너무 두터우면 기승 중 활동 시 쓸림으로 인해 기승자가 강습에 집중하기 어렵고 쓸림이 지속되면 상처를 유발할 수 있다.

상의는 너무 두껍거나 골반을 덮으면 기승자가 정확한 자세를 유지하고 있는지 지도사가 확인하기 어렵다.

2. 기승 전 운동

기승자가 강습에 임하기 전 준비 운동을 실시하면 몸에 긴장을 풀어주고 근육을 이완시켜 기승 중 작용하는 근육과 관절이 부드러워진 상태에서 원활한 기승이 이뤄질 수 있다. 일반적인 경우는 자원봉사자나 보호자와 함께 대기실에서 실시한다. 강습 전 준비 운동은 같은 시간대에 강습을 실시하는 다른 팀의 기승으로 기승경사로 위에 올라가는 시간이 지연될 때 같은 팀의 지도사나 자원봉사자와 실시한다. 또 지도자가 같은 팀의 다른 기승자를 기승시키고 있을 때는 기승자 자신의 자원봉사자와 함께 실시한다.

간단한 준비 운동으로도 기승자의 그날 상태를 점검할 수 있다. 그러나 근육의 긴장도가 너무 커서 기승자가 승마활동에 어려움을 느끼고 승마장에 치료사가 배치되어 있다면 치료실에서 치료사에게 처치를 받도록 한다.

준비 운동 내용은 일반적으로 비장애인이 실시하는 것과 크게 다르지 않지만 비장애인에 비해 근육의 반응이 늦고, 균형감각이 떨어지며, 관절의 운동범위가 작은 경우가 많기 때문에 되도록 천천히 움직이도록 한다. 기승자가 운동할 수 있는 범위 내에서 스스로 운동할 수 있게 하며, 다음 단계로 지도사 또는 사이드워커가 약간의 도움을 주어 부하를 주거나 운동범위를 넓혀준다. 지도사 또는 사이드워커가 도움을 주는 운동은 기승자에게 무리가 되지 않도록 한다.

지도사 또는 사이드워커가 운동을 같이하면서 흥미를 유발하고 정확한 자세로 교정해주는 것도 좋다. 그룹강습의 경우 정확한 동작을 시범 보일 수 없어도 기승자가 운동을 주관하게 하고 지도사 또는 사이드워커가 동작을 교정해주는 것도 좋은 방법이다.

기승자의 장애유형과 강직 정도에 따라 운동의 방법과 범위가 달라지므로 개개인의 상황에 맞게 기승 전 운동을 변형시킬 수 있다. 지도사는 기승자의 신체적(감각, 균형, 강직 등)·인지적 능력 수준, 의사소통능력 등의 기승자 정보 카드 및 평가내용을 강습 전에 반드시 숙지해야 하며, 강습의 진행에 따라 변화하는 신체적·인지적 능력 수준을 확인해야 한다.

3. 기승 장소 구분

> **Tip**
> 기승대와 기승단은 명확히 구분되는 것은 아니다. 많은 사람들이 구분 없이 사용하는 것이 사실이지만, 여기에서는 사람에 의해 이동이 쉬운 것은 '기승대', 지면에 고정된 것은 '기승단'으로 구분한다.

승마활동을 하기 위해 처음 접하게 되는 기승은 재활승마에서 하마와 함께 중요한 교육으로, 기승과 하마가 곤란하여 재활승마를 시작하지 못하는 경우도 있다. 기승 장소에 따라 지면(ground), 기승대(mounting block), 기승단(mounting platform), 기승경사로(mounting ramp)에서의 기승으로 구분할 수 있다. 지도사는 기승자의 장애 정도와 참여도, 기승자의 키와 몸무게, 말의 크기, 자원봉사자의 키, 지원, 훈련 정도, 기승시설 등을 고려하여 말에게 스트레스를 덜 주고 가장 안전한 기승방법을 선택해야 한다. 안전성과 휠체어를 고려할 때 기승경사로를 이용하는 방법이 가장 권장된다. 미국의 경우 안전 및 말의 스트레스를 고려하여 비장애인도 기승경사로 이용을 원칙으로 하고, 특히 지면에서 기승하는 것은 금지하는 경우가 많다.

이동할 수 없는 기승단과 기승경사로는 강습 장소와 명확하게 구분되어야 하며, 이동 가능한 기승대는 기승 후 강습에 방해가 되지 않도록 반드시 치워야 한다.

1) 기승경사로 기승

〈그림 4-4〉는 기승경사로에서 기승할 때 각자의 위치다. 말 리더와 사이드워커에 의해 말

손질과 마장구 장착이 끝나 강습 준비가 완료되면 말과 자원봉사자들은 강습장 중앙의 대기선(가상선)에 열을 맞추어 선다. 이때 다른 강습팀과 구분되어야 하고 팀 내에서도 말과 말 사이 간격을 유지해야 한다.

(1) 기승면 오르기

지도사, 사이드워커와 함께 대기실에서 나온 기승자는 기승경사로를 올라 기승을 준비한다. 그 외 기승자는 담당 사이드워커의 손을 잡고 경사로 밑에서 대기한다. 두 명 이상의 기승자가 기승면에 오르게 되면 지도사가 통제하기 어렵고 만일에 발생할 수 있는 안전사고로부터 기승자와 말의 보호가 어려워질 수 있다.

나중에 기승하는 기승자가 말의 이동 동선에 걸리거나 먼저 기승하는 기승자가 기승하는 동안 문제가 발생하더라도 영향을 받지 않도록 충분한 거리를 두고 사이드워커가 보호하도록 한다.

따라서 지도사의 손을 잡고 있는 한 명의 기승자를 제외하고는 기승 장소에 벗어나 안전거리를 확보한다. 안전거리는 신체적 접촉뿐만 아니라 심리적인 안전거리까지 고려한다. 〈그림 4-4〉에서 볼 수 있는 것과 같이 경사면에서 떨어져 있고 강습장 방향으로는 사이드워커가 위치하여 기승자와 강습장 사이의 완충 역할을 한다.

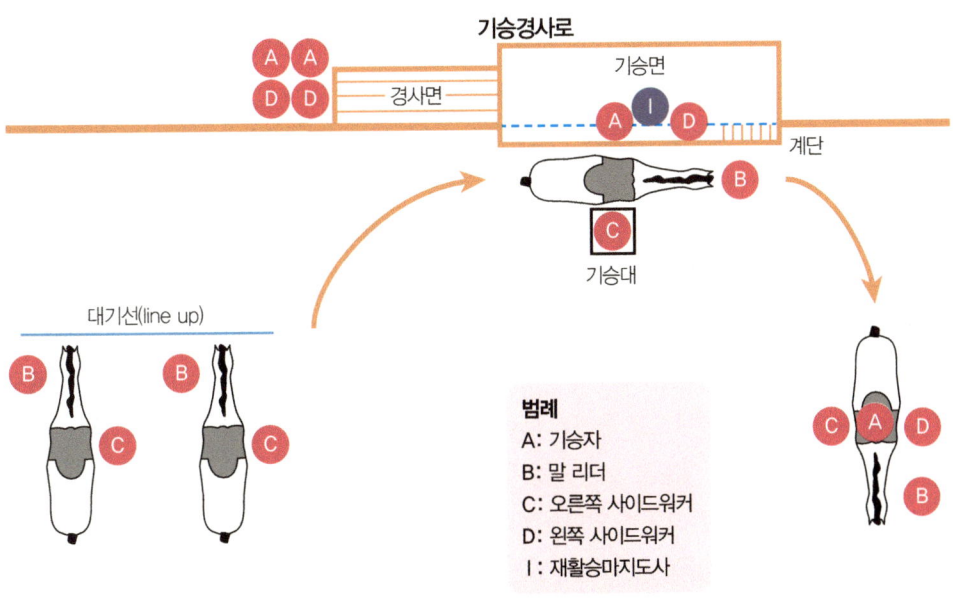

그림 4-4 기승 전과 이후의 경로

경사로 기승면에 올라온 기승자는 지도사의 지시에 의해 말의 이름을 불러 기승면 옆에 위치시킨다. 사전에 기승순서를 정해놓는다면 첫 번째 기승순서가 되는 말이 기승 위치에 와 있어도 문제는 없지만 가급적 기승자가 말을 부를 수 있도록 한다. 다른 기승자보다 먼저 기승한 기승자는 팀 내의 다른 기승자의 기승이 모두 끝날 때까지 자원봉사자와 강습 공간 주변을 평보로 다녀야 하므로 지도사는 팀 내 기승자 중 균형감각이 좋은 기승자부터 순차적으로 기승시키도록 한다.

(2) 말의 접근

말 리더는 말을 기승면에 최대한 가깝게 붙여 기승이 원활하도록 돕는데, 오른쪽 사이드워커가 딛고 서야 할 기승대를 지나기 전부터 말과 마주 보고 뒷걸음질하면서 말을 통제하고 기승면에 말을 가까이한다. 숙달되지 않은 말 리더가 말을 기승면에 가깝게 서도록 하는 것은 결코 쉽지만은 않다. 말 리더는 뒷걸음질하면서 오른쪽으로 손을 약간 당겨 말이 기승대로 최대한 붙도록 만든다. 그러나 너무 붙으면 말이 기승면에 부딪히거나 기승면이 비교적 높은 경우에는 등자 또는 등자끈이 말과 기승대 사이에 끼어 기승자가 기승하는 데 방해가 되므로 주의한다. 기승면과 말의 간격이 부적합하면 지도사는 말 리더에게 말을 끌고 가 큰 원을 그리고 돌아서 다시 위치하도록 협조를 구한다. 사전에 말이 기승경사로나 기승대를 거부하지 않도록 기승대 순치를 시키는 것은 물론이다.

적당한 기승 위치가 확보되면 말 리더는 말을 충분히 칭찬하고 지도사는 기승자가 기승할 수 있는 조건인지 다시 확인한다. 지도사는 사전에 기승자의 기승방법을 파악하여 일반기승을 하는 경우 과제분석에 의해 기승하도록 한다.

(3) 말에 오르기

오른쪽 사이드워커는 기승자의 반대편에서 사이드워커용 이동식 기승대를 딛고 서서 기승자가 말의 오른쪽으로 균형을 잃지 않도록 보조한다. 말이 작거나 사이드워커가 충분히 키가 큰 경우라면 이동식 기승대를 사용하지 않을 수도 있다.

체중이 많이 나가는 기승자나 말의 몸통이 동그란 경우 복대를 제법 조여도 한쪽에 체중이 실리면 체중이 실리는 쪽으로 안장이 돌아갈 수 있다. 기승자가 왼발로 등자를 밟을 때 안장이 왼쪽으로 돌아가지 않도록 오른쪽 등자를 지면 쪽으로 당겨준다. 복대를 조인다고 해결되는 문제는 아니다. 너무 조이게 되면 말이 불편해하고 안전사고가 발생할 가능성이 증가한다. 안장은 말의 체형에 맞춰 말에게 최대한 편안함을 제공하고 사전에 위험요소를 제거해야 한다.

또 복대가 너무 헐렁하다고 해서 기승대에서 복대를 조이면 안 된다. 사전에 점검을 통해 그런 일이 발생하면 안 되겠지만 미처 복대 점검을 하지 못했다면 기승대에서 벗어나서 복대를 조인다. 말은 기승대에서 기승자를 태우기 위해 네 다리로 균형 있게 딛고 서서 10분 이상 대기해야 할 수도 있다. 말의 입장에서 즐겁지 않은 장소에서 복대까지 조인다는 것은 너무 가혹한 일이다.

기승이 이뤄지는 동안 오른쪽 사이드워커는 기승자를 주시하고, 기승자가 완전히 중심을 잡을 때까지 기승자에게 집중해야 한다. 기승자가 오른발을 들어 넘길 때 지도사가 확인하지 않고 사이드워커가 한눈을 팔면 기승자가 말이나 사이드워커를 찰 수 있다.

지도사는 기승자가 기승을 하는 것도 과제분석에 맞추어 기승을 실시하도록 단계적으로 설명하고, 설명에 따라 기승자가 동작하도록 한다. 기승자의 경험이 많아 혼자서도 기승이 원활한 경우, 지도사는 기승자가 과제분석에 의해 단계별 설명과 함께 동작을 천천히 수행하도록 지시할 수 있다.

기승자가 기승을 완료하면 지도사는 기승자가 고삐를 잡고 등자에 발을 끼우도록 한다. 지도사의 판단에 따라 기승자가 균형유지능력이 뛰어나고 긴장 완화와 근육 이완 등 특별한 목적이 있는 경우가 아니라면 기승자는 항상 고삐를 잡고 등자에 발을 끼우도록 한다. 등자 길이가 짧더라도 등자에 발을 끼우고 출발하고 마장 가운데로 가서 기다리도록 한다. 말이 출

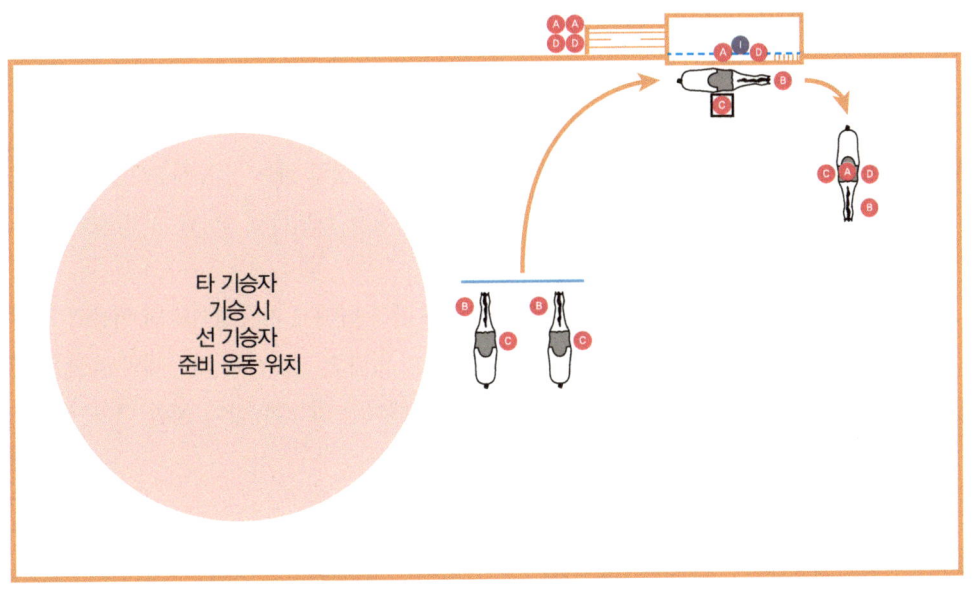

그림 4-5 선 기승자 준비 운동 장소

발하는 순간 기승자가 균형을 잃고 뒤로 넘어질 수 있으므로 말 리더는 말의 출발 속도를 제어하고 사이드워커는 기승자의 허벅지(넙다리) 보조를 한다.

지도사가 사전에 약속된 출발신호를 보내면 말 리더는 사이드워커들의 출발 준비상태와 기승자의 등자끈의 좌우가 균등한지 확인한다. 지도사의 지시에 따라 준비된 기승자는 '출발!' 신호를 보내는데, 이때까지 말 리더는 말과 마주 선다.

지도사의 '준비' 신호에 왼쪽 사이드워커는 기승자를 보조하고 기승자의 '출발' 신호에 말이 출발하면 보조 자세를 유지하면서 계단을 내려온다. 오른쪽 사이드워커는 오른쪽에서 보조를 하고 이동식 기승대에서 내려간다.

(4) 강습장 안으로

단체강습으로 한 수업에 여러 기승자가 있을 경우, 먼저 기승한 기승자들은 지도사의 지시에 따라 강습장 내부를 평보로 걷는다. 지도사는 기승자의 상황을 고려하여 본 운동을 위한 준비 운동을 시키거나 사이드워커와 대화를 나누도록 하여 사회성 향상을 도모한다. 기승을 하는 다른 기승자에게 방해가 되지 않도록 기승경사로에서 벗어난 강습장을 이용한다.

그러나 재활승마 강습 참여 초기인 기승자들로 지도사가 기승자의 균형유지능력에 확신이 서지 않으면 기승 후 대기선에 위치하도록 한다. 또한 기승자의 등자 길이가 현저하게 짧거나 길어 기승자가 불편을 느끼면 대기선에 위치하도록 지시한다. 대기선에 대기하라는 지시가 없었다 할지라도 말 리더, 사이드워커가 등자 길이 조정이 필요하다고 생각하면 대기선에서 지도사가 올 때까지 기다린다.

등자 길이를 조절하는 동안 기승자가 균형을 잃고 낙마하는 경우도 있으므로 등자 길이는 반드시 지도사가 조절해야 한다. 지도사가 등자 길이를 조정할 때는 지도사는 반대쪽 사이드워커에게 허벅지 보조 이상을 알려 기승자의 균형유지를 확보하게 한 뒤 등자 길이를 조정한다.

강습 팀 내 모든 기승자의 기승이 끝나면 지도사는 다른 팀에게 기승경사로의 이용과 정리를 인수인계한다. 만약 기승경사로를 이용할 다른 팀이 없다면 지도사는 기승대와 계단을 기승경사로 기승면 위에 올리고, 강습장에 기승면이 방해되지 않도록 접어 올린 다음 강습을 시작한다.

2) 기승대 또는 기승단 기승

기승경사로가 설치되어 있지 않은 경우, 기승대나 기승단을 이용하여 기승한다. 휠체어를 이용하지 않고 보행에 큰 불편이 없는 기승자를 위해 사용한다.

기승대를 옮겨 기승위치를 선정하는 경우는 강습장 출입구와 말의 동선을 확인하여 급회전이 없도록 한다. 기승대를 내려놓으면 전후좌우로 살짝 당겨 기승대가 기우뚱거리지 않게 하고 지도사가 올라가 확인한다. 기승대가 기우뚱거리지 않게 한다고 기승대 위에 올라가 쿵쿵거리고 뛰면 안 된다. 말이나 기승자가 있을 때는 더욱 주의한다. 기승자가 기승대에 올라 기승하는 동안 다음 기승자는 기승대에서 충분히 떨어져 안전거리를 유지한다.

경도의 보행장애가 있는 기승자는 편안한 마음을 가질 수 있도록 대화를 통해 긴장을 풀어 준 후 지도사 또는 사이드워커가 좌·우측 또는 뒤쪽과 같이 필요로 하는 방향에서 도움을 주는 상태로 계단에 오른다.

기승대나 기승단의 경우 기승면이 충분하지 않은 경우가 있으므로 지도사와 기승자가 올라갈 때 추락에 유의한다. 보통 기승대는 기승경사로나 기승단보다 낮은 경우가 일반적이므로 왼발을 등자에 넣고 말 위에 오를 때 균형을 잃지 않도록 한다.

기승단의 경우는 기승경사로와 비교하면 기승자가 기승면에 오를 때 경사로가 아닌 계단을 이용해야 한다는 것을 제외하고는 모든 사항은 비슷하다.

4. 기승

기승방법은 일반 기승, 중간보조 기승(leg lift, 기승자의 다리 들어 올리기), 최대보조 기승(total lift, 기승자 신체를 모두 들어 올리기)와 같이 세 가지로 구분할 수 있다.

1) 일반 기승

일반 기승은 기승자의 신체조건이 비장애인과 차이가 없는 경우에 실시한다. 기승자의 신체나 인지가 기승을 하기에 문제가 없고 기승 경험이 많으면 지도사나 사이드워커가 기승자의 신체 일부를 들어 올리는 등의 보조를 하지 않아도 된다. 다만 근거리에서 최소보조를 통해 발생할 수 있는 안전사고에 대비한다.

지도사는 기승자가 오른다리를 들어 올릴 때 차이거나 기승자의 움직임을 방해할 수 있으므로 기승자의 왼쪽 뒤편에 선다. 왼쪽 사이드워커는 지도사의 왼편에 서서 기승자가 기승한 후 보조할 수 있도록 준비한다.

기승은 말의 왼편에서 하지만 필요에 따라 오른쪽에서도 기승할 수 있고, 이때 말은 오른쪽에서도 기승할 수 있도록 훈련이 되어 있어야 한다. 기승자가 기승에 완전히 숙달될 때까지 과제분석에 의해 기승하는데, 기승과 하마는 중요성과 위험도를 고려하여 강습 때마다 반복하며 그 순서는 다음과 같다.

① 말 이름 부르기

지도사는 기승자에게 기승하게 될 말의 이름과 특징(품종, 털 색, 성격 등)을 말해주고, 말 이름을 힘차게 부르도록 한다.

② 기승 가능 상태 확인

지도사는 말 리더가 말을 끌고 기승 장소에 오면 기승면과 말의 간격은 적당한지, 사이드워커는 준비가 되었는지를 확인하고 기승자가 말 리더와 사이드워커에게 인사한다. 또한 말을 쓰다듬어 말과 교감하도록 한다.

③ 두 손은 안장머리에

기승자가 허리를 구부려 두 손을 안장머리에 대고 체중을 손으로 약간 옮긴다. 지면에서 기승하는 경우에는 왼손은 안장머리, 오른손은 안장꼬리 부분을 잡는다. 기승자가 인지능력이 낮은 장애인이나 장애가 없더라도 어린아이의 경우 협응력 저하로 오른다리를 들어 반대편으로 오른발을 넘기는 과정에서 문제가 발생할 수 있다. 안장꼬리를 잡은 오른손을 놓지 않아 기승자 본인의 손을 깔고 앉거나 기승자의 오른 무릎을 본인의 가슴 쪽으로 끌어당겨 오른발이 안장 위로 가로질러 지나가게 할 수 있다. 이런 경우 모두 기승자가 중심을 잃고 넘어질 수 있으므로 두 손 모두 안장머리에 놓도록 한다.

이때 안장머리보다 안장머리 앞쪽, 말의 등성마루 좌우로 손을 놓으면 말의 체온도 느끼며 더 안정적이라는 의견도 있다.

④ 왼발은 등자에

기승자는 왼발을 등자에 끼우고 체중을 왼다리로 옮긴다. 말에 대한 두려움이 있거나 왼다리 근력 저하인 경우 왼쪽 등자에 체중을 옮기는 도중 기승자가 균형을 잃을 수 있다. 말이 움직이지 않도록 말 리더는 말을 단단히 잡는다. 오른쪽 사이드워커는 오른쪽 등자쇠를 눌러 안장이 돌아가지 않도록 도움을 줄 수 있다.

이때 지도사가 기승자의 왼쪽 발을 들어 등자에 끼우기도 하는데, 이는 기승자가 균형을 잃을 수 있으므로 권장하지 않는다. 인지능력이 낮은 경우에는 약간의 도움을 줄 수 있지만 가급적 기승자 스스로 할 수 있게 한다. 신체적인 문제로 등자를 스스로 끼울 수 없는 정도라면 중간보조법을 이용한다.

⑤ 오른발 들어 넘기기

기승자는 오른발로 지면을 차고 올라 말 엉덩이 부분으로 넘긴다. 이때 기승자는 말 엉덩이를 차지 않고, 오른쪽 사이드워커는 등자쇠를 누르다가 기승자의 발에 부딪치지 않도록 유의한다. 기승자의 오른발이 완전히 넘어오면 오른쪽 사이드워커는 등자쇠를 더 이상 누르지 않는다. 기승자가 동작을 시행하기 전 지도사는 오른쪽 사이드워커가 집중하는지 확인해야 하는데, 오른쪽 사이드워커가 기승자 발에 채일 수 있기 때문이다.

기승자가 오른다리를 들어 올리면 지도사는 자신의 오른발을 더 내디디며 기승자에게 바짝 다가간다. 그대로 서 있는 상태에서 허리를 구부리면 기승자를 보조하기 어렵고 허리부상의 위험이 있다.

⑥ 가볍게 앉기

기승자가 안장에 앉도록 한다. 미국에서는 지도사가 기승자에게 'gentle!'이라고 말하여 기승자가 말에게 충격을 주지 않도록 한다. 국내에서는 '살짝!', '가볍게!' 등의 용어를 사용하도록 한다.

기승자가 안장에 털썩 하고 앉으면 말은 충격을 받게 되고 말 등이 심하게 흔들리는 것을 볼 수 있다. 또 고속카메라를 이용하면 지면에서 올라갈 때 안장을 당기는 동작으로 인해 말의 허리가 심하게 휘는 것을 볼 수 있다. 반복되면 말 허리에 악영향을 주게 된다. 이 때문에 많은 해외 승마장에서 기승경사로 이외의 기승을 금하기도 한다.

⑦ 등자 끼우기

기승자는 오른쪽 발을 등자쇠에 끼운다. 가급적 기승자가 등자를 찾아 끼우도록 하면 좋겠지만 그렇다고 시간을 지체하면 안 된다. 보통은 지도사가 오른쪽 사이드워커에게 기승자를 돕도록 한다.

⑧ 균형 유지

기승자가 안장에 앉으면 좌우 어느 한쪽으로 기울어질 수 있다. 이때 기승자가 스스로 등자를 밟고 일어나거나 안장머리를 손으로 짚고 일어났다가 앉기를 반복하면 대부분 바로 앉게 된다. 오른쪽 사이드워커에 의해 기승자를 밀거나 당겨 기승자를 바로 앉힐 수도 있지만 안장 자체가 돌아가거나 불필요한 신체접촉이 일어나므로 지양한다.

⑨ 준비

기승자가 안장에 바로 앉아 고삐(초보인 경우, 안장끈이나 안전손잡이를 잡으면 안정적이지만 기승술 향상에 저해되므로 지양한다. 특히 안전손잡이의 경우, 하마 시에 옷이 걸리는 등의 문제가 생길 수 있으므로 신중하게 사용한다.)를 잡으면 지도사는 "준비됐나요?" 하고 기승자의 준비 상태를 확인한다. 기승자가 준비되면 말 리더, 사이드워커와 눈맞춤으로 출발 준비 상태를 점검한다. 사이드워커는 보조 자세를 갖추고, 말 리더는 사이드워커의 준비 상태와 기승자의 등자가 좌우 균형이 맞는지 확인한다.

⑩ 출발

모든 출발 준비가 확인되면 지도사는 기승자에게 "준비되었으면 '출발~!'이라고 외치세요(또는 '음성 부조'를 주세요)"라고 말한다. 기승자의 '출발!' 또는 음성 부조로 지도사는 출발 가능 여부를 판단하고, 기승자가 출발이 가능하다고 판단되면 말 리더에게 신호를 보낸다. 말 리더는 지도사의 신호에 따라 출발한다.

기승자의 출발신호를 보면 기승활동 준비에 대한 심리적인 상황을 가늠할 수 있다. 말 위에 앉으면 평상시 눈높이보다 월등하게 높아지게 되어 말의 작은 움직임에도 두려움이 생길 수 있다. 기승자가 잔뜩 겁에 질린 경우, 아무런 말도 하지 않거나 목소리는 매우 작을 것이다. 이러면 출발 시 말의 움찔거림에 기승자는 고삐를 손에서 놓고 무릎을 구부려 다리를 조일 수 있는데, 이는 쉽게 균형을 잃을 수 있는 원인이 된다. 또 기승자가 비명을 지를 수 있으므로 지도사는 기승자의 심리상태를 파악하고 밝은 표정으로 "준비됐나요?", "말은 덩치는 크지만 겁이 많은 친구라 OOO가 소리 지르면 더 놀랄 거야", "말이 놀라지 않게 토닥토닥 해주세요", "사이드워커 선생님들이 OOO가 말에서 떨어지지 않게 도와주실 거야!" 등과 같이 기승자가 불안감을 해소하고 자신감을 가질 수 있도록 격려한다. 물론 여기에 제시한 경우는 청소년 이하에게 해당하는 경우이므로 연령을 고려하여 적합한 용어를 선택한다.

지도사의 출발신호에 말 리더는 뒤로 돌아 말을 끌어 기승경사로(기승대)를 떠난다. 기승자와 말이 기승경사로를 떠나면 지도사는 기승자의 골반과 안장꼬리 형태를 비교하여 균형 있게 앉았는지, 등자의 길이는 적당한지 확인한다. '⑧ 균형 유지' 단계에서 지도사가 말 뒤로 가서 안장꼬리와 기승자의 골반을 보고 균형 있게 앉았는지 확인할 수 있지만, 기승경사로의 경우 지면까지 내려오기가 쉽지 않고 말이 약간 비스듬하게 서 있으면 정확하게 확인할 수 없다. 출발 후에 말이 걸어가는 모습을 보면 정확하게 판단할 수 있다. 기승자가 한쪽으로 기울거나 등자 길이가 짧거나 길면 대기선으로 가서 기다리라고 하고, 이상이 없다면 평보상태에서 준비 운동을 하거나 사이드워커와 상호작용을 하도록 한다.

2) 중간보조 기승

중간보조 기승이나 최대보조 기승 같은 변형 기승방법은 일반 기승을 적용하기 어려운 경우에 사용한다. 중간보조 기승은 보행이 불가능하여 휠체어를 이용하지만 지지를 받아서 서 있을 수 있는 경우, 왼발의 단독 지지가 불편하거나 오른쪽 다리를 들어 올리는 벌림운동이 원활하게 되지 않는 경우 등이 이에 해당한다.

(1) 휠체어 이용 기승자

휠체어를 이용하는 기승자의 중간보조 기승방법이다. 중간보조는 휠체어가 올라갈 수 있는 기승경사로 기승면에서 실시할 수 있다.

① 마주 보고 서기
- 지도사는 기승자와 마주 보고 선다.
  - 기승자는 사이드워커의 도움으로 휠체어를 말과 같은 진행 방향으로 안장 옆에 위치시킨다. 지도사는 기승자를 마주 보고 선다.

② 어깨 잡기
- 기승자는 두 손을 들어 지도사의 어깨를 잡는다.
  - 지도사는 오른쪽 무릎을 기승자의 무릎 사이에 위치시키고 허리를 숙이지 않고 다리를 굽힌다.
  - 기승자는 휠체어에 앉은 상태에서 지도사의 어깨에 손을 올린다.

③ 들어 올려 회전하기
- 지도사가 기승자를 들어 올리고 말 쪽으로 회전한다.
  - 지도사는 몸통/조끼형/골반벨트를 이용하여 기승자의 몸통 또는 골반을 잡는다. 여의치 않으면 기승자의 바지 허리벨트를 잡으면 편리하다. 그러나 허리벨트를 잡아당겨 기승자를 들어 올릴 때 버클 부분이 풀릴 수 있는 것을 염두에 둔다. 사전에 점검하고 동작을 시행할 때는 천천히 움직인다.
  - 휠체어를 이용하는 기승자의 다리 근육은 소실되어 같은 상체 체격을 가진 비장애인보다 덜 무겁지만, 지도사는 근골격계 부상에 유의하면서 왼발로 체중을 옮겨 기승자를 들어 올린다. 지도사는 다리를 완전히 펴지 말고 왼쪽 사이드워커가 휠체어를 치우면 왼발을 축으로 하고 왼쪽으로 회전한다.

④ 안장에 앉히기
- 지도사가 기승자를 안장에 앉힌다.
  - 지도사가 뒤쪽 왼발을 축으로 회전하면 기승자의 엉덩이는 안장에 앉을 수 있는 높이가 된다. 단, 기승자의 엉덩이가 회전하는 도중에 안장꼬리에 부딪히지 않게 주의한다.

⑤ 골반 잡기
- 지도사는 안장에 기승자가 앉으면 기승자에게 동의를 구하고 오른쪽 사이드워커에게 기승자의 골반을 잡게 한다.
  - 지도사가 왼쪽으로 회전하면 기승자는 말의 진행 방향과 직각이 되고 안장 위쪽에 위치하게 된다. 기승자가 지도사에게 체중을 의지하면서 안장에 천천히 앉고, 오른쪽 사이드워커는 기승자의 골반을 지지해준다.

⑥ 다리 이동
- 지도사가 기승자의 다리를 들어 말 목 방향으로 서서히 이동한다.
  - 기승자가 안장에 체중을 완전히 실으며 앉고 두 손은 지도사 어깨를 계속 짚는다. 이때 기승자가 지도사의 어깨를 짚고 있어서 지도사가 급하게 허리를 숙이거나 움직이면 기승자가 균형을 잃을 수 있다. 지도사는 기승자의 움직임에 주의하면서 기승자의 두 다리를 들어 올린다.
  - 이러면 기승자의 다리와 말의 목은 90도를 유지하게 된다. 이때 기승자의 골반을 잡고 있는 사이드워커는 자세를 그대로 유지한다.
  - 지도사는 기승자의 다리를 들어 올리고 안장에 앉은 자리를 축으로 말의 목 쪽으로 다리를 회전시켜 기승자 다리와 말 목이 45° 각도를 이루게 한다. 지도사의 양 어깨를 짚고 있는 기승자에게 오른쪽 손은 오른쪽 사이드워커 어깨를 짚게 하고 계속 회전시킨다.
  - 이때 숙달되지 않은 지도사는 기승자의 두 다리를 동시에 움직이지 않고 한 다리만 움직이는 오류를 쉽게 범할 수 있으므로 주의한다.

⑦ 다리 내림
- 기승자와 오른쪽 사이드워커가 기승자의 다리를 천천히 내린다.
  - 기승자의 두 다리가 말의 목 위쪽에 위치하고 수평이 되면 오른쪽 사이드워커는 지도사의 지시에 따라 기승자의 오른쪽 골반과 오른쪽 다리를 잡는다. 지도사도 왼쪽 골반과 다리를 잡고 기승자가 안장고리를 잡도록 한다.
  - 다리가 내려오면서 기승자의 다리는 점점 벌어지게 된다. 지도사는 기승자에게 균형 및 통증 발생 여부를 계속 묻고 이상이 없으면 지도사와 사이드워커는 기승자의 다리를 천천히 내린다.

⑧ 출발 준비 확인
- 지도사는 기승자의 다리가 완전히 내려지면 등자에 발을 넣게 하고 기승자가 균형을 유지하고 있는지, 출발 준비가 완료되었는지 확인한다.

(2) 지지 보행 가능 기승자

다음은 타인의 도움을 받아 보행이 가능한 기승자를 중간보조법으로 기승하는 방법이다. 지지 보행이 가능한 기승자는 중간보조로 기승경사로 기승면이나 기승면이 기승자와 지도사가 동시에 올라설 수 있도록 충분히 넓은 기승대에서 실시할 수 있다.

① 마주 보고 서기
- 지도사는 기승자와 마주 보고 선다.
  - 기승자는 지도사와 사이드워커의 도움으로 안장 위치에서 말을 등지고 서고 지도사는 기승자를 마주 보고 선다.

② 어깨 잡기
- 기승자는 두 손을 들어 지도사의 어깨를 잡는다.
  - 기승자는 서 있는 상태에서 지도사의 어깨에 손을 올린다.
  - 지도사는 오른쪽 무릎을 기승자의 무릎 사이에 위치시킨다.

③ 기승자 잡기
- 지도사가 기승자의 몸통을 잡는다.
  - 지도사는 몸통/조끼형/골반벨트를 이용하여 기승자의 몸통 또는 골반을 잡는다. 여의치 않으면 기승자의 바지 허리벨트를 잡으면 편리하다. 그러나 허리벨트를 잡아당겨 기승자를 들어 올릴 때 버클 부분이 풀릴 수 있는 것을 염두에 둔다. 사전에 점검하고 동작을 시행할 때는 천천히 움직인다.

④ 안장에 앉히기
- 지도사가 기승자를 안장에 앉힌다.
  - 잘 만들어진 기승경사로나 기승대는 성인이 무릎을 살짝 구부리면 안장에 앉을 높이가 된다. 기승자의 키가 너무 작아 안장 높이보다 낮은 위치라면 마주 보고 서기 동작부터 기승자가 이동식 기승대에 올라서 높이를 맞추거나 지도사가 들어 올려 앉힌다.
  - 앉힐 때에는 지도사가 무릎을 서서히 구부리고 오른다리에 좀 더 체중을 옮겨 실으면서 기승자를 안장에 앉힌다.

⑤ 골반 잡기

⑥ 다리 이동

⑦ 다리 내림

⑧ 출발 준비 확인

3) 최대보조 기승

중간보조 기승 이외에 최대보조 기승 방법이 있는데, 시행 수단은 지도사 혼자, 지도사와 사이드워커 그리고 승강기로 구분된다. 기승자가 충분히 가벼운 경우는 지도사가 혼자 안아서 기승시킬 수 있지만 기승자의 체중을 지도사 혼자서 통제하기 어렵다면 사이드워커의 도움을 받거나 승강기(lift)를 이용한다.

사이드워커의 도움을 받을 때 지도사는 기승자의 몸통, 사이드워커는 기승자의 다리를 잡아 동시에 들어 올리거나 '가마타기'처럼 기승자의 양옆에서 동시에 들어 올려 안장에 앉히는 방법이 있다.

지도사가 승강기를 이용할 때는 작동버튼에 매우 익숙해야 한다. 기승자의 다리가 휠체어나 말 등에 걸리지 않도록 하기 위해서는 충분히 높이 올라가야 하는데, 기승자는 높이 자체로 공포감을 느낄 수 있다. 버튼 사용이 익숙하지 않으면 기승자가 더욱 곤경에 처하게 된다.

움직이는 속도도 천천히 해야 한다. 보통 승강기는 한 줄에 매달려 있어 속도가 빠르면 기승자가 흔들거려 매우 위험한 상태가 된다.

4) 지도사 유의사항

기승자와 근접거리를 유지하고, 기승자의 기승을 도울 때 허리가 아닌 다리와 복근을 이용하여 지도사의 근골격계 부상을 방지하며, 큰 동작은 피하고 천천히 움직이도록 지도해야 한다. 처음 승마를 시작하는 기승자는 말과 높이에 대한 두려움으로 기승을 포기하는 경우가 있다. 기승자의 마음을 편안하게 해주고, 어떤 형태의 기승이 이뤄질 것인지를 말하여 마음의 준비를 할 수 있게 함으로써 기승 후에 대한 기대심을 주어 기승이 원활하게 이뤄지도록 해야 한다. 기승이 지연되면 기승자 본인뿐만 아니라 다른 기승자, 더 나아가 다른 팀들의 강습에까지 영향을 줄 수 있다.

5. 하마

모든 강습이 종료되면 지도사는 팀 내 모든 말을 강습장 중앙 대기선에 모이게 하여 정렬시킨다. 기승과 반대로 균형유지능력이 낮은 기승자나 강습에 체력 소모가 많아 지쳐 있는 기승자부터 하마시킨다.

하마방법은 일반 하마, 중간보조 하마, 최대보조 하마 그리고 응급하마로 구분할 수 있다. 하마의 원칙은 '안장에서 지면으로(saddle to ground)'다. 하마하는 도중에 버티면서 내려오는 것도 운동이므로 이 원칙을 권장한다. 단, 최대보조로 하마하는 경우는 기승경사로나 기승대로 돌아가서 승강기를 이용한다. 기승자의 체중이 지도사가 충분히 안전하게 들어 올

> **Tip**
>
> **하마(dismounting)**
>
> **중간보조(leg lift)**
> 기승자의 다리 들어 올리기
>
> **최대보조(total lift)**
> 기승자의 신체를 모두 들어 올리기

려 이동시킬 수 있는 경우는 다른 기승자와 같이 강습장 중앙에서 하마시킬 수 있다.

지도사나 사이드워커가 기승자를 지지할 때는 잡거나 닿는 부분에 상처가 있는지, 안장에 엎드릴 수 있는지를 사전에 확인하고 이에 따른 적절한 조치를 한다.

모든 하마의 시작은 고삐를 놓는 것부터 시작한다. 지도사는 기승자에게 하마한다는 것을 알리고 고삐를 말의 목 위에 놓게 하는데, 던질 수 있으므로 사전에 주의를 준다. 고삐 매듭을 묶거나 고삐 가운데 버클이 말 목 중앙에 위치하도록 하여 고삐가 흘러내리지 않게 한다.

1) 일반 하마

일반 하마는 기승자가 다리 벌림 동작을 하는 데 이상이 없는 경우에 실시한다. 기승과 같이 기승자의 신체나 인지가 하마하기에 무리가 없고 기승 경험이 많아 혼자서도 하마할 수 있는 경우에는 신체보조를 하지 않아도 된다. 그러나 초보자나 인지능력 저하 등으로 하마 도중 낙마가 예상되면 지도사는 적극적인 보조를 실시한다. 다음은 하마를 하는 데 있어 실시할 수 있는 과제분석과 함께 기승자, 자원봉사자 및 지도사가 준수해야 할 사항이다.

지도사는 오른발 끝이 기승자를 바라보고 왼발은 약간 벌린(20~30㎝) 상태로 선 뒤 오른발을 약간 뒤로 뺀다. 두 발을 나란히 서면 뒤로 밀릴 수 있으며, 기승자가 하마하는 지점에서 밟힐 수 있기 때문이다.

① 양발을 등자에서 빼기

지도사는 기승자에게 등자에서 두 발 모두 빼라고 지시하고 오른쪽 사이드워커에게 확인해달라고 부탁한다. 일반 승마를 할 때는 등자에서 두 발 모두 빼거나 오른쪽 발만 등자에서 빼고 안장에 가로로 엎드린 다음에 왼발을 등자에서 빼고 미끄러지듯 내려온다. 그러나 하마하는 쪽으로 체중이 실린 다음에는 왼쪽 다리를 빼기 어려우므로 재활승마에서는 두 발 모두 등자에서 뺀 상태에서 하마를 시작하는 것이 도움이 된다.

② 상체 앞으로 숙이기

지도사는 기승자에게 앞으로 엎드려 말 목을 껴안고 시선은 오른쪽을 향하게 한다. 오른쪽 사이드워커를 바라보도록 하면 좋다. 기승자가 앞으로 엎드린 것을 두려워하면 안장머리 부분을 손으로 짚고 앞으로 숙이도록 하지만 다소 불편할 수 있다. 앞쪽으로 숙이지 않으면 기승자의 오른다리를 넘기 힘들고 균형을 잃을 수 있으니 주의한다.

기승자의 협응능력이 좋지 않으면 기승자의 다리를 말의 왼쪽으로 넘길 때 왼손을 말의 오른쪽으로 넘기지 않아 기승자가 말의 왼쪽으로 넘어가는 경우가 있다. 이런 문제가 예상되면 두 팔 모두 말 목의 오른쪽으로 향하여 엎드리게 한다.

③ 오른다리 넘기기

기승자가 엎드리면 지도사는 기승자의 오른다리를 들어 지도사 쪽으로 넘기도록 하거나 오른쪽 사이드워커에게 도움을 요청한다. 이때 기승자의 몸이 말의 왼쪽으로 쏠리면서 중심을 잃을 수 있으므로 기승자의 다리가 올라오기 전에 기승자의 왼쪽 골반에 손바닥을 대고 지지한다.

기승자의 다리가 올라오기 시작하면 지도사는 왼손을 밀어 기승자가 안장에 엎드리도록 돕는다. 지도사가 충분한 힘으로 밀어주지 못하면 기승자는 말의 왼쪽으로 밀려 내려오거나 안장 앞부분에 엎드려 배 부분에 통증을 호소하게 된다. 기승자의 다리가 넘어오기 시작하면 지도사는 충분한 힘으로 밀어서 기승자의 몸이 팽이와 같이 회전하여 안장의 가장 넓은 부분에 기승자의 배가 닿도록 돕는다.

④ 다리 펴고 버티며 내려오기

기승자가 안장에 가로로 엎드리면 지도사는 기승자가 무릎을 펴도록 하고 미끄러지듯이 내려오도록 한다. 무릎을 펴지 않으면 말의 배 밑으로 들어가고 기승자가 뒤로 넘어질 수 있으므로 주의한다. 기승자의 키가 작거나 말의 키가 상대적으로 큰 경우에 쉽게 발생할 수 있다.

기승자 스스로 내려오는 속도를 조절하며 버티면서 내려오는 것도 운동이다. 지도사는 기승자가 내려오기 전 '천천히'라고 말하여 내려오는 속도가 너무 빠르지 않도록 조정한다. 기승자의 내려오는 속도가 빠르면 지면에 착지하면서 주저앉을 수 있고, 고개를 숙인 상태라면 안장에 얼굴을 부딪칠 수 있다.

지도사는 기승자가 안장에 엎드린 상태에서 기승자의 허리가 시작되는 등 부분에 손바닥을 지지하면 내려오는 속도를 제어할 수 있다. 속도가 빨라져 기승자를 말 쪽으로 밀 때 체중이 너무 많이 나가지 않는다면 대부분 멈추게 할 수 있다.

지도사가 허리를 잡는 경우 기승자가 간지럼을 잘 타거나 지도사가 기승자를 놓치게 되면 지도사의 손이 기승자의 가슴에 위치하게 되어 다른 문제가 발생하게 되므로 주의한다. 가급적 앞서 제시한 '등 부분을 지지'하고, 필요하다면 사전에 "허리를 안전하게 잡아줄게요"라고 양해를 구한 뒤 기승자의 벨트 아랫부분을 양손으로 잡아 미끄러지는 것을 예방한다. 벨트를 잡는 것도 방법이지만 바지가 너무 위로 당겨져 기승자가 불편을 느낄 수 있다.

지도사의 지지가 더 필요하거나 기승자의 다리가 불편하여 지면 착지에 부담을 느끼는 경우에는 기승자가 엎드린 상태에서 지도사는 오른쪽 팔로 기승자의 양 무릎을 감싸고 지도사의 무릎을 서서히 구부려 기승자를 지면에 내려놓는다. 이때 지도사가 허리를 구부리게 되면 기승자의 엉덩이 부분이 지도사의 어깨 부분에 닿게 된다. 그러면 기승자가 뒤로 넘어지거나 지도사 허리 부분의 근골격계 부상이 발생하므로 반드시 허리가 아닌 무릎을 이용한다.

2) 중간보조 하마

중간보조 하마나 최대보조 하마 같은 변형 하마방법은 일반 하마를 적용하기 어려운 경우에 사용한다. 중간보조 하마는 보행이 불가능하여 휠체어를 이용하지만 지지를 받아서 서 있을 수 있는 경우, 왼발의 단독 지지가 불편하거나 오른다리를 들어 올리는 벌림운동이 원활하게 되지 않는 경우 등이 이에 해당한다.

중간보조 하마는 기승의 역순으로 실시한다.

(1) 휠체어 이용 기승자

휠체어를 이용하는 기승자의 중간보조 하마방법이다. 이 방법은 중간보조 기승방법의 역순으로 진행한다. 다만 기승과 달리 기승경사로나 기승대를 이용할 수 없어 지도사나 사이드워커의 도움을 받을 수 없으므로 유의한다.

① 양손 짚기
- 기승자는 양손으로 지지 가능한 부분을 짚는다.
  포니를 이용하는 기승자라면 지도사와 사이드워커의 어깨를 짚는다. 말을 이용하거나 기승자의 키가 크면 불가능해지므로 기승자의 오른손은 안장머리, 왼손은 안장꼬리를 잡는다.

② 다리 들어 올리기
- 기승자의 두 다리는 지도사와 사이드워커가 천천히 들어 올린다.
  기승자는 지지한 부분에 체중을 분배하고, 지도사와 사이드워커는 두 다리를 서서히 들어 올린다.

③ 오른다리 넘기기
- 기승자는 오른다리가 넘어올 때 오른손과 왼손을 번갈아 짚어 오른다리가 넘어오기 용이하게 한다.

- 오른다리가 넘어오면 지도사는 두 다리 모두 지지하고 사이드워커는 기승자의 골반을 지지한다.

④ 안장에 가로로 앉기
- 두 다리가 점점 더 넘어오면 기승자는 안장머리와 안장꼬리를 잡은 손에 체중을 의지하고 안장에 가로로 앉는다.
- 지도사와 사이드워커는 기승자가 가로로 앉을 때까지 지지를 계속한다.

⑤ 두 손을 안장머리에
안장에 가로로 잘 앉았으면 기승자는 두 손을 안장머리에 짚는다.

⑥ 안장에 가로로 엎드리기
- 안장머리에 두 손을 짚고 몸을 돌려 기승자는 안장에 가로로 엎드린다.
- 휠체어를 이용하는 기승자라면 두 팔의 힘을 이용해서 큰 무리 없이 안장에 가로로 엎드릴 수 있다.

⑦ 다리 펴고 버티며 내려오기
이후에는 일반 하마와 같다. 다만 지도사가 등에 손을 대고 하마시키는 것보다 골반을 지지하거나 무릎을 감싸 안고 하마시킨다. 기승자에 따라서는 안장에 매달리며 내릴 수 있다. 말의 상태를 보면서 지면까지 안전하게 하마하도록 한다.

(2) 지지 보행 가능 기승자

다음은 타인의 도움을 받아 보행이 가능한 기승자의 중간보조 하마 방법이다. 다리의 벌림 동작이 어렵다면 휠체어 이용 기승자와 같은 방법을 이용한다. 말의 목덜미 부분으로 다리를 들어 올리기가 용이하기 때문이다.

기승자의 오른다리를 들어 올리기가 어렵지만 비교적 벌림 동작에 큰 문제가 없다면 일반 하마 방법을 이용한다. '③ 오른다리 넘기기'에서 기승자의 오른다리만 넘기지 말고 두 다리를 동시에 들어 올린다. 다 들어 올리면 기승자는 말 위에서 말 목, 몸통과 평행하게 1자가 된다. 지도사와 사이드워커는 좌우로 미끄러지지 않게 유의하고 기승자를 회전시킨다.

이후에는 일반 하마와 같다. 다만 지도사가 등에 손을 대고 하마시키는 것보다 골반을 지지하거나 무릎을 감싸 안고 하마시킨다.

3) 최대보조 하마

최대보조 방법으로 기승한 기승자는 최대보조로 하마시킨다. 먼저 하마한 기승자들이 안전하게 강습장을 벗어나면 기승경사로나 기승단으로 되돌아가 기승한 순서의 역순으로 하마한다. 중간보조 방법으로 기승시킨 경우라도 기승자 스스로 팔로 신체를 지지할 수 없는 경우라면 최대보조 방법으로 하마하길 권장한다.

4) 응급하마

매우 드문 상황이지만 말에 기승한 상태에서 기승자가 발작, 의식불명, 어지러움 등으로 긴급하게 하마해야 할 경우, 말이 어떠한 원인에 의해 날뛰거나 놀랐을 때 긴급하게 하마해야 할 경우가 발생한다. 긴급상황을 발견한 사람이 "비상!" 하고 외치면 모든 말 리더는 즉시 말을 정지시키고, 말 앞에서 부드러운 어조로 말을 진정시키며 통제한다.

응급하마가 필요한 기승자의 사이드워커는 등자에서 기승자의 발을 분리한다. 이때 안전 등자가 진가를 발휘할 수 있다. 상체를 앞으로 숙인 상태로 기본적인 하마방법을 이용하여 하마시킨다. 이때 사이드워커는 기승자의 몸통을 지지하고 말 리더는 말에서 기승자가 안전하게 분리되면 말을 끌고 그 장소를 벗어난다. 사이드워커가 기승자를 지지할 때는 기승자의 등 뒤에서 기승자의 겨드랑이 사이로 팔을 넣어 몸통을 지지한다. 기승자가 말에서 분리되면 사이드워커는 기승자를 앉히거나 눕히고 지도사의 지시에 따른다.

여기서 사이드워커가 기승자를 하마시키는 것은 응급상황이므로 가능하다. 보통 집단으로 강습할 때 지도사는 각 팀을 통제하기 위해 강습장의 중앙에 위치하고, 말 주변에서는 절대로 뛰지 말아야 하기 때문에 응급상황에서 문제가 발생한 곳까지 신속히 이동할 수 없다. 긴급상황이라고 지도사가 뛰어다닌다면 말을 흥분시켜 2차 사고를 유발할 수 있다. 1개 팀만 수업에 참가하여 강습이 이뤄지고 지도사를 기다릴 시간적 여유가 있다면 지도사가 하마시킨다.

일반적인 하마 방향(말의 왼쪽)으로 내릴 수 없을 때는 내리기 쉬운 방향으로 응급하마시킨다. 이때 하마 방향은 좌우 사이드워커가 신속히 상의하여 결정한 뒤 기승자의 등자를 신속하게 빼고, 결정된 하마 방향으로 내리게 하며, 반대쪽 사이드워커는 너무 **빨리** 떨어지지 않게 잡고 내리는 방향을 지지하면서 내린다. 기승자의 부상을 방지하기 위해 몸통을 지지한다. 이때 지지하는 사이드워커가 기승자와 함께 넘어지지 않도록 주의한다. 말 리더는 사이드워커가 기승자를 내리는 일에 조언할 수 있지만 참여하지 말고 침착하게 말을 안정시킨다.

응급하마를 시킬 겨를도 없이 기승자가 낙마했더라도 말 리더는 기승자의 구호활동에 참여하지 말고 말을 끌고 기승자로부터 안전거리를 유지한다. 말이 날뛰는 경우, 사이드워커는 기승자를 보호하기 위해 말이 기승자 근처로 접근하지 못하도록 한다.

그림 4-6 응급하마방법

기승자가 균형을 잃었을 때 사이드워커는 "비상!" 하고 외친다.

기승자가 뒤로 누워 내리기 원할 때 말 리더는 말을 마주 본다.

내릴 방향을 결정하고 내리는 쪽으로 다리를 옮긴다.

지도사와 사이드워커는 기승자의 몸통을 지지한다.

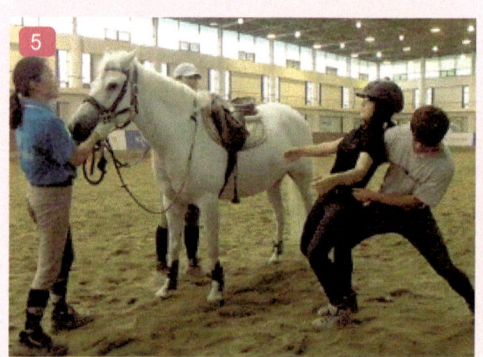
기승자를 끌어 말에서 멀어진다.

기승자가 말에서 멀어지면 리더는 현장을 벗어난다.

이상과 같이 기승과 하마에 대해 자세히 알아보았다. 매우 드물긴 하지만 재활승마에서 발생하는 사고의 약 60%가 기승과 하마에서 발생한다고 한다. 기승과 하마 시 지도사가 기승자를 보조할 때는 최소로 보조하지만 항상 안전에 유의하며, 최근접거리에서 기승자를 보조하여 만일의 사고에 대비해야 한다.

6. 강습 종료(하마) 후

강습이 끝나고 하마한 뒤 기승자는 말을 쓰다듬고 교감을 나누며 말 리더를 비롯한 자원봉사자들에게 감사를 표한다. 말에게 장착한 마장구를 해체하며, 안장을 운반할 수 있는 기승자라면 지도사는 기승자가 하마한 뒤 곧바로 강습장에서 안장끈을 풀고 안장을 내려 기승자에게 마장구실까지 운반을 부탁한다. 대체로 기승자는 자신도 뭔가 역할을 한다는 기쁜 마음에 안장을 옮기게 된다.

안장의 가격은 대체로 고가이고 무게는 종류에 따라 다르긴 하지만, 10kg 정도이므로 기승자의 능력에 적합한지 판단하여 사이드워커와 협동하도록 한다. 수업 중 한 명의 기승자에게 안장 옮기기를 부탁했다면 다른 기승자에게도 뭔가 역할을 할 수 있도록 배려한다. 모든 기승자에게 역할을 주고 한 명에게 아무런 역할을 부여하지 않는다면 그 기승자는 또 다른 좌절을 경험하게 된다. 한 기승자에게 안장을 옮기도록 했는데 다른 기승자는 안장을 옮기는 것이 적절하지 않다면 복대라도 옮기도록 한다. 이때 지도자가 복대를 들고 "우리 친구에게는 이것을 부탁해! 이것은 말에 안장을 묶을 때 사용하는 것이니 조심해서 마장구실에 가져다주세요"와 같이 기승자의 행동에 대해 나름대로 의미를 부여하여 기승자가 책임감과 임무를 완수했을 때 성취감을 느끼도록 배려한다.

기승자가 하마하면 강습 시작 전에 대기실에서 보호자로부터 기승자를 인수한 사이드워커가 동행하여 대기실에서 기다리는 보호자에게 인계한다. 나이가 어리거나 자폐가 있는 기승자의 경우, 기승자를 강습장에 홀로 방치하면 사고 발생 위험이 있으므로 모든 기승자는 반드시 사이드워커가 동행한다. 사이드워커는 대기실에서 기다리는 보호자에게 기승자를 인계하면서 강습 중에 있었던 기승자에 관한 사항을 간단하게 말해준다. 대기실에서 강습 내내 강습 장면을 지켜보았더라도 강습에 직접 참여한 사람으로부터 기승자에 대해 긍정적인 소식을 듣게 되면 강습에 대한 만족도는 더 커질 것이다. 강습내용에 대해 부정적인 생각이 있었더라도 지도자, 자원봉사자 등 강습 팀에 대한 입장에서 상황을 이해하게 된다.

모든 기승자가 하마하고 대기실로 가면 지도사는 말에 관한 사항을 말 리더와 또 다른 사이드워커에게 인계하고, 대기실로 가서 기승자가 모두 이상 없이 보호자에게 인계되었는지 확인한다.

4장. 준비 운동과 마무리 운동

모든 운동은 준비 운동과 본 운동 그리고 마무리 운동으로 구분된다.

1. 준비(warm up) 및 마무리(cool down) 운동

1) 개요

승마는 사람과 말이 같이 즐기는 운동으로, 기승하는 사람만이 아니라 말도 준비 및 마무리 운동을 실시해야 한다. 따라서 다른 운동에 비해 더욱 준비 운동 및 마무리 운동에 신경을 써줘야 한다. 준비 운동의 경우 단순히 몸을 이완시키는 의미와 함께 본 운동의 호기심과 흥미를 유발할 수 있는 내용으로 실시한다. 마무리 운동은 그날 배운 동작 중 잘 안 되는 동작이나 중요하다고 생각되는 동작을 응용하여 마무리 운동에 적용하는 것이 좋은 방법이다.

'운동의 종류'에 제시한 방법을 복합적으로 사용하거나 제시한 내용 이외에 다른 방법 등을 이용하여 준비 및 마무리 운동을 할 수 있다. 준비 운동과 마무리 운동에 같은 운동을 할 수도 있으나 같은 시간에는 가급적 서로 다른 운동을 선택하는 것이 좋다. 준비 운동은 좀 더 활동적으로 움직이고, 마무리 운동은 몸의 근육이 이완되도록 부드럽고 편안하게 실시한다. 기승자의 움직임은 밑에 있는 말에게 고스란히 전달되어 너무 빠른 움직임은 말에게 스트레스가 될 수 있다. 다른 종목의 운동과 달리 승마에서 준비와 마무리 운동을 할 때 기승자는 약간 느린 동작으로 운동을 실시한다.

준비 운동을 할 때 말의 움직임은 느린 평보에서 점차 빠른 평보가 되도록 유도하고, 마무리 운동은 반대로 빠른 평보에서 느린 평보가 되도록 한다. 준비 운동은 심장으로부터 먼 쪽부터 실시하고 마무리 운동은 심장에서 가까운, 즉 몸통부터 시작해서 먼 쪽의 신체분절을 이용하도록 한다.

승마에서 가장 중요한 점은 '안전'임을 명심하고, 준비 및 마무리 운동을 할 때 기승자와 말의 운동뿐만 아니라 기승자와 말 사이의 교감을 가질 수 있도록 한다. 말(馬)에게 부드러운 목소리로 좋은 말(言)을 건네고 수시로 애정 표현을 한다.

> **Tip**
> **애정 표현**
> 말의 목덜미를 두드리거나 문지르는 동작

(1) 준비 운동의 필요성

① 근, 인대 등 상해의 위험 최소화

사람이나 말과 같은 생체는 뼈대로 지지되고 그 뼈대에 연결된 근육의 수축으로 움직임이 발생한다. 뼈대는 2개 이상의 뼈와 그 뼈들이 만나는 부분인 관절, 뼈끼리 연결해주는 인대 등으로 구성된다. 근육은 힘줄을 이용해서 뼈에 붙어 있는데 뼈와 뼈는 인대, 뼈와 근육은 힘줄이 연결해주는 것으로 인대와 힘줄의 주성분은 콜라겐이다. 이러한 생체조직은 온도에 따라 그 탄성이 변화하는데, 탄성이 최고가 되는 적정 온도는 약 39℃다. 반대로 온도가 낮으면 조직의 탄성이 저하되는데, 이러한 상태에서 바로 본 운동을 하면 근육이나 힘줄의 파열 같은 부상의 위험도가 높아진다.

> **Tip**
> 콜라겐은 동물의 뼈, 힘줄, 인대, 연골, 진피, 상아질 등에 들어 있는 경단백질로 장력이 크고 탄력이 적은 흰색 섬유 성분. 40℃가 넘으면 변성이 시작되므로 질병으로 인한 고열이 위험하다는 이유가 여기에 있다. 그러나 정상적인 경우 항상성으로 인해 39℃가 넘지 않는다.

② 운동 피로의 조기 발현 예방

운동 초기에 근육 수축에 소비되는 에너지의 많은 부분을 무산소적인 생성체계에 의존하게 되는데, 순환계통과 호흡계통이 에너지 소비증대 적응에 시간이 걸리기 때문이다. 즉 심상의 활동수준, 근육으로의 혈류 분배, 호흡 근육의 활동수준이 증가하여 산소수송체계가 정비되기 전에는 무산소적인 대사산물인 젖산이 초기에 축적될 수 있다. 적절한 준비 운동은 운동 초기에 유산소 에너지 동원시스템을 이용하여 젖산 축적을 예방한다.

> **Tip**
> 근육의 수축에 동원되는 에너지 공급시스템은 ATP-PC, 무산소, 유산소로 구분된다.
>
> 무산소성 대사과정의 부산물인 젖산은 근육의 통증을 유발하는 것으로 알려져 있다. 생체에서 에너지원으로 다시 쓰이는데, 가볍게 운동하면 더 잘 소비된다.

③ 신경계의 협응력 향상

준비 운동은 인체의 조정능력을 높여준다. 이는 신경계의 통합적인 조절에 적응의 절차가 필요하다는 것을 말하며, 완전한 자세가 형성되었을지라도 수행에 앞서 행하는 일회적인 연습이 필요함을 보여준다. 숙련된 사람도 몸에 일어나는 반응을 초기에 완벽하게 재현하기란 어렵다.

④ 심장 손상의 위험 감소

준비 운동 없이 갑작스럽게 고강도의 운동을 실시하면 심장 기능 이상을 나타낼 수 있다. 갑작스런 운동으로 인한 심장 근육의 활동수준 증가에 비해 혈류 공급이 상대적으로 부족하기 때문이다. 충분한 준비 운동은 운동 초기에 나타나는 이러한 현상을 완화시킬 수 있다.

(2) 마무리 운동의 필요성

① 젖산 등 피로물질의 제거

힘든 운동을 했더라도 신체를 가볍게 움직인 다음에 휴식을 취하는 것이 좋다. 무산소성 대사과정에 나타난 젖산이 근육 내에 축적되는 것과 호흡활동을 통해 인체에 흡입된 산소가 유해한 활성산소로 전환되는 것을 방지해준다. 젖산은 근육에 쌓이면 통증을 유발하는데, 몸을 가볍게 움직여주면 오히려 에너지원으로 사용된다.

② 뇌빈혈의 예방

갑작스런 활동 정지는 근 펌프 작용을 중단하여 정맥에서 심장으로 가는 혈액량을 감소시킨다. 심장으로 가는 혈액이 감소하면 심장에서 나오는 혈액도 감소하고 혈압저하, 어지럼증 같은 뇌빈혈을 초래할 수 있다. 마무리 운동은 근 펌프 작용을 적절한 수준으로 지속시켜 다리에 혈액이 적체되는 현상(하지 정맥 저류)과 급격한 심박출량 감소 현상을 예방할 수 있다.

③ 근 통증이나 근 경직 예방

운동 시 발생하는 근육통이나 근육 경직은 젖산 등의 대사산물의 축적으로 인해 발생한다. 동적인 마무리 운동은 근혈류 속도가 급격히 감소되지 않고 서서히 감소하도록 하여 이들 물질의 신속한 제거에 도움을 준다.

2) 기승자

(1) 준비 운동

승마에서의 준비 운동은 바른 자세를 잡기 위해 하는 일련의 스트레칭 및 가벼운 운동이며, 본 운동을 위해 몸과 마음을 준비하는 데 의미가 있다.

바른 자세로 기승자세에 적응하기 위해 몸과 마음의 긴장을 이완시켜주는 단계로 만세하기, 몸통 틀기, 발목 돌리기 등이 있으며, 지도사의 재량과 경험으로 다양하게 응용할 수 있다.

예를 들면 보조하는 봉사자들과의 친분을 위해 '하이파이브'를 하는 등 분위기를 밝게 하는 활동들을 시도할 수도 있는데, 오른쪽과 왼쪽 사이드워커와 번갈아 가면서 오른손과 왼손을 바꾸거나 손의 높이를 달리하면서 "반갑습니다!", "감사합니다!" 등의 인사말과 함께 실시하면 '하이파이브'는 밝은 분위기를 조성하는 용도만이 아니라 몸통 돌리기 신체 운동과 함께 사회성 향상 등을 기대할 수 있다. 또한 손을 위로 뻗는 동작은 '사과 따기', 좌우로 몸

> **Tip**
> 호흡을 통해 들어온 산소는 미토콘드리아 내에서 유산소 해당(산소를 이용한 당분해) 과정을 통해 ATP를 생성하는 데 참여한다.
>
> ATP는 근육에서 'ADP + P + 에너지'로 분해되고 이 에너지가 근육을 수축하는 데 사용된다.
>
> 이렇게 인체에 꼭 필요한 산소이지만 과격한 운동, 스트레스, 환경오염물질 등으로 인해 활성산소로 바뀌면서 인체의 세포를 공격하는 유해산소로 바뀌는 것이다.

통을 돌리는 동작은 '사이드워커에게 사과 선물하기', 손을 아래로 뻗는 동작은 '당근 캐기', 상체를 숙이는 동작은 '말에게 당근 먹이기' 등으로 어떤 동작에 의미를 부여하면 좀 더 자발적인 참여를 유도할 수 있고, 기승에 따른 공포심도 해소할 수 있다.

반복된 동작을 위해 숫자를 셀 때는 지도사의 구령에 맞춰 실시하기보다는 기승자에게 큰 소리로 말하도록 하면 참여 의식과 자신감을 향상시킬 수 있다. 준비 운동에 재미를 느낀다면 본 운동에 대한 기대감을 향상시켜 강습에 대한 집중도를 높일 수 있을 것이다. 이러한 내용은 대체로 나이가 어린 기승자에게 적용할 수 있으며 성인의 경우는 기승자의 여건을 고려하여 정적·동적 스트레칭, 요가 동작 응용 등 흥미를 가질 수 있는 방법을 고려해볼 수 있다.

강습에 참가하는 기승자의 장애에 따라 준비 운동이 어떤 면에서는 어려울 수도 있고, 쉬울 수도 있을 것이다. 신체적으로는 쉬워도 인지나 지적능력의 장애 때문에 움직이는 것이 어려울 수 있고, 어떤 운동인지 이해할 수 있어도 신체능력의 장애로 움직이기 어려울 수도 있을 것이다. 이런 점을 감안하여 준비 운동을 시행하도록 한다.

준비 운동을 하는 중간에도 기승자가 바른 자세를 유지하고 있는지 확인하고, 필요 시 자세 교정을 해주도록 한다.

(2) 마무리 운동

마무리 운동은 본 운동에서 배운 내용을 복습하거나 본 운동으로 힘들었을 근육들을 풀어주는 데 그 목적이 있다. 준비 운동에서 시행한 운동들이 포함될 수 있지만, 운동의 시행 목적에 따라 차이를 줄 수 있다. 준비 운동에서 근육들을 긴장하게 만들고 근육을 자극시켜줬다면 마무리 운동에서 시행하는 활동들은 근육을 흔들어주면서 이완시킨다. 몸통을 좌우로 틀어준다거나 팔 털어주기 등이 가능하고, 다리의 이완을 위해서는 발을 등자에서 빼고 발목을 움직여줄 수도 있다.

또한 기승술의 복습뿐만 아니라 다음 강습에서 배우게 될 기승술을 응용하여 다음 강습에 대한 기대를 갖게 할 수도 있다.

3) 말

말도 준비 운동과 마무리 운동을 시킨다. 방목장에서 대부분의 시간을 보내지 않고 마방 안에서 시간을 보내는 경우는 근육의 움직임이 충분하지 않다. 더구나 방목장에 있다가 강습에 참여하면 마방까지 걸어오면서 어느 정도 워밍업이 되지만, 마방에 있다가 마장으로 바로 들어오면 워밍업이 매우 부족하다. 근육의 움직임이 거의 없었던 잠자리에서 방금 일어난 상태를 생각하면 말의 상태가 쉽게 이해될 것이다.

말 리더는 말의 준비 운동을 위해 최소한 강습 시작 5분 전에 마장으로 나와서 강습장의 분위기를 익히면서 평보로 걷는다. 실제 준비 운동은 10~20분이 필요한데, 기승 후에 5분 정도 준비 운동을 한다고 생각하면 강습 전 필요한 최소 시간은 5분이다. 더구나 날씨가 추운 날에는 말의 근골격계 부상 방지를 위해 준비 운동 시간을 더욱 늘려야 한다.

마무리 운동은 대체로 기승자와 함께 실시한다. 지도사는 기승자에게 고삐를 최대한 길게 늘려주거나 고삐를 말목에 둔 상태로 말목을 자유롭게 한 상태에서 기승자의 마무리 운동을 시킨다.

2. 기승자의 준비 · 마무리 운동(예시)

- **숨쉬기(breathing):** 마음속으로 8까지 숫자를 세면서 천천히 코로 숨을 들이마시고 네 번에 나누어 입으로 천천히 내쉰다. 이것을 8회 반복한다.
- **가슴 펴기(open your chest), 양팔 들기 또는 비행기 자세:** 숨을 들이마시며 양손을 들어 올려 옆으로 뻗고 숨을 내쉬며 손을 내린다.
- **어깨 돌리기(roll your shoulder):** 가슴 펴기 동작처럼 팔을 들고 팔꿈치를 구부려 양손을 어깨에 올린다. 팔꿈치로 원을 그린다. 좀 더 크게 운동하려면 팔을 귀에 붙이듯 높게 들어 올리고 손끝으로 원을 크게 그린다. 이때 손을 너무 빠르게 돌리면 말에게는 위의 기승자가 요동치는 것으로 느껴질 수 있으므로 동작을 천천히 한다. 수영 동작(배영 또는 자유형 동작)과 같이 응용하여 지도하면 흥미를 유발하고 수업에 집중할 수 있다.
- **목 돌리기(circular motion):** 눈을 뜨고 입을 다문 상태에서 목을 천천히 돌린다.
- **사과 따기(pick apple):** 허공에 사과가 있다고 생각하고 오른팔과 왼팔을 위로 뻗어서 손을 번갈아가며 사과를 따는 듯한 동작을 실시한다. 사과의 개수를 정해주고 실시하면 인지능력이 부족한 기승자는 물론 나이가 어린 기승자도 준비 운동에 흥미를 느낄 수 있다.
- **말 귀까지 뻗기(touch the horse's ear):** 두 팔을 동시에 말 귀까지 쭉 뻗는다. 이때 엉덩이는 안장에 붙이고 허리는 편 상태로 최대한 앞으로 뻗는다. '사과 따기' 준비 운동 후에 '사과를 말에게 먹인다'는 가정을 하면 운동에 흥미를 줄 수 있다.
- **당근 캐기(pick up carrot):** '사과 따기' 동작과 반대로 손을 아래로 최대한 뻗어 당근을 땅에서 뽑아 올린다고 가정하고 동작을 실시한다. 균형감을 발달시킬 수 있다.
- **말 꼬리 방향으로 뻗기(touch the horse's tail):** '말 귀까지 뻗기'와 반대로 말 꼬리를 보고 몸통을 돌려 팔을 말 꼬리까지 뻗는다.

- **허리 펴기(sit up straight)**: 고삐를 놓고 양손을 등 뒤에 대고 허리를 편다. 눈을 감으면 균형과 바른 자세를 유지하는 데 도움이 된다.
- **팔을 들어 머리 위로 넘기기(hand over your head)**: 양팔을 들어 올린 상태에서 국민체조의 '옆구리 운동'과 같이 한 손은 내리고 한 손은 계속 들어 올려 귀에 붙이고 손의 반대쪽 옆으로 숙인다.
- **몸통 돌리기(circular your body)**: 비행기 자세와 같이 양팔을 들어 올리고 몸통을 오른쪽으로 돌려 오른손은 뒤, 왼손은 앞을 향하도록 한다.
- **발목 돌리기(roll your ankle)**: 발을 등자에서 빼고 발목을 돌린다. 기승자세에서 뒤꿈치를 낮춰야 하는데, 이때 발목의 유연성이 좋으면 발뒤꿈치를 내리는 데 도움이 된다.
- **등자 빼고 앞꿈치 올리기**: 앞꿈치를 올림으로써 장딴지근, 가자미근, 발뒤꿈치 힘줄(아킬레스건)을 풀어준다.
- **무릎 올리기/펴기(keep your knees up and down)**: 등자에서 발을 빼고 다리를 들어 올린 상태에서 무릎을 펴고 구부리기를 반복한다. 무릎을 구부릴 때 말을 차지 않도록 유의한다.
- **팔 벌리고 일어섰다가 앉기**: 양팔을 벌리고 자리에서 일어섰다가 앉기를 반복한다. 균형을 유지하는 데도 도움이 되고 경속보가 본 운동에 포함되는 경우 동작을 사전에 익히거나 준비/마무리 운동을 하는 데 도움이 된다. '양팔을 가슴에', '뒷짐 지고', '손을 허리에' 등 다양하게 동작을 변형시켜 적용할 수 있다. 또한 균형유지능력이 낮은 경우 말을 정지하고 일어섰다가 앉기를 시키거나 더 낮은 균형능력이면 안장머리를 짚고 동작을 시킬 수도 있다.
- **손으로 발끝 닿기(touching toe)**: '당근 캐기'를 어린이에게 적용한다면 '손으로 발끝 닿기'는 청소년 이상에게 적용할 수 있다. 안장에 앉은 상태로 허리를 구부려 손으로 같은 방향 또는 반대편의 발끝에 닿으려고 시도한다. 균형을 유지하고 등과 허리 근육의 스트레칭에 도움이 된다.
- **말의 움직임 느끼기(feel the movement)**: 눈을 감고 자세를 유지한 상태에서 말의 움직임을 느낀다. 기승자에게 말의 움직임에 대해 질문하여 다양한 표현방법을 유도한다.

이러한 준비 및 마무리 운동은 여기에 제시한 동작만 하는 것이 아니다. 지도자의 아이디어에 따라 수백 가지 방법도 고안해낼 수 있다. 주의할 점은 본 운동과의 연관성을 가져야 한다는 것이다. 최근에는 말 위에서 하는 요가 교재도 나오고 있어 어렵지 않은 동작은 참고할 수 있다.

마무리 운동에는 본 운동에서 배운 기승술을 활용하여 할 수 있는 '기승 게임'이나 근육을 풀어줄 수 있는 운동들이 포함되고, 성인들의 경우에는 조금 더 의미를 둘 수 있는 상위 기술의 예습들도 포함할 수 있다.

 준비 운동이 끝나면 가볍게 평보로 걷게 하고 본 운동에서 실시하는 강습내용을 설명한다. 마무리 운동이 끝나면 강습장 중앙으로 와서 대형을 갖추고 하마 준비를 한다.

5장. 본 운동(과제수행)

큰 흐름에서 살펴보면 승마를 비롯한 대부분의 운동은 준비 운동, 본 운동(과제 수행), 마무리 운동으로 구분할 수 있는데 재활승마 강습도 같은 형태로 이뤄진다.

재활승마에서 가장 핵심이라고 할 수 있는 기승활동은 기승자가 가지고 있는 장애 구분이나 장애 정도에 따라 많이 다를 수 있다. 앞서 설명한 대상자 평가를 통해 대상자의 연령, 장애 정도, 장애유형, 재활승마 참여 경험, 강습 참여 가능시간 등을 고려하고 재활승마센터의 기존 강습시간, 말과 시설의 확보 등 다양한 상황을 판단하여 총 강습기간, 강습 빈도와 강습시간을 배정한다.

구성된 강습반에 따라 강습마다 목표가 다를 수 있지만, 최소한의 보조, 독립적인 기승이 장기적인 목표가 된다.

1. 기승활동 시 고려사항

1) 기승자의 승마자세

기본적인 기승활동 구성을 살펴보기 전에 장애인이건 비장애인이건 기승활동에 가장 기본이 되는 승마자세에 대해 우선 살펴보고자 한다.

바른 자세는 안장에서 말의 움직임을 흡수하고 기승자의 몸 전체에 도움을 받을 수 있으며, 또한 기승자의 균형 있는 자세가 말을 자유롭게 움직일 수 있게 해준다.

특히 재활승마에 있어서 기승자가 말 위에 앉아 있는 자세는 승마활동으로 인한 기승자의 신체에 대한 긍정적인 효과를 기대하기 위해 매우 중요하다. 지도사는 기승자가 기승상태일 때 지속적으로 확인하고 교정해주어야 한다. 척추측만증이 비교적 초기인 경우 바른 자세를 유도하면서 승마를 하면 긍정적인 효과를 기대할 수 있지만, 지속적인 자세교정이 없다면 오히려 승마가 독이 될 수 있다.

재활승마에서 이러한 기본자세를 유지하는 것이 더욱 중요한 이유는 다음과 같다. 첫째, 안장에서 기승자의 골반 위치가 말의 움직임을 흡수하고 도움 받을 수 있는 정도를 좌우하게 된다. 둘째, 기승자의 균형 있는 바른 자세가 말을 자유롭게 움직일 수 있게 해주기 때문이다. 이러한 자세는 기승자에게만 좋은 영향을 미치는 것이 아니라 말에게도 가볍게 느껴지게 하여 부담을 덜어주게 된다.

가장 먼저 시행하는 것은 뒤쪽에서 관찰하는 것이다. 기승자가 기승한 직후에 지도사는 기승경사로에서 준비 운동을 지시하면서 걸어가는 기승자와 말을 관찰한다. 말의 엉덩이에 비해 안장꼬리의 위치가 적절한지, 안장꼬리와 기승자의 골반이 일치하는지, 말과 기승자가 조화로운지를 살핀다. 기승 시 왼쪽 등자를 밟으면 안장이 회전할 수 있고, 추운 날씨에 기승자의 엉덩이까지 덮는 두꺼운 옷을 입으면 지도사가 확인할 수 없으므로 주의한다. 자세가 바르지 않으면 강습장 중앙으로 가서 적절하게 교정한다.

옆에서 관찰하는 것은 준비 운동을 실시하면서 확인한다. 승마에서의 바른 자세는 모든 기승술의 기본이 되는 것으로, 옆에서 보았을 때 귀, 어깨, 골반, 복숭아뼈를 잇는 가상의 선이 직선으로 떨어지는 자세를 말한다.

우선 안장의 위치가 적절한지 살펴본다. 말의 등성마루를 기준으로 살펴보아 너무 앞쪽으로 안장이 위치하면 안장은 뒤쪽으로 경사가 지고, 너무 뒤쪽으로 쏠리면 안장은 앞쪽으로 경사진다. 옆에서 보았을 때 안장의 앞뒤가 수평이 맞아야 기승자에게 바른 자세를 유도할 수 있다. 또 말에게도 불편함을 주지 않아 바른 걸음걸이를 요구할 수 있다.

안장이 바른 위치에 있다면 기승자의 등자 길이를 확인한다. 강습장 중앙으로 걸어가면서 준비 운동 중인 기승자를 보고 확인한다. 이때 안쪽 등자 길이는 확인할 수 있지만 바깥쪽 등자는 확인할 수 없다. 준비 운동 과정 중 자연스럽게 방향전환 또는 제자리에서 원 그리기를 하도록 하여 반대쪽 등자 길이를 확인한다. 등자 길이나 복대 확인을 위해 강습장 중앙으로 오도록 하는 경우도 있지만, 길이 조정이 필요한 것과 같은 특별한 경우를 제외하고는 바람직하지 않다. 전체적인 강습시간을 허비하면 안 된다. 여기서 잊지 말아야 할 사항이 등자 길이를 맞추기 위해 골반의 위치가 바뀌면 안 된다는 것이다. 좌우 등자 길이보다 골반의 정위치가 우선이다.

등자 길이가 맞으면 기승자의 자세를 다시 확인한다. 일반적으로 초보자들은 안장에 앉을 때 다리를 앞쪽으로 뻗는 자세가 된다. 아마도 의자에 앉는 자세가 익숙해져 있기 때문이라 추측된다. 등자의 길이가 적절하다면 지도사는 기승자에게 발을 최대로 뒤쪽으로 보내라고 하지만 기승자의 입장에서는 상당히 어려운 일이다. 바른 자세를 만들어 보이기 위해 지도사가 기승자의 발을 뒤쪽으로 보내면 기승자는 균형을 유지하기 위해 몸통을 앞으로 숙이게 될 것이다. 이때는 무릎까지의 자세를 우선 맞추게 하고 "발끝이 보이지 않도록 하세요!"라고

Tip

지도사는 이 단계에서 확인하기 전에 기승 단계에서 이미 확인했다. 기승 단계에서 지도사는 기승자가 기승 시 안장에 앉아 등자쇠에 발을 끼우게 하고 질문을 통해 등자 길이가 적절한지 확인한다. 기승자와 질의응답이 안 되면 사이드워커에게 확인하도록 한다. 그다음은 걸어가는 뒷모습을 보며 확인할 수 있는데, 말의 몸통에 가려서 보기에 여의치 않을 수 있다.

하여 기승자 혼자 수시로 자세를 교정하게 하고 조금씩 발을 뒤로 보내도록 한다. 한 번의 강습에서 이루어질 수 있는 자세교정은 아니다.

안장의 크기가 말에 비해 작거나 큰 것도 기승자세에 영향을 줄 수 있다. 기승자가 앉는 부위 자체가 중립 위치에 놓이지 않을 뿐 아니라, 말에게도 좋지 않은 영향을 미치게 된다. 이 부분은 강습 중 확인할 사항이 아니라 말 배정 단계에서 이미 고려되고 준비되었어야 한다.

이러한 과정을 통해 기승자는 다음과 같은 바른 자세를 만들어준다. 재활승마 강습 시에 기승활동의 기본이 되는 바른 자세는 매우 중요하다.

- 앉는 자세는 귀, 어깨, 골반, 발목이 일직선상에 있어야 한다.
- 골반의 위치는 중립에 위치한다.
- 어깨가 좌우로 기울지 않아야 한다.
- 가슴과 등은 똑바로 편다.
- 팔꿈치, 주먹, 고삐를 거쳐 말의 입까지 일직선을 이룬다.
- 다리가 자연스런 상태로 아래로 뻗어 있다.
- 발목에 힘을 빼고 뒤꿈치를 가볍게 내린다.

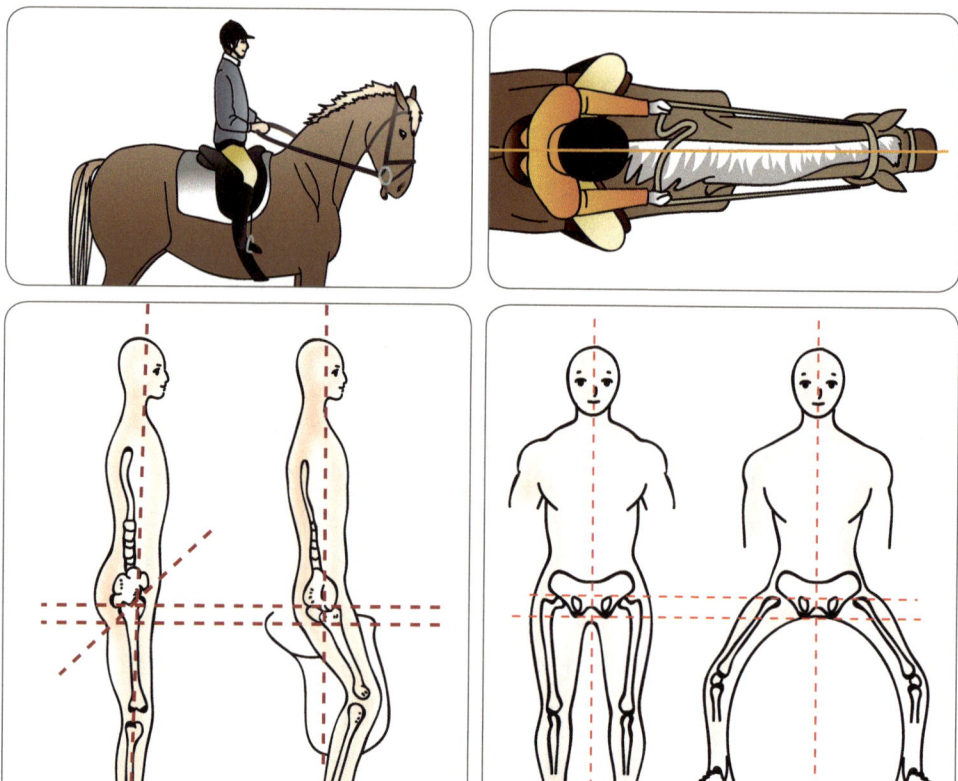

그림 4-7 승마자세

2) 지도사

(1) 지도사의 태도

강습에 있어 모든 것은 지도사의 책임 하에 행해진다.

지도사는 강습에서 기승자가 기승술을 향상하도록 지도하고 강습에 참여하는 말 리더와 사이드워커가 봉사라는 목적을 달성하고 지속할 수 있도록 격려한다. 지도사가 기승자의 강습에만 몰두하여 자원봉사자에 대한 배려 없이 적절한 역할을 부여하지 않거나 보조자, 심지어는 도구로 전락시키는 일이 없도록 한다. 강습에 참여하는 자원봉사자는 보조자가 아닌, 지도사에 대해 협력하고 조력하며 기승자와 매개 역할을 하는 것이다.

지도사의 복장은 안전모를 제외하고는 언제든 말에 기승할 수 있는 복장을 갖춘다. 지나친 장신구나 화려한 복장은 강습에 방해가 된다.

강습 도중에 팔짱을 끼거나 허리에 손을 올리는 위압적인 자세는 피한다. 말투도 지나치게 존칭을 하거나 함부로 대하는 느낌을 주지 않도록 하고 기승술에 대한 설명과 방향 제시는 분명하게 한다. 목소리는 강약을 조절하여 소음 수준이 되거나 반대로 지루하지 않게 한다. 기승자는 강습을 받는 피교육생이지만 고객이고 봉사자는 협력자다. 훈련을 받는 사람이 아니다.

아무리 재활승마가 신체적·정신적인 부분에서 긍정적인 효과가 있다고 해도 기승자가 참여하지 않는다면 강습 자체가 이루어지지 않는다. 봉사자의 도움 없이는 원활한 강습을 이끌어갈 수 없다. 즐겁고 활기찬 강습을 진행하여 하마를 하고 나가는 순간 기승자나 봉사자 모두 다음 강습을 기대하고 기다리도록 분위기를 조성한다.

> **Tip**
> 심지어는 강습 내내 아무런 말을 걸어주지 않는 경우도 있다. 요즘 유행하는 말로 병풍 취급을 당한 것이다. 강습이 끝나고 나서 뭔가 뿌듯한 느낌을 가질 수 있도록 해주어야 자원봉사는 계속 이어진다.

(2) 지도사의 위치

일단 기승이 완료되고 강습이 시작되면 지도사는 자신의 위치를 매 순간 스스로 파악하는 것이 중요하다. 강습 중 지도사는 항상 모든 기승자와 동일한 간격을 유지하도록 하는데, 그렇게 하기 위해서는 각 기승자를 기준으로 하나의 가상의 원을 그렸을 때 가급적 중앙에 위치한다. 여러 기승자가 한 강습에 참여(group lesson)하게 되면 지도사는 공간상 어느 한쪽으로 치우침 없이 위치한다. 모든 기승자와 자원봉사자가 지도사의 목소리를 원활하게 들을 수 있어야 하며, 모든 사람이 지도사의 시야에 들어와야 한다. 지도사가 각 기승자와 항상 동일한 거리를 유지함으로써 지도사의 강습내용이 각 기승자에게 골고루 전달되고, 사전에 이상 징후를 발견하여 안전사고를 예방할 수 있다.

지도사는 한 번의 강습을 마치고 끝나는 것이 아니라 연이어서 2~3시간의 강습을 이끌어갈 수도 있다. 필요에 따라서는 재활승마용 말의 조련을 할 수도 있다. 강습 중에 기승자는 물론 말과 봉사자뿐만 아니라 강습에 영향을 줄 수 있는 요소들에 대해서도 관찰하고 사전에 필요한 조치를 취해야 하며 성공적인 강습을 이끌어가야 한다. 이에 필요한 체력 안배를 위해서도 지나치게 돌아다니면 안 된다.

그렇다고 강습장 중앙에서 움직이지 않고 있어야 한다는 것은 아니다. 지도사가 가급적 중앙에 위치하라는 말을 지나치게 해석해서 중앙에서 절대 벗어나지 않고 기승자를 매번 중앙으로 오게 하는 경우도 있는데, 강습시간을 뺏기게 되므로 지양한다. 속보 전 복대 확인을 하거나 기승자의 자세를 바로잡아주는 것 등 필요하다면 중앙을 벗어날 수 있다. 기승자에게 운동 스타일 지도를 하거나 특히 기승자와 일대일 강습을 한다면 중앙으로 들어오게 해서 시간을 빼앗기는 것보다 지도사가 기승자의 위치로 다가가 근접거리에서 강습을 진행하는 것이 효과적이다.

또한 지도사는 뒤로 걸으면 안 되는데, 넘어질 수도 있고 자신의 위치를 인지할 수 없기 때문이다. 동선을 최소화하는 것과 뒤로 걷지 않는 것은 초보 지도사가 명심해야 할 사항이다.

단체강습에서 각 말의 간격은 일정하게 유지해야 하는데, 말 간격이 너무 가까우면 말이 뒷발질할 우려가 있기 때문이고 너무 멀어지면 지도사의 위치도 한쪽으로 치우쳐 통제하기 어려울 수 있다.

3) 사이드워커의 보조

사이드워커가 기승자를 보조하는 방법은 맨손 보조, 한 손 보조, 한 팔 보조, 양손 보조, 몸통 보조가 있고, 기승자가 지지 받는 위치에 따라 몸통 지지, 골반 지지, 엉덩관절 지지, 넙다리 지지, 무릎 지지, 뒤꿈치 지지와 발끝 지지로 구분된다. 지도사가 적절한 방법을 선택하여 사이드워커에게 보조를 부탁한다.

(1) 사이드워커 보조방법

- **맨손 보조**: 기승자의 균형유지능력이 뛰어나거나 기승술이 비교적 높은 경우, 지도사의 의뢰에 따라 지지 없이 옆에서 걷기만 한다.
- **한 손 보조(hold heel)**: 기승자가 뒤꿈치를 내려 등자를 밟을 수 있도록 보조한다.
- **한 팔 보조(arm over)**: 손을 안장날개 위쪽과 안장머리 사이를 잡고 팔 안쪽 근육 부분으로 기승자의 넙다리 부분을 누른다.
- **양손 보조(arm over with hold heel)**: 한 팔과 한 손 보조를 동시에 실시하는 것으로, 기승자의 신체 및 심리적 상황이 단독 승마가 곤란할 경우에 보조되는 방법이다.
- **몸통 보조**: 기승자가 몸통을 제대로 가누지 못하는 경우에 사용되는 것으로 몸통벨트 등을 이용한다.

(2) 지지 받는 위치 구분

- **몸통 지지:** 균형유지능력이 가장 낮은 단계의 기승자에게 실시하는 것으로, 몸통을 바로 가누기 힘든 기승자에게 적용한다. 기승자가 어린이인 경우 맨손을 이용하여 몸통을 지지할 수 있으나 조끼벨트 등 전문장비를 사용하도록 한다. 특히 몸통을 지지하기 위해 옷을 잡아끌거나 불필요한 신체접촉이 되면 기승자를 불편하게 만들 수 있으므로 주의한다. 몸통 보조를 하는 사이드워커는 자세 불균형으로 쉽게 피로를 느낄 수 있으므로 지도사는 수시로 확인하고 사이드워커가 힘들어하면 반대편 사이드워커와 자리를 바꾸도록 한다. 사이드워커가 자리를 바꿀 때는 가급적 말을 정지하고 한쪽 사이드워커가 기승자를 확실하게 지지하는 동안 반대쪽 사이드워커가 움직여 기승자 지지를 교대하고 자리를 바꾼다. 기승자의 균형유지능력이 떨어질수록 말을 정지해야 하며, 자리를 바꾸기 위해 사이드워커가 동시에 기승자에게서 멀어지면 안 된다.

- **골반 지지:** 골반벨트나 허리벨트 등 재활승마용으로 개발 또는 변형된 장비를 이용하여 골반 위치를 지지하는 방법으로, 일반 허리띠 등은 기승자를 불편하게 만들 수 있으므로 사용하지 않는다.

- **엉덩관절 지지:** 골반 보조보다 낮은 단계로, 몸통을 세워 어느 정도 바르게 앉아 있을 수 있지만 움직이는 말 위에서 균형유지가 어려운 기승자에게 적용한다. 사이드워커의 손은 안장머리 부분을 잡고 아래팔 안쪽의 두툼한 근육이 있는 부분으로 기승자의 엉덩관절 부분을 눌러 기승자의 균형 유지를 돕는다. 사이드워커 아래팔 손목 쪽으로 뼈 있는 부분을 너무 강하게 누르면 기승자가 통증을 느낄 수 있다. 지도사는 키가 작은 사이드워커의 경우 팔을 너무 높게 들어 올린 상태가 되어 쉽게 피로감을 느낄 수 있으므로 유의한다.

- **넙다리 지지:** 엉덩관절 지지보다 낮은 단계다. 사이드워커는 손으로 안장머리와 안장날개 사이를 잡고 아래팔 안쪽의 살이 있는 부분으로 기승자의 넙다리 중간 부분을 눌러 기승자를 지지한다. 안장을 잡는 손이 안장머리에서 너무 먼 부분을 잡고 기승자의 넙다리를 강하게 누르면 안장이 뒤틀릴 수 있으므로 주의한다.

- **무릎 지지:** 넙다리 지지보다 낮은 단계인 무릎 지지는 두 가지로 구분할 수 있다. 첫 번째는 '무릎 지지 1'과 같이 한 손은 안장날개를 잡고 아래팔로 무릎 부분을 누르는 방법인데, 넙다리 지지보다 더 안장 뒤틀림과 기승자의 통증이 발생할 수 있으므로 유의한다. 두 번째는 '무릎 지지 2'와 같이 사이드워커의 손을 기승자의 무릎에 올려놓는 것으로, 기승자가 긴장하여 몸을 움츠려 무릎이 올라와 기승자의 다리를 길게 내릴 필요가 있는 경우에 사용한다.

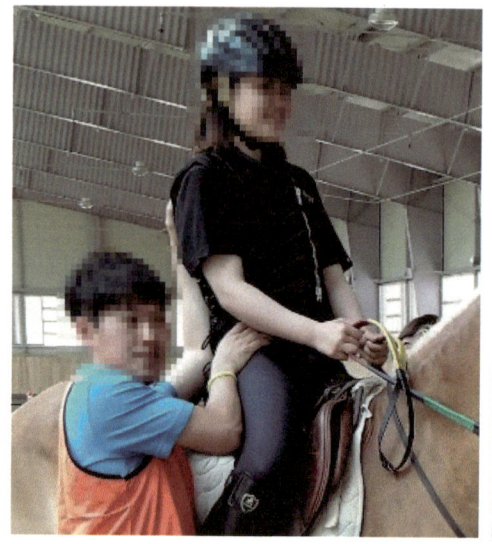

몸통 지지   장비를 이용한 몸통 지지

그림 4-8   **몸통 지지**

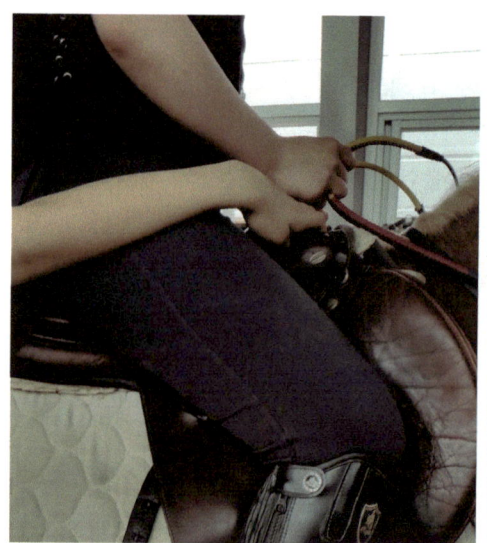 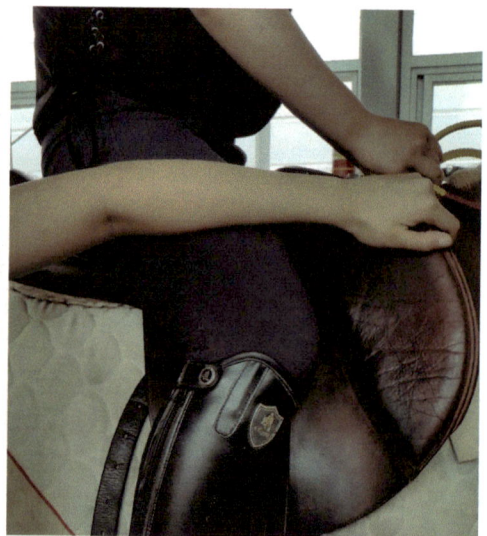

그림 4-9   **엉덩관절 지지**   그림 4-10   **넙다리 지지**

- **뒤꿈치 지지**: 직접 지지하는 방법 중 가장 약한 방법으로, 기승자의 발뒤꿈치 부분을 잡고 지면으로 당겨준다. 기승자의 뒤꿈치뼈나 신발의 뒷굽을 잡고 아킬레스건 부분을 잡지 않도록 한다.
- **발끝 지지**: 발 앞부분을 잡고 들어 올리는 방법으로, 기승자의 발이 등자에 너무 깊이 들어가는 것을 방지할 수 있으나 신발을 잡아야 하는 특성으로 사용 빈도는 낮다.

무릎 지지 1

무릎 지지 2

그림 4-11 무릎 지지

그림 4-12 뒤꿈치 지지

그림 4-13 발끝 지지

2. 기승술 교육

재활승마지도사 국가자격 시험의 강습 실무시험 진행을 살펴보면 응시자들의 수준의 점점 향상되는 것은 분명하지만, 가장 중요한 부분은 아직도 개선되지 않고 있다.

가장 중요한 부분이라는 것은 기승술에 대한 강습이다. 재활승마의 최종 목표는 독립기승이다. 독립기승이 이루어지도록 하기 위해 기승자는 기승술을 배우고 익혀야 한다. 본 운동은 기승술을 익히고 기량을 향상시키는 데 목적이 있다.

기승자에 따라 최종목표에 도달하는 시점은 모두 상이하다. 그래도 매번 실시되는 강습에서 기승술에 대한 교육이 이루어져야 한다. 단순히 말 위에 앉아 있다고 해서 재활승마를 하는 것은 아니다. 물론 강습승마에 도달하기 전에 실시하는 치료승마에서는 재활승마지도사가 말의 움직임을 기승자에게 전달하도록 전략적으로 기승자를 옆으로 앉히는 등의 방법을 사용하고 기승술을 가르치지 않을 수 있다. 그러나 재활승마의 최종목표인 독립기승을 실현하기 위해서는 강습승마에서 기승자에 대한 기승술이 교육되어야 한다.

초보자가 독립기승을 하기 위해 습득해야 할 기승술을 크게 구분하면 고삐 잡기, 부조 사용하기, 출발과 정지, 방향전환, (좌)속보, 경속보, 구보 등으로 구분할 수 있다. 이러한 기승술이 기승자의 상황에 맞추어 발전을 거듭해야만 최종목표인 독립기승이 이루어진다. 기승술 향상을 위해서는 중장기 강습계획과 최종적으로 일일강습계획(lesson plan)이 지도사에 의해 전략적으로 계획되고 기승자에게 강습이 진행되어야 한다.

1) 무엇(what)을, 어떻게(how), 왜(why)

기승술 교육에서 가장 먼저 고려할 사항은 그날 지도하는 '강습내용이 무엇인가'이다. 이는 일일 강습계획의 강습 목표(목적)에 명시되어 있다. 강습 목표는 특별한 경우를 제외하고 한 가지만 설정한다. 강습에서는 과거에 배웠던 기승술이나 앞으로 배워야 할 내용을 실행해 볼 수 있다. 그러나 기승자의 수준에 맞는 기승술 목표를 설정하고, 수치로 측정 가능한 목표를 기록하며, 강습에 필요한 교보재를 적절히 선택하여 기승술 향상을 위한 강습이 진행되도록 한다.

지도사는 기승자를 지도할 때 '무엇(what)'을, '어떻게(how)', '왜(why)'를 항상 고민해야 한다. 이는 강습계획서 작성 단계에서부터 지도사에 의해 치밀하게 계획되고 강습되어야 한다. 또 강습에서 '무엇(what)을 할 것인가?', '어떻게(how) 할 것인가?', '왜(why) 하는 것인가?'를 생각하여 진행해나가야 기승자가 기승술을 배우고 익힐 수 있으며 봉사자도 자신의 역할을 인식할 수 있다. 이러한 설명이 없으면 기승자는 물론 봉사자도 '부지런히 왔다 갔다 하기는 했는데……' 하고 무엇을 했는지 알지 못할 수 있다. 강습 목표에 나와 있는 기승술에 대해서는 what, how, why에 대한 설명을 반드시 실시한다.

(1) what

준비 운동이 끝나면 "오늘 강습할 기승술은 무엇(what)"이라고 말하고 그 기승술을 습득할 수 있게 낮은 단계에서부터 점차 높은 단계로 강습을 진행해나간다.

지도사는 "오늘 배울 내용은 W입니다. 그러기 위해 W1, W2를 수행하면서 W을 익히도록 하겠습니다"라는 설명을 통해 기승자나 봉사자에게 what을 제시할 수 있다.

그러나 아쉽게도 아직까지 이러한 설명을 하지 않는 초보 지도사가 많다. 방향전환에서 경속보, 출발정지를 순서 없이 실시하여 기승자와 봉사자는 물론 지도사 자신도 강습 목표가 무엇인지 혼란을 초래하게 된다.

> **Tip**
> 예
> "오늘 배울 내용은 사이드워커의 보조 없이 직선 10m 경속보하기입니다. 저기 빨간색 고깔에서 파란색 고깔까지 무릎 지지를 받아 경속보를 2회 하고, 다음은 발목 지지를 받아 2회 한 다음에 경속보 구간을 약간 줄여서 빨간색 고깔에서 노란색 고깔까지 사이드워커 보조 없이(맨손 보조) 경속보 10회를 해보겠습니다."

(2) how

다음은 어떻게(how) 할 것인가다. what에 대한 설명이 있었다면 그다음은 what이라는 과제를 수행하기 위해 기승자가 어떻게(how)하는 것인지 설명과 실습을 행한다. how는 '과제분석'이라 할 수 있다.

재활승마의 본 운동에서는 기승술을 익히는 것이기 때문에 기본적으로 지도사가 알고 있는 기승술을 어떻게 하면 효율적으로 기승자에게 전달할 것인지를 강습계획서 작성 단계에서 고민했어야 한다. 새로운 기승술을 습득한다면 강습계획서 작성에 가장 시간을 많이 소비하는 것도 과제분석을 작성하는 부분이다.

> **보충**
> 대부분의 초보 지도사는 과제분석을 고려하지 않는다. 이는 재활승마와 기승자에 대한 이해와 기승술을 어떻게 가르칠 것인가에 대한 고민도 없는 것이다. 실제로 초보 지도사들뿐만 아니라 많은 지도사들이 무엇을 하라는 이야기는 하지만 어떻게 하라는 설명은 하지 않는다. 방향전환 기승술을 강습한다면 "오른손 고삐 당기고, 왼손 고삐, 오른손 고삐, 왼손 고삐……"를 반복하거나, 경속보에서는 "속보할 거야. 반동에 맞춰서 시작! …… 하나, 둘, 하나, 둘…… 잘했어 재밌어?", 속보에서는 "어깨 뒤로 박차 빵~ …… 어깨 뒤로~"라고만 한다. 이것은 강습이 아니다. 이런 식으로는 누구든 할 수 있다. 더구나 경속보에서 반동을 제대로 맞춰 구령을 붙여주지 않고 무조건 "잘했어"라고 하는 것은 기승자를 더욱 혼란스럽게 만든다.

기승술을 어떻게(how) 배우고 수행할 것인가에 대한 고민이 있고 수행하는 과제분석에 대한 분명한 지적이 있어야 진정한 강습이 이루어진다. 그래야 구체적인 칭찬과 잘못된 부분을 지적하고 교정하도록 지시할 수 있다. 예를 들면 "정지할 지점을 지나쳤지? 첫 번째 상체 세우기와 두 번째 고삐 연결은 참 잘되었는데, 세 번째 음성 사용이 잘 안 되었어"라는 식으로 설명해야 기승자가 잘한 부분은 강화하고 잘못된 부분은 교정하려고 할 것이다.

(3) why

what과 how 다음에는 why가 설명되어야 한다.

기승자 입장에서 생각해보면 뭔가 계속 반복해서 하는데 '그것을 왜 하는지 모르는 것'은 목표 없이 방황하는 것과 같을 수 있다. 기승술을 익히는 데 있어서 기승자가 기승술에 대한 이해가 완성되는 것은 '왜 하는가?'이다. 실제 몸으로 익히지는 못했어도 '왜?'에 대해 이해된다면 어떻게(how)에 대한 이해와 실행은 그만큼 빨라질 것이다.

기승자가 어떻게 배우고 수행할 것인가에 대한 고민이 있고 수행하는 과제분석으로 답을 찾는다면 그만큼 더 빠르게 더 높은 기승술을 익혀나갈 수 있다.

2) 과제분석

기승술을 강습하는 데 있어 기본적인 내용은 비장애인에게 강습하는 것과 다를 것이 없다. 그러나 장애나 정서 상태를 고려하여 동작을 설명하는 데 시간적인 여유를 가지고 지속적으로 반복하며, 다양한 지도방법이 필요할 수도 있다.

예를 들어 '고삐 잡기'를 가르치는 경우, 비장애인은 손의 모양과 위치를 보여주는 것만으로 할 수 있다고 하면, 장애인은 고삐 잡는 절차를 세분하여 단계적으로 설명해야 할 필요가 있다. "첫 번째, 한 손은 고삐 중간 연결 부분을 잡고, 두 번째 다른 한 손은 엄지가 하늘을 향하게 하고, 세 번째 고삐가 미끄러지듯 첫 번째 매듭 있는 곳까지……"와 같이 기승술 습득을 목표로 하는 기술에 대해 순서를 설정하고 설명 내용을 세분하는 것을 '과제분석'이라고 한다.

기승술과 관련한 모든 활동에 대해 과제분석을 하여 강습에 활용한다. 하나의 물체를 바라보는 관점에 따라 설명내용도 달라질 수 있는 것처럼 과제분석에 정답이란 없다. 과제분석을 논리적이고 연속적인 단계로 기승자의 목적이나 수준에 따라 간단하거나 더 세부적으로 시행하면 된다. 다만 주의할 것은 과제수행에 대해 세부적으로 구분하면서 숫자를 넣어 순서를 정해주는 것이다. '첫째……, 둘째……, 셋째……'와 같이 기승자가 수행해야 할 과제에 대해 구분해주는 것이다.

기승자가 한 번의 강습으로 기승술의 과제분석을 이해하고 수행하는 것은 불가능하다. 지도사는 반복적으로 설명하고 이해하는 부분이 어느 정도인지 반복해서 확인해나가면서 강습을 진행한다. 기승자에 따라 다르겠지만 회차가 진행되어 가면서 점차 과제분석의 내용을 이해하게 되고 누적되면 수행할 수 있게 된다. 자폐나 심한 지적장애 같이 의사소통이 안 되는 경우도 과제분석에 의한 강습을 실시한다. 아무런 반응이 없는 기승자를 보면 지도사는 가끔 강습운영에 대해 스스로 회의를 느낄 수도 있다. 그래도 강습계획서 강습 목표에 설정되어 있는 기승술은 반드시 과제분석에 의해 강습을 실시한다.

기승자는 반응이 없어도 듣고는 있다. 반복되는 과제분석에 의한 강습에 언젠가는 놀라운 반응을 보일 수 있다. 지도사는 강한 인내심을 가지고 강습에 임해야 한다.

표 4-9 다양한 과제분석(예)

과제	분석	과제	분석
왼쪽/오른쪽 방향전환	① 고삐를 바르게 잡는다. ② 오른쪽 고삐를 확인한다. ③ 회전할 방향을 본다. ④ 체중을 이동한다. ⑤ 다리 부조를 적용한다. ⑥ 고삐를 당긴다. ⑦ 자세를 유지한다. ⑧ 고삐 당기기를 멈춘다. ⑨ 다리 부조를 멈춘다. ⑩ 체중 이동을 멈춘다. ⑪ 나아갈 방향을 본다.	왼쪽(오른쪽) 방향으로 회전하기	① 양손 똑같이 팽팽히 고삐 잡기 ② 상체 세우기 ③ 진행 방향 바라보기 ④ 왼쪽(오른쪽) 팔꿈치가 왼쪽(오른쪽) 옆구리 방향으로 스치듯이 당긴다. ⑤ 두 손을 아랫배 앞에
정지	① 상체 세우기 ② 양손으로 똑같이 바로잡아 고삐를 연결하여 팽팽하게 하기 ③ 음성 사용하기 ④ 양팔 당기기(팔꿈치는 옆구리를 스친다) ⑤ 당겼던 양손을 아랫배 앞에 나란히 놓기	고삐 잡기	① 손등은 하늘, 손바닥은 지면을 향함 ② 주먹 세우기 ③ 엄지로 고삐를 눌러 미끄럼 방지 ④ 손과 손 사이는 주먹이 하나 들어갈 정도로 하여 아랫배 앞에 놓기
바른 자세	① 어깨 펴기 ② 다리 안쪽 밀착 ③ 등자 밟기 ④ 뒤꿈치 내리기 ⑤ 말 귀 사이로 진행 방향 바라보기	등자 밟으며 일어서기	① 상체를 살짝 앞으로 숙이기 ② 양손(한 손)을 말 목 혹은 핸들에 의지하기 ③ 다리를 말에게 감싸듯 밀착하기 ④ 등자 밟으며 일어나기 ⑤ 정면을 보며 턱을 들어서 균형 잡기
일반 기승법	① 말 이름 부르기 ② 기승상태 확인 ③ 두 손은 안장머리에 ④ 왼발은 등자에 ⑤ 오른발 들어 넘기기 ⑥ 가볍게 앉기 ⑦ 출발	일반 하마법	① 상체 숙이기 ② 오른다리 넘기기 ③ 왼쪽 골반 및 등 지지 ④ 착지

위에 제시한 과제분석은 단순히 예시로 무조건 똑같이 해야 하는 것은 아니다.

같은 과제이더라도 기승자에 따라 분석내용이 달라질 수 있고, 같은 기승자이더라도 기승술의 발전 정도에 따라 분석내용이 달라질 수 있다. 과제분석을 논리적이고 연속적인 단계로 기승자의 목적이나 수준에 따라 간단하거나 더 세부적으로 시행하면 된다.

3) 의사소통

지도사는 기승자는 물론 말 리더나 사이드워커 및 말과도 지속적으로 연결되어 있어야 한다. 강습을 시작하면서 서로의 안부는 물론 강습에 대한 전반적인 내용도 이야기가 되었어야 한다. 지도사가 강습을 지속할 수 있는 것은 기승자와 봉사자가 지속적으로 센터를 방문하여 강습에 참여해주기 때문이다. 봉사자와는 인간적인 관계를 형성함으로써 강습 등 자원봉사 참여의지를 지속할 수 있다. 사적인 내용을 너무 깊이 알 필요도 없고 일부러 알려고 해서도 안 되지만, 건강 등 강습과 관련된 일반적인 내용은 서로 안부로 묻는 정도의 친밀한 관계를 유지하도록 해야 한다.

지도사는 강습 중에 기승자만 보고 강습을 진행하지 말고 강습에 참여하는 봉사자와 말에 대한 배려도 적극적으로 실시한다. 키가 큰 사이드워커에게 발목 지지를 계속 시키거나 기승자에게 속보 교육을 한다고 쉬지 않고 속보를 실시하면 말 리더나 사이드워커는 쉽게 지치게 된다. 사이드워커가 숨을 헐떡인다면 기승자에 대한 보조도 흐트러지게 마련이다. 속보 후 말 리더나 사이드워커는 물론 말이 잠시 쉴 수 있도록 여유를 두고 기승자에게 과제분석에 대한 설명과 방금 실시한 것에 대한 평가를 실시하여 구체적인 칭찬과 잘못된 부분에 대해 교정을 해주어야 한다. 강습 회차에 따라 최소 보조로 점차 진행하면서 기승자가 독립기승을 할 수 있도록 하는 것은 물론 강습시간 내에도 기승술이 발전해나가도록 사이드워커나 말 리더의 역할을 조정하여 불필요하거나 과도한 봉사자들의 보조가 발생하지 않도록 한다. 가급적이면 강습계획서 수립 단계에서 봉사자의 기승술이나 체력적인 수준을 살펴보고 강습 목표도 재확인한다.

기승자에 대해 보조 자세도 수시로 점검하고, 필요하다면 사이드워커의 위치를 상호 교대해주어야 한다. 교대를 할 때는 한쪽 사이드워커가 더욱 단단히 지지하고 다른 쪽 사이드워커는 반대쪽으로 가서 지지를 교대한 다음 나머지 사이드워커도 반대쪽으로 이동한다. 강습 중 필요하다면 사이드워커가 말 리더나 지도사에게 잠깐 쉬는 것을 요청할 수도 있다.

초보 지도사는 기승자에게 집중하다 보면 말 리더와 사이드워커에게 강습 중 한마디의 말을 건네지도 않거나 겨우 "~을 확인해주세요", "○○해주세요" 등 간단한 부탁만 하는 실수를 하게 된다. 강습이 끝나고 진정한 자원봉사를 했다는 뿌듯한 마음이 들 수 있도록 신체적·심리적으로 무리하지 않는 범위에서 강습에 참여하도록 한다. 반대로 지도사가 요청하지 않았음에도 불구하고 강습에 나서서 지도사의 역할을 대신하려는 경우도 드물게 있을 것이다. 이는 근본적으로 지도사가 역할을 충실히 이행하면 발생하지 않을 일이다. 마찰을 피하고 강습이 끝난 후 지도사와 사이드워커의 역할에 대해 상의해본다.

지도사는 강습에 참여하는 모든 사람과 말 사이에 중간적인 입장에서 상호 간에 관계를 조정하고 모두가 만족할 수 있는 조정자 역할을 수행한다. 말의 경우도 평보나 속보 수준의 기승강습만 이루어지다가 구보 강습을 하려고 하면 말이 준비되지 않은 경우도 있다. 운동부족 등으로 체중이 늘어 구보를 거부하거나 기승자가 잘못된 부조를 사용한 그동안의 강습들에 의해 말이 부조 신호를 인지하지 못하는 일이 발생할 수 있으므로 원활한 의사소통을 위해 지도사는 강습 외에도 말의 훈련을 게을리해서는 안 된다. 의사소통을 위해서는 장비를 사용하는 것도 고려해야 한다. 시각장애인을 위해 마장의 주요 지점에 벨을 들고 서 있는 고지자를 배치하거나 헬멧에 붙어 있는 헤드셋으로 구성되어 있는 무전기를 사용하는 것 등이 해당된다.

지도사, 기승자, 말 리더, 말 상호 간에 각각 의사소통이 원활하게 이루어져야 성공적인 강습을 기대할 수 있다.

Tip

마장의 주요 지점
사각마장인 경우 각 코너 부분이나 주요 지점, 장애물 넘기를 하는 경우는 장애물 옆

4) 학습 스타일

본 운동은 기승술을 익히고 습득하는 데 목적이 있다. 지도사는 자신이 알고 있는 기승술을 어떻게 효율적으로 장애인에게 전달할 것인지에 대해 고민해야 한다. 비장애인에 대한 승마강습과 비교하여 핵심내용 면에서는 다를 것이 없으나 그대로 적용하기에는 무리한 경우가 있기 때문이다.

기승자에 따라 지도사의 설명 자체를 인지하지 못하는 경우도 있고, 설명에 대한 내용은 이해하지만 이를 수행하기에는 기승자의 신체적, 정신적 혹은 환경적인 조건이 허락하지 않는 경우도 있다. 따라서 기승자가 강습에 참여하여 효율적인 강습이 되기 어려운 저해요소들을 사전에 파악하고 제거하도록 노력해야 한다. 우선적으로 기승자의 학습 스타일을 파악하여 적절한 방법을 활용함으로써 강습을 더욱 유용하게 하는 것이 필요하다.

학습 스타일은 크게 '청각', '시각', '운동'으로 구분되고, 청각적 학습자는 듣는 것에 의해 잘 기억하거나 학습할 수 있고, 시각적 학습자는 본 것을, 운동적 학습자는 직접 해본 것을 통해 원활하게 학습할 수 있다. 그렇다고 기승자 모두가 100% 청각적 학습자나 시각적 학습자 또는 운동적 학습자로 구분되는 것은 아니다. "이 기승자는 청각적 학습자"라고 분명하게 구분되는 것은 아니라는 의미다. 시각장애인의 경우는 시각적인 방법을 제외하거나 청각장애인의 경우 청각학습을 배제하고 강습한다는 것이다. 비장애인의 경우도 명확한 전달을 위해서는 청각, 시각, 운동학습을 모두 동원해야 할 경우도 있고, 멀리 떨어져 있어 청각적인

방법과 운동적인 방법을 사용하기 어렵다면 시각적인 방법만 사용한다는 것이다.

장애, 인지, 주의집중, 환경 등 다각적인 것을 검토하여 가장 효과적인 방법을 하나 또는 그 이상 조합하여 이용한다. 그 대신 개인차를 고려하여 기승자가 어떤 학습 스타일인지 파악하고 그 부분에 비중을 더 두어야 한다는 것으로, 청각적인 방법과 시각적인 방법을 같이 사용하는 것과 같이 이들을 혼합할 수 있지만 어느 부분에 비중을 더하는 것이 중요하다. 상황에 맞도록 적절하게 선택해야 한다.

이러한 시각, 청각, 운동학습 방법 외에도 지도사는 효율적인 학습이 진행될 수 있도록 변형된 기승술을 적용하고 말은 이에 적응 훈련이 되어 있어야 한다. 인지능력이 떨어지지 않는 비장애인이라고 할지라도 마장마술 경기를 보면 모든 것은 말이 하고 선수는 그저 말 위에 가만히 앉아 있는 것처럼 보일 수 있다. 이는 마장마술 선수가 손과 다리 등을 이용해서 쉴 틈 없이 바쁘게 부조를 주어 말의 모든 동작을 통제하는 기승술이 눈에 보이지 않거나 이해가 되지 않는 것으로, 장애나 인지능력과는 관계가 없다.

이런 관점에서 보면 일반적인 기승술 동작이 어떤 기승자에게는 아무런 소용이 없을 수도 있다. 예를 들면 마장마술 선수는 작은 손가락 움직임으로 고삐 조정을 통해 말을 제어하는 것이 비장애인의 눈에 보이지 않거나 이해되지 않는 것처럼 말을 오른쪽으로 보내기 위해 오른손을 허리에 가져가는 것이 어떤 기승자에게는 보이지도 않고 이해되지 않을 수 있다. 이럴 때는 고삐를 쥔 손을 옆구리로 가져가는 것보다 옆으로 활짝 열어(벌려) 지도하고자 하는 동작을 분명히 기승자에게 인식시켜줄 필요가 있다. 물론 사전에 그러한 고삐 사용이 말에게 익숙하도록 훈련되어 있어야 한다.

지도사는 기승자의 기승술 향상을 위해 다양한 교육방법을 이해하고 적용할 수 있어야 한다.

간혹 초보 지도사는 표준강습 매뉴얼이 없는 것을 안타까워한다. 그러나 다양한 장애유형과 그로 인해 나타나는 증상, 그리고 성격 및 환경 등 장애인 각자의 개인차를 고려하면 표준강습 매뉴얼을 그대로 적용한다는 것은 위험천만한 일이 될 수 있다. 표준강습 매뉴얼이 만들어지거나 다른 유사 장애유형의 강습 진행을 관찰하거나 계획서를 보더라도 그저 더 나은 강습을 위해 참고만 해야 한다. 똑같이 강습한다는 생각은 버려야 한다. 어떤 기승자는 몇 분 사이에 강습을 진행할 수 없을 정도로 상태가 악화되거나 반대로 좋아질 수 있다. 강습계획서 작성 단계에서 기승자의 장애에 대한 이해는 물론 성격이나 그동안 진행해왔던 모든 강습 상황을 이해하고 계획을 수립한다. 강습 진행 도중 발생할 수 있는 모든 상황에 대해 바르고 의연하게 대처하며, 기승자가 기승할 수 있는 여건을 지속적으로 제공해줘야 한다.

강습시간에 발생하는 모든 일은 오로지 지도사의 책임 하에 있다.

5) 기승술의 발전(progress)

　기승자들을 위한 운동을 선정하고 시행하는 데 있어서 회차가 진행해나가면서 기승술이 향상되어야 한다. 또 1일 강습시간 내에도 기술적인 향상이 있도록 해야 한다. 비록 기술의 진전이 비장애자보다 더디고 늦더라도 장기적인 목표가 '독립기승'이라는 점을 생각해야 한다.

　장기, 중기, 단기 및 1일 강습계획서에는 달성할 수 있고 평가가 가능한 학습내용을 강습목표로 설정하고 강습을 시행한다. 비장애인도 기승기술을 포함한 모든 학습에 있어 그 향상 정도가 상향직선 또는 계단식으로 계속해서 상승해나갈 수만은 없다. 더구나 장애인이나 정서적인 문제를 가진 재활승마 대상자는 개인적인 학습여건이 비장애인에 비해 현저하게 제약을 받는 상황이기 때문에 기승술의 향상을 기대하기 어려울 수 있다. 오히려 전날 또는 1주일, 더 나아가 한 달 전에 비해 오히려 뒤떨어지는 경우도 있다. 따라서 승마를 실시하기 전까지 수없이 겪어왔을 좌절을 또다시 경험하지 않고 강습에 즐거움을 가지고 참여하며, 승마기술이 조금씩이나마 발전해나갈 수 있도록 강습 목표를 설정하고 진행한다.

　지도자는 강습을 준비하고 시행함에 있어 기승자를 위한 특수한 도구가 점차 일반 마장구로, 허벅지 보조에서 발목 보조로, 3명이었던 보조자를 줄이거나 보조 강도를 줄여 독립기승이 가능할 수 있도록 전략을 세워야 한다. 이때는 기승자의 기술 습득 상태나 강습에서 컨디션 등을 정확하게 파악한 뒤 적용해야 한다. 어제까지만 해도 부분 보조(사이드워커가 곁에서 걷기만 하는 것) 정도의 보조가 필요했던 기승자라도 오늘은 양손 보조(사이드워커의 한 팔은 기승자의 허벅지, 한 손은 발목을 보조하는 것)가 필요한 상황이 될 수도 있기 때문이다. 그래서 재활승마에서는 독립기승이 가능한 기승자라 할지라도 한 명의 기승자를 위해 강습시간에 최소한 말 리더와 한 명의 사이드워커를 배치한다. 한 명의 사이드워커가 지지하는 경우는 기승자의 균형이 오히려 깨질 수 있으므로 주의한다.

　강습을 진행하다가 지도사의 판단에 의해 점진적으로 '사이드워커 배제 → 리드라인 제거 → 말 리더 배제 후 독립기승'과 같이 실시하고 점진적으로 독립기승시간을 늘려가는 방법을 사용한다. 독립기승 후에는 '말 리더 참여 → 리드라인 장착 → 사이드워커 참여'와 같이 처음 강습 수준으로 회복하여 기승자의 마무리 운동을 돕는다.

　기승자의 기승능력을 점진적으로 향상시키는 강습방법의 예를 보면 다음 〈표 4-10〉과 같다. 이와 같이 승마기술을 습득시키고 기승능력을 향상하기 위해서는 기승자나 자원봉사자가 즐거운 마음을 가지고 적극적으로 강습에 참여하도록 유도해야 한다. 새로운 코스를 제시하거나 다양한 게임을 하는 것도 좋은 방법이다.

　예를 들면 말의 출발과 정지를 가르친 다음 이에 대한 기술 습득이 확실하게 되었는지, 원활하게 활용하는지를 확인하고 습득된 기술을 유지 및 발전시키기 위해 '신호등 게임'을 실

표 4-10 재활승마의 기술적인 강습 발달

기술 예시	실시 방법
말의 보법	• 평보 → 속보 → 구보
말의 움직임	• 최소 움직임 → 최대 움직임
사이드워커의 보조 위치	• 기승자의 보조 위치: 몸통 → 골반 → 대퇴 → 하퇴 → 발목
보조자 배치	• 말 리더, 사이드워커(2인) → 말 리더, 사이드워커(1인) → 말 리더 → 리드라인을 길게 → 독립
운동의 단계적 변화	• 준비 운동을 할 때: 등자쇠에 발을 넣고 지지 → 등자쇠에서 발을 뺀 상태로 균형 유지 • 반전경자세(half seat)를 시도할 때: 안장머리에 두 손 올려놓기 → 한 손 올려놓기 → 양손을 잠깐 사용하지 않음 → 양손을 계속 사용하지 않음
운동 도형	• 직선 → 커브 → 원 • 큰 도형 → 작은 도형
말 위에서의 독립성	• 기승자가 조종하지 않음 → 말 리더가 있지만 말 다루기를 배움 → 말 리더 없이 말을 다룸
경속보 동작	• 정지 → 평보 → 속보 • 안장손잡이 잡기 → 고삐와 안장손잡이 같이 → 고삐 잡고 안장손잡이에 새끼손가락 걸치기 → 고삐 잡기
횡목 이용	• 횡목0 평보 → 횡목1 평보 → 횡목2 평보 → 횡목3 평보 → 횡목0 속보 → 횡목1 속보 → 횡목2 속보 → 횡목3 속보 (*숫자는 횡목의 개수) • 횡목 간격을 넓게 → 횡목 간격을 좁게

앞면 뒷면

그림 4-14 출발(파란색)과 정지(빨간색)를 활용한 신호등 게임 도구

시하는 방법이 있다. 승마장의 길이 방향으로 직선으로 이동하면서 〈그림 4-14〉와 같이 지도사가 제시하는 신호를 보고 출발과 정지, 그리고 벌칙을 수행하면서 지정된 장소에 먼저 도착하면 승리하는 게임이다. 그러나 이러한 게임을 실시할 때 과도한 경쟁은 피하도록 하는 것이 가장 중요하다. 자칫 흥미 유발과 기술의 습득 및 향상을 위한 게임이 기승자에게는 상처가 될 수 있기 때문이다.

이러한 게임 외에도 노래 등을 이용하여

기승자의 흥미를 유도하는 방법이 있다. 예를 들면 "즐겁게 평보하다가 그대로 멈춰라♬" 같은 동요를 이용하여 출발과 정지를 교육하는 것과 성인 기승자를 위해서는 유행가를 이용하여 속보 박자를 맞추는 것도 속도 증가에 따른 두려움과 긴장을 늦추는 데 도움이 될 것이다. 다만 다양한 방법을 동원하는 것이 교육의 목적에 벗어나거나 단순히 흥미 위주로만 끝나지 않도록 주의한다.

3. 마장의 이용

1) 운동의 기본 도형

재활승마에 있어서 직선운동을 주로 하는 초급 수준에서 벗어나면 다양한 기본 도형 그리기를 통해 한층 더 향상된 기승술을 습득할 수 있다. 기승자가 초급 수준을 벗어났다고 해도 말 리더가 만일의 경우를 대비해서 말을 통제하지만, 기본적으로는 기승자가 스스로 말을 통제할 수 있도록 시도해본다.

다음에 제시한 본 도형은 재활승마를 시행하는 데 있어서 의도하지는 않았지만 평상시 강습에서 그리는 도형이다. 아직까지 국내에서는 이에 대한 특별한 목적을 가지고 교육은 이루어지지 않고 있다. 또 PE의 등급 I/II에서는 안전을 위해 구보를 금지하는 것도 사실이다. 그러나 재활승마의 대상을 장애인에 국한하지 않고 정서적인 문제를 가진 사람으로 확대하고 재활승마의 궁극적인 목표가 기승자의 독립기승이라는 점을 고려한다면 적용 가능한 기승자를 대상으로 이 부분에 대한 교육도 이루어져야 한다.

다음 내용은 운동 시 기본 도형에 대해 지도사가 과제분석을 작성할 때 이용할 수 있도록 운동 원리와 방법에 대해 상세히 설명했다. 원통이나 콘을 놓고 도형을 그린다면 쉽게 접근해서 강습할 수 있다.

(1) 원운동

승마를 배우기 시작하면 직선코스에서 '출발'과 '정지'를 실시한 뒤 곧바로 목책(fence)을 세워 원형 트랙(track)을 만들어놓은 곳에서 승마를 하는 경우가 있다. 그러나 이 운동은 엄밀히 말해 '원운동'이라고 할 수 없을지도 모른다. 말이 기승자의 요구에 의해 움직이는 것이 아니라 기승자의 의지와 상관없이 목책 안을 걷거나 뛰기 때문이다.

여기서 말하는 원운동은 목책이 없는 상태에서 지면에 원을 그리는 것으로, 원을 그려보지 않은 기승자에게 처음부터 원을 그리기란 쉬운 일이 아니다. 따라서 삼각콘이나 원통을 중심에 세워놓고 원을 그리는 연습을 한다. 원을 그릴 때 주의해야 할 점은 말이 가는 방향으로 벤딩이 되어 있는지 확인해야 한다. 그렇다고 너무 많은 벤딩을 요구해선 안 된다. 따라서 기승술의 발전이 큰 원에서 점차 작은 원으로 발전해나가는 것이다. 말이 가는 방향으로 벤딩이 되어 있어야 원을 그리기 쉽다. 가는 방향의 반대쪽을 보면 말의 입장에서 엇박자가 나고 기승자는 쉽게 중심을 잃을 수 있다. 사람도 운동을 할 때 가는 방향이 아닌 반대 방향을 보고 간다면 원활한 운동이 될 수 없다.

기승자가 기승하기 전에 말 리더가 말과 함께 직접 걸으면서 원을 그려보는 것 또한 말이 적응하는 데 도움이 된다. 말 리더는 말에게 요구만 하는 것이 아니라 양보도 할 줄 알아야 한다. 말이 하기 싫은 속보를 억지로 하게 되면 말의 머리는 올라오고 말의 등은 내려가게 되어 반동이 커진다. 반동이 커진 상태에서 원운동까지 하게 되면 기승자는 쉽게 균형을 잃을 수 있다. 말 리더나 기승자가 말에게 요구할 때 말은 기승자에게 집중하게 되고 기승자 또한 집중력을 기를 수 있다. 속보를 시행하거나 원운동을 하는 것이 중요한 게 아니다. 말이 스스로 기승자의 부조나 말 리더의 요구에 의해 속보를 할 수 있도록 하고 말 리더가 억지로 말을 끌어당기지 않도록 한다.

기승자가 혼자 원을 그릴 때 벤딩은 말 눈의 눈썹이 살짝 보여야 한다. 그러기 위해서는 가는 방향의 손을 살짝 옆구리 뒤로 당긴다. 단, 과도하게 당기지 않도록 한다. 바깥쪽 손은 부드러우면서도 팽팽하게 고삐를 연결한다. 안쪽 다리는 복대 가까이 위치하고 추진을 준다. 바깥쪽 다리는 복대 뒤에 위치하고 말이 바깥쪽으로 나가지 못하게 막아준다. 바깥고삐로도 막아줄 수 있다. 말에게 요구해서 말 머리가 떨어지고 입이 가벼워지면 안쪽 손 또한 양보해야 한다. 양보를 한다고 해서 고삐를 놓아주는 것이 아니라 고삐는 연결된 상태에서 힘만 살짝 빼준다. 이때 바깥쪽 고삐는 계속 팽팽함을 유지하고 주먹은 부드러워야 한다. 가는 방향을 보는 것도 중요하다. 가는 방향을 보면 얼굴만 돌리는 게 아니라 상체도 살짝 가는 방향으로 틀어지기 때문에 주먹과 다리를 많이 사용하지 않아도 무게중심으로 인해 말은 기승자가 보는 방향으로 이동하게 된다.

원 그리기는 고삐 사용과 말 사이의 간격유지를 위한 목적으로 많이 이용되고 있다. 기승자나 말 리더는 말이 원을 그릴 때 안쪽 사이드워

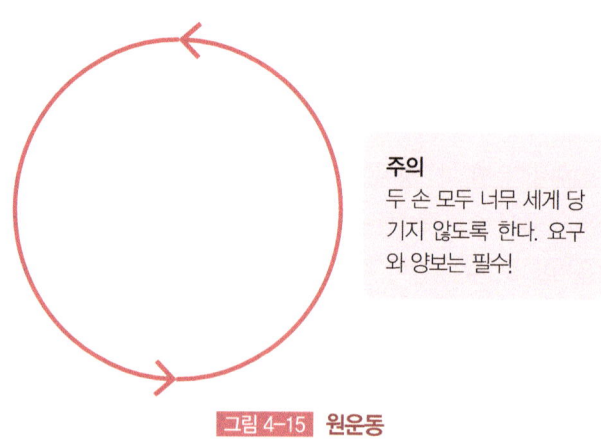

주의
두 손 모두 너무 세게 당기지 않도록 한다. 요구와 양보는 필수!

그림 4-15 **원운동**

커가 삼각콘이나 원통에 부딪히지 않게 주의한다.

어느 정도 평보가 익숙해지면 속보와 구보도 시도해본다.

(2) 나선형 운동

평보로 마장 중앙에서 약 20m 원을 그리고, 시작한 선을 중심으로 약 10m의 작은 원 크기로 줄인다. 계속 원을 그린다고 말과 기승자 모두 중심을 잃어서는 안 된다. 기승자는 원을 그릴 때 안쪽으로 많이 기울지 않도록 주의한다. 원을 그릴 때는 원운동과 같은 방법을 이용하지만, 원을 줄여나갈 때는 바깥쪽 다리는 말의 뒷다리를 통제하고 바깥쪽 고삐는 말의 어깨를 통제한다는 것을 기억한다.

바깥쪽 다리는 안쪽으로 밀어주고 안쪽 다리로는 추진을 한다. 이때 바깥쪽 고삐는 너무 강하지 않게 안쪽으로 당겨주면서 말의 바깥쪽 어깨가 빠지지 않도록 막아준다.

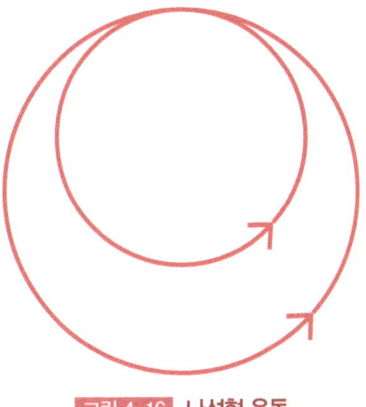

그림 4-16 나선형 운동

(3) 8자 도형

처음부터 바로 8자를 그리기는 어렵다. 기승자가 초급일 때는 방향전환에 응용한다. 양쪽에서 20m 크기의 두 원을 그리고 서로 만나는 지점을 중앙인 반동전환지점(★)이라고 생각

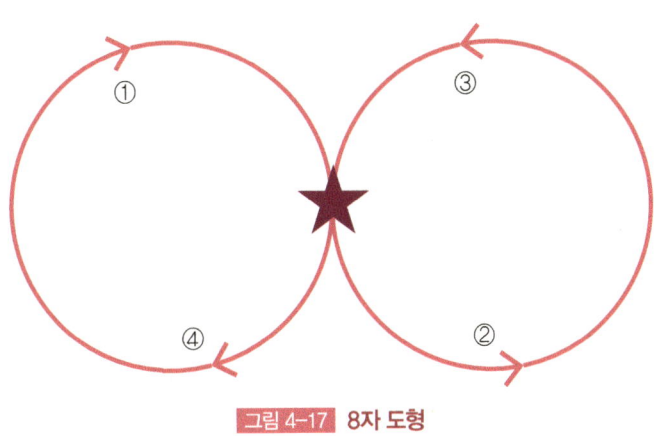

그림 4-17 8자 도형

한다. 원을 양쪽에 따로 그려서 가운데 지점이 서로 맞닿도록 그려본다. 숙지가 되었으면 8자를 이어서 그려본다.

원을 그리고 서로 만나는 지점을 지나기 바로 전에는 직진성을 유지한다. 즉, 말의 목도 일자가 될 수 있게 한다. 반동전환지점을 지나면 반대 방향으로 원을 그려서 8자를 완성한다. 반대 방향으로 원을 그릴 때에는 벤딩 방향과 부조의 위치도 바꿔줘야 한다는 것을 기억해야 한다. 평보가 익숙해지면 속보와 구보도 시도해본다. 경속보 시 방향전환할 때 반동도 바꿔줘야 한다는 것을 기억한다.

(4) 작은 루프(loops)

목책을 따라 반원을 그리며 내려가는 것이 루프다. 사이사이에 삼각콘을 설치하고 방향을 전환한다. 이때 삼각콘의 설치는 홀수로 해야 마지막 삼각콘까지 이용할 수 있다. 중형 승마장을 5등분하고 4개의 반동전환지점(★)을 마음속으로 지정(승마장 목책 또는 실내마장의 벽을 이용해 알파벳 등 표지판을 설치하면 거리를 균등하게 나눌 수 있다)한다. 삼각콘과 반동전환지점(★)을 지나면서 반대 곡선을 그릴 준비를 한다. 이렇게 곡선을 좌우로 번갈아가며 마장 끝에서 반대편 끝까지 루프를 그린다. 중앙을 중심으로 그리기 때문에 반원을 크게 그리지 않아도 된다.

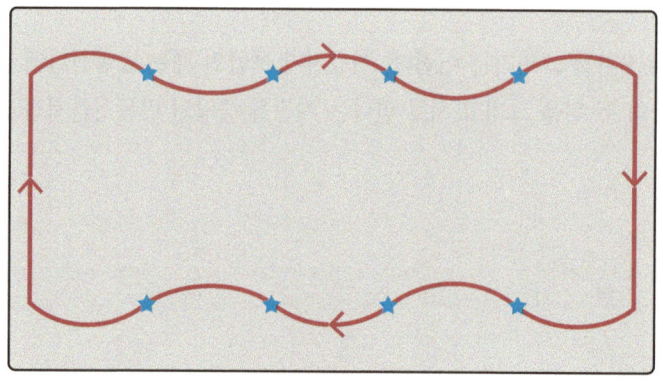

그림 4-18 작은 루프

말은 기승자가 가고자 하는 방향으로 가야 한다. 곡선을 그릴 때 가는 방향으로 벤딩을 해주며, 기승자의 다리와 손의 위치, 균형까지도 바꿔주어야 한다.

루프를 그리면서 방향을 바꿔줄 때 미리 방향전환 준비를 하면서 서서히 바꿔준다.

(5) 사승(서펜타인, serpentine)

이 운동은 작은 루프보다 더 명확한 반원을 그린다. 마장의 크기에 따라 아래의 모양을 각각 그릴 수도 있다.

말이 중앙으로 왔을 때는 진직성을 유지한다. 그리고 방향을 바꿔줄 때 미리 벤딩과 자세 바꿀 준비를 해준다. 이때 다리와 주먹의 위치, 무게중심을 바꿔주는 것도 기억해야 한다.

가는 방향으로 살짝 무게중심을 바꿔줌으로써 말과 기승자 모두 균형을 유지할 수 있게 한다. 좌우로 방향을 자주 바꿔준다고 해서 균형을 잃어서는 안 된다.

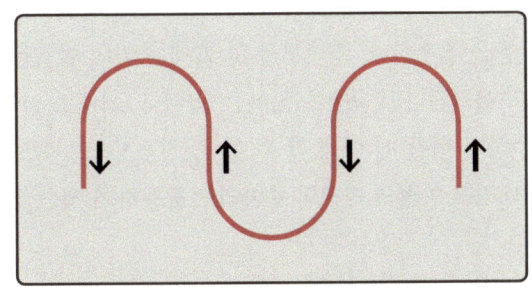

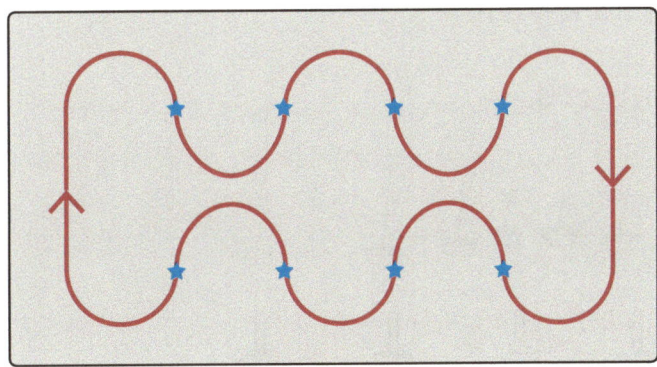

그림 4-19 사승

2) 횡목 넘기

흔히 장애물을 넘기 전에 땅에 있는 횡목부터 넘는 연습해야 한다. 구보로 장애물을 넘을 때는 뒷다리가 들어오면서 도약하기 때문에 뒤를 가볍게 해줘야 한다. 그러기 위해 기승자는 전경자세를 취해야 한다. 장애물뿐만 아니라 횡목을 넘을 때도 마찬가지다. 처음부터 구보로 연습하기란 어렵다. 평보 → 속보 → 구보로 단계별로 연습하고 횡목의 숫자도 늘려준다.

평보로 횡목을 넘는다고 해서 안장에 앉아 있지 말고 전경자세를 유지하도록 한다. 평보 상태에서 반복해서 전경자세와 안장에 앉기를 실시하면서 경속보 동작의 원리도 익힐 수 있다. 횡목을 지날 때는 진직성을 유지해서 가운데로 지나간다.

전경자세를 할 때는 발뒤꿈치는 내리고 엉덩이는 들어주고 상체는 앞으로 살짝 기울이되 허리는 펴야 한다. 발뒤꿈치를 내릴 때 발이 앞으로 나가지 않도록 주의한다. 단지 발이 허공에 있을 뿐 땅을 밟는다고 생각하면서 뒤꿈치를 내리는 것도 좋다. 중심을 잡기 위해 고삐는 당기지 않는다. 고삐가 없어도 전경자세를 할 줄 알아야 한다. 그러기 위해선 전경자세로 많은 연습을 하여 다리 힘을 길러주어야 한다.

평보로 횡목을 지나는 것에 익숙해지면 좌속보, 경속보, 구보로도 시도해본다. 좌속보는 평소와 같이 상체로 반동을 흡수한다. 경속보를 할 때에는 말의 발걸음이 더 경쾌함을 느낄 수 있다. 발이 조금 높이 올라간다고 균형을 잃어선 안 된다. 그대로 일어났다 앉았다를 반복하면 된다. 반동을 흡수하기 벅찰 때 쉽게 할 수 있다. 전경자세로 속보를 할 때는 평소보다 더 확실하게 뒤꿈치를 내리고 양쪽의 다리와 종아리로 균등하게 체중을 주어 균형을 잡을 수 있다.

횡목을 지나는 것은 말의 유연성을 길러준다. 또한, 항상 같은 운동을 반복하는 기승자들에게 재미와 성취감을 줄 수 있다.

3) 단순 장애물 설치

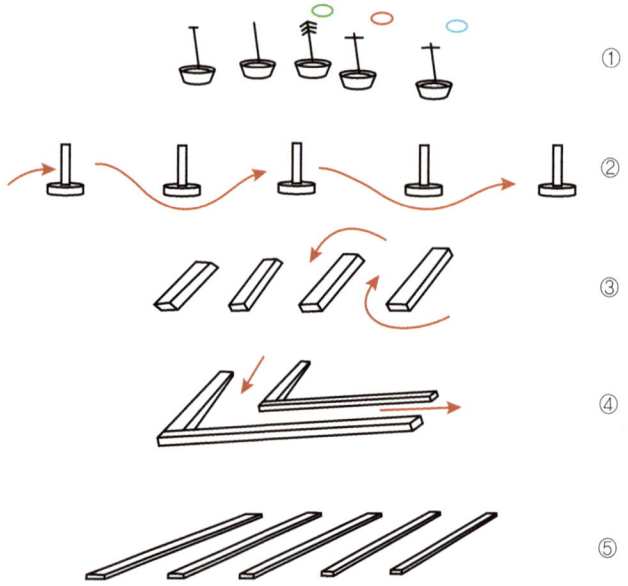

① 지정된 기둥에 지정된 색고리 넣기
② 지그재그 연습하기
③ 방향전환
④ 장애물 코스 지나기
⑤ 전경자세로 횡목 넘기

그림 4-20 단순 장애물

① 지정된 기둥에 지정된 색고리 넣기
　　색에 대한 인지와 고삐를 이용한 정지 및 출발능력을 향상시킨다. 고리를 선택하고 들어 올릴 때까지는 소근육 활동, 고리를 막대에 넣을 때 다리 및 몸통 근육 사용으로 균형능력 발달을 기대할 수 있다. 처음에는 손을 앞으로 조금만 뻗은 위치에서 말을 세웠다가 점점 거리를 멀어지게 하고, 방향도 몸통을 돌려 뒤로 돌아야 할 정도의 위치를 만든다. 사이드워커의 도움으로 고리 넣기를 성공하도록 하고, 성공 시 격려하고 자신감을 북돋운다.

② 지그재그 연습하기
　　좌우 방향에 대한 인지와 고삐 사용능력을 향상시킨다. 막대의 거리를 넓혔다가 점차 거리를 좁히기도 하고, 느린 평보에서 시작하여 점차 속도를 증가시켜 속보에도 도전한다. 처음 고삐 사용은 사이드워커의 도움을 받고 말 리더에 의해 막대를 돌아 지나가지만, 점차 사이드워커나 말 리더의 개입을 줄이면서 기승자 스스로 도전하도록 배려한다.

③ 방향전환
　　②의 경우보다 고삐 사용에 더 익숙해야 하며, 다리 부조도 사용할 수 있어야 한다. ②가 완전히 숙달된 후 다음 단계를 실시한다. 사승 운동과 같다.

④ 장애물 코스 지나기
　　②와 ③의 경우와 달리 정확한 고삐를 사용해야 장애물을 넘지 않고 빠져나올 수 있다. 이때 집중력이 요구된다.

⑤ 전경자세로 횡목 넘기
　　전경자세를 유지하여 다리 근육 사용을 증가시키고, 균형 유지와 경속보 리듬을 익힐 수 있다.

4) 복합 장애물 설치

　다양한 승마기술에 대한 교육이 이루어졌다면 종합적인 기승능력의 향상과 함께 집중력 향상, 근력 향상 등 긍정적이고 다양한 효과를 기대할 수 있는 장애물 코스를 제시하는 것도 좋은 방법이다.

　또한 사회성 향상 등을 고려한다면 강습 팀 내 기승자들과 공감을 형성할 수 있는 게임도 고려할 수 있다. 예를 들면 '모방하기 게임'으로 신체적·인지적인 측면을 고려하여 참여가 가능한 기승자에게 실시한다.

이와 같이 본 운동에서 다양한 강습방법을 사용할 수 있으며 이러한 방법들은 기승능력 향상, 근력 향상, 집중력 향상 등을 목적으로 지도사의 철저한 기획과 전략에 의해 계획되고 실시되어야 한다. 또한 이러한 강습방법을 시행함에 있어 발생할 수 있는 경쟁심이나 지나친 체력소모, 기타 스트레스 발생에 대한 대책을 강구하여 원활하게 강습을 마무리하는 것도 지도사의 중요한 의무다. 특히 운동 중에 호흡곤란이나 흉부압박감이 수반되면 운동을 중지하고, 호흡기나 순환기 계통에 대한 질환이나 장애에 유의한다. 본 운동은 점진적으로 운동부하와 횟수를 증가시키되 상해에 유의하며 독립기승을 할 수 있도록 기승술을 향상시키는 것이 가장 중요하다.

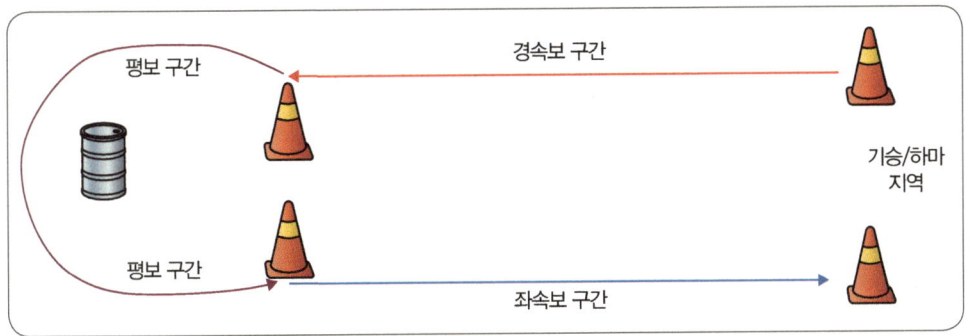
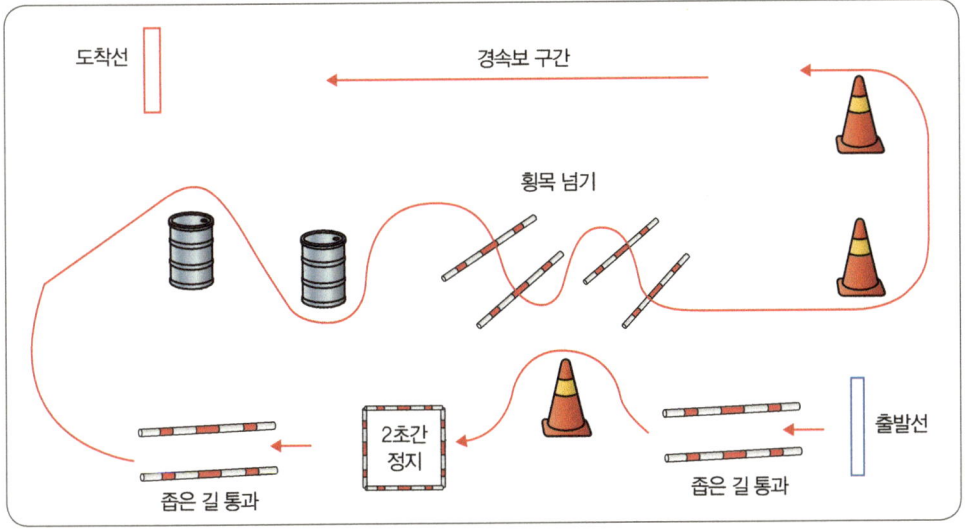
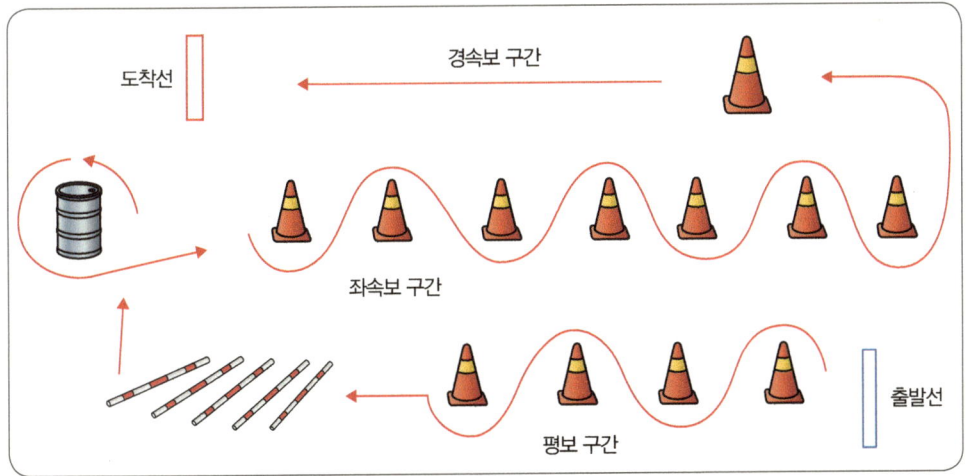

그림 4-21 다양한 복합 장애물 코스

6장. 교감활동

재활승마의 효과 중 정신적·사회적 효과는 말을 비롯한 지도사, 봉사자 등 재활승마 강습에 참여하는 모든 구성원과 기승자 사이의 교감과 깊은 연관이 있다. 지도사는 기승자가 재활승마 강습에 참여하는 동안 지도사의 지시를 따르고 봉사자들의 보조를 받으며 원활하게 소통하고 교감할 수 있는 다양한 방법을 제시할 수 있어야 한다. 또한 기승자가 말과 교감함으로써 얻을 수 있는 긍정적 효과를 극대화할 수 있는 프로그램을 운영할 수 있어야 한다.

동물과의 교감이 사람의 정서에 긍정적 영향을 미칠 수 있다는 사실은 이미 여러 학술 연구 결과를 통해 입증되고 있다. 동물 매개 치료 프로그램을 비롯한 동물 매개 활동은 정서지능 발달, 우울 개선, 스트레스 조절, 대인관계 개선, 문제행동 개선 등의 긍정적 효과를 낳으며 이러한 동물 매개 활동의 핵심은 동물과의 교감에 있다. 재활승마 또한 말과의 교감을 기본으로 하는 활동으로 신체장애 및 정신장애뿐 아니라 정서와 행동문제에도 효과가 있다.

기승자가 말과 교감할 수 있는 활동은 크게 기승과 기승 외 교감활동으로 나눌 수 있다.

1. 기승 시 교감활동

1) 승마기술 습득을 통한 교감

지도사는 기승자가 승마기술을 습득하면서 말과 지도사, 봉사자들과 교감할 수 있도록 지도해야 한다. 가능하면 강습 시작에 앞서 봉사자들과 기승자가 눈을 맞추어 인사를 나누도록 하고 강습 중에 도움을 줄 것임을 소개해주는 것이 좋다. 봉사자가 편안하게 느껴질수록 기승자는 조금 더 편안한 마음으로 강습에 임할 수 있으며, 강습 중에 봉사자의 도움을 받는 게임이나 활동을 진행할 때에도 적극적으로 교감할 수 있기 때문이다.

기승술에 대한 설명을 할 때에는 기승자와 틈틈이 눈을 맞추고 잘 이해하고 있는지를 체크한다. 특히 지적장애가 없는 기승자에게 승마기술을 지도할 때는 단순히 방법만 알려주기보다 부조를 통해 말과 대화를 나누는 것임을 이해하도록 지도한다. 예를 들어 평보에서 속보로 보법을 바꾸고자 할 때 종아리로 말 몸통을 지그시 감싸듯이 꾹 눌러주면 말이 예민한 몸통으로 압박을 느끼고 그것을 신호로 받아들여 걸음걸이를 빠르게 한다는 메커니즘을 설명해준다.

기승자가 이행한 부조대로 말이 잘 따라주었을 때에는 잠시 말을 멈추게 하여 말 목덜미를 가볍게 두드리거나 쓰다듬어 칭찬을 하도록 해 말의 체온을 느끼고 교감할 수 있게 해준다. 짧은 칭찬과 스킨십을 통해 기승자와 말이 서로 신뢰하게 해주고 성취감을 맛보게 해주는 것이다.

기승 전후에는 말의 이름을 알려주어 인사를 하도록 하고 고마움을 표현하며, 교감을 나누고 말과 친숙해질 수 있는 시간을 갖도록 해준다.

이처럼 지도사는 기승자가 기승 전후와 기승 중에 신체, 언어, 시선 등으로 말, 봉사자 그리고 지도사와 교감할 수 있는 기회를 최대한 제공해주어야 하며 원활한 소통이 이루어지고 있는지 수시로 살펴보아야 한다.

2) 게임을 통한 교감

기승술이 숙련된 기승자 그룹의 강습 시 게임을 통해 기승자 간의 교감과 소통 활동을 할 수 있다. 순서 바꾸기(leap frog) 게임이 그러한 좋은 예다. 이 게임은 지면에서 하는 등 짚고 뛰어넘기와 유사한 게임으로, 기승자 상호 간에 구두로 합의하거나 지도사의 지시에 따라 양보하고 추월하기를 반복하는 게임이다. 반드시 평보나 속보로 실시해야 하며, 안전을 위해 구보로는 하지 않는다. 이 게임을 진행하면 기승자 간에 서로 호흡을 맞추고 안전하게 간격을 유지하며, 소통하고 교감을 나누게 되고 협동심을 기를 수 있으며, 더불어 속보와 평보, 속도 제어를 더욱 재미있게 연습할 수 있다.

게임을 하려면 기승자들의 승마 경력과 실력이 비슷한 것이 좋으며, 기승자의 수준에 알맞은 게임을 실시하도록 해야 한다.

2. 기승 외 교감활동

기승 이외의 교감활동으로는 마방 견학, 마방 청소하기, 말 먹이 주기, 말 손질하기, 수장하기, 말 다루는 법 익히기, 말과 함께하는 레크리에이션, 말을 소재로 한 교육 프로그램 등이 있다.

1) 마방 견학

말이 평소에 생활하는 마방을 살펴보게 하여 마방 시설과 도구들, 안전수칙과 함께 말의 습성을 지도한다.

마방에 깔짚은 어떤 것이 깔려 있으며 왜 깔아주는지, 먹이통과 물통은 어떻게 관리해야 하고 말이 무엇을 얼마나 먹는지, 마분은 어떻게 치워야 하고 말이 하루에 몇 번 배설하는지, 말은 어떻게 잠을 자고 휴식을 취하는지, 마방 안에서 주의해야 할 사항이 무엇인지 등을 설명하여 말에 대한 이해를 돕는다.

> **주의** 마방 견학은 개인 또는 소그룹으로 진행해 지도사가 충분히 통제할 수 있는 규모로 진행하며, 기승자가 떠들거나 말을 놀라게 하는 행동을 하지 않도록 미리 주의를 준다.

2) 마방 청소하기

마방 청소에 사용되는 삽, 빗자루, 마분삽, 갈퀴, 호크, 손수레 등의 도구들을 이용해 마방을 관리해보는 시간을 갖는다. 청소의 각 과정이 말의 어떤 질병을 예방해주며 왜 필요한지를 청소방법과 함께 설명한다. 삽과 갈퀴로 마방 안의 오염된 깔짚을 치우도록 하고, 새 깔짚을 깔게 하거나 마분삽과 호크로 마분을 골라내어 치워보도록 한다. 수거한 마분을 손수레에 실어 마분장으로 옮기도록 하며, 빗자루로 마방 안 통로의 모래와 먼지를 쓸도록 한다.

마방 청소 도구는 기승자의 체격과 신체 기능을 고려해 사용하도록 지도해야 한다. 예를 들어 어리고 체구가 작은 기승자의 경우 마분삽이 크고 무거워 사용하기 불편할 것이다. 이 경우 막대형 손잡이가 있는 거름망 등을 마분삽이나 호크 대신 사용해 마분을 치우도록 할 수 있다. 이처럼 지도사는 기승자의 체격이나 신체 능력에 부적합한 도구를 비슷한 기능을 할 수 있는 다른 도구로 대체해 사용하는 융통성을 발휘할 수 있어야 한다.

3) 말 먹이 주기

말이 평소에 먹는 건초나 사료를 기승자가 배식하도록 하거나 말이 좋아하는 당근, 각설탕 등의 간식을 먹이도록 한다. 말의 먹이는 무엇이며 하루에 몇 번, 얼마나 섭취하는지 알려준다. 그리고 먹이를 먹기 위해 주둥이를 내미는 말의 치아나 수염 등을 가까이에서 관찰하게 하고 그 특징을 설명해준다.

> **주의** 말 먹이 주기를 할 때는 먹이 앞에서 지나치게 흥분하는 말을 대상으로 하는 것은 위험하므로 피한다. 어린 기승자가 혼자 먹이를 주는 것은 위험할 수 있으니 처음에는 지도사가 기승자의 손을 잡고 함께 먹이를 주는 연습을 시켜주도록 하고, 반드시 말 먹이 도구를 이용한다.

4) 말 손질하기

말 손질하기는 말 몸 솔질하기, 발굽 관리하기, 갈기와 꼬리 빗어주기, 목욕시키기 등이 있다. 기승자가 말 몸을 깨끗이 손질해주며 말의 체온을 직접 느끼고 말의 기분이나 상태를 살피며 말과 교감할 수 있도록 하고, 말 신체의 각 부위를 직접 만져보며 명칭을 익히게 하며, 말 손질에 사용되는 도구의 종류와 사용법을 익히도록 한다. 또한 말 손질이 말의 건강상태 체크, 체모 관리, 혈액순환에 도움이 된다는 것을 알려준다.

말 손질에 사용하는 도구는 글갱이, 몸통용 솔, 뻣뻣한 솔, 스펀지, 발굽파개, 발굽기름 등이 있다. 글갱이로는 말의 몸통 부분부터 둥글게 돌리듯 마사지하며 엉켜 있는 오염물질을 제거해주도록 하고, 솔을 이용해 글갱이로 마사지한 부분을 털어내듯 솔질해주도록 한다. 뻣뻣한 솔로 엉킨 갈기와 꼬리를 빗어주도록 한다.

말 몸통 손질이 익숙해진 기승자들은 발굽 손질을 하도록 지도한다. 말의 발을 들게 하는 방법부터 시작하여 발굽 안쪽 구조와 발굽파개를 이용한 관리방법을 알려준다.

말 손질하기 과정에서 기승자가 말의 눈을 바라보며 말을 건네거나 쓰다듬는 등 직접적인 교감행동을 하도록 유도한다. 이는 기승자로 하여금 점차 말에 대한 친밀감을 갖는 데 도움이 되며, 말에게 친밀감이 형성된 기승자는 말과 함께하는 활동을 매우 좋아하게 되고 정서적 안정을 느끼게 된다.

기승자가 말을 자신이 배려하고 돌봐주어야 할 존재로 인식하게 되면 말에 대한 애정과 책임감을 느끼게 되고 말을 위해 무언가를 해줄 수 있다는 사실에 역할 의식을 갖게 되는데, 이는 곧 자신감 고취와 자존감의 향상으로 이어지는 효과가 있다. 또한 말과 교감하며 소통에 자신감이 생긴 기승자는 봉사자나 지도사 등 타인과의 소통에도 자신감을 갖게 된다. 따라서 신체장애나 지적장애 정도가 심하지 않은 기승자, 정서장애가 있는 기승자의 경우 기승 전후 말을 준비하거나 정리하는 활동에 참여하도록 하는 것이 기승만큼이나 유익하고 도움이 된다.

> **주의** 기승자가 말을 손질하는 동안 말이 통증을 느끼지 않도록 유의해 살펴봐야 하며, 기승자와 말의 돌발행동을 방지하기 위해 지도사가 가까이에서 말 통제에 도움을 주도록 한다.

5) 장안하기

기승자가 말에게 안장을 올리는 법과 마장구를 안전하고 올바르게 착용시키는 법을 익히고 실습하도록 한다. 마장구를 착용시키면서 기본마구, 보조마구, 보호마구의 종류, 마구의 각 부분 명칭과 용도를 인지하도록 하며 각각의 마장구가 기승 시 어떤 기능과 작용을 하는지 학습하도록 한다.

기승 후에 마장구를 벗기는 것 또한 준비 과정과 같은 학습 효과가 있으므로 기승자의 체력을 고려해 두 활동 모두 참여하도록 하거나 둘 중 한 가지 활동에 참여시키도록 한다.

> **주의** 안장의 복대를 조이거나 말 입에 재갈을 물리는 등 말이 순간적 거부반응을 보이기 쉬운 과정에서 안전사고가 발생하지 않도록 주의사항을 잘 설명하고 감독하도록 한다.

6) 말 다루는 법 익히기

마방굴레 씌우기, 말을 마방 밖으로 이동시키기, 말 끌기, 마방 안으로 말 넣기, 말 후퇴시키기 등의 전반적인 말 다루는 법을 익히도록 한다. 말의 쉽게 놀라는 습성과 사람이 오른쪽에 서서 통제해주는 것에 익숙하도록 훈련 받은 점을 기승자에게 인지시켜 말에게 안전하게 접근할 수 있게 지도한다.

지도사가 말에게 접근해 마방굴레를 씌우는 방법을 시범으로 보여준 후 기승자가 실습해볼 수 있게 한다. 기승자가 말이 놀라지 않게 인기척을 내며 오른쪽으로 다가가게 하고, 말을 가볍게 쓰다듬어 인사를 건네 안심시킨 후 마방굴레를 씌워보게 한다. 마찬가지로 마방굴레에 연결된 리드라인으로 말을 마방 밖으로 끌고 나와 함께 걷는 법, 말을 세우는 법도 시범을 보여준 후 실습하도록 한다.

> **주의** 말 끌기를 주저하는 기승자의 경우 지도사가 기승자와 말 사이에 서서 함께 리드라인을 잡고 끄는 연습을 시켜주는 방법이 효과적이다.

7) 말과 함께하는 레크리에이션

미술활동과 접목한 말과 함께하는 놀이는 기승자의 창의력, 말과의 친근감 형성에 도움을 준다. 말 몸에 그림을 그리며 말에게 스킨십을 하고 알록달록한 물감의 색감으로 감성을 표현하도록 하거나 말 갈기를 땋고 갈기에 집게로 예쁜 장식을 달아 꾸며보도록 한다. 비언어적 수단으로 감성을 표현하고 말과 교감하도록 한다.

> **주의** 말은 초식동물 특유의 겁 많고 쉽게 놀라는 특성으로 인해 때에 따라 돌발행동을 할 수 있다. 그렇기 때문에 말과 함께하는 모든 활동에서는 그로 인한 위험성을 배제할 수 없다. 말과 함께하는 교감활동을 하고자 할 때에는 반드시 기승자의 장애 정도와 컨디션, 말의 평소 기질과 상태, 주변 환경과 위험요소 등을 빠짐없이 확인하고 고려하여 무리가 없다고 판단될 경우에만 시행토록 해야 한다. 또한 기승자가 말을 놀라게 하거나 말 뒤쪽으로 지나다니는 등의 위험한 행동을 하지 않도록 교감활동에 앞서 기승자 눈높이에 맞추어 주의사항을 설명해주어야 하며, 기승과 마찬가지로 교감활동도 지도사의 감독 하에 시행하도록 해야 한다.

8) 말을 소재로 한 교육 프로그램

말을 소재로 한 교육 프로그램은 기승자로 하여금 말에 대한 친숙성과 이해도를 높여 기승자가 말과 교감하는 데 도움을 준다. 말에 대해 학습하기, 말을 주제로 대화하기, 말을 소재로 한 영화와 그림, 작품 감상하기, 말을 소재로 창작하기 등이 이에 포함된다.

말에 대한 학습은 말의 습성, 보법, 말 색 구분하기, 말의 얼굴 무늬 구분하기, 말의 품종, 말 신체 부위 같은 교육 자료들과 함께 설명해주어 기승자가 본인의 워크북에 그림을 그리고 표기하면서 재미있게 이루어지도록 한다. 말에 대한 지식을 학습한 뒤 가로세로 낱말퀴즈를 제작해 기승자가 문제를 풀어보도록 하는 것도 좋다.

지도사는 기승자와 말을 주제로 대화를 나누며 말을 탈 때의 기분, 승마를 배우고 나서 달라진 점, 승마장에서 가장 좋아하는 말과 그 이유 등을 물어보고 기승자의 기분이나 심리의 변화를 파악한다. 지도사가 기승자와의 대화에서 유의할 점은 기승자의 대답에 적절하고 긍정적인 반응과 공감을 하여 기승자의 마음을 열고 소통과 교감에 적극적으로 임하도록 유도하는 것이다.

말을 소재로 한 영화를 감상하여 말에 대한 이해를 돕고 말과의 교감을 간접적으로 체험하게 한다. 또 말을 소재로 한 조각이나 그림 등의 예술작품들을 감상하고 그 작품에서 느껴지는 감정이나 떠오르는 이미지 등을 표현해보도록 한다.

말을 소재로 창작하기는 기승자의 흥미를 유발하는 데 특히 효과적인 활동이다. 말 모양의 나뭇조각에 원하는 그림 그려보기, 편자에 색을 칠해 장식품 만들기, 찰흙으로 말 모형 만들기, 말 그림을 조각내어 퍼즐 제작하고 맞춰보기 등의 창작 활동을 해보도록 한다. 정기적으로 말 그림에 색칠하는 컬러 테라피를 하면서 기승자가 즐겨 쓰는 색의 변화 등을 살펴보면 심리 변화를 파악해볼 수 있다.

9) 말(馬) 없이 즐기는 기승술 향상 게임

① 'trust me' 게임 1
- 앞사람은 눈가리개 착용, 삼각콘으로 장애물/목표 설치, 앞사람과 뒷사람의 같은 손끼리 고삐 역할의 노끈으로 연결, 뒷사람의 고삐 사용 조정으로 앞사람이 걸으며 장애물을 피하여 목표에 도달

② 'trust me' 게임 2
- 앞사람은 눈가리개 착용, 삼각콘으로 장애물/목표 설치, 앞사람과 뒷사람의 같은 손끼리 고삐 역할의 노끈으로 연결, 뒷사람의 고삐 사용 조정으로 앞사람은 넙다리 사이에 공을 끼우고 공을 떨어뜨리지 않게 뛰면서(hopping) 장애물을 피하여 목표에 도달

③ 'trust me' 게임 + 신호등 게임
- 앞사람은 눈가리개 착용
- 교관의 신호등 표지 색에 따라 출발 지점부터 목표 지점까지 이동과 정지를 반복한다.
- 목표지점에 빨리 도착하는 사람이 우승, 빨간색 신호등에 움직이면 정해진 벌칙을 받는다(예: 뒤로 다섯 걸음 등).

④ '넙다리 안쪽으로 공을 잡고 반환점 돌기' 게임
- 삼각콘으로 반환점 설치, 넙다리 안쪽으로 공을 잡고 뛰면서(hopping) 반환점 돌아오기
- 내측기좌 밀착과 연관하여 게임 지도

⑤ 비석치기 게임
- 머리에 돌을 얹고 바른 자세로 걸어가(약 10m) 목표로 하는 상대방 돌에 떨어뜨린다.
- 기승 시 허리와 어깨의 바른 자세와 연결하여 지도

⑥ 뒤꿈치 내리기 게임 1
- 계단(단층이 형성된 곳)에서 위 계단에 발의 앞쪽 1/3로 서고 뒤꿈치를 아래 계단 쪽으로 내린다. 무릎을 약간 구부리고 두 발로 균형을 유지하고 오래 버텨야 한다.
- 기승 시 뒤꿈치 내리는 것과 연결하여 지도

⑦ 뒤꿈치 내리기 게임 2
- 계단(단층이 형성된 곳)에서 위 계단에 발의 앞쪽 1/3로 서고 뒤꿈치를 아래 계단 쪽으로 내린다. 한 발(좌우 발 교대)로 균형을 유지하고 오래 버텨야 한다.
- 기승 시 뒤꿈치 내리는 것과 연결하여 지도

⑧ 굴레 해체 및 조립 게임
- 굴레 각 부분의 명칭을 이해한다.
- 굴레를 해체하고 주어진 시간 안에 조립한다.

⑨ 말의 체중 추정 게임
- 말의 몸통둘레/몸길이를 측정한다.

$$\frac{몸통둘레(cm)^2 \times 몸길이(cm)}{11,877} = 체중(kg)$$

- 말의 체중을 추정 공식을 이용하여 계산한다.

3. 교감활동의 적용

간혹 재활승마 강습을 처음 시작할 때 겁을 먹고 말 타기를 격렬히 거부하는 기승자들이 있는데, 이 경우에도 기승 외 교감활동이 도움이 될 수 있다. 잔뜩 겁에 질린 기승자를 억지로 기승시키는 것은 오히려 역효과를 낼 수도 있기 때문에 기승자로 하여금 사전에 말과 교감할 수 있는 기회를 주어 공포심을 누그러뜨려주는 것이다.

기승자를 재촉하기보다 기승 외 교감활동을 선행하면서 중간중간 의사를 재차 확인해 기승자가 스스로 기승을 원하도록 유도하면 기승자는 서서히 마음을 열고 용기를 낼 수 있게 된다.

구체적인 방법을 예를 들면 다음과 같다. 말에게 가까이 다가가 만지기를 두려워한다면 기승자의 언어적 표현에 따라 지도사가 말을 만지거나 쓰다듬어준다. 조금 발전한다면 기승자가 지도사의 팔꿈치 부분을 잡고 점점 발전하면 손목을 잡도록 해본다. 개인적인 차이가 많으므로 사전에 기승 테스트를 통해 말에 대한 접근과 기승이 용이한지 살피고, 기승대에서 곧바로 기승이 어렵다면 기승순서를 맨 뒤로 하여 다른 기승자에게 피해를 주지 않도록 한다. 다른 지도사를 배치하여 강습장에 입장하지 않고 기승하는 것만을 목표로 하거나 복장을 갖추고 다른 기승자가 강습하는 것을 바라보고 강습내용에 대해 설명하기도 한다.

말과의 교감 자체를 두려워하는 기승자의 경우 그림, 도서 혹은 영화나 영상 자료 같은 매체를 통해 말에 대한 긍정적인 이미지를 심어주고, 말과의 교감을 간접적으로 경험하도록 하는 것이 도움이 될 수 있다. 따라서 대기실에서 말에 관한 그림책이나 동영상을 쉽게 접하도록 하고 말 그림퍼즐 맞히기, 말(馬) 모형 더미(dummy)에 올라보도록 하는 것도 좋은 방법이다.

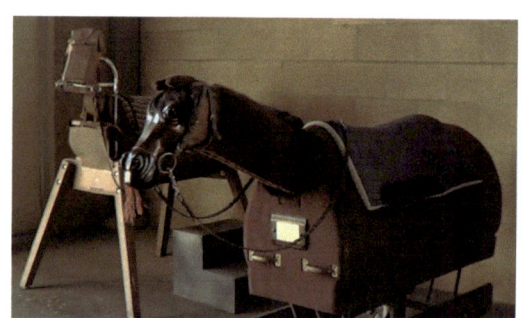

그림 4-22 말(馬) 모형 더미(dummy)

그림 4-23
기승자들과 함께 말손질 등 교육을 하기 위해 넓게 만들어진 수장대(cross tie 양쪽 끝은 벨크로로 고정)

7장. 교수법과 지도 원리

1. 교수법

1) 강습의 원리

강습에서 기승자를 통제하고 영향을 미치는 데는 지도사의 태도가 중요한 역할을 한다. 지도사의 태도가 부드럽거나 약간이라도 저자세의 모습을 보여서는 안 되며, 너무 강하거나 혼내는 태도 또한 부적절하다고 할 수 있다. 기승자에게 필요한 것을 지속적으로 살피고, 모든 상황에 단호해야 하며, 끊임없는 인내와 에너지가 요구된다. 지도사는 기승자들의 자신감을 높여주고, 만족감을 주어야 한다.

재활승마지도사에게는 기승술을 응용하는 창의력이 필요하다. 참가하는 기승자의 연령이나 인지능력을 감안하여 기술을 배우는 것이 지루하거나 힘들게 느껴지지 않도록 해야 한다.

표 4-11 강습의 원리

구분	내용
설명하기	단순명료하게 하라. 왜, 무엇을, 언제, 어떻게 할 것인지 간단하게 설명하기
보여주기	보고 따라 할 수 있게 해주어라. 실제 지도사가 기승상태가 아닐 가능성이 높기 때문에 필요 시 모범 기승자를 활용하면 좋다.
질문하기	설명에 대해 이해했는지 확인하기. 지적장애나 학습장애가 있는 경우에는 어려운 작업일 수 있으나, 좀 더 짧고 간결한 설명이 필요한지 확인할 수 있다.
반복하기	완벽에 가깝게 할 수 있도록 반복하기. 지속적인 수정 요구를 통해 조금씩 나아질 수 있도록 한다.

고삐를 잡고 방향전환을 막 배우기 시작한 기승자를 위해서는 간단한 코스를 만들어 통과하게 하거나, 경속보의 반동을 위해 일어났다 앉기를 연습하는 기승자들을 위해서는 바닥에 횡목 여러 개를 놓은 후 건너가는 동안 서 있는 자세를 유지하게 하는 등 기승술을 재미있고 흥미롭게 배울 수 있도록 해준다.

기승자에 대한 강습계획이 구성되었다면 어떻게 강습을 진행하는 것이 가장 안전하고, 기술 습득에 능률적인지 판단한다.

유능한 지도사는 본인이 가진 풍부한 이론적 지식과 기승술, 실무에서 겪은 많은 경험을 잘 접목하여 기승자에게 전달할 때 좋은 강습이 이뤄진다는 것을 명심한다.

2) 강습 지도

정신적이든 신체적이든 장애를 지닌 기승자는 비장애인과는 달리 지도사가 가르쳐주고자 하는 내용에 대해 쉽게 이해하지 못하거나 받아들이는 능력이 부족하다. 신체적 장애를 지닌 기승자는 알고 있더라도 기능이 자유롭지 못하여 수행하기가 매우 어렵다. 따라서 이들을 지도할 때는 충분한 시간적 여유를 주어 스스로 해낼 수 있도록 지켜보는 것도 좋은 방법이다.

정신적 장애로 인해 이해력이 부족하여 어려움이 따를 때는 시각, 청각, 촉각과 직접적인 지도사의 시범이나 봉사자의 도움을 받아 자세하게 알려주는 것이 바람직하다.

3) 강습 시 교수법

지도사가 기승자에게 지도하는 방법은 지도사의 지도 특성과 자질, 성품, 해당 지식의 수준 등이 복합적으로 작용하여 지도하기에 '이것이 정답이다!'라고 확신하기는 사실상 어렵다. 하지만 지도사가 장애인을 지도할 경우 염두에 두어야 할 사항들에 대해 기술하기로 한다. 기승자를 지도할 때는 가급적 무엇(what)을, 어떻게(how), 왜(why)를 항상 염두에 두고 지도하는 것이 좋다. '무엇을 할 것인가?', '어떻게 할 것인가?', '왜 하는 것인가?'를 먼저 생각한다.

예를 들어, 지도사가 기승자에게 '왼쪽으로 방향전환'이라는 과제를 부여하고 지도할 경우, 오늘 과제는 속보 상태에서 '왼쪽으로 방향전환'한다는 것을 기승자에게 알려주고, 단계별로 방향전환방법에 대해 설명해야 한다. 설명 후에는 기승자가 이해했는지를 되물어보아 확인하며, 필요 시 시범도 보여주어야 할 것이다.

방향전환이 필요한 이유에 대한 설명도 함께 해주어야 기승자의 이해도에 따라 기량 향상으로 이어지고, 기승자는 물론 지도사 등 모두가 원하는 수준의 교육적 목적 달성이 가능하기 때문이다. 장애인의 경우 '왼쪽으로'라는 지극히 단순한 용어조차 때로는 이해하지 못하거나 받아들이지 못한다. 지도사의 의욕만 앞세워 지도에 임하다 보면 의지가 있어도 신체적 기능 저하로 시도조차 하기 어려우며, 기승자로 하여금 쉽게 포기하도록 만들 수 있다. 따라서 기승자의 심신이 지치지 않도록 해야 한다.

기승자에게 유능하고 신뢰받을 수 있는 지도사가 되기 위한 지도방법에 대해 기술하면 다음 〈표 4-12〉와 같다.

표 4-12 지도사의 지도방법 구분

구분	내용
강습 구성	① 이전 교육내용 되새기기 ② 짧고 명확한 용어로 강습계획 알려주기 ③ 충분한 준비운동 시키기
강습 진행	① 충분히 습득되었을 때 새로운 기술 알려주기 ② 간단한 것에서 복잡한 것으로 알려주기 ③ 설명한 내용은 되묻거나 시범으로 보여주기 ④ 이해할 때까지 반복하기 ⑤ 지속적으로 관찰하고 수정하기
의사소통	① 주의를 끌 수 있도록 하기(말 정지, 목소리, 몸짓 등) ② 명확하고 간결한 용어 사용하기 ③ 설명한 내용을 기승자로 하여금 반복시키기 ④ 구체적으로 칭찬하기 　예) "잘했어."(X) / "허리를 곧게 펴고 있으니 왕자님 같아."(O) ⑤ 시각적 도구 사용하기(그림판 등)
기량 향상	① 최소 보법에서 최대 보법으로 점차 늘리기 ② 사이드워커 및 보조자 점차 줄이기 ③ 평범한 자세에서 복잡하고 다양한 자세로 변화하기 ④ 쉬운 과제에서 어려운 과제로 전환하기 ⑤ 기승자의 독립성 길러주기(말 리더 최소 보조 등)
강습운영 시 고려사항	① 단체강습 시 개인별 목표와 능력을 고려하여 배정한다. ② 기승보조자에게 안전사항과 목적을 알려준다. ③ 강습이 원활하지 못해도 조급해하지 말아야 한다. ④ 기승자가 불가능한 동작 등 제약사항을 알고 있어야 한다.

기승자에 대한 질문과 권유도 "○○할까?"라는 식으로 'Yes' 또는 'No'라는 단답형이나 "아니오!", "싫어요!"라는 부정적인 답이 나올 수 있는 말은 피한다. 기승자의 의사를 확인한 뒤 뭔가를 실시해야 한다면 "○○할 텐데 어떻게 생각해?"라는 말로 기승자가 생각하고 자신의 의견을 정리한 뒤에 말할 수 있도록 유도한다. 기승자의 표현은 짧아도 된다. 어떤 문제에 대해 잠깐이라도 생각하고 고민해보는 것이 중요하다. 지도사가 확신을 갖고 기승자에게 뭔가를 하도록 만들겠다면 질문은 둘 중의 하나를 선택하도록 한다. "○○할까?"나 "○○합시다"보다는 "○○과 ◇◇가 있는데 뭐가 좋을까?"라는 식으로 기승자가 생각하고 둘 중의 하나를 선택하도록 한다. 이때 ○○과 ◇◇의 수준은 약간 달라야 한다. ○○이 지도사가 생각하는 최고의 선택이라면 ◇◇은 그보다 낮은 수준이어야 한다.

지도사는 기승자의 답을 사전에 예상하고 있어야 한다. 질문을 해서 기승자가 서로 의견을 대립하게 만들면 안 된다. 또, 예상하지 못한 답이나 행동이 나타나도 지도사는 당황하거나 화를 내면 안 된다. 지도사가 당황하거나 허둥대면 기승자나 강습에 참여하는 봉사자, 그리고 말에게도 신뢰를 잃고 사고로도 이어질 수도 있다.

다음의 〈표 4-13〉에서는 교수법에 대한 잘된 사례와 잘못된 사례를 살펴보기로 한다.

표 4-13 지도법 사례 비교

구분	잘된 예	잘못된 예
설명	• 강습 전에 목적을 확실하게 설명한다. • 새로운 기술지도는 대화형식으로 한다. • 설명은 간단하게 한다. • 그림이나 사진 등을 보여준다. • 유추법을 활용한다(예를 드는 경우). • 한 번에 한 과제에 초점을 맞춘다.	• 한 번에 과도한 정보를 준다. • 교과서 형식처럼 구성한다. • 복잡한 설명을 한다. • 설명을 끝내지 않고 끝을 흐린다. • 말로만 설명한다.
칭찬	• 구체적으로 한다. • 필요하다면 가벼운 보상을 한다.	• 무작위로 칭찬한다. • 다른 기승자와 비교한다. • 매번 일일이 칭찬한다.
질문	• 먼저 질문하고 이름을 불러준다. ("말을 세우고 싶으면 어떻게 할까? ○○○야") • 대답 가능한 질문 위주로 한다. • 가급적 한 번에 하나씩 묻는다. • 생각이나 기승자의 의견을 말할 수 있도록 유도하는 질문을 한다.	• 단체강습 시 이름부터 부른다. (모두 바라보아 강습 방해) • 주제 없이 광범위하게 묻는다. • 예/아니오 같은 단답형으로 질문한다.

4) 지도사의 자기성찰

지도사는 자기성찰을 통해 기승자에게 무엇을 가르쳤는지, 강습이 어떻게 진행되었는지, 무엇이 잘되고 잘못되었는지, 자신의 장단점은 무엇인지를 깊이 성찰해야 올바른 지도가 이뤄진다. 지속적으로 스스로에 대한 평가를 해야 수준 높은 강습이 이뤄진다. 때로는 다른 지도사의 조언과 객관적인 평가를 받아야 하며, 강습이 진행되는 동안 영상물을 촬영하여 되돌아볼 수 있고, 역할을 바꿔 기승자의 입장에서 지도받는 역상황극을 활용할 수도 있다.

다음은 앞으로 나아가야 할 방향과 개선을 위해 지도사 스스로에게 할 수 있는 질문이다.

- 승마 지식과 장애에 대한 지식은 충분히 갖추었는가?
- 장비나 장구에 대한 지식은 갖추었는가?
- 강습에 대한 계획은 마련되었는가?
- 강습계획은 현실적이고 구체적인가?
- 강습은 계획대로 이뤄졌는가?
- 긍정적인 태도로 임했는가?
- 강습을 이루는 팀원들과는 좋은 관계를 유지하는가?
- 기승자와 원활한 의사소통, 적절한 칭찬, 적합한 지도를 했는가?
- 강습은 안전을 최우선으로 고려했는가?
- 봉사자는 잘 훈련되고 효율적으로 운용했는가?
- 지도방법은 기승자에게 적절했는가?
- 참가하는 말은 문제가 없었는가?

이 밖에도 강습에 필요한 여러 요인에 대해 점검하고, 예상되는 문제점과 개선되어야 할 점에 대해 생각해본다. 기승자, 말, 봉사자, 강습관계자 모두에게 유익하고 의미 있는 재활승마 강습이 되도록 노력해야 한다.

재활승마 강습은 지도사가 기승자에게 단순하게 승마에 대한 일반적인 지식만을 전달하는 수준으로 끝나서는 안 된다. 재활승마를 운영하는 지도사는 기승자에게는 훌륭한 스승이자 좋은 멘토가 되어야 하고, 말에게는 친근하지만 엄격한 훈련사이자 건강의 파수꾼이 되어야 한다.

2. 지도 원리

지도사는 재활승마 강습을 운영하고 기승술 지도에 있어서는 기승자의 개인적 가정환경,

연령, 신체조건과 건강 정도, 참가 경험, 수행능력, 동기, 욕구 등을 고려해야 한다. 기승자들에게 다음과 같은 지도 원리들을 적합하게 도입·적용하면 더욱 효과를 거둘 수 있을 것이다.

1) 목적의 원리

기승자가 재활승마를 하고자 하는 목적에 따라 구체적인 계획을 수립하여 기승자에게 참여 의욕이 생기도록 목표 달성을 위한 활동을 미리 준비할 수 있게 하는 것이다.

기승자의 명확한 목적과 강습 목표 인식은 재활승마지도사의 지도방법에 반영되어 효율적인 전달과 창의성 있는 지도방법이 모색될 수 있다. 이러한 의견 조정을 통한 지도사와 기승자의 목표가 일치할 때 가장 효과적인 기술 습득이 이루어지게 될 것이다. 그러므로 지도사는 언제나 강습 목표를 구체화하고, 이를 명확히 하기 위해 연간 기본 계획, 월간·주간의 도달목표, 당일 연습 활동에 구체적인 목표를 정하여 강습이 더욱 효율적으로 이루어질 수 있도록 해야 한다. 강습을 운영하고 기승술을 지도하는 데도 그날의 강습목적이 무엇인가를 분명히 파악하고 예상하지 못한 문제가 발생하더라도 목적 달성을 위해 적절한 방안을 강구하고 신속한 조치가 이루어지도록 해야 한다.

2) 자발성의 원리

운동기술을 지도할 때에는 기승자가 자발적으로 운동에 참여하여 자신의 욕구를 만족시킬 수 있도록 분위기를 조성해주어야 한다. 기승자에게 맞는 지도방식을 선택해야 하며, 어떤 방식으로든 기승자를 구속하거나 강요하는 등의 의무화나 사회적인 압력을 가해서는 안 된다.

기승자의 자발적인 참여를 유도하는 것은 지도의 능률을 높일 수 있으며, 동시에 기승자와 재활승마지도사를 포함한 재활승마 팀의 결속력과 자주성을 증진시켜주는 데도 크게 도움을 준다. 그러나 자발적인 활동 참여가 지나치게 기승자의 흥미 위주로 이루어진다거나 기승자를 포함한 자원봉사자들의 월권으로 나타나거나 지도사의 방임(放任)이나 무관심을 의미하는 것은 아니다. 재활승마지도사는 그에 따른 구체적 목표와 계획, 지도의 내용을 뚜렷하게 이해하고 있어야 한다.

3) 개별화의 원리

운동지도에 있어 기승자 각자의 개인차를 무시하고 획일적인 지도를 한다면 지도효과는 반감되고 말 것이다. 그러므로 재활승마지도는 개인의 능력을 최대한 신장시키는 방향으로 지도해야 하며, 이를 위해서는 기승자의 신체적 능력, 성격적 특성 및 장애 등에 대해 자세히 파악하고 있어야 한다. 예를 들면 기승자 개인의 어떠한 약점(weak point)을 알고 있다면 이를 극복할 대상인지 아니면 무시하고 다른 대안을 마련해야 하는지 등 지도사는 기승자의 상황에 맞게 지도를 해야 한다. 기승자의 특성에 맞추어 말을 선택하는 것부터 시작해서 마장구의 사용까지 개별적인 특성을 적용한다.

그러나 앞서 말한 어느 한 가지가 약점이라고 해서 이를 흑백논리처럼 어느 하나로 결정해야 하는 것은 아니다. 편마비로 인해 한쪽 팔을 사용하기 불편하다고 가정할 경우, 단순히 불편한 쪽의 팔을 반복해서 사용하여 극복의 대상이 되도록 지도하느냐 아니면 불편한 부분을 무시하고 잘 사용하는 팔을 더 잘 사용하도록 '사다리고삐(ladder rein)'를 이용할 것인가 하는 선택의 순간이 있을 수 있다. 이때는 기승자 개인의 상태를 면밀히 관찰한 후에 어느 한쪽을 단순 선택하지 말고 극복의 대상이 되도록 선택했다가 신체적·정신적 피로가 누적된다고 판단되면 그때 가서 그 부분을 무시하고 다른 부분을 사용하도록 하는 것과 같이 기승자 개인의 상황에 맞게 선택 적용되어야 한다는 것이다.

4) 사회화의 원리

사회화의 원리는 개별화의 원리와 상반되는 것과 같이 생각되기 쉬우나, 개인과 사회는 상호 의존적인 관계인 만큼 개별성을 신장시키기 위해 혼자서 연습하는 것보다는 다른 기승자들과 함께 공동 활동을 함으로써 서로 간에 자극이 되고 효과가 오르는 경우가 있다. 또한 다른 기승자는 물론 사이드워커와 함께 공통의 문제를 상호 협력으로 해결하려고 하는 집단적인 학습은 사회 구성원으로서의 바람직한 자질을 육성하는 데 매우 효과가 있다. 다만 집단으로 지도한다고 해서 각 개인이 상호 간에 연관되지 않고 개별차가 너무 심한 개개인을 집단으로 구성한다면 사회화 원리에서 추구하는 상호 의존적인 관계가 형성되지 않고 효과가 반감될 수 있다. 따라서 기승자의 기승술 수준이나 장애 정도 등 개개인의 특성을 파악한 뒤 나이, 성별, 장애유형, 장애 정도 등 다양한 측면에서 공통되는 요소가 가장 많이 나오도록 집단을 구성할 필요가 있다.

5) 반복연습의 원리

강습 목표를 세울 때에는 참여 기승자들의 능력을 고려해 강습이 이루어질 수 있는 범위 내에서 하도록 해야 한다. 기술습득의 수단은 반복 연습이 필수적인 조건이지만, 너무 오랜 시간 동안 한 가지 방식으로 동일한 기술만 되풀이되면 기승자들이 금방 싫증을 느끼게 되고, 강습시간을 단축하게 되면 효과가 크게 감소될 수 있다. 그러므로 강습목표를 세울 때 기승자의 개인능력을 신중히 고려해 적정량의 운동과 지도방법을 수립하여 외양으로는 전혀 다른 훈련을 한다는 착각을 가질 수 있도록 지도 및 강습형태를 변화시키는 것이 바람직하다. 앞서 제시한 다양한 강습 도형과 단순 및 복합 장애물을 이용하여 자칫 단조로워지기 쉬운 기승술의 향상을 반복적으로 연습하도록 한다.

6) 계통성의 원리

모든 스포츠 기술은 계통성을 가지고 있으며, 그 기술을 지도할 때에는 기술을 분석하고 정리하여 계통에 따라 점진적인 습득이 이루어지도록 해야 한다. 계통성을 무시한 지도는 기승자에게 혼란을 가중시킬 수 있으며, 심한 경우에는 기술의 퇴보나 효율의 저하를 가져올 수 있다.

지도 내용이 너무 쉬우면 참여자의 흥미가 감소하고, 너무 어려우면 집중력이 떨어져 그 활동에 대한 의욕이 저하하게 된다. 그러므로 운동을 지도할 때에는 쉬운 것에서 시작해서 어려운 것으로, 아는 것에서 시작해서 모르는 것으로, 구체적인 것에서 추상적인 것으로 나아가는 계통적 지도가 이루어져야 한다. 기승술 향상을 고려해서 같은 기승술을 지도하더라도 말의 보법을 달리하거나 보조하는 봉사자의 수를 조절하는 방법, 횡목의 수를 점차 늘려가거나 원그리기를 할 때에는 원의 크기를 변화하거나 정확한 원구리기와 같은 정확도 높이기 등을 이용하여 기승술 향상을 도모한다. 또한 기술을 지도할 때도 기술의 계통이 연속되는 내용을 연장해서 지도하는 것이 기술 습득에 유리하다.

한편, 재활승마기승자들에게는 그들의 신체적·심리적 발달 등을 고려하여 장애 및 정서·행동의 문제 개선에 부합하는 학습이 이루어져야 한다.

7) 요점 전달의 원리

반복 연습은 기승자의 운동기능을 향상시켜줄 수 있는 활동인 반면에 잘못된 동작을 고정시켜 기능 향상에 방해가 되는 요인이 되기도 한다. 따라서 기승자의 연습시간만 늘리는 데 주력하지 말고 정확한 동작을 익숙하게 할 수 있도록 신경을 써야 한다. 따라서 지도사는 기승자에게 잘못된 동작 부분과 운동기능의 요점을 정확하게 이해시켜주어야 하며, 이를 위해 언어적 설명, 시청각 교재 또는 시범 등의 방법을 활용할 수 있다.

많은 지도사들을 통해 동작을 수정하고자 할 경우에는 어느 한 가지 방법만을 사용하지 말고 기술의 특성에 맞게 시범과 학습 스타일 적용, 과제분석 등 여러 방법을 병행하는 것이 효과적임이 밝혀지고 있다.

3. 안전과 응급처치

재활승마지도사는 재활승마 강습에서 일어날 수 있는 모든 상황에 적절하게 대처해야 하고, 만약에 일어날 수 있는 응급상황과 안전사고에 대해 책임이 있다. 만일의 사고에 대비하기 위해 사고 시 연락체계, 구급상자와 간단한 약품, 구급상자의 보관 장소, 응급의료기관 간의 연락체계, 환자 발생 시 응급 이송 계획 등을 기본 매뉴얼로 준비해야 한다. 매뉴얼은 한 장으로 누구든지 알아보기 쉽게 구성하고, 벽면과 같이 눈에 잘 띄는 곳에 부착하여 응급상황 발생 시 신속하게 대처할 수 있도록 한다.

응급상황과 안전사고가 발생했을 경우에 지도사의 역할이 가장 중요하기 때문에 재활승마지도사는 응급처치(First Aid) 및 심폐소생술(CPR: Cardio Pulmonary Resuscitation)에 대해 교육을 받고 이에 대해 숙달되어 있어야 한다. 재활승마 강습에는 지체장애, 심장장애, (어느 정도 조절되는) 간질장애 등 다양한 장애인이 승마강습에 참여할 수 있다. 또한 과잉행동 등의 원인으로 승마강습 도중 충동적으로 말에서 뛰어내리거나 말 또는 사이드워커에게 위협적인 행동을 할 수 있는 정서적인 측면에서 문제가 되는 사람을 대상으로 강습이 진행될 수 있다. 재활승마지도사는 이러한 장애인이나 정서적인 문제에 대해 끊임없이 탐구함은 물론, 장애 및 심리적인 부분을 충분히 이해하여 어떤 상황에서도 사고가 발생하지 않도록 사전점검을 실시하여 즐겁고 안전하게 승마를 즐길 수 있도록 환경을 구성해야 한다.

1) 재활승마와 안전

대부분의 스포츠와 같이 재활승마에 있어서 가장 중요한 고려사항은 안전이다. 재활승마 강습에는 사용될 말의 기질과 크기, 훈련 정도에 따라 매우 세심하게 선택되고, 강습에 맞게 복종하고 주의를 기울이도록 훈련되어야 한다. 그러나 그 과정을 모두 통과했다고 해서 말을 100% 믿을 수는 없으므로 항상 예기치 못한 상황에 대비해야 한다.

모든 사고는 안전불감증에서 시작한다. 초보운전자보다 어느 정도 운전 경력이 있는 사람이 중대한 사고를 내는 경우와 같이 숙달된 경우라도 주의사항과 안전절차는 반드시 준수해야 한다.

(1) 말과 승마에 대한 인식

재활승마지도사로서 말의 몸 신호를 이해하지 못하거나 주의를 기울이지 않으면 사고로 이어질 수 있다. 말은 당연히 말[言]을 못하는 동물이지만 말의 귀나 몸짓은 사람에게 말을 하고 있다. 항상 말의 움직임을 주의 깊게 관찰하고 이해하도록 해야 한다.

말에 대한 경험이 부족한 경우 말을 불편하게 만들 수 있다. 새로 센터에 들어온 말은 특징과 습성 등을 충분히 파악한 뒤에 지도사가 확신이 서면 강습에 참여시킨다. 말에게 사용되는 마구들은 항상 잘 수선이 되어 있고 바르게 장착되어야 한다. 안장을 잘못 장착하면 안상을 비롯한 말의 부상부터 안장이 돌아가 기승자가 낙마하는 등 예기치 못한 문제를 초래하는 경우가 있다.

기승한 경우는 물론 말 주변에 있더라도 말이 놀랄 수 있는 상황이나 환경을 만들지 않도록 한다. 또한 자신의 능력에 맞는 말을 타도록 한다. 분수에 맞지 않는 욕심은 화의 근원이다.

승마장에서 말에 대해 가장 많이 알고 있는 사람은 지도사다. 아무리 자신의 승마실력이 뛰어나도 해당 지도사의 지시에 따라야 자신은 물론 같이 승마를 즐기는 사람들의 안전을 보장할 수 있다.

가. 말을 지속적으로 훈련시킨다.

잘 훈련된 말이더라도 6개월 이상 사람이 기승하지 않고 방치하면 길들이기 이전 단계로 돌아간다. 1개월간 훈련하다가 갑자기 중단하고 2주 후에 호흡능력을 측정했더니 훈련 전의 상태로 감소했고, 훈련을 중단하고 3주 후에 심폐기능을 조사해보았더니 운동능력이 12%가 감소했다고 한다. 훈련을 중단하면 운동능력이 감소된다. 말 훈련은 점진적으로 운동 강도를 높여가며 훈련을 시키며(점진성의 원리), 적응된 운동 스트레스보다 좀 더 강한 운동량을 부과해야 운동능력이 향상된다(과부하의 원리). 말도 사람과 마찬가지로 제각기 타고난 재능이 다르기 때문에 말의 능력과 성장속도 등을 고려하여 각각의 말에 맞는 운동 강도, 운동시간, 운동 빈도 등을 설정 및 실시해야 하며(개별화의 원리), 이러한 훈련은 규칙적으로 반복해서 실시해야 한다(반복성의 원리).

나. 말은 동료다.

먹이를 준다는 이유로 말은 사람에게 예속되어 자유를 포함해서 모든 것을 바친다. 승마를 하는 사람이 가장 먼저 생각해야 할 것은 안전이고, 그다음은 자신과 짝(partner)이 되는 말에 대한 사랑이라고 생각한다. 하물며 그런 말을 못살게 구는 것은 거창하게 동물복지를 이야기하지 않더라도 서로에 대한 믿음을 해치는 결과를 만든다. 말을 때리거나 괴롭히는 것은 말의 성격을 나쁘게 만들고 결과적으로 안전한 승마를 보장하기 어렵다. 미국 등 승마 선진국은 말을 사람과 동급으로 생각한다. 오랫동안 재활승마에 헌신한 말은 더 이상 교육에 사용할 수 없으면 여생을 편안하게 방목장에서 지내도록 하고 죽으면 묘지도 만들어준다.

다. 전용 마구 사용

　말 손질도구와 같이 한 세트의 마구도 한 마리의 말이 전용으로 사용할 수 있도록 한다. 굴레와 재갈은 물론 안장과 복대도 전용으로 사용하도록 해야 한다. 말과 입장을 바꿔서 생각해보자. 공동생활을 한다고 해서 칫솔을 다른 사람과 공동으로 사용해야 하고 몸에 맞지 않은 옷을 입어야 한다면 어떨까? 재갈, 안장 등은 말의 숫자만큼 구비한다.

　전용 마구를 사용하더라도 마구를 장착하기 전에는 반드시 마구의 상태를 확인한다. 안장의 뒤틀림 같은 비교적 큰 문제뿐만 아니라 사소하게 마구가 접힌 부분이 있더라도 말에게는 매우 불편한 상황을 초래할 수 있고 안상(Saddle Sore, 기갑과 안장의 마찰로 안장이 놓이는 부위에 생긴 상처) 등 부상을 유발할 수 있다. 가벼운 상처라도 안장이나 기승자의 다리부위에 상처가 생겼다면 승마강습에 참여할 수 없으며 미리 확인하지 못한 경우에는 강습 도중 기승자에게 위험한 상황을 만들 수도 있다. 또한 말뿐만 아니라 기승자에게 상처를 입힐 수도 있기 때문에 마구를 장착하기 전후에는 항상 확인하여 말과 기승자가 상처를 입는 일이 없도록 한다. 마장 바닥에 줄이나 마구들을 버려두지 않는다. 또한 말 리더나 기승자, 지도사에 의해 리드라인이나 고삐가 바닥에 끌리지 않도록 한다. 사람은 물론 말이 밟아 걸려 넘어질 수 있고 고삐 등 마구가 바닥에 끌리면 쉽게 망가지게 된다.

라. 안장 확인

　안장은 가격이 비싼데, 특히 부드러운 가죽으로 말 등에 적절히 맞는 안장은 더욱 그렇다. 안장을 다루는 것은 중요하며 올바르게 다루어야 한다. 안장을 옮길 때는 한쪽 아래팔 전체를 이용해서 안장을 올려놓은 상태에서 이동해야 한다. 안장을 떨어뜨리지 않도록 주의하고, 항상 안전한 장소에서 보관한다. 안장을 지지하는 틀이 휘거나 깨지면 사용할 수 없기 때문이다. 말에게 안장을 씌울 때는 말이 쳐서 넘어뜨릴 수 있는 장소에서 씌우면 안 된다. 그리고 안장을 보관할 때는 안장걸이, 말 모양 구조나 통 위에 올려놓는 것이 좋다. 또한 가죽이 손상될 우려가 있으므로 안장은 습기가 많은 곳이나 더러운 곳에 두어서는 안 된다. 절대로 말의 등에서 불안정한 상태로 안장을 방치하지 않는다. 말이 움직여 떨어지면 안장의 손상은 물론 말이 놀랄 수 있다. 복대의 양쪽이 같은 길이가 되도록 하고, 말의 호흡 확장을 위해 복대 아래쪽에 두 손가락만큼 여분이 있도록 쥠쇠(버클)로 채운다. 안장이 무게를 받으면 복대가 느슨해지기 때문에 기승자가 기승한 후에 복대를 다시 한 번 확인한다. 강습 시에는 첫 속보 전 복대를 확인한다. 반드시 꽉 조인다고 좋은 것은 아니다. 안장은 말의 체형에 맞추고, 안장이 쉽게 돌아가지 않을 정도로만 복대를 조이는 것이 좋다. 복대를 조일 때는 반드시 말을 주시하면서 실시한다.

(2) 말을 안전하게 다루기

가. 언덕코스를 지나갈 때는 항상 말을 평보로 걷게 한다.

확인되지 않은 언덕길을 올라갈 때(내려올 때도 포함)는 평보로 걷는다. 확인되지 않는 곳에 움푹 파인 부분이 있다면 말과 뒹굴 수도 있다. 내리막길은 더더욱 위험하며 아스팔트나 잔디인 경우는 편자가 미끄러지기 쉬우므로 한 발 한 발 내딛는 것에도 주의를 기울여야 한다.

나. 말을 절대 놀라게 하지 않는다.

말은 초식동물로 겁이 많고 육식동물인 포식자들의 공격으로부터 재빨리 도피하기 위해 감각이 뛰어나고 행동이 민첩하다. 말은 자신을 위한 방어수단으로 물기도 하지만 기본적으로 뒷발질을 하거나 뛰어 도망가는 것이 가장 최적화된 '도피' 방법이다. 문제는 이때 발생한다. 방목장 같이 넓고 사람들이 없는 곳에서는 그래도 덜하겠지만, 수장대나 마장과 같이 사람들이나 다른 말들이 있는 곳에서는 위험한 상황을 만들 수도 있다. 사람들이 모여 있는 곳에서 말이 지나갈 때는 모든 사람이 주목하도록 말이 지나가는 사실을 알린다. 아무 생각 없이 서 있는 사람 옆으로 말이 지나가면 덩치 큰 말에 사람이 놀라고 그 사람으로 인해 말은 더 놀란다.

대체로 어린이의 경우 말을 탄다는 들뜬 마음에 이리저리 뛰어다닐 수 있다. 또 낙마 등 사고를 접하면 구호조치를 위해 사람들이 뛰어다닐 수 있다. 말은 겁이 많은 동물로 사람이 뛰거나 큰소리가 나면 덩달아 뛸 수 있다. 그러면 2차 사고로 이어진다.

다. 항상 말의 뒤편에서는 멀리 돌아서 가고, 말 가슴 아래로 걷지 않는다.

말은 놀라면 뒷발질을 한다. 말의 뒷발질을 '적당한 거리'에서 맞으면 치명상을 입을 수 있는데, 얼룩말의 뒷발질에 채인 사자가 죽는 경우도 있다. 말의 뒤로 갈 때는 말의 이름을 부르면서 말에게 다가간다. 가까이 다가가기 전에 말이 인지하도록 만들어야 하며, 좁은 공간에서 말의 뒤로 갈 때는 말이 볼 수 있는 위치에서부터 말의 등 부분에 손을 얹고 가볍게 쓰다듬으며 걸어간다. 말의 뒤로 가면서 오히려 말에게 바짝 붙어 걸어가는 것이 더 안전하다. 말로부터 '적당한 거리'가 되지 않도록 가까이 붙거나 아니면 멀리 떨어져야 한다. 하물며 말의 가슴 아래로 쪼그린 채 걷는 것은 절대로 안 된다.

> **Tip**
> 말 가슴 아래로 걷지 않은 경우는 일반적인 말을 의미하며 EAP 또는 EFP에서는 말을 가슴 아래로 걸을 수 있게 조련하여 강습에서 이용한다.

라. 항상 빠른 풀어짐 매듭으로 묶는다.

말을 안전하게 통제하기 위해서는 사람이 잡고 있거나 어딘가에 묶어놓아야 한다. 그러나 너무 단단히 묶어놓으면 말이 갑자기 놀랄 경우, 말은 물론 주변 사람이 위험해질 수 있다.

실제로 기둥에 묶인 말을 벌이 쏘아 놀라 날뛰는 바람에 기둥이 부러지고 건물이 주저앉은 경우가 있었다. 말을 묶어놓은 매듭은 힘껏 당기면 풀릴 수 있도록 한다.

마. 말을 끌 때 앞에서 걷지 않는다.

재활승마교육에서는 물론 일반적으로 말을 끌 때 말 리더(말을 끄는 사람)는 말의 머리와 어깨 사이 목 부분 옆에 위치하여 나란히 걷는다. 일반적으로 말의 왼쪽에서 끌지만 오른쪽에서도 끌 수 있도록 훈련한다. 앞장서서 말을 끌면 말에게 스트레스를 주어 소극적으로 만들고, 바른 걸음걸이를 만들어낼 수 없다. 경우에 따라서는 말과 다투게 되는 수도 있으므로 앞으로 나아가기를 거부하고 버틴다면 앞장서서 당길 것이 아니라 오른쪽(왼쪽에서 끌 경우)으로 밀어 균형을 잃게 한 뒤 가고자 하는 방향으로 유도한다.

바. 유도끈이나 고삐를 손, 손목, 몸에 감지 않는다.

말을 끌 때나 조마삭 훈련을 시킬 때 여분의 줄(rope)은 바닥에 끌거나 손 또는 몸에 감기나 감기지 않도록 8자형으로 말아 쥔다. 바닥에 줄을 늘어져 있으면 걸려 넘어질 수 있고 손이나 신체에 감겨 있는 상태에서 뜻하지 않게 말이 튀어나가면 사고로 이어질 수 있다. 말이 튀어나가더라도 손에서 줄이 꼬이지 않고 풀려나갈 수 있도록 8자형으로 말아 잡고 있어야 한다.

사. 말 손질도구는 바닥에 두지 않는다.

말을 손질하기 위해서는 각종 솔과 빗은 물론 스펀지, 발굽파개, 수건 등 다양한 도구가 필요하다. 일반적으로 매일 사용하는 손질도구들은 하나의 통에 담아두면 사용하기 편리하고, 말 한 마리당 한 개의 통을 배정해야 한다. 말의 손질은 단순히 말의 청결뿐만 아니라 말에 대한 관찰 기회, 말의 혈액순환 촉진 및 말과 교감할 수 있어 사람은 물론 말의 스트레스 해소 등에 좋다. 그러나 냄새를 잘 맡는 말에게 다른 말의 체취가 남아 있는 도구, 특히 경쟁 상대인 말에게 사용한 도구를 사용하면 오히려 스트레스를 줄 수 있다. 또 사용 후에 아무렇게 방치하면 사람이나 말이 밟아 부상의 위험이 있으며, 무의식중에 주머니에 넣는 경우도 있어 분실될 우려도 있다. 반드시 조그마한 플라스틱 통을 준비하여 말 이름을 적어 놓고 사용하도록 한다.

그 외에도 주의할 사항은 승마장 내에서는 반드시 금연해야 한다. 마방지역, 건초 또는 기승자 주변에서는 절대 담배를 피우지 않는다. 건초는 불에 타기 쉽고 말도 담배냄새를 좋아하지 않는다.

(3) 기승자에 대한 이해

가. 기승자의 장애에 대해 파악한다.

재활승마지도사가 장애에 대해 이해해야 하는 것은 필수다. 좁은 등이 필요한 기승자에게 넓은 등의 말을 배정하거나 심한 척추측만증 환자에게 승마를 시키는 것은 오히려 상태를 악화시킬 수 있다. 또한 과잉행동이나 주의력이 낮은 기승자의 경우 말에서 뛰어내리거나 낙마의 위험이 있으므로 약 복용 여부를 확인해야 하며 특히 심장이나 폐질환, 고혈압 등이 있는 기승자는 과도한 운동이 되지 않도록 지속적으로 살펴야 한다.

나. 기승자의 성격에 대해 파악한다.

장애가 없는 사람들은 흔히 장애를 가진 사람들이 모두 같은 성격일 것이라고 착각한다. 물론 장애에 따라 나타나는 현상들이 비슷하여 이를 성격과 혼동하는 경우도 있지만, 장애인도 각자의 성격이 다르다. 장애의 특성도 이해해야 하지만 성격에 대해 파악하는 것도 안전하고 즐거운 승마를 즐길 수 있게 해준다.

다. 기승자의 능력에 대해 바르게 평가한다.

장애는 그 사람이 가지고 있는 특성으로, 개인의 능력과는 차별되어야 한다. 장애가 있다고 해서 무조건 '할 수 없다'거나 '배려해야 한다'는 생각은 하지 말아야 한다. 비장애인과 달리 조금 더디게 나아간다고 생각하고 인내를 갖고 조금씩 발전해나가도록 지도한다. 장애에 따라 신체 일부의 기능이 점점 퇴보되는 경우도 있다. 예를 들면 다발성경화증이 대표적인 경우인데, 하루 사이에도 신체 일부의 기능이 눈에 띄게 퇴보하기도 한다. 이 질환은 완치되지 않으며, 이미 발생상 장애를 되돌릴 수도 없다. 지금까지 계속해온 일도 오늘부터는 못할 수 있으므로 "왜 전보다 못하느냐?"고 지적하면 안 된다. 또한 학습장애나 ADHD의 경우도 자신의 지능이나 의지의 문제가 아니라 뇌의 구조적인 문제이므로 좌절하지 않고 즐거운 시간이 되도록 분위기를 유도해준다.

2) 응급상황

말 관련 사고들을 살펴보면 말에 대한 지식이 없거나 경험 부족으로 말이 행동으로 나타내는 의미를 이해하지 못하거나 다루는 능력이 부족한 경우가 있다. 또한 안전 절차를 지키지 않거나 고의 또는 무의식중에 말을 자극하거나 잘못된 마장구 착용 등으로 사고를 유발한다. 따라서 지도사는 항상 말에 대한 지식을 습득하도록 노력해야 하며, 안전수칙을 준수하고, 만일에 발생할 수 있는 응급상황에 대처할 수 있는 능력과 대비책을 마련해야 한다.

> **Tip**
>
> **다발성경화증**
> 뇌, 척수, 시신경으로 구성된 중추신경계에 발생하는 만성 질환으로 환자 자신의 면역체계가 건강한 세포와 조직을 공격하는 자가면역질환

(1) 기승자에게 예상되는 응급상황

가. 발작, 실신, 의식저하

발작은 뇌의 정상 전기 활동에 급격한 변화가 생겨서 뇌세포에서 통제되지 않은 전기신호가 발생하여 일시적으로 환자의 행동, 운동, 생각, 느끼는 방식에 영향을 주는 것을 의미한다. 이런 간질 발작이 생길 수 있는 신체적 이상(전해질 불균형, 알코올 금단 증상, 심한 수면 박탈상태 등) 없이 2회 이상 반복적으로 나타나는 경우는 뇌전증(간질)이라고 부른다. 약물로 조절되지 않는 심한 뇌전증(간질)의 경우는 승마를 할 수 없다.

실신은 갑작스럽게 일시적으로 의식을 잃고 쓰러지는 것을 말하며, 비교적 흔한 질환이다. 일생을 살아가는 동안 남성의 3%, 여성의 3.5%에서 실신을 경험하는 것으로 알려져 있다. 실신의 가장 흔한 원인인 심장신경성 실신(미주신경성 또는 혈관미주신경성 실신이라고도 함)은 심장 자체에는 아무 이상이 없으나 어떤 외부적 요인에 의해 일시적으로 자율신경계에 불균형이 초래되어 심박수가 느려지고 혈압이 떨어져서 의식을 잃고 쓰러진다. 의식을 잃고 쓰러지기 전 대부분 전구 증상을 느끼는데, 갑자기 가슴이 답답하고 속이 메스꺼우며, 온몸에서 힘이 빠지고 하품과 식은땀이 나며, 그런 증상에 이어 앞이 캄캄해지거나 하얗게 되면서 의식을 잃고 바닥에 쓰러지게 된다. 바닥에 쓰러진 후에는 수십 초 내에 특별한 조치 없이도 저절로 의식을 회복하게 되며, 의식을 잃기 전 경험한 증상들은 이미 없어진 상태다.

의식저하는 자기 자신이나 사물에 대해 인식하는 능력이 감소하는 것이다.

승마활동을 하는 도중 예상하지 못한 발작이 일어날 것에 대비하여 응급하마를 비롯한 응급조치 계획을 수립하고 모든 관계자들이 익숙해지도록 훈련한다. 또한 심폐소생술이 필요한 응급상황이 발생할 수 있음을 명심한다.

발작의 응급상황 발생 시 조치 순서는 다음과 같다.

㉠ 강습장에 있는 모든 말을 멈춘다.
㉡ 낙마하지 않게 보조만 하고, 잡거나 누르지 말고 자연스럽게 둔다.
㉢ 경도발작의 경우 깜빡 조는 정도에서 의식을 잃는 경우까지 있으며, 깨어나면 하마를 시키고 기승자를 강습장에서 벗어나게 한다.
㉣ 중도발작의 경우 반복되는 어떤 동작이나 경련 등으로 심해지면 응급하마시켜 바닥에 눕히고, 다른 말과 기승자들은 조심스럽게 그 지역을 벗어난다. 또한 잡거나 누르지 말고 자연스럽게 바닥에 눕혀놓는다.

ⓜ 가능한 한 빨리 측면 회복자세로 놓아둔다. 이 자세는 기도를 연 상태로 유지시켜 분비물과 토사물의 배출을 자유롭게 해준다.
　　ⓗ 몇 분 내에 멈추므로 근처에 부딪쳐 다칠 만한 것들을 제거한 뒤 기다린다.
　　ⓢ 발작이 끝난 직후에는 음료가 기도로 들어가 호흡곤란이 생길 수 있으므로 마실 것을 주지 않는다.
　　ⓞ 발작이 끝나면 지도사는 기승자를 보호자 또는 의사에게 인계한다.
　　ⓩ 발작 발생 후에는 신체적·정신적으로 쇠약해질 수 있으므로 휴식을 권한다.

> **주의** 경련을 멈추게 한다고 움직이지 못하게 잡거나 누르면 다른 문제를 야기할 수 있다. 경련이 끝났는데도 숨을 쉬지 않는다면 119에 전화하고 심폐소생술을 실시한다. 경련이 끝나지 않고 지속적으로 반복되는 경우에도 119에 전화하여 도움을 요청한다.

나. 말에게 밟힘

강습에 임하는 자원봉사자는 튼튼한 신발을 신도록 한다. 드물기는 하지만 기승자나 자원봉사자가 말에게 밟힌 경우, 말을 놀라게 하거나 기승자를 겁먹게 하지 말고 잠시 기다린다. 걷고 있던 말은 계속 움직이므로 더 이상 발을 밟지 않게 된다. 말이 움직이지 않는다면 지도사는 어깨로 말을 밀어내 말의 균형을 깨뜨리고 기승자나 자원봉사자를 보호한다. 이후는 응급처치방법에 따라 조치한다.

다. 곤충에게 쏘임

기승자가 곤충에게 쏘여 힘들어하면 강습을 중단하고 물린 부위에 얼음을 대주고, 상황에 따라 병원에 후송하는 등의 조처를 한다.

승마장은 자칫 관리가 부실하면 파리, 모기 등 해충의 온상이 될 수 있다. 모기는 물론 피를 빠는 파리가 있을 수도 있으므로 사전에 철저한 방역이 필요하다.

(2) 말에게 나타나는 응급상황

가. 달아나기

강습 중 가장 심각한 상황이 될 수 있다. 말은 잘못된 부조 등으로 비장애인을 태울 때보다 스트레스를 더 받을 것이다. 지도사와 말조련사는 재활승마에 적합한 말을 선정하고 평상시

악조건에서도 견딜 수 있도록 훈련시켜야 한다. 강습 중에 지도사와 말 리더는 돌발 상황이 발생하지 않도록 매 순간 말에게 집중하여 징후를 알아내고 사전에 조처해야 한다. 만약 징후가 나타나면 지도사는 사이드워커에게 응급하마를 지시하고 기승자를 보호 조치한다. 말 리더는 리드라인을 절대 놓지 않도록 노력한다.

　말이 달아나거나 날뛰기 시작하면 같은 장소에서 강습 중인 다른 모든 기승자는 제자리에서 한 번에 말을 멈추고, 모든 말 리더들은 자신의 말에 집중하여 마주 서서 낮고 부드러운 목소리로 말을 진정시킨다. 사이드워커는 양쪽에서 기승자를 보조하면서 지도사의 지시를 기다린다.

나. 자연 환경

　바람과 천둥은 말에게 공포심을 줄 수 있다. 바람의 영향으로 종이나 비닐 같은 가볍지만 큰 물체가 날아다니고 낯선 냄새 등으로 인해 말이 불안해하면 말 리더나 지도사는 안정을 유지하며 낮고 부드러운 목소리와 보살핌으로 말에게 확신을 주며 달랜다. 말은 주어진 임무에 집중하면 덜 놀라기 때문에 말을 안정시키며 계속 걷게 한다. 따라서 예민한 말들은 바람 부는 날에는 강습에 참여시키면 안 된다.

　천둥이나 번개는 말을 겁먹게 하고 날뛰게 할 수 있다. 강습 중 예기치 못해 갑자기 발생한 상황이라면 리드라인이나 고삐를 굳게 잡으면서 말을 계속 걷게 하고, 낮고 부드럽고 안정적인 목소리로 확신을 주면 말은 천둥보다는 말 리더나 지도사에게 집중한다. 사이드워커는 기승자를 지지하여 균형을 유지하도록 도와주고, 말이 계속해서 안정을 찾지 못하면 지도사는 기승자를 하마시킨다.

다. 곤충에게 쏘임

　곤충에게 쏘인 말은 점프하거나 날뛰며 달아날 수 있으므로 리드라인을 꼭 잡고 부드럽고 낮은 음성으로 안정시킨다. 말이 진정되지 않으면 지도사는 기승자를 하마시키고 말을 강습장 바깥으로 데리고 나간다. 만약 말이 점프를 했다가도 곧바로 안정을 되찾으면 지도사는 상황을 보아 강습 지속 여부를 판단한다.

3) 심폐소생술

　응급처치(심폐소생술)는 가정이나 야외에서 생명을 위협하는 위급한 상황의 부상자나 환자가 발생했을 때 즉각적이고 임시적인 적절한 처치와 보호를 행함으로써 환자의 고통을 경감시키고, 추가 사고발생을 예방하여 귀중한 생명을 구할 수 있도록 하기 위한 전문적인 치료를 받는 데 도움이 되는 지식과 기능이다.

미국을 비롯한 모든 국가에서는 재활승마지도사가 되기 위해서는 응급처치와 심폐소생술에 대한 자격을 필수요건으로 규정하고 있다.

(1) 가슴압박 심폐소생술

심장마비는 승마장뿐만 아니라 일상생활에서 발생할 수 있는 가장 긴급한 상황 중의 하나다. 다양한 원인에 의해 우리 몸의 혈액순환을 담당하는 심장이 갑자기 멈추는 것을 의미하는데, 심장이 혈액을 순환시켜주지 않으면 우리 몸에서 가장 먼저 타격을 받는 곳은 뇌다. 뇌는 혈액이 공급되지 않으면 타격을 받기 시작하여 약 4분이 경과하면 사망에 이르거나 그렇지 않더라도 뇌사, 뇌병변 등 심각한 후유증을 남길 수 있다. 일단 뇌가 손상되면 이전과 같아진다는 것은 불가능하다.

심폐소생술이란 가슴압박과 인공호흡의 실시를 통해 심정지 환자의 멈추어진 심장의 자발 순환을 회복시켜 환자의 사망을 방지하는 일련의 응급처치 과정을 말한다. 그러나 심폐소생술이 시행된다 하더라도 모든 심정지 환자가 소생되는 것은 아니며, 얼마나 신속하고 정확하게 심폐소생술이 시행되었느냐에 따라 환자의 생존율이 결정된다.

따라서 만일의 사태에 대비하여 제세동장비를 승마장 내 여러 곳에 비치하고, 지도사는 응급처치 및 심폐소생술에 대해 숙달되어야 한다.

표 4-14 응급처치 및 심폐소생술

순서	내용
① 의식 확인	• 양손으로 어깨를 두드리면서 "괜찮으세요?"라고 물어 의식과 움직임을 확인한다.
② 119 신고 및 도움 요청	• 의식이 없으면 "119에 신고해 주세요. 청바지 입으신 분은 자동제세동기 갖다 주세요. 자동제세동기는 승마장 사무실 입구 오른쪽에 있습니다." 하고 주변의 특정 사람을 지목해서 119에 도움을 요청한다. 주변에 사람이 많아도 지목하지 않으면 '누군가는 하겠지'라고 서로 미루게 된다.
③ 가슴 부위 압박	• 성인이면 환자의 오른쪽에서 무릎을 꿇고 오른쪽 팔꿈치를 복장뼈 아래쪽 중앙(양쪽 젖꼭지 연결선)에 대고 왼손은 오른손 위에 놓고 겹친 상태로 손가락으로 깍지를 만든다. 오른손가락이 가슴을 누르지 않게 왼손가락을 이용하여 오른손가락을 들어 올린다. 소아인 경우 손가락 2개(3/4번째)를 복장뼈에 댄다. • 성인은 최소 5cm, 소아 약 5cm, 영아 약 4cm 깊이로 분당 100~120회의 속도로 가슴을 30회 압박한다. • 팔꿈치를 곧게 펴 지면과 수직이 되게 하고 상체 체중을 이용하여 압박한다.

> **Tip**
>
> **인공호흡**
> 호흡 정지나 호흡 기능 장애를 일으킨 사람에게 인위적으로 폐에 공기를 불어넣어 호흡을 할 수 있도록 하는 응급처치이다.

순서	내용
④ 인공호흡	• 혀가 말려들어 기도를 막았는지 확인한다. 이물질이 입에 들어 있는 경우 손가락을 이용하여 제거한다. • 머리 기울임-턱 들어 올리기(head tilt-chin lift): 왼손으로 이마를 누르고 왼손가락(1/2번째)으로 코를 잡으며, 오른손가락(2/3번째)으로 턱을 들어 올려 기도를 유지한다. • 평소 호흡대로 1초 동안 호흡을 불어넣는다. • 고개를 돌려 왼쪽 귀로 호흡을 확인하고 환자의 가슴을 본다. • 1회 더 인공호흡을 한다. • 인공호흡은 훈련받은 구조자나 의료인만 실시한다.
⑤ 반복	• 반응이 없으면 흉부압박과 인공호흡을 반복한다. 흉부압박의 중단을 최소화하기 위해 흉부압박과 인공호흡의 비율은 30 : 2로 한다. • 응급의료 종사자가 도착해서 환자를 인계받거나, 제세동기가 준비되어 심전도를 분석하거나, 순환이 돌아와서 환자가 움직이기 시작할 때까지 계속 반복한다.

(2) 자동제세동기(AED: Automated External Defibrillator)

자동제세동기 사용은 간단하고 기기에 사용법이 적혀 있으며 음성으로도 안내된다. 안내에 따라 접착식 패드를 붙이고 기기를 작동하면 자동제세동기가 심전도 분석을 하고 전기 충격을 가한다. 반응이 없으면 제세동기의 지시에 따라 가슴 부위 압박과 인공호흡을 반복한다. 심폐소생술 중 자동제세동기 사용은 다음 순서와 같다.

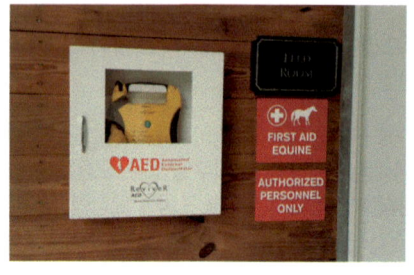

그림 4-24
승마장에 설치된 제세동기와 응급처치용품이 보관된 사료창고

① 전원을 켠다(초록색 버튼).
② 패드를 꺼내어 패드에 있는 그림대로 몸에 부착하고 제세동기와 연결한다.
③ '분석한다'는 말이 나오면 모든 사람이 환자에게서 떨어진다.
④ 자동제세동기가 분석 후 제세동(전기충격)을 줘야 할지 흉부압박을 해야 할지 말해준다.
⑤ 제세동이 필요없다면 흉부압박을 계속한다.

⑥ 제세동이 필요하다면 '충전 중'이라는 말이 나오고, '떨어지라'는 메시지가 나오면 떨어진다.
⑦ 제세동 버튼(빨간색 버튼)을 누르라고 하면 누른 후 곧바로 흉부압박을 시행한다.

(3) 생존사슬
가. 생존사슬
① 심정지의 예방과 조기 발견 ② 신속한 신고 ③ 신속한 심폐소생술 ④ 신속한 제세동 ⑤ 효과적 전문소생술과 심정지 후 치료를 '생존사슬'이라고 부른다.

이 중에서 특히 앞의 4단계는 심정지 환자를 목격한 사람이 시행해야 할 응급처치이다. 심정지는 운동 부족, 고염식, 과음, 흡연 등 평소 우리 몸에 잘못된 습관을 가진 사람과 당뇨, 고혈압, 고지혈증 등 생활 습관병을 가진 사람들이 과도한 정신적, 육체적 스트레스를 받을 경우 발생하기 쉽다. 가족력이 있거나, 알 수 없는 이유로 실신한 적이 있다면 건강 검진을 받아야 한다. 갑작스러운 가슴통증, 두근거림, 호흡곤란, 무력감은 심장이 보내오는 이상 신호이다. 이런 경우, 병원을 방문하거나 119에 구조 요청을 해 심정지를 예방해야 한다.

우리나라의 한해 심정지 사망자는 29,000여 명으로 교통사고 사망자의 약 5배이다. 심정지 발생 장소는 80% 정도가 가정과 공공장소에서 발생한다. 심정지 환자가 발생하면 직접 옮기려고 하지 말고 119나 응급차량을 요청한다. 옮기는 도중 적절한 조치를 받지 못해 심각한 문제가 발생하거나 가족인 경우 당황하여 교통사고 등을 유발할 수 있다.

심폐소생술을 교육받지 않은 사람도 119에 전화를 하면 스마트폰의 스피커폰 기능을 이용하여 119구급대원의 지시로 심폐소생술을 실시할 수 있다.

또한 2015년부터 심폐소생술에 익숙하지 않은 일반인 목격자에게는 인공호흡을 제외한 가슴압박소생술만을 하도록 권장하고 있다. 심정지 발생 초기에는 가슴압박소생술만을 하는 경우와 가슴압박소생술과 인공호흡을 같이 실시하는 심폐소생술의 효과가 비슷하기 때문이다. 따라서 인공호흡을 실시하기 어려운 사람은 가슴압박소생술만을 시행해도 효과는 충분하다.

자동제세동기는 응급의료에 관한 법률 제47조의2(심폐소생을 위한 응급장비의 구비 등의 의무)와 동 법률 시행령 제26조의2(응급장비의 구비의무가 있는 공동주택 등)에 의해 의료기관, 구급차, 항공기, 철도, 선박, 아파트 등 공공시설에 설치할 것을 법으로 규정하고 있다. 승마장에도 자동제세동기를 모든 사람들이 쉽게 볼 수 있는 위치에 설치한다.

용어정리

- **감각통합장애**: 뇌가 자신의 신체나 환경으로부터 들어오는 감각 신호(시각, 촉각, 후각, 청각, 미각)를 통한 정보 처리하는 기능이 저하되어 있는 상태
- **강습팀**: 강습의 최소 단위로 한 마리의 말과 한 명의 기승자 그리고 강습을 지원하는 말 리더와 사이드워커가 포함될 수 있음
- **골격근**: 힘줄을 통해 뼈에 붙거나 뼈에 직접 붙어서 뼈의 움직임이나 힘을 만들어내는 근육. 수의적으로 조절할 수 있어 우리가 원하는 동작을 할 수 있게 함
- **공감(공감적 이해)**: 마치 상대방이 된 것처럼 그의 주관적인 경험세계를 정확하고 깊이 있게 이해하는 것
- **공존병리**: 한 정신질환과 동반되어 나타나는 또 다른 정신질환
- **관절 구축증**: 약 150여 가지의 서로 다른 증후군을 총칭하는 용어로 여러 관절의 움직임 제한이 발생함으로써 근골격계 변형을 야기하는 질환
- **굴절시험**: 다리를 구부려보는 방법
- **기관계통**: 특정 기능을 위해 함께 작동하는 기관들을 하나로 묶은 것을 말함. 피부, 뼈대, 근육, 심장혈관, 림프, 신경계통 등이 있음
- **기승경사로**: 휠체어를 이용해 기승면에 올라갈 수 있도록 한 경사로. 일반적으로는 시설물과 같이 고정되어 있으나 바퀴가 달려 있어 이동이 가능한 것도 있음
- **기승단**: 기승대와 같은 역할을 하지만 고정되어 있는 것. 실제로 기승단은 mounting plateform이라고 하여 기승대(mounting block)와 같은 의미로 사용되기도 하고, 기승면과 같은 의미로도 사용. 이 교재에서는 혼동을 예방하기 위해 기승대와 기승단을 구분하였음
- **기승대**: 기승자가 기승하거나 사이드워커가 기승자를 돕기 위해 딛고 올라서는 것으로 사람의 손에 의해 쉽게 옮길 수 있는 것
- **기승면**: 기승대, 기승단, 기승경사로에서 사람이 기승하기 위해 딛고 서 있는 면
- **농후사료(concentrates, enriched feed)**: 가소화영양소 농도가 높고 섬유질 함량이 낮으며(조섬유 18% 이하), 영양소 농도가 높은 사료의 총칭
- **뇌성마비**: 미성숙한 뇌에 비진행성 병변이나 손상이 발생하여 운동 및 자세의 영구적 장애를 초래하는 질환군
- **뇌수종**: 뇌척수액의 생성과 흡수의 부조화로 뇌실이 확장되고 뇌압이 증가하는 질환
- **뇌전증(간질)**: 발작을 유발할 수 있는 기질적인 원인 인자가 없음에도 발작이 반복적으로(24시간 이상의 간격을 두고 2회 이상) 발생하여 만성화된 질환군을 의미함
- **뇌졸중**: 뇌경색 혹은 뇌출혈 같은 뇌혈관의 문제로 인해 갑작스럽게 발생한 국소적인 뇌기능의 이상이 24시간 이상 지속되는 경우
- **대기선**: 강습을 위해 말과 말 리더 등이 대기하는 강습장 중앙의 가상의 선
- **레크리에이션 승마**: 장애인을 위한 승마강습
- **말초신경계**: 뇌신경과 척수신경으로 구성된 체성신경계와 교감신경과 부교감신경으로 구성된 자율신경계의 총칭
- **목책(log barrier, wooden barricade)**: 통나무를 이용하여 만든 울타리
- **발달**: 크기의 증가를 의미하는 성장과는 다른 개념으로 기능의 분화를 의미함. 운동 발달, 인지 발달, 정서·사회적 발달로 구분됨
- **부조**: 승마에서 기수의 의사를 말에게 전달하는 신호체계. 부조는 크게 주부조와 부부조, 종합부조의 3가지로 분류되는데, 주부조에는 고삐, 기좌, 발의 조작 등이 있으며 부부조에는 음성, 채찍, 박차 등이 있다. 주부조와 부부조를 함께 사용하는 것이 종합부조
- **비절내종(연종, Spavin)**: 비절의 내측면에 발생하는 골류. 비절을 구성하는 족근골 가운데서 주로 중심족근골, 제3족근골이 발생하나 주위의 족근골에도 파급하는 경우가 있음
- **비절수종(Thoroughpin)**: 심지굴건초의 건초염(tenosynovitis)으로 1세마 또는 나이든 말에서 발생하며 많은 경우 뚜렷한 원인 없이 발생함
- **신체장애**: 정상 혹은 일반적이라고 여겨지는 일상생활에서의 신체 활동을 수행하는 데 제한이 있는 경우
- **실행증**: 운동능력 및 감각능력, 언어장애가 없고 의식수준이 명료함에도 운동계획을 세우는 대뇌의 영역에 나타난 이상 증상으로 인해 이미 학습되어 할 수 있는 운동이나 몸짓을

못하는 장애

- **심리치료:** 심리적 기법을 사용하여 심리적 고통과 부적응의 문제를 다루는 치료법
- **어깨 파행(Distance, 肩跛行):** 어깨 부위 관절이나 근육 통증으로 인해 절뚝거리는 것
- **연골무형성증:** 성장판에서 연골이 장골로 바뀌는 과정에 이상이 생겨 뼈의 성장이 이뤄지지 않는 선천성 질병
- **이분 척추증:** 태아시기에 신경관 결손으로 인해 뇌, 척수와 그것을 싸고 있는 막의 변형을 가져오는 질환
- **인지(인식):** 자극을 받아들이고, 저장하고, 인출하는 일련의 정신 과정. 지각ㆍ기억ㆍ상상ㆍ개념ㆍ판단ㆍ추리를 포함하여 무엇을 안다는 것을 나타내는 포괄적인 용어
- **자폐증:** 뇌의 발달장애로 자폐증 아동들은 의사소통과 타인과의 사회적 교류에 문제가 발생하게 되며, 행동, 관심, 활동에 있어서 특이한 패턴을 보이는 질환
- **재활승마:** '신체 및 정신장애인은 물론 정서와 행동의 문제로 어려움을 겪는 사람들에게 인지적ㆍ신체적ㆍ감성적ㆍ사회적 안녕을 주기 위해 인간과 말이 함께하는 모든 활동'을 말한다. 여기서 말하는 '모든 활동'에는 기승활동만이 아니라 말을 쓰다듬고, 씻겨주고, 장구를 얹고, 말을 이끄는 것, 마차, 마상체조 등의 활동도 포함된다.
- **재활승마지도사:** 신체 및 정신장애인은 물론 정서와 행동의 문제로 어려움을 겪는 사람들에게 필요한 말 관련 활동을 안전하게 지도하는 사람
- **정서행동장애:** 정서와 행동이 평균에서 심각하게 벗어나 자신과 타인의 기능을 방해하며 일상생활 적응에 어려움을 초래하는 상태
- **정신장애:** 심리 면 또는 행동 면에 나타나는 마음의 기능부전을 의미하며, 생물학적인 개체요인과 사회ㆍ심리적 환경요인에 의해 복합적으로 일어나는 장애
- **제한하기:** 행동의 한계를 정하는 것으로 치료 장면에서의 안전감, 현실 세계에서의 적응을 목표로 함
- **주의력결핍 과잉행동장애:** 주의산만, 과잉행동, 충동성을 주요 증상으로 하는 정신 장애
- **중재:** 클라이언트의 특정 행동을 변화시키기 위해 고안된 일련의 활동

- **중추신경계:** 뇌와 척수로 구성되며 중추 밖의 자극에 반응하여 정보를 분석하고 이에 대응하는 전신 활동을 직접 조절ㆍ조정하는 중추
- **지세:** 서 있는 모양
- **촉진법:** 수의사가 손으로 만져서 진단하는 방법
- **치료승마(hippotherapy):** 말의 움직임을 통해 재활을 돕는 기승활동으로, 전문 의료진과 승마치료 전문가 등의 지도하에 실시
- **파킨슨병:** 뇌의 흑질에 분포하는 도파민의 신경세포가 점차 소실되어 발생하며 안정 시 떨림, 강직, 운동 완만 및 자세 불안정성이 특징적으로 나타나는 신경계의 만성 진행성 퇴행성 질환
- **행동치료:** 행동을 변화시켜 심리적인 문제를 개선하는 심리치료의 한 유형
- **DSM-5:** 정신질환 진단 및 통계 편람. 미국정신의학회가 제작한 정신질환 분류체계
- **OCD(Osteochondrosis, 골연골증):** 연골의 과도한 정체로 인한 연골 내골화의 장애를 특징으로 하는 연골 성장의 병적인 과정을 나타내는 질병

참고문헌

- 경기도장애인재활협회, 장애의 이해와 인식 개선, 2007.
- 국립청소년 인터넷 드림마을, 인터넷 드림마을 홈페이지 캠프 후기 게시판, http://nyid.kyci.or.kr/userSite2/index.asp, 검색일 2016.8.20.
- 국립특수교육원, 특수교육학 용어사전, 하우, 2009.
- 김귀봉 외 1명 역, 행동적접근 코칭론, 보경문화사, 1993.
- 김병준 외 9명 역, 코칭과학, 대한미디어, 2007.
- 김붕년·정동선·황준원·김재원·조수철, 서울시 소아청소년 정신건강문제 역학조사 보고서, 서울시소아청소년정신건강센터, 2006.
- 김영준, 스포츠지도론, 형설출판사, 2001.
- 김원경·조홍중·허승준·추연구·윤치연·박중휘·이필상·김일명·문장원·서은정·유은정·김자경·이근민·김미숙·김종인, 최신특수교육학, 학지사, 2008.
- 김지희 외 7명 역, 스포츠 지도의 이해, 대한미디어, 2006.
- 김태경·김용미, 반려동물매개활동 프로그램이 유아의 정서지능에 미치는 영향, 청소년학연구 2016, 23(2), 321-344.
- 네이버 지식백과, http://terms.naver.com, 검색일 2016.9.23.
- 농촌진흥청, 말 길들이기와 재활승용마 평가 매뉴얼, 국립축산과학원, 2010.
- 농촌진흥청, 말, 표준영농교본, 2003.
- 대한승마협회, EQUESTRIAN 승마, 사단법인 대한승마협회, 2012.
- 대한승마협회, http://kef.sports.or.kr, 검색일 2016.8.20.
- 대한신경정신의학회, 신경정신의학, 중앙문화사, 2005.
- 대한적십자사, http://www.redcross.or.kr, 검색일 2016.9.15.
- 대한 청소년 정신의학회, 청소년정신의학, 시그마프레스, 2012.
- 박승민·조영미·김동민, 청소년 인터넷 중독의 이해와 상담, 학지사, 2011.
- 방희정·조아미, 가족기능과 청소년의 인터넷 게임 행동 간의 관계, 한국심리학회지: 발달 2002, 16(1), 1-22.
- 백승민, 동물매개치료 프로그램이 치매노인의 인지기능, 정서상태, 일상생활수행 능력 및 문제행동에 미치는 효과 2016, 가톨릭대학교 대학원 미간행 박사학위논문.
- 백승익·김영은·김선철, 고등학교 재활승마의 이해, 용운고등학교, 2015.
- 보건복지부, 장애유형별 판정 기준, 2015.

- 송치연, 재활승마프로그램이 특수아동의 우울감과 사회성에 미치는 효과, 광운대학교 정보복지대학원 석사학위 논문 2009.
- 안진용, 스쿼시 지도자의 지도철학 연구 2009, 경성대학교 교육대학원 석사학위논문.
- 양통일, 태권도 품새지도에 관한 지도철학 연구 2007, 한국체육대학교 대학원 박사학위논문.
- 염숙경, 아동의 증상과 특성별 놀이치료 2009, 학지사.
- 영국 RDA, www.rda.org.uk, 검색일 2016.9.21.
- 용인대학교, 청소년 승마운동 효과측정 및 적정 프로그램 설계연구, 한국마사회, 2010.
- 용인대학교 특수체육연구소, 인터넷게임 과몰입 청소년에 대한 승마프로그램 효과 연구, 한국마사회, 2011.
- 윤점룡·이상훈·문현미·서은정·김민동·문장원·이효신·윤치연·김미경·정대영·조재규·박계신, 정서 및 행동장애아 교육. 학지사, 2013.
- 이미숙·구산실·노진아·박경옥·서선진, 예비 교사를 위한 특수교육학 개론, 학지사, 2014.
- 이성봉·박명애·김은경·박지연, 정서 및 행동장애(2판), 학지사, 2014.
- 임상호, 태권도 지도자의 지도내용에 관한 사례분석 연구 2002, 용인대학교 교육대학원 석사학위논문.
- 임은경, 동물매개중재 프로그램이 중학생들의 정서지능, 사회성 및 우울에 미치는 효과 2016, 원광대학교 대학원, 미간행 석사학위논문.
- 장애인·노인·임산부 등의 편의증진 보장에 관한 법률.
- 장애인 복지법, 법률 제13978호, 2016.10.07., http://www.law.go.kr에서 인출.
- 장애인복지법 시행규칙, 보건복지부령 제415호, 2016.10.07., http://www.law.go.kr에서 인출.
- 장애인복지법 시행령, 대통령령 제27427호, 2016.10.07., http://www.law.go.kr에서 인출.
- 전국승마협회, 승마지도자 지침서, 2009.
- 전재식·송상욱·최준상·채준, 승마 배워 봅시다, 대한미디어, 2012.
- 정재분, 동물을 주제로 한 매체교육활동이 유아의 정서지능 및 친사회적 행동에 미치는 효과 2014, 대구가톨릭대학교 대학원 미간행 박사학위논문.
- 정태운, 2009 장애인스포츠지도자연수교재(장애인승마론), 경기도장애인체육회, 2009.
- 정태운·조효구, 장애인 재활승마를 위한 자원봉사자 매뉴얼, 고려사, 2011.
- 정태운 외, 우리아이 심리지원 서비스를 위한 재활승마 교육 매뉴얼, 도서출판 에이원, 2013.
- 제인 홀더니스 로댐, 김수현, 승마교과서, 보누스, 2012.
- 조효구·정태운·김희경, 2009 장애인생활체육프로그램(승마) 책자 및 CD, 대한장애인체육회, 2009.

참고문헌

- 채규만·박중규, 인터넷 중독 상담 전략, 한국정보문화센터, 2002.
- 체육시설의 설치·이용에 관한 법률(문화체육관광부)
- 최승권·강유석·김권일·노형규·박병도·양한나·오광진·이용호·이재원·정이루리·한동기, 특수체육론, 레인보우북스, 2016.
- 하이케바움·서천석, 산만한 아이의 집중력을 키우는 법, 한울림, 2004.
- 한국마사회, 말산업분야 NCS, 2015.
- 한국마사회, 재활승마 말산업국가자격시험교재, 대한미디어, 2012.
- 한국장애인재활협회, 재활의 총체적 접근, 2005.
- 한국정보화진흥원, 2013년 인터넷 중독 실태조사, 2014.
- 한동기, 특수체육의 이론과 실제, 레인보우북스, 2008.
- 호주재활승마협회, www.rda.org.au, 검색일 2016.10.4.
- 홍강의, 심각한 인터넷 중독의 치료·재활 기반 조성·모델 개발, 청소년 인터넷 중독 전문 상담사 2차 교육 2006, 국가청소년위원회, 중앙대교육문제연구소, 한국청소년상담원(공편).
- 홍강의, 한국 소아정신의학의 발달 신경정신의학 1982, 21:183-193
- 홍강의, DSM-5에 준하여 새롭게 쓴 소아정신의학, 학지사, 2014.
- American Psychiatric Association(APA), DSM-5 정신질환의 진단 및 통계 편람(권준수, 김재진, 남궁기, 옮김), 학지사(원서출판 2013), 2015.
- Anderson, M.K., Friend, T.H., Evans, J.W., Bushong, D.M. (1999). Behavioural assessment of horses in therapeutic riding programs. Appl. Anim. Behav. Sci. 63(1).
- Barbara T. E., Margaret L. G., Mary P. B. (2006). The Horse, The Handicapped, and The Riding Team In a Therapeutic Riding Program(A Training Manual for Volunteers), Barbara Engel Therapy Services.
- Barbara T. Engel (1998). Therapeutic Riding I : Strategies for Instruction(2 Volume Set), Barbara Engel Therapy Services.
- Margo Dewkett, Heidi Brady, Heather Hernandez (2016). The Comprehensive Guide to Equine-Assisted Activities and Therapies, Dog Ear Publishing
- Barkley, R. A. (1997). Attention-deficit hyperactivity disorder: A handbook for diagnosis and treatment(2nd ed.). New York: Guildford Press.
- Beck, A. T. (1967). Depression: Clinical, experimental, and theoretical aspects. NY: Harper & Row.
- Beck. A., 우울증의 인지치료(원호택 옮김), 서울: 학지사(원서출판 1979), 1996.

- Bertoti D. (1988). Effect of therapeutic horseback riding on posture in children with cerebral palsy. Phys Ther. 68(10)

- Bitter I, Angyalosi A, Czobor P. (2012). Pharmacological treatment of adult ADHD. Curr Opin Psychiatry. 25(6):529-34.

- Dalsgaard S. (2013). Attention-deficit/hyperactivity disorder(ADHD). Eur Child Adolesc Psychiatry. 22 Suppl 1:S43-8

- Digard, J.-P. (1999). Un animal intermdiaire: le cheval. In: Les franccais et leurs animaux, Fayard, Paris.

- Dorothy Henderson Pinch, 최명진, 알기 쉬운 승마이야기, 도요, 2012.

- Dupaul, G. J., Stoner, G., ADHD 학교상담(김동일 옮김), 서울: 학지사(원서출판 2014), 2016.

- Edenburg, N. (1999). Perceptions and attitudes towards horses in European societies. Equine Vet. J.(Suppl.) 28, 38-41.

- Ewing C. A, MacDonald P. M, Taylor M., Bowers M. (2007). Equine facilitated learning for youths with severe emotional disorders: A quantitative and qualitative study. Child and Youth Care Forum, 36, 59-72.

- Fleck CA (1997). Hippothrapy ; Mechanics of human walking and horseback riding. In : Teichmann Engel B T,editor Rehabilitation with the aid of horse :A collection of studies Durango, co : Barbara Engel Therapy Services.

- Glicken, Morley D. (2009). Evidence-Based Practice with Emotionally Troubled Children and Adolescents. San Diego: Elsevier.

- Goldberg, I. (1995). Internet Addictive Disorder Diagnostic Criteria. http://www.psycom.net/iadcriteria.html, 검색일 2016.8.13.

- Greeenwald, A. J. (2000). The Effect of a Therapeutic Horsemanship program on Emotionally Disturbed Boys. NY: Pace University.

- Griffiths, M. (1997). Psychology of computer use: XLIII. Some comments on 'addictive use of the Internet' by Young. Psychological reports, 80(1), 81-82.

- Hanson, S., Pargeter, K. (2014). A paper describing a six week Equine Assisted Learning course with five young people from challenging backgrounds. Leeds, UK: Leeds City Council.

- HETI, www.frdi.net/index.html, 검색일 2016.9.15.

- High Hope, Therapeutic Riding Instructor Training Course 교재, 2009.

참고문헌

- Jongsma, A.E., Peterson, L.M., McInnis, W.P. (2003). The Child Psychotherapy Treatment Planner(3rd Edition). NY: John Wiley & Sons.

- Kaduson, H. G., Schaefer, C. E.(Eds.). (2010). 101 More favorite play therapy techniques. Lamham, Md: Jason Aronson.

- Kauffman, J. M., & Landrum, T. J. (2008). Characteristics of emotional behavioral disorders of children and youth(9th ed.). Upper Saddle River, NJ: Merrill/Prentice-Hall.

- Modesto-Lowe V, Meyer A, Soovajian V. (2012). A clinican's guide to adult attention-deficit hyperactivity disorder. Conn Med. 76(9):517-23.

- Nichols (2005). Therapy Horses. Bearport Publishing, New York.

- Nurenberg, R., Schleifer, S. J., Shaffer, T. M., Yellin, M, Desai, P. J., Amin, R., Bouchard, A, Montalvo, C. (2015). Animal-Assisted Therapy With Chronic Psychiatric Inpatients: Equine-Assisted Psychotherapy and Aggressive Behavior. Psychiatric Services, 66(1), 80-86.

- O'Connell, M. E., Boat, T., & Warner, K. E.. (2009). Preventing mental, emotional, and behavioral disorders among young people: Progress and possibilities. Washington, DC: The National Academies Press.

- Oaklander, V. (1988). Windows to our children. Highland, NJ: Center for Gestalt Development.

- Path International. (2013). 2013 PATH Intl. Statistics

- Path International, PATH 공식홈페이지, http://www.pathintl.org, 검색일 2016.7.16.

- Posthuma D, Polderman TJ. (2013). What have we learned from recent twin studies about the etiology of neurodevelopmental disorders? Curr Opin Neurol. 26(2):111-21

- RDANSW (2011). RDANSW Coaching Manual. Gunnedah, NSW: WriteRignt Media.

- Scassellati C, Bonvicini C, Faraone SV, Gennarelli M. (2012) Biomarkers and attention-deficit/hyperactivity disorder: a systematic review and meta-analyses. J Am Acad Child Adolesc Psychiatry. 51(10):1003-1019

- Seligman, Martin, E. P. (1975). Helplessness: On Depression, Development, and Death. NY: W.H. Freeman & Company.

- Shaw M, Hodgkins P, Caci H, Young S, Kahle J, Woods AG, Arnold LE. (2012). A systematic review and analysis of long-term outcomes in attention deficit hyperactivity disorder: effects of treatment and non-treatment. BMC Med. Sep 4;10:99.

- Shaw P, Rabin C. (2009). New insights into attention-deficit/hyperactivity disorder using structural neuroimaging. Curr Psychiatry Rep. 11(5):393-8.

- Sprague, J., & Walker, H. (2000). Early identification and intervention for youth with antisocial and violent behavior. Exceptional Children, 66(3), 367-379.
- Susan E. Harris (2008). Horse Gaits, Balance and Movement, François LeMaire De Ruffieu
- Taurines R, Schwenck C, Westerwald E, Sachse M, Siniatchkin M, Freitag C. (2012). ADHD and autism: differential diagnosis or overlapping traits? A selective review. Atten Defic Hyperact Disord. 4(3):115-39
- Tetreault, A. (2006). Horses that heal: The effectiveness of Equine Assisted Growth and Learning on the behavior of students diagnosed with Emotional Disorder. IL: Governors State University.
- Trotter, K. S., Chandler, C. K., Goodwin-Bond, D., & Casey, J. (2008). A comparative study of the efficacy of group equine assisted counseling with at-risk children and adolescents. Journal of Creativity in Mental Health, 3(3), 254-284.
- Turnbull, R., Turnbull, A., Shank, M., & Smith, S. J. (2004). Exceptional lives: Special education in today's schools(4th ed., p.139). Upper Saddle River, NJ: Pearson.
- Webber, J., Plotts, C. A. Margaret Cecil Coleman, 정서행동장애: 이론과 실제(방명애, 이효신 옮김)(2013), 시그마프레스(원서출판 2007).
- Whittlesey-Jerome, W. K., Schultz, P. N., Tomaka, J. (2016). Adding Equine Assisted Psychotherapy to Conventional Treatment: A Case Study of Adolescent Resilience among Charter High School Students. Pediatrics & Therapeutics, 6(1), 280-290.
- Young, K. S. (1999). Internet addiction: symptoms, evaluation and treatment. Innovations in clinical practice: A source book, 17, 19-31.

개정판 공동집필자
김태수(한국재활승마학회), 심다혜(이안아동발달연구소), 고유빈(국제마사연구소),
박영재(전주기전대), 박금란(서라벌대), 백승익(용운고등학교)

개정판 검토자
윤각현(한국마사회), 정광연(삼성전자 재활승마센터), 한덕현(중앙대병원 정신건강의학과)

초판 집필자
김연희(성균관대), 권정이(성균관대), 장원혁(성균관대),
박금란(서라벌대), 박영재(전주기전대), 정태운(전주기전대)

초판 검토자
윤각현, 신정순, 김수현, 정광연, 이인경, 윤재량, 남일호, 김두현

※ 본 개정판은 초판 집필 내용을 기초로 증보한 것입니다.